KB081106

한 혁명가의 회고록

한 혁명가의 회고록

초판 1쇄 펴낸날 2014년 7월 4일

지은이
빅토르 세르주
옮긴이
정병선
펴낸이
박재영
편집
강곤
디자인
나윤영

펴낸곳
도서출판 오월의봄
주소
413-841 경기도 파주시 탄현면 참매미길 194-9
등록
제406-2010-000111호
전화
070-7704-2131
팩스
0505-300-0518

이메일
maybook05@naver.com
트위터
@oohbom
블로그
blog.naver.com/maybook05
페이스북
facebook.com/maybook05

ISBN 978-89-97889-38-9 04900
ISBN 978-89-97889-37-2 (세트)

**VICTOR
SERGE**

빅토르
세르주
선집

1

한 혁명가의 회고록

빅토르 세르주 지음

정병선 옮김

오월의봄

추천사   혁명의 실체에 다가가기

박노자, 노르웨이 오슬로대 교수

후기 자본주의 시대는 돈이나 물화뿐만 아니라 단어들도 경향적
으로 그 가치를 잃어가는 '말의 인플레' 시대다. 페이스북의 '친구'
는 과연 '제2의 자아'라고 부르곤 했던 본래 의미의 친구와 무슨 관
계라도 있는가? '러브 신'의 '러브'는 로미오와 줄리엣의 사랑과 가
까운가? 모든 것이 다 거래되고 신속히 복제되고, 약간이라도 신
선도를 잃으면 바로 교체되는 이 '초과 자본주의ultra-capitalism' 시
대에는 '혁명'이라는 단어도 엄청난 인플레를 당해왔다. 현 체제
에 대한 본격적 대안을 위해 연대해서 싸운다는 것을 더 이상 상상
조차 할 수 없는 순치된 소비시대에는 아주 약간의 반발마저도 바
로 '혁명'으로 승격되곤 한다. 이명박 정부 퇴진은커녕 미국 쇠고
기 수입 정지도 이루지 못한 2008년의 촛불시위를 두고 '촛불혁명'
이라고 높여 부르지 않았던가? 하기야 대학에서 학생 동아리 활동
이라도 하자면 상당수가 지배자들의 언어인 영어로 하려고 하는
시대가 되었다. 이런 시대에 '안녕들 하십니까?' 대자보 한 장 쓰는
행위도 이미 혁명에 가깝다. 비웃음이 아니라 진담이다. 우리는 이
정도로 선량(?)해졌다. 우리만 그런가? 친러 온건 우파 정부를 물
러나게 하고 친서방 강경 극우파를 득세케 만든 가두시위를 '혁명'
이라고 부르는 2014년 겨울의 우크라이나는 혁명이라는 말의 본
래 의미를 이제 망각했다는 차원에서 우리와 그리 다를까?
　빅토르 세르주의 회고록은 인플레를 당한 '혁명'의 본래 뜻을
훌륭하게 잘 밝혀준다. 서구로 망명을 갈 수밖에 없었던 러시아

5

인민주의 혁명가의 아들인 빅토르 세르주는, 프랑스 등지에서 아나키스트로 활약하다가 결국 추방돼 신생 소비에트 러시아로 향한다. 망명, 추방, 송환…… 혁명은 세르주의 부모와 세르주의 공간적 이동을 결정짓는다. 소비에트 러시아에서 ─ 그 아나키스트적 배경을 완전히 포기하지 않았으면서도 공산당 가입을 결정한 ─ 세르주는 자신의 모든 삶, 즉 '사생활'을 혁명과 대체한 셈이다. 지금 우리 사회에 살고 있는 월급쟁이들, 집에 밤 1시에 돌아오고 늘 과로사를 직면하면서 사는 사람들을 우리는 익히 알고 있다. 그런데 세르주의 '사생활이 들어설 여지가 없는 삶'은 질적으로 이것과 완전히 달랐다. 세르주는 혁명이 수천 년 동안 지속돼온 계급사회의 착취, 불평등, 야만성을 청산시키고 모든 인간들이 그 선한 본성대로 살 수 있는 자유의 낙토를 가져다줄 것으로 믿었다. 그래서 그의 모든 것이 된 혁명은 '일'이라기보다는 열애, 인간의 마음을 불사르는 뜨거운 사랑의 절정이었다. 그 회고록에서 나오는 말대로, 그나 그의 동지들은 재산은 물론 이름을 남길 생각마저도 전혀 할 수 없을 만큼 혁명이라는 열애의 열정에 불타고 있었다. 익명의 전사로 죽더라도 그저 그 열정 속에서 며칠이라도 살고 죽는 것 자체가 이미 행복의 극치였다.

'사생활이 들어설 여지가 없는 삶'이라면 그 무슨 '전체주의'로 오독될 위험성이 있지만, 젊은 혁명가 빅토르 세르주는 혁명의 여신만 모시려는 엄숙한 사제는 전혀 아니었다. 그는 혁명의 와중에서 사랑하는 여인인 류바 루사코바를 만나 결혼해 아이를 낳았고, 그의 많은 동지들도 혁명뿐만 아니라 열애의 꽃을 피웠다. 단, 이와 같은 개개인의 삶은 타자들과 이해가 대립될 수 있는 '사생활'이라기보다는 혁명이라는 커다란 흐름의 개인적 일부분으로 인식됐을 뿐이다.

하지만, 세르주의 희망과 달리 혁명을 거친 인간 사회는 그 선한 본성대로만 살 수 있는 무無갈등적, 공사公私의 대립이나 구분이 희석돼가는 새로운 낙토를 만드는 데 성공하지 못했다. 자본이 강요한 외세 간섭과 내전 속에서 혁명가들은 자기들만이 아니라 타자들도 희생시켜야 하는 상황에 처했으며, 또 자본의 공격에 맞서 체카(국가 비밀경찰)라는 이름의 '국가 속 국가', 즉 변호사도 없이 재판에서 사형을 내릴 권한을 가진 전지전능한 비밀경찰을 두어야만 했다.

자본만이 문제였던가? 세르주의 회고록에 나오듯이, 러시아 총인구의 대다수를 이루는 농민이나 도시 수공업자, 작은 장사치들의 상당 부분은 개개인의 욕망 억제를 의미했던 공산주의에 철저하게 무관심했으며 공산주의자들을 '적그리스도'나 '유대인'이라고 타자시하고 그저 안정한 삶과 벌이가 보장된 소농, 소小소유자들의 사회를 지향했다. 러시아 대중보다 교양 수준이야 더 높았지만, 빅토르 세르주가 코민테른의 일꾼으로 1923년에 독일을 방문하여 직접 목격한, 공산당이 계획했던 혁명에 동참을 전혀 하지 않으려 하는 독일의 사민주의적 노동자 대중도 마찬가지였다. 그들이 원했던 것은 평등과 자유의 낙토라기보다는 물가와 직장의 안정성 정도였다. 문제는 공산주의에 내심 아무런 관심도 없던 소시민들은 — 그 어떤 '벼슬'도 원하지 않던 이상주의자 세르주와 달리 — 소비에트 권력이 안정화되자마자 새로운 국가 안에서 '출세'나 '입신양명'에 관심이 비상하게 많았다는 것이다. 스탈린이 세계 혁명을 사실상 포기하고 '일국 사회주의', 즉 공업화 등을 통한 소련 일국의 '부국강병' 구호를 내걸고 자본가를 대신한 관료 위주의 새 사회, 새 계급질서의 기틀을 잡으려 하자마자, 관로官路에 진출하고 당에 가입한 이 소부르주아적 다수는 그를 수령 삼아

7

세르주가 동참한 좌익 반대파 박멸에 나섰다. 1928년에 한때 부르주아 국가 프랑스 경찰에 잡혀갔던 세르주는 인제 소련의 경찰에 의해 체포된다. 출당당한 그는 더 이상 공산당 당원도 아니었다. 그러나 그가 열망했던 공산당은 이제 없고, 권력 조직만 남았다. 혁명은 끝나고 점차 '보통' 국민국가로 변해가는 소련의 일상만 남았다.

가면 갈수록 더욱더 명령과 복종의 관계가 되는 그 일상 속에서 '비판적 볼셰비키' 세르주가 들어설 자리는 없었다. 감옥과 유배지를 전전했던 그를 결국 로맹 롤랑 등 일각의 진보적인 프랑스 지식인들이 구출해 1936년에 그를 위한 출국 허가를 따주었다. 이는 정말 구사일생의 구출이었다. 세르주의 생각을 공유했던 대다수의 좌익 반대파 가담자들은 결국 총살당하거나 시베리아의 수용소에서 기아와 과로로 죽는다. 그 결과를 아는 후대의 독자 입장에서는 불가피하게 이 질문을 할 수밖에 없다. 혁명의 끝에 ― 과거와 약간 다른 모습이긴 하지만 ― 결국 억압적인 국가적 일상으로 회귀할 수밖에 없다면, 과연 이렇게 엄청난 희생을 각오하고 혁명을 할 필요가 정말 있는가?

정답은 없는 질문이지만, 회고록에서 빅토르 세르주는 확실하게 답한다. 아직도 사회주의로 이동할 준비가 돼 있지 않은 세계, 그 세계에서 비교적 대중의 의식 수준이 낮았던 러시아에서의 사회주의 혁명은 그 당시로서는 성공할 수 없었다. 너무나 많은 차원에서 시기상조였다는 것이다. 혁명에 나선 전사들은 사실상 죽음을 향해서 갔다. 스탈린 치하의 순량한 인민이 되기를 거부하면, 즉 영원한 비판자인 혁명가의 본령에 충실하면 그들을 기다리는 것은 아주 고통스러운 죽음일 뿐이었다. 그러나 그들은 그 피를 공연히 흘린 것은 아니었다. 스탈린 체제는 비록 그 본질상 혁명을 부정하는 측면이 강하게 있었다 해도, 혁명이 일깨워준 대중의 상당 부분의 욕구들을 수용하지 않을 수 없었다. 새 사회는 비록 자유와 평등의 낙토가 되지 못해도, 과거의 사회보다 훨씬 더 민족 등 각종의 차별을 잘 격파하고 분명한 평등 지향성을 지녔다. 혁명이 일깨워준 사람들을 완전하게 잠재울 수는 없었다. 혁명은 그 본고장인 러시아에서 보수화로 끝났다 해도, 그 속의 미래 씨앗들은 전 세계로 뿌려졌으며 국적이나 민족, 국경을 인정하지 않는 새로운 세계적 혁명운동의 추진력이 됐다. 혁명에 패배가 예정돼 있었다 해도, 그 과정 속에서 나타난 미래상은 우리 모두의 영원한 희망이 된 것이다. 세르주가 전하는 체카 등 혁명 속의 잔혹성에 대한 이야기는 혁명 속에서 태어나는 새 국가의 억압적 면들도 보여주지만, 그가 누차 강조하듯이 혁명에 독재의 뿌리만 있는 것은 전혀 아니었다. 그 반대로, 혁명이 각성시킨 수많은 '자각한 대중'을 새 체제의 순량한 '인민'으로 순치시키기 위해서 바로 세르주가 묘사한 스탈린주의적 탄압이 필요했던 것이다. 그 탄압의 심도는 혁명 속에 분출된 민주적 에너지의 강도를 반증해준다.

세르주의 회고록은, 혁명이라는 생명체를 여실히 만날 수 있는 텍스트다. 이 텍스트의 국역과 출판이 인플레를 당해온 혁명이라는 단어의 본래 뜻을 복원해주는 데 크게 이바지할 것을, 나는 간절히 바란다.

차례

○   빅토르 세르주(1890~1947).

빅토르 세르주는 누구인가

애덤 혹스칠드

나는 몇 년 전에 다양한 나라에서 온 작가와 기자들의 어떤 회의에 참가했다. 우리 무리는 한창 대화 중이었는데, 누군가가 각자 가장 존경하는 정치 저술가를 얘기해보자고 제안했다. 내 차례가 왔고, 나는 빅토르 세르주라고 소개했다. 모르는 사람 한 명이 갑자기 벌떡 일어서더니 방 안을 성큼성큼 가로질러 다가와 나를 껴안았다. 나중에 알고 봤더니 멕시코에서 온 라파엘 바라하스Rafael Barajas라는 사람이었다. 바라하스는 라틴아메리카에서 엘 피스곤El Fisgon이라는 필명으로 활약하는 유명한 시사 만화가다.

작가가 모르는 사람들과 어울리다가 순식간에 형제애를 느끼기는 쉬운 일이 아니다. 픽션이나 시가 아니라(빅토르 세르주 자신은 훌륭한 소설가이자 시인이었지만) 논픽션을 쓸 경우에는 더욱 그렇다. 나를 포함해서 세계 각지의 다른 많은 이에게 세르주는 다른 무엇보다 여러분이 쥐고 있는 책 때문에 위대하다.

빅토르 세르주는 망명자 신세로 태어나고, 죽었다. 세르주는 인생의 많은 기간을 감옥에서 보내거나 그를 붙잡아두려던 여러 정부로부터 도피하며 살았다. 그는 1890년에 태어났고, 빅토르 키발치치Victor Kibalchich라는 이름을 얻었다. 빅토르의 부모는 러시아

애덤 혹스칠드(Adam Hochschild) ● 《뉴요커》, 《하퍼스 매거진》, 《뉴욕 리뷰 오브 북스》, 《네이션》 등에 글을 기고하고 있는 저술가. 저서로 《레오폴드 왕의 유령King Leopold's Ghost》, 《모든 전쟁을 끝내자To End All Wars》가 있다. 버클리 소재 캘리포니아 대학교의 저널리즘 대학원에서 가르친다.

혁명가들로, 벨기에로 도피한 상황이었다. 그는 공식 교육을 거의 받지 못했다. 키발치치는 어려서 먹을 수 있는 게 커피에 적신 빵뿐인 경우가 많았다. 그는 브뤼셀 시절을 이렇게 회고한다. "임시변통으로 만든, 우리의 누추한 셋방 벽에는 교수형을 당한 사람들의 사진이 항상 걸려 있었다."

세르주는 십대 때 이미 급진주의자였다. 레오폴드 2세의 콩고 지배를 용감하게 나서서 비판한 극소수의 벨기에인 가운데 한 명이었던 것이다. 벨기에는 당시 아프리카에서 가장 잔혹한 식민 정권이었다. 하지만 세르주는 거기서 더 나아갔다. 그는 식민주의 자체에 반대했다. 이런 태도는 당시의 유럽에서도 대단히 드문 입장이었다. 세르주는 이미 십대 때 집을 나와야 했다. 그는 프랑스의 한 탄광촌에 들어가 살면서 인쇄공으로 일했고, 종국에는 파리로 갔다. 거기서 그는 거지들과 살면서 발자크를 읽었고, 하류 세계에 매혹되었다. 하지만 방랑벽은 내면의 혁명가에게 이내 길을 내주었다. 세르주는 아나키스트가 되었고, 아나키즘 운동을 대변하는 신문 하나를 편집했다. 그러다가 동지들에게 불리한 진술을 거부해 5년형을 선고받고, 프랑스에서 경비가 가장 삼엄한 형무소에 투옥된다. 이때 그의 나이 스물두 살이었다. 세르주는 1917년 석방돼, 에스파냐로 가 단명한 아나키스트 반란에 가담했고, 다시 프랑스에 억류되었다. 마침내 그는 혁명으로 들끓던 러시아로 갈 수 있었다. 한 번도 가본 적 없는 부모의 고국이었다.

세르주는 1919년 초 내전에 휩싸인 러시아에 도착했다. 이 잔혹한 충돌로 수백만 명이 목숨을 잃었다. 볼셰비키와 반혁명 백군이 싸웠는데, 후자의 세력은 차르 정권 시절의 장군들이 주도했고, 영국·프랑스·미국이 물자를 댔다. 세르주는 러시아혁명을 지지했다. 하지만 볼셰비키는 거의 모든 좌파 정당을 상대로도 사악한 박해를 가했고, 세르주는 불길하기 이를 데 없는 그 사태가 몹시 괴로웠다. 볼셰비키는 러시아 최초의 민주적 선거로 구성된 입법부를 폐쇄했고, 많은 정치적 반대자를 처형하고 있었다.

그는 향후 17년간 러시아에 머무르며 빅토르 세르주란 이름으로 글을 쓴다. 당시에 많은 사람들이 분노하며 신랄한 비판을 가했지만 세르주의 발언은 오늘날까지도 명확한 울림으로 진실하게 다가온다. 그는 시민적 자유를 지향하는 열정과, 볼셰비키의 방침을 따르지 않는 독립적 인사들에 대한 공감과 지지를 결코 거두지 않았다. 세르주는 이렇게 썼다. "나 개인적으로는 전화가 적이다. 벨이 울렸다 하면 여자들의 허둥대는 목소리뿐이다. 그녀들은 체포, 임박한 처형, 불의를 알리며 제발 내게 당장 개입해달라고 간청한다!"

그러나 백군이 사방에서 공격해왔고, 세르주는 지식인이 방관자로 머물러서는 안 된다고 생각했다. 비판의 내용이 옳다 하더라도 말이다. 세르주는 후에 이렇게 쓴다. "혁명과 노동자 민주주의가 회생할 가능성이 백에 하나일지라도 그 가능성을 믿고 기대야 한다." 그는 공산주의 인터내셔널Communist International의 당국자로 일했고, 민병대 장교로 백군과 싸웠다. 오흐라나Okhrana의 노획된 문서고를 조사하는 일을 맡기도 했다(오흐라나는 차르 시절의 비밀경찰이다). 그런 와중에 주변으로 새로운 비밀경찰 기구가 성장하는 사태에 간담이 서늘했던 세르주는 언론 탄압, 체포, 비공개 재판, 정치범에 대한 사형 선고를 쉼 없이 비판했다.

그가 볼 때 소련의 관료체제는 성장을 거듭하며 전례 없이 억압적으로 변했고, 그 어느 때보다 정치권력을 탈집중화해 소규모 공동체와 작업장에 돌려주는 일이 시급했다. 세르주와, 뜻을 같이한 일부 동료는 자신들이 믿는 사회를 작은 규모로 실현해보고자 버려진 영지에 집단농장을 세우기도 했다. 그들은 이 공동체에서 "대지와 친밀하게 살아갈 터였다". 하지만 혼란한 가운데 기근이 덮쳤고, 주변의 농촌 사람들은 그들을 박대했다. 세르주 무리의 실험은 오래가지 못했다.

세르주는 이윽고 공산당에서 축출된다. 스탈린은 1928년 세르주를 공직에서 쫓아냈고, 감옥에 처넣었다. 세르주는 삶이 얄궂다는 것을 항상 예리하게 감지했다. 간수 중 한 명과 이야기를 나누다가, 그가 차르 시절에도 해당 감옥에서 간수로 일했다는 말을 들었다. 세르주는 석방되고 며칠 후 이렇게 썼다. "복부 통증을 참을 수 없었고, 결국 쓰러졌다. 스물네 시간 동안 사경을 헤맸다. …… 내가 분골쇄신, 국궁진력했지만 무언가 가치 있고 영원한 것은 아무것도 남기지 못했구나. '운이 좋아 살아남으면 시작한 책들을 서둘러 마무리해야겠다. 그래, 써야 한다. 쓰자.' 나는 뭘 써야 할지 생각했고, 잊을 수 없는 이 시대를 일련의 다큐멘터리로 그리는 소설을 구상했다."

실제로 그는 썼다. 세르주의 모든 책, 특히 걸작이라 하지 않을 수 없는 이 회고록을 보면 강렬함, 생생함, 전보 같은 간결함이 읽힌다. 세르주는 플로베르Flaubert처럼 끝없이 다듬고 고쳐 쓰지 않았다. 도망자의 급박함이 그의 문체인 것이다. 경찰이 문 앞에 진을 치고 있다. 친구들은 감옥에 투옥 중이다. 이 소식을 밖으로 알려야 한다. 빠짐없이 얘기해야 한다. 세르주는 안온한 사회에서 소설을 쓰지 않았다. 그는 모색과 실험을 거쳐 마침내 적당한 주제를 찾을 처지가 아니었다. 세르주의 주제는 러시아혁명과 그 이후 사태였다. 그는 이 주제 때문에 거의 죽을 뻔했다. 오늘날 대다수 역사가가 추정하는 바에 따르면, 스탈린 독재 때 소련인 2,000만 명이 비정상적으로 죽었다. 농업이 강제로 집산화되면서 발생한 엄청난 기근, 총살형 집행대, 대량 체포의 희생자들을 집어삼킨 전국의 강제노동수용소 등속의 원인은 사회 통념과 인정에 어긋났다. 스탈린의 망상이 거듭되면서 이런 체포와 처형은 1930년대 후반의 대숙청기에 절정을 이루었다. 소련 시민 수백만 명이 한밤중에 집에서 붙잡혀갔다. 가족들은 잡혀간 사람을 다시는 만나지 못했다.

세르주는 소련의 폭압 체제에 반대했고, 스탈린 치하의 러시아에서는 그의 작품이 출판될 수 없었다. 문제가 더 있었다. 그는 급진주의자였고, 미국에서도 그의 작품 상당수가 간행되지 못했다. 하지만 오늘날 세르주는 마침내 마땅히 주어졌어야 할 인정을 받고 있다. 최근 몇 십 년 사이에 여러 작가가 그를 연구하고 글을 썼으며, 수잔 와이스만Susan Weissman은 전기를 집필했다. 리처드 그리먼은 세르주의 많은 소설을 처음으로 영어로 번역했다. 예전에 나온 세르주의 다른 책들도 재출판되었다. 이제는 모스크바에 빅토르 세르주 도서관Victor Serge Library까지 생겼을 정도다. 세르주의 《회고록》은 20세기를 증언하는 몇 안 되는 다른 위대한 정치 저술과 동급에 놓여야 한다. 아서 퀘슬러Arthur Koestler의 《한낮의 어둠Darkness at Noon》과 조지 오웰의 《카탈루냐 찬가Homage to Catalonia》가 그런 책들이다. 오웰은 세르주에게 동병상련의 감정을 느꼈고, 영국인 출판업자를 찾아주려 애썼지만 무위에 그쳤다.

유럽은 제1차 세계대전으로 800만 명 이상이 죽고, 2,100만 명이 부상한 정치체제에 신음하고 있었다. 세르주는 러시아혁명이 그런 체제를 탈피한 획기적인 일보 전진이라고 처음에는 생각했다. 그는 엄청난 희망을 품었고, 눈 밝은 덕분에 사악함이 쌓여가는 것을 묘사한 대목은 더욱 가슴이 저민다. 러시아혁명은 서서히 거대한 살육을 자초했다. 소설 《정복당한 도시Conquered City》의 한 등장인물은 이렇게 말한다. "우리는 모든 것을 정복했다. 그런데 우리의 손아귀에서 그 모든 것이 빠져나갔다."

세르주가 쓴 시도 똑같은 감정을 표현하고 있다.

> 우리는 수많은 민족을 깨웠고, 여러 대륙을 뒤흔들었다.
> ......
> 우리는 모든 것을 처음부터 새로 만들기 시작했다.
> 이 더럽고 낡은 돌을 가지고, 이 지친 두 손으로 말이다.
> 우리에게 남은 것은 야윈 영혼뿐이었지만 말이다.
> 그러나
> 이제는 당신과 다툴 수 있는 상황이 아니다.
> 서글픈 혁명이여, 우리의 어머니와 자식이여, 우리의 육신
> 이여.
> 우리의 여명은 목이 잘렸고, 밤하늘의 별은 일그러졌다.

세르주는 "목이 잘린 여명"을 이 책의 6장에서 가장 비극적으로 전한다. 그는 해외 임무를 마치고 1926년 러시아로 귀환하던 당시를 설명한다. "러시아 땅에 발을 딛자 가슴이 미어졌다. 시인 튜쵸프Tyutchev는 이렇게 썼다. '러시아의 대지여/ 어느 한 구석 그리스도라는 노예의 손길이 닿지 않는 곳이 없구나.' 맑스주의자들은 같은 내용을 이렇게 설명했다. '상품이 충분히 생산된 적이 없다.'" 농촌에서는 굶주린 빈민이 부랑자나 노상강도가 되었다. 레닌그라드의 거리는 거지들, 버려진 아이들, 창녀들로 넘쳐났다. "외국인과 당료들이 투숙할 수 있던 호텔에는 비록 때 묻었지만 탁자에 하얀 천이 깔렸고, 역시 먼지투성이이긴 해도 모형 야자나무를 볼 수 있는 술집이 있었다. 거기 근무하는 급사들은 눈치가 빨랐고, 혁명 너머의 비밀을 알았다." 세르주가 알거나 존경한 사람

들—노동운동 지도자, 시인, 백전의 혁명가—이 절망하여 하나 둘씩 자살을 한다.

스탈린은 1933년 세르주를 다시 체포한다. 세르주는 우랄산맥의 오렌부르크로 내부 귀양을 갔다. 사람들은 굶주렸고, 아이들은 빵 한 조각을 차지하려고 노상에서 서로 다퉜다. 세르주는 그곳 오렌부르크에서 다른 유배자들과 곧 친구가 되었다. 소규모의 남녀 동아리는 먹을 것과 생각을 나누었고, 서로를 돌보며 질병에 대처했고, 함께 살아남았다.

세르주는 다섯 개의 언어에 능통했지만 거의 모든 글쓰기를 프랑스어로 했다. 그가 오렌부르크에서 유배 생활을 하던 즈음에는 서방의 독자적 좌파가 소규모이지만 충성스럽게 세르주의 책과 논설을 주목하며 따르고 있었다. 그들도 파시즘과 스탈린주의가 불안하고 두려웠던 것이다. 프랑스 지식인들의 항의가 계속됐고, 마침내 1936년 세르주는 러시아를 떠날 수 있게 됐다. 1936년은 대숙청이 본격적으로 시작된 해다. 역사에서 전례를 찾을 수 없는 규모로 대량 체포와 처형이 이루어졌다. 세르주가 소련을 탈출했기 때문에 목숨을 부지할 수 있었다는 것은 거의 틀림이 없다. 그가 소련을 떠날 때 비밀경찰은 오렌부르크에서 쓴 신작 두 권의 원고를 몽땅 압수했다. 거기에는 세르주가 자신의 최고 작품이라고 생각한 소설도 있었다. 세르주는 비꼬는 투로 이렇게 말했다. 그렇게 외딴 곳에서 유배 생활을 한 덕분에 "한가롭게 수정할 수 있었던 유일한 작품들"이다. 공산주의 소련이 해체되고 러시아의 문서고가 개방되자 이들 원고를 찾으려는 시도가 거듭됐다. 하지만 아무런 소득이 없었다.

세르주는 서유럽에 도착했지만 그의 정치 때문에 다시금 국외자로 전락했다. 주류 신문도, 공산주의 신문도 세르주의 글은 실어주지 않았다. 유럽의 공산당들은 세르주를 사납게 공격했다. 그는 주로 벨기에의 한 소규모 노동자 신문에 논설을 발표했다. 세르주는 그 지면과 일련의 신작 도서와 팸플릿을 통해 대숙청에 항의했고, 에스파냐 공화국을 방어했으며, 히틀러를 수용하며 협조한 서구 열강들을 성토했다. 이런 생각들은 대중적이지 못했다. 세르주는 호구지책으로 예전에 했던 식자공, 교정자 일을 했다. 그의 글을 실어주지 않는 신문의 식자판을 바로잡기도 여러 차례였다.

그러는 사이 스탈린의 요원들이 서유럽을 돌아다니며 망명 중인 반대파 인사들을 암살했다. 소련 상황은 훨씬 더 나빴다. 세르주의 누이, 장모, 처남 둘과 두 처제가 교정 노동수용소로 사라졌다. 아내 류바 루사코바Lyuba Russakova는 심리 상태가 와해돼, 프랑스의 한 정신병원에 들어갔다. 독일이 프랑스를 침공했다. 나치의 탱크가 파리 교외에 이르렀을 때 세르주는 그곳을 탈출했다. 미국은 그에게 비자를 내주지 않았다. 나치는 세르주의 책을 소각했다. 세르주와 십대 아들은 게슈타포가 시시각각 다가오는 가운데 마르세유에서 멕시코 행 선박에 몸을 실었다.

세르주의 회고록은 여러 가지 면에서 아주 흥미롭다. 그가 쓰겠다고 계획한 책이 오늘날 우리가 그를 존경하는 이유가 전혀 아닌 것도 그 가운데 하나다.

이 책과 약 스무 권의 다른 책 — 소설, 논픽션, 전기, 역사, 시 — 모두에서 세르주의 동기는 러시아혁명에 가담한 이상주의자들의 명예를 스탈린주의자들에게서 구해내는 것이었다. 그는 스탈린주의자들이 러시아혁명을 장악했고, 러시아혁명이 결국 대량 살육 체제로 바뀌었다고 보았다. 세르주는 이렇게 썼다. "'스탈린주의라는 병원균이 처음부터 볼셰비즘에 내재해 있었다'고들 흔히 얘기한다. 좋다, 굳이 반대하지 않겠다. 하지만 볼셰비즘에는 다른 많은 싹도 함께 있었다. …… 승리를 거둔 첫 번째 혁명의 최초 연간을 열정적으로 산 사람들은 이 사실을 잊어서는 안 된다. 사후 부검으로 드러나는 사망 원인균으로 산 사람을 판단하는 게 과연 사리에 맞는 일인가?"

세르주의 감정을 이해하기는 어렵지 않다. 그는 당대 유럽의 불의를 절절이 깨달으며 자랐고, 그 불의를 끝장내겠다고 약속한 혁명에 모든 정력과 재능을 쏟아 부었다. 결국 혁명이 공포 잔혹극으로 변질되는 것을 지켜보아야 했지만 말이다. 그러나 오늘날의 우리가 그 당시를 돌이켜보면서 세르주의 희망을 받아들이기는 힘들다. 그는 좌익 반대파Left Oppositionist가 비록 분열해 있었지만 레온 트로츠키를 중심으로 단결했다면 러시아가 유덕한 사회가 될 수도 있었다고 생각했다. 물론 좌익 반대파가 집권했다면 러시아가 스탈린 체제처럼 잔혹한 납골당이 되지는 않았을 테지만 말이다. 세르주가 트로츠키를 요약해 묘사한 내용은 탁월하다. 우리는 거기서 트로츠키의 폭넓은 지성은 물론 권위주의적 냉혹함도 읽을 수 있다.

그러나 오늘날 이 책이 감동적인 것은 러시아혁명이 달랐을 수도 있다는 세르주의 통찰보다는 세르주 자신이 보여준 두 가지 독특한 자질 때문이다.

굽히지 않고 단호하게, 그리고 명료하게 세상을 볼 수 있었던 능력이 세르주의 첫 번째 특징이다. 세르주는 체포, 추방, 원고 절취, 생활고에 시달리면서도 소련의 첫 20년을 증언했다. 이것은 매우 드문 성과다. 좌우를 불문하고 다른 전체주의 정권들에도 이전은 물론 이후에 정신을 못 차리는 순진한 숭배자들이 존재했다. 하지만 다른 면에서는 제정신인 수많은 지식인들이 그토록 찬양한 폭압 정권은 없었다. 조지 버나드 쇼George Bernard Shaw는 기근이 한창이던 1930년대에 러시아를 방문했고, 모두가 충분히 먹고 있다고 선언했다. 《뉴욕타임스》의 모스크바 주재 통신원 월터 듀런티Walter Duranty도 기근 사태를 사실상 무시했다. 추문 보도 전문가 링컨 스테펜스Lincoln Steffens는 소비에트 러시아에서 성공적으로 돌아가는 미래를 보았다. 성공회 사제단 우두머리에서부터 미국 대사 조지프 데이비스Joseph Davies에 이르기까지 엄청난 수의 다른 서구인도 소련에서 노동자가 행복하고, 아이들이 함박웃음 짓는 사회를 주로 보았다. 미국 부통령 헨리 월리스Henry Wallace는 제2차 세계대전 때 소련의 태평양 연안에 있는 콜리마 지역을 공식 방문했다. 당시 그곳에는 강제노동수용소가 지구상에서 가장 밀집해 있었다. 하지만 월리스와 사절단은 뭔가가 잘못되었다는 것을 전혀 눈치 채지 못했다. 빅토르 세르주는 이들 순진 발랄한 방문자와는 확연히 다르다. 그에게는 조지 오웰이 다른 맥락에서 언급한 "불쾌한 사실들을 솔직하게 대면하는 능력"이 있었다.

세르주의 다른 위대한 장점은 사람의 특징을 감식해내는 소설가의 눈이다. 세르주는 정치 활동에 몰두했지만 삶의 모순과 유머, 관능과 아름다움을 결코 놓치지 않았다. 독자 여러분은 그의 사진에서도 이 점을 깨달을 수 있을 것이다. 세르주의 두 눈은 다정하면서도 빈정대는 듯하다. 뭔가로 즐거운 듯하면서도 슬퍼 보인다. 수염이 있는 얼굴은 얌전하고, 수수하다. 세르주는 이렇게 썼다. "나는 사람의 외모에서 확인할 수 있는 신체의 특징을 통해 그 사람의 자질을 읽을 수 있다고 생각한다." 다른 혁명가의 그 어떤 자서전에서도 다음과 같은 설명과 묘사를 볼 수는 없을 것이다. 세르주는 러시아에서 알고 지내던 한 프랑스 공산주의자를 간략하게 소개한다.

길보는 엉터리 시를 썼고, 동지들에 관한 소문을 체계적으로 분류 정리했으며, 비밀을 얘기해달라며 체카를 성가시게 했다. 녹색 셔츠, 황록색 타이, 녹색 양복이 길보의 복장이었다. 비뚤어진 얼굴과 두 눈을 포함해 그의 모든 것이 틀에 박힌 느낌이었다. (그는 파리에서 죽었다. 1938년경이었는데, 그 즈음에는 반유대주의자였다. 책도 두 권 출간했는데, 그는 거기서 무솔리니가 레닌의 유일하고도 진정한 후계자임을 논증하려고 시도했다.)

세르주의 최고 소설은 《툴라예프 사건》이다. 야당 세력인 트로츠키주의자 세 사람이 스키를 타고 모스크바 외곽의 숲에서 만난다. 그들은 주변에서 벌어지는 부당한 사태를 성토하고, 희망이 없으며 어쩌면 투옥돼 죽을 수도 있다는 데 인식을 같이한다. 그런데도 그들은 눈싸움을 한다. 《한 혁명가의 회고록》은 1919년 여름 페트로그라드의 건물 옥상에서 백군을 지지하는 사보타주원들과 그가 싸웠던 일화를 소개한다. "옥상에서 내려다본 운하는 하늘빛이었다. 놈들이 우리한테 쫓겨 달아났다. 굴뚝 통풍관 뒤에서 우리를 향해 권총을 발사하기도 했다. …… 우리가 쫓던 자들은 결국 달아났다. 하지만 그때 본 페트로그라드의 풍경은 잊을 수가 없다. 새벽 3시였다. 그 흐릿한 창백함은 마법처럼 황홀했다."

나는 세르주를 알게 된 후로 러시아에 갈 때마다 그의 흔적을 더듬었다. 1978년에는 상트페테르부르크를 방문할 기회가 있었다. 세르주는 그 도시를 "무엇보다도 사랑하는 도시"라고 했다. 상트페테르부르크는 잠시 페트로그라드였다가 이후 레닌그라드가 되었으며, 오늘날에는 다시금 한 세기 전과 마찬가지로 상트페테르부르크이다. 나는 스몰니 학원Smolny Institute부터 시작했다. 스몰니 학원은 혁명 이전에 황후가 직접 후원하는 러시아 최고 특권층 영애孃愛들의 교양 학교였다. 볼셰비키는 1917년 이 학교를 본부로 삼고, 한때 귀족의 딸들이 프랑스어와 라틴어를 공부하던 교실에서 쿠데타를 계획했다. 초창기의 혁명이 백군의 공격에 맞서 자위권을 행사하던 시절에 세르주도 여기에 집무실이 있었다. 그는 자기 소설 중 하나에서 학교의 우아한 기둥 시설물 사이로 대포들이 설치되었다고 묘사한다.

건물은 대중에게 개방되지 않고 있었다. 부지는 공원으로 조성된 상태였고, 분수가 가동 중이었으며, 수목은 온화한 미풍에 살랑거렸다. 노인 두 명이 기다란 의자에 앉아 이야기 중이었다. 이곳에서 역사적 사건이 일어났다는 기미나 흔적은 전혀 찾을 수 없었다. 귀신이라도 나올 것 같았다. 오후 10시쯤 해가 졌다. 하지만 극북의 여름 밤하늘은 신비한 빛으로 여전히 타오르고 있었다. 수십 년 전 총격을 당하는 와중에도 세르주의 시선을 사로잡았던 "흐릿한 창백함"이 바로 이것이었으리라.

러시아혁명은 1919년 10월 온데사방에서 위협을 받았고, 세르주는 이 도시를 방어하기 위해 무기를 들었다. 상트페테르부르크는 당시 러시아의 수도였다. 그는 결정적 전투에 참가했고, 백군 세력은 풀코보 산(오래된 천문대가 있는 도시 외곽의 산)에서 퇴각하지 않을 수 없었다. 거의 60년의 세월이 흘렀고, 영문을 모르는 택시 운전수는 아내와 내가 풀코보 산을 오르는 동안 속절없이 기다려야 했다. 햇살이 따가워 우리는 너도밤나무 숲 그늘로 들어갔다. 빨간 두건을 한 여자 한 명이 숲 가장자리를 천천히 걷고 있었다. 뭔가를 찾는 듯했다. 들꽃일까? 그게 아니라면 버섯? 우리는 산꼭대기에서 아스라이 펼쳐진 도시를 바라보았다. 표트르-파벨 요새의 누대에서 황금빛이 반짝였다. 이 산은 우리한테만큼 백군에게도 멀었다. 백군은 물러나야만 했고, 내전 상황이 역전돼 전투도 잦아들었다. 그러나 새로 탄생한 러시아는 세르주가 목숨을 걸 만한 나라가 아니었다.

우리는 세르주와 가족이 산 아파트도 찾아가보았다. 길을 따라 풍화된 석축 건물이 늘어서 있었다. 안마당으로 이어지는 문은 마치 우리를 다른 세기로 인도하는 듯했다. 나는 건물을 제대로 찾았고, 혁명 이전에 설치된 연철 난간과 가로장이 여전히 그대로인 대리석 계단을 올라갔다. 꼭대기 층의 커다란 목제 출입문 바깥에 이르렀는데, 어떤 벨을 눌러야 할지 알 수가 없었다. 일곱 가정이 사는 공용 아파트였고, 초인종도 일곱 개였던 것이다. 나는 하나를 골라잡았다. 입주자는 이렇게 말했다. "기다려보세요. 아는 사람이 있을지도 모르겠군요. 여기 오래 사신 분을 데려와보죠."

우리는 층계참에서 기다렸고, 이윽고 한 여자가 나왔다. 땅딸막한 키에, 얼굴이 넓적했고, 금니를 했는데, 조금은 의심스럽다는 표정이었다. 나이가 예순이고, 일곱 살 때부터 이 아파트에 살았다고 했다. 그녀는 나의 산술 따위는 무시하며 그런 남자는 모른다고 대꾸했다. 하지만 이상하게도 루사코프 가족 — 세르주 아내의 가족 — 은 알았다. 요컨대 그녀는 세르주에 관해 물었을 때 가슴 위로 팔짱을 낀 채 단호하게 고개를 가로저었던 것이다. 잠깐 안을 구경해도 되겠느냐고 묻자 그녀는 다시 한 번 안 된다고 대답했다. 외국 사람을 집에 들여서 곤란해지는 게 틀림없이 두려웠을 것이다. 그녀는 내부를 몽땅 뜯어고쳤고, 그 남자가 여기 살았을 때와는 다르다는 말을 보탰다. 당신 친척이라도 됩니까?

계속 부정으로 일관했지만 그녀가 대화를 즐긴다는 사실이 특이했다. 우리는 30분 이상 층계참에 서 있었다. 나는 여자 너머로 내부를 조금이라도 들여다보고자 했다. 세르주는 차르 체제의 고관이 아파트를 버리고 도주했으며, 그랜드피아노가 남아 있었다고 썼다. 책장에는 《제국 법률Laws of the Empire》이 많이 꽂혀 있었고, 세르주는 1919년 초의 겨울 몇 달간 온기를 얻으려고 책을 한 권씩 태웠다. 그 상징성을 만끽한 것이기도 했다.

세르주의 이름을 다시 꺼내보았다. 별안간 그녀가 눈을 가늘게 떴다. "그 사람, 혹시 아나키스트 아니었나요?"

"오호라, 이제야 생각나셨군요!"

"아니요." 여자는 다시 단호하게 팔짱을 꼈고, 고개를 가로저었다. "절대로요."

나는 그날 저녁 호텔로 돌아와 이 회고록에서 날짜 몇 개를 확인했다. 여자가 내게 나이를 거짓으로 밝히지 않았으면 경찰이 자정에 쳐들어와 세르주를 처음 체포했을 때 열 살이어야 했다. 또 근처 모퉁이에 아직도 있는 약국 앞에서 세르주가 재차 체포돼, 우랄산맥으로 유배당했을 때 여자는 열다섯 살이어야 했다. 열다섯 살에, 부엌을 함께 사용한 가족인데 과연 잊을 수 있을까? 나중에 맹렬한 비난이 퍼부어지면서 그 "아나키스트"를 알게 되었을 따름이란 말인가? 그러자 회고록의 또 다른 구절이 눈에 들어왔다. 세르주는 소련 당국이 1920년대 중반 자신을 감시하기 위해 비밀경찰 소속의 청년 장교 한 명을 이 공용 아파트로 이사시켰다고 썼다. "그는 아내와 아이, 할머니가 있었다." 날짜가 맞았다. 이 여자가 그때 그 아이였을까?

멕시코는 추방과 유배로 점철된 그의 인생에서 마지막 종착지였다. 그러나 세르주는 대서양을 건너면서도 망명을 한다고는 생각하지 않았다. 그는 시종일관한 국제주의자였고, 신념을 함께하는 사람이 있는 곳이면 어디든 고국이라고 생각했다. 세르주는 함

26

께 배에 오른 반나치 망명자들이 에스파냐 어부들한테서 꽉 쥔 주먹으로 경의를 표하는 인사를 받았다고 적었다. 그는 항해 중에도 조직을 했다. "사하라 사막 인근 해안을 지나 대서양으로 나가자 머리 위로 별들이 요동쳤다. 우리는 굴뚝과 구명정 사이의 상갑판에서 모임을 열었다."

세르주는 멕시코에서도 급진주의와 절대 자유주의라는 자신의 미래상을 고수했고, 다시금 저항에 직면했다. 공산당 흉한들한테 저격을 당한 적도 있다. 한번은 집회에서 그가 연설을 하는데, 놈들이 군중을 공격했다. 일흔 명 정도가 부상했는데, 그 가운데 다수가 중상을 입었다. 세르주의 어린 딸도 이때 봉변을 당했다. 한 남자가 아이를 보호하기 위해 위로 몸을 숙였는데, 본인이 찔린 상처에서 나온 피로 소녀가 범벅이 되었던 것이다. 영국과 소련 대사관이 멕시코의 중도주의와 좌파 언론 모두에 압력을 가해 세르주와의 교류를 차단했다. 도서 출판업자라고 해서 더 나을 것도 없었다. 아무튼 그는 썼다. 대숙청을 개관한 소설 《툴라예프 사건》과 이 회고록이 그렇게 해서 완성되었다. 두 작품 모두, 러시아인들이 즐겨하는 말대로라면, 책상 서랍용으로 씌었다. 세르주는 회고록을 내줄 미국 출판업자를 물색했지만 실패했고, 둘 다 생전에는 나오지 못했다. 사후 16년 만에야 회고록이 영어로 출판되었다.

회고록을 영어로 번역한 피터 세지윅은 이렇게 썼다. 세르주는 1947년 어느 날 저녁 멕시코시티에서 "친구 훌리안 고르킨(에스파냐 공화주의자 망명객)을 우연히 길에서 만났다. 두 사람은 잠시 이야기를 나누었고, 악수를 한 후 헤어졌다. …… 그로부터 얼마 안 돼 세르주가 불편을 느꼈다는 게 틀림없다. 그는 손을 들어 택시를 잡았고, 좌석에 몸을 깊이 파묻었다. 운전수에게 행선지를 알리지 못한 채 그는 사망했다. 가족이 경찰서를 찾았다. 세르주의 시신은 더러운 방의 낡은 수술대 위에 놓여 있었다. 고르킨은 수술대 위의 세르주를 이렇게 회고한다. 발바닥이 보였는데, 양말에 구멍이 나 있었다. 양복은 닳아서 올이 다 드러나 보였다. 셔츠 역시 나달나달해서 꼭 누더기 같았다. 정말이지 객사한 무숙자나 나그네의 시체를 운반해온 것 같았을지도 모를 일이다. 경직된 세르주의 얼굴이 항의하는 표정이었으니 참으로 얄궂다. 이로써 국가는 마침내 세르주의 입을 막을 수 있었다." 세르주는 무일푼으로 죽었고, 친구들은 돈을 갹출해 장례식 비용을 댔다.

이 책은 다른 내용도 많지만 20세기 전반기에 활약한 수많은 주요 작가와 좌파 정치가들과 직접 부딪치고 체험한 내용을 바탕으로 그린다. 세르주의 친구 아돌프 요폐Adolph Joffe도 그중 한 명이다. 요폐는 먼저 세계에 대한 자유로운 호기심에서 출발해 나중에 그세계를 바꿔야겠다고 생각한 부류의 혁명가였다. 그는 독서량이 엄청났고, 제1차 세계대전이 발발하기 전 빈에서 망명생활을 하던 중 프로이트의 제자 알프레드 아들러Alfred Adler한테 정신분석을 받았다. 요폐는 집이 부자였고, 상속받은 유산을 전부 혁명운동에 기부했다. 그는 애초 의사 수련을 받았다. 세르주는 이렇게 썼다. 그를 보고 있으면, "사려 깊은 의사가 떠올랐다. …… 죽어가는 환자의 머리맡으로 불려온 현인 같은 의사 말이다." 요폐는 러시아혁명 이후 소련 외교관으로 활약했다. 그는 1927년 일본 대사직을 하다모스크바로 돌아온다. 중병을 앓고 있었고, 러시아혁명이 밟던 길에 크게 절망한 상태였다. 그는 항의의 몸짓으로 자살을 결행했다. 자신의 죽음으로 "부디 당이 깨어나기를! 당이 테르미도르 반동에서 벗어나기를!" 바란다는 메시지를 남긴 채였다.

세르주는 노보데비치 묘지로 가는 장례 운구 행렬을 조직하기 위해 요폐의 아파트로 갔다. 관헌들은 모든 단계에서 사사건건 개입하며 이 행진을 막으려 들었다. 가두 행진 참가자 가운데 미래를 가장 비관했던 사람들조차 요폐의 장례식이 향후 60년 동안 모스크바에서 벌어진 마지막 반정부 대중시위가 되리라고는 꿈에도 상상하지 못했다.

요폐가 사망하고 64년이 흐른 1991년에 나는 그의 딸 나데즈다Nadezhda를 모스크바에서 만났다. 스탈린이 반대자와 그들의 가족을 극악무도하게 제거했기 때문에, 그 가운데 한 명이 살아 있다는 사실은 내게 너무도 큰 놀라움으로 다가왔다. 나데즈다 요폐는 20년 동안을 정치범 수용소와 국내 유배지에서 보냈다. 여든다섯의 백발 여인은 목소리가 떨렸다. 나데즈다는 빅토르 세르주를 아는 러시아의 극소수 생존자 가운데 한 명이었다. 봄 햇살이 창문으로 쏟아져 들어오는 가운데 우리는 오전 한나절 내내 세르주와 그녀의 아버지, 러시아를 화두로 이야기꽃을 피웠다. 두 인물과 같은 사람들이 승리했다면 러시아의 운명이 어떠했을까? 내가 작별 인사를 고하고 떠나려 할 즈음 그녀가 이런 얘기를 들려주었다.

한 데카브리스트Decembrist(1820년대에 차르에 맞서 반란을 일으켰던 개혁파 귀족) 후손의 눈에 가두의 시위대가 들어왔답니다. 그녀는 딸을 내보내 살펴보고 오도록 했죠. "마샤! 가서 무슨 영문인지 보고 오렴."

마샤가 돌아와서 이렇게 말하더랍니다. "사람들이 엄청나요."

"뭐라고들 하던?"

"누구도 부자는 절대 안 된다고 외쳐요."

여인은 이렇게 대꾸했답니다. "참 이상하구나. 네 증조할아버님께서는 어느 누구도 가난해서는 안 된다고 요구하셨는데."

빅토르 세르주는 예술가적 소양이 넘쳤기 때문에 이 비유적 우화를 매우 마음에 들어했을 것 같다. 그는 이상주의자였기 때문에 이 우화가 가지 못한 길을 암시하는 점도 마음에 들었을 것이다. 러시아는 혁명에도 불구하고 더 나은 사회로 나아가지 못하고, 피의 강물이 흐르는 사회로 곤두박질쳤다. 세르주라면 증조할아버지의 대열에 속했지, 그 반정립의 대열에는 가담하지 않았을 것이다. 독자 여러분은 이 책에서 두 유형의 인간 군상 — 최선의 인간과 최악의 인간 — 을 관찰한 한 인물의 초상을 읽게 될 것이다. 그는 우리가 드물게만 볼 수 있는 진실한 목소리로 자기가 아는 세계를 기록했다.

1

탈출이 불가능한 세상

1906~1912

나는 유년기를 벗어나기 전에 이미 마음 깊이 역설적인 감정을 경험했던 것 같다. 살면서 쭉 그런 감정에 짓눌려 있었다. 탈출이 불가능한 세계에 살고 있고, 별 도리 없이 싸우는 수밖에 없다는 것이 그 감정이다. 나는 이 세상에 안주하는 것으로 보이는 사람들이 몹시 싫었다. 화도 났다. 어떻게 자신들이 사로잡혀 있음을, 부당한 처지에 놓였음을 의식하지 못한단 말인가! 지금에야 깨달은 것이지만 이 모든 것은 내가 망명한 혁명가의 아들로 태어났기 때문이다. 부모님은 러시아를 휩쓸아친 첫 번째 정치 격동으로 서방의 위대한 도시들에 던져졌다.

내가 태어나기 9년 전인 1881년 3월 1일 금발의 젊은 처녀 한명이 상트페테르부르크의 한 운하 근처에서 코사크 기병대가 호위하는 썰매가 지나가기를 기다리고 있었다. 쌓인 눈은 반짝였고, 여자의 얼굴은 침착하고 결연했다. 그녀가 별안간 손수건을 흔들었다. 낮은 폭발음이 약하게 메아리쳤다. 썰매가 급정거했다. 회색 구레나룻을 한 남자 한 명이 그곳 눈밭에서 운하의 벽에 몸을 기댄 채 누워 있었다. 두 다리와 배는 갈기갈기 찢긴 채였다. 그 사람이 바로 차르 알렉산드르 2세다. 인민의 의지당[1]은 다음날 알렉산드르 2세의 사형 선고를 발표했다. 근위기병대의 하사관이었던 아버지(레오니드 이바노비치 키발치치)[2]는 그 당시에 수도에 주둔 중이었다. 아버지는 러시아 인민의 "빵과 자유"를 요구한 그 지하당을 동정했다. 인민의 의지당은 당원이 약 60명에 불과했고, 동조자가 200~300명 수준이었다. 아버지의 먼 친척이자 화학자인 니콜라이 키발치치[3]도 암살에 가담했다. 젤랴보프, 뤼사코프, 미하일로프, 전직 상트페테르부르크 지사의 딸 소피아 페로프스카야와 함께 그도 체포돼, 교수형을 당했다. 사형 선고를 받은 다섯 명 가운데 네 명은 품위 있고 용감하게 자신들의 자유주의적 요구를 옹호했다. 그들은 교수대 위에서도 서로를 포옹하고, 차분하게 죽음을 맞이했다.

아버지는 이 투쟁에 가담했다. 러시아 남부에서 혁명적 투쟁 조직에 가입한 것이다. 하지만 조직은 이내 철저히 파괴된다. 아버지는 러시아에서 가장 오래된 수도원인 키에프의 세인트 라브라St. Lavra의 과수원에서 며칠 동안 은신했다. 그는 경찰의 총탄이 빗발치는 가운데 헤엄을 쳐 오스트리아 국경을 넘었고, 계속해서 제네바로 가 새 삶을 시작했다.

○   우리의 거처는 임시변통으로, 누추하기 이를 데 없었다. 하지만 어디에 살든 벽에는 항상 교수형당한 사람들의 사진이 붙어 있었다. 젤랴보프, 페로프스카야, 키발치치가 교수형을 당하는 모습.

아버지는 의사가 되고자 했다. 하지만 지질학, 화학, 사회학, 철학에도 열정적으로 매달렸다. 아버지는 지식과 앎에 대한 갈망이 끊이질 않았고, 이는 여생의 "신산한 삶"에서 그에게 불리하게 작용한다. 그는 런던에서 허버트 스펜서Herbert Spencer의 연설을 듣고 불가지론자로 전향했다. 이는 성장하면서 받아야 했던 종교 교육에 대한 반발이기도 했고, 사실 아버지가 속했던 혁명 세대가 대부분 그랬다. 알렉산드르 게르첸Alexander Herzen, 벨린스키Belinsky, 체르니셰프스키Chernyshevsky(당시 야쿠티아Yakutia로 강제 추방 중이었다)가 그들의 스승이었다.

할아버지는 몬테네그로 혈통으로, 체르니고프 지방의 한 작은 도시에서 사제로 봉직했다. 할아버지에 관해 내가 아는 것이라곤 누렇게 변색 중이던 은판 사진뿐이었다. 사진 속의 할아버지는 홀쭉했고, 수염을 길렀으며, 이마가 넓었고, 온화한 표정을 한 성직자였다. 토실토실한 아이들이 맨발로 뛰어노는 정원이 배경으로 보였다. 폴란드 상류층 출신의 어머니(베라 포데레프스카야-프롤로바)[4]는 상트페테르부르크의 부르주아 생활에서 탈출한 여인으로, 공부가 하고 싶었고 제네바로 가서 아버지를 만났다. 나는 공교롭게도 여행 중에 브뤼셀에서 태어났다. 부모님께서 일용할 양식과 양서良書를 찾아 런던(대영 박물관), 파리, 스위스, 벨기에를 오가던 중이었던 것이다. 우리의 거처는 임시변통으로, 누추하기 이를 데 없었다. 하지만 어디에 살든 벽에는 항상 교수형당한 사람들의 사진이 붙어 있었다. 어른들의 대화 주제는 재판, 처형, 탈출, 시베리아 교통로였다. 간단없이 위대한 사상이 토론되었고, 그런 사상을 소개한 최신 서적도 빠지지 않았다. 유년기의 경험이 나의 세계상을 형성했다. 캔터베리 대성당, 바다를 배경으로 우뚝 솟은 고색창연한 도버 성의 경사진 둑, 화이트채플(런던의 한 지구 - 옮긴이)의 음울한 적벽돌 거리, 리에주의 산들이 떠오른다. 나는 셰익스피어와 체호프를 싸구려 보급판으로 읽었다. 꾸벅꾸벅 졸면서는 장님이 된 리어 왕이 지독한 황무지를 헤매다가 코델리아(리어 왕의 막내딸 - 옮긴이)의 따뜻한 보살핌을 받는 꿈을 꿨다. 명문화되지 않은 다음의 계명도 쓰라리게 경험했다. "너는 굶주릴 것이다." 열두 살 때 누구라도 내게 "인생이 무엇이냐?"고 물었다면 나는 다음과 같이 대답했을 것이다. (스스로에게 물어본 적이 많았기 때문에 똑똑히 기억한다.) "모르겠어요. 하지만 살면 '생각해야 한다는 것, 싸워야 한다는 것, 굶주리리라는 것'은 알아요."

여섯 살에서 여덟 살 사이 언젠가 나는 악당이 되었다. 그 에피소드를 통해 나는 또 다른 계명을 배웠다. 저항하고, 싸워야 한다는 것이 그것이었다. 나는 맏이였고, 사랑을 듬뿍 받았지만 몇 년간은 비행 소년이었다. 딱히 이유를 설명할 수는 없다. 나는 사악하게 잔꾀를 부렸고, 나쁜 짓을 일삼았다. 세상과, 잔인하게도 내가 사랑하는 사람들에게 복수하고 싶다는 듯이 말이다. 나는 아버지가 과학 내용을 기록한 소중한 공책을 찢어버렸다. 저녁에 먹으려고 시원한 창틀에 올려놓은 우유에는 소금을 집어넣었다. 엄마의 옷을 성냥으로 태우거나 가위로 잘라버리기까지 했다. 막 다림질을 끝낸 식탁보에는 몰래 잉크를 엎질렀다. 물건들이 흔적도 없이 사라졌다. 소년의 비행을 가로막을 수 있는 사람은 아무도 없었다. 결국 긴 설교를 들어야 했다. 어머니의 두 눈에 눈물이 가득 고이는 일이 잦았다. 맞기도 했다. 백 가지 방식으로 벌을 섰다. 내가 저지른 작은 비행들은 터무니없었고, 짜증스러웠으며, 도저히 이해가 안 되는 것이었다. 나는 소금이 들어간 우유를 마셨다. 모든 걸 부인했다(당연했다). 나는 질색이었지만 약속을 하고서 잠자리에 들었다. 리어 왕이 코델리아에게 기대는 광경을 떠올리면 슬픔을 가눌 수 없었다. 나는 말수가 줄었고, 내향적으로 바뀌었다. 가끔은 비행을 중단했다. 사는 게 희망적일 때도 있었다. 물론 다시 암울한 시절이 찾아왔다. 주의 깊게 지켜보면 그건 확실히 예상할 수 있는 일이었다. 도저히 악행을 거부할 수 없는 날이 오고야 말았다. 내가 엄마의 점퍼스커트pinafore(블라우스나 스웨터 위에 입는, 소매 없는 웃옷과 스커트가 한데 붙은 옷 - 옮긴이)를 더럽히고, 가위로 구멍을 내리라는 것을 잘 알았다. 징벌이 나를 기다렸다. 기실 나는 꾸짖음을 당하며 생활하고 있었다. 하지만 비행 따위는 전혀 모른다는 듯이 나무에 올라가 놀았다. 나는 나 자신도 이해할 수 없는 수수께끼였다. 나는 어느새 지혜로워져 있었다. 머릿속에서 문제를 궁구했고, 해결책이 무르익었던 것이다. 그 에피소드 — 나의 개성과 인격에 깊이 각인되었음에 틀림없다 — 가 끝나면서 나는 가장 고귀한 다정함을 경험했다. 나는 두 사람이 서로를 깊이 응시하면서 껴안고 완전하게 이해하며, 최고의 사악함을 이겨낼 수 있다는 걸 배울 참이었다. 우리 가족은 벨기에의 베르비에 외곽에서 살고 있었다. 큰 정원이 딸린 시골집이었다. 이틀 전에 모종의 중대한 악행이 자행되었고 — 정확히 뭐였는지는 기억이 안 난다 — 집 안에는 암운이 드리워져 있었다. 아무튼 나는 그 특별했던 날 동생 라울[5]과 함께 정원에서 놀았다. 황혼이 짙어졌고, 엄마가 우리 형제를 부엌으로 불러들였다. 따뜻한 빵의 맛좋은 향기가 공중에 감돌고 있었다. 엄마가 동생을 씻기고, 먹이고, 재우느라 바삐 움직였다. 다음 순서는 사악한 첫째였다. 엄마는 나를 의자에 앉혔고, 앞에서 무릎을 꿇은 채 발을 씻겨주었다. 우리 둘뿐이었고, 그 다정함은 잊을 수가 없다. 엄마는 고개를 똑바로 쳐들고 나를 바라보았다. 그러더니 별안간 나무라는 어조로 이렇게 말했다. "가엾은 내 새끼, 왜 그렇게 말썽을 피우는 거니?" 모자母子 사이에서 진실이 번득이며 오갔다. 기이한 힘이 나의 내면에서 분출하고 있었다. "내가 아니에요. 실비Sylvie가 했어요. 난 다 알아요, 다!"

실비는 부모님이 입양한 친척 소녀였는데, 나보다 나이가 많았고 우리랑 살고 있었다. 그녀는 금발이고, 얌전했지만 냉담한 아이이기도 했다. 다수의 목격 사실과 증거가 있었고, 나는 눈물을 글썽이며 고집불통처럼 결백을 주장했다. 나의 논리적 분석과 설명은 반박할 수 없는 것이었다. 그 사건은 일단락되었고, 신뢰 관계가 완전히 회복돼 항구적으로 유지된다. 나는 확고하게 악행과 싸웠고, 악으로부터 벗어났다.[6]

그로부터 얼마 후 나는 최초로 엄청난 굶주림을 경험한다. 열한 살 때였다. 영국에서 아버지가 밀밭 한쪽에서 이삭을 잘라내 털어낸 밀알을 다 함께 나눠 먹었는데, 그 일을 나는 이후로도 두고두고 떠올렸다. 하지만 그것은 아무것도 아니었다. 리에주의 광산 지역에서 보낸 겨울은 혹독했다. 우리 집 아래에 작은 식당이 있었다. 홍합과 감자칩이라니! 정말이지 이국적인 냄새였다. …… 주인은 우리에게 약간의 호의를 베풀었다. 하지만 많이는 아니었다. 당연하다. 동생과 내가 만족할 줄 몰랐으니. 주인집 아들이 노끈, 러시아 우표, 기타 잡동사니를 탐냈고, 설탕을 훔쳐서 우리한테 가져다주었다. 나는 블랙커피에 적셔 먹는 빵이 대단한 진미임을 깨달으면서 익숙해져갔다(주인집 아들과의 거래로 설탕을 많이 넣을 수 있었다). 확실히 나는 그 덕택에 살아남을 수 있었다. 2년 터울의 동생은 당시 여덟 살 6개월을 경과 중이었는데, 그 음식에 익숙해지지 못했다. 동생은 점점 말랐고, 핼쑥해졌으며, 활기를 잃었다. 어린 내 눈에도 동생이 쇠약해지는 게 빤히 보였다. 나는 동생에게 이렇게 말했다. "밥을 안 먹으면 죽어." 하지만 죽는다는 게 무엇인지 나는 몰랐다. 그건 동생도 마찬가지였다. 우리가 죽는다는 것에 겁을 집어먹지 않은 이유다.

아버지가 브뤼셀 대학교 해부학 연구소에 일자리를 얻은 것은 행운이었다. 그 일을 계기로 가족의 삶이 급작스럽게 나아졌다. 아버지가 우리를 불렀고, 우리는 거나하게 먹었다. 하지만 라울한테는 행운이 너무 늦게 찾아왔다. 동생은 침대에 몸져누웠고, 몇 주 더 저항했지만 빠른 속도로 생명의 기운이 빠져나갔다. 나는 동생의 이마에 얼음주머니를 올려주었고, 옛날이야기를 들려주었으며, 건강을 회복할 수 있을 거라고 희망적인 약속을 했다. 그 약속은 나를 설득하는 것이기도 했다. 무언가 믿을 수 없는 일이 동생의 내면에서 일어나고 있었다. 동생의 얼굴이 다시금 어린아이의 얼굴로 바뀌었다. 두 눈이 반짝반짝 빛나면서도 흐릿했다. 의사들과 아버지가 그 사이에 어두운 방으로 살며시 들어왔다. 아버지와 나 둘이서만 위클의 공동묘지로 동생의 시신을 옮겼다. 어느 여름날이었다. 도시는 겉으로는 행복한 듯했다. 하지만 우리가 얼마나 고독한지 나는 절절이 깨달았다. 나 자신도 외롭고 쓸쓸하기는 마찬가지였다. 과학을 믿었던 아버지는 내게 종교를 일절 가르치지 않았다. 나는 책을 통해 '영혼'이란 단어를 접했다. 그것은 내게 계시와도 같은 일이었다. 생명이 빠져나가 관에 담긴 시신은 아무것도 아니었다.

나는 쉴리 프뤼돔Sully Prudhomme(프랑스의 시인, 평론가 – 옮긴이)의 시편을 외우면서 어떤 확신을 느꼈는데, 누구에게도 털어놓을 수는 없을 것 같았다.

드넓은 여명을 응시하는 파란 눈동자와 검은 눈동자는
모두가 아름답고, 사랑스럽습니다.
무덤 저편의 눈동자는 눈꺼풀이 굳게 닫혀 있지만
그래도 여전히 볼 수 있습니다.

우리가 사는 집 앞에는 섬세한 박공 장식으로 지붕을 얹은 저택이 한 채 있었다. 참으로 아름다운 집이었다. 황금빛 노을이 매일 저녁 그 집 위에 드리웠고, 나는 그곳을 동생 '라울의 집'이라고 불렀다. 어정거리면서 하늘을 배경으로 그 집을 빤히 쳐다보는 일도 잦았다. 나는 가난한 아이들을 끊임없이 괴롭히던 굶주림이 정말 싫었다. 만나는 아이들의 눈동자에서 라울의 표정이 자꾸 읽혔다. 다른 누구보다 가난한 아이들에게 나는 더 친근함을 느꼈다. 그들은 내 형제였다. 그들이 저주받았다는 게 내 느낌이었다. 그런 감정이 내 내면에 뿌리 깊게 자리했고, 그것은 지금도 여전하다. 나는 40년 후 브뤼셀을 다시 찾았고, 샤를루아(벨기에의 남부 도시 – 옮긴이)로 가는 길에 하늘을 배경으로 우뚝 솟아 있던 그 박공지붕 집을 찾아가보았다. 생각해보면, 마찬가지로 저주받은 사람들과 함께하는 것이 내 평생의 운명이었다. 나는 파리, 베를린, 모스크바에서 영양실조로 고생하는 부랑아들을 수도 없이 보았다.

고통은 점점 희미해지고, 우리가 계속해서 살아갈 수 있다는 사실이 내게는 큰 놀라움으로 다가왔다. 살아남는 것은 정말이지 당황스럽고 혼란한 일이다. 나는 여전히 그렇게 생각한다. 이유는 많고도 다양하다. 살아남지 못한 사람들을 위해 사는 게 아니라면 도대체가 왜 사는 걸까? 생각이 이렇듯 혼란스러웠기 때문에 나는 운이 좋았고, 집요할 수 있었다. 의미를 부여할 수 있었던 것이다. 나보다 먼저 죽은 많은 이가 정당성을 증명하는, 그들과 연결된 다른 이유도 많다. 나는 지금도 그렇게 생각한다. 망자는 산 사람들과 아주 가깝다. 나는 둘 사이에 어떤 경계가 있다고 생각하지 않는다. 후에, 한참 후에 수감 생활을 하고, 전쟁들을 경험하고, 총살당한 사람들의 그늘 아래 살아가면서 나는 다시금 거듭해서 이런 생각을 했다. 물론 나는 내면세계가 크게 변모했고, 분명한 언어로 표현할 수 없던 어린 시절의 애매한 확신에서 벗어나 있었다.

내 최초의 우정은 그 다음 해에 시작되었다. 익셀(벨기에 중부 브뤼셀 부근의 도시 – 옮긴이)에 살 때였는데, 붉은 양배추를 한 통 들고 시골길을 따라 집으로 가고 있었다. 엄마가 흰색과 연보라색이 체크무

늬로 섞인 러시아식 셔츠를 만들어주셨고, 나는 그 작업복이 자랑
스러우면서도 들고 있는 양배추 때문에 조금은 바보스럽다고 생
각했다. 내 또래의 부랑아 같은 녀석이 길 건너에서 나를 째려보았
다. 몸집이 떡 벌어졌고, 안경을 쓰고 있었다. 나는 양배추를 출입
문 안쪽에 두고, 녀석에게 다가갔다. 안경잡이라고 놀리면서 한바
탕 싸워볼 요량이었다. "이봐! 안경잡이! 정말 박쥐눈깔로 만들어
줄까?" 우리는 어깨를 부딪치며 싸움닭마냥 서로를 탐색했다. "그
러시겠다!" "시작해볼까!" 하지만 싸움은 없었다. 그때 이후로 우
리는 친구가 되었다. 물론 그 우정은 갈등 및 충돌과 지척지간이었
지만. 우리는 열정을 공유했고, 갖은 비극을 함께했다. 그는 스무
살 때 형장의 이슬로 사라졌다. 우리는 그때까지도 여전히 친구였
고, 동시에 적이었다. 그렇게 티격태격 다투고 나서 나한테 와 놀
자고 한 것은 그였다. 주도권을 내가 쥔 것이다. 우리는 서로를 아
꼈지만, 그는 이후로 시종일관 내게 반발했다. 내면 깊숙한 곳에서
자신의 의존성을 떨쳐버리고자 했던 것이다. 레이몽 칼르망[7]은 거
리 생활을 감당할 수 있을 만큼 컸고, 답답한 집을 탈출할 수 있다
면 뭐든 할 태세였다. 아버지가 아침부터 저녁까지 신발을 때우는
업장이 집 바로 앞에 있었다. 그의 아버지는 엄하지 않았지만 낙담
한 주정뱅이였고, 한때 사회당 당원으로 사회주의라면 질색을 했
다. 나는 열세 살 때부터 혼자 살았다. 부모님은 여행이 잦았고, 그
과정에서 우리는 자연스럽게 멀어졌다. 레이몽이 피난처를 구해
나를 자주 찾아왔다. 우리는 페니모어 쿠퍼Fenimore Cooper(미국의 소설
가 - 옮긴이)의 소설을 버리고 루이 블랑Louis Blanc의 명저《프랑스 혁
명사》를 읽기 시작했다. 그는 책에서 가두의 상황을 생생하게 묘사
했다. 우리가 사는 거리와 똑같았다. 상퀼로트sans-culotte(프랑스 혁명
기의 의식적인 민중세력을 가리키는 말 - 옮긴이)들이 창을 들고 활보하는 거

리라니! 2수sou(20분의 1 프랑의 동전 - 옮긴이)어치의 초콜릿을 나눠 먹으며, 그 손에 땀을 쥐게 하는 이야기를 읽는 일이 우리가 가장 좋아하는 소일거리였다. 지력을 깨친 이래 내가 알고 있던 이상적 인물들의 고갱이를 그 과거 이야기의 주인공들이 체현하고 있었기 때문에 나는 특히나 감동했다. 한참 후였지만 우리는 에밀 졸라Emile Zola의 압도적인 소설 《파리Paris》도 읽었다. 우리는 가을비를 맞으며 부아 드 라 캉브르(브뤼셀 외곽의 도시 공원 - 옮긴이)를 여러 시간 쏘다녔다. 등장인물 살바[8]가 살인을 기도한 후 불로뉴 숲(프랑스 파리 서쪽의 대공원 - 옮긴이)으로 쫓기는데, 그가 느꼈던 분노와 절망을 체험해보려던 것이었다.

우리는 법무부가 사용하던 브뤼셀 궁전의 옥상을 제일 좋아했다. 기성의 권위를 무시하는 일은 즐거웠다. 사람들이 잘 모르는 외진 계단으로 슬쩍 통과해, 법정과 인적이 드물어 먼지투성이인 복도의 미로를 지나면 옥상에 다다를 수 있었다. 기하학적으로 배치된 철과 아연과 석재의 구조물이 이루는 경사는 위험했다. 우리는 그곳 옥상에서 도시 전역과 끝없이 펼쳐진 하늘을 바라보았다. 아래로 광장은 포석들이 자그마한 직사각형의 모자이크를 이루었다. 작디작은 마차에서는 거만한 법률가가 내리곤 했다. 그들이 들고 있던 작은 가방은 공소 내용이 적힌 서류로 불룩했다. 우리는 코웃음 치며 이렇게 말했다. "정말이지 비참하고 불쌍한 존재야! 생각해보라고! 매일 여길 오는데도 옥상에 올라와 심호흡해볼 생각을 단 한 번도 못하다니 말이야! '출입 금지'만 씌어 있으면 껌벅 죽는 게 저들의 삶이지." 하지만 우리가 깨달은 가장 또렷한 교훈은 도시 자체의 구조였다. 그것은 가슴 아픈 광경이기도 했다. 우리가 아시리아 건물을 연상한 거대한 '정의의 궁전'은 도시 한가운데 빈민촌에 세워져 있었다. 부재와 석재 조각들은 오만하고 위압적이었다. 도시가 두 개 존재했다. 궁전을 본떠 구축된 상류층 도시는 번듯하고 널찍했다. 루이즈 대로를 따라 도열한 타운 하우스들은 아름다웠다. 마로이는 하류 도시였다. 골목에서는 악취가 났고, 세탁물이 이리저리 널려 있었으며, 콧물 범벅인 아이들이 바글거리며 놀았고, 블라이스 거리와 오트 가는 술집 천지였다. 두 개의 인류, 두 개의 강이 있었다. 주민들은 중세 시대부터 거기서 부대끼며, 똑같은 불의에 시달렸고, 똑같은 벽에 가로막혀 있었다. 탈출구는 없었다. 그런 현실의 정점이라 할 수 있는 것이 여자 교도소였다. 과거에 수도원 감옥이었던 그 시설은 언덕바지로 법무부 궁전과 빈민가 사이에 위치했다. 나막신을 신은 죄수들이 교도소 내 운동장의 포석 위를 타박이며 걸으면 멀리서 달그락거리는 소리가 났다. 그곳 궁전 옥상에 서면 고문받아 지르는 비명도 희미한 반향으로 들려왔다.

아버지는 수입이 변변치 않은 대학 선생이었고, 불안한 망명자 신분도 계속되었다. 아버지가 대금업자들과 싸움 직전까지 간 일도 보았다. 아버지의 두 번째 아내는 출산과 가난의 고통에 지쳐갔고, 엄청난 히스테리 반응을 보였다. 아버지 집(나는 거의 찾지 않았다)은 매달 1일부터 10일까지는 상당히 잘 먹었다. 10일부터 20일까지는 그럭저럭 버텼고, 20일부터 30일까지는 최악이었다. 오래되었지만 어떤 기억은 아직도 내 영혼에 깊이 아로새겨져 있다. 살집에 박힌 손톱처럼 말이다. 생캉트네르 공원 뒤쪽 신시가 모처에 살 때의 일이다. 아버지가 어느 날 아침 노랑색 나무로 만든 조그마한 싸구려 관을 겨드랑이에 끼고 나가셨다. 얼굴에서는 아무 표정도 읽을 수 없었다. "각자의 밥은 알아서 신용으로 구해야 한다." 아버지는 돌아오셔서 해부학과 지질학 책에 몰두했다. 그의 뒷모습은 고독해 보였다. 나는 학교를 다녀본 적이 없다. 아버지는 "빈자들에게 부르주아의 교육 기관은 쓸데없다"고 경멸했다. 그렇다고 그에게 교육비를 감당할 수 있는 돈이 있었던 것도 아니다. 아버지는 몸소 나와 함께 공부를 했다. 자주는 아니었고, 대단한 열의를 보이지도 않았다. 하지만 지식에 대한 열정만큼은 놀라웠다. 아버지는 질문이나 결론에 움츠러드는 법이 없었다. 그의 지성은 정체란 걸 몰랐다. 시종일관 빛을 발하는 이성에 나는 혼이 빠질 정도로 탄복했다. 박물관, 도서관, 교회당을 무시로 드나들었다. 나는 백과사전을 파면서 공책을 가득 채웠다. 나는 문법을 전혀 모르는 채로 글쓰기를 배웠다. 내가 프랑스어 문법을 공부한 건 후에 러시아 학생들에게 그걸 가르치면서였다. 나한테는 배움이 삶과 별도로 존재하는 무엇이 아니었다. 삶 그 자체였다. 내게 삶과 죽음의 관계는 신비에 쌓여 있어서 이해하기 힘든 수수께끼였다. 반면 지상의 산물은 중요했을 뿐만 아니라 비밀스럽지도 않았다. 후자를 통해 전자의 관계가 명확해졌다. "빵(밥)", "굶주림", "돈", "무일푼", "신용(외상)", "방세", "집주인"이란 말들은 내게 너무나도 구체적인 의미로 다가왔다. 생각해보건대, 그런 구체성으로 인해 내가 역사 유물론에 친화적이었던 것 같다. …… 아버지는 졸업 증서 따위는 경멸한다고 공언하셨으면서도 내게 고등교육을 시키고 싶어하셨다. 그 얘기를 상당히 자주 했는데, 내가 적극적으로 고려해보도록 영향을 미치고 싶었기 때문일 것이다.

그즈음에 표트르 크로포트킨[9]의 팸플릿을 읽게 됐다. 그 소책자는 어디에서도 경험해본 적이 없는 명확한 어조로 씌어 있었고, 나는 이후로 고등교육 기관은 다시는 거들떠보지 않았다. 그때 이후로 30년이 흘렀지만 크로포트킨의 메시지는 내 마음속에 아직도 선명하게 남아 있다. 그 아나키스트는 한창 공부 중일 젊은이들에게 이렇게 물었다. "무엇이 되고 싶은가? 그 정의상 불의일 뿐인

부자들의 법을 적용하는 법률가? 부자들을 보살피고, 슬럼의 폐병 환자들에게는 좋은 음식과 신선한 공기와 휴식을 처방하는 의사? 땅 부자들이 안락하게 살 수 있도록 집을 지어주는 건축가? 주위를 살펴보라. 그리고 당신의 양심을 들여다보라. 당신의 의무와 책임이 그런 것들과는 달라야 함을 모르겠는가? 피착취자들과 연대하고, 도저히 용인할 수 없는 이 체제를 때려 부수는 일에 동참하는 것은 어떤가?" 만약 내가 부르주아 출신의 대학 선생 아들이었다면 크로포트킨의 주장이 비약이 심하고, 체제를 너무 가혹하게 비난한다고 느꼈을 것이다. 물론 나이를 먹어가면서, 계속해서 완만하게 당시 유행하던 진보 사상과 이론에 내가 넘어갔을 수도 있지만 말이다. …… 이 주장이 내게는 계시적이었고, 나는 크로포트킨을 거부하는 사람들은 범죄자라고 생각했다. 대학에 가지 않을 거라는 의중을 아버지에게 밝혔다. 시기도 괜찮았다. 그달 말은 경제 사정이 최악으로 처참했기 때문이다.

"그렇다면 뭐가 되고 싶니?"

"공부요. 대학에 가지 않고 공부할 거예요."

진실을 말하자면, 내 얘기가 과시적으로 들릴까봐 무척 두려웠다. 무슨 말인가? 생각이 격돌할 게 두려워 감히 이렇게 말하지 못했다는 얘기다. "아버지께서 그렇게 해온 것처럼 나도 싸우고 싶어요. 누구나, 모두가 평생에 걸쳐 싸워야 해요. 아버지는 확실히 패배하셨어요. 나는 힘을 더 기르려고 노력할 거예요. 운도 따르면 좋겠죠. 그것 말고 다른 것은 없습니다." 당시 내가 생각하던 것은 이런 내용에 더 가까웠다.

나는 막 열다섯 살을 넘긴 상황이었다. 나는 사진사의 도제가 되었고, 계속해서 사환, 제도사였으며, 중앙난방 기술자 일도 했다. 노동시간은 열 시간이었다. 점심시간이 한 시간 반이었고, 출퇴근에 한 시간을 썼으므로 열두 시간 반을 생업에 묶여 있었던 셈이다. 제대로 지급된다 해도 청소년 노동은 임금이 형편없이 낮았다. 다수의 고용자가 임금 없이 2년 도제를 들이밀었다. 대가로 직업 훈련을 해준다는 것이었다. 내 초창기의 일자리 중 최고는 한 달에 40프랑(8달러)을 받는 곳이었다. 노르웨이와 알제리에 광산이 있는 노구의 사업가 밑에서 일할 때였다. …… 그 한창 청소년기에 내게 우정이란 게 없었다면 즐길 게 도대체 무엇이었을까?

우리 무리는 형제들보다 더 가까웠다. 근시의 레이몽은 냉소적인 악당이었다. 그는 매일 저녁 주정뱅이 아버지에게로 돌아갔다. 레이몽에게는 예쁜 여동생이 있었다. 책을 좋아했던 아이인데, 더럽고 낡은 신발의 악취 속에서도 창문을 제라늄으로 꾸몄다. 그녀는 소심했고, 누군가에게 선택될 날을 하염없이 기다렸다. 장 드보에[10]는 고아였고, 시간제로 일하는 인쇄공이었다. 그는 악취가 진동하는 센 강의 수로 너머 안데를레히트에서 살았다. 함께 사는 할머니는 50년 동안 단 하루도 못 쉬고 계속해서 세탁부로 일했다. 우리 4인조 가운데 세 번째는 뤼스 쿠르베Luce Courbe였다. 큰 키에 얼굴이 창백하고 겁이 많았던 뤼스는 이노바스용 백화점에서 "좋은 조건"으로 일하는 행운을 누렸다. 하지만 그 모든 것이 뤼스를 파괴하고 말았다. 규율, 착복, 무용無用, 공허, 어리석음 등등에 그는 지쳐갔다. 감탄사가 나올 만큼 큰 규모로 구축된 그 백화점의 모든 이가 뤼스에게는 미친 인간들로 보였다. 어떤 면에서는 그의 진단이 옳았을 것이다. 뤼스는 10년간 고되게 일하고 나서 판매 책임자로 승진했고, 다시 부서의 우두머리가 되지만 죽고 만다. 뤼스는 그 과정에서 엄청난 수모를 참아야 했다. 관리자와 동침을 거부해 무례하다는 이유로 잘리는 곱상한 여점원의 이야기를 떠올려보라.

간단히 얘기해, 우리는 다양하게 살아가는 듯했지만 꽤나 모멸적인 방식으로 갇혀 지냈다고 할 수 있겠다. 일요일은 해방감을 맛볼 수 있는 행복한 탈출구였지만 일주일에 한 번뿐이었고, 더구나 우리에게는 돈이 없었다. 우리는 시내의 번화가를 명랑하게, 또 가소롭다는 듯이 활보하곤 했다. 갖은 유혹을 경멸하는 식이었고, 머릿속에는 생각이 많았다. 우리는 깡마른 어린 늑대들이었다. 자부심이 넘쳤고, 생각도 많았다(위험한 종류였다). 확실히 우리는 출세주의자가 되는 것을 두려워했다. 우리보다 나이가 많은 연장자들이 혁명가인 척 겉꾸밈을 했지만 이후로 딴판인 삶을 살아가는 것을 지켜보았던 것이다.

"20년 후 우리는 어떻게 돼 있을까?" 어느 날 저녁 우리는 스스로에게 물었다. 돌이켜보니 30년이 흘렀다. 레이몽은 단두대에서 처형되었다. (신문들의 명명에 따르자면) 그는 "아나키스트 폭력배"였다. 레이몽은 훌륭한 기요탱 박사Dr. Guillotin의 혐오스런 처형 기계를 향해 걸어가면서 마지막으로 기자들을 이렇게 비꼬았다. "사람이 죽는 걸 보니까, 좋은가?" 나는 보에를 브뤼셀에서 다시 만났다. 그는 노동자였고, 노동조합 조직자였으며, 감옥에서 10년을 썩고도 여전히 자유를 위해 싸우는 중이었다. 뤼스는 폐결핵으로 이미 죽고 없었다. 나는 10년이 약간 넘는 세월 동안 이런저런 방식으로 감금·억류되었고, 7개국에서 정치 활동을 했으며, 책을 스무 권 썼다. 나는 가진 게 아무것도 없다. 몇 번은 발행 부수가 엄청난 한 언론사가 추잡한 비난을 퍼붓기도 했다. 내가 진실을 말했기 때문이다. 승리를 거두었던 혁명이 타락해버렸다. 몇 차례의 혁명 시도는 무산되었다. 대학살이 수도 없이 일어나 약간은 정신이 멍할 정도다. 생각해보면, 이 대학살은 아직 끝나지도 않았다. 이 얘기만 하고 마칠까 한다. 우리에게 허용된 유일한 길은 그것뿐이었다. 나는 과거 그 어느 때보다 인류의 미래를 자신하고, 믿는다.

우리는 사회당 당원이었다. 정확히 말하면 청년근위대[11]원이었다. 사상이 우리를 구원했다. 우리는 사회 갈등이 존재함을 따로 증명받을 필요가 없었다. 교과서를 이용해야 하는 것도 아니었다. 우리는 사회주의 사상을 통해 삶의 의미를 발견했고, 그것은 투쟁이었다. 묵직한 깃발을 들고 이루어지는 시위에 우리는 흥분했다. 충분히 자거나 먹지 못하면 깃발을 들고 이동하는 것 자체도 힘들었지만. 카미유 위스망[12]이 민중의 집Maison du Peuple 발코니에서 연설을 하곤 했다. 그는 앞머리가 약간 사탄 같았고, 이마가 반구형으로 넓었으며, 입도 비뚤였다.《게르 소시알Guerre Sociale》[13]의 헤드라인들은 호전적이었다. 귀스타브 에르베Gustave Hervé는 프랑스 사회당에서 봉기파를 이끌었고,《게르 소시알》독자들의 여론을 조사했다. "그를 제거해야 합니까?"(이 설문은 노동자들의 피를 뿌린 클레망소[14] 정부하에서 이루어졌다.) 군국주의에 반대하는 운동이 대규모로 일어났고, 프랑스인 탈영병들이 파토[15], 푸제[16], 브루트슈[17], 이브토[18], 그리퓌엘[19], 라가르델[20]의 전투적 노동조합주의 풍조를 우리에게 전수해줬다. (이 사람들 대다수는 현재 죽고 없다. 라가르델은 아직 살아 있고, 무솔리니와 페탱의 고문이 되었다.) 러시아에서 탈출한 사람들은 우리에게 스비아볼레 반란Sveaborg mutiny, 오데사의 한 감옥이 다이너마이트로 폭파된 사건, 처형, 1905년 총파업, 자유와 해방의 나날들을 얘기해줬다. 나는 이런 주제들로 청년근위대 익셀 지부에서 생애 첫 번째 대중 연설을 했다.

우리 또래는 몹시 추잡하게 자전거나 여자 얘기를 했다. 우리는 순수했고, 스스로와 미래에서 더 좋은 것을 기대했다. 우리는 이론의 세례 따위는 전혀 받지 못한 채 청소년기를 맞이했고, 새로운 문제에 직면했다. 거리의 생활은 비열했다. 화려하고 야한 세탁물이 내걸린 어두운 골목길 끝에 우리가 아는 어떤 가족이 살고 있었다. 뚱뚱하고 의심이 많은 어머니는 아름다웠던 과거를 붙잡는 데 열심이었다. 큰딸은 치아 상태가 안 좋았는데 매우 도발적이었다. 하지만 여동생은 굉장히 아름다웠다. 에스파냐 여자처럼 예뻤다. 두 눈은 매력적이었고, 순결했으며, 부드러웠다. 입술은 피어나는 꽃 같았다. 그 아이가 엄마의 보호를 받으며 우리 곁을 지날 때 할 수 있는 것이라고는 웃으면서 "안녕" 하고 인사하는 것뿐이었다. 레이몽은 이렇게 말했다. "무도 학교에 보내는 게 분명해. 돈 많은 늙은이를 노리는 게 틀림없어." 우리는 베벨[21]의 《여성과 사회주의》따위를 읽으며 그런 문제들을 이야기했다.

우리는 서서히 전투에 돌입했다. 그것은 사회주의와의 전투가 아니라 온갖 반사회주의자들과의 전투였다. 갖은 반사회주의 도당이 노동계급 운동 주위에 득시글거렸다. 그냥 득시글거린 것만이 아니라 침투해서 지배했고, 더럽히고 욕보였다. 행진을 할 때는 도중에 멈춰서 쉬는 곳을 두었다. 노동자 단체를 지지하는 술집 주인들을 돕기 위해서였다. 물론 그들을 전부 만족시킬 수는 없었지만! 우리는 다른 무엇보다 선거 정치를 혐오했다. 사회주의의 핵심에 악영향을 미쳤기 때문이다. 이제야 느끼는 거지만, 당시 우리는 매우 정의로우면서 동시에 매우 부당했다. 인생을 몰랐기 때문이다. 삶은 매우 복잡하고, 타협과 절충으로 가득 차 있다. 협동조합들이 주주들에게 돌려주는 2퍼센트의 배당금을 우리는 신랄하게 비웃었다. 그 이면에 어떤 승리가 자리 잡고 있는지를 몰랐기 때문이다. "젊은이들이 주제넘고, 건방지다!"고 그들은 말했다. 하지만 우리는 절대적이고 완전한 것을 갈망했다. 라켓Racket, 곧 불순한 의도를 가지고 속임수를 쓰는 집단은 언제나 존재했고, 도처에 있다. 사람들은 사회의 산물이며, 우리가 화폐의 시대에 살고 있기 때문이다. 속임수와 강탈이 상거래의 시대는 물론이고 혁명이 한

창인 와중에도 융성하고, 심지어 가끔은 유익하기도 하다는 사실을 나는 계속 확인했다. 우리는 순수한 사회주의를 열렬히 희구했다. 우리는 투쟁적 사회주의를 믿었다. 당시는 개량주의reformism(개혁주의)가 융성하던 시기였다. 벨기에 노동자당의 특별 회합에서 반더벨드[22]가 콩고 합병을 지지했다. (그는 호리호리한 체격으로 아직 젊었음에도 음흉했고, 활기가 넘쳤다.) 우리는 격렬하게 항의했고, 회관에서 퇴장했다. 우리가 어떻게 할 수 있었겠는가? 우리는 절대적이고 완전한 것을 원했다. 우리는 투쟁을 열망했다. 우리는 맹목적 열정에 휩싸여 있었다. 온갖 장애에도 불구하고 말이다. 그런 우리가 탈출구가 전혀 없는 삶과 도시에서 탈출하기 위해 무엇을 할 수 있었겠는가?

우리에게는 원칙이 필요했다. 목표로 삼아 분투하고, 달성해야 할 삶의 방식 말이다. 이제는 안다. 생각해보라. 사기꾼들이 젊은이에게 헛된 해결책을 제시하기가 얼마나 쉬운가. "네 명만 모여도 내 말을 믿으라는 사람이 나온다"고 하지 않던가. 조금이라도 더 나은 것이 전혀 없었다. …… 다른 모든 것이 실패하면 독재자들이 득세한다. 훌륭한 대의가 없으면 무가치한 깃발을 좇기 마련이다. 진정한 대의가 없으면 가짜가 판을 친다. 협동조합 운영자들은 우리를 괴롭혔다. 그들 가운데 한 명은 화를 내면서 우리를 '떠돌이'라고 욕했다. 우리가 그의 사업소 앞에서 전단을 나눠줬던 것이다. (쓰디쓴 표정으로) 키득거렸던 게 아직도 생각난다. 사회주의자들은 '떠돌이'라는 말을 모욕적 언사로 사용했다. 그런 식이라면 막심 고리키[23]도 쫓겨났을 것이다! M.B.라고 하는 어떤 시의원을 내가 왜 중요하게 여겼는지는 기억이 안 난다. 아무튼 나는 그와 만나기로 약속을 잡았다. 그 뚱뚱한 신사는 값이 싼 땅에 짓는 중으로, 곧 보유하게 될 쾌적한 주택의 설계도를 내게 몹시 보여주고 싶어했

다. 나는 사상과 관념을 화제로 삼으려 했지만 그 노력은 헛된 시도
였다. 완전히 실패하고 만 것이다. 생각해보면 그걸 뛰어넘어야 행
동과 실천의 영역으로 나아갈 수 있었다. 분야와 영역은 너무나 많
고 다양했으며, 그 신사는 자기 것이 있었다. 당연히 토지 등기에
도 올라갈 터였고 말이다. 그는 점점 더 부자가 되어가고 있었고,
나는 그를 잘못 판단했을 것이다. 노동자 거주 지구를 정화하는 데
기여했다면 그의 삶은 헛되지 않았을 것이다. 하지만 그는 내게 그
걸 설명하지 않았고, 당시에는 나도 이해할 수 없었다.

사회주의는 개량주의를, 의회 정치를, 편협하고 혐오스런 교조
주의를 의미했다. 쥘 게드[24]가 그런 완고한 사회주의를 대변했다.
사람들은 게드로 인해 도시의 미래를 이렇게 상상했다. 주택이 전
부 똑같아지고, 강력한 국가가 이단자들을 박해할 것이라고 말이
다. 그런 엄격한 교조주의를 교정하는 방법은 믿지 않는 것이었다.
우리는 절대자유 딱 하나면 됐다(쓸데없는 추상적 공론은 필요 없었다). 자
유는 이기적이지 않은 열렬한 삶의 원리였다. 자유는 이 숨 막힐 듯
답답한 세상에서 삶의 터전을 확보하는 것(여전히 인기 있는 게임이다)이
아니라, 간절히 원해도 파괴할 수 없어 결국 탈출을 시도하는 행동
원리였다. 우리가 계급투쟁을 배웠다면, 뭐라도 진정한 투쟁을 알
았다면 영감을 얻어 고무받았을 것이다. 그러나 제1차 세계대전이
발발하기 전까지는 풍요가 지배했고, 사회는 잠잠했다. 누가 보더
라도 혁명은 불가능했다. 혁명을 얘기하는 사람들도 말법이 형편
없었고, 그 모든 작업이 팸플릿을 팔아먹으려는 책동으로 비쳤을
따름이다. M. 베르제레가 그 기념비적인 날을 지루하게 이야기했
다.[25]

한 아나키스트가 우리에게 그 자유의 원칙을 가르쳐주었다. 내
가 지금 얘기하고 있는 사람은 오래전에 죽었다. 하지만 내게는

그의 그림자가 그 자신보다 더 크게 여전히 남아 있다. 보리나주의 광부로 갓 출소한 에밀 샤플리에[26]가 슈토켈의 수아네 숲에 공산주의, 아니 공산사회주의에 더 가까운 마을을 세웠다. 형장의 이슬로 사라진 테러리스트 에밀 앙리[27]의 형제인 포르튀네 앙리 Fortuné Henry도 아르덴의 에글몽에서 비슷한 목가적 이상향을 운영하고 있었다. "오늘부터 자유롭게 살면서 공동체와 함께 노동하리라⋯⋯" 우리는 햇살이 비치는 길을 따라 걸었고, 생울타리와 정문에 이르렀다. 벌들이 윙윙거렸다. 여름은 황금색으로 빛났고, 나는 열여덟 살이었다. 아나키즘의 문이 거기 있었다! 야외에 탁자가 하나 보였는데, 팸플릿과 전단들이 쌓여 있었다. CGT[28]의《투사의 길Soldier's Handbook》,《결혼은 악덕이다The Immorality of Marriage》,《새로운 사회The New Society》,《계획 출산Planned Procreation》,《복종은 범죄다The Crime of Obedience》,《시민 아리스티드 브리앙, 총파업을 말하다Citizen Aristide Briand's Speech on the General Strike》. 책자의 목소리는 생기가 넘쳤다. 잔돈이 놓인 접시도 하나 보였는데, 거기에는 이렇게 적혀 있었다. "원하는 만큼 가져가시오. 능력이 허락하는 만큼 기부하시오." 깜짝 놀랄 만큼 대단한 선언이었다! 모든 도시, 지상의 모든 세계가 단 한 푼까지 화폐로 계산되고 있었다. 어떤 경우에는 돈궤를 선물하기도 했다. 외상은 없었다. 아무도 믿지 않았다. 문단속은 철저히. 내 것은 내 것. 탄광을 소유한 나의 고용주는 우표까지 직접 발행했다. 10상팀centime(프랑스의 화폐 단위로 100분의 1 프랑 – 옮긴이)이라도 그 백만장자를 속이는 것은 불가능했다! 우리는 아나키즘 공동체의 돈에 대한 태도에 감탄했다.

　계속해서 조금 더 가자, 수목 아래로 작고 하얀 집이 한 채 나왔다. 모든 방문자에게 열린 문 위로 이렇게 적혀 있었다. "당신이 하고자 하는 바를 하시오." 농장 안마당에서는 어떤 커다란 형체가 열변을 토했는데, 사람들이 완전히 몰입해서 듣고 있었다. 옆모습이 꼭 해적 같았다. 그는 스타일이 본질에 충실했고, 목소리는 정감이 있었으며, 말재주가 끝내줬다. 자유연애가 그의 화두였다. 헌데 생각해보라. 사랑이 어떻게 자유로울 수 없단 말인가?

인쇄공들, 정원사들, 신발 수선공 한 명, 화가 한 명이 거기서 우의를 다지며 일하고 있었다. 각자가 관계를 맺고 있는 여자들도 함께였다. 물론 그럴 수만 있다면 목가적이어야 했다. …… 사람들은 아무것도 없이 출발했고, 여전히 허리띠를 졸라매야 했다. 이런 공동 집단은 자원 부족으로 순식간에 붕괴하는 일이 잦았다. 성원들은 질투하는 게 공식으로 금지되었지만 여자들을 놓고 벌이는 다툼은 너그러운 아량 속에서 해결된다 할지라도 커다란 상처를 남겼다. 슈토켈의 자유지상주의적 공동체는 부아츠포르로 이전했고, 몇 년 더 버텼다. 우리는 거기서 편집, 조판, 교정, 인쇄를 배웠다. 처음부터 끝까지 우리가 다 만든 신문《코뮈니스트Communiste》는 작은 판형으로 4쪽짜리였다. 떠돌이 몇 명, 지능이 엄청났던 단신의 스위스인 미장공, 톨스토이의 사상을 신봉한 아나키스트로 러시아 장교 출신인 레온 게라시모프Leon Gerassimov(봉기가 패배한 후 탈출했고, 그 다음 해에는 퐁텐블로 숲에서 거의 굶어 죽을 뻔했던 그는 고귀한 인상에 낯빛이 창백했다)[29], 오데사 출신으로 부에노스아이레스를 경유해 유럽으로 건너온 존경스런 화학자. 우리는 그들 모두의 도움을 받아가며 여러 가지 중대한 문제들의 해결책을 탐색할 수 있었다.

인쇄공은 개인주의자였다. "친구여, 세상은 자네뿐이라네. 악당이나 멍청이가 돼서는 안 돼."

톨스토이 신봉자는 이렇게 말했다. "새로운 유형의 사람이 되어야 합니다. 우리 안에 구원이 있습니다."

스위스인 미장공은 루이지 베르토니[30]의 사도였다. "좋아요. 하지만 공사 현장에서는 징 박은 부츠를 무시해서는 안 돼요."

화학자는 얘기를 쭉 듣더니 러시아와 에스파냐 억양으로 이렇게 말했다. "다 쓸데없는 얘깁니다, 동지들. 사회 전쟁이라면 좋은 실험실이 필요해요." 소콜로프는 냉혹한 사람이었다. 러시아에서 벌어진 잔혹한 투쟁이 그 원인이었다. 그는 그 잔혹한 투쟁과 떨어져서는 더 이상 살아갈 수 없었다. 소콜로프는 러시아의 폭풍을 벗어났지만 여전히 내면에서는 폭풍이 휘몰아치고 있었다. 그는 싸웠고, 사람을 죽였고, 감옥에서 죽었다.

"좋은 실험실"이라는 관념은 출처가 러시아였다. 인정사정없는 전투로 단련된 남녀가 러시아를 탈출해 전 세계에 들끓고 있었다. 그들의 삶은 더 이상 목표가 없었다. 위험하게 사는 것을 그들은 당연하게 받아들였다. 서방 세계에서 안락하고, 평화로우며, 속편하게 사는 것이 그들은 무의미하다고 생각했다. 심지어 그들은 울화까지 치밀었다. 그 특권적 땅에서도 사회의 억압적 제도와 기구들이 적나라하게 작동한다는 사실이 빤히 보였던 것이다(그런데 아무도 자각하지 못하고 있었다). 타티아나 레온티에바[31]는 스위스에서 어떤 신사를 차르의 각료로 오인하고 죽였다. 미하일 립스[32]는 레퓌블리크 광장에서 버스의 2층 칸에 올라 공화국 위병대에 발포했다. 한 혁명가는 경찰의 심복으로 행세하며 환심을 산 후, 벨빌의 어떤 호텔 방에서 오호라나의 페테르부르크 수장을 처형했다. 하운즈디치라고 하는 런던의 비열하기 이를 데 없는 동네에서는 러시아 출신 아나키스트들이 보석상의 지하실에 포위당한 채 싸웠다(하운즈디치라니, 그토록 비참한 드라마에 딱 어울리는 이름이다). 윈스턴 처칠이 당시 약관의 각료로서 포위 작전을 지휘했다(한동안 처칠 하면, 당시의 사진이 상투적으로 떠오르게 됐다). 스보보다Svoboda(신원을 확인할 수 없다. 프랑스어본 편집자는 십중팔구 러시아의 혁명적 아나키스트 투사일 것으로 추정했다 – 옮긴이)는 파리의 불로뉴 숲에서 폭탄을 시험하다가 산화했다. 알렉산드르 소콜로프(그의 본명은 블라디미르 하르텐슈타인Vladimir Hartenstein이었다)[33]는 스보보다와 같은 그룹에 속해 있었다. 뤼 드 라 뮈제의 한 가게 뒷방에 그는 완벽한 실험실을 갖추었다. 엎어지면 코 닿을 거리에 왕립도서관이 있었고, 그는 그 도서관에서 러시아와 아르헨티나의 친구들에게 편지를 썼다(에스파냐어를 그리스 문자로 적었다).

배때기에 기름이 잔뜩 낀 평화의 시대였다. 분위기가 이상하게 열광적이었다. 폭풍이 몰아칠 1914년을 앞두고서 평온하고 차분하기도 했다. (1908년) 클레망소 제1차 정부가 드라베이에서 노동계급을 유혈낭자하게 진압했다. 경찰이 파업 집회에 난입해 총격을 가했고, 무고한 사람들이 죽었다. 희생자를 추모하는 장례 시위가 벌어졌고, 이번에는 군대가 발포했다. (그 시위는 식품노동자연합 간사 메티비에[34]가 조직한 것으로, 그는 극좌파 투사이자 경찰 첩자였다. 메티비에는 전날 내무부 장관 조르주 클레망소한테서 직접 지시를 받았다.) 발포 사실을 접하고 우리가 느꼈던 분노가 아직도 생생하다. 그날 저녁 100명가량의 젊은이가 정부 청사가 있는 구역으로 진출해 적기를 휘날렸다. 우리는 누구랄 것 없이 경찰과 싸웠다. 희생자는 물론이고 세상의 모든 반란자들에게 동질감을 느꼈던 것이다. 우리는 몬주익과 알칼라 델바예[35] 감옥에서 처형당한 사람들의 고통을 떠올리며 싸웠고, 환희에 젖었다. 우리 사이에서 강력한 집단의식이 자라나는 것은 경이로운 경험이었다.

소콜로프는 우리의 시위가 애들 장난이라며 비웃었다. 그는 노동자들을 도륙한 자들에게 해줄 진정한 응답을 은밀히 준비 중이었다. 하지만 소콜로프의 실험실이 발각되었고, 일련의 슬픈 사건들의 대미를 장식했다. 그는 쫓기는 신세로 전락했고, 탈출 수단도 없었다. 도피가 불가능했던 건 얼굴 때문이었다. 눈동자가 강렬해서 눈에 잘 띄었고, 코 윗부분이 으스러져서도(쇠막대로 맞아서라고 했다) 단연 쉽게 파악이 되었다. 소콜로프는 겐트의 어떤 집에 은신했다. 회전식 연발 권총을 장전한 상태에서 만일의 사태에 대비했음은 물론이다. 경찰이 들이닥쳤고, 그는 차르의 경찰에게 했던 것처럼 그들에게도 총을 쏘았다. 평화를 사랑하는 겐트의 경찰은 포그롬을 일삼는 러시아 군대의 기병 못지않았다. 소콜로프는 목숨을 내려놓았다. "여기서 죽나 거기서 죽나는 중요하지 않다. 피억압자들의 각성에 기여하며 위대하게 죽는다면 말이다." 벨기에는 번영했고, 노동계급이 실질적인 세력으로 부상하고 있었다. 협동조합, 부유한 노동조합, 그 대변자들도 상황은 마찬가지였다. 러시아의 전제정치로 인해 좌절한 이상주의자들이 내뱉는 언어와 활동을 벨기에의 그 누구도 이해하지 못했다면 어떻게 소콜로프와 같은 사람이 그렇게 할 수 있었겠는가? 우리는 소콜로프보다 더 잘 이해할 수 있었다. 물론 완전히는 아니었지만. 우리는 여론에 맞서, 또 법정에서 그를 방어하기로 했다. 겐트에서 열린 재판에서는 내가 피고 측 증인으로 참석하기도 했다. (다른 많은 사례들과 더불어) 소콜로프 방어 캠페인으로 인해 우리의 공동체 실험이 위기에 봉착했다. 우리의 선전 방식과 내용은 극도로 비타협적이었다. 완강하게 저항하며 도발해야겠다고 느낀 것인데, 결과는 치명적이었다. 나는 더 이상 어떤 일자리도 구할 수 없었다. 상당한 수준의 식자공이었는데도 말이다. 하지만 더는 혼자가 아니었다. 우리는 진공 상태에 들어 있는 듯한 느낌이었고, 누구에게 의탁해야 할지 몰랐다. 우리는 그 도시를 이해할 수 없었다. 우리가 길에서 살해된다 해도 아무것도 바뀌지 않을 도시를 이해하기를, 우리는 거부했다.

뤼 드 뤼스브로크에 밀고자로 의심받던 자가 운영하는 식료품 잡화상 겸 서적상이 있었다. 나는 거기서 선반공 에두아르 카루이[36]를 만났다. 그는 작지만 다부진 체격으로, 꼭 장마당에서 차력 쇼를 하는 사람 같았다. 근육이 육중하게 발달한 얼굴은 소심하면서도 의뭉스러운 작은 두 눈으로 인해 더욱 도드라져 보였다. 그는 리에주의 공장 출신으로, 헤켈Haeckel의 《우주의 신비Riddle of the Universe》를 좋아했다. 에두아르는 자신에 관해 이렇게 말했다. "멋진 악당이 되는 중이야! 다행스럽게도 세상 돌아가는 이치를 알게 됐어." 그는 내게 다음과 같은 얘기도 했다. 뫼즈 강의 너벅선에서 악당으로 살았다는 것이었다. "물론 남들처럼 나도 가차 없었지." 여자들은 겁을 먹었고, 열심히 일하면서 부두에서는 좀도둑질도 하고 말이야. "인간이 어떤 존재인지, 어떻게 살아야 하는지 모르겠어." 늙은 밀고자와 청춘이 시들어버린 한 여자 — 머리에는 서캐가 가득했고, 아기를 안고 있었다 — 가 듣는 가운데 에두아르는 자신의 정치적 '각성'을 내게 털어놓았다. 그는 우리 동아리에 자기를 받아들여달라고 요구했다. "내가 뭘 읽어야 할까?"

"엘리제 르클뤼Elisée Reclus[37]를 읽도록 해."

"어렵지 않을까?"

"아니." 나는 그렇게 대꾸했지만 르클뤼의 책이 엄청나게 어려우리라는 걸 이미 알고 있었다. 우리는 그를 받아들였고, 그는 훌륭한 동지였다. 우리가 함께 어울린 시간은 유쾌하기 이를 데 없었다. 물론 그가 내 곁에서 스스로 목숨을 끊으리라는 걸 아는 사람은 아무도 없었지만 말이다.

파리가 우리를 불렀다. 살바의 파리, 코뮌의 파리, CGT의 파리, 소규모 간행물들의 열정이 분출하는 파리, 우리가 가장 좋아한 작가들인 아나톨 프랑스Anatole France와 제앙 릭튀스[38]의 파리! 파리에서는 레닌[39]이 가끔 《이스크라Iskra》를 편집했고, 협력자들의 집에서 열린 망명자 집회에서 연설도 했다. 러시아 사회혁명당[40] 중앙위원회가 파리에 본부를 두었다. 부체프[41]가 파리에 살았고, 그가 이 당의 테러 조직 내에서 에브노 아조프[42]의 정체를 막 밝혀냈다. 폰 플레베 장관과 세르게이 대공을 살해한 공학자 아조프가 경찰 첩자였던 것이다. 나는 레이몽과 잠시 이별했다. 참으로 얄궂은 경험이었다. 길모퉁이에서 그를 만나 인사를 나눴다. 레이몽은 일자리가 없었고, 양복점 광고 전단을 나눠주고 있었다. 나는 이렇게 말했다. "안녕하신가? 자유인! 샌드위치맨도 좋을 것 같은데."

그는 웃으면서 이렇게 대꾸했다. "아마 그것도 하겠지. 하지만 도시는 이제 됐어. 다람쥐 쳇바퀴 같은 생활은 이제 끝이야. 탁 트인 길에서 일하다 죽고 싶어. 시골에 가서 신선한 공기를 마실 테야. 이런 무미건조함은 지긋지긋해. 구두 한 켤레를 살 수 있는 돈을 마련할 때까지만이야." 레이몽은 연인과 함께 아르덴의 길을 따라 떠났고, 스위스에 도착했다. 그는 거기서 추수를 도왔고, 석수들과 함께 벽돌을 쌓았으며, 벌목꾼들과 함께 나무를 베었다. 레이몽이 쓴 펠트 모자는 오래돼서 느즈러져 있었고, 주머니에는 에밀 베르하렌[43]의 시집도 한 권 보였다.

우리는 세상과 우리 자신에 취했고,
낡은 우주에 새로운 인간의 마음을 가져왔네.

나는 그때 이후로 시가 기도의 대용물이라는 생각을 자주 했다. 시가 우리의 정신을 크게 앙양해주고, 행복과 기쁨을 끊임없이 갈구하는 우리들에게 필요한 양식이라고 말이다. 베르하렌은 유럽의 시인으로는 월트 휘트먼Walt Whitman(그때까지만 해도 휘트먼을 몰랐지만)과 가장 가까웠고, 우리에게 벼락과 같은 존재였다. 우리는 그를 통해 현대의 도시 생활, 철도역, 어질어질할 정도의 군중을 예민하게, 고뇌에 차서, 풍부하게 사유했다. 베르하렌의 격정적 외침은 우리의 것이기도 했다. "문을 열어라! 열리지 않으면 주먹으로 문을 부숴버려라!" 주먹은 깨졌다. 왜 아니겠는가? 하지만 정체와 부진보다는 그게 더 나았다. 제앙 릭튀스는 낯선 대로의 벤치에서 밤을 보내는 무일푼의 지식인이 겪는 고통을 한탄했다. 그보다 압운이 더 풍부한 시편은 없었다.

나는 어느 날 무작정 떠났다. 10프랑과 여벌 셔츠 한 장, 습작 노트 몇 권, 항상 지녔던 사진 몇 장을 챙겨서. 역 앞에서 우연히 아버지를 만났다. 우리는 귀스타브 르 봉⁴⁴을 통해 널리 퍼진 학문의 내용과 관련해 새로 알게 된 사실들을 얘기했다.

"떠나는 거니?"

"예. 2주 정도 릴에 다녀오려고요."

나는 내뱉은 말 그대로 할 계획이었다. 하지만 결코 다시는 돌아가지 못했다. 아버지와는 그게 마지막이었다. 아버지는 30년 후 내가 러시아에 머물 때 브라질에서 마지막으로 편지를 보내오셨다. 편지에는 미 대륙의 사회구조와 문명의 역사가 적혀 있었다.

당시 유럽은 여권이란 걸 몰랐다. 국경도 사실상 존재하지 않았다. 나는 릴의 피브에 있는 한 탄광촌에 들어갔다. 다락방은 선불로 1주일에 2프랑 50상팀이었다. 나는 갱으로 들어가고자 했다. 나이든 광부 몇 명이 내 얼굴을 보더니 쾌활하게 웃으며 말했다. "두 시간이면 자넨 죽을 걸세." 3일째 되는 날 수중에는 4프랑뿐이었다. 나는 일을 찾아 나섰고, 식사량을 줄였다. 하루 식비로 25상팀을 지출해 빵 1파운드, 풋배 2파운드, 우유 한 잔(친절한 안주인한테서 외상으로 샀다)으로 제한했다. 신발 밑창이 나의 기대를 저버렸고, 그것은 무척 성가신 일이었다. 여드레가 되자 현기증이 났고, 나는 공원 벤치에 드러누워 몸을 가눠야 할 지경이었다. 베이컨 수프 생각이 간절했다. 기운이 빠져나가고 있었다. 생각해볼 수 있는 최악의 존재는 고사하고 아무 짝에도 쓸모가 없어질 터였다. 기차역의 철로 위로 부설된 철제 다리가 내게 어리석은 생각을 갖게끔 위력을 발휘했다. 바로 그때 한 동지와의 천우신조의 만남이 나를 살렸다. 그는 가로에서 배수구 파내기 작업을 이끌고 있었다. 그와 동시에 아르망티에르의 한 사진사 밑에서 하루 4프랑을 받고 일도 할 수 있게 됐다. 행운이 따랐다. 나는 피브의 광산촌을 떠나기가 싫었고, 매일 아침 가죽 헬멧을 쓴 노동자들과 함께 울적하기 이를 데 없는 새벽안개를 맞으며 일터로 향했다. 주위로는 광재더미가 산처럼 쌓여 있었다. 출근하면 비좁은 사진 현상소에 하루 종일 처박혀 녹색등과 적색등에 따라 교대로 근무했다. 저녁에는 피로로 몸을 가누지 못하게 될 때까지 잠깐이라도 시간을 내서 장 조레스[45]의 《위마니테》를 읽었다. 감탄스럽다는 생각과 짜증이 엇갈렸다. 옆방에는 어떤 부부가 살고 있었다. 두 사람은 서로를 아주 좋아했는데, 섹스를 하기 전에 남자가 아내를 무자비하게 구타하는 일이 잦았다. 여자는 흐느껴 울며 이렇게 말했다. "더 때려줘, 더." 그때까지 읽은 노동계급 여성에 관한 조사 연구가 불충분하고, 상황을 이해하는 데 무력하다는 게 백일하에 드러났다. 이런 세상과 그런 인간 존재들이 바뀌려면 수백 년은 족히 필요할까? 하지만 우리 각자는 자기 앞에 놓인 생을 딱 한 번 살 수 있을 뿐이다. 무엇을, 어떻게 해야 했을까?

우리는 아나키즘에 완전히 매료되었다. 아나키즘은 우리의 모든 것을 요구했고, 동시에 우리에게 모든 것을 주었다. 아나키즘이 밝힐 수 없는 삶의 측면이란 있을 수 없었다. 적어도 우리한테는 그렇게 보였다. 사람은 가톨릭교도일 수도 있고, 신교도일 수도 있으

○ "국가? 그런 건 잊어버려. 이름? 나라면 그 망할 걸 지어주지 않겠어. 나중에 자신에게 어울리고 마음에 드는 이름을 고르면 되지. 법? 지옥으로 꺼지라고 해." 개인주의 아나키스트로 유명한 알베르 리베르타드.

며, 자유주의자, 급진파, 사회주의자, 심지어 생디칼리스트일 수도 있다. 이런 것들은 자신의 인생, 나아가 전반적인 삶을 전혀 바꾸지 않고도 가능한 일이다. 요컨대, 적당한 신문을 골라 읽는 것으로 충분했다. 만약 그 또는 그녀가 더 엄격하다면 충성과 헌신을 요구하는 경향과 조류를 지지하는 카페에 자주 드나들기만 하면 된다. 아나키즘은 모순으로 점철되었고, 각양각색으로 산산이 분열돼 있었지만 다른 무엇보다 말과 행동의 통일을 요구했다. (기실 말과 행동의 통일은 모든 이상주의가 요구하는 바다. 하지만 현실에 안주하면서 다 잊는다.) 바로 그렇기 때문에 우리는 (당시에) 가장 극단적일 수밖에 없는 조류를 채택했다. 우리가 채택한 아나키즘은 자체의 혁명 논리를 통해 혁명의 필요성을 폐기해버렸고, 거기에는 변증법의 논리가 단호하게 동원됐다. 우리는 온건하고 학술적인 아나키즘을 혐오했고, 어느 정도는 그 때문에도 언행일치의 방향으로 나아갔다. 학술적 아나키즘의 태두는 《신시대Temps Nouveaux》의 장 그라브[46]였다. 우리의 영웅 알베르 리베르타드[47]가 개인주의를 긍정하고, 찬동해주었다. 그의 진짜 이름을 아는 사람은 아무도 없었다. 사상을 설파하기 전까지 그는 완전히 베일에 싸여 있었다. 리베르타드는 두 다리가 다 불구였고, 목발로 걸어 다녔으며, 싸울 때도 그 보조기구를 능숙하게 썼다(그는 신체장애에도 불구하고 대단한 싸움꾼이었다). 건장한 몸에, 얼굴은 수염을 길렀으며, 이목구비 역시 멋지게 균형이 잡혀 있었다. 극빈했던 리베르타드는 남부 출신의 떠돌이로, 몽마르트르에서 자기 사상을 설파하기 시작했다. 사크레쾨르 대성당에서 그리 멀지 않은 곳에서 수프 급식을 기다리던 불쌍한 실업자들과, 자유주의 서클이 그 대상이었다. 격정적이고 자석처럼 매력을 발산한 그는 대단히 역동적인 운동의 심장이자 영혼으로 부상했다. 이 운동은 그 활력이 이례적일 정도로 특출해서, 심지어는 오늘날까지도 명맥을 유지하고 있다. 리베르타드는 거리를, 군중을, 투쟁을, 사상을, 여자를 사랑했다. 그가 자매들 — 마헤Mahé 자매와 모랑Morand 자매 — 과 살림을 차린 것이 두 번이었다. 그는 자식들이 있었는데, 국가에 등록하기를 거부했다. "국가? 그런 건 잊어버려. 이름? 나라면 그 망할 걸 지어주지 않겠어. 나중에 자신에게 어울리고 마음에 드는 이름을 고르면 되지. 법? 지옥으로 꺼지라고 해." 리베르타드는 1908년 병원에서 죽었다. 싸움이 원인이었다. 그는 과학 진흥을 옹호하며 자기 시신을 해부용으로 유증했다(그는 시체가 '고깃덩이'에 불과하다고 말했다).

우리가 전폭적으로 수용한 그의 가르침은 다음과 같았다. "혁명을 기다리지 말라. 혁명을 약속하는 자들은 다른 모든 이들과 마찬가지로 사기꾼이다. 혁명은 스스로 하는 것이다. 자유인이 돼, 우애를 나누며 살면 그렇게 할 수 있다." 내가 너무 단순화한 것은 사실이다. 하지만 아나키즘 사상 자체는 소박하고 간명했기 때문에 아름다웠다. 아나키즘이 주창한 삶의 절대 계명은 이랬다. "낡은 세계를 태워버리자." 이런 입장이었기 때문에 일탈과 탈선이 많은 것은 당연했다. 어떤 사람들은 "이성과 과학에 따라 살"아야 한다고 결론을 내렸다. 그런데 펠릭스 르 당텍[48]의 기계론적 생물학을 들먹이는 저열한 과학 숭배자들도 나왔다. 그들은 갖은 바보 같은 짓을 했다. 소금을 빼버린 채식 식단이나 과식주의果食主義 fruitarianism가 그런 예들이다. 실제로 비극적 종말을 맞이하는 경우까지 종종 있었다. 우리는 젊은 채식주의자들이 사회 전체를 상대로 요령부득의 무의미한 투쟁을 벌이는 걸 지켜보았다. 아나키즘의 세례 속에서 다음과 같은 결론을 내린 사람도 있었다. "국외자가 되자. 우리한테 맞는 유일한 곳은 사회의 주변부다." 하지만 그들은 이렇게까지 생각하지는 못했다. "사회에는 주변부가 없다. 어느 누구도 사회 바깥에 있을 수는 없다. 지하 감옥에 처박힌다고 할지라도 말이다." 기실 그들의 "자기 중심주의적 의식"은 패배자의 삶을 공유하면서도 저 밑바닥에서는 잔혹하기 이를 데 없는 부르주아 개인주의와 연결되어 있었다.

내가 속한 또 다른 무리는 개인의 변화와 혁명적 활동을 연결하려고 했다. 이런 태도는 엘리제 르클뤼의 모토를 따른 것이었다. "사회의 불의가 계속되는 한 항구적 혁명을 도모하지 않을 수 없다." (이 좌우명은 기억을 떠올려 인용하는 것이다.) 우리는 자유지상적 개인주의를 바탕으로 강렬한 실존을 틀어쥐었다. 우리 자신 말이다. 스스로에 충일하라. 하지만 파리는 "탈출구가 없는" 도시였다. 파리는 엄청난 정글이었다. 그곳에서는 원시적 개인주의가 모든 관계를 지배했다. 우리의 것과는 방식이 달랐고, 그래서 위험천만했다. 우리의 개인주의는 긍정적 의미의 다원주의적 생존 투쟁이었다. 우리는 빈곤의 굴욕에 작별을 고했지만 다시금 그것과 싸우고 있었다. 스스로에 충일하라는 계명은 소중했고, 아마도 그게 가능했다면 고귀한 성취였을 것이다. 인간의 가장 절박한 욕구가 충족되어야만 비로소 스스로에 충일할 수 있었기 때문이다. 사람들은 욕구가 절박하면 다른 사람들에 공감하기보다는 짐승처럼 바뀐다. 우리는 음식과 거처와 입을 옷을 혼신의 힘을 다해 마련해야 했다. 그런 다음에는 또 읽고, 생각할 시간도 여투어야 했다. 집도 절도 없이 뿌리가 뽑혔거나 도저히 거부할 수 없는 이상주의로 "몸이 달은"(우리는 이렇게 말하곤 했다) 무일푼의 젊은이인 우리로서는 이 문제를 사실상 해결할 수가 없었다. 다수의 동지가 이내 '불법 행위'에 빠졌다. 사회의 주변부가 아니라 도덕성의 주변부에서 살아갔던 것이다. 그들은 "착취하지도, 착취당하지도 않겠다"고 선언했지만, 자기들이 계속해서 그 둘 다임은 깨닫지 못했다. 게다가 그들은 이제 쫓기게 된다. 그들은 게임이 끝났다는 걸 깨달았을 때 감옥에 가기보다는 자살을 택했다.

그들 가운데 한 명은 외출할 때면 반드시 브라우닝 권총을 소지했는데, 내게 이렇게 말했다. "감옥에 들어가지는 않을 거야! 여섯 발은 경찰 거고, 일곱 번째 총탄은 내 몫이지! 난 걱정 없다고." 걱정 없이 명랑하다는 것은 무거운 짐을 짊어졌다는 얘기였다. 우리 모두가 지닌 자기 보호 본능의 결과는 심각했다. 정글과 같은 사회였으니 더 말해 무엇 하랴. 한 사람이 만인을 상대로 싸워야 했다. 우리는 몰랐지만 절망이 차곡차곡 쌓이고 있었다.

관념들은 억압과 거부, 승화와 직관, 그 외 호명할 수 없는 여러 현상의 결과로 형성된다. 존재에 관한 무정형의 방대하며, 많은 경

○　소설가 아나톨 프랑스. 1921년 노벨 문학상을 받았다.

우 억압적이고, 심오한 감각이자 의식인 셈이다. 우리의 사고방식
과 내용은 절망에 뿌리를 두고 있었다. 할 수 있는 것이 없었다. 이
세상은 그 자체로 용인이 불가한 대상이었다. 그런 세상이 제공하
는 운명도 우리는 받아들일 수 없었다. 사람은 어쨌거나 죽지만 우
리는 무얼 하든 미리부터 패배하고 좌절했다. 아나키스트 조산사
젊은이 한 명은 "인간에게 생명을 안기는 것은 범죄이기 때문에"
하던 일을 그만두었다. 여러 해 후 러시아혁명을 접한 나는 희망을
품었고, 페트로그라드로 가고자 했다. 나는 샹파뉴 전선 구역을 통
과하기로 했다. 그곳 공동묘지에 묻히거나 맞은편 참호로 건너가
나보다 더 선량한 사람들을 죽일 위험이 있는데도 말이다. 나는 이
렇게 썼다. "목숨을 잃는 게 나쁘다거나 빼앗는 것이 범죄일 만큼
삶이 그렇게 대단한 은전이나 혜택인 것은 아니다." 아나톨 프랑스

의 작품에서 이런 특유의 직관을 읽을 수 있다. 프랑스의 역사를 풍자한 《펭귄 섬Penguin Island》은 이런 판단으로 끝난다. 행성을 파괴할 수 있을 정도로 사악하고 강력한 무기를 만드는 것이 그 상황에서 할 수 있는 최선이었다. "요컨대, 존재하지도 않는 보편적 양심이 만족하도록 말이다." 아나톨 프랑스는 회의적 문인이었고, 우리가 갇힌 채 돌고 있던 악순환의 고리를 닫아버렸다. 그것도 친절하게.

친구 르네 발레[49]는 지칠 줄 모르는 활달한 영혼의 소유자였다. 우리는 라탱 지구에서 만났고, 온갖 사안을 토론했다. 대개는 밤 시간이었고, 생트 주느비에브 언덕의 생트 미셸 대로에 올망졸망 모여 영업을 하던 술집에서였다. 바레스Barrès, 아나톨 프랑스, 아폴리네르, 루이 나지[50]가 그 대상이었다. 우리는 샤를 빌드락Charles Vildrac(프랑스의 극작가, 시인 - 옮긴이)의 《하얀 새White Bird》, 쥘 로맹Jules Romains(프랑스의 시인, 극작가, 소설가 - 옮긴이)의 《군중 송가Ode to the Crowd》, 제앙 릭튀스의 《유령The Ghost》에 나오는 단편斷片들을 낮게 웅얼거렸다. 르네는 프티부르주아였고, 당페르-로쉐로에서 그리 멀지 않은 곳에 자물쇠 제작소까지 가지고 있었다. 그가 지크프리트Siegfried(독일 또는 북유럽 전설에 나오는 영웅으로 용을 무찔렀다 - 옮긴이)처럼 거기 서서 지구가 파괴되는 것에 대해 아나톨 프랑스가 보인 태도를 비판하던 장면이 아직도 선연하다. 말을 마친 르네는 대로의 아스팔트 위에 주저앉고는 했다. 다 안다는 듯한 웃음과 함께 말이다. "분명한 것은 우리 모두가 바보라는 거야. 그래, 얼간이들이지!"

각이 졌고 잘생긴 얼굴에 연한 적갈색 머리, 다부진 턱, 초록색 눈동자, 힘센 두 손, 운동선수(전통에 얽매이지 않는 운동선수라는 건 당연한 얘기다) 같은 자세가 떠오른다. 르네는 작업 인부들의 통이 넓은 코르덴바지를 즐겨 입었고, 허리띠는 파랑색 플란넬 소재였다. 폭동이 일어난 어느 날 저녁이었다. 우리는 한 단두대 주변을 배회했다. 의기소침했고, 우리의 나약함에 넌더리가 났으며, 화가 나서 미칠 지경이었다. 우리는 서로에게 이렇게 말했다. "우리 앞에는 벽이 있어. 정말이지 지독해." 르네는 이렇게 투덜거렸다. "나쁜 놈들!" 그는 다음날 내게 이렇게 고백했다. 전날 밤 내내 자기가 브라우닝 권총을 손에 꼭 쥐고 있었다고 말이다. 투쟁 말고 다른 무엇을 할 수 있었겠는가? 그게 죽음을 의미한다 해도 아무 상관이 없었다. 르네는 패배한 동료들에게 연대감을 느꼈고, 투쟁의 필요성을 절감했고, 무엇보다도 절망했고, 죽음을 불사하는 위험한 행동에 뛰어들었다. 이들 '자기 중심주의적 의식'의 소유자들은 우정 때문에 살육당하는 길을 택한다.

내가 파리에 도착한 것은 리베르타드가 죽고 난 뒤 얼마 지나서였다. 파시Passy(프랑스의 정치가, 경제학자 - 옮긴이)의 호화로운 파리, 샹젤리제, 상업 대로는 우리한테 외국, 아니 적의 도시처럼 느껴졌다. 우리의 파리는 중심지가 셋이었다. 위대한 노동계급의 도시는 운하, 공동묘지, 쓰레기 처리장, 공장 등 음울하기 이를 데 없는 어딘가에서 시작되었다. 샤론, 팡탱, 플랑드르 다리 일대가 그곳들이었다. 거기서 달동네인 벨빌과 메닐몽탕으로 올라가는 일대가 서민들의 수도였다. 그곳은 개밋둑처럼 분주하고, 활기가 넘쳤으며, 평등주의적이었다. 그 너머에는 기차역과 환락가가 있었다. 존재를 드러낼 수 없는 지구였다. '숏 타임' 여관이 성업했다. 20수를 주면 환기가 안 되는 다락방에서 질식할 것 같은 상태로 쪽잠을 잘 수 있었다. 포주들이 드나드는 술집도 빼놓을 수 없을 것이다. 머리를 돌돌 말고, 화려한 앞치마를 한 여자들이 노상에서 호객 행위를 했다.

천둥 같은 소리를 내는 파리 지하철의 열차들은 별안간 도시의 지하 터널로 돌진해 들어가 사라졌다. 나는 구경꾼들 틈을 비집고 들어가, 차력사와 곡예사가 속사포처럼 내뱉는 말을 듣고 보았다. 광대들은 익살스럽게 장중함을 뿜내며, 최고의 묘기를 선보일 테니 깔아놓은 낡은 양탄자에 15수를 더 던지라고 주문했다. 저녁이 깃들고 작업장이 텅 비면, 맹인과 통통한 여자 조수와 풍부한 감정이 읽히는 고아 소녀가 당대의 인기 가요를 노래했다. 그런 노래에서는 "어스름한 저녁"이나 "간절한 사랑" 얘기도 심심찮게 나왔다.

우리의 몽마르트르는 예술가들의 술집이 포진한 몽마르트르와 인접했지만 그들을 만나지는 않았다. 물랭 루즈Moulin Rouge처럼 깃털 장식 모자와 밑통을 좁게 한 긴 스커트를 착용한 여자들이 출몰하는 술집 말이다. 우리는 프레데 아저씨의 라팽 아질Lapin Agile('민첩한 토끼'라는 뜻의 선술집으로, 몽마르트르에 있었다 – 옮긴이)만 인정했다. 사람들은 거기서 옛날 프랑스 노래를 불렀다. 어쩌면 프랑수아 비용François Villon(프랑스의 중세 시인 – 옮긴이)의 시절로 돌아간 사람도 있었을 것이다. 비용 역시 우리처럼 방랑자였고, 절망했으며, 명랑한 젊은이였고, 시인이자 반란자였다. 그는 교수형 감의 흉악범이기도 했다. 코뮌 치하에서 르콩트 장군과 클레망 토마 장군[51]이 총살당한 구舊 뤼 데 로지에는 뤼 뒤 슈발리에 드 라 바르로 개명된 상태였지만 그 바리케이드 시절 이후로 겉모습이 크게 바뀐 곳은 한 군데뿐이었다. 몽마르트르 언덕 정상에서는 바실리카 양식의 사크레쾨르 대성당이 느릿느릿 완공을 향해 나아가고 있었다. 부르주아 양식의 기념비라 할 그 성당은 어찌 보면 인도 사원 같기도 했다. 그곳에서 멀지 않은 곳에 급진적 자유주의 사상가들이 종교재판으로 화형당한 청년 슈발리에 드 라 바르Chevalier de la Barre(장-프랑수아 르페브르 드 라 바르Jean-François Lefevre de la Barre를 가리킨다 – 옮긴이)의 조상彫像을 세웠고, 지금까지 전한다.

바실리카 양식의 성당과 하얀 대리석 기사騎士가 파리의 지붕을 내려다보았다. 밤에는 태양처럼 펼쳐진 회색 지붕 위로 흐릿한 빛이 몇 개밖에 보이지 않았다. 떠들썩한 광장에서 작열하던 붉은 빛도 빼놓을 수는 없겠다. 우리는 거기서 우리의 생각을 찬찬히 더듬어보곤 했다. 길 저편으로는 좌우가 불균형한 광장이 펼쳐졌고, 다시금 길 두 개가 교차했다. 하나는 가파른 경사였고, 나머지 하나는 칙칙한 회색 계단으로 이어졌다. 덧문이 달린 오래된 큰 건물 앞에 허름한 가옥이 하나 있었고, 그 집을 차지한 건《아나르시Anarchie》의 사무실과 잡지《코즈리 포퓔레르Causeries Populaires》('서민 만담' 정도의 뜻 – 옮긴이)였다(두 저널 모두 리베르타드가 창간했다). 건물에서는 인쇄기의 소음, 노랫소리, 열정적 토론이 새어나왔다. 그곳에서 나는 리레트 메트르장[52]과 에밀 아르망[53]을 만났다. 리레트는 단신으로 호리호리했으며, 옆얼굴이 고딕풍인 투사 아가씨였다. 구세군 출신의 아르망은 코안경이 삐뚜름한 이론가로, 자주 아팠으며 염소수염을 길렀다. 후에 그는 유죄를 선고받고 독방에 수감되었으며, 순전히 자기를 토대 삼아 완고하게 주장을 펼치던 영리한 논객이었다. 아르망은 식식거리며 이렇게 말하곤 했다. "제안하는 것뿐이지 절대 강요하는 게 아니라고." 하지만 그의 얘기는 생각해낼 수 있는 가장 피해가 막심한 이론이었다. '불법주의'였으니 당연했다. 그로 인해 자유를 사랑한 사람들이, '국외자들'이, 동지적 우애 속에서 열정적으로 살아가려던 사람들이 애매하고, 도덕적으로 인정받지 못하는 불법의 기술자로 전락하고 말았다.

우리 토론 ― 일부는 동료 사이의 총격전과 난투극으로 끝나버리기도 했다 ― 에서 가장 중요한 화두는 "과학이 중요하다"는 것이었다. 새로운 인류라면 삶 전체를 과학의 법칙에 따라 영위해야 하는가? "조상 전래의 믿음에서 유래한" 온갖 이상주의와 불합리한 정서는 배제해야 하는 것인가? 텐Taine(프랑스의 문예비평가, 역사가, 철학자 - 옮긴이)과 르낭Renan(프랑스의 언어학자, 종교사가, 비평가 - 옮긴이)의 맹목적 과학 숭배 — 광신적인 대중화론자들에 의해 대수 공식으로까지 환원되었다 — 가 개인주의자들이 수행하는 반란의 교리 문답이 되었다. "나는 단독으로 모든 것과 대결한다." "내게는 그 어떤 것도 아무런 의미가 없다." 뒤엣것은 헤겔주의자 막스 슈티르너 Max Stirner[54]가 선포했던 내용이기도 하다. "동지적 우애 속에서 산다"는 교리가 이 모반자들의 변명의 여지가 없는 고립주의를 약간 중화해줬다. 하지만 바로 그 논리에서 배타적인 소규모 집단이 출현하고 있었다. 그들은 장기간의 입회 활동을 요구하는 정신 심리적 허튼소리들로 무장했다. 그런 조직은 대단히 매혹적이면서도 혐오스러웠다. 나는 그런 원초적인 개념과 구상들에서 좀 떨어져 있었다. 나도 다른 영향들은 받았다. 결코 포기할 수 없는 다른 가치들이 있었던 것이다. 러시아인들의 혁명적 이상주의가 바로 그것이었다.

벨빌에서는 운 좋게도 일자리를 쉽게 구했다. 공작 기계 작업장의 제도사 일이었고, 하루에 열 시간을 일했는데, 아침 6시 30분에 집을 나서 출퇴근하는 것까지 포함하면 전부 열두 시간 반이었다. 저녁에는 강삭鋼索 철도와 지하철을 이용해 좌안左岸으로 갔다. 솔직히 말해, 나는 세 번째 중심지인 라탱 지구가 제일 좋았다. 한 시간 반 동안의 자유시간을 활용해 생트 주느비에브 도서관에서 책을 읽었다. 하지만 정치경제학에 고정된 두 눈은 집요하게 감겼고, 피로에 지친 두뇌는 깼다 잠 들었다를 반복했다. 술이라도 좀 마셔야 독서를 계속할 수 있었다. 하지만 다음날에는 다 까먹을 따름이었다.

좋다는 일자리도 비인간적인 것은 똑같았다. 쇼몽 언덕은 아침에 창백한 매력을 뿜냈고, 그건 저녁 시간도 마찬가지였다. 거리는 직업여성들의 반짝이는 눈과 가로등 불빛으로 가득했다. 나는 제도사 일을 그만두고, 플라스 뒤 팡테옹의 한 여인숙 다락방으로 이사했다. 러시아 학생들에게 프랑스어를 가르치면서 생계를 꾸리고, 일상적으로 지적 작업도 해보겠다는 생각이었다.[55] 희미하게 배고픔을 느끼며 뤽상부르 공원에서 책을 읽는 게 더 이상 아무 생각도 안 날 때까지 크랭크축을 제도하면서 잔뜩 먹는 것보다 더 나았다.

다락방 창문에서는 광장이 보였다. 팡테옹 정문과 로댕의 〈생각하는 사람〉도 한눈에 들어왔다. 나는 토니 무알랑Tony Moilin[56]이 1871년 부상당한 코뮌 지지자들을 돌봤다는 이유로 총살당한 정확한 장소가 알고 싶었다. 내게는 로댕의 〈생각하는 사람〉이 꼭 그 범죄를 묵상하는 것처럼 비쳤다. 직접 총이라도 맞기를 기다리는 것 같았다. 아무것도 안 하면서 생각만 하고 있다면 얼마나 무례한가! 그가 뭐라도 결론을 내렸다면 그것은 또 얼마나 위험하겠는가!

사회혁명당원 한 명이 나에게 러시아에서 탈출한 망명자들을 소개해줬다. 그는 체구가 컸고, 태도가 미국식인 대머리 신사였다. 확실히 그는 당의 지시로 임무를 띠고 미국에 자주 갔다. 러시아 사회혁명당은 사기와 의욕이 심각하게 저하되는 시기를 경과하고 있었다. 투쟁국 내에서 경찰 첩자 몇 명이 발각되었기 때문이다. 아조프와 주첸코Zhuchenko가 대표적이었다. 나를 맞이한 사회혁명당 투사는 패트릭Patrick이라는 사람이었다. 나는 패트릭과 밤새도록 인생의 의미와 메테를링크[57]를 토론하기 일쑤였다. 그는 모범적으로 살았고, 전반적 사기 저하 속에서도 신념을 저버리지 않았으며, 건전한 낙관주의를 유지했다. 비밀경찰 오흐라나의 파리 문서고가 개방된 1917년, 우리는 패트릭마저 경찰 첩자였음을 확인했다. 하지만 그 사실은 더 이상 아무런 중요성도 없었다.

나는 다방면에 걸쳐 살아갔다. 파리의 파르티잔 투사들이 나를 매료했다. 몰락해서 전통 따위는 아랑곳하지 않는 하위 프롤레타리아트가 자유와 존엄을 꿈꾸었다. 언제 투옥될지 모르는 위험 속에서 사는 것은 물론이었다. 러시아인들과 어울리면서는 훨씬 더 순수한 분위기를 접했다. 희생정신과 에너지와 문화가 정수로서 존재했다. 나는 항상 빨간 드레스를 입던 굉장히 아름다운 젊은 처녀에게 프랑스어를 가르쳤다. 그녀는 몇 안 되는 맥시멀리스트[58] 생존자 가운데 한 명이기도 했다. 맥시멀리스트들은 상트페테르부르크의 압테카르스키 섬에서 거사를 시도했다. 세 명이 스톨리핀Stolypin 수상의 빌라에서 열린 연회에 장교 복장으로 잠입해, 홀에서 통닭구이가 되기를 자처했다. 저택을 산산이 날려버리려면 어쩔 수 없었다. 주변 사람들은 맥시멀리스트들이 한계를 모르는 것 같다고 얘기했다. 메드베드Medved라는 가명으로 알려진 "곰" 살로몬 리스 Salomon Ryss는 오흐라나를 와해하기 위해 잠입했지만 신원이 탄로나 붙잡혔고, 이내 교수형을 당했다. 페트로프Petrov도 상트페테르부르크에서 비슷한 공작을 벌였고, 비밀경찰 총수를 암살했다. 게르슈니Gershuni는 차르를 능멸한 죄로 체포되었지만 용서를 구하지 않았고 — 그럼에도 그들은 감히 그를 죽이지 못했다 — 탈출해 제네바에서 결핵으로 죽었다. 이고르 사조노프Igor Sazonov는 두 번씩이나 목숨을 내놨다. 폰 플레베의 마차에 폭탄을 투척한 것이 그였다. 그는 석방을 몇 달 앞두고 동지들을 학대하는 것에 항의해 감옥에서 스스로 목숨을 끊었다. 마흐와 아베나리우스[59]가 새로운 에너지 이론을 제출했고, 물질 개념이 바뀌었다. 우리한테는 두 사람의 새로운 에너지 이론이 매우 중요했다.

나는 그런 모임들에 참석했고, 돌아오는 길에 에두아르 페랄[60]

이라는 남자와 마주치곤 했다. 그는 생 미셸 대로와 뤼 수플로가 교차하는 모퉁이에서 《투사Intransigeant》를 팔았다. 투사요, 투사가 나왔습니다! 구매를 권하는 그의 목소리는 부드럽게 떨렸다. 다 떨어진 부츠는 도저히 있을 것 같지 않았고, 입은 옷 역시 완벽한 부랑자 행색이었다. 그가 쓴 남부끄러운 밀짚모자는 노랑색이었고, 해서 후광이 비치는 듯했다. 수염은 소크라테스 같았고, (센 강 물빛인) 두 눈은 활기차게 빛났다. 그는 기초 생필품조차 없었고, 하층민 중에서도 최하류로 살았다. 나는 그가 무슨 일을 당해 하류 인생으로 전락했는지 몰랐다. 확실히 그는 절대 자유주의 운동 세력의 최고 지성 가운데 한 명이었기 때문이다. 그는 타고난 이단아였고, 젊은이들은 그를 사랑하고 존경했다. 우리는 모베르 광장의 허름한 술집들에서 그의 얘기를 경청했다. 그는 학식이 깊었고, 그곳에서 베르길리우스를 열정적으로 암송하며 해석해주었다. 조르주 소렐[61]의 사도이자 그 자신이 생디칼리즘 이론가였던 페랄은 메시슬라스 골버그의 사상을 조합했다. 골버그[62]는 최고로 혁명적인 직업은 도둑이라고 단언했고, 라탱 지구에서 굶어 죽은 폴란드인이었다.

나는 페랄을 통해서 극도의 가난 속에 정신이 와해된 사람들을 접했다. 참으로 끔찍했다. 그들은 위대한 도시의 이면에서 인간성의 경계선을 위태롭게 걷고 있었다. 그곳에서는 압도적이면서 총체적인 열패감의 전통이 최소 1,000년 이상 유지되고 있었다(그런 상황은 지금도 여전하다). 그 불쌍한 사람들은 파리 최초의 거지들의 직계 후손들이었다. 그들은 어쩌면 로마 제국 시대 루테티아Lutetia(파리의 라틴어 옛 이름 - 옮긴이)의 가장 상스러운 서민들이었을 것이다. 그들은 노트르담 성당보다 오래된 존재였다. 파리의 수호 성녀인 생트 주느비에브도 성모 마리아도 그들을 위해서는 아무것도 하지 않았다. 당연했다. 그들은 너무 잘못되어서 구제될 가망이 없는 존재였기 때문이다. 나는 모베르 광장의 선술집들에서 그들을 보았다. 그들은 통에서 따라 파는 적포도주를 마셨고, 푸줏간의 쓰레기를 먹었으며, 상처를 싸맨 붕대를 손보았다(가끔은 가짜로 꾸몄는데 볼 만 했다). 나는 그들이 모임의 일을 의논하는 것을 들었다. 누가 죽어서 비게 된 동냥 구역을 할당하는 사안이었다(그는 다리 밑에서 시체로 발견되었다). 행상 광주리에 성냥과 구두끈을 다시 채워 넣는 것과 이를 잡는 것도 그들의 일이었다. 그들이 사는 곳에 들어가보려면 우호적인 동행이 필요할 것이다. 안 그랬다가는 흥미로워하는 표정, 눈물 어린 광경, 경멸하는 사람들이 당신을 맞이할 것이 뻔하다. 그곳은 동물원의 우리 같은 냄새가 났다. 비가 오거나 추위가 닥쳐 한데나 다리 밑 아치 구조물이 지내기 여의치 않으면 부랑자들은 줄을 팽팽하게 매달아놓고 자기도 했다. 그들은 아르무시armuche로만 말했다. 아르무시는 납작 모자를 쓴 남성 포주들의 말과도 약간 달랐으니 정말이지 특별한 언어였다. 포주들은 대개 젊었고, 어두운 입구에서 호객을 하는 창녀들을 가까운 선술집의 창가에서 감시했다. 기실 젊은 포주들과 그들의 40수짜리 창녀들은 그 세계의 귀족이었다. 나는 파리라는 도시가 사람에게 그럴 수 있다는 것이 소름끼쳤다. 그들은 옴에 걸린, 유독하고 해로운, 사육장의 똥개 같은 존재로 전락해 있었다. 내가 사회 정의를 논한 표트르 라브로프[63]의 저작《역사 서신》을 이해한 바탕이 바로 그런 현실이었다.

떠돌이 부랑자는 진취성이 고갈된 폐물 같은 존재이다. 그들은 식물인간처럼 결핍을 받아들인다. 고작 그게 다이므로, 허약하면서도 완고하다. 생트 우엥의 바리에르 디탈리에 모이던 넝마주이들은 세계가 달랐다. 확실히 그들은 이웃해 있었지만 구별되었다. 삶을 덜 포기한 그들은 넘쳐나는 도시의 쓰레기를 유익하게 활용했다. 진짜 인간 쓰레기들은 그런 일조차 할 수 없었다. 정력은 없고 게으름과 나태는 하늘을 찌르니, 쓰레기통이라도 뒤지는 일조차 꿈도 못 꾸는 것이다. 나도 얼마간 비슷한 부류와 부대끼는 안 좋은 경험을 해봤다. 대규모 신문사의 특별판 호외를 파는 일이었다. 그 가엾은 사람들 가운데 일부가 인쇄소의 옆문에 대기했다가 《마탱Matin》을 열 부씩 사서 생 드니 거리에서 팔곤 했다. 가격은 20 상팀에 불과했지만 정식 판매원한테 걸리면 아가리를 얻어맞을 수 있는 위험한 일이기도 했다. 조금이라도 말썽이 생기면 경찰과 판매상이 다가와, 그들을 바닥에 패대기쳤다. 꺼져, 더러운 거지새끼들!

나는 러시아 기자 포볼로츠키J. Povolozky 밑에서 소설과 시를 프랑스어로 번역했다. 그렇게 해서 아르치바셰프[64], 발몬트Balmont, 메레즈코프스키Merezhkovsky의 작품이 그의 서명을 달고 나왔다. 나는 그 일자리 덕택에 페랄에게 양파 수프를 사줄 수 있었다. 우리는 자정을 알리는 소리를 들으며 (파리) 중앙시장에서 생트 외스타슈의 묵직하고 낮게 깔린 검은 윤곽을 바라보았다. 당시의 파리 노동계급은 독특한 특징이 하나 있었다. 그 경계가 사회의 밑바닥으로 광범위하게 확장되고 있었던 것이다. 요컨대 비정규직, 추방당한 자, 극빈자, 범죄자들과 가까웠다. 구시가의 신진 노동자, 장인과 중앙시장 옆골목의 포주는 본질적으로 차이가 거의 없었다. 수완이 있는 마부나 기계공의 경우 고용주한테서 훔칠 수 있는 거면 뭐든지 조금씩 빼돌렸다. 그들은 그런 좀도둑질을 당연지사로 받아들였다. 계급의식을 느꼈고("사장은 하나쯤 없어도 돼!"), 구식의 도덕률에서 '해방'되었던 것이다. 노동계급의 태도는 공격적이고, 무법적이었다. 그들은 정반대 방향, 곧 두 개의 적대적인 운동으로 인입되었다. CGT의 혁명적 생디칼리즘이 그 하나요, 아나키스트 무리의 무정형적 활동이 나머지 하나였다. CGT는 새롭고 강력한 이상주의로 무장했으며, 진짜 프롤레타리아트를 획득해 실제적 요구를 내걸고 투쟁에 나섰다. 이 두 조류 사이와 이면에 불만 가득한 대중이 들썩이고 있었다. 그 시기에 비상한 두 개의 시위가 벌어졌다. 나를 포함해 모든 파리 주민이 두 시위를 중요한 사건으로 인지했다. 역사가라면 그 두 시위의 중요성을 결코 무시할 수 없을 것이다.

○   빅토르 키발치치('고집쟁이')의 스무 살 때 모습.

첫 번째 시위는 1909년 10월 13일에 벌어졌다. 그날 우리는 믿기지 않는 사건 소식을 접했다. 마우라Maura가 결정하고 알폰소 Alfonso 13세가 재가해, 프란시스코 페레르[65]가 처형당한 것이었다. 바르셀로나에서 민중 봉기가 여러 날 지속되었는데, 현대식 학교를 세운 페레르가 터무니없게도 유죄 판결을 받고 몬주익 감옥에 수감되었다. 그는 총살형 집행대에서 이렇게 말했다. "젊은 벗들이여, 자네들은 죄가 없네! 자, 똑바로 겨누게!" (에스파냐 사법부는 후에 그를 복권했다.) 나는 구속되기 전에 이미 그를 방어하는 글을 썼다. 언론의 항의 캠페인이 대규모로 진행되었다. 페레르가 무죄라는 것은 명백했다. 그가 벌인 교육 사업, 독립적 사상가로서 걸어온 용기 있는 발자취, 서민적 외모를 당시의 진보적 유럽인이라면 누구나 환영하고 반겼다. 유럽 사회는 크게 동요했다. 자본주의 문명이 전진했고, 진정한 국제 공동체 의식이 해가 거듭될수록 꾸준히 성장하고 있었다. 형식 절차를 거치지 않고도 월경이 가능했다. 조합원들의 여행 경비를 보조해주는 노동조합도 있었다. 상업 교역과 지적 교류 활동으로 세계가 통합되는 듯했다. 1905년 러시아에서 반유대주의 포그롬이 자행되자, 광범위한 비난 물결이 일기도 했다. 다시금 페레르가 사법 살인을 당했고, (러시아와 터키를 제외한다면) 유럽 전역이 24시간 안에 격분해 들고 일어났다.

○ 바르셀로나에서 민중 봉기가 여러 날 지속되었는데, 현대식 학교를 세운 프란시스코 페레르가 터무니없게도 유죄 판결을 받고 처형되었다. 이에 항의해 파리에서 대규모 시위가 벌어졌다.

파리에서 그 운동은 저절로 일어났다. 노동자와 서민들은 분노했고, 각 지구에서 도심으로 진출한 규모가 수십만 명이었다. 혁명 조직들은 대중을 이끌지 못했고, 뒤를 좇았다. 당황한 혁명 저널의 편집자들은 이렇게 호소했다. "에스파냐 대사관으로!" 경찰청장 레핀Lépine이 없었다면 에스파냐 대사관은 약탈당하고 말았을 것이다. 그가 말셰르브 대로로 연결되는 모든 도로를 차단했다. 번영을 상징하던 주요 간선 도로들에서 폭동이 벌어졌다. 은행과 귀족들의 저택은 엉망이 됐다.

군중이 휩쓸고 지나간 자리는 처참했다. 신문 가판대는 불타고 있었고, 말들은 자기들이 끌던 합승마차가 뒤집혀 텅 빈 광경을 멍청하게 바라볼 뿐이었다. 자전거 경찰대가 공격을 가해왔다. 그들의 자전거가 마구잡이로 앞뒤로 움직였다. 《게르 소시알》, 《리베르테르Libertaire》, 《아나르시》 소속 기자들 무리 어딘가에서 회전식 연발 권총이 불을 뿜었고, 레핀은 약 10미터 거리에서 사살되었다. 밤이 찾아왔고, 사람들이 지쳤는지 폭발이 잠잠해졌다. 파리 주민들은 의기양양한 환희에 젖었다. 정부는 이틀 후 합법 데모를 승인했다. 조레스가 이끈 우리 시위대는 규모가 50만 명이었다. 공화국 기마 위병대가 행진 대오를 에워쌌지만, 그들은 잔뜩 웅크리고 있었다. 우리는 새롭게 부상한 힘을 자각했다.

그 데모는 자연스럽게 두 번째 시위로 이어졌다. 첫 번째 시위를 조직하는 데 참여했던 미겔 알메리다[66]가 두 번째 시위의 원동原動자로 활약했다. 나는 전에 브뤼셀에서 그를 숨겨준 적이 있다. 내가 잠시였지만 톨스토이의 사상에 환상을 품었을 때는, 알메리다가 나를 무뚝뚝하게 조롱하기도 했다. 아무튼 우린 친구 사이였다. 나는 그에게 이렇게 말했다. "당신은 기회주의자예요. 당신네 사람들은 애초부터 글러먹었어요." 그는 이렇게 대꾸했다. "파리로 말할 것 같으면, 자넨 일자무식이네, 친구. 러시아 소설을 읽으면 영혼이야 정화되겠지. 하지만 여기서 혁명을 하려면 돈이 필요해."

알메리다는 내가 그때까지 거의 모르던 차원에서 인간적으로 대단한 성취를 한 인물이었다. 그는 전형적인 카탈루냐인으로 멋진 외모 — 이마가 넓었고, 두 눈은 강렬했다 — 에 대단히 우아하기까지 했다. 그는 탁월한 기자였고, 사람의 마음을 사로잡을 줄 아는 웅변가였으며, 유능한 자유지상주의 정치인이었다. 그는 활동도 노련하게 잘했다. 군중을 다룰 줄 알았고, 시련과 고난을 수습하는 데 뛰어났으며, 경찰의 몽둥이나 일부 동지들이 휴대한 권총, 악의적 정부에도 용감히 맞섰고, 흥미진진하고 모험적인 활동을 주도했다. 알메리다는 정부 부처에 연줄이 있었고, 슬럼에도 충성스런 친구들이 있었다.

노동조합 운동에 잠입한 한 정부 공작원이 서명한 500프랑짜리 영수증이 클레망소의 서랍에서 사라진 것은 알메리다가 공작한 일이었다. 그 일로 그는 순회 재판 법정에 출두해야 했고, 배심원들의 축하 속에 무죄를 선고받았다. 알메리다는《게르 소시알》발행을 주도했다. 그가 '장군' 귀스타브 에르베와 더불어 이 신문을 이끌었다. 외젠 메를Eugène Merle도 빼놓을 수 없는데, 그는 파리에서 가장 유력한 발자크풍 저널리스트가 된다. 알메리다의 유년기는 끔찍할 정도로 참혹했다. 그는 좀도둑질 때문에 소년원 생활을 하기도 했다. 페레르 시위 이후 알메리다는 리아뵈프 사건[67]에 매달렸다. 거기서 이후로 수많은 드라마가 배태된다.

리아뵈프 사건은 하층민의 투쟁이었다. 리아뵈프는 스무 살의 청년 노동자로, 세바스토폴 대로에서 자랐다. 그런 그가 한 매춘부와 사랑에 빠졌다. 거리의 여자들을 못살게 구는 풍기 사범 단속반이 두 사람이 함께 있는 것을 보고, 리아뵈프를 포주로 지목해 잡아갔다. 그는 포주가 아니었다. 리아뵈프의 소망은 사랑하는 여자를 그 세계에서 구해내는 것이었다. 관선 변호인은 재판에 출석하지 않았고, 피고의 항변은 아무 소용이 없었다. 즉결 재판소 치안판사는 (그런 사건에서 늘 그렇듯이) 5초 만에 심리를 끝냈다. 물론 경찰은 선서를 했고 말이다. 리아뵈프는 자신이 '별을 단' 범죄자라는 느낌에 시달렸다. 출소한 그는 권총으로 무장을 했고, 망토 아래 뾰족한 못이 달린 팔 밴드를 착용했으며, 복수를 노렸다. 풍기 단속반은 기병도를 휘둘러 벽으로 몰아붙이고서야 겨우 그를 제압할 수 있었다. 리아뵈프는 경관 네 명에게 부상을 입혔고, 사형을 언도받았다. 좌익 언론은 풍기 사범 단속반을 규탄했고, 리아뵈프를 사면하라고 요구했다. 경찰청장 레핀은 단신의 신사로, 냉혹하게 히스테리를 부렸다. 매년 메이데이 시위대를 폭력으로 진압하던 그가 처형을 요구한 것이다. 알메리다는 단두대가 설치되면 그 아래보다 주변에서 더 많은 피를 보게 될 거라고 썼다. 그는 파리 주민들에게 힘으로 처형을 막아달라고 호소했다. 사회당도 그 운동에 힘을 보탰다.

처형이 있던 날 밤 각지의 교외에서 온갖 군중이 아라고 대로로 모여들었다. 아라고 거리는 파리 시내에서도 아주 독특한 곳이었다. 낮이고 밤이고 항상 섬뜩하며 불길한 곳이었던 것이다. 한쪽으로는 그 어떤 것도 아랑곳하지 않는 부르주아의 저택이 자리했다. 단정하게 닫혀 있는 창문들은 이렇게 말하는 듯했다. "각자 제 일은 제가 알아서 하는 것이다."(당신이 원하기만 한다면 "신은 모두를 돕는다.") 다른 쪽에는 두 줄로 심긴 우람한 밤나무가 있었고, 위로는 6미터 높이의 담장이었다. 큼직한 돌을 쌓은 벽은 칙칙한 회갈색이었다. 냉혹하게 침묵이 감도는 그 담장은 감옥의 벽이었다. 나는 리레트, 르네, 페랄과 함께 현장에 갔다. 르네는 격분한 상태였고, 페랄은 비탄에 잠겨 있었다(누더기 양복을 걸친 페랄은 안 믿길 정도로 허약했다). 각종 집단과 조직에서 투사들이 모여들었지만 검정색 제복을 입은 경찰의 특이한 작전으로 물러서지 않을 수 없었다. 단두대를 실은 마차가 기병대의 호위를 받으며 도착했고, 고성이 오가며 실랑이가 벌어졌다. 몇 시간 동안 치열한 전투가 벌어졌다. 경찰 공격은 그리 효과적이지 못했다. 날이 어두워졌기 때문이다. 골목으로 흩어진 군중은 곧바로 다시 쏟아져 나왔다. 조레스는 한 대열의 선두에 있다가 머리를 얻어맞고 거의 죽을 뻔했다. 인간 장벽을 뚫어보겠다는 알메리다의 시도는 헛된 것이었다. 폭력이 난무했고, 약간의 유혈 사태도 있었다(경관 한 명이 사망했다). 동이 틀 무렵에야 군중은 기운이 빠졌고, 사태가 잠잠해졌다. 바로 그때 분노해서 여전히 결백과 무죄를 주장하던 한 시위대원의 머리에 칼이 떨어졌다. 2~3만 명의 시위대에 일순 정적이 감돌았다. 그들은 당황했고, 사태를 받아들일 수가 없었다. 격분한 그들은 이렇게 외쳤다. "살인자들!" 경찰이 구축한 장벽은 무기력하게 뒤로 물러나지 않을 수 없었다. "보여? 벽이야!" 르네는 큰 소리로 내게 이렇게 말했다.

나는 오전에 다시 현장으로 갔다. 바닥에 흐른 피를 가리기 위해 모래가 뿌려져 있었고, 거구의 경관 한 명이 거기에다가 장미꽃 한 송이를 발로 파묻고 있었다. 좀 떨어진 곳으로 담장에 기대고 있는 페랄이 보였다. 그는 찬찬히 손을 비비면서 이렇게 말했다. "이리도 부당하고 사악한 사회라니!"

미개한 사람, 정신지체자, 빼앗긴 사람, 반쯤 미친 사람, 절망에 빠진 사람들의 범죄에 사형 제도로 응답하는 일을 나는 그때부터 혐오하고 경멸했다. 사형은 집단적 범죄와 다름없다. 권한을 부여받은 사람들이 냉혹하게 사형을 집행하는데, 그들은 자신들이 흘리는 애처로운 피와는 아무 상관이 없다고 믿는다. 종신형이나 장기 금고형도 대단히 고통스런 형벌이다. 그보다 더 어리석고 잔혹한 것도 없다.

우리는 사상가 페레르를 추모하는 투쟁을 벌였고, 이번에는 자포자기한 리아뵈프를 지지하며 전투를 벌였다. (우리는 잘 몰랐지만) 파리의 혁명운동 세력이 경향과 조류를 불문하고 막다른 골목에 처했다는 것이 분명했다. 1906~07년 당시 활기 넘치고 강력했던 CGT가 쇠퇴하기 시작했다. 고임금 노동자층이 생기면서 불과 몇 년 만에 투쟁성이 거세된 것이다. 귀스타브 에르베와 미겔 알메리다의 '봉기주의'는 결국 극소수 도당의 폭력 선동에 대한 열망만을 표출하며 진공 속에서 헤맸다. 유럽은 1880년 이후 30년 동안 전례 없는 규모로 성장하고 번영했다. 하지만 거만을 부리던 유럽의 사회 제도는 여전히 옛날처럼 불의했다. 유럽의 위대한 도시들에서 산업이 발달했음에도 전혀 희망을 갖지 못한 사회 계층이 제한적이나마 폭증한 이유다. 하지만 자신의 불운과 불행을 해명하고 깨달을 만한 사회적 의식은 거의 없다시피 했다. 이것이 다가 아니다. 유럽은 구래의 구조가 사회의 새로운 요구와 양립할 수 없는 상황에 더해, 넘치는 활력을 바탕으로 닥치는 문제를 폭력으로 풀고자 했다. 우리는 전쟁 전야의 억압적 분위기를 느꼈다. 여러 사건을 통해 대재앙을 충분히 예견할 수 있었다. 아가디르Agadir 사건(1911년 7월 독일이 프랑스의 모로코 파병에 대항하여 아가디르에 포함을 파견한 데서 발생한 모로코의 이권을 둘러싼 위기. 11월에 화해를 했지만, 영국과 프랑스가 대독 결속을 강화함 - 옮긴이), 모로코 분할, 카사블랑카 학살이 그런 것들이었다. 이탈리아의 트리폴리타니아Tripolitania(리비아 북서부 - 옮긴이) 공격을 시발로, 오스만 제국이 분할되었다. '미래파' 시인 마리네티Marinetti(이탈리아의 시인, 소설가 - 옮긴이)는 전장의 태양 아래서 김이 모락모락 피어오르는 내장이 얼마나 멋진지 노래했다. 오스트리아 제국은 보스니아-헤르체고비나를 합병했다. 차르는 프랑스한테서 계속 돈을 빌렸고, 러시아 최고의 인텔리겐치아들을 목매달고 추방했다. 지구의 반대편 끝 두 곳인 멕시코와 중국에서 혁명의 불꽃이 타올랐고, 우리는 열광했다.

나는 라탱 지구와 접한 좌안에서 '자유로운 탐구Libre Recherche' 라는 스터디 서클을 만들었다. 우리는 뤼 그레구아르-드-투르에 있는 한 사회주의 협동조합 건물의 2층에서 모임을 가졌다. 어두운 복도에는 통들이 널려 있었고, 주변의 가옥들은 매음굴이었다. 홍등, 커다란 숫자gros numéro(갈보집이라는 의미 – 옮긴이), 채색 장식된 문, '꽃바구니'라는 17세기 간판을 보면 그 사실을 알 수 있었다. 주요 간선 도로 뤼 드 뷔시는 인파로 붐볐다. 보도로 튀어나온 좌판, 내키지 않는 술집, 행상들이 가득했고, 나는 루이 16세 시대의 파리로 되돌아간 듯한 느낌을 받았다(아니 정말로 그렇게 생각했다). 길을 따라 보이는 낡고 오래된 문들이 친숙하게 다가왔다. 야회복을 임대한다고 광고하는 간판들 위로 칠이 벗겨진 파사드에서, 나는 그게 공포정치 시대의 브랜드임을 알아차렸다. 남들은 볼 수 없었지만 말이다.

나는 공개 토론회들에서 시용Sillon(프랑스의 자유주의 좌파 가톨릭 운동 세력 – 옮긴이)의 기독교 민주주의자들, 왕정주의자들과 논쟁했다. 전자는 거칠게 우격다짐으로 나왔고, 후자는 레옹 도데[68]를 추종하는 성난 광신자들이었다. 장신의 레옹이 연단에 오르면 우리는 미리부터 강당 한쪽에서 전투 대오를 갖추었다. 그의 통통한 얼굴은 쇠락한 부르봉 왕가의 일원이나 유대인 금융업자와 비슷했다(정말이지 둘은 똑같다). 레옹이 우레 같은 목소리로 연설을 시작하면 우리도 즉각 끼어들어 야유와 조롱을 퍼부었다. "군주제, 전통, 연방 지지, 의회 반대!" "100년이나 뒤진 주장! 코블렌츠[69]로 꺼져! 단두대로 보내버리자!" 나는 건장한 동지들의 호위를 받으며 발언권을 요구했다. 카를로 뒤 루아[70]는 그걸 기화로 해 우리 패거리를 공격했다. 하지만 우리가 항상 당하기만 한 것은 아니다.

조르주 발루아[71]가 자신의 생디칼리즘과 왕정주의 견해를 토론하는 데 적극 나섰다는 사실은 이와 대조적이다. 그는 한때 아나키스트였으나 왕정주의로 개종한 상태로 니체, 조르주 소렐, '사회적 믿음', 중세의 자치 길드, 국민 정서를 들고 나왔다. 그러는 사이 일부 동지들이 내게《아나르시》를 다시 편집해달라고 요청했다.《아나르시》는 몽마르트르에서 로맹빌 가든으로 이전한 상태였고, 상이한 경향들이 분열하면서 위기에 처해 있었다. 나는 두 가지를 전제 조건으로 제시했다. 레이몽이 이끌던 '과학적 개인주의자들'로 구성된 이전의 편집진과 인쇄국원들을 내보내고, 내가 들어가서 새로 진용을 짤 수 있어야 한다는 것이었다. 그럼에도 한 달 동안은 두 진용이 공존했다.

나는 레이몽과 에두아르를 다시 만나 한동안 같이 지냈다. 두 사람은 '과학적이라는' 자신들의 대수 공식에 도취되어 있었다. 그들은 자기들이 정한 식사 규율을 맹목적으로 추종했다. (완전 채식주의에 포도주와 커피, 차와 달인 약물은 절대 금지한다는 것이 그들의 원칙이었다. 그들에 따르면, 그렇지 않은 우리는 '발육 부진'이라고 했다.) 그들은 쉬지 않고 '제諸 감정'의 단점을 비난해댔다. '과학적 이성'과 '자기 중심주의적 의식'만이 그들의 구호였다. 두 사람이 유치하게 '과학주의'에 경도돼 있지만 실상을 볼작시면 지식을 추구하기보다는 무지한 쪽에 훨씬 가까웠다는 것이 분명했다. 그들이 어떤 희생을 치르더라도 다르게 살기를 강렬하게 희구할 뿐이라는 게 내게는 빤히 보였다. 더 중요한 갈등이 벌어졌고, 우리 사이는 틀어지고 말았다. 불법주의가 문제가 됐다. 그들은 이미 탈법자였거나 범법자가 되어가는 중이었다. 옥타브 가르니에[72]의 영향이 주가 됐다. 옥타브는 얼굴이 가무잡잡하고, 잘생긴 외모에, 말수가 적었지만 검은 눈동자는 단호하면서도 열정적이었다. 단신의 그는 노동계급 출신으로, 건설 현장에서 파업 중에 무지막지한 구타를 당했다. 옥타브는 '지식인들'과의 토론 일체를 경멸하고 비웃었다. "말잔치야, 말잔치!" 그는 부드러운 목소리로 이렇게 내뱉고는, 루벤스의 그림에 나올 법한 플랑드르 출신의 금발 정부情婦[73]한테 갔다. 위험한 '밤일'을 계획하거나 다른 작당을 했을 것이다.

살면서 많은 사람을 만났지만 지력의 무능함, 나아가 무용함을 그렇게까지 절절하게 느낀 경우는 없다. 가르니에는 야만적이고, 억셌다. 그는 생존 투쟁에만 특화된, 조잡한 지능의 피조물이었다. 가르니에라면 극지 탐험대에서 발군의 실력을 발휘할 뱃사람이 될 수도, 식민지에서 우수한 군인으로 활약할 수도, 다른 시절이라면 나치의 돌격대를 이끌거나 롬멜Rommel의 하사관이 될 수도 있었을 것이다. 그건 의문의 여지가 있을 수 없다. 그가 할 수 있는 거라고는 불법뿐이었으니. 가르니에의 영혼은 잠시도 가만히 있지 못했고, 억제가 안 됐다. 그는 모종의 불가능하고 새로운 위엄을 탐색했다. 물론 그 자신도 어떻게 할 것인지와 무엇을 할 것인지는 알지 못했다. 사소한 다툼들이 계속되었고 레이몽, 에두아르, 옥타브는 이내 떠났다. 나는 동지로서 함께 생활하던 우리 인쇄소를 쇼몽 언덕 뒤 벨빌 꼭대기로 옮겼다. 페사르 로의 오래된 노동자의 집이었다. 나는 신문에서 새로운 방향을 제시했다. 개인주의에서 사회적 행위로 전환할 것을 강조한 것이다. 나는 엘리 포르[74]에게 포문을 열었다. 예술사가 포르가 니체를 인용하면서 전쟁이 문명화를 달성한다고 주장했기 때문이다. 나는 폴 라파르그Paul Lafargue와 라우라 라파르그Laura Lafargue가 자살한 사건에도 주목했다. 두 사람은 칼 맑스의 사위와 딸로, 부부였다. 폴은 예순 살이 되자 자신과 아내에게 독물을 투여했다. 그 나이면 왕성한 창조적 삶이 끝난다고 판단했던 것이다. 나는 엘리제 르클뤼를 인용하면서 "바로 지금 여기에서 이루어지는 연대와 반란"을 주장했다. "인간은 스스로를 의식해야 하는 자연이다." 맑스에 관해 말하자면 나는 아는 게 거의 없었다. 우리는 장래에 국가 통제주의가 될 거라며 생디칼리즘을 맹렬히 비난했다. 다른 어떤 것만큼이나 끔찍할 거라고 말이다. (대개가 법률가들로 국회의원이 되겠다는) 정치꾼들에 반발하며 '노동자들'을 숭배하는 태도를, 우리는 융통성이라고는 도무지 없는 것으로 보았다. 우리는 그런 태도에 반지성주의적 출세주의가 맹아 형태로 내장돼 있다고 판단했다.

1911년 말에 극적인 사건들이 연이어 발생했다. 이탈리아 출신의 요제프Joseph[75]는 아르헨티나의 대자연에서 자유롭게 사는 것을 꿈꿨다. 도시에서 가급적 먼 곳으로 아르헨티나를 희구하던 그 곱슬머리 투사가 플링 로드에서 시체로 발견됐다. 우리는 비밀 정보망을 통해 리옹 출신의 보노[76, 77]라는 개인주의자(나는 쥘 보노가 누군지 몰랐다)가 그를 죽였음을 알게 됐다. 소문에 의하면 차로 함께 이동 중이었고, 요제프가 권총을 만지작거리다가 실수로 먼저 부상을 입었다고 했다. 사태가 그런 식이었다 할지라도 한 동지가 다른 동지를 살해하거나 "끝내쳤다"는 사실에는 변함이 없었다. 비공식 조사가 이루어졌지만 진상은 오리무중이었고, '과학적' 불법주의자들은 약이 단단히 올랐다. 내가 그들을 겨냥해 적대적인 의견을 개진했고, 느닷없이 레이몽이 찾아왔다. "감쪽같이 사라지고 싶지 않으면 입 다물고 더 이상 우리를 공격하지 마." 그는 비웃으면서 이런 말도 보탰다. "뭐, 마음대로 해! 하지만 나를 방해하면 그때는 내가 너를 없애버리겠어!"

나는 대꾸했다. "너랑 네 친구들은 완전히 맛이 갔어. 볼 장 다 봤다고." 서로를 노려보던 우리는 양배추를 놓고 겨루던 소년들과 다를 바가 없었다. 레이몽은 여전히 땅딸막했고, 건장했으며, 동안童顔에, 명랑했다. 그도 지지 않았다. "사실일지도 모르지. 하지만 그게 자연의 법칙이야."

폭력과 절망이 양으로 되먹임되었다. 아나키스트 범법자들은 경찰에 총을 쐈고, 자신들의 머리를 날려버렸다. 머리통에 마지막 총탄을 쑤셔 박기 전에 제압당한 다른 일부는 경멸감을 표출하며 단두대로 걸어갔다. "만인과의 투쟁!" "내게는 그 어떤 것도 아무런 의미가 없다!" "빌어먹을 나리들, 우라질 노예들, 나 또한 젠장할!" 만났거나 알고 있는 얼굴이 신문 지상에서 여럿 보였다. 리베르타드가 세운 운동 전체가 일종의 광기 속에 타락해갔다. 나서서 이의를 제기하고 조치를 취하는 사람이 아무도 없었다. 확실히 나는 아니었다. 겁을 집어먹은 이론가들은 숨어버렸다. 그것은 집단적 자살이었다. 신문들은 특별판을 내, 대담한 잔학 행위를 대서특필했다. 50만 프랑을 운반하던 은행 직원이 몽마르트르의 뤼 오르드너에서 자동차를 탄 강도들에게 당했던 것이다. 나는 해당 사건 기사를 읽으면서 레이몽과 옥타브 가르니에의 소행임을 단박에 알았다. 지식인을 불신하는 예리한 검은 두 눈이라면 뻔했다. 그들의 소행 이유가 짐작은 됐다. 쫓기며 궁지에 몰린 보노를 구해야 했다. 그들은 도피 자금을 확보하거나, 그게 아니라면 사회 전체와 맞서 싸우다가 이내 죽는 수밖에 없었다. 그들이 이 불운하고 비참한 투쟁에 나선 것은 연대감에서였다. 하지만 그들이 손에 쥔 것은 회전식 연발 권총과, 호전적이지만 조잡할 뿐인 논리밖에 없었다. 이제 그들은 다섯 명이었고, 집도 절도 없었으며, 다시금 도주를 시도할 자금이 떨어졌다. 현상금이 치솟았다. 최초 제보자에게 10

만 프랑을 보상하겠다는 발표가 나왔다. 그들은 탈출이 불가능한 도시를 정처 없이 헤맸고, 언제 어디에서 죽을지 몰랐다. 그곳이 전차일 수도, 카페일 수도 있었다. 그들은 끔찍한 세상에 맞서 싸우다가 궁지에 몰리고, 완전한 고립감 속에서 희생당한다는 느낌에 만족했다. 그 최초의 소수 탈법자들에 합류한 사람들이 나왔다. 연대감 때문이었다. 그저 죽고 싶다는 격렬한 쾌감을 느끼고도 싶어서였다. 빨강머리 르네(르네 역시 잠시도 가만히 있지 못하는 영혼이었다)와 가엾은 앙드레 수디André Soudy가 대표적이다. 나중에 감옥에서 만나본 바에 의하면 많은 이가 그 투쟁을 전혀 오해하지 않았고, 망상 따위도 품지 않았다. 수디는 라탱 지구에서 열린 공개 회합에서 자주 만났었다. 그는 뒷골목에서 유년기가 짓밟힌 완벽한 사례였다. 수디는 거리에서 자랐다. 열세 살에 결핵에 걸렸고, 열여덟에 성병에 걸렸으며, 스무 살에 (자전거 절도로) 유죄 판결을 받았다. 내가 테농 병원으로 그에게 책과 오렌지를 가져다주기도 했다. 그는 낯빛이 창백했고, 용모가 날카로웠으며, 평이한 억양에, 두 눈은 부드러운 회색이었다. "지지리도 복이 없는 놈 같으니. 나는 아무것도 못해." 수디는 자주 이렇게 말하곤 했다. 그는 뤼 무프타르의 식료품점에서 일하며 생활비를 벌었다. 점원들은 아침 여섯 시에 기상해, 일곱 시에 진열대를 정비하고, 밤 아홉 시 이후에야 위층 다락으로 올라가 잠을 잤다. 개 같은 그들의 인생에는 주부들을 상대로 하루 종일 사기를 치는 사장들이 있었다. 저울을 조작해 콩의 무게를 실제보다 늘렸고, 우유와 포도주와 등유에 물을 탔으며, 상표를 위조했다. …… 수디는 정이 많았다. 노상의 악사와 가수들이 연주하고 부르는 애가哀歌에 그는 눈물을 쏟았다. 그는 여자에게 접근해 환심을 사려고 할 때마다 바보스럽게 굴어서 웃음거리가 되곤 했다. 야외로 나가 풀밭에서 한나절만 보내도 그는 기분이 좋아졌다. 누군가가 수디를 "동지"라고 부르며 "새로운 인류가 될" 수 있고, 돼야만 한다고 설명해주자 그는 새로운 인생을 경험했다. 가게로 돌아간 수디는 장을 보러 온 주부들에게 콩을 두 배씩 안겨줬다. 여자들은 그가 약간 미쳤다고 생각했다. 수디는 '약값'에 기겁했고, 머잖아 이승을 하직해야 하리라는 걸 잘 알았지만 신랄한 농담을 던지며 버텼다.

○   1913년 '아나키스트 강도단' 사건 재판 당시의 빅토르와 리레트.

어느 날 아침 경찰이 인쇄소로 사용 중이던 우리 거처로 들이닥쳤다. 손에 권총을 쥔 경관들이 엄청났다. 초인종이 울렸고, 일곱 살짜리 소녀가 맨발로 나가서 문을 열어줬다. 무장한 거한들의 난입에 아이는 바들바들 떨었다.[78] 이윽고 경찰청 부청장 주앙Jouin이 들어왔다. 그 홀쭉한 신사는 얼굴이 길쭉하고, 우울한 표정이었는데, 예의가 발라서 마음에 들 지경이었다. 그는 건물을 수색했고, 나와 우호적으로 대화까지 나누었다. 자기도 존경한다는 세바스티앙 포르[79]의 사상과, 범법자들이 위대한 이상을 망치는 게 개탄스럽다는 내용이었다.

그는 이렇게 탄식했다. "내 말을 믿으세요. 세상은 그렇게 빨리 바뀌지 않습니다."

나는 그가 악의적이거나 위선적이라고 생각하지 않았다. 그는 매우 괴로워하며 양심적으로 임무를 수행하는 관리로 보였다. 오후에 사람이 찾아왔다. 그가 내게 경찰서로 와달라고 했다. 그는 초록색 램프갓 아래로 팔을 괴고 있었다. 우리가 나눈 대화 내용은 대충 이랬다.

"나는 당신을 잘 압니다. 당신에게 불상사라도 일어난다면 유감천만한 일입니다. 심각할 수도 있어요. 그 그룹을 아시죠. 그 사람들은 당신과 달라요. 등 뒤에서 당신을 쏠 수도 있습니다. …… 그 사람들은 이제 끝났어요. 확실합니다. 나랑 한 시간만 얘기해봅시다. 아무도 모를 겁니다. 아무 문제없도록 해드리겠소."

나는 부끄러웠다. 믿을 수 없을 정도로 창피했다. 그와 나 자신이, 그리고 모두가. 전혀 분하지 않고, 또 전혀 무섭지 않아서 수치스러웠다. 나는 그에게 이렇게 말했다. "나하고 이런 얘기를 하다니 쑥스러우시겠습니다."

"아니요, 전혀." 그럼에도 그는 압도당한 채 그 더러운 일을 하고 있었다.

"그렇군요. 그렇다면, 당신에게 권리가 있다고 생각하시면 나를 체포하십시오. 대신 하나만 요구하겠습니다. 저녁이나 주십시오. 배고파 죽겠네요." 경찰청 부청장은 안도하는 듯했다.

"저녁 식사라? 좀 늦었지만 알아봅시다. 담배는 있습니까?" 그렇게 해서 나는 감옥에 들어갔다, 참으로 오랫동안. 바양[80]이 1893년 국회 의사당을 폭탄으로 공격했고, 해서 통과된 법은 클레망소에 의해 루아 셀레라트Lois Scélérates, 곧 '범죄자 특별법'으로 명명되었다. 누구라도 체포될 수 있었다. 행정 명령으로 법률이 즉각 시행되었다. 사형수들에게 배정된 특별 경호 구역인 상테의 감방에서 나는 죽어라 하고 공부를 시작했다. 항상 배가 고팠던 게 가장 안 좋았다. 법률적 차원에서 보면 나는 쉽게 혐의를 풀 수도 있었다. 명목상 리레트가 신문을 편집하고, 운영하는 것으로 돼 있었기 때문이다. 하지만 나는 책임을 다 지기로 마음을 정한 상태였다.

○　불법주의 아나키스트 쥘 보노의 모습(왼쪽). 보노는 은행 강도 등 일련의 유혈 범죄에 나서다가 1912년 권총을 들고 경찰과 대치하다 사망한다. 오른쪽 사진은 보노가 사망한 모습.

　살인과 집단 자살이 계속되었다. 그 가운데서 지금도 기억이 생생한 몇 가지만을 소개한다. 세나르 숲에서 청년 다섯 명이 추적을 당했다. 안개가 소슬한 날이었고, 그들은 자동차 한 대를 납치했다. 같은 날 샹티이에서 그들은 소시에테 제네랄 은행의 지점을 털었다. 더 많은 피가 뿌려졌다. 파리에서는 대낮에 플라스 뒤 아브르에서 가르니에라는 경관이 한 회색 차량의 승객들에게 교통 위반 딱지를 발부하다가 또 다른 가르니에, 곧 옥타브가 쏜 총에 심장을 맞고 쓰러졌다. 10만 프랑의 현상금은 이제 '자기 중심주의적 의식'을 대변하는 브레인들을 겨냥했다. 체포가 시작되었다. 이브리의 한 가게에 숨어 있던 보노를 경찰이 불시에 덮쳤다. 그는 어두운 뒷방에서 경찰청 부청장 주앙과 다투었고, 가까운 거리에서 직사를 한 다음, 자기도 죽은 척 가장했다가, 창문으로 달아났다. 경찰은 슈아지-르-루아에서 결국 그를 잡을 수 있었다. 보노는 권총으로 저항했고, 총격전 와중에 공모한 동지들은 책임이 없다고 선언하는 메모를 작성했다. 그는 매트리스 두 개 사이로 들어가, 최후의 맹공격을 견뎠다. 그러고는 죽임을 당했거나, 자살했다. 실상을 아는 사람은 아무도 없다. 옥타브 가르니에와 르네 발레는 노장-쉬르-마른의 한 저택에서 잡혔다. 각자의 동반자들과 숨어 있던 참이었다. 이번에는 출입 차단 포위 작전이 훨씬 길었다. 그들은 민간 경찰, 헌병대, 육군 보병과 대결했다. 수백 발의 총탄이 날아갔다. 그들은 포위 공격자들을 살인자들로 보았다(자신들은 희생자였다). 진압대가 가옥을 다이너마이트로 공격했고, 그들은 자신의 머리를 날려버렸다. 그렇고 그런 또 하나의 모반이 그렇게 종말을 고했고, 우리는 할 수 있는 게 아무것도 없었다. 어쩌면 서둘러 탄창을 재워야 했을지도! 그들은 기풍에서 에스파냐의 디나미테로스dynamiteros와 닮은 구석이 있었다. 디나미테로스는 탱크를 가로막고, 파이FAI[81] 만세를 외쳤다. 세상에 맞서겠다고 선언한 것이다. 레이몽은 많은 현상금 때문에 여자한테 배신을 당했다. 플라스 클리시 근처에서 경찰이 그를 급습해, 체포했다. 레이몽은 처음으로 진정한 사랑의 반려를 만났다고 믿고 있었다. 앙드레 수디도 한 아나키스트 작가에게 배신당했다. 그는 결핵을 치료 중이던 베르크 해수욕장에서 체포되었다. 에두아르 카루이는 그 일련의 사건과 아무 연관이 없었다. 아무튼 그를 숨겨주던 어떤 가족도 그를 배신했다. 카루이 역시 다른 동료들처럼 무장을 하고 있었지만, 그는 별다른 저항 없이 순순히 체포에 응했다. 그 친구는 남을 죽일 수 없었다는 점에서 예외적이었다. 물론 자살은 언제든 결행할 태세였지만 말이다. 나머지 연루자들도 전부 배신을 당했다. 그런 밀고자들에게 총을 쏜 아나키스트들도 일부 있었다. 밀고자 한 명은 실제로 그렇게 해서 죽었다. 그럼에도 가장 교활한 밀고자 한 명은 계속해서 자그마한 개인주의 저널을 편집했다. 그 저널의 파란 표지에는 새로운 인간이 어둠 속에서 분투하는 모습이 실려 있었다.[82]

○   에두아르 카루이.

내 심리는 요점이 없었고, 금방 끝났다. 범법 행위로 기소를 당한 게 아니었기 때문이다. 신원 파악을 위해 나를 처음 심문한 판사는 나이 지긋한 고상한 사람이었다. 그는 나의 미래가 보인다는 듯 화를 냈다. "스무 살에 혁명가면 마흔 살에는 재벌이 돼 있겠군!" "그러지는 않을 겁니다." 내 대답은 진지했다. 그가 화를 내면서 의식을 고양해준 게 나는 아직도 고맙다. 기나긴 감옥 생활은 풍요로웠다. 면회와 신문이 일절 금지되었고, 법령으로 정해진 급식은 형편없었으며(그나마도 도둑놈 간수들이 빼돌렸다), 약간의 책뿐이었지만 말이다. 나는 기독교의 오래된 피정避靜 관행을 이해했고, 이후로는 줄곧 그립기까지 했다. 사람들이 수도원에 들어가 자아와 신을 대면하며 묵상하는 일은 광막한 우주에서 살아가는 일의 고독함을 반추하는 것이기도 했다. 인간이 마침내 자아를 적극적으로 탐색할 수 있는 시대가 도래하면 이런 풍습이 부활하는 것도 좋으리라. 나는 힘겹게 독방 생활을 했다. 사실 힘겨운 것 이상이었다. 정말이지 자주 질식할 것만 같았다. 끔찍한 고통이 가해졌다. 하지만 나는 어떤 곤경도 비켜가지 않았다. 비켜가고 싶지 않았고, 오히려 정면 대결해 이기고자 했다. 거기에는 나 자신의 엄청난 노력이 요구됐다. (결핵은 예외다. 나는 결핵이 정말 두려웠다.) 상황이 아무리 쓰라리고 힘들어도 경험에서 배우고 성장하려면 남과 자신을 위해 최선을 다해야 한다는 것이 내 믿음이다. 그러기 위해서는 아주 간단한 규칙 몇 가지면 충분하다고도 생각한다. 육체와 정신의 단련, 운동(빵잡이들에게는 절대적으로 필요하다), 걸으면서 명상하기(나는 감방에서 매일 6마일씩 걸었다), 지적 작업, 고양감을 얻을 수 있는 가벼운 기분 전환(위대한 시편을 읽는 도락으로 채웠다). 나는 약 15개월을 독방에서 보냈다. 거기서 이런저런 상황을 경험했고, 정말 지옥 같은 때도 있었다.

1913년 재판의 피고는 약 스무 명이었다. 그 가운데 여섯 명은 죄가 없었을 것이다. 재판은 한 달간 진행됐다. 원고 측과 피고 측 증인이 300명가량 법정으로 불려나왔다. 사람들의 증언이 얼마나 비논리적인지는 참으로 놀랍다. 자기들이 본 것을 조금이라도 정확하게 기억해 담아둘 수 있는 사람은 열에 하나 정도뿐이다. 하물며 법정에 출두해 또렷하게 증언하고, 언론의 암시에 굴하지 않으며, 제멋대로 상상하고 싶은 유혹에 저항하는 일은 더 말해 무엇 하겠는가! 사람들은 보고 싶은 대로 본다. 그들은 언론과 심문 내용이 암시하는 바를 따른다. 주범이라는 사람 여섯 명의 경우는 이렇다 할 증거가 전혀 없었다. 본인들도 모든 걸 부인했다. 마흔 명가운데 여섯 명의 증언이 죄를 뒤집어쓴 대다수 피고의 신원을 확인하는 데서마저 상치됐다. 하지만 증언이 이처럼 혼란스럽게 뒤범벅되었음에도 단 한마디가 적중해 배심원단이 설득되는 경우가 종종 발생했다. 누군가가 특정한 억양으로 된 한마디를 기억했다. 시가전이 한창일 때 ('총을 든 남자') 수디가 이렇게 외쳤다는 것이었다. "자, 얼른 쏴버려!" 더 이상 미심쩍어 하는 것은 불가능했다. 왜? 말투와 억양과 속어가 같다는 데야. 그것은 과학적 증거가 아니었다. 하지만 그럼에도 그것은 인간이 제시한 증거였다.

며칠 동안은 경찰이 재판을 받는 분위기가 연출되기도 했다. 그들이 내세운 증인이 걸작이었다. 농민으로 노파였는데, 반 장님에 반 귀머거리였던 것이다. 노파가 사진들을 보고 신원을 확인했다. 미학적 위장의 대가인 경찰청장 자비에 기샤르Xavier Guichard는 여자를 때렸음을 인정했다. 노파에게 이렇게 윽박질렀다고 한다. "너는 젊어서 아직 창녀도 될 수 있어! 애새끼들은 복지 시설로 가야 할걸!"

포마드를 바르고 출석한 법의학 전문가 폴 박사는 다소 살집이 있었지만 우아했다. 그가 시체 강의를 즐긴다는 게 분명했다. 폴 박사는 과거 40년 동안 파리에서 발생한 살인 사건의 피해자를 전부 부검해오고 있었다. 그는 검시를 마치면 맛있는 점심을 먹으러 나갔고, 다과회에 차려입고 나갈 타이를 골랐으며, 누군가의 거실 벽난로 위 선반에 기댄 채 그간 다뤄온 1만 회의 살인 사건 비화를 들려줬다. 인체 측정학을 개발한 M. 베르티용M. Bertillon은 희색이 만면했다. 그는 겸손하게도 지문과 관련해 자신이 실수를 할 수도 있음을 인정했다. 실수할 확률이 10억분의 1이라는 것이었다. 피고 측 변호사는 베르티용을 궁지에 몰아넣으려 했고, 그로부터 이와 같은 폭탄선언을 이끌어냈지만 오히려 자신이 혼란에서 헤어나오지 못했다.

○   레이몽 ('과학자') 칼르망.

주요 피고들인 레이몽 칼르망, 앙드레 수디, 모니에Monier(정원사), 외젠 디외도네(소목장이)[83]는 모든 걸 부인했다. 이론적으로는 그들에게도 그럴싸한 논리가 있었다. 하지만 실제에서는 유죄임을 반박할 수가 없었다. 물론 디외도네는 예외였다. 그의 경우 갖은 공모에서는 아니었지만 기소된 특정 범죄에서는 무죄였다. 디외도네는 그의 검은 눈동자가 비슷하다고 해서 체포되었다. (눈동자가 훨씬 검은 다른 용의자는 이미 이 세상 사람이 아니었다.) 디외도네 혼자만 미친 듯이 무고함을 주장했다. 그는 초연할 수 없었고, 이는 진짜 범인들의 태도와 또렷하게 대비되었다. 진짜 범인들은 오만한 태도로 조롱을 퍼부었고, 그들의 전반적 행동거지는 차분하게 도전하는 것이었다. "우리는 요구합니다. 증명해보시오." 모두가 진실을 알았기 때문에 증거는 필요 없었다. 그들 자신도 이 사실을 잘 알았다. 하지만 그들은 계속해서 무법자이자 악당이라는 소명의식에 따라 행동했다. 그들은 웃었고, 엄포를 놓았으며, 메모를 했다. 레이몽은 "해당 법정에 판결을 내릴 권한이 없다"고 주장했다. 하지만 막강한 권위 앞에서 위축되었고, 앵돌아진 학생마냥 재판장에게 이렇다 할 반격을 퍼붓지 못했다. 총이 그의 것이었느냐는 반대심문에서 수디는 이렇게 대답했다. "나는 총을 가지고 있지 않았습니다. 하지만 프루동이 말했다시피, 재산은 절도예요."

검찰 측 의도는 (공중을 위하고, 대신해) 저질 신파나 다름없는 불법 공모단을 철저하게 파헤친다는 것이었다. 그들은 내게 음모단의 '이론가' 역할을 맡기려고 했지만 2차 공판 후 그 계획을 중단하지 않을 수 없었다. 나는 어찌어찌하여 무죄를 선고받으리라고 예상했지만, 상황이 꼬이고 있음을 깨달았다. 그런 분위기에서 러시아 청년이 무죄 방면되기는 불가능했다(나는 투쟁적이기까지 했다). 물론 나는 일련의 비극과 관련해 직간접적 책임이 전혀 없었고, 공소 사실들과 전혀 무관했다. 내가 재판을 받은 건 다만 말하기를 거부했기 때문이다. 나는 밀고자가 되기를 거부했다. 나는 검찰 측 주장을 여러 방면에서 무너뜨리고 뒤집었다(그 일은 쉬웠다). 나는 우리의 주의와 신조 ─ 제약 없이 분석하고 연구하기, 연대, 반란 ─ 를 방어했다(이 일은 훨씬 어려웠다). 내가 우리 사회는 범죄, 범죄자, 될 대로 되라는 식의 자포자기, 자살, 화폐의 유해성을 양산한다고 설명하자 '무고한' 범인들은 감정이 상했다.

두 사람의 증언이 인상적이었다. 갈색 작업복을 걸친 기결수 웍Huc은 머리를 박박 밀었으며, 수갑을 차고 있었다. 그가 증인석에 섰다. "나는 사면을 약속받았고, 동료들에게 불리한 증언을 하기로 했습니다. 재판장님, 그 약속을 철회합니다. 나는 겁쟁이입니다. 더는 인간쓰레기로 살고 싶지 않습니다." 증언을 마친 웍은 다시금 고통스런 자기 자리로 돌아갔다. 이번에는 어리다는 느낌이 들 정도의 여성 노동자가 약혼자 모니에를 옹호했다. 그녀가 쓴 모자에는 꽃이 달려 있었다. 모니에를 기다리고 있는 것은 단두대형이었다. 그녀는 그가 자기에게 다만 두 번 키스했을 뿐이라고 수줍어하며 말했다. "확신합니다. 제 약혼자는 죄가 없습니다!" 하지만 그 사실은 그녀에게뿐이었다.

피고인들과 변호인단은 진정으로 공감하며 단단히 결속했다. 폴 르노Paul Reynaud만 예외였다. 그는 이런저런 종범들을 변호하며 상당한 재주를 발휘했지만 여전히 냉담했다. 외모가 사자 같은 모로-조프리Moro-Giafferi는 나폴레옹이 들어간 넥타이를 하고서 우레 같은 음성으로 디외도네를 변호했다. 그는 팔을 흔들며 유창한 웅변으로 청중에게 호소했다. 십자가에 못 박힌 예수, 프랑스대혁명, 비통해하는 어머니들, 아이들의 악몽이 언급되었다. 나는 처음에는 역겨웠다. 그러나 20분쯤 지났을 때는 완전히 혼이 빠져버렸다. 그의 뛰어난 변론은 엄청난 위력을 발휘했고, 배심원단과 방청객도 완전히 넋이 나갔다. 나는 아다드Adad, 세자르 캉팽시César Campinchi와 매우 가까워져 우정이나 다름없는 관계를 맺었다. 아다드는 몇 년 전 파리에서 자살했다. (무일푼의 노령 변호사한테 더 나은 선택으로 어떤 게 있었을까?) 캉팽시는 냉정하고 탁월한 논쟁가로, 오직 이성에만 호소했다(물론 아이러니와 반어법이 없을 수는 없었다). 나는 여러 해 후 그를 다시 만난다. 한번은 제1차 세계대전으로 중상을 입은 모습이었고, 제2차 세계대전 때 그는 해군성 장관이었다. (그는 저항하다 가 죽는 게 낫다고 판단했고, 1941년 마르세유에서 가택연금 상태로 죽는다. 내가 아메리 카 행 배에 탑승하려던 바로 그때였다.) 나는 우리의 무법자들이 투쟁이라며 범법 행위에 나서기 전에 이와 같은 사람들, 곧 성향과 직업 모두 에서 이해심 많고 세련되었으며 자유롭고 관대한 사람들 — 진짜 이기보다는 겉으로 보매 더 그랬을 텐데, 그것만으로도 충분했을 것이다 — 을 만났더라면 어둠의 길로 빠져들지 않았을 거라고 생 각했다. 그들이 반란을 획책하고 파괴 행위에 몰두한 가장 직접적 인 원인은 사람들과 접촉하지 못하고 단절되었기 때문이라는 게 나의 판단이다. 그들은 함께가 아니라 각자 혼자서 살았다. 그들은 그렇게 세상과 분리되었고, 거의 항상 모종의 열등하고 제한적인 사회 환경이 그들을 지배했다. 나는 그들과 달리 피상적이고 1차 원적인 사고에서 벗어날 수 있었다. 나는 그들의 쓰라린 분노에서 놓여났다. 나는 그들처럼 사회를 무자비하게 바라보지 않았다. 그 런 차이는 어디에서 비롯했을까? 나는 어렸을 때부터 인내심을 잃 지 않고 희망을 간직한 사람들을 보았다. 인간으로서 자질이 훌륭 한 사람들이 내 주변에 많았다. 러시아인들이 그들이다.

우리는 재판 과정 내내 파리 고등법원 부속 감옥Conciergerie(프 랑스혁명 때 사형수를 수용했다 - 옮긴이)의 작은 감방들에 갇혀 지냈다. 그 옛날 석조 건축물에 벌집처럼 구멍을 낸 어두운 방으로, 관광객들 이 지롱드 당원과 마리 앙투아네트가 갇힌 감방이 있던 교도소라 며 여전히 둘러보는 곳과 같은 건물이었다. 우리는 법정으로 나가 면서 다시금 모이곤 했다. 지붕이 덮인 오래된 아치형 통로를 지 날 때는 공화국 근위대가 우리를 호위했다. 꼭 지하에 있는 것 같았 다. 우리는 뾰족탑의 나선형 계단을 올라갔고 — 거기서는 센 강이 내려다보였다 — 작은 옆문을 통과해 대법정에 입장했다. 재판정은 방청객들로 항상 시끌벅적했다. 숙녀와 귀부인들은 우리 재판이 쇼라도 되는 양 구경을 왔다. 뚱뚱한 정리廷吏는 사람이 돼지일수도 있다는 생생한 실례였다. 그가 배심원단, 판사석, 청중 사이를 근엄하게 오갔다. 배심원은 열두 명이었다. 그 양심적인 장삼이사들이 사태를 파악하려고 애썼다. 판사석은 당신의 뚱뚱한 노인들이 차지했다. 빨간 옷을 입은 그들은 꾸벅꾸벅 졸았고, 근시안적이었다. 기소 측은 검사와 검사보로 두 명이었다. 검사는 신중하고 침착했으며, 외모가 대단했다. 검사보는 평범한 보통 사람으로, 논거가 정직하지 못한 경우가 많았다. 세브린Séverine, 세바스티앙 포르, 피에르 마르탱Pierre Martin(1883년 리옹 재판 당시 크로포트킨과 함께 재판을 받음)이 출석해 나를 옹호했고, 보노를 숨겨준 어떤 상인도 비호권庇護權, right to asylum에 근거해 변호했다. 마지막 공판은 무려 스무시간 동안 진행됐다. 평결은 새벽에야 나왔다. 우리는 대기실 둘에 나눠 앉은 채 결과를 기다렸다. 분위기가 이상했는데, 그 옛날 몽마르트르에서 회합을 할 때랑 상당히 비슷했다. 평상시처럼 각종 주장과 다툼이 또다시 벌어졌다. 담당 변호사들이 사색이 돼서 달려왔다. 우리를 제지하기 위함이었다. 이윽고 법정은 조용한 가운데서도 후끈 달아올랐다. 기립한 스무 명의 죄수는 굳은 표정에 바짝 긴장했다. 네 명에게 사형이 언도됐다. 여러 명에게 강제 종신 노역형이 선고되었다. 여자들만 무죄를 선고받았다. 사실 파리의 배심원들은 여자들에게 유죄 판결을 잘 안 내렸다. (이것 외에도 많다. 남편을 살해해 기소된 슈타인하일 부인이 무죄를 선고받았고, 전직 총리의 아내 조셉 카요 부인 역시《피가로Figaro》편집자를 죽이고도 무죄 방면됐다. 파리의 배심원들은 한 왕당파 지도자를 죽인 아나키스트 제르멘 베르통Germaine Berton도 무죄라며 석방했다.)

어느 누구도 결백을 의심하지 않았지만 디외도네가 사형을 언도받았다. (알리바이에 흠결이 있었고, 무죄 추정이 위태로워졌다.) 그는 다시 한 번 죄가 없다고 항변했다. 피고들 가운데 유일하게 디외도네만 정신이 와해된 듯 보였다. 무죄 선고를 요구했던 레이몽은 얼굴이 시뻘개졌고, 자리에서 벌떡 일어나 판결문 낭독 과정에 끼어들었다. "디외도네는 무죄야. 총을 쏜 건 나, 나라고!" 재판장은 레이몽에게 착석하라고 요구했다. 질의응답 절차는 이미 끝났고, 부인하던 죄를 자백했어도 법률적으로는 이제 효력이 없었던 것이다.

○   세르주의 체포 당시 모습.

나 자신은 독방 감금 5년을 언도받았다. 대신 리레트는 무죄가 선고됐다. 신문사 건물에서 권총 두 정이 발견되었고, 그걸로 내 유죄가 정당화됐다. 나는 공판 과정 내내 차분했지만 적의를 숨기지 않았고, 괘씸죄가 작용했으리라는 게 틀림없었다. 그 재판은 역겹기 그지없었다. 최악의 범죄자들보다 더 범죄적이었다는 게 나의 판단이다. 그 재판으로 내가 탈법적 범죄자들과 다른 종류의 적임이 드러났다. 나는 그 사안을 곰곰이 생각했고, 과다한 형량이 놀랍지 않았다. 과연 내가 그렇게나 오래 살 수 있을까가 궁금했다. 적어도 육체적으로는 매우 허약했기 때문이다. 나는 결심했다.

형량을 끝까지 살아내기로 말이다. 물론 그렇게 생각한 나 자신이 부끄럽기도 했다. 다른 사람들은 형장의 이슬로 사라질 터였기 때문이다.

우리는 작별 인사를 나눴다. 높이 솟은 아치형 지붕이 공포스럽게 다가왔다. 레이몽과 대화를 하던 중에 지금까지도 나 자신이 용서가 안 되는 말을 하고 말았다. 그것은 정말이지 끔찍한 실수였다. "살아가면서 배워야 해." 왜 그렇게 말했는지 아직도 모르겠다. 살아남겠다고 막 결심했기 때문일 것이다. 그가 나를 빤히 바라보더니 웃음을 터뜨렸다.

"살면 문제만 생겨!"

"용서하게." 내가 말했다.

레이몽이 어깨를 으쓱하더니, 이렇게 대꾸했다. "물론이지, 친구! 난 마음을 정했어."

나는 한 시간 후 다시금 질식할 것만 같은 감방에서 서성이며 걷고 있었다. 새벽의 흐릿한 빛을 느낄 수 있었다. 옆방에서는 누군가가 간단없이 흐느끼고 있었다. 신경이 곤두섰다. 늙수그레한 교도관 한 명이 왔다. 얼굴을 외면한 채 다정하고 슬픈 어조로 이렇게 말하는 것이었다. "카루이가 죽어가네. 그의 얘기 좀 들어주겠나?" 정말이지 흐느낌 너머 옆방에서 숨을 헐떡이는 소리가 이상했다. "곧 숨이 끊어질 걸세. …… 신발에 독물을 숨겨서 가져온 모양이야. …… 사는 게 뭔지!" 카루이는 사형 선고를 받지 않았지만 자신과, 부당하게 연결된 모든 게 화나고 역겨웠다. 그는 그런 환경에서 크고 싶지 않았다. 누군가 다른 사람이 벌을 받아야 했다.

무죄라는 게 명백한 디외도네는 형 집행이 취소되었다. 하지만 평생 강제노역형에 처해졌다. 이상한 정의였다. 죽는다는 생각에 바들바들 떨던 디외도네는 몇 달 후 스무 살이 되었고, 노예 상태를 벗어나기 위해 무려 18년 동안 영웅적으로 싸웠다. 그는 수차례 탈옥을 시도했고, 여러 해 동안 독방에 감금되었다. 디외도네는 드디어 탈출에 성공했고, 브라질에 도착했다. 그는 알베르 롱드르[84]의 도움을 받아 프랑스로 돌아올 수 있었다. 디외도네는 자포자기한 구제불능이 결코 아니었다. 근심 걱정 없이 살고 싶다는 그의 바람은 필사적이었다.

레이몽의 감방 생활은 상당히 무신경했고, 간수들은 사형 날짜를 숨길 필요도 없었다. 그는 기다리면서 독서를 했다. 단두대 앞에 선 그의 두 눈에 기자들이 들어왔다. 그는 그들에게 이렇게 말했다. "대단한 광경이지, 안 그래?"

수디의 마지막 요구는 크림을 올린 커피 한 잔과 크루아상이었다. 그가 이승에서 누리고자 한 마지막 도락은 그 흐린 날 아침에 참으로 제격이었다. 사람들도 식당에서 각자의 아침을 먹으며 행복해하고 있었을 것이다. 허나 때가 너무 일렀음에 틀림없다. 교도관들은 수디에게 블랙커피밖에 못 갖다줬다. 그는 이렇게 내뱉었다. "복도 없지. 정말 끝이로군." 그는 두려웠고, 긴장해서 졸도할 지경이었다. 계단을 내려가는 수디를 간수들이 부축해야 했다. 하지만 그는 자신을 이겨냈다. 수디는 밤나무 위로 펼쳐진 맑게 갠 하늘을 올려다보며 감상적인 노래를 흥얼거렸다. "반갑네, 나의 마지막 아침이여." 항상 말이 없던 모니에는 불안감에 미쳐버릴 지경이었지만, 역시 극기했고 평정을 되찾았다. 방금 적은 내용을 나는 먼 훗날에야 전해 들었다.

나는 라콩브Lacombe처럼 잠깐 동안만 알고 지낸 다른 사람들 얘기는 하지 않았다. 그 광부는 밀고자로 활약하던 서적상을 클리시의 한 골목에서 '응징'했다. 라콩브는 향료가 든 빵과자 축제에서 순순히 체포에 응했고, 상테 교도소에서 운동 시간에 지붕으로 올라가 자살했다. 그는 정확히 정오에 죽었다. 담당 변호사, 교도소장과 대화를 마친 후였다. 그는 뛰어내릴 때 머리부터 곤두박질칠 정도로 죽겠다는 결의가 확고했다. 머리가 으깨졌고, 경추는 으스러졌다. 그렇게 해서 프랑스에서 활발히 전개되던 제2차 아나키즘 운동이 종말을 고했다. 1891~94년의 첫 번째 물결도 희망이 없기는 마찬가지였다. 라바숄[85], 에밀 앙리Émile Henry, 바양, 카세리오[86]의 잔학 행위가 이를 상징한다. 두 시기는 심리 상태가 동일했고, 사회적 요인도 같았다. 단순한 사람들이 가슴에 품었던 엄격한 이상주의도 똑같았다. 그들은 존엄성과 감수성을 앙양하고자 했으나 해결책을 찾지 못했다. 그 어떤 표현 수단도 그들은 허락받지 못했던 것이다. 그들은 좌절했고, 미치광이처럼 싸웠으며 처절하게 패배했다. 그즈음에 세계는 구조적으로 통합되고 있었다. 겉으로 보면 체제가 매우 안정적이었고, 내부에서 혁신적인 변화의 가능성을 전혀 기대할 수 없었다. 사회는 거듭해서 상향 진보했다. 그 승승장구하는 와중에 길을 막는 평범한 다수 대중은 분쇄되었다. 노동자들의 엄혹한 생활 조건은 아주 느린 속도로 나아졌다. 압도 대다수의 프롤레타리아트는 출구가 없었다. 주변부 프롤레타리아트의 몰락한 인자들은 모든 길이 막혔음을 깨달았다. 비열함과 타락을 제외하면 그들에게는 남은 방법이 없었다. 무례하고 오만하게 재산이 축적되는 현상을 그들은 도저히 납득할 수 없었다. 그런 상황이 야기한 결과는? 범죄, 계급투쟁, 잇단 유혈 파업, 만인을 상대로 한 광란의 투쟁이 거침없이 터져 나왔다. 이런 투쟁들을 보면 한 이데올로기가 실패했음도 알 수 있다. 표트르 크로포트킨과 엘리제 르클뤼의 방대한 이론과, 알베르 리베르타드의 분노 사이에서 아나키즘은 와해되었다. 부르주아 정글에서 아나키즘이 몰락했음은 명백했다. 사실 크로포트킨의 유럽은 완전히 달랐다. 러시아는 더 불안정했고, 자유의 이상에 뭔가 미래가 있는 듯했다. 사람들은 혁명과 교육을 믿었다. 르클뤼는 코뮌을 위해 싸웠다. 코뮌이 제시한 미래상은 좌절당했지만 위대했고, 그는 평생 신념을 버리지 않았다. 그는 과학의 구명救命력도 믿었다. 유럽은 전쟁 전야였다. 과학이 기존의 야만적 사회질서를 온존 강화하는 데에만 활용되고 있었다. 폭력의 시대가 다가왔고, 그것은 피할 수 없는 사실이었다.

다른 대륙과 나라도 보자. 폴란드와 러시아에서는 혁명운동 세력이 잡탕 정권들과 대결했다. 반半절대주의에 반半자본주의가 혼합돼 있었던 것이다. 운동 세력은 만연한 에너지를 모아, 갖은 희생을 다하며 싸웠다. 그들은 결국 가능할 뿐만 아니라 광범위하게 기대할 수 있는 승리를 거머쥐었다.

사람들, 상황, 갈등은 거의 똑같았다. 물론 역사적 양상이 프랑스와 다르기는 했다. 이브 귀요[87]가 말한 것처럼 프랑스는 '금리생활자 국가'였다. 폴란드에서는 조지프 필수드스키Joseph Pilsudski가 이끄는 사회당이 재무부의 유개 화물차와 세무서를 습격했고, 장관과 경찰 관리들을 공격했다. 러시아에서는 비슷한 전투를 사회혁명당이 수행했다. 사회민주노동당 내 볼셰비키파[88] 투쟁국 — 비상한 테러리스트 카모[89], 지식인으로 '실험실'을 만든 크라신[90], 솜씨 좋은 조직자 코바-스탈린Koba-Stalin, 활동가 친차드제 Tsintsadze, 연락책 리트비노프 Litvinov — 도 당 재정 확보를 위한 투쟁을 벌였다. 간선 도로와 티플리스의 공공장소와 바쿠의 선박들이 그 무대였고, 그들의 손에는 폭탄과 권총이 들려 있었다. 이탈리아에서는 청년 사회주의자 베니토 무솔리니Benito Mussolini가《파지네 리베레Pagine Libere》(1911년 1월 1일자)에서 아나키스트 무법자들을 찬양했다.

이처럼 내 유년기는 힘겨웠다. 청소년기 역시 괴롭기는 마찬가지였다. 그 모든 연간이 참으로 끔찍했다. 하지만 나 자신에 관해 말하자면 아무것도 후회하지 않는다. 세상이 잔혹하다는 걸 모르고, 좌절해본 적이 없으며, 해서 비록 맹목적이라 할지라도 인류를 위해 투쟁해야 한다는 걸 모르는 사람들이 나는 안타깝다. 나와 관련해 그래도 후회되는 게 있다면 아무런 소득이 없는 투쟁을 하면서 낭비한 에너지다. 그 정력은 아깝다. 하지만 나는 그 투쟁들에서 배웠다. 그 누구라도 좋은 면과 나쁜 면이 공존한다. 섞이고 어우러지는 때도 있다. 사실 최악은 좋은 면이 부패해버리는 것이다.

2

끝내 이기리라

1912~1919

국외자들에게는 가장 쓰라린 패배의 간조기였다. 감옥에서 그 사실을 알아챈 사람은 나밖에 없었을 것이다. 사태를 또렷하게 인식한 사람을 전혀 못 봤다. 그럼에도 나의 사태 인식은 올발랐다. 사실 혼자서 알아내는 사람 역시 다른 사람들 때문에 그 사실을 깨닫는 법이다. 나는 자아를 공허하게 주장하는 '나'란 말을 쓰는 게 싫다. '나'란 말에는 착각과 환상은 물론이고, 허영과 오만도 들어 있다. 나는 되도록 '우리'란 대명사를 쓰겠다. 그러니까 내가 분리돼따로 존재한다고 느껴지는 경우가 아니면, 내 경험이 내가 연결돼있다고 느끼는 사람들의 경험을 이런저런 방식으로 밝히 드러내줄 때면 '우리'란 대명사를 쓰겠다는 말이다. 당연히 사실에 더 가깝고, 더 포괄적이기 때문이다. 우리는 스스로의 활동과 노력만으로 살지 않는다. 우리는 스스로를 위해서만 살지도 않는다. 우리의 가장 내밀한, 가장 사적인 사유도 세상 사람들의 생각과 수천 가지 방식으로 연결돼 있다.

당신은 스스로에만 좌우되지 않는다. 스스로를 위해서만 살지도 않는다. 당신은 우리 대다수가 하는 가장 내밀한 생각이 수천 가지 방식으로 세상 사람들의 생각과 결부된다는 것을 깨달아야 한다. 더구나 발언하는 사람, 글을 쓰는 사람은 기본적으로 대변자가 없는 사람들을 위해 말하는 사람이다. 다만 우리들 각자는 자신의 문제를 받아들이는 법을 배워야 한다. 내게는 아나키즘의 패배가 아주 분명하게 이해됐다. 개인주의자들의 일탈은 누가 보더라도 명확했다. 하지만 나는 탈출구를 찾을 수가 없었다.

감옥에 관해서는 여기서 조금만 얘기하겠다. 옥살이는 매우 괴로운 경험이었다. 먼 훗날 다시 글을 쓸 수 있게 됐을 때 그 악몽에서 벗어나기 위한 시도로 첫 책(소설)을 작업했을 정도로 감옥 생활은 견디기 힘든 무거운 짐이었다. 그렇게 해서 탄생한 소설 《죄수들Les hommes dans la prison》은 혼자 힘으로는 결코 그 경험에서 벗어나지 못하는 사람들을 대신해 수행한 의무이기도 했다. 《죄수들》은 프랑스와 에스파냐어권 국가들에서 꽤나 널리 알려졌다. 내가 대부분의 형기를 채운 감옥은 수인囚人이 3~400명가량이었다. 그 대다수가 8년에서 종신형 사이의 장기 금고형이었다. 나약한 사람, 인간쓰레기, 평균 유형, 초인적인 능력을 지닌 아주 특출한 사람의 비율은 어딜 가나 마찬가지였다. 감옥도 예외가 아니다. 몇몇 예외가 있긴 했으나, 일반으로 얘기해 교도관들은 지위고하를 막론하고 수준이 훨씬 떨어졌다. 그들이 범죄자였다. 그들의 방법과 존재 자체가 범죄였다. 당연히 그들은 처벌을 받지 않았고, 입에 담기도 싫은 업무가 정년을 맞으면 연금까지 나왔다. 간수들은 사디스트, 완고한 위선자, 저능아, 모리배, 협잡꾼, 도둑놈이었다. 착하고, 약간 똑똑한 간수가 몇 명 있었다는 사실이 안 믿길 정도다.

프랑스의 감옥은 그 옛날의 규정에 따라 조직되었고, 수감되는 사람들을 끝장내버리는 부조리한 기구이다. 거기 들어가면 일종의 기계화된 광기를 경험하게 된다. 거기서는 어떻게 해야 수감자를 가장 효율적으로 약화시키고, 마비시키고, 무감각하게 만들 수 있을지를 비열하게 궁리하는 기조에서 모든 게 생각되었던 것 같다. 간수들은 수감자에게 이루 말할 수 없는 고통을 주고자 했다. 수감자가 형기를 마치고 사회로 복귀해도 정상적인 삶이 불가능하도록 만들겠다고 작정한 게 틀림없었다. 그 목표는 대혁명 이전 시기(앙시앙 레짐)의 형벌 전통이 만연한 조직과 기구로 달성됐다. 종교적 징벌 관념(신앙의 토대가 무너졌기 때문에 이제는 사회의 사디즘을 심리적으로만 정당화하는 관념)과 현대 행정의 광범위한 어리석음이 거기에 힘을 보탰다. 악인, 반半미치광이, 온갖 종류의 희생자들이 뒤범벅돼 있었다. 영양 상태가 불량했다. 통상적 생활 일반에서 매순간 완전

110

하고 지속적인 정숙의 규칙이 강제되었다. 굴욕감을 주고, 괴롭히고, 무력화하기 위해 멋대로 징벌을 했다. 바깥세상 일은 뭐가 됐든 알면 안 됐다. 그것이 전쟁이든, 침략이든, 자연의 재앙이든 말이다. 지력을 갈고닦는 행위도 최대한 금지되었다. 연구는 말할 것도 없었고, 책은 일주일에 한 권 이상 읽을 수 없었다. 그 책이라는 것도 감옥 도서관의 멍청한 연애 소설이 전부였다(발자크가 거기 들어 있었다는 건 행운이었다). 수감자들은 다람쥐 쳇바퀴 같은 생활을 견디지 못했고, 성욕 도착자, 정신 이상자, 갱생이 불가능한 타락자로 전락했다. 간단히 말해 그들은 모베르 광장의 부랑자 대열에 합류했다. 폭력을 일삼는 사회의 기생충이라는 특별한 지위를 계속 고집하기도 했는데, 이는 감옥에서 당한 고통으로 더욱 강화되었다. 그런 사람들은 속박에서 벗어난 위엄을 간직했고, 사회와 스스로를 오해하거나 착각하지 않았다. 그들은 냉소적이었지만 서로에게는 정직하고, 성실했다. 그 부류에서 전문적인 직업 범죄자들이 계속 나온다. 100년이 넘는 세월 동안 범죄와 감옥의 문제를 진지하게 고민한 사람이 아무도 없었다. 빅토르 위고Victor Hugo 이후로 그 사안을 제기한 사람이 아무도 없다는 사실을 보면 우리 사회의 무기력과 타성이 얼마나 막강한지 알 수 있다. 흉악범과 인간쓰레기를 양산하는 감옥은 비용 대비 효율이 형편없는 제도이다. 하지만 그 자체와 구조에서 감옥은 어찌 보면 완전무결했다.

거기서 일부가 벌인 투쟁은 참으로 경이로웠다. 보잘것없는 소수가 이를 통해 삶의 능력을 유지 보전할 수 있었다. 내가 그 가운데 한 명이었음은 물론이다. 그럴 수 있으려면 특정한 의지력이 상당히 필요했다. 겉으로는 소극적인 듯하면서도 솜씨 있게 제멋대로 굴겠다는 의지력과 능력 말이다. 신참이 오면 우리는 누가 — 나이는 상관없었다 — 못 배기고 죽을지 단박에 알았다. 우리의 예상은 빗나간 적이 없다. 허나 나에 관한 사람들의 예상은 틀린 것으로 드러났다. 나는 머잖아 죽을 운명으로 비쳤다고 했다. 파리 법조계의 신예 변호사였지만 중간 계급 인생의 충격적 비극에 희생돼 종신형을 살던 사람이 있었다. 그는 부패를 활용할 줄 알았고, 상당량의 과학책과 철학책을 솜씨 좋게 은밀히 숨겨놓고 있었다. 나는 그와 친했고, 그 귀중한 정신의 양식이 나를 구해줬다. 우리는 비좁은 독방에서 잤다. 감방 창문으로는 하늘이 보였다. 나는 아침 잠깐과, 저녁에는 조금 더 긴 시간 동안만 책을 읽을 수 있었다. 인쇄소에서 강제노동도 했다. 나는 약간 명이라도 동지들이 읽을 수 있도록 메모나 할 말을 조판해두곤 했다. 생각과 배움이 가능해지면서 살아갈 수 있었고, 삶에서 가치와 보람을 찾을 수 있었다. 느리게 진행되던 예리한 고문이 무디어졌다. 나는 다람쥐 쳇바퀴 같은 생활의 고역을 이겨낼 수 있겠다는 확신이 들었다.

전쟁은 급작스럽게 발발했다. 청명한 날씨가 지속되는 계절에 느닷없이 불어 닥친 폭풍 같았다. 전쟁의 초기 양상을 관찰한다는 게 우리에게는 언감생심이었다. 그래도 알 수는 있었다. 간수들이 예사롭지 않은 공포에 사로잡혀 있었다(그들 다수가 군대에 소집될 수 있었던 탓이다). 우리는 그 폭풍을 통해 세상사를 파악했다. 나는 전쟁을 통해 다른 사건도 예견할 수 있었다. 러시아혁명이라는 정죄淨罪적 폭풍우가 바로 그 사건이다. 교수형 집행인, 포그롬, 화려함, 기근, 시베리아 형무소, 고래로부터 부정이 만연한 러시아는 독재 제국이었다. 그런 독재국가가 전쟁을 이겨내고 살아남을 수 없으리라는 것을 혁명가들은 잘 알았다. 마침내 한 줄기 서광이 비쳤다. 그 사건으로 모든 것이 새롭게 시작될 터였다. 엄청나게 감탄스런 창조의 첫날이 될 터였다. 꽉 닫힌 문은 이제 끝이었다! 미래로 향하는 거대한 관문이 열릴 예정이었다. 미래의 정수인 러시아혁명이 손짓하고 있었고, 이제는 더 이상 투쟁의 목표나 삶의 규칙이 문제 되지 않았다.

독일 사회민주당과 프랑스의 생디칼리스트, 사회당, 아나키스트가 별안간 애국주의로 개종해 형제를 죽이겠다고 나섰다. 우리는 한동안 그 사태를 이해할 수 없었다. 엊그제까지 자신들이 설교하던 내용을 더 이상 믿지 않게 되었단 말인가? 그들을 믿지 않기로 한 우리가 옳았던 것일까? 군중은 기차에 탑승하는 군인들을 전송하며 열에 들떠 〈마르세이예즈〉를 불렀다. 노랫소리가 우리 감옥까지 들렸다. "베를린으로! 베를린 진격!"이라고 외치는 함성도 들었다. 우리는 항구적 사회 위기의 절정이었던 그 광기를 이해할 수 없었다. 우리 동지 여섯 명은 중앙동 여기저기에 분산 수용돼 있었고, 이 사안을 열띠게 토론했다. 60~80시간가량 지하 감옥에 유폐될 위험을 무릅쓰고서 말이다. 그러고 나면 결핵으로 죽는 게 거의 뻔했지만 아랑곳하지 않았다. 귀스타브 에르베는 얼마 전까지 전쟁에 반대해 봉기할 것을 주장했지만 이제는 군에 입대하라고 요구했다. 《게르 소시알》은 제호가 《빅투아르Victoire》로 바뀌었다. 그들은 사기꾼에 불과했던 것이다. "움직이는 것은 바람이지 풍향계가 아니다"가 그들의 변명이었다. 사람들은 기본적으로 현대 전쟁의 실상을 너무 몰랐고(1870년 이래 망각의 과정을 겪었다), 분위기에 휩쓸렸다. 보병들은 진홍색 바지를 입고 전선으로 나갔고, 사관 후보생들도 하얀 장갑과 깃털로 장식한 군모를 착용하고 전선으로 향했다. 열병식이라도 된다는 듯이 말이다. 유럽 전역에서 대중의 억눌렸던 에너지가 고삐 풀린 망아지처럼 날뛰었다. 프랑스는 낮은 출생률 때문에 3,800만 명의 국민으로 6,000만 명의 독일과 싸웠던, 심각한 무력 격차를 잊어버렸다.

우리는 전쟁에 반대했고, 그것은 기본적으로 인지상정의 문제였다. 편을 갈라 싸운 두 연합은 사회 조직과 구조가 사실상 같았다. 거액 융자에 토대를 둔 공화국. 군주제도 약간 있었지만 부르주아 의회가 통치 기관이었다(러시아가 유일한 예외다). 우리 편이든 저쪽 편이든 착취로 인해 똑같이 자유가 질식당했다. 진보가 느려서, 인간이 짓밟히는 것도 똑같았다. 독일 군국주의는 가공할 위험이었다. 하지만 연합국이 승리하면 유럽 대륙에 프랑스 군국주의가 확립될 판이었다. 프랑스 군국주의가 얼마나 백치처럼 보수 반동의 전횡을 일삼을 수 있는지는 드레퓌스 사건에서 환히 드러난 바 있었다(유혈 사태가 떠오를 수밖에 없는 갈리페[1] 장군은 말할 것도 없고). 벨기에 침공은 실로 끔찍했다. 하지만 영국 군대가 1902년 남아프리카의 작은 공화국 두 개를 말살해버린 일도 우리 기억에는 여전히 생생했다. 근자에는 트리폴리타니아와 모로코를 놓고 갈등이 빚어졌다. 식민지를 재분할하기 위해서라면 유럽에서도 잔인한 학살이 시도되리라는 게 분명했다. 어느 쪽이 승리하더라도 우리는 절망하지 않을 수 없었다. 희생자가 그토록 많은데 적진에서 넘어와, 서로를 형제라고 선언할 만큼 용감한 사람이 왜 한 명도 없을까? 우리는 서로에게 그런 질문을 했고, 다시금 절망했다.

우리는 전황을 전혀 몰랐지만 침략군은 파리로 진격 중이었다. 우리가 감옥 밖에 있었더라면 그런 흐름에 따랐을 것이라는 생각이 든다. 온갖 이론을 고려하더라도, 국가가 공격을 받고 있었으므로 ─ 사회 위기가 절정이 아니라면 ─ 자위권을 행사해야 한다고 냉큼 판단했을 것이라는 얘기이다. 원칙보다 훨씬 강력한 원시적 반사 작용이 일어났다. "국가가 위기에 처했다"는 정서가 만연했다.

내가 수감되었던 감옥은 센 강의 한 섬에 있었다. 마른 전선에서 25마일 정도 떨어진 곳이었다. 마른 전투가 한창일 때 믈링 주민들은 피난을 시작했다. 더 이상은 승리를 믿는 사람이 없었다. 파리는 가망이 없어 보였다. 우리는 감옥이 소개疏開되지 않으리라는 것, 어쩌면 센 강 기슭에서도 교전이 벌어질 것임을 깨달았다. 우리는 바로 이곳 전장 한 가운데 갇힌 채 옴짝달싹하지 못할 것이었다. 간수와 재소자 모두 두려움에 떨었다. 하지만 나는 아니었다. 일제 포사격으로 터무니없던 감옥 생활에 종지부가 찍힐 것을 생각하니 오히려 황홀했다. 비록 돌무더기에 파묻힌다고 할지라도 말이다. 하지만 전선이 후퇴했고, 모든 게 전으로 돌아갔다.

감옥에서는 사람이 많이 죽었다. 출소를 3개월 앞두고도 젊은 이들이 스러졌다. 열병 같은 것이었다. 몸이 감옥 환경에 적응하지 못했다. 두 눈을 반짝이며 다시 털고 일어나는가 싶더니 사흘 후 별안간 죽어버렸다. 몸 안에서 경련이 일어난 듯했다. 나도 6개월인가 8개월 후에 영양실조로 쓰러졌다. 서 있을 수가 없었고, 의무실에 들어갔다. 거기서 2주 동안 죽과 우유를 먹고 마신 후에야 다시금 걸을 수 있었다. 하지만 병이 도졌다. 처음으로 근처 공동묘지행이 되는 건 아닌가, 하는 두려움이 엄습해왔다. 무덤 파는 일을 맡은 재소자만 좋은 일 시켜주기는 싫었다. 내가 죽으면 그가 감옥 밖으로 나가 땅을 파고, 관례에 따라 약간의 포도주를 제공받을 것이다. 우리는 그가 누리던 특혜를 모두 부러워했다. 그러고서야 나는 적응했고, 끝끝내 살아남겠다고 굳게 다짐했다. 자각적 의지 너머에서 또 다른 의지가 꿈틀거렸다. 내면 깊숙한 곳에서 강력한 의지가 발휘되었다. 이 대목에서 상당히 보수적인 의사 얘기를 하지 않을 수 없겠다. 모리스 드 플뢰리Maurice de Fleury 박사가 친절을 베풀어주었고, 나는 여러 번 일상에서 벗어나 휴식을 취할 수 있었다.

드디어 출소하는 날이 왔다. 어느 겨울 새벽이었다. 센 강 위로 동이 터왔다. 내가 사랑하는 포플러 나무들이 보였다. 허름한 읍내는 아직 잠들어 있었고, 그 시각에 지나가는 사람이라고는 비천한 신분들뿐이었다. 표정은 굳어 있었고, 철모를 쓴 사람도 보였다. 나는 혼자 감옥을 나섰다. 땅을 내딛는 발걸음은 놀라우리만치 가볍고 경쾌했다. 소지품은 없었고, 실상 전혀 즐겁지 않았다. 뒤로 다람쥐 쳇바퀴 같은 생활이 끝없이 계속되면서 사람들을 망가뜨리고 있다는 생각에 사로잡혀 있었던 탓이다. 아침은 잿빛이었고, 나는 기차역 카페에서 커피를 한 잔 샀다. 주인이 관심을 보였다.

"감옥에서 나온 건가요?"

"예."

그가 고개를 끄덕였다. '내가 저지른 범죄'와 내 미래에 관심이 있었던 것일까? 그가 내게로 몸을 숙였다. "바쁘신가? 근처에 아가씨들이 있는데."

내가 나와서 처음 만난 사람은 군인이었다. 안개 속에서 어둑어둑한 다리를 건널 때였고, 그는 얼굴이 심하게 상해 있었다. 그 뚱뚱한 뚜쟁이가 두 번째로 만난 사람이다. 탈출구 없는 세상이 끝없이 계속될까? 전쟁이 뭐가 좋았을까? 아무도 죽음의 무도에서 배운 게 없단 말인가?

파리의 삶은 이중적이었다. 나는 넋이 나간 채 길을 걷다가 벨빌의 상점들에 진열돼 있는 하찮은 물건들 앞에서 걸음을 멈추었다. 짜깁기용 털실의 색깔은 화려했다. 자개가 박힌 주머니칼이 내 마음을 사로잡았다. 나는 몇 분 동안이나 그림엽서들을 찬찬히 들여다보았다. 군인들과 약혼녀들이 전서구傳書鳩를 통해 키스를 주고받는 그림으로, 녀석은 부리에 봉투를 물고 있었다. 사람들이 지나다녔는데, 안 믿길 정도로 현실적이었다! 빵집의 뜨끈한 창틀 위로 고양이 한 마리가 느긋하게 앉아 있는 게 보였다. 따끈한 빵 냄새가 밖으로 새어나왔음은 물론이다. 나는 냄새에 취했고, 절로 미소가 지어졌다. 벨빌은 똑같았다. 비록 더 후줄근하고 가난해졌지만 말이다. "장례 영업, 24시간 주야 대기. 합리적인 가격. 분할 납부 가능." 한 대리석공이 이렇게 적힌 에나멜 간판을 내놓고 있었다. 장례식이라 함은 전부 젊은 군인들의 장례식이었다. 숄을 두른 주부들이 구청에서 나오고 있었다. 감자 부대와 석탄 들통을 지닌 채였다. 뤼 쥘리앙 라크루아의 회색 파사드에서 그 옛날의 고통과 비참함이 새어나오는 듯했다.

사람들이 내게 어떻게 사는지를 설명해줬다. "즐거워. 집집마다 죽은 사람이 서넛은 되지. 하지만 사내들이 멀리 떠나 있는 바람에, 그것도 오래, 아내들은 외간남자들과 놀아나느라고 살판났어. 실업자도 전혀 없지. 외국인 노동력을 구하려고 난리야. 임금이 높다니까. …… 세계 각지에서 군인들이 몰려들었어. 그들 중에는 돈 있는 놈들도 있다고. 영국군과 캐나다 군대가 그래. 뒷골목에서 요즘만큼 빠구리가 성행했던 적이 없어. 피갈, 클리시, 몽마르트르 지구, 세련된 대로 지역의 온갖 기생충들이 흥청망청이야. 우리가 죽은 뒤에 무슨 일이 일어나든 알 바 아니라는 거지. 전쟁은 사업이라니까, 친구. 전쟁 때문에 사람들이 잘 지낸다고. 전쟁이 끝나기를 바라는 사람은 아무도 없어. 물론 군인들은 죽을 맛이겠지. 하지만 놈들도 휴가를 받아 귀향하면 다들 으스대. '일 없어요. 괜히 알려고 하지 마세요.' 이런다니까. 알메리다는 이제 잘나가는 동네에서 일간지를 발행하고 있어. 차가 두 대고, 집도 크다고. …… 쥘 게드와 마르셀 상바[2]는 입각했어. 어떤 사회주의자는 조레스 살해범을 변호 중이고. 제바에Zévaès 선생, 알지? 불법주의자였던 아무개는 무공 훈장을 받았어. 크로포트킨은 장 그라브와 함께 전쟁 노력을 지지하는 성명서에 서명을 했고. 거시기는 군수품 공급 사업을 하지. …… 대체 무슨 말을 하고 싶은 거야? 러시아혁명? 불쌍한 친구 같으니. 도무지 물정을 모르는군. 러시아 놈들도 저기 카르파티아 산맥에서 단단히 웅거하고 있어. 내 말 믿어, 아무것도 바뀌지 않을 거라고. 할 수 있는 건 하나밖에 없어. 이익을 꾀하고 돈을 모아라. 전쟁 전보다 훨씬 쉬워."

이런 종류의 얘기를 나는 들었다. 뼈다귀만 남은 알제리인들이 도로의 오물을 느릿느릿 치우고 있었다. 하지만 오물은 줄어드는 법이 없었고, 실상 더욱 늘어났다. 철모와 양가죽을 뒤집어쓴 인도차이나 사람들이 오들오들 떨면서 현청과 상태를 지켰다. 지하철은 콩나물시루 같은 객차로 시민들을 날랐다. 회복기의 환자들은 병원 창문에서 지루함을 달랬다. 상이군인 한 명이 뤽상부르 공원의 나목 아래서 직업여성의 허리를 껴안고 있었다. 카페들은 사람으로 넘쳐났다. 교외는 깊은 어둠에 잠겨 있었다. 하지만 시내는 불빛과 조명이 산재했고, 밤이 깊어갈수록 맥박이 고동쳤다. "요즘 세상은 딱 두 가지뿐이야. 사랑과 돈. 아 물론, 돈이 최고지만."

나는 러시아인들에 관해 물었다. 테러리스트 사빈코프[3]는 외인부대에 용병을 끌어모으고 있었다. 많은 볼셰비키가 자원입대해 전선에서 죽었다. 플레하노프Plekhanov는 제국 방위를 공개 지지했다. 트로츠키[4]는 경찰 두 명이 에스파냐 국경까지 호송했다. 그는 아메리카 대륙 어딘가에 억류될 참이었다. 세련된 동네의 사무실 겸 아파트 겸 사적인 제국으로 알메리다를 찾아갔다. 더 우아해진 그는 단연 라스티냐Rastignac(오노레 드 발자크의《고리오 영감》에 나오는 등장인물 – 옮긴이) 같았다. 알메리다는 내게 이렇게 말했다. 노동운동 안에서 경찰 첩자를 찾아내는 일은 그만두었다고. "너무 많아!" 좋기는커녕 나쁠 수도 있다는 게 이유였다. 전쟁은 실패로 치닫고 있었고, 그는 평화를 위해 노력 중이었다. 평화를 지지하는 사람들이 점점 늘어났고, 미래는 그들의 역할에 달려 있었다. "푸앵카레Poincaré와 조프르Joffre는 이제 끝났네. …… 머잖아 모든 게 바뀔 걸세."

알메리다를 비판하는 사람도 있었다. "그는 은행가들 편으로 넘어갔어. 경찰국장이 그의 손아귀에 있는걸." 세자르 캉펭시 선생은 프랑스가 탈진하기는 했지만 미국이 프랑스 편이기 때문에 1~2년 후면 승리할 것으로 내다봤다. 모리스 드 플뢰리 박사는 내게 생각이 바뀌었느냐고 묻고는 했다. 내가 대꾸하면 그는 고개를 절레절레 흔들었다. 깊은 생각에 잠긴 듯한 잘생긴 모습이 떠오른다. 나는 메테를링크의 〈파랑새〉 공연을 보았다. 극장은 커플들이 많았고, 제복을 입은 군인들도 보였다. …… 모든 것에서 우리가 심연으로 추락하고 있다는 광기를 느낄 수 있었다. "페기5가 죽었다! 리시오토 카뉘도Riciotto Canudo(1877~1923, 우리가 좋아한 청년 작가)가 죽었다. 가브리엘-트리스탄 프랑코니Gabriel-Tristan Franconi(1877~1918, 시인이자 친구)는 포탄에 목이 날아갔다. 장-마리 베르나르Jean-Marie Bernard(1881~1915, 시인, 평론가)도 죽었다.《노동자들의 비참한 삶Vie tragique des travailleurs》을 쓴 보네프Bonneff 형제도 죽었다. ……"

파리여, 안녕! 나는 바르셀로나 행 열차를 탔다.6 전쟁의 또 다른 면모가 펼쳐졌다. 기차와 철도역에서 군인들을 볼 수 있었다. 그들은 억세고, 거칠었다. 투박하고, 상스러웠다. 뻣뻣하고, 경직되어 있었다. 복잡하지 않고, 단순했다. 그들은 돌 같았고, 파괴되어 있었다. 피레네 산맥을 넘자 평화롭고 풍요로운 광경이 다시 펼쳐졌다. 부상자도 없었고, 휴가를 나왔다가 귀대 시간을 헤아리는 군인도 없었으며, 암담한 장례식도 없었고, 죽음을 앞두고 생을 즐기겠다는 광란도 없었다. 카탈루냐의 작은 마을들에 도착했다. 광장 주위로 키가 큰 가로수들과 유개상가의 작은 카페들이 자리하고 있었다. 분위기는 태연했다. 바르셀로나는 즐겁고, 떠들썩했다. 람블라스7는 밤에도 조명이 환했고, 낮에는 햇빛이 눈부셨다. 새들과 여자들이 가득한 거리는 관능적이기까지 했다. 여기도 전쟁으로 인한 풍요가 넘쳐났다. 공장들은 연합국과 동맹국 모두를 고객 삼아 전소운전 중이었다. 기업들은 돈을 갈퀴로 긁어모았다. 사람들의 얼굴은 삶의 환희로 빛났다. 쇼윈도와 은행이 불어넣는 활력은 사람들에게 강한 자극을 줬다. 모든 게 미쳐 돌아갔다.

나는 진절머리 나는 수감 생활을 했다. 사람을 짓밟아버리는 다람쥐 쳇바퀴 같은 생활이 여전히 내 머릿속에 맴돌았다. 삶의 자각과 활력이 전혀 즐겁지 않았던 이유다. 바르셀로나는 만족스러웠다. 많은 이가 징집되어 갔지만 나 혼자만 자유롭게 특권을 누리고 있었다. 모호한 죄책감이 느껴졌다. 대륙 전역의 참호에서 다른 수많은 이가 피를 흘리는데 나는 왜 거기 갔던 것일까? 그 카페들과 금빛 모래사장은 무어란 말인가? 내가 그들보다 자격과 가치가 있었을까? 평범한 이들의 운명으로부터 내가 배제된 이유는 무엇인가? 나는 다행히도 전선을 탈출해, 드디어 안전을 확보한 탈영병들과 마주쳤다. 나는 그들에게 안전을 도모할 권리가 있다고 인정했다. 하지만 모두의 목숨이 위태로운데도 사람들이 자기만 살겠다고 맹렬히 도모하는 것을 보면서 내심 경악했다. 견뎌야 할 고통이 무한대인데다, 목숨이 붙어 있는 한 계속될 것이기 때문이었다. 그 감정은 나의 이성적 사고와 뚜렷하게 대비되었지만 훨씬 강렬했다. 평범한 사람들과 운명을 함께해야 한다는 이런 의무감이 항상 나를 지배했음을 이제는 안다. 그런 의무감이 내 행동과 활동의 가장 깊은 원천 가운데 하나였다. 나는 인쇄소에서 일했고, 투우장을 찾았으며, 독서를 재개했고, 등산을 했고, 카페에서 카스티야·세비야·안달루시아·카탈루냐 여자들이 춤추는 걸 구경했다. 그리고 내가 이렇게 살 수는 없다고 느꼈다. 전쟁터로 나간 사람들 생각이 머리에서 떠나지 않았다. 그들이 계속해서 나를 불렀다.

일련의 고대했던 사건들이 마침내 동시 발생적으로 일어나지 않았더라면 결국에 가서는 어떤 군대든 틀림없이 입대했을 것이다.

나는 《토지와 자유Tierra y Libertad》에 기사를 실으면서 처음으로 '빅토르 세르주Victor Serge'라는 이름을 사용했다. 프리드리히 아들러⁸를 방어하는 논설이었다. 아들러가 빈에서 막 사형 선고를 받았던 것이다. 그가 몇 달 전에 전쟁 발발의 책임이 있는 정치인 슈튀르크Stürgkh 백작을 암살했다. 내가 쓴 다음 기사는 러시아 전제정치의 몰락에 관한 것이었다. 우리는 그 사실을 믿어야 할지 말아야 할지 모르겠을 만큼 러시아의 사태 전개를 간절히 기다리고 있었다. 혁명이 일어났다. 일어날 성싶지 않은 일이 현실이 되었던 것이다. 우리는 러시아 발 급보를 읽으면서 점점 고조되었다. 전달된 소식들의 내용은 단순하고, 구체적이었다. 사태가 불현듯 본래 모습 그대로 드러났다. 세상이 더는 속수무책의 광기에 이끌리지 않게 됐다. 프랑스의 어떤 개인주의자들은 나를 이렇게 조롱했다. 그들의 상투적인 냉소를 들어보라. "혁명은 쓸데없어. 혁명을 한다고 인간 본성이 바뀔 것 같아? 잦아들면 반동이 닥치고, 모든 게 처음부터 다시 시작이지. 다른 사람들은 내 알 바 아니고, 나라면 나를 신경 쓰겠어. 나는 전쟁을 지지하지도 않지만 혁명도 지지하지 않는다고. 잘 가게."

나는 그들에게 이렇게 대꾸하곤 했다. "당신들은 이제 아무것도 할 수 없어요. 한계에 이른 셈이죠. 더 이상은 아무것도 못한다고요. 당신들 자신이 그런 자격을 상실했습니다. …… 당신들 같은 사람은 모든 게 타락하고 퇴보한 결과물이에요. 부르주아지, 부르주아 사상, 노동계급 운동, 아나키즘 등등 말입니다."

동지였다는 흔적만 남은 그 '동지들'과 나는 완전히 결별했다. 논쟁은 소용이 없었고, 서로를 참고 견디기도 어려웠다. 함께 일하던 에스파냐 노동자들은 비록 투사는 아니었지만 페트로그라드의 상황을 본능적으로 이해했다. 그 사건들을 마드리드와 바르셀로나의 사태로 능히 짐작해볼 수 있었던 것이다. 알폰소 13세의 군주정 역시 차르 니콜라이 2세만큼 안정적이지도, 다수 대중의 지지를 받지도 못했다. 에스파냐의 혁명 전통도 러시아처럼 바쿠닌[9] 시대로 거슬러 올라간다. 두 나라 모두에서 비슷한 사회적 원인이 작동하고 있었다. 농업 문제, 산업화 지연, 서유럽보다 최소 150년은 뒤진 정치체제 등등. 전시의 공업 및 상업 호경기로 부르주아지가 강화되었다. 카탈루냐가 대표적이다. 그들은 토지 소유에 기반을 둔 구래의 귀족 체제와 완고하고 편협한 왕정에 반감을 품었다. 노동 귀족이 형성될 시간이 아직 없던, 다시 말해 부르주아화가 될 시간이 전혀 없던 신흥 프롤레타리아트도 그 에너지와 욕구가 확대되었다. 전쟁 발발 사실을 모르는 사람이 없었고, 폭력에 기우는 경향이 발생했다. 노동자들은 저임금(내가 하루 일당으로 4페세타peseta를 받았다. 이는 미국 돈으로 약 80센트이다) 때문에도 즉각 요구 투쟁에 나서지 않을 수 없었다.

　한 주 한 주 시간이 흐를수록 사건의 지평선이 또렷하게 가시화됐다. 3개월 만에 바르셀로나 노동계급의 분위기가 완전히 바뀌었다. 투쟁 의지가 치솟았다. CNT[10]로 힘이 결집되었다. 나는 근무하던 인쇄소의 작은 노동조합 소속이었다. 활동가들의 수가 전혀 늘지 않았음에도(우리는 서른 명 정도에 불과했다) 노조의 영향력이 크게 확대되었다. 전체 노동자가 각성한 듯했다. 러시아혁명 소식이 전해지고 3개월이 흐르자 코미테 오브레로Comité Obrero(노동자위원회)가 혁명적 총파업을 준비하기 시작했다. 그들은 카탈루냐의 자유주의 부르주아지와 정치 동맹을 도모하는 협상을 벌였고, 왕정 전복을 차분하게 계획했다. 코미테 오브레로의 요구 강령은 러시아 소비에트의 경험에서 빌려온 것으로, 1917년 6월 작성되었고《솔리다리다드 오브레라Solidaridad Obrera》에 발표되었다. 머잖아 프랑스에서도 그런 강령이 나왔다. 참호에서 공장으로 전 유럽에 고압 전류가 흘렀고, 격렬한 희망이 탄생 중이었던 것이다.

파랄렐로는 인파가 붐비는 주요 도로로, 저녁에도 조명이 환했고, 근처에는 홍등가가 있었다. 반나체의 여자들이 그 썩어가는 뒷골목에 가득했다. 아무튼 그곳 에스파뇰 카페에서 나는 다가오는 전투에 대비해 무장 중이던 투사들을 만났다. 그들은 전투에서 벌어질 사태를 열정적으로 토론했고, 브라우닝 권총을 분배했으며, 옆 테이블에서 불안에 떠는 스파이들을 색출해냈다. 한쪽은 헌병대 병영이고, 다른 쪽은 빈민들의 공동 주택인 혁명가들이 장악한 거리에서 나는 당대 바르셀로나의 영웅을 만났다. 민활한 지성의 그는 무관의 지도자로, 기성 정치인들을 믿지 않는 용감한 투사였다. 사람들은 살바도르 세구이[11]를 애정 어린 별명 '나이 델 수크레Nay del Sucre', 곧 '슈거 보이Sugar Boy'라고 불렀다. 우리는 희미하게 깜박거리는 등유 램프 아래서 함께 저녁을 먹곤 했다. 매끈한 나무 탁자 위에 차려진 식사는 토마토, 양파, 품질이 떨어지는 적포도주, 시골풍의 소박한 수프 따위였다. 아이들의 속옷이 빨랫줄에 걸려 있기도 했고, 카르멘 교단의 수녀가 갓난아이를 돌보는 모습도 볼 수 있었다. 발코니를 통해 내다뵈는 바깥은 위협적인 어둠이었다. 계속해서 살인마들이 가득한 헌병대 병영이 보였고, 벌겋게 별이 총총한 람블라스의 옅은 빛도 눈에 들어왔다. 우리는 거기서 제반 문제들을 검토했다. 러시아혁명, 다가오는 총파업, 카탈루냐 자유주의자들과의 동맹, 노동조합, 일체의 조직을 불신하는 아나키스트들의 뿌리 깊은 적대감 따위를. 러시아혁명과 관련해 나는 한 가지는 확신할 수 있었다. 러시아혁명은 중도에서 멈추지 않을 터였다. 사태는 계속 진행될 테고, 끝장을 볼 것이었다. 어떤 끝장일까? "농민들은 토지를, 노동자들은 공장을 장악할 겁니다. 그다음은 나도 모르겠어요."

나는 이렇게 썼다. "그다음에는 위대함이라고는 전혀 찾을 수 없는 투쟁들이 다시 시작될 것이다. 하지만 그 토양은 갱신된 무대일 것이다. 인류는 이미 위대한 진보를 달성했을 것이다." 코미테 오브레로는 근본적인 질문을 전혀 제기하지 않았다. 그들은 궁극의 전망을 알지도 못한 상태에서, 행동의 결과를 가늠해보지도 않고 전투에 돌입했다. 하기야 그들에게는 달리 방법도 없었다. 노동자위원회는 더 이상 소극적으로 남아 있을 수 없던 힘이 확대되면서 구성되었다. 절대로 그냥 당하고 있을 수만도 없었다. 비록 형편없이 싸우게 된다고 할지라도 말이다. 바르셀로나를 장악한다는 관념은 복잡하지 않고 간명했다. 그 계획이 자세히 수립된 경위다. 그러나 마드리드는? 다른 지역은? 에스파냐 내 기타 지역과의 연계가 약했다. 바르셀로나를 장악하면 왕정이 전복될까? 일부 공화주의자는 그걸 바랐고 — 레룩스Lerroux가 대표자였는데, 좌파는 그를 불신했지만 인기가 여전했다 — 해방된 바르셀로나가 선두에 서야 한다고 주장했다. 만약 바르셀로나가 패배해도 그들은 안전하게 빠져나갈 구멍이 있었던 것이다. 마르셀리노 도밍고Marcelino Domingo와 손잡은 카탈루냐의 공화파가 노동자 권력 쪽으로 기운 이유는 딱 하나였다. 왕정으로부터 일정한 자치권을 확보하자는 것이었다. 그들은 무질서 상태를 위협하며 계속해서 정부를 감질나게 했다. 나는 세구이를 따라다니며 카탈루냐의 자유주의 부르주아지와 코미테 오브레로의 협상을 지켜봤다. 그것은 좋다고는 할 수 없는 미심쩍은 연합이었다. 협상 당사자들은 서로에게 두려움을 느꼈고, 미묘하고 교활하게 술책을 써서 상대방을 제압하고자 했다. 불신은 당연했다.

세구이는 입장을 이렇게 정리했다. "그들은 우리를 이용하고자 해. 그런 다음 우리를 버리겠지. 그들이 정치 공갈 게임을 하는 데 한동안은 우리가 필요할 거야. 우리가 없으면 그들은 아무것도 할 수가 없어. 우리는 가두를 장악했고, 돌격 부대가 있으며, 용감해. 우리는 이 사실을 알지. 하지만 우리도 그들이 필요해. 그들은 돈, 거래, (아무튼 처음에는) 어쩌면 합법성, 언론, 여론 따위를 대변하니 말이야."

나는 이렇게 대꾸했다. "하지만 우리가 압도적으로 승리하지 못하면 — 아마도 그럴 것 같은데 — 그들은 우리를 첫 번째 장애물로 여기고 당장에 버릴 겁니다. 일찌감치 배신을 당할 수도 있어요."

세구이도 사태가 위험해질 수 있음을 알았다. 하지만 그는 여전히 낙관적인 태도를 견지했다. "우리가 지면, 그들도 지는 거야. 그렇게 되면 늦어서 우리를 배신할 수도 없을걸. 하지만 우리가 승리하면 상황을 주도하는 건 우리지 그들이 아니라고." 나는 소설 《우리 권력의 탄생》에 나오는 다리오라는 등장인물의 영감을 살바도르 세구이한테서 얻었다. 다리오는 항상 일을 마치고 직장에서 퇴근하는 노동자처럼 옷을 입었다. 머리 위로는 전통의 납작모자가 찌부러져 있었고, 싸구려 타이 아래로 셔츠 칼라는 단추를 끌렀으며, 큰 키에 체격이 건장했고, 머리는 둥글었다. 그는 전반적으로 거칠었고, 두 눈은 컸으며, 상황 판단이 빨랐고, 묵직한 눈꺼풀은 다 알고 있다는 듯한 인상을 자아냈다. 다리오는 평범하게 못생겼지만 만나보면 대단히 매력적이었다. 그의 자아는 유연하면서도 끈덕졌고, 현실적이면서도 지적이었다. 다리오는 조금도 가장하거나 꾸미지 않았다. 그는 에스파냐의 노동계급 운동에 새로운 임무를 부여했다. 탁월한 조직자의 역할이 그것이었다. 세구이는 아나키스트가 아니었다. 자유지상주의자로 보는 편이 타당할 것이다. 그는 결의안들에 나오는 "자유의 태양 아래서 펼쳐지는 조화로운 삶," "자아의 만개," "미래 사회" 따위의 문구를 비웃었다. 세구이는 임금, 조직, 지대와 집세, 혁명 권력 등 당면한 과제들을 제기했다. 하지만 그게 그의 비극으로 드러났다. 그 중심적 사안을 큰소리로 제기해 공론화할 수 없었던 것이다. 권력의 문제를 말이다. 내 생각에는, 우리 두 사람만 다른 사람들이 없는 데서 그 문제를 토론했던 것 같다. 그가 "도시를 접수할 수 있다"고 힘주어 말했을 때 나는 이렇게 물었다. "어떻게 통치할 건데요?" 당시에 우리가 떠올릴 수 있었던 사례는 파리코뮌뿐이었다. 그런데 코뮌의 경험은 자세히 살펴보면 그리 유망하지 않았다. 그들은 결정을 못 내리고 망설였다. 불화와 균열도 발생했다. 공허한 논쟁만 일삼았다. 포용력 없는 사람들이 감정싸움을 벌였다. …… 이후의 에스파냐 혁명과 꼭 마찬가지로 파리코뮌에서도 수천 명의 영웅이 탄생했다. 존경스러운 순교자가 수백 명이었다. 하지만 파리코뮌에는 지도자가 없었다. 나는 바르셀로나 코뮌이 일정에 올랐다고 느꼈고, 그 문제를 자주 생각했다. 대중은 에너지가 흘러넘쳤다. 동력은 뒤죽박죽의 이상주의였다. 중간급 지도자들은 많았다. 그러나 지도자가 없었다. "살바도르, 당신을 빼면 아무도 없어요. 그리고 지도자 한 명으로는 너무 취약합니다." 더구나 그는 사태 전개를 그리 확신하지도 못했을 뿐만 아니라 사람들이 자신을 따를지도 자신하지 못했다. 아나키스트들은 권력 장악에 관한 얘기를 도무지 들으려고 하지 않았다. 그들은 코미테 오브레로가 승리를 거둬, 카탈루냐 정부가 되는 사안을 알고 싶어하지 않았다. 세구이도 그게 문제라는 걸 알았다. 하지만 사상 투쟁이 시작돼 자신이 고립되는 사태를 두려워했다. 그는 감히 그 얘기를 꺼내지 못했다. 그런 상황에서 우리는 전투에 돌입했고, 미래 전망은 어둡기만 했다.

우리의 열정과 세력은 위대한 날을 향해 기세를 더해갔다. 준비도 거의 다 돼 있었다. 7월 중순 파랑색 작업복을 걸친 투사들이 대오를 갖춰 시내를 행진했다. 손에 권총을 소지한 채였다. 나도 그 시위대에 합류했다. 우리는 검정색 삼각모를 쓰고 수염을 기른 헌병 기마대 옆을 지나쳤다. 그들은 우리가 내일의 반란자들임을 알았다. 하지만 우리와 싸우지 말라는 명령을 받고 있었다. 당국은 제정신이 아니었거나, 무슨 일이 일어날지를 알고 있었다. 카탈루냐 의회의 민주주의자들이 우리를 배신한 것이다. 카예 드 라스 에집시아카스의 한 건물을 어느 날 헌병대가 포위했다. 마침 나도 그 자리에 세구이와 함께 있었고, 우리는 세구이가 주택들의 평평한 지붕을 타고 달아날 수 있도록 도왔다. 나는 체포돼, 경찰서의 작은 유치장에 세 시간 동안 갇혀 있었다. 감방은 붉은 황토색으로 칠해놨는데, 지긋지긋하고 혐오스러웠다. 근처 람블라스에서 폭동이 일어났음을 알 수 있었다. 고함과 아우성이 매우 컸고, 친절한 경관 한 명이 풀어주면서 사과를 했다. 사복 경찰들도 상당히 공손했다. 그들은 처자식을 먹여 살리기 위해 부끄러운 일을 하고 있는 것을 미안해했고, 우리를 공감하며 동조한다고 말했다.

나는 우리가 과연 승리할 수 있을지 회의적이었다. 하지만 기꺼이 미래를 위해 싸웠다. 훨씬 나중에 나는 〈권력 장악 문제 고찰 Meditation on the conquest of power〉에서 이렇게 썼다.

다리오, 이 모든 난관을 생각해보세요. 결국 우리는 총살당할 겁니다. 나는 오늘의 우리 현실에 회의적입니다. 당신은 어제까지도 이 항구에서 짐을 날랐습니다. 허리를 굽힌 채로도 부두와 선창 사이의 용수철 같은 널판을 가볍게 걸어 다녔죠. 나는 사슬을 운반했고요. 비유를 해볼까요, 다리오. 지금 우리한테는 등록 대장밖에 없는 겁니다. 그런데 그

게 또 엄청 무거운 거고요. 위원회의 우리 친구 리바스Ribas
는 발렌시아에서 탈부착이 가능한 디태처블 칼라detachable
collar를 팔았습니다. 포르테스Portez는 기계 공장에서 돌을
깨거나 금속 톱니바퀴에 구멍을 뚫었고요. 미로Miro는 그
듬직한 체구에서 나오는 힘과 고양이 같은 유연함으로 무
엇을 했습니까? 그는 가르시아스의 작업장에서 자동차를
정비했어요. 실상 우리는 노예예요. 우리가 이 도시를 장악
할 수 있습니까? 한번 보세요. 기막히게 멋지죠. 전등과 불
빛을 보세요. 소리는 또 어떻고요. 자동차, 전차, 음악, 사람
들의 얘기 소리, 노랫소리, 새 소리, 그리고 발걸음 소리를
요. 발걸음 소리는 천과 비단이 스치는 소리랑 분간하기가
쉽지 않죠. 이 손으로, 우리의 손으로 도시를 장악하는 게
과연 가능할까요? 다리오, 내가 이렇게 큰 소리로 말하면
당신은 웃겠지요. 당신은 두 손을 내뻗으며 이렇게 말할 겁
니다. 크고, 우람하며, 털이 많은, 친밀한 손을 말이죠. "나
는 항상 승리할 수 있다고 생각해왔어. 언제나 말이야." 우
리는 더 이상 아무것도 느낄 수 없을 때까지는 죽지 않고 영
원할 거라고 생각합니다. 우리의 작은 물방울이 대양으로
흘러 들어간 후에도 삶은 계속되겠죠. 그런 면에서는 나도
당신처럼 확신합니다. 내일은 위대하죠. 우리의 준비는 헛
되지 않았을 겁니다. 이 도시는 쟁취되고 말 거예요. 우리
가 아니라도 우리랑 비슷한 사람에 의해서요. 다만 더 강력
해야겠죠. 그들은 우리의 무력함을 통해서 더 강인해지고,
강력해질 겁니다. 우리가 진다고 해도 우리랑은 확연히 다
른 사람들, 하지만 우리랑 무한히 똑같은 사람들이 오늘 저
녁처럼 이 람블라스를 휩쓸고 갈 겁니다. 10년 후든 20년 후

든 말이에요. 그건 중요하지 않습니다. 똑같은 정복을 꿈꾼다면 말이에요. 어쩌면 그들은 우리가 흘린 피도 생각할 겁니다. 나는 지금도 그들이 보이는 것 같습니다. 그들이 흘릴 피가 떠올라요. 당연히 그들도 피를 흘릴 테니까요. 하지만 그들은 결국 이 도시를 쟁취할 겁니다.[12]

　　내 말이 맞았다. 그 다른 사람들은 1936년 7월 19일에 바르셀로나를 쟁취했다. 그들은 아스카소[13], 두루티[14], 헤르미날 비달[15], CNT, FAI, 품(맑스주의 통일 노동자당)[16]이었다. 그러나 우리는 1917년 7월 19일에 이렇다 할 싸움도 해보지 못한 채 패했다. 카탈루냐 자유주의자들이 막판에 겁을 집어먹고 투쟁에 합류하지 않았던 것이다. 우리는 단독으로 싸웠다. 햇살이 눈부신 날이었고, 함성이 대단했다. 군중은 성급했고, 가두에서는 추격전이 벌어졌다. 헌병대는 신중했고, 기마 돌격 작전은 느릿느릿 이루어졌다. 우리를 쫓기는 했지만 열의가 없었다. 그들도 우리가 두려웠던 것이다.

　○　　우리는 1917년 7월 19일에 이렇다 할 싸움도 해보지 못한 채 패하고 말았다.

코미테 오브레로는 퇴각 명령을 내렸다. 나는 정오쯤 동지들과 합류했다. 콘데 델 아살토 회관은 비좁고 갑갑했다. 지시를 기다리고 있는데, 소총을 든 헌병대가 람블라스에서 들이닥쳤다. 우리를 향해 진격해오고 있었던 것이다. 우리는 서서히 뒤로 밀려났다. 허약해 보이는 단신의 장교가 해산하지 않으면 발포하라는 명령이 내려올 거라고 외쳤다. 우리가 해산하는 것은 불가능했다. 우리 뒤로 또 다른 사람들이 있었기 때문이다. 물론 해산하고 싶지도 않았다. 소총을 겨냥한 병사들의 벽과 우리 사이에 틈이 생겼다. 회색 옷을 입은 젊은이 한 명이 느닷없이 그 사이로 뛰어들었다. 한 손으로는 신문지에 싼 폭탄을 들고 있었다. 그는 이렇게 외쳤다. "나는 자유인이다! 이 매춘부의 자식들아!" 내가 그에게로 얼른 달려가서 손목을 움켜잡았다. "미쳤어요? 학살이라도 일으키고 싶은 거요?" 우리가 잠시 몸싸움을 벌이는 동안 경찰은 주저하면서 가만히 있었다. 이윽고 동지 몇 명이 우리를 에워싸 끌고 갔다. …… 총소리가 산발적으로 들렸다. 어느 집 현관 앞으로 끌려온 그 청년은 격분해서 여전히 몸을 떨고 있었다. 그가 손으로 이마를 훔치면서 말했다. "당신, 러시아 사람, 맞지? 내가 알아봐서 운 좋은 줄 알라고."

세구이는 저녁에 나타났다. 매우 지쳐 보였다. "겁쟁이들, 비겁한 놈들!" 그는 계속해서 이렇게 되뇌었다. 이후로 나는 그를 다시 만나지 못했다. 그가 8월 반란을 조직하기 위해 잠행에 들어갔기 때문이다. 나는 1921년 페트로그라드에 체류 중이었다. 그때 그에게서 편지를 한 통 받았다. 러시아에 오겠다는 전갈이었다. 그는 명실상부한 바르셀로나의 호민관이 되어 있었고, 추방형을 받고 한동안 머물던 미노르카 섬에서 귀환 중이었다. 세구이는 1923년 초에 가두에서 암살당했다. 람블라스에서 얼마 안 떨어진 길이었다. 사장들의 더러운 일을 대행해주는 신디카토 리브레Sindicato Libre

소속의 권총 강도 소행이었다.

1917년 8월 반란이 일어났고, 양쪽 모두에서 100여 구의 시체가 쌓였다. 봉기는 진압되었다. 하지만 그렇다고 해서 바르셀로나 노동계급의 전진이 차단당하지는 않았다. 나는 러시아로 향했다. 7월 19일의 패배를 목도하면서 나는 결심했다. 거기서는 승리를 전혀 기대할 수 없었다. 투사들과의 토론도 신물이 났다. 그들은 내가 볼 때 덩치만 컸지 애들에 불과했다. 바르셀로나 주재 러시아 총영사는 K 대공이라는 사람이었다. 이름을 접수하자마자 그가 나를 환대하고 나섰다. "무엇을 도와드릴까요?" 그 신사는 임시정부에 충성하기로 막 서약한 상황이었다. 나는 그가 약간 두려웠다. 바르셀로나의 러시아 혁명가들은 전부 그의 사주로 체포되었기 때문이다. 만사가 순조로웠고, 나는 그에게 자원입대 양식만을 요청했다. 해방된 러시아에 가서 병역을 이행할 수 있을 터였다. "물론이죠! 기꺼이 내드리겠습니다! 잠깐만요." 우리 두 사람은 상대방이 무슨 얘기를 안 하고 남겨뒀는지를 잘 알았다.

파리. 라프 애비뉴의 러시아군 사령부는 말쑥한 장교들로 가득했다. 그들은 새로운 상황이 꽤나 익숙한 듯했다. 일주일 만에 공화주의자들이 되었고, 그것도 선량한 공화파가 된 것이다. 그들은 대단히 정중했지만 나와 다른 방문객들에게 갖은 어려움을 열거했다. 온갖 장애 때문에 러시아와의 교신이 막힌 상태였다. 프랑스에서 싸우고 있는 러시아 군대로 들어와 신생 조국에 봉사하는 것은 어떠냐고 그들은 제안했다. 그거라면 일 처리가 쉬울 터였다. 나는 담당 대위에게 이렇게 대꾸했다. "프랑스의 러시아 부대는 전제 정부 치하에서 구성되었습니다. 사정이 그러하다면 그들을 본국으로 송환해 신생 러시아의 새로운 분위기를 알려줘야 하지 않을까요?" 그는 내게 장담했다. 메이 캠프와 샹파뉴 전선의 우리 병사들은 상관들을 통해 러시아의 사태 전개를 완벽하게 숙지하고 있다고 말이다. 우리는 혼란스러웠고, 완전 얼떨떨했다. 주장에 요점이 없었다. 그 멋진 장교들한테서는 그 어떤 소득도 기대할 수 없었다. 그래도 요모조모 노력을 계속했다. 하지만 결국 영국 해군성이 혁명가들의 귀환을 거부하고 있었음을 알게 됐다(나도 그 일원이었다). 우리는 페트로그라드 소비에트와 케렌스키[17]에게 계속 전보를 보냈다. 유감이며 통탄스럽다는 메시지를 전한 것이다. 이런저런 검열을 고려하면 전보가 제대로 가는지, 결코 확신할 수 없음을 우리가 모르는 바는 아니었다. 그 와중에 쿠르틴 캠프의 러시아 사단이 본국 귀환을 요구하며 폭동을 일으켰다. 병사들의 반란은 분쇄되었다. 전선에서 파리로 돌아온 동지들은 내게 귀환 예정인 다른 부대에 합류하라고 조언했고, 나는 공식으로 신청했다. 신청서를 접수한 장군은 내게 유감을 표명했다. 자원자가 다 찼다고 했다. 외인부대를 통해 러시아에 가보자는 수가 떠올랐다. 그들이 외인부대를 자원한 러시아인들에게 러시아 군대의 일부로 포함시켜주겠다고 약속했던 것이다. 하지만 그 방법을 시도한 동지들 대다수가 최전선에서 죽어나갔음을 알게 됐다. 그들이 뽑은 대표들은 끌려가서 총살을 당했고 말이다.

군사 사절단 대기실에서 러시아 군인 한 명을 알게 됐다. 나이는 서른 정도였고, 영국군에 배속돼 최근까지 트랜스요르단에서 싸웠다고 했다. 그도 나처럼 러시아 본국으로 돌아가고자 애쓰는 중이었다. 물론 이유는 달랐지만. 실제로 그는 나보다 먼저 목적을 달성했다. 처음 만나 대화를 나눌 때부터 그의 입장은 확고했다. "나는 전통주의자입니다. 군주제와 제국주의를 지지하고, 범슬라브주의자이기도 해요. 내 생각이야말로 진정 러시아답죠. 동방 정교회의 사상이기도 하고요. 당신도 진정한 러시아인입니다. 하지만 정반대 극단에 있죠. 즉흥적 무정부 상태, 원시적 폭력, 제멋대로 날뛰며 길들여지지 않는 신념 역시 러시아의 본성이니까요. 러시아의 그 모든 걸 나는 사랑합니다. 거기 가서 싸우고 싶은 것까지도요. 당신이 대변하는 것까지도 말이에요. ……"

관련해서 우리가 나눈 대화는 아주 좋았다. 앵발리드의 산책로를 왔다 갔다 하면서 우리는 토론을 했다. 적어도 그는 솔직했다. 생각이 감연했고, 모험과 투쟁을 대단히 좋아했다. 그는 간간이 이런저런 시를 읊조렸는데, 상당히 황홀했다. 약간 마른 몸매였고, 추남이었다. 길쭉한 얼굴, 묵직한 입술과 코, 원뿔 모양의 두상, 큼지막한 청녹색 눈동자는 기묘했다. 물고기나 동양의 우상처럼 말이다. 실제로도 그는 사제司祭를 표현한 아시리아의 조상彫像을 대단히 좋아했다. 누구라도 그를 보면 둘이 닮았다고 느꼈을 것이다. 그 사람은 바로 당대의 위대한 러시아 시인 니콜라이 스테파노비치 구밀료프[18]였다. 우리는 러시아에 가서도 몇 번 만났다. 적대자이면서 친구로 말이다. 1921년에 체카[19]가 그를 못 죽이도록 며칠간 싸웠지만 내 노력은 수포로 돌아갔다. 하지만 당시에 우리는 장래의 일을 전혀 알지 못했다.

러시아 장교들은 통상 자기들을 사회혁명당 지지자라고 했다. 사회혁명당이 부풀어 올랐다는 것은 누가 보더라도 사실이다. 우화에 나오는 개구리처럼 말이다. 사회혁명당이 다가올 제헌의회[20] 선거에서 다수파를 차지하리라는 데에는 의문의 여지가 없었다. 볼셰비즘에 관해서 나는 아는 게 거의 없었다. 볼셰비키라는 말을 입에 올리기만 해도 멀끔한 장교들은 입에 거품을 물었다. 페트로그라드에서 발생한 7월 사태로 볼셰비키의 막강함이 입증되는 중이었다. 나를 포함해서 모두는 결정적인 질문에 봉착했다. 그것은 시종일관한 문제이기도 했다. "볼셰비키를 지지할 것인가, 반대할 것인가? 제헌의회를 지지할 것인가, 반대할 것인가?" 이에 대한 내 대답은 여느 때처럼 솔직했지만, 경솔한 반응이었음이 드러났다. 러시아혁명이 정치 질서를 바꾸는 데 그쳐서는 안 된다. 사회 혁명의 특성을 지녔고, 또 그래야 하는 것이다. 바꿔 말해보자. 농민들은 토지를 장악해야 한다. 그러려면 봉기를 하든 안 하든, 제헌의회의 허락을 받든 안 받든 지주한테서 토지를 강탈해야 할 것이다. 노동자들은 대규모 산업 시설과 은행의 국유화나, 적어도 관리 통제를 주장할 것이다. 그들이 과거처럼 아무 소득 없이 무기력한 상태로 그냥 작업장에 복귀하거나 군수산업의 배를 불려주기 위해 로마노프 왕가를 쫓아낸 것이 아니다. 나한테는 이것이 자명한 진리였다. 하지만 나는 곧 깨달았다. 러시아 군인들한테만 그 주장을 했지만 프랑스 당국과 마찰을 빚을 위험이 커졌던 것이다. 실제로 곤경이 닥쳐왔다. 나는 몰랐지만 레닌이 옹호하는 노선을 따르고 있었다.

장교들은 사회혁명당이 만만했는지 새로 발견한 사회혁명당을 지지한다고 했다. 하지만 그들의 기본 강령이 토지 국유화, 대토지의 즉각 무상 몰수, 토지 귀족 일소임을 알려주기라도 하면 가릴 것 없이 격분했다. 정말이지 기이하고 낯선 광경이었다. 그들의 격한 반응은 이랬다. "하지만 전쟁 중이잖소! 승리를 거두는 게 먼저입니다!" 나는 그들에게 이런 대답을 들려줬다. 전제정치 때문에 러시아 제국이 패배하고, 침공당한 겁니다. 그 후로 들어선 보수적 공화국 역시 민중의 이해와 요구를 파악하는 데 실패했습니다. 재앙만 계속되고 있는 것이죠. 언젠가 엄청난 사회 위기가 발생할 거고, 그 정부 역시 완전히 파멸하고 말 겁니다.

나는 포르-루아얄 대로의 인쇄소에서 일했다. 그곳 말고 다른 곳 노동자들과 접촉하는 일도 많았다. 그들도 러시아혁명이 예기치 않은 방향으로 흘러가는 사태에 분노하고 있음이 분명하게 감지되었다. 처음에는 러시아혁명을 진심으로 환영하며 기뻐했지만, 사회 혼란과 이른바 '최대주의' 요구로 러시아 군대가 약체화되고 있다고 느낀 것이다. 나는 계속해서 이런 말을 들었다(내가 러시아 사람이라고 소개하면 사람들은 나를 위한답시고 항상 그렇게 말했다). "볼셰비키는 쥐새끼들이에요. 독일한테 넘어갔죠." "러시아는 겁쟁이예요." 한 식당에서는 러시아 신문을 펼쳐들다가 머리통을 얻어맞고 죽을 뻔한 적도 있었다. 나는 스스로에게 계속해서 이렇게 말했다. 이 사람들은 이미 탈진했고, 차분하게 생각하는 것을 도저히 기대할 수 없다. 마찬가지로 탈진하고 혹사당한, 먼데 또 다른 민족이 뭘 원하는지를 형제애 속에서 이해하는 것은 더더욱 기대할 수 없는 일이다. 노령의 클레망소가 권좌에 오르는 데 더없이 좋은 분위기였다. 반동이라는 평판도 별로 없었기 때문에 더욱 유리했다. 청년 시절의 활약상, 드레퓌스 사건 때 맡은 역할, 장관들을 낙마시킨 그 유명한 발언, 식민 전쟁 반대 캠페인, 라바숄과 에밀 앙리가 공격을 일삼던 시절 아나키스트들에게 보여준 동정과 연민은 여전히 전설로 남아 있었다. 그가 첫 번째 재임 때 노동자들의 피를 뿌렸다는 사실은 이 모든 전설에 묻혀버렸다. 클레망소는 부르주아라기보다는 자코뱅으로 인식되었다. 더구나 위기의 시대였다. 프랑스의 부르주아지가 그 정력적이고, 고집스러운 노인네를 대안으로 내세운 것은 확실히 행운이었음이 드러난다. 우리는 그를 존경한 만큼, 못지않게 미워했다.

나는 프랑스의 경우 사건들이 놀랍게도 우연히 동시 발생했고, 혁명적 위기가 억눌렸음을 깨달았다. 1917년 3월 러시아에서 전제정이 몰락했다. 1917년 4월 샹파뉴에서 폭동이 일어났다. 두 사건은 이후에 알려진 것보다 더 심각한 사태였다. 군대 전체가 사실상

○ 조르주 클레망소. 프랑스의 급진적 공화주의자, 강경 애국주의자, 1906~09년과 1917~20년 정부 수반 역임. 1917년 무자비한 방법으로 프랑스를 승리로 이끌었고, 베르사유 평화 협정을 주도했다.

와해되었고, 그들이 파리로 진격 중이라는 얘기도 있었다. 조프르 후임으로 총사령관에 임명된 니벨Nivelle은 4월에 크라온과 랭스에서 독일이 구축한 전선을 돌파하려고 시도했다. 약간 진격한 것 치고는 대가가 참혹했다. 공세가 중단되었다. 바로 그 시점에 폭동이 발생했다. 반란은 별다른 탄압 없이 진압되었다. 혹심한 탄압을 자제한 것은 현명한 조치였다. 바로 그때 대단히 중요한 또 하나의 심리적 요소가 개입했고, 군대의 사기가 회복되었다. 미군의 참전이 바로 그것이다(4월 6일. 니벨의 공세는 4월 9일 단행되었다). 자신감이 회복되었다. 앞으로는 승리가 가능할 터였다. 러시아혁명은 상황을 복잡하게 만들고 있었고, 인기를 잃었다. 극소수의 노동자계급만 계속해서 러시아혁명을 지지했다.《노동자의 삶》(모나트[21]와 로스메르[22]), 장 롱게[23]와 라포포르[24] 같은 소수의 사회당원, 수는 더 많았지만 갈피를 못 잡았던 아나키스트들을 예로 들 수 있겠다.

　클레망소는 확실히 가장 결정적인 시점에 권좌에 올랐다. 실상 최악의 위기는 이미 끝난 상황이었다. 심리 상태가 회복되었고, 미군이 도착했으며, 대서양 전투가 연합국에 유리하게 흘러갔다(암흑의 달이었던 4월에 영국은 유보트U-boat 작전으로 인해 불과 3주치 식량밖에 갖고 있지 못했다). 클레망소는 먼저 국내의 평화주의 세력 강화파를 파괴했다. 평화주의 세력의 준공식 지도자는 조셉 카요였다. 그는 전직 수상으로, 사르트 지역 국회의원이었다. 나는 그 교활하고 반동적인 금융가를 한 신문의 헤드라인에서 '핏덩이Caillot de sang(핏덩이의 Caillot와 이름의 Caillaux가 발음이 같다 - 옮긴이)라고 부르기도 했다. 평화주의 세력은 대중의 피로감, 유럽 혁명에 대한 두려움, 합스부르크 왕가의 동요, 독일에서 무르익던 사회 위기를 믿고 기대했다. 독일 스파이들이 다양한 방식으로 평화주의 세력을 고무하기도 했다. 《보네 루즈Bonnet Rouge》를 편집하던 알메리다가 그 세력의 잡역부 역할을 맡았다. 평화주의 세력이 승리했다면 그도 유능하고 인기 있는 하수인으로 부상했을 것이다. 요컨대 사회주의와 아나키즘에 동조적인 대중의 심리 상태를 진지하면서도 기만적인 방식으로 이용해먹을 수 있었을 것이라는 얘기이다. 나도 거의 모든 다른 혁명가들처럼 그와 만나는 것을 그만두었다. 우리는 그가 연루된 활동을 금융 엘리트들이 막후 조종하는 '고위급 정치'라고 비꼬았다. 그는 돈과 위험에 중독되었고, 목숨을 낭비하고 있었다. 모르핀 중독자로 전락한 그를 연극배우, 공갈범, 아름다운 여자, 온갖 종류의 정치 호객꾼들이 에워쌌다. 그의 운명은 파리의 하층 사회에서 출발했고, 혁명적 투쟁으로 절정에 이르렀으며, 이제 부자들 사이에서 부패와 타락으로 추락 중이었다. 클레망소가 알메리다와 그의 직원들을 체포했을 때 나는 그를 재판할 수는 없을 거라고 생각했다. 알메리다가 전쟁 자체를 피고석에 앉힐 가능성이 매우 많았던 것이다. 그로 인해 사태가 대단히 위태로워질 수도 있었다. 알메리다는 총살당할 가능성이 많았다. 하지만 혼자 죽지는 않을 터였다. 며칠 후 그는 감옥 침상에서 발견되었다. 구두끈으로 교살당한 채였다. 그 일은 결코 말끔히 해명되지 않았다.

그 여름 파리의 삶은 명랑했다. 무모함만큼이나 결연한 의지로도 삶이 즐거울 수 있었다. 미국 군인들이 진주하면서 돈이 대량으로 유입되었다. 독일군이 장악한 누아용은 파리에서 100킬로미터쯤 떨어진 곳이었지만, 사람들은 오래돼서인지 익숙했고 특별히 불안해하지도 않았다. 밤에는 고타 폭격기Gotha bomber가 날아왔고, 공습경보가 울렸다. 사람들은 너나할 것 없이 지하실로 대피했다. 그러면 폭탄이 몇 발 떨어지곤 했다. 나는 퐁 뇌프 근처의 작은 다락방에서 그 항공전을 지켜보았다. 물론 실상을 말하자면, 사람들이 볼 수 있는 것이라곤 탐조등의 빛줄기가 교차하는 것뿐이었다. 나는 친구와 함께 창가에 서서, 숨죽인 어조로 무의미하게 죽을 수도 있다는 내용의 얘기를 주고받았다. 친구는 이렇게 말했다. "갖고 있는 책이 상하고 불타면 더 살고 싶지 않아. 너는 혁명에 대한 희망이라도 품고 있지. 하지만 나는 그마저도 없으니." 그는 박식한 노동자였고, 정신 나간 임무를 수행하도록 징집된 상황이었다. 의심, 밀고, 불안이 모두를 지배했다. 길에서 말 한마디 잘못했다고 잡혀간 가엾은 사람도 꽤 있었다. 나는 그 위태로운 상황에서 예술사를 공부하며 지냈다. 달리 더 좋은 할 일이 뭐가 있었겠는가? 어느 날 형사 두 명이 나를 길에서 체포했다. 그들은 이유는 모르겠지만 내가 끝까지 저항할 것으로 예상했다, 내가 무기도 없고, 싸울 생각도 없다고 밝히자 흐뭇해하던 게 아직도 눈에 선하다. 일본 국회의원의 멋진 표현을 인용하자면 "사상이 위험한 것"을 제외하고는 딱히 나를 겨냥할 이유가 전혀 없었고, 나는 행정 심판에 따라 사르트의 프레시녜에 있는 한 수용소로 보내졌다.

잡다한 혁명가들이 거기 있었다. 거개가 러시아인과 유대인이었고, 나처럼 전혀 아닌데도 '볼셰비키'라는 딱지가 붙은 사람들이었다. 개인의 자유를 굳게 약속했던 현대 문명사회가 후퇴하자 대충 비슷하다 싶으면 마구 탄압을 했다. 주먹구구식 혼란이 극에 달했다. 일정한 범주는 모두 철창행이 그 시절의 방침이었다. 하지만 신께서는 항상 모든 것을 예비하시나니! 나는 별로 분노하지 않았다. 국외자라는 생각이 강했고, 세상 사람들과는 다른 목표를 갖고 살기로 작정했기 때문이다. 내 존재 자체가 순응이라는 불문율을 위반하는 것이었다. 나는 프레시녜에서 곧바로 러시아 혁명가들과 어울리기 시작했다. 우리 그룹은 열다섯 명 정도의 투사와 스무명가량의 동조자로 이루어졌다. 거기에 볼셰비키는 딱 한 명뿐이었다. 크라우터크라프트Krauterkrafft라는 화공 기사였는데, 나는 항상 그의 견해에 반대했다. 크라우터크라프트가 무자비한 독재, 언론의 자유 억압, 권위주의적 혁명, 맑스주의에 입각한 교육을 옹호했기 때문이다. (그는 나중에 러시아로 떠나지도 않았다.) 우리는 자유지상주의적이고, 민주주의가 꽃피는 혁명을 바랐다. 부르주아 민주 정체의 위선과 무기력함은 배격되어야 했다. 필요하다면 공안통치를 할 수도 있겠지만 사형 제도를 폐지할 정도로 사상과 사람들에 관용적이며, 평등주의적이어야 했다. 이 문제를 천명한 우리 방식은 이론적인 수준에서 형편없었다. 그 볼셰비크가 우리보다 더 나았다는 것은 틀림없다. 하지만 인간적 견지에서는 우리가 그보다 진실에 훨씬 가까이 다가서 있었다. 우리는 소비에트 권력이 우리의 가장 심원한 희망들을 실현한 것으로 보았고, 그건 그 볼셰비크도 마찬가지였다. 우리는 서로를 인정했지만, 그건 깊은 오해에서 비롯했고, 또 편의주의적이기까지 했다.

지방 수비병들이 세속화된 수도원에서 우리를 감시했다. 지루하고 따분했던 그들은 짭짤한 이문을 남기고 우리에게 포도주를 되팔기 전까지는 사상이라는 걸 접해본 적이 없는 사람들이었다. 우리는 수도원 마당에서 친소비에트 집회를 열었다. 폴 푹스Paul Fouchs 라는 열정적인 자유지상주의자가 있었다. 그는 자신이 라파르그와 닮았다는 사실을 꾸밈없는 태도로 자랑스러워했다. 그와 내가 수도원 집회에서 자주 발언을 했다. 벨기에인, 마케도니아인, 알자스인, 기타 다양한 '용의자들'(일부는 정말로 수상쩍었고, 이는 끔찍한 일이다)이 우리 얘기를 조용히 경청했다. 그들의 태도는 존경스럽지만 내키지 않는다는 투였다. 우리가 당국자들 사이에서 평판이 나쁜데다가 그나마 석방 가능성까지 모두 날려버리고 있었기 때문이다. "일어난 일은 원래 일어나게 돼 있어요. 부자와 가난뱅이는 언제나 존재해왔죠. 전쟁은 인류의 본성입니다. 당신들은 어느 것도 바꾸지 못해요. 자신의 혼란에서 벗어나는 게 더 나을 겁니다. ……"

벨기에인과 알자스인들은 모호한 형태로 독일을 지지했다. 마케도니아인들은 자부심이 강하고 궁핍하고 조용했지만, 그래도 천생 마케도니아인이었다. 그들은 원시적인 산악 생활의 자유를 위해서라면 이 세상 모두와도 맞서 싸울 각오였다. 그들의 삶은 공동체로 영위되었다. 모두가 똑같이 곤궁했고, 불결했으며, 배를 곯았고, 친했다. 벨기에인과 알자스인들은 부자와 빈자, 그리고 부정직한 중간층으로 갈라져 있었다. 부자들은 돈을 주고 작지만 안락한 방을 차지했다. 반라의 여자들이 웃음을 짓고 있는 포스터가 붙은 방에서 그들은 제대로 된 식사를 해먹었고, 카드를 쳤다. 가난한 사람들은 부자들이 사용해 때가 탄 리넨을 빨았다. 가장 가난한 사람들은 배급받은 빵을 부자에게 팔았다. 암시장에서 저질 담배를 구입하기 위해서였다. 식사는 쓰레기에서 구했고, 그러다가 죽으면 벌레들이 파먹었다. 우리는 그들을 먹이려고 무료 급식소를 조직했다. 하지만 돈이 거의 없었고, 그들을 다 살리는 것은 애초부터 불가능했다. 우리가 수프를 제공했음에도 그들은 굶주렸다.

암거래상들은 합숙소 한쪽에 작은 카페를 열었고, 밤에는 촛불을 켠 채 전당포를 운영했으며, 도박판까지 벌였다. 거기서는 가끔 사태가 과열돼 싸움이 벌어지기도 했다. 놈들에게는 고객들의 요구에 부응해 건네줄 남창男娼들도 있었다. 심지어 그들은 도저히 안 믿기는 쾌락을 알선해줄 수도 있었다. 부자들은 돈만 내면 인근의 농장 아가씨와 외진 곳에서 15분 정도 즐길 수도 있었던 것이다. 경비들이 거기에 돈을 받고 결탁했음은 물론이다. 하나의 작은 사회였다. 완전히 자족적이고, 완전히 분열돼 있는. 우리는 그 사회를 경멸했고, 그 사회는 우리를 약간 겁냈다.

수용소는 꽤 공정하고, 비교적 자유롭게 운영됐다. 배가 고프다는 것이 유일한 난관이었다. 스페인 독감이 기승을 부렸고, 죽음이 우리를 끊임없이 괴롭혔다. 1층 방에 급조된 의무실에 죽어가는 사람들이 수용되었고, 간호를 자원한 우리들은 곁에서 뜬눈으로 밤을 새웠다. 환자들은 숨을 못 쉬어 쌕쌕거리다가 새파래지거나 표범처럼 피부가 반점투성이로 바뀌었고, 이내 차갑게 식었다. …… 우리가 무엇을 할 수 있었을까? 나는 밤이면 밖으로 나갔다. 악취가 나는 영안실 출입구 쪽으로 가서, 이따금 죽어가는 환자에게 마실 것을 주었다. 우리 그룹은 한 명도 죽지 않았다. 물론 거의 다 감염되기는 했지만. 우리는 군건하게 결속했고, 다른 가난한 사람들보다 더 잘 먹을 수 있었다. 수용소 재소자의 4분의 1이 불과 2~3주 만에 죽어나갔다. 하지만 부유한 재소자는 단 한 명도 죽지 않았다. 우리는 서로를 돌보았고, 아파서 쓰러져도 의무실-영안실로 못 데려가게 막았다. 다 죽은 듯하던 사람들도 결국은 회복했다. 나는 의료 상식 몇 가지를 깨우쳤다. 최악의 경우일지라도 가장 중요한 처치는 음식과 위로라는 것을 말이다. 환자들에게 자신감을 심어주는 것이 중요하다. 네가 그냥 죽도록 하지는 않을 거야. 힘 내, 친구!

우리는 전염병이 유행하는 와중에도 계속 모여서 학습을 했다. 그렇게 모이던 어느 날 저녁 회원 한 명이 폭풍우를 틈타 탈옥을 감행했다. (나는 보초들의 주의가 산만해지는 특정한 저녁 시간에 일부러 모임을 박아 뒀다.) 그는 캠프 외곽 경계선에서 스러졌다. 탐조등의 사나운 시선을 피할 수 없었던 것이다. "스무 살이고, 여섯 발을 맞았다"는 얘기가 들려왔다. 우리는 다음날 재소자들에게 궐기할 것을 촉구했다. 마케도니아인 무리의 우두머리가 우리를 지지하겠다고 약조했다. 벨기에인과 알자스인들은 그 사건이 자기들과 무관하고, 완전히 실패로 끝날 것이며, 해서 아무것도 하지 않겠다고 대꾸했다. 사르트 현감이 왔고, 조사를 약속했다. 수용소장이 내게 비밀 면담을 요청했다. 그는 그 자리에서 탈옥 계획을 알고 있었다고 밝혔다. 캠프의 암거래상이 알려줬다고 했다. 나는 피억류자 몇 명이 또 탈출할 거라는 얘기도 들었다(그 말은 사실이었다). 그는 초병들이 원래는 다른 죄수를 죽일 작정이었다고 실토했다. 스파이로 의심되는 루마니아인 악당이었는데, 그는 밀고자이기도 했다.

"내 명예를 걸고 말하는데, 우리는 당신 동지가 달아날 수 있도록 내버려둘 작정이었습니다. 일이 이렇게 돼서 나도 마음이 아픕니다. 거듭 말하지만 그건 실수였습니다." 그의 얘기는 사실이었고, 반란은 진정되었다. 우리는 스파이들이 역겹고, 섬뜩했다. 집행유예를 받은 그 밀고자는 담배를 피우며 계속해서 마당을 왔다 갔다 했다.

러시아에서는 내전이 발발했다. 야로슬라블Yaroslavl과 도라 카플란Dora Kaplan의 레닌 암살 기도와 함께 반혁명 공작이 개시되었고, 체카는 모스크바 주재 영국 영사 록하트Lockhart와, 라베르 뉴Lavergne 장군이 이끄는 프랑스 군사 사절단을 체포했다. 덴마크 적십자를 통해 협상이 시작되었다. 인질들이 교환될 여지가 생겼다. 영국의 한 수용소에서 풀려난 치체린Chicherin이 런던에 수감 중이던 리트비노프와 프랑스에 억류 중이던 '볼셰비키', 다시 말해 우리를 석방하라고 요구했다. 휴전 협정과 더불어서 친선과 호의가 전반적으로 무르익고서야 비로소 교섭이 성사됐다. 당국은 우리에게 둘 사이에서 하나를 선택하라고 제시했다. 근 미래에 그냥 석방되는 것과 지금 당장 인질 신분으로 러시아로 떠나는 것이 그 둘이었다. 프랑스 장교들의 안전이 우리의 뇌리를 떠나지 않았다. 열다섯 명 가운데 다섯이 나와 함께 러시아로 떠나기로 했다. 디미트리 바라코프Dimitri Barakov는 생디칼리스트 선원으로 죽기 전에 붉은 러시아를 보고자 했다(우리는 항해 내내 주사까지 놓으면서 그의 건강을 돌

○ 1918년 12월 됭케르크. 가운데 앉아 있는 사람이 니콜라옌코 박사. 스물여덟 살의 세르주가 뒤에 서 있다.

봤지만 아쉽게도 도착하자마자 죽고 말았다). 앙드레 브로드André Brode는 발트 해 연안 지역 출신 선원으로 리가 항 방어전에서 죽고 만다. 유대인 사회주의자 청년인 막스 페인버그Max Feinberg는 폴란드 전선에서 발진티푸스로 죽는다. 한 명은 나중에 변절을 한 것 같고, 마지막 한 명은 첩자였다. 우리는 자루를 하나씩 걸쳐 메고 출발했다. 밤 이었는데 추웠다. 캠프 전역에서 기뻐하는 환송의 외침이 들려왔 다. 최악의 재소자 몇 명도 우리를 포옹하며 환송해줬다. 발밑으로 는 언 눈이 밟히는 소리가 예리하게 귀를 때렸다. 별이 서서히 이울 었다. 밤은 거대했고, 우아하게 우리를 격려하고 있었다.

우리는 포탄에 피격당한 마을과 도시를 지났다. 농촌 지역은 철로 제방 위로 목재 십자가가 점재해 있었다. 이윽고 우리는 영국 군 관할 구역으로 들어갔다. 가옥들이 폭탄으로 산산조각 난 한 항 구에서 어느 날 밤, 우리 일행의 환자(디미트리 바라코프)와 경관 몇 명, 그리고 내가 영국 군인들이 가득한 선술집에 들어섰다. 우리의 특 이한 행색이 그들의 이목을 끌었다. "당신들은 뭐하는 사람들인 가? 어디로 가는가?"

"혁명가들이요. 러시아로 가는 중이죠." 햇볕에 그을린 얼굴을 한 서른 명의 병사가 우리를 에워쌌다. 진심으로 감탄하는 소리가 난무했고, 우리는 모두와 악수를 해야만 했다. 휴전 협정과 더불어 대중의 정서가 다시 한 번 바뀌고 있었다. 사람들은 러시아혁명을 다시금 등대로 생각하기 시작했다.

다른 인질 그룹이 됭케르크의 임시 감옥에서 우리를 기다리는 중이었다. 니콜라엔코[25] 박사라는 사람이 그 무리를 이끌었다. 교 환은 1대 1로 하기로 되어 있었고, 러시아는 뒤통수를 맞았다. 인 질이 마흔 명이었는데, 진짜 투사는 열 명이 안 됐고, 스무 명가량 이 아이들이었던 것이다. 우리가 그 비열한 책략에 항의를 해야 했을까? 백발의 니콜라옌코 박사는 키가 아주 컸고, 눈이 가늘었다. 그는 이렇게 단언했다. "젖먹이 아이일지라도 다 충분히 가치 있고 소중합니다." 그는 러시아 선원 노동조합과의 연계를 이용해 마르세유에서 파업을 조직했다. 백군에게 인계될 군수품을 실은 선박이 멈춰버렸다. 니콜라옌코 박사와 내가 그룹 전체의 대표로 선출되었다.

나는 장교들에게 물었다. "이 사람들도 인질인가? 열 살도 안 된 이 아이들도? 과연 이게 군사적 명예와 어울린다고 생각하는가?" 그들은 몹시 당황했고, 손사래를 치며 이렇게 대꾸했다. "우리한테는 아무 결정권이 없습니다." 그래도 그들은 마음에 들었다. 선실에서 로맹 롤랑[26]의 《싸움을 초월해서》를 읽었던 것이다. 그 대화는 덴마크 앞바다에서 이루어졌다. 침몰한 배들의 돛대 끝부분이 삐쭉하게 솟은 게 가끔 희부연한 바다 위로 보였다. 우리가 그렇게 반응한 것은 당시의 소문 때문이었다. 러시아에 억류 중이던 프랑스 장교 약간 명이 죽었다는 소문이 떠돌고 있었고, 우리가 보복당할 위험에 처했다는 얘기를 들었던 것이다.

항해는 좋았다. 우리는 1등 선실을 제공받았고, 잘 잤다. 구축함 한 척이 우리가 탄 증기선을 호위했다. 부유 수뢰를 격파하기 위해 구축함에서 가끔 장거리 사격을 하기도 했다. 파도에서 어둠이 솟구쳐 오르면 어린 인질들은 박수를 치며 환호했다. 안개 낀 바다 너머에서 헬싱괴르의 회색 석성이 그 육중한 외관을 드러냈다. 녹이 슨 청록색 지붕도 보였다. 나약한 햄릿은 그 범죄 현장에서 불안하게 머뭇거렸고, 그 유명한 질문을 던졌다. "사느냐 죽느냐, 그것이 문제로다." 우리 시대의 인류에게는 이 문제가 자유인으로 살 것인지, 아니면 노예 상태에 머물 것인지를 의미했다. 그들은 선택하기만 하면 됐다. 우리는 결여와 공허의 세상을 벗어나 의지의 왕국으로 들어가고 있었다. 그것은 어쩌면 상상 속에서만 존재하는 국경이었을 것이다. 삶이 새로 시작되는 나라가 우리를 기다리고 있었다. 자각적 의지, 지성, 거침없는 인류 사랑이 고동치는 나라가 우리를 기다리고 있었다. 우리가 뒤로 하고 떠나는 유럽은 불길에 휩싸여 있었다. 그곳은 학살의 연무 속에 숨이 막혀 죽을 지경이었다. 바르셀로나는 여전히 들끓고 있었다. 독일은 혁명이 가장 격렬하게 일어났고, 오스트리아-헝가리 제국은 독립 국가들로 쪼개졌다. 이탈리아에서는 붉은 기가 휘날렸다. …… 그것은 시작에 불과했다. 우리는 난생처음으로 격렬한 대립의 세계로 휩쓸려 들어갔다. 별로 중요하지 않은 당신과 나뿐만이 아니라, 사람들은 몰랐겠지만 우리가 속한 그 모든 사람들이 그랬다. 철모와 털가죽을 뒤집어쓴 채 벌벌 떨며 장교 선실의 현문舷門 앞에서 침울하게 경계 근무를 서던 세네갈인 군인까지도 말이다. 이상주의가 그렇게 급격히 증가했고, 우리는 원칙과 주의를 바탕으로 열띤 토론을 벌였다. 그리고 나는 스무 살의 앳된 처녀를 만났다. 그녀의 커다란 두 눈망울에는 따뜻한 미소와 함께, 모종의 억눌린 두려움이 담겨 있었다. 그녀는 우리를 찾으러 갑판 위로 올라오곤 했다. 선실에 차가 준비되었다고 알려주기 위해서였다. 그 선실은 아이들로 가득했고, 장년의 아나키스트 노동자가 쓰는 방이었다. 그는 우리보다도 훨씬 열정적이었다. 나는 그 처자를 '파랑새'라고 불렀다. 카를 리프크네히트[27]와 로자 룩셈부르크[28]가 살해됐다는 소식을 내게 전해준 사람도 그녀였다.

올란드 제도부터는 발트 해가 온통 얼음이었다. 하얀색 섬들이 여기저기 점재해 있는 풍경이 펼쳐졌다. 구축함이 100미터 앞에서 계속 얼음을 들이받으며 항로를 개척했고, 우리가 탄 증기선도 꿀꺽꿀꺽 소리를 내는 비좁은 수로를 따라 천천히 부빙을 헤치며 나

○ 류바 루사코바[29], 세르주의 파랑새.

아갔다. 거대한 얼음이 단순하고 광포한 싸움 끝에 깨졌고, 그렇게 깨진 얼음덩이들이 우리 배의 이물 아래 여기저기 떠 있었다. 우리는 아찔해서 어지러운 지경에 이를 때까지 그 부빙을 내려다보았다. 일종의 무아지경이었는데, 나는 그 장관에서 충만한 의미를 읽었다. 황홀한 농촌 정경보다 더 아름다웠다.

핀란드한테 우리는 적이었다. 백색 테러가 막 끝난 상황이었기 때문이다. 눈에 뒤덮인 항외Hangö에서는 사람을 볼 수가 없었다. 관리들은 내게 러시아 말로 자기들은 러시아어를 못한다고 대꾸했다! "에스파냐어나, 터키어나, 중국어 할 줄 아쇼? 우린 국제주의자라오. 못하는 말은 러시아어뿐이지!" 프랑스 장교들이 중재에 나섰고, 우리는 철도 차량에 수용되었다. 입구는 거한들이 경비했다. 차가운 눈빛의 금발 보초들은 하얀색 고깔모자를 쓰고 있었다. 그들은 입을 굳게 다물고 있었지만 기차를 떠나기라도 할라치면 바로 총을 쏴버리라는 명령을 받은 채였다(우리도 그런 경고를 받았다). 나는 다음과 같은 질문을 던지며 그들을 압박했다. "그 명령이 어린이 인질들한테도 적용되는 것인지 핀란드 장교 양반한테 물어봐주시오."

핀란드 장교는 격분해서 이렇게 대꾸했다. "아무렴!"

"장교 양반한테 잘 알았다고 전해주시오."

차가운 공기도 서슬 퍼런 폭력만큼이나 혹심했다. 우리는 기차 밖으로 단 한 번도 나가보지 못한 채 그 광대한 땅을 횡단했다. 차창 밖으로는 쥐죽은 듯 고요한 숲, 눈 덮인 호수, 순백의 대지, 미개지에 버려진 듯한 페인트로 예쁘게 칠한 오두막들이 보였다. 우리가 지난 작은 읍내들은 깔끔하고 조용해서 아이들 장난감이 생각날 정도였다. 공포에 떨어야 했던 순간도 있었다. 저녁이었는데, 기차가 빈터에 정차하더니 군인들이 철로 옆에 도열한 것이었다. 우리는 내리라는 지시를 받았다. 여자들은 이렇게 속삭였다. "우리를 쏴 죽일 거야." 우리는 기차 밖으로 나가지 않겠다고 버텼다. 하지만 그 정차는 우리에게 쉬면서 신선한 공기를 쐴 수 있는 기회를 주려던 조치에 불과했다. 그사이에 객차를 청소하고, 기관차에 땔 나무도 보충했다. 감시병들은 받은 명령을 무시하고, 아이들과도 놀아줬다.

우리는 한밤중에 소련 국경을 통과했다. 숲 중간이 국경이었다. 철로에 눈이 쌓여서 전진이 더뎠다. 서방의 얇은 옷을 북구의 예리한 한기가 뚫고 들어왔고, 우리는 이빨을 덜덜 떨었다. 아이들은 이불로 단단히 싸매줬지만 연신 울어댔다. 병사들이 등을 들고 하얀 다리 위에 서 있었다. 안개가 자욱해서 달빛이 희미했다. 그들이 우리를 한 명 한 명 셌다. 우리는 감격해서 한 적군 초병에게 이렇게 말했다. "반갑습니다, 동지!" 그는 고개를 끄덕이고는 우리한테 먹을 게 있느냐고 물었다. 우리한테는 조금 있었다. 자 여기 있어요. 혁명은 굶주리고 있었다.

우리는 우등불을 피워놓고, 한데 모였다. 너울거리는 그림자가 매혹적으로 다가왔다. 최전방 전투 지휘소의 통나무집은 가구는 고사하고 전화도 없었다. 우리 조국, 우리 혁명과의 그 첫 번째 만

남은 낯설기만 했다. 헤진 외투를 걸친 적군 병사 두세 명이 연락을 취한답시고 부산을 떨었다. 우리한테는 전혀 흥미가 없는 듯했다. 초췌한 얼굴의 그들은 대단히 피로한 상태였음에도 맡은 바 임무를 수행했다. 우리가 그들에게 통조림 음식을 좀 주자 화색이 돌았다. "뭐라고, 프랑스 사람들은 안 굶주린다고? 거기선 여전히 흰 빵을 먹나요?" 우리는 군인들에게 신문을 보고 싶다고 청했다. 하지만 그들에게 배달되는 신문은 없었다.

우리는 철도 화차에 탑승했고, 잠은 언감생심이었다. 그래도 설치된 난로는 따뜻했다. 천식 환자 같은 기관차가 우리가 탄 화차를 페트로그라드로 끌고 갔다. 더할 나위 없이 순수한 새벽이 흐릿하게 밝아왔다. 인적이 전혀 없는 겨울 풍경이 펼쳐졌다. 쌓인 눈은 어찌나 선명한지 눈이 부셨다. 꼭 국경 지대처럼 텅 비었다는 느낌이었다. 황량하기 이를 데 없는 두 번째 전초 기지에서 또 다른 초병 ― 그는 굶주렸고, 먹을 것에만 관심이 있었다 ― 이 페트로그라드 소비에트의 기관지 《세베르나야 코뮤나Severnaya Kommuna》('북부 코뮌'이라는 뜻 - 옮긴이)를 한 부 찾아줬다. 그것은 꽤 크기는 했지만 한 장짜리 회색 종이에 불과했다. 흐릿한 잉크로 찍힌 활자가 눈에 들어왔다. 우리는 처음으로 큰 충격에 휩싸였다. 우리는 혁명이 자유와 별개로 존재할 수는 없다고 보았다. 프랑스혁명, 파리코뮌, 1905년 러시아혁명 모두에서 우리는 대중적 흥분, 사상의 분출, 클럽과 정당과 간행물들의 난립을 보았다. 절대권력의 공안통치기를 제외하면 말이다. 하지만 1793년의 테러 통치는 혁명의 절정이면서 동시에 혁명 쇠퇴의 시발이기도 했다. 테르미도르로 이어진 것이다. 우리는 페트로그라드에서 자유의 공기를 숨 쉴 것으로 기대했다. 물론 혁명의 적들에게는 냉혹하고, 나아가 잔혹할 테지만 여전히 관대하고 너그러우리라고 본 것이다. 그런데 그 신문에는

'G. 지노비에프'[30]의 서명이 들어간 무미건조한 논설 기사 하나뿐이었다. 내용은 '권력 독점'에 관한 것이었다. "우리 당이 단독으로 통치한다. …… 그 누구도 허용하지 않는다. …… 우리가 프롤레타리아트 독재의 대행자다. …… 반혁명 세력이 요구하는 민주주의와 자유는 거짓이고 기만이다." 바로 앞의 구절은 기억에 의존해 인용한 것이다. 하지만 기사의 내용은 분명히 이런 기조였다. 포위 상태와 치명적인 위험 때문에 권력 독점이 어느 정도는 정당하기도 했다. 하지만 그런 상황도 특정한 행동을 정당화할 수 있을 뿐이다. 사람과 사상을 겨냥해 폭력을 행사하더라도 모든 자유를 말살하겠다는 이론은 안 되는 것이다. 나는 그 논설의 날짜에 주목한다. 1919년 1월이었다. 우리 앞에는 황량한 눈의 대지가 여전했다. 우리는 계속해서 페트로그라드로 갔다.

3

고뇌와 열정

1919~1920

우리는 얼어 죽은 세계로 들어섰다. 눈이 반짝이는 핀란드 역은 사람이 없었다. 레닌이 장갑차 위로 올라가 군중 연설을 한 광장은 황량한 설원일 뿐이었다. 주변 가옥들도 사람이 안 살았다. 넓고 곧게 뻗은 간선 도로들과 얼음장 위로 눈을 이고 있는 네바 강을 가로지르는 다리들을 보자 하니, 버려진 도시 같았다. 우리가 맨 처음 목격한 사람은 회색 외투를 걸친 수척한 군인이었다. 그러고도 한참 후에야 숄을 두른 여자를 만났다. 그녀는 부들부들 떨면서 유령처럼 지나갔다. 우리는 안중에 없다는 듯 조용한 채였다.

우리는 시내로 향했고, 유령 같은 삶의 흔적들이 서서히 드러났다. 지붕 없는 썰매를 굶주린 말이 끌었다. 눈밭 위를 느릿느릿 움직이고 있었다. 자동차는 거의 한 대도 안 보였다. 행인은 드물었고, 있다고 해도 추위와 굶주림에 지친 표정이었다. 얼굴들이 섬뜩할 정도로 창백했다. 넝마를 걸친 군인들은 밧줄을 단 총을 어깨에 메고 있었다. 그런 부대가 단위 부대를 상징하는 적기를 들고 저벅저벅 걸어갔다. 탁 트인 시야의 끝 얼어붙은 운하들 앞으로 버티고 선 제정 시대의 궁전들은 활기가 없었다. 더 육중한 다른 궁전들도 볼 수 있었는데, 그 옛날 열병식과 행진이 이루어진 광장들 위에 군림하고 있었다. 왕실 처소의 세련된 바로크 풍 파사드는 거무칙칙하고 진한 빨강으로 칠해져 있었다. 극장, 군 사령부, 옛 부처 건물들은 전부 제정 양식이었는데, 오랫동안 빈 채로 방치되었음에도 열주列柱 덕분인지 웅장하다는 느낌이었다. 성 이삭 성당의 도금 지붕도 보였다. 아치형의 지붕을 떠받친 붉은색 화강암 기둥들이 장대한 위용을 뽐냈다. 페트로그라드는 황폐한 도시였고, 높이 솟은 돔은 과거의 영광을 상징하는 듯했다. 우리는 표트르-파벨 요새의 총안銃眼과 노란 첨탑을 바라보았다. 바쿠닌과 네차예프[1] 이래로 투쟁을 거듭하다가 거기서 스러져간 온갖 혁명가가 우리의 뇌리를 주마등처럼 스쳐 지나갔다. 그 세계가 이제 우리의 것이 될 수도 있었다. 페트로그라드는 추위의, 굶주림의, 증오의, 그리고 인내의 메트로폴리스였다. 주민이 불과 1년 만에 100만 명에서 겨우 70만 명으로 쪼그라들었다.

우리는 수용 시설에 도착했고, 흑빵과 말린 생선을 기본 식량으로 배급받았다. 우리 가운데서 그때까지 그렇게 참담한 음식을 먹어본 사람은 아무도 없었다. 붉은색 머리띠를 한 여자들과 안경을 낀 선동가 청년들이 우리에게 정세를 요약해줬다. "기근, 발진티푸스, 반혁명이 도처에서 창궐 중입니다. 하지만 세계 혁명이 우리를 꼭 구해줄 거예요." 그들은 세계 혁명을 우리보다 더 믿고 있었다. 회의적인 반응을 보이자, 잠시였지만 우리를 의심하기까지 했다. 그들은 우리에게 유럽이 언제쯤 불붙을 것 같냐고 물었다. "프랑스 프롤레타리아트는 권력은 잡지 않고 도대체 뭘 기다리는 겁니까?"

내가 만난 볼셰비키 지도자들도 대충 비슷한 이야기를 했다. 지노비에프의 아내 릴리나Lilina는 북부 코뮌 사회계획 인민위원이었다. 단신의 그녀는 머리가 짧았고, 회색 눈동자에, 군복 상의를 입고 지냈다. 강인하고 활기가 넘쳤던 그녀가 내게 이렇게 말했다. "가족과 함께 왔어요? 당신 가족을 궁전에 재워줄 수는 있어요. 며칠은 아주 좋을 겁니다. 하지만 난방이 안 돼요. 모스크바로 가는 게 나아요. 여기는 포위당한 도시고, 우리는 농성 중입니다. 기아 폭동이 일어날 수도 있고, 핀란드가 쳐들어올 수도 있죠. 영국군이 공격을 가해올 수도 있고요. 발진티푸스로 사람이 너무 많이 죽었고, 우리는 시신을 매장하지도 못하고 있습니다. 얼어붙었다는 게 얼마나 다행인지요. 당신이 원하는 게 일이라면 그건 쌓이고 쌓였습니다!" 그녀는 소비에트가 이룬 업적도 내게 열정적으로 알려줬다. 학교

건립, 탁아소 설치, 연금 생활자 구호, 무상 의료, 무료 공연……"온
갖 악조건에도 불구하고 꾸준히 애쓰고 있죠. 끝까지 가볼 겁니다!"
얼마 후 나는 그녀가 얼마나 열심히 일하는지를 직접 보았다. 그녀
는 지쳤다는 내색도 전혀 하지 않은 채 온 힘을 쏟았다.

쉬클로프스키Shklovsky는 (북부 코뮌의) 외무 인민위원이었다. 나는
황달기가 있고, 검은 턱수염을 한 지식인을 최근까지 군사령부로
쓰였던 건물의 한 방에서 만났다.

"외국 사람들은 우리를 뭐라고 합니까?"

"볼셰비키는 강도라고들 하죠."

"그 말도 일리가 있네요." 그의 대답은 침착했다. "직접 보시면
압니다. 우리한테는 벅찬 사태죠. 혁명이 일어났는데, 혁명가는 극
소수일 뿐입니다." 그가 내게 상황을 간략히 정리해줬다. 그는 거
리낌이 없었다. 혁명이 죽어가고 있다. 봉쇄로 교살당할 위기에 처
했다. 언제든지 내부에서부터 붕괴할 가능성이 있다. 그러면 반혁
명의 대혼란이 야기될 것이다. 그는 쓰라리지만 사태 파악이 명료
했다. (그는 1930년경 자살한다.)

소비에트 의장 지노비에프는 달랐다. 그가 표명하는 자신감은
놀라울 지경이었다. 면도를 말끔하게 해서 그런지 핼쑥한 그의 얼
굴은 약간 부어 있었다. 지노비에프는 중앙위원회에서 레닌과 가
장 오랫동안 발을 맞춰온 인물로, 권력의 정점이 아주 자연스럽고
편해 보였다. 그럼에도 전반적으로 축 늘어져 무기력하다는 인상
도 주었다. 우유부단함이 잠복해 있었던 것이다. 해외에서는 지노
비에프 하면, 끔찍한 테러를 떠올렸다. 내가 그런 평판을 그에게
들려줬다.

지노비에프는 웃으면서 이렇게 대꾸했다. "물론이죠. 그들은
우리의 서민적 투쟁 방법을 내켜하지 않아요." 그는 러시아 주재

외교 사절들의 대표단과 최근 만난 얘기도 했다. 그들이 잡혀간 부르주아 인질들을 내놓으라며 자신에게 항의를 하더라는 것이었다. 지노비에프는 자기들 일에나 신경 쓰라며 그들을 쫓아냈다. "우리가 총살당하면 그 신사들이 무척 즐거워하지 않겠습니까?"

우리는 서유럽 대중의 정서로 화제를 돌렸다. 나는 엄청난 사건들이 예비되고 있다고 말했다. 하지만 그 과정이 더디고, 자꾸 끊기며, 맹목적이어서 통제가 안 된다는 말도 보탰다. 예컨대 프랑스에서는 혁명적 격변을 상당 기간 동안 전혀 기대할 수 없었다. 지노비에프는 짐짓 생색내는 듯한 태도로 웃더니 이렇게 반응했다. "당신이 맑스주의자가 아님을 알겠네요. 역사는 중도에서 멈추지 않습니다."

○   막심 고리키. 그의 전 존재는 지식과 인간 이해에 굶주려 있었다. 고리키는 모든 비인간적인 행위를 바닥까지 탐구해보겠다는 결의가 굳건했다.

막심 고리키가 나를 따뜻하게 환대해줬다. 그는 몹시 굶주리던 젊은 시절에 니즈니-노브고로드에서 나의 외가와 알고 지냈다.

책과 중국 장식물이 가득한, 크론베르스키 프로스펙트에 있는 그의 아파트는 온실처럼 따뜻한 느낌이었다. 하지만 고리키 자신은 두꺼운 회색 스웨터를 걸쳤음에도 추위를 몹시 탔다. 기침이 심했다. 그는 30년째 결핵과 싸우는 중이었다. 고리키는 키가 컸고, 뼈가 앙상할 정도로 말랐으며, 어깨가 넓었지만 가슴은 움푹 꺼져 있었고, 약간 구부정한 자세로 걸었다. 그는 강골이었지만 이제는 활기가 사라졌다. 골격은 마치 머리를 지지해주는 기능만을 수행하는 것 같았다. 그의 두상은 길에서 흔히 볼 수 있는 평범한 러시아 사람과 크게 다르지 않았다. 뼈가 앙상하고, 곰보 자국에, 정말이지 못생긴 러시아인 말이다. 튀어나온 광대뼈, 입술은 가늘면서도 엄청 큰 입, 냄새를 맡는 게 직업인 사람의 넓고 뾰족한 코가 거기 달려 있다고 생각해보라. 그는 안색이 죽은 사람 같았다. 짧게 깎은 빳빳한 콧수염 아래로 실의와 낙담이 읽혔다. 아니 그보다는 분노와 뒤엉킨 고뇌를 곱씹는 것 같았다. 숱이 무성한 두 눈썹은 쉽게 잔주름이 잡혔고, 커다란 회색 눈동자는 놀라우리만치 표정이 풍부했다. 그의 전 존재는 지식과 인간 이해에 굶주려 있었다. 고리키는 모든 비인간적인 행위를 바닥까지 탐구해보겠다는 결의가 굳건했다. 단순한 외관에서 멈추지 않겠으며, 그 어떤 거짓말도 용인하지 않을 것이고, 스스로를 기만하지 않겠다는 결연한 의지로 무장했던 것이다. 나는 그를 보자마자, 고리키야말로 진행 중인 러시아혁명의 최상급이자 올바르며 가차 없는 목격자이자 증인임을 알아보았다. 과연 그랬다.

고리키는 볼셰비키를 혹독하게 비판했다. 그들은 "권력에 취했어요. 러시아 민족의 자연스럽고 격렬한 무정부 상태가 방해를 받고 있죠." "유혈 낭자한 압제와 폭정이 다시 시작되었습니다." 하지만 그들이 "직면한 것은 혼란뿐이에요." 지도부의 몇몇 인사는 매수할 수 없고, 절대로 부패할 수 없는 사람들이긴 합니다만. 고리키는 언제나 사실을 바탕으로 논평을 했다. 그가 전하는 일화들은 으스스했지만, 바탕으로 일반화한 내용은 사려 깊은 진단이었다. 매춘부들이 그에게 대표단을 보내, 노동조합을 결성할 권리를 요구했다. 평생 동안 여러 종파를 연구한 어느 학자의 작업 성과물을 어리석게도 체카가 전부 압수해갔다. 그러고는 다시금 멍청하게도 눈밭을 헤치며 도시를 가로질러 실어 날랐다. 짐 실은 말이 굶어 죽는 바람에 이제 그 문서 화물은 버려진 부두에서 망실돼가고 있었다. 뜻밖에도 몇몇 학생이 그 귀중한 원고의 일부를 알렉세이 막시모비치 [고리키]에게 가져왔다는 것이었다. 감옥에 갇힌 사람들의 운명은 처참했다. 대중은 굶주렸고, 약화돼갔다. 국민 전체의 이지적 사유와 그 과정이 왜곡되었다. 사회주의 혁명은 야만적인 구체제 러시아의 심연에서 솟아올랐다. 농촌이 체계적으로 도시를 약탈했다. 농민들은 사적으로 [도시로] 유입되는 밀가루 한 줌에 대해서도 뭔가 대가를 요구했다. 자기들한테 쓸모가 없는 것이라도 일단 받아내는 식이었다. "도금 의자, 나뭇가지 모양의 촛대, 심지어 피아노까지 농촌으로 흘러 들어가고 있어요. 나는 그 사람들이 가로등까지 가져가는 걸 보았습니다. ……" 당시에는 혁명 정권을 편드는 것이 긴요했다. 농촌에서 반혁명이 일어나면 야만이 횡행하리라는 게 불을 보듯 뻔했기 때문이다. 알렉세이 막시모비치는 외딴 지방에서 엽기적인 고문 사례가 다시 나타났다고 내게 알려줬다. 배를 가르고 내장을 꺼내 나무에 걸쳐놓았다는 것이었다. 그런 사태가 '정치위원들'에게 보탬이 되었다. 고리키는 그런 고문의 전통이 《황금 전설The Golden Legend》[2]을 읽으면서 유지돼왔다고 진단했다.

내가 만나본 비공산당 계열, 다시 말해 반볼셰비크 지식인들도 압도 다수가 대체로 비슷한 이야기를 했다. 그들은 볼셰비즘이 끝났다고 보았다. 기아와 테러가 그들을 잡아먹었다고 했다. 시골의 농민들, 인텔리겐치아, 노동계급의 압도 다수가 볼셰비키를 반대한다고 여겼다. 나한테 그렇게 말한 사람들은 1917년 3월 혁명에 열정적으로 참여한 사회주의자들이었다. 그들 가운데서도 유대인은 다가올 포그롬 사태를 두려워하고 있었다. 그들 모두는 혼란이 닥쳐올 것으로 내다보았다. 그들은 대학살이 난무할 것으로 예상했다. 레닌과 트로츠키의 어리석은 교의가 대가를 치르고야 말 겁니다. 리에주에서 공부했다는 한 공학자는 볼셰비키가 산송장이나 다름없다고 말했다. 누가 그들의 무덤을 팔 것인지만 결정하면 됩니다. 제헌의회가 해산된 것, 혁명 초기의 특정 범죄들, 가령 힝글라이제Hingleize 형제를 처형 (또는 살해)한 일, 자유당 국회의원 신가레프Shingarev와 코코쉬킨Kokoshkin을 병원에서 살해한 사건에 사람들은 격분했다. 크론시타트 수병들과 같은 군중 선동가들을 폭력적으로 진압한 행태는 선의를 가진 많은 이들의 인도주의적 정서를 자극했고, 볼셰비키는 자기 비판적 기능과 요소를 상실했다. 교수형, 굴욕을 안기기, 무자비한 탄압, 보복하겠다고 위협하기, 이 모든 불행이 얼마나 많아야 지나쳤다고 할 수 있을까? 다른 편이 이겼다면 조금이라도 더 자비를 베풀까? 자기들이 지배권을 행사하던 지역에서 백군은 어떻게 했는가? 내가 만나본 지식인들은 자기들이 꾸었던 꿈을 애도했다. 슬기로운 의회가 통치하고, 이상적인 언론(물론 그들 자신의)에 의해 고무되는 계몽적 민주 정체를 그들은 꿈꾸었다. 나는 대화를 거듭하면서 그들이 틀렸다고 확신하게 됐다. 그들은 무자비한 역사와 대면하기를 거부했다. 나는 그들의 민주주의가 1917년 여름이 끝나갈 무렵 두 개의 횃불 사이에서, 다시 말해 두 개의 음모 사이에서 멈춰버렸음을 깨달았다. 나한테는 사태가 명약관화했다. 볼셰비키가 그 시점에 봉기를 통해 권력을 잡지 않았다면 장교단의 지지를 받는 장군들의 도당이 틀림없이 대신 권력을 잡았을 것이다. 러시아는 적색 테러를 모면했을 것이다. 하지만 백색 테러를 맞이했을 것이다. 프롤레타리아 독재를 경험하지 않았겠지만 반동 독재를 겪었을 것이다. 반볼셰비크 지식인들의 격렬한 반대 논평과 항의는 오히려 내게 볼셰비즘이 얼마나 필요했는지를 증명하는 입증례일 뿐이었다.

모스크바는 건물들이 그 옛날 이탈리아 양식과 비잔틴 양식이었다. 교회가 많았고, 눈의 세계였으며, 사람들이 바글거렸고, 관공서가 엄청났고, 열리는 시장이 반쯤은 암거래였고, 아주 초라하면서도 다채로웠으며, 광장이 매우 컸다. 모스크바는 페트로그라드보다 생활 여건이 약간 더 나아 보였다. 평의회 위에 위원회가 있었고, 위원회 위에 운영진이 포진했다. 대체로 보아, 그런 기구는 엉터리로 운영됐다. 실현할 수 없는 프로젝트를 붙들고 업무 시간의 4분의 3쯤을 허비하고 있었던 것이다. 내가 받은 인상은 최악이었다. 총체적인 빈곤과 비참함이 한창이었다. 그런데도 관료들이 대규모로 양성되고 있었다. 그들은 정직하게 일하기보다는 호들갑을 떨었고, 언쟁이나 일삼았다. 인민위원부 사무실에는 품격 있는 신사들, 예쁜데다 흠잡을 데 없이 멋지게 화장한 타이피스트들, 훈장을 주렁주렁 단 세련된 군인들이 득시글댔다. 그렇게 말쑥하게 차려입은 사람들은 배가 고파 죽을 지경인 거리의 서민들과 아주 또렷하게 대비되었고, 아주 경미한 사안을 놓고도 이 사무실 저 사무실을 분주하게 오갔다. 물론 그렇다고 결론이 나는 것도 아니었음은 물어보나 마나다. 정부 관료들은 철도 승차권이나 호텔의 방—소비에트의 집으로 바뀌어 불렸다—을 얻으려고 레닌에게 뻔질나게 전화를 해댔다. 중앙위원회 사무국이 내게 숙박권을 몇

장 줬지만 받지 않았다. 혼란한 사회로 뛰어드는 게 내게는 더 중요하고, 필요했기 때문이다.

나는 멘셰비키[3] 지도자들과 아나키스트들을 만났다. 두 부류 다 볼셰비키의 불관용을 맹렬히 비난했다. 볼셰비키가 반대자들이 존재할 권리를 일체 허용하지 않으며, 공안통치가 지나치다는 것이었다. 하지만 어느 그룹도 이렇다 할 대안을 제시하지는 못했다. 멘셰비키는 일간 신문을 발행하고 있었고, 독자가 많았다. 그들은 정권에 충성할 것을 막 다짐했고, 합법화된 상태였다. 멘셰비키는 체카 폐지를 요구했고, 소비에트 민주주의로 복귀할 것을 부르짖었다. 자유로운 코뮌들의 연합을 호소한 아나키스트 단체도 하나 있었다. 다른 아나키스트 세력들은 봉기가 새롭게 일어나지 않으면 미래는 없다고 보았다. 물론 그들도 기근 때문에 혁명의 모든 가능성이 차단당했음을 인정하기는 했지만 말이다. 나는, 1918년 가을쯤에 아나키스트 세력인 블랙 가드Black Guard가 상당히 강력했음을 알았다. 블랙 가드 지도자들이 모스크바를 무력으로 장악할지 말지를 논의할 정도였다. 거기서 노보미르스키Novomirsky와 보로보이Borovoy가 아직은 빠져 있는 게 낫다며 다수파를 형성했다. 그들은 이렇게 말했다. "우리는 기근 사태에 어떻게 대처해야 할지 모른다. 볼셰비키가 진이 다 빠질 때까지 기다리자. 인민위원들이 독재를 하면서 무덤을 파게 내버려두자. 우리 차례는 그다음이다!"

멘셰비키는 감탄스러울 정도로 지적이고, 정직했으며, 사회주의에 헌신했다. 하지만 사건들에 완전히 압도당했다는 것이 문제였다. 그들은 논리적으로만 옳은 추상적인 원칙을 옹호했다. 노동계급의 민주주의 같은 것 말이다. 하지만 치명적 위험이 가득한 봉쇄 상황에서 민주주의 기관과 절차가 제대로 기능할 수는 없었다. 더구나 멘셰비키는 무지막지하게 패배해 굴욕적으로 양보한 정당이었고, 그 쓰라림 때문에 사고방식까지 망가지고 말았다. 그들은 재앙이 다가오기를 기다렸고, 정권에 대한 지지 선언도 입발림 말에 지나지 않았다. 멘셰비키는 1917년에 농업 개혁을 거부한 정부를 지지했고, 반혁명 군대를 혜살하는 활동에 나서지 않았다. 그것 역시 멘셰비키의 약점으로 작용했다.

그즈음 모스크바에서 내가 만난 볼셰비키 지도자는 아벨리 예누키드제Aveli Yenukidze뿐이었다. 그는 공화국 정부의 핵심 직책이라 할 소비에트 연합 집행위원회 총서기였다. 예누키드제는 금발의 조지아[그루지야]인이었다. 상냥하면서도 단호한 얼굴에서는 파란 눈동자가 빛났다. 체구가 뚱뚱하고 거대했는데, 전형적인 산악 거주민의 몸가짐이었다. 그는 붙임성이 좋았고, 익살맞았으며, 현실을 직시했다. 그도 페트로그라드 볼셰비키와 같은 진단을 내렸다.

"우리가 구축한 관료제는 추문이고, 수치입니다. 거기에는 의문의 여지가 없죠. 내 판단에는, 페트로그라드가 그나마 더 건전할 겁니다. 페트로그라드의 위험이 안 무서우면 나라도 당신에게 거기 있으라고 권하겠습니다. 이곳 모스크바는 구체제 러시아의 모든 악덕에 신생 러시아의 악덕이 더해졌죠. 페트로그라드는 전초기지입니다. 최전선이죠." 호밀빵과 깡통 음식 얘기를 하다가 나는 이렇게 물었다. "우리가 멸망하지 않고 버틸 수 있을까요? 가끔은 내가 별세계에서 온 것 같아요. 혁명이 죽음을 앞두고 최후의 몸부림을 치고 있다는 생각이 듭니다." 예누키드제가 웃음을 터뜨렸다. "그렇기 때문에 당신이 우리를 모르는 거예요. 우리는 보이는 것보다 훨씬 강합니다."

고리키가 내게 페트로그라드의 유니버설 리터러춰Universal Literature 출판사에서 함께 일하자고 제안했다. 하지만 내가 거기서 만난 사람들은 적의를 품은 지식인 노인네들뿐이었다. 그들은 보카치오, 크누트 함순Knut Hamsun, 발자크나 재번역하며 현실에서 도피하고자 했다. 나는 마음을 정했다. 나는 볼셰비키에 반대하지 않았고, 중립도 아니었다. 나는 비록 독자적이기는 했지만 볼셰비키와 함께였다. 나는 그들을 버리겠다고 생각하지 않았으며, 사사건건 비판하지도 않았다. 정부에 들어가 경력을 쌓으려 했다면 어렵지 않았을 것이다. 하지만 나는 그런 식으로 출세하고 싶지 않았다. 권한 행사가 필요한 일자리나 업무도 최대한 피했다. 다른 사람들은 출세와 성공을 즐기는 듯했고, 명백히 틀린 그 태도를 내가 합법적으로 취할 수도 있겠다는 생각이 들었지만 말이다. 내가 볼셰비키를 지지한 것은 그들이 필요한 일을 했기 때문이다. 그들은 결연했고, 끈덕졌으며, 열심이었고, 열정을 조절할 줄도 알았다. 내가 볼셰비키와 함께한 것은 필요한 과제를 수행하는 게 그들뿐이었기 때문이다. 모든 책임을 그들이 다 졌다. 주도권을 잡고 솔선하는 것은 볼셰비키뿐이었다. 볼셰비키의 기백은 놀라웠다. 그들이 몇몇 중요한 사안에서 과오를 저질렀다는 것은 분명했다. 그들은 너그럽지 못했고, 국유화를 신봉했으며, 중앙 집중주의와 행정 조치를 선호했다. 하지만 영혼의 자유와 자유로운 영혼을 바탕으로 그런 문제들에 대응하는 사안을 고려한다면 볼셰비키 속에서 그들과 함께해야만 했다. 요컨대 그런 폐해들은 내전, 봉쇄, 기근으로 촉진되었고, 우리가 살아남는다면 해결책이 강구될 터였다. 러시아에 도착하고 처음 보낸 편지들 가운데 어느 한 통에서 이렇게 썼던 게 생각난다. "혁명 덕을 보면서 출세하고 싶은 생각은 전혀 없다. 치명적인 위험만 제거된다면 새 정권의 악덕에 맞서 싸우는 사람들과 함께할 작정이다. ……"

나는 페트로그라드 소비에트 기관지 《세베르나야 코뮤나》에 가담했다. 공공교육 클럽들에서는 강사로 일했고, 제2구역 학교

조직 감독관 역할을 맡았으며, 페트로그라드 민병대에서 강의 보조도 했다. 사람들이 엄청 부족했고, 나는 업무량에 압도되었다. 그렇게 일하고서야 근근이 먹고살 수 있었다. 참으로 기묘한 혼란이었다. 저녁에는 민병대에서 역사와 초급 정치학(당시의 명칭을 그대로 소개하면 '정치 입문')을 가르쳤다. 민병대원들은 수업이 재미있으면 호밀 흑빵 한 덩이와 청어를 줬다. 그들은 끝도 없이 질문을 하면서 몹시 즐거워했다. 수업이 끝나면 도시의 어둠을 뚫고 숙소까지 나와 함께 가주곤 했다. 소중한 나의 꾸러미를 누가 훔쳐갈 수도 있었기 때문이다. 한번은 다 같이 말의 사체에 걸려 넘어지기도 했다. 오페라 하우스 앞 눈밭에 말이 한 마리 죽어 있었던 것이다.

○　1920년 제3인터내셔널 두 번째 대회 때의 모습. 레닌의 주도 아래 소비에트 권력과 전 세계 프롤레타리아 혁명을 지지하는 세력이 결성했다.

모스크바에서 제3인터내셔널[4]이 창설되었고(1919년 3월이었다), 지노비에프가 집행위원회 의장으로 임명되었다(레닌이 제안했다). 집행위원회가 선임되었지만 아직 인력도, 집무실도 없었다. 나는 당원이 아니었다. 그런데 지노비에프가 내게 자신의 집행국을 조직해달라고 부탁했다. 나는 러시아에서 산 지 얼마 안 됐고, 그 임무를 맡고 싶지 않았다. 지노비에프가 며칠 후 내게 이렇게 말했다. "탁월한 인물을 찾아냈어요. 그와 함께라면 당신도 잘할 수 있을 겁니다. ……" 그 말은 사실이었다. 그렇게 해서 블라디미르 오시포비치 마진⁵과 사귀게 되었다. 갓 입당한 마진 역시 나와 동기가 비슷했던 것이다.

러시아혁명으로 권력이 심하게 집중되었고, 개인주의와 명성을 혐오하는 풍토가 비등했다. 그로 인해 1급의 정치인 가운데 유명해진 사람만큼이나 무명인 인사들도 많았다. 위대하지만 그렇게 잊힌 인물들 가운데, 마진은 내가 볼 때 가장 주목할 만하다. 우리는 스몰니 학원⁶의 엄청 큰 방에서 만났다. 탁자 하나와 의자 둘뿐인 방이었고, 둘 다 옷차림이 상당히 웃겼다. 나는 코사크 기병대원한테서 선물로 받은 커다란 양피 모자와 짧고 허름한 외투를 착용하고 있었다. 그 외투는 서양에서는 실업자나 입는 옷이었다. 마진이 입은 낡은 파랑색 군복은 팔꿈치가 닳아서 해진 상태였다. 그는 3일째 면도를 못해 수염이 텁수룩했고, 백색 합금으로 만든 구식 안경을 꼈으며, 얼굴은 길쭉했고, 이마가 높았고, 안색은 굶주림으로 창백했다.

그가 이렇게 말했다. "그래, 우리가 새로 결성된 인터내셔널의 집행국원이란 말이지. 말도 안 돼!" 아무튼 우리는 업무를 개시했다. 맨 처음 한 일은 아무것도 없는 탁자를 앞에 놓고 직인을 도안하는 것이었다. 의장이 사용할 직인이 당장 필요했기 때문이다. 세계혁명의 국새國璽! 우리는 도장에 들어갈 상징으로 지구를 결정했다.

우리는 걱정, 의심, 확신을 공유하는 친구가 되었다. 업무가 과

중했지만 그래도 시간이 나면 함께 여러 문제를 탐구했다. 우리는 권위주의, 공안통치, 권력 집중, 맑스주의, 이단異端을 토론했다. 둘 다 이단에 강력하게 끌렸다. 나는 이제 막 맑스주의로 입문하는 중이었다. 반면 마진은 감옥에서 이미 맑스주의자로 전향한 상태였다. 그는 그렇게 형성한 신념을 그 옛날의 자유지상주의적 확신 및 금욕주의와 결합했다.

마진은 1905년에 청소년이었고, 1월 22일 혁명의 날에 상트페테르부르크 거리에 노동계급 청원자들의 피가 흐르는 것을 지켜보았다. 코사크 기병대가 짤막한 채찍으로 군중을 해산했고, 그는 즉시로 폭발물의 화약을 공부하겠다고 결심했다. 마진은 이내 맥시멀리스트(최대한주의자) 최고의 화학자 가운데 한 명으로 성장했다. 그는 '전면적인' 사회주의 혁명을 원했다. 자유주의적 부르주아 가문 출신의 블라디미르 오시포비치 리히텐슈타트[마진]가 만든 폭탄을 소지한 동지 세 명이 1906년 8월 12일 장교 복장을 하고서, 스톨리핀 총리 경축 만찬에 잠입했다. 집이 날아갔고, 그들 역시 폭살했다. 얼마 후에는 맥시멀리스트들이 백주 대낮에 상트페테르부르크에서 재무성 유개 차량을 공격했다. 리히텐슈타트는 사형을 선고받았지만, 얼마 후 감형되었다. 그는 슐뤼셀부르크[7] 교도소에서 10년을 산다. 조지아 출신 볼셰비크 세르고 오르조니키제Sergo Ordzhonikidze(후에 소련의 산업화 정책을 조직하는 일을 맡는다)가 상당 기간 동안 리히텐슈타트와 감방을 함께 썼다. 리히텐슈타트는 감옥에서 과학 연구 저작물을 쓰고—후에 《괴테와 자연 철학》이란 제목으로 출간됨— 맑스를 연구했다.

1917년 3월 어느 날 아침 슐뤼셀부르크의 죄수들은 마당으로 모이라는 명령을 받는다. 경비들은 무기를 소지했다. 재소자들은 이제는 죽은 목숨이라고 생각했다. 성난 군중의 고함이 감옥 담장

너머에서 들려왔다. 군중은 화가 난 것이 아니라 기쁨에 겨워 환호하는 것이었다. 문이 열렸다. 대오의 선두에 선 대장장이들한테 연장이 있었고, 그들이 수인들의 사슬을 풀어주었다. 재소자들이 보초들을 보호해줘야 했다. 자유의 몸이 된 그날 리히텐슈타트와 아나키스트 저스틴 주크Justin Jouk는 슐뤼셀부르크의 행정을 맡아야 했다. 리히텐슈타트에게는 존경하는 친구가 한 명 있었다. 동료 수감자이기도 했던 그가 전투 과정에서 사망한 후, 리히텐슈타트는 그의 이름을 좇아 자신을 마진이라고 부르기 시작했다. 자신의 사표師表였던 인물에 대한 충성의 표시였다. 그는 맑스주의자로서의 경력을 멘셰비크로 시작했다. 민주주의에 대한 열의가 대단했기 때문이다. 이후로 그는 볼셰비키 당에 가입한다. 볼셰비키가 가장 능동적이고, 가장 창조적이며, 가장 위험에 처한 사람들과 함께했기 때문이다. 마진은 위대한 책들에 온통 마음을 빼앗겼다. 그는 학자 타입이었다. 그는 사악함에 직면해서도 아이처럼 순진하고 솔직했다. 그는 개인적 욕망이랄 게 거의 없었다. 마진은 11년째 아내와의 재회를 기다리는 중이었다. 남부 전선이 그와 아내를 가로막고 있었던 것이다. 그는 거듭해서 내게 이렇게 말하고는 했다. "혁명 과정에서 발생하는 오류는 실천을 통해 바로잡아야 합니다."

우리는 전화통을 붙들고 살았다. 고물 자동차를 타고 쥐죽은 듯 고요한, 광대한 도시를 휘젓고 다녔다. 인쇄소를 징발했고, 직원을 뽑았으며, 전차에서조차 오식을 교정했고, 끈을 얻으려고 교역 부서와, 종이를 얻으려고 국영 은행 인쇄소와 협상을 했다. 체카나 교회의 감옥으로 달려가는 일도 부지기수였다(거의 매일이었다). 사람들이 끔찍한 일, 치명적인 실수, 잔혹 행위 따위를 알려오면 만류하거나 바로잡아야 했다. 그리고 저녁에는 지노비에프와 회의를 했다. 우리는 고위 관리였고, 아스토리아 호텔에서 생활했다. 최고급 '소비에트의 집'이었다. 당의 투사들 중에서도 가장 책임이 막중한 사람들이 거기 거주했다. 기관총이 1층에 설치돼 건물을 지켰다. 나는 암시장에서 안에 모피가 달린 승마용 상의를 입수했다. 벼룩을 없애고 입었더니 내 외모도 번듯했다. 우리는 오스트리아-헝가리 제국 대사관이었던 건물에서 합스부르크 왕가 관리들의 옷을 찾아냈다. 상태가 좋았고, 우리가 새로 충원한 직원 동지들이 그 옷을 차지했다. 우리는 대단한 특권을 누렸다. 하지만 부르주아지의 생활 형편이 우리보다 훨씬 나았다. 그들은 비록 재산을 몰수당했지만 떠올릴 수 있는 모든 투기 행위에 가담했다. 북부 코뮌 집행부용 탁자를 기억하리라. 우리는 거기 앉아 매일 기름투성이 수프를 먹었다. 약간 상했지만 여전히 맛있는 말고기도 자주 배급받았다. 지노비에프가 그 밥 먹는 자리에 자주 함께 했다. 몇 명 더 소개하면 이렇다. 중앙위원회의 예브도키모프[8], 페트로그라드 위원회의 조린Zorin, 체카 수장 바카예프[9]. 중앙위원회 비서 헬레나 스타소바Helena Stassova와 무명이나 다름없던 스탈린도 가끔 식사를 함께했다. 지노비에프는 아스토리아 호텔 1층의 방을 썼다. 당시 독재를 하며 군림했던 지도자들이 사용한 그 호텔은 대단한 특권이었다. 항상 난방을 했고, 밤에도 불을 밝게 켰던 것이다(업무가 거기로 이어져 끊이지 않았기 때문이다). 아스토리아 호텔은 칠흑같이 어두운 광장의 바다에 떠 있는 거대한 빛의 배처럼 보였다. 우리가 믿을 수 없을 정도로 안락하게 지낸다는 소문이 돌았다. 발레단의 여성 무용수들을 끼고 주지육림을 즐긴다는 시시콜콜한 주장도 들려왔다. 그 시절 내내 체카 수장 바카예프는 구멍 난 부츠를 신고 업무를 봤다. 나는 정부 관리였고, 특별 배급까지 받았다. 그럼에도 암시장이 없었다면 굶어 죽었을 것이다. 우리는 프랑스에서 가져온 하찮은 물건들을 그 추악한 시장에서 먹을 것과 바꿨다.

친구 요노프Ionov의 장남은 우리가 보는 앞에서 굶어 죽었다. 요노프는 지노비에프의 처남으로, 소비에트 집행위원이자 국립도서관 설립자 겸 감독관이었다. 우리는 그 시기에 많은 물자를 관리했다. 재산은 말해 무엇 하랴. 하지만 국가를 위해 엄격하게 통제했음에도 하급자들은 우리를 끊임없이 속였다. 우리가 받은 봉급은 '공산당 최고 수준'으로 제한돼 있었다. 숙련 노동자의 평균 임금과 같았다는 말이다. 그 당시 라트비아 출신 고참 볼셰비크로 소비에트 대의원이었던 표트르 스투치카[10]는 평등주의에 입각해 엄격한 체계를 도입했다(우리가 잊고 있는 또 한 명의 위대한 투사다). 공산당 위원회가 정부 역할을 했고, 성원들은 물질적 특권을 일절 금지당했다. 보드카까지 마실 수 없었다. 물론 동지들은 농민들한테서 술을 몰래 입수했다. (농부들은 가내 증류를 통해 옥수수에서 엄청난 도수 — 무려 80도 — 의 알코올을 뽑아냈다.) 내 기억으로는 흥청망청한 일이 딱 한 번 있었다. 아스토리아 호텔의 한 방이었는데, 위험이 상존하던 어느 날 밤이었다. 죄다 부서의 우두머리인 내 친구들이 입 안을 태워버릴 것 같은 그 술을 아무 소리도 없이 마시고 있었다. 탁자 위에는 커다란 참치 깡통이 놓여 있었다. 셴쿠르스크 숲 모처에서 영국군과 싸우던 군인이 노획해 가져온 것이라고 했다. 달콤하고 기름진 그 생선은 천상의 음식 같았다. 우리는 그 살육전 때문에도 말이 별로 없었다.

나 개인적으로는 전화가 원수였다. 아직도 전화가 싫은데 당시의 경험 때문일 것이다. 겁에 질린 여성들이 한시가 멀다하고 내게 체포, 임박한 처형, 불의를 알려왔다. 나에게 당장 개입해, 사태를 바로잡아달라고 탄원했다. 백군이 적군 포로를 먼저 도륙했다. 볼로다르스키[11]와 우리츠키[12]가 살해당했다. (1918년 여름에는) 레닌 암살 기도가 있었다. 그런 일련의 사태를 기화로 해서 체포와 처형이 보편화, 합법화되었다. 체카(반혁명, 투기, 사보타주 방지 특별위원회)가 용의자들을 대규모로 체포했고, 그들의 운명을 독자적으로 정해버렸다. 공식적으로는 당이 통제한다고 했지만, 실상을 보면 사태를 파악해 관리 감독하는 사람이 아무도 없었다. 체카는 군사적 비밀주의와 비공개 절차의 비호를 받으며 국가 안의 국가로 행세했다. 공산당은 절대로 매수할 수 없는, 제르진스키[13]처럼 청렴한 인사들이 체카를 이끌게 했다. 제르진스키는 신실한 이상주의자로 관대하면서도 무자비했다. 수척한 모습의 종교재판관을 보는 듯했다. 그는 이마가 높았고, 코는 뼈가 앙상했으며, 염소수염이 지저분했다. 권태, 피로와 더불어 금욕적 엄격함이 읽혔다. 하지만 공산당에는 제르진스키 같은 사람이 적었고, 현실의 체카 대원들만 수두룩했다. 체카는 서서히 자기들과 심리 성향이 똑같은 사람들을 뽑기 시작했다. '내부 방어'라는 과제를 집요하고 완강하게 추진하려면 의심, 적의, 냉혹, 가학증(사디즘) 따위가 요구됐다. 여러 면에서 열등한 사회가 오랫동안 유지되었고, 차르의 감옥이 선사한 굴욕과 고통의 기억이 여전히 생생했다. 체카 부대원들을 제어하기 힘들었던 이유다. 더구나 맡은 바 임무가 퇴행을 강제했고, 그 효과는 급격했다. 체카는 어디서고 음모를 찾아내며, 그들 자신이 끊임없이 음모를 꾸미는 비정상적 변태들로 구성되고 말았다.

나는 체카를 만든 게 볼셰비키 지도자들이 1918년에 저지른 가장 심각하고, 가장 용인할 수 없는 과오라고 생각한다. 각종 음모와 책략, 봉쇄와 간섭 속에서 이성을 잃었다는 것이 나의 판단이다. 모든 증거를 고려해볼 때, 혁명재판소들이 대명천지에서 활약하고(특수한 경우에 비밀스럽게 활동하는 것을 완전히 배제하지는 않는다고 할지라도) 항변권을 인정했다면 학대와 타락을 크게 줄이고도 동일한 결과를 얻을 수 있었다. 종교재판 같은 절차로 돌아가는 게 그토록 필요했던 것일까? 체카는 1919년 초에 이런 심리 도착倒錯과 부패에 맞서 어떠한 교정 시도도 하지 않았다. 나는 제르진스키가 체카가 "반쯤 썩었다"고 인정했으며, 악질 체카 대원들을 총살하고 최대한 빨리 사형제를 폐지하지 않으면 그 폐해를 해결할 수 없다고 생각했다는 사실을 알고 있다. …… 하지만 볼셰비키는 패배할 경우 자신들이 몰살할 것임을 확신했고, 그런 불안 속에서 공안통치가 계속됐다. 기실 패배는 언제라도 가능한 시나리오였던 것이다.

모든 감옥에는 체카 대원, 심판관, 각급 경찰, 정보원, 사형 집행인들이 언제든 사용할 수 있는 구역이 마련되어 있었다. 사형 집행인들은 나간Nagan 권총을 사용했고, 자기가 총을 맞고 죽음으로써 끝나는 게 일반적이었다. 그들은 음주를 하고, 마구 돌아다니며 아무한테나 총질을 해댔다. 나는 그런 사례를 몇 건 안다. 끔찍한 추딘Chudin 사건을 여기 밝혀놓는다. 추딘은 1905년이 배출한 혁명가였음에도 여전히 젊었다. 그는 키가 컸고, 고수머리에, 악동 같은 시선이 코안경 덕택에 다소 누그러져 보였다. 추딘은 수업 중에 알게 된 여자와 사랑에 빠졌다. 그녀는 곧 그의 정부情婦가 되었고, 다수의 협잡꾼이 그의 성실함을 악용했다. 몇몇 투기꾼의 선처를 호소하도록 설득당한 것이다. 그렇게 해서 석방된 자들은 단순한 혐의자 이상의 악질이었다. 제르진스키는 추딘과 정부, 협잡꾼 모두를 총살하도록 명령했다. 추딘의 정직을 의심하는 사람은 아무도 없었다. 사람들은 경악하고, 실망했다. 몇 년 후 동지들은 내게 이렇게 말했다. "우리는 그날 우리 중 최고의 인물을 죽이고 말았습니다." 그들은 스스로를 용서하지 못했다.

당의 민주적 절차가 여전히 강력한 것이 불행 중 다행이었다. 투사들은 상당히 수월하게 체카의 활동에 개입해, 어리석은 실수를 중재했다. 이반 바카예프를 포함해 체카를 이끌던 사람들이 아스토리아 호텔에서 생활했기 때문에 나도 자주 중재에 나섰다. 바카예프는 나이가 서른쯤 되는 잘생긴 친구였다. 러시아의 촌락에서 흔히 볼 수 있는 아코디언 연주자처럼 소탈하고, 꾸밈이 없는 외모였다. 실제로도 그는 그런 연주자처럼 수를 놓은 칼라와 색깔 천으로 가장자리를 장식한 겉옷을 좋아했다. 바카예프는 광명정대한 의지로 철저하게 조심하면서 자신이 맡은 무시무시한 임무를 수행했다. 나는 잔혹하고 어처구니없는 상황에서 몇 사람의 목숨을 구할 수 있었다(한 번은 실패했다). (내 기억에) 네스터렌코Nesterenko라는 장교였던 것 같다. 프랑스 여인의 남편이었던 그가 크론시타트에서 린드퀴스트Lindquist 음모와 관련해 체포되었다. 바카예프가 자신이 직접 서류를 살펴보겠다고 약속했다. 다시 만났을 때 그는 웃으면서 이렇게 말했다. "심각한 사안이 아니더군요. 그 사람은 곧 석방될 겁니다." 나는 기쁜 마음으로 그 소식을 용의자의 아내와 딸에게 알렸다.

며칠 후 스몰니에서 바카예프를 다시 만났다. 그는 여느 때처럼 농담을 하고 있었다. 바카예프가 나를 인지하더니 안색이 바뀌었다. "빅토르 르보비치, 미안합니다! 일이 꼬였어요. 내가 없는 사이에 그 가엾은 친구가 총살당하고 말았습니다." 그는 무력함의 몸짓으로 두 팔을 벌려 보이고는 내 곁을 떠났다.

이런 식의 충격적인 사건이 자주 일어나지는 않았다. 하지만 공안통치는 우리에게 너무 지나치고, 벅찼다. 먼 친척의 석방을 주선한 일이 있었다. 표트르-파벨 요새에 인질로 수감 중이던 영국군 중위였다. 그가 내게 와서는, 체카가 석방을 하면서 자신의 기록물을 돌려주지 않았다고 말했다. 나는 대꾸했다. "가서 돌려달라고 하세요." 그는 갔고, 충격을 받은 채 돌아왔다. "장교가 내게 조용히 이러더군요. '그냥 돌아가시오. 당신은 열흘 전에 총살당한 것으로 보고되었단 말이오.'" 그는 더 이상 이 문제를 거론하지 않왔다.

　나는 체카에서 한 사람을 빈번하게 만났고, 마음속으로 그를 '위대한 중재자'라고 불렀다. 막심 고리키가 바로 그였다. 지노비에프와 레닌은 고리키 때문에 골치가 아팠다. 하지만 고리키는 항상 자신의 생각대로 움직였다. 상황이 어려우면 나도 고리키를 찾아갔다. 그는 결코 중재를 거부하는 법이 없었다. 고리키는 잡지 《코뮤니스트 인터내셔널Communist International》에서 일하고 있었다. 하지만 자기가 쓰는 갖은 기사의 자구 선택과 관련해 지노비에프와 다투지 않는 때가 없었다. 한번은 그가 내게 인사를 하는데 격분한 어조였다. 마침 나 역시 지노비에프와 회의를 하고 나오던 길이었다. 고리키가 내게 큰 소리로 이렇게 말했다. "나한테 그 인간 얘기 하지 마세요, 제발. 그에게 휘하의 고문 기술자들이 얼마나 수치스럽고 불명예인지나 알려주세요!" 두 사람의 언쟁은 페트로그라드가 새로이 치명적인 위험에 처할 때까지 계속되었다.

　1919년의 봄은 충분히 예상되었지만 동시에 놀라운 사건들과 함께 시작되었다. 4월 초에 뮌헨에 소비에트 정권이 세워졌다. 3월 22일 헝가리에서는 카롤리 백작의 부르주아 정부가 물러나면서 소비에트 공화국이 선포되었다. 레닌과 지노비에프가 벨라 쿤[14]을 부다페스트로 파견했고, 출옥한 그가 권력을 잡았다. 내전 전선에서 올라오던 나쁜 소식들이 무색해질 지경이었다. 5월 1일 호프만 장군이 뮌헨을 함락시켰고, 소비에트가 붕괴했다. 그러나 중유럽, 보헤미아(뵈멘), 이탈리아, 불가리아에서 혁명이 승리할 것으로 예상되었고, 바바리아 공화국 붕괴는 별로 중요해 보이지 않았다. (그러나 뮌헨에서 이루어진 도륙으로 테러리즘적 정신 상태가 탄력을 받았다. 콜차크 Kolchak 장군의 부대가 우파에서 자행한 잔혹 행위는 형용할 수 없을 정도다. 그들은 적군 포로를 산 채로 태웠다. 사태는 거기서 끝나지 않았다. 체카 요원들이 인도주의를 강력하게 희망한 당원들을 뿌리치고 군림할 수 있었던 것이다.)

인터내셔널 집행국 회의가 모스크바에서 개회 중이었다. 안젤리카 발라바노바[15]가 사무국을 맡았다. 허나 실상을 보면 페트로그라드가 회의를 정치적으로 통제했다. 카를 라덱[16]과 부하린[17]이 자주 와서 지노비에프와 상의를 했다. 집행국 회의는 페트로그라드에서도 열렸다. 거기에는 핀란드인들(가령 시롤라Sirola), 불가리아인들, 소비에트 헝가리 대사 루드니안스키Rudniansky, 볼가 강 유역의 독일인 클링거Klinger가 참석했다. 나도 여전히 입당하지는 않았지만 그 회의들에 참가했다. 아나키스트 윌리엄 샤토프[18]도 소집되었던 게 기억난다. 그는 잠시였지만 구수도 페트로그라드의 군정 장관이었고, 이어서 적군의 제10군을 이끌었다. 외국의 혁명가들과 비교해보면 러시아 혁명가들이 단연 탁월했다. 그 사실은 누가 봐도 금방 드러났고, 정말이지 놀라울 지경이었다. 허나 지노비에프의 낙관주의는 끔찍했다. 그는 도무지 회의懷疑라는 걸 할 줄 몰랐다. 유럽 혁명이 일정에 올랐고, 그 사태를 막을 수 있는 것은 아무것도 없다는 게 그의 신념이었다. 지노비에프의 당시 모습이 지금도 생생하다. 회의 막바지였고, 그는 손가락 끝으로 타이 대신 매고 있던 비단 천의 작은 술을 만지작거렸다. 만면에 미소를 지으면서 그는 이런저런 결의안에 대해 이렇게 말했다. "항상 그런 식이면 새로운 혁명은 일어나지 않고, 우리의 향후 계획도 틀어지고 말 겁니다." 지노비에프는 그런 식의 풍조까지 확립하는 중이었다. 그러나 실상을 보면 우리는 백척간두의 위기 상황이었다.

에스토니아 전선의 한 연대가 우리를 배신했다. 장교들이 부대를 장악해 적군 편에 가담했다. 그들은 다시금 견장을 찼고, 공산당원들의 목을 매달았다. 적과 손을 잡은 또 다른 장교들은 크라스나야 고르카를 함락시켰다. 크라스나야 고르카는 페트로그라드

서부 방어 시설 가운데서 가장 중요한 보루였다. 크론시타트가 함락되었다는 전갈이 당도했다(다행히 사실이 아니었다). 스몰니에서, 아스토리아 호텔에서, 각급 위원회에서 우리는 별안간 재앙이 닥쳤음을 깨달았다. 걷는 것 말고는 탈출할 수 있는 방법이 전혀 없었다. 기차에 공급할 수 있는 연료가 하나도 없었던 것이다. 사람들은 한순간 극심한 공포에 휩싸였다. 페트로그라드는 붕괴한 듯했다. 그러나 우리의 공황 상태는 정상적인 의미의 허둥지둥이 아니었다. 어떤 희생을 치르더라도 반드시 사수하겠다는 결의였던 것이다. 우리의 목숨과 안전을 어떻게 맞바꿀 것인가? 우리는 말 그대로 모든 게 부족했다. 도시의 사기와 의욕도 통탄스러울 만큼 낮았다. 공산당의 한 위원회가 어느 날 내게 부탁을 했다. 함대의 수병들한테 가서 연설을 해달라는 것이었다. "당신들 가운데 아무라도 할 수 있는데 왜 나에게 부탁하는 겁니까? 나보다 다 낫잖아요." "당신이 작고 보잘것없기 때문입니다. 당신이라면 맞거나 공격당하지는 않을 겁니다. 당신의 프랑스 억양도 보탬이 될 거고요." 병사들과 수병들은 볼셰비키 연설원을 자주 야유했다. 볼셰비키용으로 고안해놓은 우스운 의식도 있었다. 연설원들이 오면 외바퀴 손수레에 태워, 휘파람을 불고 조롱을 퍼부으며 병영을 도는 것이 의식의 내용이었다. 나한테는 아무 일도 일어나지 않았다. 비쩍 여위고 깡말라서 손수레에 태운다는 것이 우스웠던 것 같다. 수병들은 비교적 조용하게 내 얘기를 들었다. 병참 창고 벽에는 레닌과 트로츠키를 조롱하는 낙서가 보였다. 말린 생선과 형편없는 빵! 중앙위원회는 테러가 더 필요하다는 듯 피터스Peters와 스탈린을 보냈다. 그렇게 파견된 피터스가 잠시 동안 현장을 통수했고, 스탈린이 전선을 점검했다. 피터스는 사악하다는 소문이 돌았다. 얼굴이 불도그처럼 생긴 금발의 라트비아인 피터스는 무자비한 사형 집행인으로 통했다. 발트 해 국가들의 억압적 분위기에서 자랐다고 하니 더 말해 무엇 하겠는가. 그는 외모가 하는 일과 걸맞았다. 속마음을 드러내지 않았고, 무뚝뚝했으며, 냉담했다. 하지만 딱 한 번 그가 하는 얘기를 들어볼 기회가 있었는데, 그 경험은 소문과는 딴판이었다. 그는 밤도 안 좋았지만 새벽이 훨씬 끔찍했다고 했다. 그러던 어느 날 밤 피터스가 표트르-파벨 요새로 전화를 걸었다. 담당 장교가 만취한 상태로 전화를 받았다. 피터스는 격노했다. "몹시 화가 났죠! 당장에 놈을 총살시켜야 했어요. 술을 마시고 근무를 서다니, 그런 시점에 말입니다. 고래고래 소리를 질렀고, 한참 후에야 겨우 진정할 수 있었죠." 스탈린을 본 건 집행부용 탁자 앞에서였다. 스탈린은 호리호리한 기병대 장교로, 눈초리가 약간 기울어져 있었고 눈동자는 갈색이었으며, 입술 위로는 다듬은 콧수염이 있었다. 그는 지노비에프의 관심을 끌려고 애썼다. 스탈린은 바라보면 섬뜩한 인상이었지만, 동시에 지극히 평범했다. 그는 카프카스 단검 같았다.

밤에도 밝았고, 날씨가 대단히 좋았다. 어느 날 새벽이었다. 푸르스름한 빛이 운하와 네바 강과 궁전들의 노란 첨탑과 황제들의 기마상이 설치된 텅 빈 광장을 희미하게 비췄다. 나는 위병소에서 잠자리에 들었고, 차례가 돼 외딴 철도역에서 초병 근무를 섰다. 많은 초병이 책을 가져갔고, 나는 알렉산드르 게르첸을 읽었다. 사람들의 집도 수색해야 했다. 우리는 가가호호 면밀히 조사했다. 무기와 백군 요원을 찾아내는 작업이었다. 내키지 않는 그 일을 피할 수도 있었다. 하지만 나는 임무를 자처했다. 어디를 가든 잔혹 행위, 도둑질, 어리석은 체포가 발생해서는 안 됐다. 건물 옥상에서 총격전을 했던 기묘한 경험이 떠오른다. 옥상에서 내려다본 운하는 하늘빛이었다. 놈들이 우리한테 쫓겨 달아났다. 굴뚝 통풍관 뒤에서 우리를 향해 권총을 발사하기도 했다. 나는 철판을 댄 지붕 위에서 계속 미끄러졌다. 무거운 소총도 질질 끌렸다. 우리가 쫓던 자들은 결국 달아났다. 하지만 그때 본 페트로그라드의 풍경은 잊을 수가 없다. 새벽 3시였다. 그 흐릿한 창백함은 마법처럼 황홀했다.

그리고리 예브도키모프Grigory Yevdokimov가 주되게 활약했고, 도시는 구제되었다. 예브도키모프는 선원 출신으로, 머리가 희끗희끗했고, 활기찼으며, (러시아) 농민처럼 거칠기도 했다. 그는 목소리가 컸고, 술을 좋아했으며, 상황이 절망적임을 결코 인정하려 들지 않았다. 말린 땔감이 이틀 치밖에 없었고, 모스크바-페트로그라드 철도가 운용 불가능해 보였을 때 그는 이렇게 외쳤다. "나무는 가면서 베어 떼면 돼! 스무 시간이면 모스크바까지 갈 수 있어!" 예브도키모프는 페트로그라드 제2방어선 조직자였다. 제2방어선에서는 공산당 소속의 젊은 아가씨들이 대포를 발사 준비하기도 했다.

수병들의 크라스나야 고르카 요새 함락 작전을 실제로 지휘한 것은 빌 샤토프였다. 나는 아스토리아 호텔의 샤토프 방에서 열린 비공개 회의에 참석했다. 함대원들을 최대한으로 활용할 수 있는 방법을 토의했다. 샤토프는 그 명랑한 청년들이 수비대 전체를 볼 때 식사 및 숙박과 편의에서 처우가 가장 좋고, 예쁜 아가씨들이 가장 좋아한다 ― 가끔 깡통 음식을 밀반출해줬다 ― 고 상황을 설명했다. 그들 가운데 여러 시간 동안 싸우는 일에 선뜻 응할 사람은 아무도 없다고 했다. 요컨대 배에서 편안하게 자는 게 그들의 관심사였다. 누군가가 일단 그들을 하선시키고, 그럴듯한 핑계를 대면서 배를 멀리 보내버리자고 제안했다. 그렇게 되면 더 이상 후퇴할 곳이 없으니 24시간 동안은 전선을 사수해야만 할 것이라는 복안이었다!

빌 샤토프가 어떻게 뚱뚱한 상태와 쾌활한 기분을 계속 유지했는지는 정말이지 미스터리이다. 그는 우리 가운데서 유일하게 뚱 뚱했다. 미국인 사업가처럼 얼굴이 번듯했다. 살집이 좋은데다 면 도까지 깨끗하게 해서 단연 돋보였던 것이다. 샤토프는 노동자 출신으로, 캐나다에서 망명자들의 영향 속에 아나키즘으로 개종했고, 활달하면서도 과단성 있는 조직가였다. 그가 적군의 제10군을 이끌었다. 전선에서 돌아올 때마다 우리는 그에게서 갖은 이야기를 들을 수 있었다. 어떤 소도시 시장의 얘기가 인상적이었다. 그가 적군을 백군으로, 샤토프를 백군의 부대장으로 오인하는 촌극이 빚어졌다고 했다. 포격이 한창인데 자기에게 와서 그럴 경우에 대비해 미리 작성해놓은 아부의 인사말을 하더라는 것이었다. 빌은 현장에서 그 시장을 때려눕혔다. "차르한테 받은 큼직한 메달을 목에 걸고 있을 멍청한 놈을 한 번 생각해보세요!" 샤토프는 1929년 쯤에 투르키스탄-시베리아 철도 건설 책임자로 활약한다.

그 시절의 에피소드 두 개가 떠오른다. 스몰니의 방들은 큰데다가 사람까지 없었다. 인터내셔널 직원들은 최선을 다해 업무를 수행했다. 내 집무실로 지노비에프가 들어왔다. 손가락으로 머리칼을 쓰다듬었는데, 걱정을 하면 나오는 버릇이었다. "무슨 일이에요, 그리고리 예브세예비치?"

"영국군이 에스토니아 국경 근처에 상륙했어요. 맞서 싸울 수단이 없습니다. 당장 전단 원고를 써주세요, 급합니다. 파견할 부대를 응원하는 격문으로요. 마음을 뒤흔들어야 하고, 단도직입적이고, 간명해야 합니다! 알겠죠? 우리의 무기는 그것뿐입니다."

나는 즉시 격문을 썼고, 전단은 각기 다른 세 언어로 인쇄되었다. 그렇게 우리의 최고 무기가 준비되었다! 다행스럽게도 급보가 잘못되었다는 게 밝혀졌다. 그러나 상황을 개략해보면, 선전은 매우 효과적인 무기였다. 우리가 사용한 언어는 단순명료했고, 진실을 얘기했다. 전투 배치를 받는 장병들은 왜 가서 싸우는지를 모르는 경우가 많았고, 그런 중요한 진실을 얘기해주는 사람도 전혀 없었던 것이다. 제1차 세계대전의 동력은 아둔한 선전이었고, 나날의 사건이 실상을 속이는 땔감으로 사용됐다. 참사가 보고되었다. 적군 구축함 세 척이 핀란드 만에서 침몰했다는 비보였다. 영국군의 소행이거나 기뢰 부설 지역을 잘못 통과해서였다. 함대원들은 혁명을 위해 수장된 동지들의 희생을 기렸다. 하지만 우리는 이내 숨겨진 사실을 파악했다. 그들이 혁명을 배신했던 것이다. 구축함 세 척은 적진으로 넘어갔고, 항로를 잘못 골라 기뢰를 건드려 비명횡사했다. 그 사실은 비밀에 부쳐졌다.

○   1919년의 세르주.

소강상태가 몇 달간 계속됐다. 여름이 왔고, 우리가 느낀 안도감은 이루 형언할 수 없었다. 기근까지 약간 완화되었다. 나는 자주 모스크바에 다녀왔다. 녹음이 우거진 모스크바의 환상 대로들은 저녁이면 사람들로 가득 찼다. 밝은 색상의 옷을 차려입고, 와글거리는 군중은 관능적이기까지 했다. 물론 밤에 조명을 밝히는 곳은 거의 없었다. 사람들의 흥얼거림은 황혼녘이나 더 어두워졌을 때 먼 데서나 겨우 들렸다. 내전에서 복귀한 병사들이 보였고, 낮에 소비에트 집무실을 가득 채운 건 부르주아지 출신 아녀자들이었다. 우크라이나 ─ 민족주의 도당이 유대인을 조직적으로 학살했다 ─ 에서 피신 온 난민들이 있었고, 당연히 체카가 쫓는 사람들도 암약 중이었다. 이미지즘 시인들과 미래파 화가들을 포함해, 그들 모두가 부산하게 삶을 도모했다.

트베르스카야 가에 시인들의 단골 카페가 몇 개 있었다. 세르게이 예세닌[19]이 마침 유명세를 타던 중이었다. 그가 민간에 개방된 예수 수난회 수도원 벽에다가 분필로 훌륭한 시편을 써 젖히는 일도 가끔 있었다. 그를 만난 건 어떤 지저분한 카페에서였다. 진한 화장을 한 여자들이 손가락 사이에 담배를 끼운 채 대리석 평판 위에 기대어 앉아, 귀리를 볶아 만든 가짜 커피를 마시고 있었다. 검정 가죽옷을 입은 남자들은 찌푸린 얼굴로 입을 굳게 다물고 있었다. 허리띠에는 권총을 찼고, 여자들의 허리에 팔을 두르고 있었다. 그 친구들은 거친 삶이 무엇인지를 알았다. 그들은 피의 맛을 알았다. 탄환이 살집에 박히는 이상하고, 고통스런 느낌을 알았다. 그들이 시의 진가를 알아보고 즐길 수 있었던 이유다. 그들은 항상 시를 외우고, 노래했다. 그들은 난폭한 이미지를 통해 싸움이라도 하듯이 서로 겨루었다.

처음 예세닌을 보았을 때는 마음에 들지 않았다. 스물네 살의 예세닌은 모스크바 뒷골목의 여자들, 악당들, 부랑아들과 어울렸다. 술을 좋아한 그는 목소리가 귀에 거슬렸다. 눈동자는 지쳐 보

○ 세르게이 예세닌과 이사도라
던컨. 지식인들은 예세닌의 얇은 시집을
격찬했고, 시민들은 그의 시를 암송했다.

였고, 젊은이의 잘생긴 얼굴은 부은 듯했지만 때깔은 좋았다. 금발
이 관자놀이에서 물결 쳤다. 예세닌은 성공의 절정을 구가 중이었
다. 선배 상징주의자들은 예세닌을 자신들과 동급의 시인으로 인
정했다. 지식인들은 그의 얇은 시집을 격찬했고, 시민들은 그의 시
를 암송했다! 예세닌은 그 모든 영예를 누릴 자격이 충분히 있었
다. 그는 하얀색 실크 셔츠를 입고, 무대에 올라가 열변을 토하곤
했다. 가장과 허식, 계산된 우미優美함, 알코올 중독자의 목소리, 부
은 얼굴. 나는 예세닌의 이 모든 것에 반감을 품었다. 동성애와 이
국 취미를 우리 투사들과 얽어맨 변질된 보헤미아니즘이 나는 역
겹기만 했다. 하지만 다른 모든 이처럼 나도 순식간에 그 걸걸한 목
소리의 긍정적 마법에 빠져들고 말았다. 예세닌의 시는 인간과 시
대의 가장 깊은 내면에서 나왔다.

예세닌의 근거지인 카페를 나와서는 유리 진열장들 앞에서 자주 멈추었다. 마야코프스키[20]가 거기 — 일부는 총탄을 맞아 길게 금이 가 있었다 — 에 타협 반대를 선동하는 포스터들을 붙였다. 내용이 다양했다. 〈벼룩의 노래The Song of the Flea〉, 백군 장군들, 로이드 조지Lloyd George, 클레망소, 자본주의 등등. (자본주의 같은 경우는 정장 모자를 쓰고 큼직한 시가를 피우는 배불뚝이로 묘사되었다.) (망명 중이던) 에렌부르크[21]의 작은 책도 판매되고 있었다. 혁명으로 인해 강간당하고, 십자가에 못 박힌 《러시아를 위한 기도Prayer for Russia》였다. 미래파 화가들은 교육 인민위원 루나차르스키[22]의 동의를 얻어, 모스크바를 마음껏 장식하고 꾸밀 수 있었다. 그들은 한 시장의 가판대들을 거대한 꽃으로 바꾸어놓았다. 러시아에는 위대한 서정시 전통이 있다. 하지만 혁명 전까지는 문학 서클들의 전유물이었다. 그 위대한 전통이 새로이 광장에서 분출했다. 시인들은 노상에서 많은 청중을 앞에 두고 자신의 작품을 읊거나 노래했다. 시인들은 그 과정에서 작품의 색조를 혁신했고, 점잔 빼거나 거들먹거리던 태도를 버리고 새로운 권력에 환호했다.

가을로 접어들었다. 페트로그라드는 최전선의 도시였고, 우리는 다시금 위험이 스멀거리고 있음을 감지했다. 어쩌면 치명적일 수도 있었다. 우리가 위험이 상존하는 현실에 익숙해졌다는 것은 분명한 사실이었다. 영국군 장성 한 명은 에스토니아의 탈린(레발Reval)에 러시아를 대체할 임시정부를 세웠다. 정부 수반으로는 리아조노프Liasonov라는 대규모 석유 자본가가 임명되었다. (뭐, 그것 자체는 위험하지 않았지만.) 헬싱키에는 백군을 지지하는 망명 세력의 주식중매인 조합이 있었는데, 놈들이 차르의 도안이 담겨 있는 은행권에 여전히 시세를 매겼다. (이 문제는 꽤나 심각했다. 우리가 시대에 뒤떨어진 미련한 빈민들 때문에 그 지폐를 찍어내고 있었던 것이다.) 그자들은 소련 도시를 부동산으로 매매했고, 사회화된 기업까지 주식화해 사고팔았다. 헬싱키에서 실체가 없는 유령 자본주의가 살아남기 위해 몸부림쳤다. 하지만 그것도 별로 위험하지 않았다. 정말로 위험한 사태는 발진티푸스와 기근이었다. 에스토니아 전선의 붉은 군대 사단들은 이와 굶주림에 노출되었고, 사기가 꺾였다. 병사들은 산산이 부서진 참호에서 수척한 상태로 낙담해 있었다. 그들에게서 더 이상의 어떤 노력도 기대할 수 없었다. 차가운 가을비가 추적추적 내렸다. 가엾은 군인들에게는 희망도, 승리도, 군화도, 보급품도 전혀 없었다. 그들 대다수에게는 전쟁이 무려 6년째 계속되고 있었다. 장병들은 평화를 얻기 위해 혁명을 했다! 그들은 자신들의 현실이 지옥이라고 느꼈다. 《공산주의의 ABC》가 토지와 정의와 평화와 평등이 그들 몫이라고 설명했지만, 그런 선언은 공허하기만 했다. 근미래에 세계 혁명이 과연 달성될 수 있을까? 붉은 군대는 지독한 비참함 앞에서 무력했고, 눈 녹듯이 와해되고 있었다.

내전에 가담한 군대들 내부에서 매우 해악적인 움직임이 감지되었다. 백군, 적군, 기타 세력 모두 마찬가지였다. 녹색파Greens의 움직임이 바로 그것이었다. 녹색파란 칭호는 그들이 피난한 숲에서 비롯했다. 제 군대의 탈영병이 결집했고, 그들은 백군 장성이나 인민위원 어느 쪽을 위해서도 더 이상은 전혀 싸울 생각이 없었다. 그들은 자신들만을 위해서, 내전에서 벗어나겠다는 목적에서만 싸웠다. 러시아 전역에 녹색파가 존재했다. 우리는 프스코프 지역 삼림에 녹색파가 상당 세력 웅거 중이며, 세를 불리고 있음을 파악했다. 그 수효가 수만 명에 이르렀다. 그들은 조직 상태가 좋았고, 자체적으로 참모진을 갖추었으며, 농민들의 지원을 받았다. 적군이 빠른 속도로 잠식당했다. 백군 장성들이 부대원들에게 흰 빵을 제공한다는 사실이 알려지면서 적진으로 탈영하는 사례도 폭증했다. 그나마 다행이었던 것은 백군의 경우 옛날 방식으로 조직되었고, 장교들의 부대 이해가 계급적 관점을 고수했다는 사실이다. 그들은 견장 착용을 고수했고, 경례를 강요했으며, "각하"라고 부르게 시켰다. 요컨대, 심각한 구습의 악취를 내뿜고 있었던 것이다. 우리의 곤란이 그 때문에 조금쯤 완화되었다. 우리 쪽 탈영병들은 일단 넘어가 배불리 먹은 다음, 다시 도망쳐 돌아왔고 용서를 구했다(그들이 녹색파에 합류하는 게 아니라면). 전선을 마주한 양쪽 세력은 병력 수가 끊임없이 요동했다.

10월 11일 유데니치Yudenich 장군 휘하의 백군 세력이 에스토니아 국경의 얌부르크를 함락했다. 실상을 말하자면 그들은 이렇다 할 저항에 전혀 직면하지 않았다. 처참한 몰골의 우리 측 장병은 패주했고, 참으로 끔찍한 순간이었다. 데니킨Denikin 장군의 국군이 우크라이나 전역을 장악한 상태로, 오렐을 함락시키기 일보직전이었다. 반혁명의 '최고 두뇌' 콜차크Kolchak 제독이 시베리아 전역을 통제했고, 우랄 산맥 지역이 위협을 받았다. 영국이 아르항겔스크를 점령했다. 연배가 가장 오래된 러시아 혁명가 중 한 명인 차이코프스키Chaikovsky ― 아버지의 그 옛날 친구이기도 하다 ― 가 아르항겔스크의 '민주' 정부를 이끌고 있었다. 영국군은 빨갱이들을 사정없이 쏴 죽였다. 프랑스와 루마니아는 (아나키스트) 흑군Black Army 세력에 의해 오데사에서 쫓겨났다. 하지만 프랑스 함대는 여전히 흑해에 머물렀다. 소비에트 헝가리가 멸망했다. 요약하면 이렇다. 대차대조표를 작성해보았더니 혁명이 단말마의 고통 속에서 몸부림치고 있는 게 거의 확실했다. 백군의 군사독재가 머잖아 승리할 듯했다. 우리는 전부 총살 아니면 교수형이 될 게 뻔했다. 솔직히 우리는 그렇게 확신했다. 놀라운 건, 그렇다고 해서 낙심하거나 좌절하지 않았다는 거다. 우리는 직류 전기 요법을 받은 사람처럼 저항하겠다는 의지로 똘똘 뭉쳤다.

친구 마진(리히텐슈타트)은 전선으로 달려 나갔다. 둘이서 지노비에프와 면담한 후였다(나도 함께였다). 우리는 그에게 이렇게 말했다. "어디나 다 전선입니다. 당신은 관목 지대나 축축한 습지에서 이내 죽고 말 겁니다. 아무것도 이루지 못한 채로요. 당신은 전투 행위에 부적합합니다. 당신보다 더 잘 싸울 수 있는 사람들이 많습니다." 하지만 마진은 고집을 꺾지 않았다. 그는 지노비에프와 면담한 후 내게 이렇게 말했다. "우리는 완전히 파멸할 테고, 아마 다 죽을 거야. 목숨을 부지하고 몇 달 더 살면서, 조직 활동을 하고 출판 따위를 하는 것은 지금으로선 아무 의미도 없어. 수많은 장병이 바람 찬 전선에서 무의미하게 죽어가는 걸 생각하면 스몰니의 사무실, 위원회, 인쇄물, 아스토리아 호텔 따위가 참담하게 느껴져." 나는 끝까지 버티는 책무도, 살아남는 것도 매우 중요하다고 반박했다. 반드시 필요한 경우가 아니면 위험을 자초하지 않는 것도 고려해야 한다는 취지였다. 마지막 남은 총탄이 떨어지면 우리 역시 죽는다는 말도 보탰다. (당시에 나는 상당히 위험한 임무에서 막 복귀한 상황이었다. 부하린이 그 일을 중지시켰다. 나는 두렵지 않았고, 두렵다고 말하는 게 두렵지 않았다. 요컨대 나는 계속해서 투쟁해야 할 많은 이유를 알고 있었고, 지식인들의 과장된 감정과 영웅적 행동이 무척 바보 같다고 생각했다.) 나는 그 근시안적 지식인이 사소한 일들에 마음을 빼앗겨 수행하겠다고 나선 실전 참가가 끽해야 2주 정도 간다고 예상했다. 마진-리히텐슈타트는 떠났고, 그보다는 약간 더 오래 싸웠다. 지노비에프가 그를 구해내고자 한 것은 의문의 여지가 없다. 마진은 제6사단의 정치위원으로 임명되었다. 6사단은 유데니치의 진격을 막는 임무를 맡았는데, 교전 과정에서 완전히 제압당했다. 생존자들은 진창길을 밟으며 어지럽게 도주했다. 빌 샤토프가 아연한 심정으로 내게 마진의 편지를 보여쳤다. "6사단은 더 이상 존재하지 않습니다. 패잔병은 도주하는 무리일 뿐으로, 나로서도 전혀 통제가 안 됩니다. 사령부도 더 이상 존재하지 않습니다. 정치적 임무를 면제해주시고, 개인 소총을 지급해주셨으면 합니다." 샤토프가 말했다. "미쳤어요! 인민위원들이 다 이렇게 낭만적이면 우리는 멋진 국가에 살고 있을 겁니다! 질책하는 전보를 보내야겠어요. 절대로 완곡하게 얘기하지 않겠습니다!" 나는 6사단의 완패와 궤멸을 보았고, 마진의 반응을 이해할 수 있었다. 배신의 기운이 감도는 걸 느끼고 싶다면 극심한 공포에 사로잡힌 패주 군대만 한 것도 없다. 패주 군대는 더 이상 명령에 복종하지 않는다. 그들은 겁을 집어먹은 무리일 뿐으로, 자기들을 막아서는 자는 누구든지 린치를 가한다. 패주 군대는 손에 쥔 무기를 도랑에 내팽개친다. …… 마진의 절망감은 그런 현실에서 비롯했다. 초조한 공포는 그 감염성이 미묘하면서도 맹렬하다. 용기를 잃지 않은 사람들도 선택지가 자포자기해서 자살하는 것밖에 남지 않는 것이다.

블라디미르 오시포비치 마진은 편지에 쓴 대로 했다. 그는 지휘권을 포기했고, 총을 들었다. 그러고는 작으나마 공산당원을 규합해, 패주하는 군대와 적을 모두 막고자 했다. 그렇게 해서 네 명의 단단히 결심한 동지가 한 숲의 가장자리에 자리를 잡았다. 넷 중 한 명은 마진의 잡역병이었다. 잡역병은 마진을 버리고 떠나지 않았다. 네 명은 맹렬한 전투를 벌였다. 단독으로 백군 기병대와 맞서 싸운 것이다. 그리고 모두 산화했다. 인민위원 마진이 마지막 총탄을 쏘고 쓰러진 지점을 나중에 몇몇 농부가 우리에게 알려줬다. 농부들이 그를 묻어주었던 것이다. 바싹 말라붙은 시신 네 구를 우리는 페트로그라드로 수습해갔다. 그중 한 명은 소총의 개머리판으로 얻어맞아 죽은 듯했다. 두개골이 함몰돼 있었고, 경직된

팔로 여전히 얼굴을 가리는 자세였다. 나는 고운 손톱을 보고 시체 중 하나가 마진임을 확인했다. 슐뤼셀부르크에서 함께 수감 생활을 한 사람도 시체의 이빨을 보고 그가 맞다는 것을 확인해줬다. 마르스 광장에 묘지가 마련되었고, 우리는 마진을 무덤에 뉘었다. (그 일은 우리가 승리한 후에나 가능했다. 우리 중에서 당시에 승리를 기대하고 믿은 사람은 아무도 없었을 것이다.)

○   블라디미르 오시포비치 마진.

나도 다른 모든 동지들처럼 수많은 임무를 수행했다. 당연했다. 인터내셔널의 로망스어(포르투갈, 에스파냐, 프랑스, 이탈리아, 루마니아 말과 같이 라틴어에서 유래하는 언어 - 옮긴이) 분과 및 출판을 내가 담당했다. 나는 외국에서 온 대표단도 만났다. 위험을 마다하지 않은 외국 사절들이 봉쇄의 철조망을 뚫고 계속 도착했다. 과거의 내무부, 곧 오흐라나Okhrana의 기록 보관소 인민위원 임무도 내 소관이었다. 나는 제2구역 공산당 대대원이었고, 국방부 직원이기도 했다. 국방부 직원으로는 러시아와 핀란드 사이의 밀무역에 가담했다. 헬싱키에 정직한 거래상이 있었고, 우리는 양질의 무기를 구매할 수 있었다. 마우저 권총(모제르)이 담긴 나무 상자들이 레닌그라드에서 50킬로미터가량 떨어진 전선의 '잠잠한 구역'(밀거래 규모가 작았기 때문에 가능했다)에서 인도되었다. 그 유용한 무기의 대금을 치러야 했고, 우리는 무려 500루블짜리 지폐를 상자 가득 인쇄했다. 지폐는 외관이 시시하기는 했어도 예카테리나 여제의 모습과 한 죽은 은행장의 서명이 들어갔다. 그의 은행과 그의 사회체제는 물론이고, 예카테리나 여제 또한 죽고 없었다는 사실은 무척이나 역설적이다. 교환은 매번 어두운 전나무 숲에서 조용히 이루어졌다. 정말이지 그것은 상상해낼 수 있는 가장 미친 거래였다. 제국 은행권을 받아간 사람들은 우리의 죽음을 담보 삼아 대출을 받는 것이나 다름없었다. 그런데 그러면서 우리에게 방어 수단을 공급하다니!

오흐라나는 전제정 말기의 정치 경찰이다. 그 기록 보관소가 중대한 사안으로 떠올랐다. 어떤 일이 있어도 기록 보관소가 다시금 반동의 손아귀에 떨어져서는 안 됐다. 거기에는 혁명 정당에 관한 보고서는 물론이고, 탁월한 역사적 분석 논문까지 보관 중이었다. 우리가 패배하면 백군의 테러와 불법적 저항이 뒤따를 테고(우리는 거기에 대비 중이었다), 문서 전체가 미래의 교수형 집행인과 총살형 집행대에게 소중한 무기로 쓰일 터였다. 사소하지만 애로 사항이 또 있었다. 기록 보관소 담당자들 가운데 일부는 학구적이었고, 우리에 동조했다. 문제는 그들이 우리가 종말을 맞이할 것으로 예상했다는 점이다. 그들은 흥미진진한 그 옛 문서들을 몰래 조금씩 빼돌렸다. 문서가 파기되도록 내버려둘 수 없다는 우려와 걱정은 상당히 존경스러웠다. 화차가 전혀 없었고, 모스크바로 싣고 가는

188

게 불가능했다. 사실 시간도 없었다. 페트로그라드는 언제라도 함락될 수 있었다. 길모퉁이들에 바리케이드가 설치 중이었고, 나는 가장 흥미롭다고 여겨지는 상자들을 포장했다. 최후의 순간에는 그거라도 반출하려는 의도였다. 나는 예정한 계획도 명령했다. 그 계획에 따르면 더 이상 어떤 선택도 가능하지 않을 경우 믿을 수 있는 동지들로 구성된 부대가 상원 건물이든 기차역이든 모든 걸 소각하고, 폭파하도록 되어 있었다. 기록 보관소 직원들은 무슨 꿍꿍이가 진행 중이라고 의심했고, 속상해하면서도 두려워했다(나는 문서 파기 계획을 알리지 않았다). 중앙위원회가 레오니드 보리소비치 크라신Leonid Borisovich Krassin을 파견했다. 기록 보관소를 구하거나 파괴하기 위해 어떤 조치를 취할 것인지 파악해야 했던 것이다. 그런데 그의 외모가 상당히 눈에 띄었다. 부르주아식으로 옷을 갖춰 입은 크라신은 방정함과 우아함을 몹시 따지는 완벽한 신사였다. 그가 분주히 작업 중이던 우리 본부를 방문했다. 납작 모자에 외투를 걸치고 탄띠까지 두른 노동자들과 외설적일 만큼 수염을 단정하게 깎은 잘생긴 지식인의 화려한 스타일은 무척이나 대비됐다. 우리는 짤막하게 대화를 나눴는데 무척 피로한 듯했다. 그가 선 채로 살풋살풋 잠을 잤던 것이다.

10월 17일 유데니치가 가치나를 함락했다. 페트로그라드에서 약 25마일 떨어진 지점이었다. 이틀 후 놈의 선발대가 리고보로 진입했다. 리고보는 페트로그라드에서 약 9마일 떨어진 교외이다. 빌 샤토프의 일성이었다. "참모라는 놈들이 잊지 말라며 항상 내게 강조하는 군사학의 교리들이 있지. 사단본부는 여차여차하니 제일선에서 멀리 떨어지게 배치해야 한다고 말이야. 봐, 이제 200미터 떨어져 있군! 한마디 해줬어. '잘난 교리랑 함께 꺼져버려!'"

우리가 단말마의 고통으로 몸부림친다는 게 분명했다. 기차가 없었고, 소개疏開 활동에 쓸 연료가 없었으며, 차량도 수십 대에 불과했다. 우리는 유명 투사들의 자제들을 우랄 산맥 지역으로 보냈고, 그들은 그곳에서 첫눈을 맞고 있었다. 그들은 어디에서 멈춰야 할지 몰랐고, 가도 가도 끝이 없었다. 우리는 신분을 세탁했다. "얼굴까지 바꾸"었다. 수염을 길렀던 사람들은 비교적 쉬웠다. 면도만 해도 됐으니까. 하지만 다른 사람들은 그게 어디 쉬운 일인가. …… 유능하고 민완敏腕한 처녀 동지 한 명은 비밀 무기고를 준비했다(아이처럼 활기가 넘치고, 사근사근했다). 나는 더 이상 아스토리아 호텔에 머물지 않았고, 외곽 방어 시설에서 공산당 부대원들과 함께 밤을 보냈다. 건물 1층에는 포위 공격에 대비해 모래주머니와 기관총이 설치되었다. 아내는 임신 중이었고, 후방의 구급차 안에서 잠을 잤다. 약간의 리넨류와 귀중한 소지품이 담긴 가방을 지니고서였다. 전투 중에 다시 만나, 네바 강을 따라 철수하면서 함께 싸울 수도 있을 것이라는 게 우리의 기대였다.

페트로그라드 내부 방어 계획은 다음과 같았다. 시내를 가로지르는 운하를 따라서 싸운다. 교량을 완강한 방어 시설로 활용한다. 그에 따르면 최종 퇴각은 사실상 불가능했다. 페트로그라드의 도시 공간들은 거대하고, 침통했다. 거기에 창백한 가을의 멜랑콜리가 보태졌다. 패배가 피할 수 없는 기정사실처럼 느껴졌다. 사람이 없어서 도시가 어찌나 황량했는지, 기병들이 시내의 간선 도로들을 전속력으로 달릴 수 있을 정도였다. 스몰니 학원은 과거에 귀족 영애들의 교육기관이었다. 소비에트와 공산당 위원회 운영진의 집무실이 들어선 그곳 입구에 대포가 설치되었고, 삼엄한 광경이 연출되었다. 스몰니는 건물이 크게 두 동이었는데, 다시 정원이 그 건물들을 에워싸고 있었다. 널찍한 대로들과, 마찬가지로 널찍하게 요동을 치며 흐르는 네바 강 사이에 스몰니가 위치했다. 거기서 그리 멀지 않은 곳에 철교가 부설돼 있었다. 한 동은 그 옛날 수녀원이었다. 바로크풍으로 화려하게 장식된 그 건물 옆으로 교회가 부속돼 있었다. 우뚝 솟은 교회 건물에는 화려한 종탑도 있었고, 세 건조물 전부는 밝은 청색으로 칠해졌다. 옆으로 나머지 한 동이 스몰니 학원 건물이었다. 학원은 네 면이 전부 열주와 페디먼트pediment(고대 그리스식 건축에서 건물 입구 위의 삼각형 부분 - 옮긴이)로 장식됐다. 거기에 직선밖에 모르는 건축가들이 직사각형으로 2층짜리 막사를 지었다. 수녀원에는 노동자 근위대가 들어갔다. 집무실로 사용하던 정사각형 방들은 매우 컸고, 거기 달린 창문에서 내려다보면 불모지처럼 죽어가는 도시가 한눈에 들어왔다. 그즈음에는 집무실들이 텅 빈 상태였다. 창백하고 통통한 지노비에프가 거기서 전화에 파묻혀 지냈다. 그는 구부정한 자세로 조용히 얘기하며 레닌과 계속 통화했다. 지노비에프는 저항할 것을 요구했다. 하지만 그의 목소리는 점점 잦아들었다. 가장 유능하다는 전문가들, 공병들, (역시나!) 군사학교 출신자들은 저항이 불가한 것으로 판단했고, 학살이 뒤따를 것이라고 계속 언급했다. 페트로그라드가 항복하거나, 도시를 포기하고 물러나기라도 하면 사기를 더욱 더 꺾어버릴 학살이 안 일어나기라도 할 것처럼 말이다.

다른 전선들에서 올라온 소식도 매우 나빴고, 레닌은 죽음을 목전에 두고 있는 도시를 방어하는 활동에 가용한 마지막 병력을 투입하기를 저어했다. 하지만 트로츠키의 생각은 달랐다. 공산당 중앙위원회 정치국Politburo은 트로츠키에게 최종 판단을 맡겼다. 그는 거의 막판에야 페트로그라드에 당도했다. 허나 트로츠키가 도착하자 즉시 스몰니의 분위기가 일신되었다. 그는 차례로 사령부와 표트르-파벨 요새를 방문했다. 표트르-파벨 요새는 아브로프Avrov가 지휘 중이었다. 아브로프는 노동자 출신의 하사관이었음에 틀림없다. 나는 그가 매일이다시피 불철주야 애쓰는 것을 보았다. 그는 튜닉tunic(군인 등이 제복의 일부로 입는, 몸이 딱 붙는 재킷 – 옮긴이)의 위 단추를 잠근 적이 없었다. 각진 얼굴에는 주름이 깊게 패어 있었고, 두 눈의 눈꺼풀은 무겁기만 했다. 누가 와서 말을 하면 그는 멍하니 들었다. 잠시 후 잿빛 눈동자에서 약간의 빛을 감지할 수 있었다. 이윽고 그가 단호하게 대꾸한다. "지금 바로 명령을 내리겠습니다." 하지만 잠시 후 화난 어조로 이런 말을 보탠다. "하지만 명령이 수행될지는 모르겠어요!"

트로츠키가 자신의 기차와 함께 당도했다. 그 유명한 무장 열차가 각지의 여러 전선을 종횡으로 누볐다. 트로츠키, 이반 스미르노프[23], 로젠골츠Rosengoltz가 잡역 공병, 타이피스트, 군사 전문가를 대동하고 스비아지스크 전투에서 승리를 거두면서 가망 없던 전세를 역전시킨 작년 그날 이후부터였다. 혁명전쟁위원회 Revolutionary War Council 의장 트로츠키의 기차에는 다음이 갖추어져 있었다. 여러 대의 승용차, 연락 장교, 법정, 선전물 제작 인쇄소, 의무 부대, 토목·병참·시가전·포술 전문가. 그들 모두는 전투에서 차출된 장병들로, 자신감이 충만했고, 우정과 신뢰로 단단히 결속돼 있었으며, 자신들이 존경하는 지도자의 엄격하고 강력한 규율을 준수했다. 그들은 모두 검은 가죽 옷을 입었고, 앞챙이 있는 모자에는 붉은 별을 달았다. 그들이 내뿜는 에너지를 능가할 자는 없었다. 트로츠키의 무장 열차는 단호하고, 유능한 조직가들의 중핵이었다. 그들은 위기가 발생해 지원을 요구받으면 어디라도 급파됐다.

트로츠키의 무장 열차 부대는 모든 일을 처리했다. 신중하면서도 열정적으로. 마법이 일어났다. 트로츠키는 계속해서 이렇게 말했다. "장교 출신자 1만 5,000명의 소규모 군대로 70만 명이 사는 노동계급의 수도를 정복할 수는 없다." 그가 내다붙인 포스터에는 이렇게 적혀 있었다. "익숙한 장소에서 방어하라." 지금부터는 이 방법을 최고의 전략으로 삼으라. 백군 세력은 요새화된 가두의 미로에서 길을 잃고, 죽음을 맞이할 것이다. 막 레닌을 만나고 온 프랑스 공산당원 르네 마르샹René Marchand은 블라디미르 일리치의 발언을 내게 이렇게 전했다. 언제나처럼 사무적이면서도 해악적으로. "다시금 지하로 숨어 들어가야만 할 겁니다!" 마르샹의 반응은 승리하고야 말겠다는 결연한 의지와 너무도 뚜렷한 대조를 이루었다.

나는 길에서 잠깐 트로츠키를 보았다. 입추의 여지가 없는 소비에트 집회에서도 얼핏 보았는데, 그는 그 자리에서 바시키리야Bashkiriya 기병 사단이 당도했고, 조금만 움직여도 핀란드를 무자비하게 공격할 것이라고 천명했다! (핀란드가 우리에게 치명타를 날릴 수 있었던 것이다.) 트로츠키의 위협성 연설은 대단한 수완이라 하지 않을 수 없었다. 헬싱키는 트로츠키의 무지막지한 위협을 무시하지 못했다. 당시의 소비에트 대회는 타우리데 궁전에서 열렸다. 제국의회 듀마의 반원형 강당에 우뚝 솟아 있던 하얀 기둥의 모습이 떠오른다. 트로츠키는 절박했지만 활력이 넘쳤다. 그는 탁월한 웅변가이기도 했다. 트로츠키의 금속성 목소리는 멀리서도 또렷하게 들을 수 있었다. 그가 내뱉는 짧은 문장들은 조롱조이면서도 항상 진정한 열정으로 충만했다. 대회에 참석한 사람들은 죽을 때까지 싸우겠다고 열정적으로 결의했다. 회의장에 모인 전원이 노래를 부르자, 그 위력이 어마어마했다. 나는 크롬웰이 이끈 원두당圓頭黨, Roundhead이 결정적 전투를 앞두고 부른 찬송가도 대회장에 울려퍼진 노래와 결코 다르지 않았을 것이라고 생각했다.

폴란드 전선에서 호출된 탁월한 전투력의 보병 연대들이 페트로그라드 교외에 진을 쳤다. 바시키리야 기병대는 스텝 지대 산인 털이 길고, 키가 작은 말을 탄 부대였다. 그들이 길을 따라 줄지어 말을 달렸다. 먼 과거에서 뛰쳐나온 듯한 기병들은 얼굴이 거무스름했고, 검정색 양가죽 모자를 썼으며, 새된 휘파람 소리와 함께 쉰 목소리로 옛 민요를 불렀다. 호리호리한 몸매에 안경을 낀 지식인 한 명이 가끔 대열의 선두에 보였다. 그가 미래의 콘스탄틴 페딘[24]이었다. 유감스럽게도 바시키리야 기병대는 거의 싸우지 않았다. 하지만 그건 중요하지 않았다. (하느님만이 아시는 곳에서 하느님만이 아시는 방법으로 탈취된) 보급품 수송대도 도착했고, 그것이야말로 가장 효과적인 무기였다. 백군에게 탱크가 있다는 소문이 돌았다. 트로츠키는 보병부대가 전차를 격파할 수 있는 능력을 갖추었다고 선포했다. 정치 선동가들은 유데니치의 탱크가 나무에 페인트를 칠한 가짜 물건이라는 소문을 냈다. 이해하기 힘들었지만 기발했고, 어쩌면 사실일지도 몰랐다. 페트로그라드 전역에 실질적이고 유효한 요새들이 구축되었다. 대포들이 거리에 배치되었다. 지하 배수시설에서 떼어낸 물자를 사용해 방어 시설을 만들었다. 하수관으로 사용하던 대형 파이프가 특히 유용했다.

아나키스트들이 방어 활동에 동원되었다. 슐뤼셀부르크 수감자 출신인 콜라부시킨Kolabushkin이 아나키스트들을 이끌었다. 공산당은 그들에게 무기를 지급했다. 아나키스트들은 달아난 어떤 치과의사 소유의 황폐한 아파트에 '흑군 사령부'를 뒀다. 그곳은 어수선했지만 동지애가 넘쳤다. 대단히 매력적인 금발 아가씨의 미소도 빠뜨릴 수 없겠다. 우크라이나에서 온 그녀가 참혹한 학살과 마흐노[25]의 최신 소식을 알렸다. 츠베트코바Tsvetkova는 얼마 안 돼 발진티푸스로 죽지만, 분격돼 격앙된 그 집단에게 진정한 한 줄기 빛이었다. 가장 위험했던 날 밤 그들은《프라브다Pravda》인쇄소로 달려갔다. 그들이 그토록 싫어하던 볼셰비키 신문을 목숨을 걸고 지키겠다고 결의한 것이었다. 그들은 암약 중이던 백군을 두 명 적발했다. 놈들이 수류탄으로 무장하고, 그들을 폭살하기 직전이었다. 어떻게 했을까? 그들은 두 놈을 방에 가두었고, 난처함을 느끼며 서로를 바라보았다. "우리가 체카처럼 사람을 가두다니!" 그들은 진심으로 체카를 경멸했다. 적군의 그 스파이들을 총살하자는 제안은 단박에 기각됐다. "그러면 우리가 사형 집행인이 되는 거야!"

전과자 출신의 친구 콜라부시킨이 당시에 공화국의 연료 공급 활동을 조직했다. 결국 그가 표트르-파벨 요새로 그들을 압송하는 책임을 맡았다. 그것은 참으로 볼품없는 타협이었다. 체카가 거기서 한 시간도 안 돼 그들을 총살할 터였기 때문이다. 콜라부시킨 자신이 과거 차르 체제에서 그렇게 경찰의 호송을 받은 바 있었다. 흑군의 호송차에 오른 그의 눈에 초주검이 된 스파이들의 얼굴이 들어왔고, 그는 젊은 시절의 옛 기억을 떠올리지 않을 수 없었다. 콜라부시킨이 차를 세우더니 놈들에게 이렇게 말했다. "꺼져, 이 개자식들아!" 얼마 후 그가 돌아왔다. 안도하면서도 짜증이 난 표정이었다. 콜라부시킨이 내게 이실직고했다. "바보짓을 했어, 안 그래? 하지만, 그래도, 기쁘네."

10월 21일 풀코보 산 전투로 페트로그라드는 목숨을 건졌다. 풀코보 산은 페트로그라드에서 남쪽으로 약 10마일 떨어진 지점에 있다. 패배가 완벽한 승리로 바뀌었고, 유데니치의 부대원들은 에스토니아 국경으로 무질서하게 패주했다. 하지만 에스토니아인들이 그들의 퇴각을 가로막았다. 페트로그라드 함락에 실패한 백군은 비참하게 소멸했다. 슐뤼셀부르크에서 달려 나온 약 300명의 노동자도 결정적 순간에 백군을 차단했다. 결국 한 무리의 장교단이 행진이라도 하듯 난투 현장에 진입했고, 적은 초토화됐다.

내가 마진-리히텐슈타트의 마지막 전언을 받은 것은 전투가 종결된 후였다. 편지였는데, 아내에게 전달해달라는 요구였다. 거기에는 이렇게 적혀 있었다. "장병들을 사지로 보내는 사람이라면, 그도 마땅히 죽어야 할 거요."

페트로그라드의 승리는 비범한 사실이었다. 우리의 회복 탄력성이 사회적 심리적 측면 모두에서(결국 둘은 동일했다) 대의명분에 얼마나 깊이 뿌리를 두고 있었는지가 증명되었다. 언뜻 기적처럼 보이는 사태가 내전의 모든 전선에서 동시 발생적으로 벌어졌다. 10월 하순과 11월 초순에 전황이 모든 곳에서 절망적이었는데도 말이다. 풀코보 전투가 벌어지던 즈음 데니킨 장군이 이끄는 백군을 적군 기병대가 보로네즈 인근에서 격파했다. 트로츠키가 급히 소집한 그 부대를 부디예니라는 하사관 출신자가 지휘했다. 11월 14일 '최고 두뇌'라던 콜차크 제독은 시베리아 서부의 거점 옴스크를 잃었다. 우리는 재앙에서 벗어났다.

백군의 재앙은 두 가지의 가장 기본적이면서도 중요한 과오를 저질렀기 때문이다. 그들에게는 혁명 세력에게 탈취한 영역에서 농업 문제를 개혁할 머리와 용기가 없었다. 둘째, 그들은 장악한 영역 모두에서 장성, 고위 성직자, 지주의 옛 삼각 권력을 복권했다. 무한한 신뢰와 자신감은 우리 몫이었다. 마진이 최악의 기근 사태를 경과하던 시기에 한 말이 떠올랐다. 나이든 사람들이 길에서 쓰러지고, 일부는 수척한 손으로 동냥 냄비를 내밀던 시절이었다. "하지만 그럼에도 우리는 전 세계에서 가장 강력해. 세상 사람들에게 새로운 정의의 원칙과 노동을 합리적으로 조직할 수 있는 방법을 제시하는 존재는 우리뿐이지. 유럽은 전쟁에 신물이 났고, 더 이상은 누구도 싸우려 하지 않아. 오직 우리만이 새로 군대를 편성해냈어. 앞으로 우리는 진짜 정의로운 전쟁을 벌이게 될 거야. 저들의 집은 카드로 지어졌고, 틀림없이 붕괴해. 버티면 버틸수록 비참함이 극에 달하고, 대가로 치러야 할 유혈 사태가 많아지겠지." 우리한테는 1919년 6월 서명된 베르사유 조약이 '카드로 만든 집'이었다.

우리는 막심 고리키, 역사가 P. E. 쉬체골로프P. E. Shchegolev, 인민의 의지당 고참 당원 노보루스키Novorusky와 함께 최초의 러시아 혁명 박물관을 세웠다. 지노비에프가 겨울 궁전冬宮의 상당 부분을 우리에게 배분해줬다. 그 역시 대다수의 당 지도자처럼 혁명 박물관을 볼셰비키 선전 활동 박물관으로 만들고 싶어했다. 하지만 지식인 혁명가들이 과연 지지해줄지가 염려스러웠다. 아무튼 겉으로는 불편부당하게 관심을 기울이면서 우려도 한다는 투였다. 우리는 지노비에프의 이런 허가 속에서 허심탄회하고, 솔직하게 과업을 시작할 수 있었다. 나는 계속해서 오흐라나의 기록 보관소를 조사했다. 소름끼치는 내용의 문서가 대량 발굴되었고, 나는 색다른 호기심을 느꼈다. 하지만 내가 맡은 조사 활동은 실질적으로도 대단히 중요한 의미를 지녔다. 권위주의 제국의 경찰 탄압 기구 전반이 사상 처음으로 혁명가들의 수중에 떨어졌다. 그 자료를 철저하게 연구하면 다른 나라의 투사들에게 유용한 지침을 제공할 수 있을 터였다.[26] 우리는 열정이 넘쳤고, 바른 길을 걷고 있다고 확신했다. 하지만 반동 세력에 의해 다시금 우리가 축출당하지 않을 거라고 자신하지는 못했다. 사실을 말하자면, 우리는 거꾸로의 사태를 오히려 믿었다. 반동의 공세로 축출당하리라는 것이 널리 인정되는 테제였다. 레닌도 그 점을 여러 차례 언급했다. 러시아는 농업국가이고, (공업국가의 관점에서 볼 때) 후진적이다. 해서 자체의 노력만으로는 사회주의 공화국 체제를 만들어내고, 유지할 수 없다. 유럽에서 혁명이 일어나거나 적어도 중유럽에서 사회주의 혁명이 일어나야 한다. 러시아 사회주의가 그렇게 해서 더 광범위하고, 더 생존 가능한 토대를 보장받지 못하면 우리는 머잖아 잡아먹히고 말 것이다. 우리는 과거의 경찰 스파이들이 우리 속에 암약 중인 것도 확인했다. 그들 대다수는 언제라도 반혁명 활동을 재개할 수 있었다. 그런 사태는 우리에게 엄청난 위험으로 다가왔다.

1917년 3월 혁명의 첫 나날들에 페트로그라드 법무부 건물이 불에 타 사라졌다. 알고 봤더니 그곳 기록 보관소, 인체 측정 카드, 수집된 비밀들의 파기는 범죄 조직과 경찰 둘 모두의 소행이었다 (범죄 조직의 경우, 관련 문서들을 파기하는 것이 유리했다). 크론시타트에서는 혁명가란 놈(실은 경찰 스파이였다)이 보안 문서고를 따서, 태워버렸다. 오흐라나의 비밀 문서고에는 정부 공작원들이 과거 20년 넘는 세월 동안 작성한 3~4만 건의 기록이 보관 중이었다. 사망 확률, 기타 다양한 배제 요인을 단순 계산하고, 문서 담당자들의 끈질긴 작업으로 정체를 밝혀낸 3,000명가량을 고려해도 전직 비밀요원 수천 명이 여전히 혁명에 암약 중인 것으로 추정됐다. 역사가 쉬체골로프는 최소 5,000명이라고 했다. 그가 볼가 강 유역의 한 도시에서 일어난 다음 사건을 내게 들려줬다.

극좌 및 좌파 세력의 여러 저명인사들로 위원회가 구성되었고, 그들이 이 문제적 사안과 관련해 제국 경찰의 주요 관리들을 심문 중이었다고 한다. 경찰 총수가 자신은 공작원 두 명의 이름을 밝힐 수 없다며 양해를 구했다. 요컨대, 심문을 맡은 위원회에 그 두 명이 소속되어 있다는 것이었다. 그는 그 사람들에게 양심의 목소리에 귀를 기울이고, 스스로 신분을 밝히는 게 낫지 않겠느냐고 했다. 그렇게 해서 '혁명가' 두 사람이 발각되는 당혹스런 사태가 벌어졌다는 것이다.

과거의 비밀경찰 요원들이 죄다 정치를 시작했고, 그들은 노련한 혁명가 행세를 했다. 그 작자들은 양심의 가책을 전혀 느끼지 않았고, 집권 여당 세력에 빌붙어 사욕을 추구했다. 더구나 놈들의 경우 좋은 직책을 얻기도 쉬웠다. 결과적으로 그들이 체제에서 일정한 역할을 수행하게 됐다. 우리의 추측으로, 그 가운데 일부는 최악의 정책을 추진하라는 명령을 받고 움직였다. 놈들 때문에 월권과 방종이 비등하면서 불신이 싹텄다. 그들의 정체를 밝히기가 몹시 어려웠다. 오흐라나 문서 기록은 통상 가명으로 작성되었고, 끈질긴 대조 조사를 통해서만 겨우 신원을 확인할 수 있었던 것이다. 예를 들어보자. 1912년 당시 모스크바의 혁명 조직들(대중 조직들도 아니었다)에는 경찰 스파이가 쉰다섯 명 암약했다. 사회혁명당에 열일곱 명, 멘셰비키와 볼셰비키 포함 사회민주노동당에 스무 명, 아나키스트 조직에 세 명, 학생 조직에 열한 명, 자유주의 조직에 약간 명. 같은 시기 볼셰비키가 듀마에 파견한 의원단의 지도자로, 의회에서 레닌의 주장을 읽지 않을 수 없었던 말리노프스키 Malinovsky 역시 경찰의 스파이였다. 사회혁명당 테러국의 수장이자 당 중앙위원회 성원이었던 에브노 아조프도 오흐라나 첩자였다. 그런 상황이 1903년부터 1908년까지 지속되었는데, 놀랍게도 이 시기에 충격적인 암살 작전이 다수 시도되었다. 각설하고, 1930년 언제쯤 레닌그라드 지도부에서 경찰 첩자 출신자 여러 명이 최종적으로 발각되었다! 나는 놀라운 파일을 발견했다. 〈378호 문서 No. 378〉는 따로 해독할 필요도 없었다. 줄리아 오레스토브나 세로바Julia Orestovna Serova는 제2차 제국의회에 파견된 볼셰비키 의원의 아내였다. 남편은 탁월한 투사로, 1918년 치타에서 총살을 당했으니, 미망인이기도 했다. 장관에게 상신上申되는 보고서에 나열된 세로바의 활동을 보면 그녀가 당과 남편을 배신했음을 알 수 있다. 세로바는 무기와 간행물의 은닉처 정보를 넘겼다. 그녀의 밀고로 리코프[27], 카메네프Kamenev, 기타 많은 투사들이 체포되었다. 세로바는 상당 기간 당 위원회들을 정탐했다. 마침내 의심을 받게 되면서 쫓겨나게 되자 그녀는 비밀경찰 총수에게 이렇게 썼다. "엄청난 사태가 다가오고 있다는 점을 고려해" 다시 고용해주실 것을 부탁드립니다. 편지가 작성된 날짜는 전제정이 붕괴하기 몇 주 전인 1917년 2월이었다. 세로바는 볼셰비크 노동자와 재혼했고, 다시금 활동을 재개했다. 편지들을 통해 확인할 수 있는 세로바의 초상은 똑똑하고, 열성적이며, 탐욕스럽고, 어쩌면 히스테리성인 여자였다. 어느 날 저녁 차를 마시는 친구들의 모임에서 그 독특한 심리 유형의 세로바라는 여자를 화두로 대화를 하게 됐다. 나이든 여성 투사 한 명이 깜짝 놀라 자리에서 벌떡 일어났다. "세로바라고요? 시내에서 그 여자를 만나고 오는 길인데요! 비보르크 지구의 한 동지와 결혼해 살고 있단 말이에요!" 세로바는 체포돼, 총살당했다.

경찰 스파이는 통상 천성이 두 개다. 고리키가 아직 체포되지 않은 상태의 한 명이 써 보낸 편지를 내게 보여줬다. 요지는 이랬다. "제가 몹시 혐오스럽습니다. 하지만 저의 사소한 배반도 혁명의 도도한 물결을 막지 못하리라는 것을 알고 있었습니다." 오흐라나는 하수인들에게 심약하고, 감정이 상했으며, 낙담한 혁명가들을 찾아내 개인적 경쟁 관계를 이용할 것과, 재능 있는 투사들을 제거해 솜씨 좋은 요원들의 진입을 도우라고 지시했다. 법정 변호사 출신의 코즐로프스키Kozlovsky는 제1대 법무 인민위원을 역임했다. 그가 말리노프스키한테서 받은 인상을 내게 전해줬다. 듀마에서 볼셰비키 의원단을 이끌던 그자가 1918년 독일에서 러시아로 돌아왔다. 말리노프스키는 이미 정체가 폭로된 상황이었는데도, 스몰니를 찾아가 체포해줄 것을 요청했다. "말리노프스키? 그런 이름 모르겠는데!" 위병 장교가 이렇게 대구하자, 말리노프스키가 말을 받았다. "당신이 직접 가서, 당 위원회에 보고하시오!" 코즐로 프스키가 그를 심문했다. 말리노프스키는 자신이 혁명 바깥에서 는 살아갈 수가 없었다고 말했다. "나는 양다리를 걸쳤지만 기분은 최고입니다. 총살은 당연한 것이죠!" 그는 혁명재판소 앞에서도 이런 태도를 고수했다. 크릴렌코Krylenko의 형 집행 요구는 추상같 았다. "이 모사꾼은 마지막 수를 쓰고 있습니다!" 말리노프스키는 크렘린의 정원에서 총살당했다. 나는 여러 전언을 통해 그가 진심 어렸음을 알게 됐다. 말리노프스키는 살려줬더라면 다른 사람들 처럼 충직하게 혁명에 봉사했을 것이다. 하지만 다른 사람들이 어 떻게 그를 믿을 수 있었겠는가?

고리키는 경찰 스파이들의 목숨도 구하려고 애썼다. 고리키는 그들이 독특한 사회적 심리적 경험을 털어놓을 수 있는 사람들이 라고 생각했다. "이 사람들은 괴물이지요. 하지만 조사 연구를 위 해서도 살려둘 만한 가치가 있어요." 고리키는 똑같은 논리로 차르 시절 정치 경찰에 몸담았던 고위 관리들도 변호했다. 고리키와 이 문제로 대화를 하다가 유소년을 사형에 처하는 주제로 넘어갔던 게 생각난다. 소련 지도자들은 폭증하던 청소년 범죄를 크게 우려 했다. 버려진 아이들의 경우 범죄 조직을 구성하기도 했다. 보육원 에 수용해도 거기서 굶어 죽었고, 다음 순서는 무단이탈과 범죄 활 동이었다. 열네 살의 올가는 예쁜 소녀였다. 허나 기록을 볼작시면 수차례의 무단이탈과 여러 건의 아동 살해를 자행한 것으로 나와 있었다. 그녀는 부모가 아이만 홀로 남겨두고 떠난 아파트를 털었 다. 문을 통해 대화를 시작하고, 환심을 산 다음, 문을 열어주게 하 는 수법을 썼다. …… 올가를 어떻게 해야 했을까? 고리키는 그들 의 삶이 거칠고, 시도 자체가 위험할 수도 있겠지만 북쪽 지방에 아 동 및 청소년 범죄자들을 수용할 수 있는 집단 거주지를 세워야 한다고 주장했다. 고리키의 발상이 어떻게 되었는지는 모르겠다.

우리는 오흐라나의 해외 활동도 상당히 자세히 파악했다. 도처의 이민자들은 물론 여러 나라의 기자와 정치인들도 오흐라나 요원으로 활동했다. 프랑스-러시아 동맹이 유지되던 때 고위 관료 라치코프스키Rachkovsky가 파리 체류 중에 한 말은 유명하다. "돈에 쉽게 매수되는 프랑스 언론의 부패상은 참으로 추악하다." 우리는 기록 보관소에서 세심하게 작성된 혁명 정당들의 역사도 발견했다. 경찰 총수들이 작성한 그 문서는 이후로 공개 출판되었다. 겨울 궁전의 맬러카이트 홀에 가면 그 문서들을 읽을 수 있다. 그곳 창가에 서면 우리의 바스티유 표트르-파벨 요새도 보인다. 경찰 국가의 억압 기구들인 오흐라나나 표트르-파벨 요새를 통해 잠시 생각해볼 점이 있다. 역사의 필연적 전개를 지연 방해하고, 사회의 필요에 역행하는 체제를 지키려고 아무리 노력해도 궁극적으로 그런 기구들은 무력하다는 사실을 알아야 한다. 억압 기구가 아무리 강력해도 시간을 약간 벌어 고통을 증대시키는 것밖에는 하는 일이 없는 것이다.

내전이 머잖아 종결될 듯했다. 데니킨 장군의 국군이 우크라이나를 가로질러 도주했다. 콜차크 제독의 시베리아 군대는 적군 빨치산들의 포위 공격을 받으며 퇴각했다. 공산당 내부에서 정상적인 삶으로 복귀해야 한다는 생각이 비등하면서 압력으로 작용했다. 리아자노프Riazanov가 사형 제도를 폐지하라고 줄기차게 요구했다. 체카는 인기를 잃었다. 1920년 1월 중순 제르진스키가 레닌과 트로츠키의 동의를 얻어 사형 폐지안을 제출했다(군사 작전이 진행 중이던 지역은 제외).

1월 17일 사형 폐지 법안을 정부가 통과시켰고, 인민위원회 의장 레닌이 서명했다. 그 며칠 동안 감옥에서 북적이던 혐의자들은 잔뜩 긴장한 채 희망을 버리지 않았다. 엄청난 희소식이 이내 당도했다. 공안통치가 끝난 것이다. 법령이 아직 신문에 고지되지는 않은 상태였다. 18일과 19일 스몰니의 몇몇 동지가 내게 숨죽인 목소리로 전날 밤의 비극을 알려줬다. 공개적으로 그 사실을 언급하는 사람은 아무도 없었다. 신문이 법령을 인쇄하는 중에 페트로그라드 체카는 그들의 물건을 청산해버렸다! 밤중에 용의자들을 계속해서 트럭에 싣고, 교외로 빠져나갔다. 그러고는 총살했다. 시체 더미가 산을 이뤘다. 얼마나 죽였던 것일까? 페트로그라드에서는 150에서 200명 사이였다. 모스크바에서는 200명에서 300명 사이라고 했다. 날이 밝자 살육당한 희생자들의 가족이 섬뜩한 구덩이를 찾아 헤매기 시작했다. 단추나 옷가지 조각 등 뭐라도 유물이 될 만한 것을 수습하기 위해서였다.

체카는 정부에 '기정 사실'로 맞섰다(그렇게 보고했다). 한참 후에 페트로그라드 학살의 책임자 한 명을 알게 됐다. 그를 레오니도프 Leonidov라고 부르겠다. 그는 내게 이렇게 말했다. "인민위원들이 인도주의로 개종하겠다면 그건 그들 소관이라는 게 우리의 생각이었습니다. 우리의 임무는 반혁명을 영원히 분쇄하는 것이었어요. 그들은 나중에 언제라도 우리를 쏠 수 있었습니다!" 직업적 정신병의 무섭고, 비극적인 사례였다. 레오니도프는, 내가 그를 만났을 때, 반쯤 미쳐 있었다. 희생자 가운데서 구제 불능의 반혁명 분자들은 십중팔구 극소수에 불과했다. 몇 달 후 아내가 아이를 낳았고, 나는 병원에서 유산한 한 여성과 이야기를 할 기회가 있었다. 남편은 트로츠키Trotsky 또는 트로이츠키Troytsky라는 기사였다고 했다. 그 가공할 밤에 총살당했다는 이야기도 들었다. 죽은 남편은 사회혁명당원으로, 1905년 혁명에 참가했고, '투기' 행위로 투옥되었다고 했다. 암시장에서 딱 한 번 설탕을 산 게 투기 행위로 적발돼 잡힌 것이다. 나는 이 사실을 명토 박아둔다.

그 사건은 스몰니에서조차 정보가 공개되지 않아 철저한 수수께끼로 묻혀버렸다. 하지만 새 정권은 이 사건으로 신임을 크게 잃었다. 나도 그렇고 남들도 그렇고, 사태가 명백했다. 혁명의 안위를 위해서도 이제 다음이 단행돼야 했다. 체카 억제, 정규 법원 재도입, 항변권 보장. 하지만 우리는 아무것도 못했다. (내가 틀리지 않다면) 당시 공산당 정치국은 레닌, 트로츠키, 지노비에프, 카메네프, 리코프, 부하린으로 구성됐다. 정치국은 이 문제를 숙의했지만 일언반구 언급을 하지 않았다. 그걸로 끝이었다. 나는 그들이 공포와 무자비한 권력에서 비롯한 어떤 정신병에 희생되었다고 확신한다. 공산당에 반대하고 나선 아나키스트들이 옳았다. 그들의 검정 배너에는 이렇게 씌어 있었다. "권력보다 더 사악한 독은 없다." 물론 절대권력을 뜻하는 말이다. 그때부터 지도부의 압도 대다수가 절대권력의 정신병에 감염됐다. 그 병리 현상은 하급 단위에서 특히 심각했다. 예를 끝없이 들 수 있다. 과거의 피착취자들, 노예들, 자존심을 접고 매일이다시피 굴욕을 감수해야 했던 사람들은 자신감이 없었고, 절대권력의 정신병은 그런 열등감의 산물이었다. 폭군의 독재정치 전통이 거기 가세했다. (모든 절차와 단계에서 부지불식간에 드러났다.) 제국 감옥에 수감되었던 재소자와 사형수들은 무의식적이었겠지만 원한과 유감이 깊었다. 전쟁과 내전으로 인간의 친절과 다정함이 말살되었다. 절대권력의 정신병은 두려움의 산물이었고, 끝까지 싸우겠다는 결의의 산물이었다. 잔혹한 백색 테러로 그런 정서가 걷잡을 수 없이 악화됐다. 콜차크 제독이 페름에서 노동자 4,000명을 죽였다. (페름의 주민 수는 5만 5,000명이었다.) 핀란드에서 권력을 장악한 반동 세력은 1만 5,000에서 1만 7,000명에 이르는 빨갱이를 도륙했다. 프로스쿠로프라는 작은 도시에서만 수천 명의 유대인이 주살당했다. 이런 소식, 이런 기사, 믿기 어려운 이런 통계를 매일 접해야 했다. 오토 코르빈Otto Korvin이 동료들과 함께 부다페스트에서 교수형당했다는 소식이 올라왔다. 상류층 인사들이 그 광경을 지켜보며 희희낙락했다는 사실에 우리는 격분했다. 그럼에도 나는 여전히 확신한다. 최고 권력자들이 패배한 적에게 이기려고 애쓸 때처럼 많은 노력을 기울여 인도주의의 원리를 적용해, 인내심을 갖고 그들을 보호했다면 러시아 사회주의 혁명이 훨씬 강건하고, 확실해졌을 것이라고 말이다. 그들은 이 사실을 어렴풋이만 알았지, 몸소 실행할 의지는 없었다. 나는 그들이 위대하다는 것을 안다. 하지만 그들은 미래에 속하면서도 이 점에서는 과거에 사로잡혀 있었다.

1920년 봄은 승리 소식과 함께 시작되었다. 영국이 장악했던 아르항겔스크를 되찾은 것이었다. 그러나 다시 한 번 미래 전망이 바뀌었다. 치명적인 위험이 목전을 위협했다. 폴란드가 침략했다. 오흐라나의 파일에는 필수드스키의 사진이 많았다. 그가 여러 해 전에 차르의 목숨을 노린 음모로 유죄 선고를 받았던 것이다. 나는 상트페테르부르크의 한 병원에서 필수드스키를 진찰했던 의사를 만났다. 그가 탈출 목적으로 미친 척 가장했던 것이다(솜씨가 비범했다). 혁명가이자 테러리스트였던 필수드스키가 군대를 이끌고 우리를 공격했다. 분노와 열정이 물결쳤다. 차르 체제의 장성들인 브루실로프Brussilov와 폴리바노프Polivanov는 운 좋게 처형을 면한 상태였다. 트로츠키의 호소에 두 사람이 싸우겠다고 자원했다. 고리키가 네프스키 프로스펙트의 발코니에서 전선으로 떠나는 부대를 앞에 두고 독전훈시를 하다가 와락 울음을 터뜨렸다. "이 유혈과 살육이 언제쯤 중단될까?" 고리키는 자주 이렇게 뇌까렸다.

사형이 다시 도입됐다. 패배가 거듭되자, 체카의 권한이 확대되었다. 폴란드 군대가 키에프에 진입했다. 지노비에프는 계속해서 이렇게 말했다. "우리가 구제되려면, 인터내셔널뿐이다." 레닌도 지노비에프의 말에 동의했다. 폴란드-러시아 전쟁이 정점에 이르렀을 때 공산주의 인터내셔널 제2차 대회가 급히 소집되었다. 나는 대회를 준비하기 위해 말 그대로 밤낮으로 일했다. 산적한 업무를 수행할 수 있는 사람은, 사실상 내가 유일했다. 나의 언어 지식과 서방 세계에 대한 식견이 어느 정도 도움이 됐다. 나는 영국의 평화주의자 랜스베리Lansbury와, 존 리드[28]를 영접했다. 헝가리에서 온 좌익 공산주의자들은 숨겨줘야 했다. 그들이 벨라 쿤에 반대하면서 라코프스키[29]와 관계를 맺고 있었기 때문이다. 우리는 4개 국어로 인터내셔널의 정기 간행물을 출판했다. 우리가 작성한 무수한 비밀 전문이 위험하기 짝이 없는 다양한 경로를 통해 해외로 전파되었다. 나는 레닌의 전갈과 성명을 번역했다. 트로츠키가 무장 열차에서 막 탈고한《테러리즘과 공산주의Terrorism and Communism》도 번역했는데, 그 책은 '사회주의로 이행하는 시기' — 최소 수십 년 — 에 장기 독재가 불가피하다고 역설했다. 트로츠키의 구상은 주의주의主意主義, voluntarism적인데다 도식적이었고, 완고하기까지 해서 나는 약간 불안했다. 모든 게 부족했다. 인력, 종이, 잉크, 빵은 물론이고 커뮤니케이션 설비까지. 우리가 받아본 외국 신문이라고 할 만한 것은 밀수업자들이 헬싱키에서 사오는 몇 부뿐이었다. (물론 그들이 월경하는 목적은 밀수였다.) 놈들에게 신문 한 부당 100루블을 줬다. 일당 가운데 한 명이 죽었을 때는 가욋돈을 요구하기까지 했지만 우리는 토를 달지 않았다. 모스크바에서도 마찬가지로 불철주야 대회 조직 활동이 이루어졌다. 안젤리카 발라바노바와 부하린이 그 일을 지휘했다.

대회의 첫 회기 때문에 레닌이 페트로그라드에 왔다. 스몰니의 작은 응접실에서 레닌을 만났고, 우리는 함께 차를 마셨다. 예브도키모프와 에스파냐의 CNT가 파견한 앙헬 페스타냐Angel Pestaña와 함께 있는데, 레닌이 들어왔다. 레닌은 활짝 웃었고, 차례대로 악수를 하며 인사를 나눴다. 예브도키모프와 레닌은 유쾌하게 서로를 포옹했다. 똑바로 마주보며 즐거워하는 모습은 다 컸어도 꼭 어린애 같았다. 블라디미르 일리치는 망명 시절에 입었던 낡은 재킷 가운데 하나를 걸치고 있었다. 아마도 취리히 시절부터 입은 옷일 터였다. 사실 사계절 내내 그 옷을 입었다. 레닌은 거의 대머리였다. 불거져 나온 두개골은 높았고, 이마는 강건했다. 그 외에는 별 특징이 없는 아주 흔한 외모였다. 얼굴색은 생기 넘치는 분홍빛이었고, 턱수염은 약간 붉은 기가 돌았으며, 광대뼈가 살짝 튀어나왔고, 두 눈은 수평으로 나 있었지만 잔주름 때문에 비스듬한 느낌이었고, 눈동자는 회녹색이었고, 상냥한 분위기가 압도했지만 유쾌한 악의도 느낄 수 있었다.

○   레닌이 크렘린의 작은 방에서 일하는 모습.

레닌은 크렘린에서 여전히 작은 방을 썼다. (궁전 하인용이었다.) 지난겨울엔 그도 다른 모든 이처럼 난방을 전혀 못한 채 차가운 방에서 생활했다. 레닌은 이발소에 가면 차례를 기다렸다. 누가 그에게 순서를 양보하는 것이 정당하지 않다고 생각한 탓이다. 나이든 관리인이 레닌의 방을 건사하고 수리했다. 그는 레닌이 당의 최고 두뇌로, 최근의 심각한 상황에서조차 평당원들에게 직접 호소하기 위해 중앙위원회를 사임하는 것 이상의 위협책은 쓰지 않았다는 걸 알고 있었다! 레닌은 고대 로마의 호민관처럼 인기를 누리고자 했다. 대중의 승인 도장만 있으면 됐지, 그에게 화려한 의식이나 쇼는 필요 없었다. 레닌의 태도와 행동을 보면 권력욕 따위는 조금도 느낄 수 없었다. 그저 과제를 완수하고자 하는 ― 그것도 신속하고 훌륭하게 ― 헌신적인 기술자의 절박함만이 느껴졌다. 레닌의 단호한 의지도 확실히 알 수 있었다. 새로운 기관들이 비록 상징적 존재에 불과할 정도로 약했을지도 모르지만, 그럼에도 높이 평가해야 하는 이유다.

그날이었는지, 아니면 다음날이었는지 레닌이 대회의 첫 공식 회의에서 여러 시간 동안 연설을 했다. 타우리데 궁의 하얀 열주 아래 서 있던 그의 모습이 떠오른다. 레닌은 베르사유 협정의 결과로 파생한 역사적 상황을 보고했다. 메이나드 케인스Maynard Keynes가 풍부하게 인용되었으며, 승전한 제국주의 국가들이 제멋대로 분할한 유럽은 파산 상태로, 독일에게 배상금을 과도하게 지운 조치는 멍청한 짓이고, 결국 독일이 오래 버티지 못할 것이라는 게 요지였다. 레닌의 결론은 다음과 같았다. 유럽에서 혁명이 일어나는 것은 필연이다. 아시아의 식민지 민중도 여기에 동참할 것이다.

레닌은 뛰어난 웅변가도, 일급의 강연자도 아니었다. 그는 말을 전혀 꾸미지 않았고, 선동하겠다는 의도도 일절 없었다. 그는 신문 기사에 나오는 어휘를 사용했다. 그는 여러 가지 형태로 반복하는 기술을 썼다. 못을 때려 박듯이 계획과 생각을 주입하려는 의도였음은 두말하면 잔소리다. 그의 연설은 결코 지루하지 않았다. 그가 내는 흉내는 무척이나 생생했고, 내용 역시 이성적 확신으로 가득 차 있었다. 레닌은 자신의 말이 중요함을 강조하는 몸짓으로 한 손을 들어 올리는 습관이 있었다. 그런 후에는 꼭 고개를 숙여 청중의 반응을 확인했다. 확고하게 입증해 보였다는 의미로 두 손바닥을 쫙 편 채 진심어린 미소를 지으면서 말이다. "확실합니다, 그렇지요." 연단의 레닌은 평이하고 소박한 사람이었다. 그는 납득시키겠다는 목표만 갖고 솔직하게 말했다. 상대의 판단력, 그리고 사실과 당위에만 호소했던 것이다. 그는 이 말을 아주 좋아했다. "사실은 빈틈이 없고, 실제적이다." 레닌은 평범하고 상식적인 인물이었다. 프랑스 대표단이 그를 보고 실망했다고 반응할 정도였다. 프랑스 국회에서 벌어지는 화끈한 대결에 익숙했던 탓이리라. 한 프랑스 대표가 내게 이렇게 말했다. 그는 재치 있는 경구로 무장한 의심 많은 달변가였다. "레닌은 가까이서 보면, 매력이 별로 없어요."

지노비에프가 이삭 브로드스키Isaac Brodsky에게 그 역사적 회의를 대형 화폭으로 그려달라고 의뢰했다. 브로드스키는 주문에 응해 스케치를 했다. 화가는 여러 해가 흘렀지만 여전히 작업 중이었다. 그는 참가자들의 면면을 다른 사람들, 곧 모호한 새 얼굴로 바꿨다. 위기가 심화되고 야당 활동이 증가하면서 집행부가 바뀌었던 것이다.

코민테른 2차 대회는 나머지 회기를 모스크바에서 속개했다. 대회 조직위와 외국 대표단은 델로보이 드보르 호텔에서 생활했다. 호텔은 넓은 가로수길 한쪽 끝 중앙에 자리했고, 가로수길 한

면에는 총안 흉장銃眼胸墻이 달린 하얀색 성벽으로 둘러싸인 키타이-고로드Kitay-Gorod(차이나타운이란 뜻으로, 모스크바의 상업지구 - 옮긴이)가 위치했다. 중세의 관문들 위로는 그 옛날의 망루가 있었는데, 거기를 통과하면 로마노프 왕가가 살았던 근처의 바르바르카로 이어졌다. 바르바르카를 벗어나면 도시 안의 도시 크렘린이다. 크렘린에서는 모든 출입구에서 초병들이 경계를 서며 우리의 통행증을 검사했다. 그곳 전제 군주정의 왕궁들과 고래의 비잔티움 양식 교회들 한가운데에 러시아혁명의 두 팔, 곧 소비에트 정부와 인터내셔널의 본부가 있었다. 외국에서 온 대표들은 실제의 삶이 영위되는 모스크바를 알 수 없었다. (그들은 여기에 무관심했고, 나는 마음이 어지러웠다.) 모스크바는 기아선상에서 배급을 하고 있었다. 체포가 만연했고, 교도소 에피소드는 추악하기만 했다. 은밀한 협잡질이 끝없이 이어졌다. 국제사회주의를 대표한다는 사람들은 러시아 전역이 굶주리는 가운데서도 호화롭게 먹었다(식사 때 썩은 달걀이 많이 나왔다는 것도 사실이지만). 박물관과 잘 꾸민 탁아소를 둘러보는 그들의 모습은 행락객이나 관광객 같았다. 허나 신생 사회주의 공화국은 가난했고, 포위 공격으로 약탈당한 채 피를 흘리고 있었다. 내게 새로운 종류의 무감각이 감지되었다. 맑스주의자라는 사람들의 무감각이 바로 그것이었다. 파울 레비[30]는 독일 공산당의 주요 인사였다. 자신만만하고 강건한 그가 내게 대놓고 이렇게 말했다. "맑스주의자에게 러시아혁명의 내부 모순은 전혀 놀랄 일이 아닙니다." 그 말이 사실이라는 것은 틀림없다. 하지만 레비는 당면한 사실을 외면하는 차단막으로 그 일반적 진술을 했다. 직접적인 사실이 나름으로 독특한 중요성을 지니는데도 말이다. 맑스주의 좌파의 대다수가 볼셰비키화했고, 그들은 현실에 안주하는 이런 자기만족적 태도를 취했다. '프롤레타리아트 독재'라는 용어가 그들에게는 전가의 보도였다. 물론 그들은 그 프롤레타리아트의 독재자가 어디 있고, 프롤레타리아트는 뭘 생각하고, 느끼며, 행동하는지 전혀 묻지 않았다.

반면 사회민주주의자들은 그들의 비판적 지성에도 불구하고 사태를 이해하지 못했다. 그들은 최고였다. (지금 생각나는 독일인들로도 이미히[31], 크리스핀[32], 디트만[33]이 있었다.) 하지만 그들의 부르주아화된 인도주의적 사회주의는 평화 애호적이었고, 러시아혁명의 혹독한 분위기 때문에 비판을 많이 받았다. 그들은 명료하게 사유할 수가 없었다. 나는 아나키스트들과 토론을 많이 했다. 그들은 '공식적 사실들'과 권력이 빠진 함정들에 건강하게 반발했고, 대중의 실제 삶에 큰 관심을 보였다. 하지만 아나키스트들은 기본적으로 이론에 감정적으로 접근했다. 그들은 정치경제학에 무지했고, 권력의 문제와 대면해본 일도 없었다. 아나키스트들은 뭐라도 사태를 이론적으로 이해한다는 것이 사실상 불가능하다고 생각했다. 그들은 동지로서는 뛰어났다. 그러니까, 1848년부터 1860년 사이에 장인들이 절대 자유를 옹호하며 제출한 '보편적 혁명'을 낭만적으로 지지하는 수준에서는 말이다. 이후로 현대적 공업과 프롤레타리아트가 성장했다. 아무튼 그들의 면면도 보자. 바르셀로나 CNT를 대표한 앙헬 페스타냐는 시계 제조공이자 용감한 민중 지도자였다. 그는 체격이 호리호리했고, 검은 눈동자가 아름다웠으며, 콧수염도 약간 길렀다. 이탈리아 우니오네 신디칼레Italian Unione Sindicale가 파견한 아르만도 보르기Armando Borghi는 피부가 백옥 같았고, 수염을 기른 청년으로, 꼭 마치니Mazzini 같았다. 그의 목소리는 열렬하면서도 아주 부드러웠다. 스웨덴과 독일의 생디칼리스트들이 대표로 파견한 아우구스틴 수시Augustin Souchy는 붉은 머리로 늙은 군인의 얼굴이었다. 프랑스의 CGT와 《리베르테르Libertaire》를 대표한 르프티Lepetit는 건설 현장의 인부 출신으로 체구가 건장하고 명랑한 성격이었다. 하지만 그는 "프랑스의 혁명은 완전히 다를 것"이라고 선언할 만큼 러시아를 미심쩍어하고, 신용하지 않았다. 레닌은 '최선진 아나키스트들'의 지지를 얻는 일에 노심초사했다.

사실을 말해보자. 러시아와, 어쩌면 불가리아를 제외할 경우, 전 세계를 둘러봐도 진정한 공산주의자는 어디에도 없었다. 혁명을 주워섬기던 옛 학파는 물론이고, 전쟁을 기화로 등장한 새 세대 모두 볼셰비키의 기풍과는 100만 광년쯤 떨어져 있었다. 그들은 사태에 압도당한, 진부하고 쓸모없는 운동 세력이었다. 좋은 의도가 많으면 뭐하나? 능력이 없는데. 프랑스 사회당은 마르셀 카생[34]과 L.-O. 프로사르[35]가 이끌었다. (둘 다 사태 접근 방식과 태도가 대단히 의회주의적이었다.) 카생은 누가 아니랄까봐, 대세의 향배를 예리하게 감지했다. 그는 대중의 지지와 인기가 무엇보다 중요했고, 왼쪽으로 방향을 틀었다. 카생은 전쟁 때 '신성한 동맹'을 지지하고, (프랑스 정부의 사주를 받아들여) 무솔리니가 이탈리아에서 벌인 배외주의 캠페인을 후원했던(1916년이었다) 자다. 카생과 프로사르는 인터내셔널 대회에 참석하겠다고 오는 중에 바르샤바에 들러, 폴란드 사회당과 회담을 했다. 폴란드 사회당은 필수드스키가 벌이던 러시아 혁명 공격전을 지지했다. 트로츠키는 그 사실을 전해 듣고, 놈들을 지체 없이 쫓아 보내라고 주장했다. 우리는 이후로 다시는 그들과 만나지 않았다. "그런 정치인들"을 축출하자 많은 이가 흡족해했다. 제3인터내셔널 파리위원회는 이미 알프레드 로스메르를 파견한 상태였다. 입센의 작품에도 성姓이 등장하는 로스메르는 생디칼리스트로, 헌신적인 국제주의자였으며, 그 옛날 트로츠키와도 교유했다. 그의 엷은 미소를 보면 누구라도 빈틈없는 신중함, 말 없는 헌신을 읽어낼 수 있었다. 같은 위원회는 로스메르 외에 레이몽 르페브르Raymond Lefebvre도 파견했다. 르페브르는 인상이 날카로 운 장신의 젊은이로, 베르됭에서 들것 운반병이었다. 시인이자 소 설가였던 그는 참호에서 귀향한 제대 군인의 자격으로 일종의 신 앙 고백을 했다. 그의 저술《혁명할 것인가, 죽을 것인가Revolution or Death!》는 현란한 시적 문체로 씌었다. 르페브르는 참호라는 공동 묘지에서 스러져가던 한 세대의 생존자들을 대변했다. 우리는 곧 바로 친구가 되었다.

이탈리아인들 중에서는 역전의 용사 라차리Lazzari가 생각난다. 그는 강직했고, 목소리에서 여전히 열정이 식지 않았음을 느낄 수 있었다. 턱수염을 기른 세라티Serrati는 근시에, 얼굴이 꼭 교수 같았 다. 테라치니Terracini는 젊은 이론가로, 장신에, 이마가 금욕적이었 다. 그는 예리한 지성이 돋보이는 글을 얼마간 써낸 후 인생의 황금 기를 감옥에서 보낸다. 보르디가[36]는 원기 왕성했다. 그는 이목구 비가 뭉툭했고, 검정 머리칼은 뻣뻣하고 숱이 많았으며, 사상과 경 험과 암울한 전망이 짐이 돼 몹시 흔들렸다.

안젤리카 발라바노바는 호리호리한 여성으로, 인자한 어머니 같은 얼굴이 섬세했고, 검정 머리칼을 양 갈래로 땋고 있었다. 그 녀는 대단히 우아했다. 발라바노바는 항상 적극적이었고, 자유롭 고 개방적이며 다소 낭만적인 인터내셔널 상을 계속 희구했다. 로 자 룩셈부르크의 변호사 파울 레비는 독일 공산당을 대표했다. 도 이미히, 크리스핀, 디트만과 또 다른 한 명은 독립 사회민주당을 대표했다. 네 사람 다 호감이 갔지만 대책 없는 중도파였고, 맥주 를 좋아한다는 건 당연했다. 그들은 기성의 답답한 노동계급 조직 들에 소속된 성실한 관리였다. 그들 중에 모반자가 없다는 것은 척 봐도 분명했다. 영국 대표단은 갤러허Gallacher 딱 한 사람만 만났 다. 그는 프로 권투 선수처럼 체격이 다부졌다. 미국에서는 프레이나(후에 중대 혐의자가 된다)[37]와 존 리드가 왔다. 1917년 볼셰비키 봉기를 목격하고 기록한 리드의 저서는 이미 권위 있는 참고서로 정평이 나 있었다. 우리는 사전의 페트로그라드 면담에서 핀란드를 경유하는 그의 비밀 출발편을 조직해둔 상태였다. 핀란드는 리드를 끝장내버리겠다는 의지가 대단했고, 그는 죽음의 덫이나 다름없는 감옥에 한동안 수감된 바 있었다. 리드는 모스크바 교외의 소읍들을 방문하고 돌아와, 자신이 목격한 바를 전했다. 기근이 현실을 장악한, 유령 같은 농촌이라고 했다. 하지만 그 모든 어려움에도 불구하고 소비에트의 생산 활동이 지속되고 있는 것에, 그는 놀라움을 표했다. 리드는 장신에, 단호하고, 실제적이었다. 자신만만한 이상주의와 활달한 지성에 유머가 배어 있었던 것도 빼놓아서는 안 되겠다. 우크라이나 소비에트 정부 수반인 라코프스키도 다시 보았다. 당시에 우크라이나는 방랑하는 도적 무리로 쑥대밭이 된 상태였다. 백군, 국군, 흑군(아나키스트), 녹색파, 적군이 모두 민간인에게 피해를 입혔다. 수염을 기르고, 헤진 군복을 걸친 그가 연단에 올라 완벽한 프랑스어로 연설을 했다.

불가리아는 콜라로프[38]를 보냈다. 그는 거한에 배까지 나왔는데, 얼굴이 귀족적으로 당당해서 보고 있으면 자신감의 화신이라는 생각이 들었다. 우리는 콜라로프가 대회장에서 불쑥 한 약속을 믿어야 할 것 같았다. 인터내셔널이 요구하면 고국에 가서 바로 권력을 잡겠습니다! 네덜란드 대표단 중에는 베인쿱[39]이 단연 눈에 띄었다. 검은 수염에 턱이 긴 그는 겉으로 보면 상당히 공격적이었다. 하지만 나중에 밝혀진 것처럼, 베인쿱은 계속해서 정치적으로 굴종한다. 마나벤드라 나트 로이[40]는 멕시코를 경유해 입국한 인도 대표였다. 천연두로 얼굴이 얽은 로이는 키가 아주 컸고, 잘생겼으며, 피부색이 짙었고, 곱슬머리였다. 조각상처럼 우아한 앵글로-

색슨인 여자 한 명이 로이와 동행했다(그녀가 입고 있는 얇은 드레스 아래로는 아무것도 안 걸친 듯했다). 우리는 그가 멕시코에서 불쾌한 혐의를 받고 있음을 몰랐다. 로이는 장래에 소수였지만 인도 공산당을 이끌고, 수년간 수감 생활을 하며, 복역 후 활동을 재개하고, 터무니없는 비방으로 반대파를 중상모략하고, 그 자신이 당에서 축출되며, 재차 복귀해 명예를 회복한다. 하지만 당시로서는 그 모든 게 먼 미래의 일이었다.

러시아 대표들이 회의를 주도했다. 그들이 탁월하다는 게 너무나 명백했고, 회의 주도는 당연했다. 그들과 맞먹을 수 있고, 어쩌면 지성 및 자유로운 정신과 관련해 그들보다 뛰어날 수도 있었던 서방 사회주의 진영의 유일한 인물은 로자 룩셈부르크였다. 허나 그녀는 1919년 1월 독일 군경들의 권총 개머리판에 맞아 피살된 후였다. 레닌 외에 러시아 대표단을 구성한 사람들은 지노비에프, 부하린, 라코프스키, 카를 라덱이었다. 라코프스키는 태생이 루마니아였지만 프랑스화한 만큼이나 러시아화하기도 했다. 라덱은 베를린의 교도소에서 막 석방된 후였다. 그는 거기서 죽은 목숨이나 다름없었고, 실제로 레오 요기헤스[41]가 그의 옆에서 살해당했다. 트로츠키의 경우, 대회에 참석했다고 해도 드물게만 나타났음이 틀림없다. 대회장에서 그를 본 기억이 없기 때문이다. 트로츠키는 당시 전선의 상황에 몰두 중이었다. 폴란드 전선이 여전히 불길에 휩싸여 있었다.

대회는 세 안건에 집중했다. 훨씬 중요했지만 공개회의에서 다루지 않은 네 번째 안건도 추가해야 할 것이다. 레닌은 '좌익 공산주의자들' — 네덜란드, 독일, (보르디가 같은) 이탈리아의 — 에게 선거 및 의회 정치에 참여하는 타협의 필요성을 납득시키기 위해 온힘을 다했다. 그는 그들이 혁명만을 부르짖는 소종파로 전락할 위험을 경고했다. 레닌은 '민족 및 식민지 문제' 토론에서 아시아의 식민지 국가들에서 소비에트 유형의 혁명이 진작 고무될 가능성, 나아가 필요성을 강조했다. 러시아령 투르키스탄의 경험이 레닌의 주장을 지지하는 듯했다. 그는 주로 인도와 중국을 염두에 뒀다. 레닌은 영국 제국주의를 약화시키려면 그 나라들을 타격해야 한다고 판단했다. 당시 영국은 소비에트 공화국의 숙적으로 떠올랐다. 러시아 대표들은 유럽의 기성 사회주의 정당들에 더 이상 아무것도 기대하지 않았다. 그들은 가능한 유일한 방도는 갈라져 나오는 것뿐이라고 판단했다. 낡은 개량주의 의회 지도부와 결별해, 새 당을 만들고, 이를 모스크바 집행국이 규율하고 통제해야 한다는 청사진이 제시되었다. 권력을 장악하려면 그 수밖에 없다.

세라티는 식민지의 민족해방운동을 지지한다는 볼셰비키의 전술을 격렬하게 반대했다. 그는 그 운동의 반동적이고 방해만 되는 요소들이 장래에 부상할 것이라고 주장했다. 물론 그의 주장은 경청되지도, 토론되지도 않았다. 보르디가는 조직화 방안 및 전반적 전망에서 레닌의 견해에 반대했다. 그는 소련이 공산당들에 미치는 영향력, 타협과 선동과 부패의 유혹이 두려웠지만 감히 그렇다고 말하지 못했다. 보르디가는 다른 무엇보다도 농업국가인 러시아가 국제 노동계급 운동을 이끌 수는 없다고 보았다. 그가 대회 참가자들 중 가장 명석한 사람 가운데 한 명이었다는 데에는 의문의 여지가 없다. 하지만 보르디가를 지지한 사람은 극소수뿐이었다.

대회는 인터내셔널 가입의 전제 조건으로 엄격한 21개 조항을 제시함으로써 프랑스와 이탈리아 정당들(각각 투르와 리보르노 대회)의 분열을 유도했다. 아니 22개 조항이라고 해야 하겠다. 사람들이 전혀 모르는 스물두 번째 조항은 프리메이슨 배제였다. 네 번째 사안은 의제가 아니었고, 공식 출판물에서는 전혀 그 흔적을 찾을 수 없다. 하지만 나는 레닌이 그 문제를 열띠게 제출하는 것을 보았다. 임피리얼 팰리스Imperial Palace의 금판으로 장식된 대형 홀 옆의 작은 방에 외국 대표들이 소집되었다. 대좌는 한쪽으로 치워버렸고, 그 쓸모없는 가구 옆으로 폴란드 전선 지도가 벽에 걸려 있었다. 타자기가 달가닥거리는 소리가 허공에 메아리쳤다. 재킷을 걸친 레닌의 팔에는 서류 가방이 끼워져 있었고, 각국 대표들과 타자수들이 주위에 자리를 잡았다. 레닌은 투하쵸프스키Tukhachevsky의 군대가 바르샤바로 진격하는 사안을 설명했다. 그는 대단히 고조되어 있었고, 승리를 확신했다. 카를 라덱 ― 여윈 체격에 생김새는 원숭이 같고, 냉소적 익살이 가득한 ― 이 커서 안 맞는 바지를 휙 끌어올리더니(그가 입은 바지는 항상 엉덩이 아래로 처져 있었다) 말을 보탰다. "우리의 총검이 베르사유 협약을 갈기갈기 찢어버릴 겁니다."

우리는 얼마 후 투하쵸프스키가 부대가 고갈 소진되었고, 병참과 통신선이 늘어지는 사태를 염려한다는 걸 알게 됐다. 트로츠키 역시 그런 상황에서 공세를 벌이는 게 너무 성급하며, 위험하다고 판단했다. 그런데도 레닌은 이미 상당한 정도로 공세를 주문한 상황이었다. 라코프스키와 스밀가[42]를 정치위원으로 파견해, 투하쵸프스키를 대동케 한 것이 이를 예증한다. 그러나 스탈린과 부존니Budyenny가 개별적으로 전공을 세우기 위해 리보프로 향하지 않고 투하쵸프스키와 트로츠키를 지원했다면 갖은 어려움에도 바르샤바를 함락시켰을 가능성이 매우 많았다는 것까지 우리는 알게 됐다.

바르샤바 함락은 실패했다. 폴란드의 수도가 러시아 수중에 떨어졌다는 성명을 발표하려고 준비 중이었으니 마른하늘에 날벼락이었다. 일부 학생과 극소수 노동자를 제외하면 폴란드의 농민과 프롤레타리아트는 붉은 군대를 환영하지 않았다. 나는 러시아가 심리적 측면에서 잘못을 저질렀다고 확신했다. 폴란드를 통치할 혁명위원회에 마르칠로프스키Marchlewski와 함께 공안통치의 사나이 제르진스키를 포함시켰던 것이다. 나는 제르진스키라는 이름 때문에 대중의 열정이 분출하는 것은 고사하고 얼어붙고 말 것이라고 분명히 말했다. 실제로도 그랬다. 혁명을 서쪽으로 확산시키려는 기도는 다시 한 번 실패했다. 방향을 동쪽으로 트는 것 말고 볼셰비키에게 다른 대안은 남아 있지 않았다.

동방피억압민족대회Congress of the Oppressed Nationalities of the East가 바쿠에서 급히 소집되었다. 코민테른 대회가 끝나자마자 지노비에프, 라덱, 로스메르, 존 리드, 벨라 쿤이 특별 열차를 타고 바쿠로 떠났다. 특별 열차를 방어하고 지휘하는 임무는 그들의 친구 야코프 블룸킨Yakov Blumkin이 맡았다(위험하기 짝이 없는 농촌 지대를 통과해야 했기 때문이다). 블룸킨 얘기는 나중에 더 할 기회가 있을 것이다. 그는 끔찍하게 죽었다. 엔베르 파샤[43]가 바쿠에 나타난 것은 상당히 놀라운 일이었다. 동양인들이 홀을 가득 메우고, 함성을 외쳤다. 그들은 언월도偃月刀와 야타간yataghan(이슬람교도의 긴 칼 - 옮긴이)을 허공에 휘둘렀다. "제국주의를 끝장내자!" 그러나 자체의 민족적 종교적 열망이 휘몰아쳤음에도 이슬람 세계를 진정으로 이해하는 것은 여전히 쉽지 않은 일이었다. 엔베르 파샤는 중앙아시아에 이슬람 국가를 세우고자 했다. 그는 2년 후 적군 기병대와의 전투 중에 사망한다. 아무튼 그 여행은 흥미진진했다. 존 리드는 모스크바로 돌아오는 길에 다게스탄의 한 고풍스런 시장에서 수박을 사먹고, 장티푸스로 사망했다.

모스크바 대회 하면 한 명 이상의 아쉬운 인명 손실이 떠오른다. 그 죽음에 관해 쓰기 전에 먼저 당시 상황을 더 밝혀야겠다. 나는 독특한 경험을 했을 것이다. 상당히 폭넓게 교제했기 때문이다. 나는 관리들, 평범한 서민, 혁명 세력이 박해한 반대자들을 매일 만났다. 페트로그라드에서 축하 행사가 벌어지는 내내 나는 볼린[44]의 운명을 걱정하지 않을 수 없었다. 나 자신을 포함해 몇몇 동료가 당분간 목숨을 부지할 수 있도록 조치하는 데 성공하기는 했지만 말이다. 볼린의 진짜 이름은 보리스 아이첸바움Boris Eichenbaum이었다. 그는 노동계급 출신 지식인으로, 1905년 상트페테르부르크 소비에트를 만든 사람 가운데 한 명이다. 볼린은 1917년 미국에서 귀환했고, 러시아 아나키즘 운동을 이끌었다. 그는 마흐노가 이끄는 '우크라이나 농민 반란군'에 합류했고, 백군과 싸웠으며, 적군에 저항했고, 굴랴이-폴리예 지방에서 자유농 동맹을 조직하려 했다. 그는 발진티푸스에 걸린 후 흑군 퇴각 과정에서 적군에 생포됐다. 우리는 손을 쓸 수 없는 상태에서 그가 총살당할 일이 두려웠다. 다행히 페트로그라드의 동지 한 명을 현장으로 급파해 불상사를 막을 수 있었다. 파견된 동지가 볼린을 모스크바로 압송케 했다. 그 다음부터 그와 관련해 확실한 소식을 전혀 입수할 수 없었다. 나는 그때 코민테른 대표들과 구 증권거래소 건물 내부 공간에서 상연된, 소비에트를 테마로 한 정통 기적극을 관람했다. 파리코뮌이 붉은 깃발을 들어 올렸다가 멸망했고, 조레스가 암살당하자 관객들은 비통해하며 눈물을 흘렸다. 대단원의 막은 세계를 상대로 러시아혁명이 거둔 기쁨에 겨운 승리였다. 나는 박해받는 볼린 생각이 떠나지 않았고, 승리의 순간을 만끽할 수 없었다.

모스크바에서 레닌과 카메네프가 체카의 감옥에 수감된 볼린을 죽이지 말도록 약속했음을 나중에 알게 됐다. 우리는 크렘린의 임피리얼 홀에서 토론을 하는데, 훌륭한 혁명가 볼린은 감방에서 알 수 없는 최후를 기다리고 있었다.

나는 크렘린을 나와서 또 다른 반대자를 찾아갔다. 이번에는 맑스주의자였다. 유리 오시포비치 마르토프Yuri Ossipovich Martov의 정직성과 탁월함은 최상이었다. 그는 플레하노프 및 레닌과 함께 러시아 사회민주노동당을 창건했고, 멘셰비키를 이끌었다. 마르토프는 노동계급의 민주주의를 옹호하는 캠페인을 벌였고, 체카의 권력 남용 및 레닌과 트로츠키의 '권력 집착'을 비난했다. 그는 계속해서 이렇게 말했다. "법령을 반포하고, 사람들을 감방에 처넣고 총살함으로써 사회주의를 도입할 수 있다는 듯이 한다!" 레닌은 마르토프를 좋아했고, 그의 날선 비판 앞에서 움찔했지만 체카가 잡아가지 못하게 했다. 마르토프는 작은 방에서 완전히 굶어 죽을 지경이었다. 나는 처음 만난 자리에서 그가 볼셰비키와 절대로 화합할 수 없음을 인식하고 있다는 인상을 받았다. 물론 마르토프도 볼셰비키처럼 맑스주의자였다. 그는 학식이 풍부했고, 단호했으며, 대단히 용감했다. 마르토프는 체구가 작았고, 병약했으며, 조금 절었다. 얼굴은 약간 비대칭이었고, 이마가 높았으며, 안경 낀 시선은 온화하면서도 미묘했고, 입은 섬세했고, 제멋대로 자란 수염에, 점잖은 지성의 소유자였다. 마르토프는 양심적인 학자였지만, 장애물을 헤쳐 나갈 수 있는 강인하고 왕성한 혁명적 의지가 없었다. 그가 비판하는 내용은 아주 적절했다. 하지만 그의 전반적인 해결책은 허황했다. "민주주의를 회복하지 못하면 혁명은 패배합니다." 하지만 어떻게 민주주의를 회복할 것이며, 어떤 민주주의인가? 그럼에도 그렇게 탁월한 역량을 지닌 인물이 혁명에 보탬이 되지 못하는 처지로 내팽개쳐진 사태가, 나는 용서가 안 됐다. 마르토프는 내게 이렇게 말했다. "볼셰비키와 독립적으로, 자유롭게 협력하는 것은 불가능합니다. 확실해요."

나는 레이몽 르페브르, 르프티, 베르제아Vergeat(프랑스 생디칼리스트), 사샤 튀뱅Sasha Tubin과 함께 페트로그라드로 돌아왔다. 직후에 끔찍한 일이 벌어졌고, 그 사건은 마르토프가 밝힌 최악의 두려움

을 확인해주었다. 사건이 장막에 가려버렸지만 최대한 정리해보
겠다. 새로 창당한 핀란드 공산당이 1918년 유혈낭자하게 패배했
고, 서로를 원망하면서 분열했다. 나는 그곳 지도자들인 시롤라와
쿠시넨Kuusinen을 알고 있었다. 두 사람은 그리 유능해 보이지 않았
고, 실제로 많은 잘못을 저질렀음을 인정했다. 활동 전반을 평가
한 쿠시넨의 소책자를 내가 출판하기도 했다. 그는 체구가 작고 소
심했지만, 신중하고 부지런했다. 당 내에 반대파가 형성된 상황이
었다. 패배에 책임이 있는 늙다리 의회 지도부가 공산주의 인터내
셔널과 유착하자 이에 반발한 것이다. 페트로그라드에서 당 대회
가 열렸는데, 중앙위원회에 반대하는 야당 세력이 다수로 부상했
다. 지노비에프는 중앙위원회를 지지했고, 당 대회를 중단시켰다.
그로부터 얼마 후 어느 날 저녁 군사학교에 소속된 핀란드인 청년
학생 약간 명이 중앙위원회 회의가 열리던 곳으로 몰려가, 현장에
서 이반 라히아Ivan Rakhia와 당원 일곱 명을 사살해버렸다. 언론은
그 암살 사건이 백군의 소행이라는 파렴치한 거짓말을 인쇄 배포
했다. 피고들은 자신들의 행위를 아예 내놓고 정당화했다. 중앙위
원회가 반역을 꾀했다는 것이었다. 그들은 자신들을 전선으로 보
내달라고 요구했다. 인터내셔널은 로스메르와 불가리아인 샤블린
Shablin이 포함된 3인 위원회를 구성해, 사건 조사를 맡겼다. 내 판
단으로는, 조사위원회가 과연 만나기나 했는지 모르겠다. 후에 모
스크바 혁명재판소가 그 사건을 비밀리에 심리했다(크릴렌코가 검사
였다). 재판 결과는 어떻게 보면 합리적이었지만, 달리 보면 도저히
말이 안 됐다. 범행을 저지른 자들은 공식적으로는 유죄 선고를 받았
다. 하지만 그들은 재가를 받고 전선으로 떠났다(그들한테 무슨 일이 일
어났는지는 모른다). 그런데 '정치적 책임을 져야 하는' 반대파 지도자
보이토 엘로란타Voyto Eloranta는 처음에 일정 기간의 금고형을 언도

받더니, 곧이어 1921년에 총살당했다. 마르스 광장에는 무덤이 여덟 개 만들어졌다. 우리는 솔가지로 덮인 빨간 관 여덟 개를 동궁에서 혁명 영웅 묘지까지 운구했다. 레이몽 르페브르가 연설을 하도록 되어 있었다. 그런데 무슨 말을 한단 말인가? 그는 계속해서 악담을 퍼부었다. "제기랄!" 연단에 오른 그는 물론 제국주의와 반혁명을 비난했다. 병사들과 노동자들은 눈살을 찌푸린 채 잠자코 들었다.

레이몽 르페브르, 르프티, 베르제아 말고 함께 돌아온 사샤 튀뱅은 그 옛날 친구였다. 프랑스에서 옥살이를 할 때 지속적으로 나를 도와준 게 그였다. 나는 튀뱅 덕택에 바깥 세상과 몰래 편지를 주고받을 수 있었다. 함께 페트로그라드를 둘러보는데, 그는 울적하고 불길한 예감에 사로잡혀 있었다. 네 사람은 무르만스크에서 떠났다. 북극해를 빠져나가야 하는 어려운 경로였다. 영국의 해군 봉쇄 지역을 경유해야 했으니 당연했다. 우리의 국제관계 부서가 그 위험한 여정을 잡았다. 어선에 탑승하고, 핀란드 해안 최북단을 빠르게 경유해, 안전한 땅 노르웨이의 보르되에 상륙한다. 네 명은 그 경로를 따랐다. 급하게 CGT 대회에 참석해야 했고, 그들은 폭풍우가 몰아치던 어느 날 출발했다. 그리고 바다에서 사라졌다. 폭풍우가 그들을 집어삼켰거나, 핀란드의 발동 경비정에 포착돼 살육당했을 것이다. 나는 스파이들이 페트로그라드에서 우리의 일거수일투족을 정탐했음을 알았다. 지노비에프는 2주 동안 매일 걱정어린 어조로 내게 물었다. "프랑스 동지들은 어떻게 됐어요?" 그 참사와 관련해 부당하고 비열한 얘기들이 난무했다. 그것들은 전부 거짓이다.[45] (그 불행은 1920년 8월 또는 9월에 일어났다.)

그 네 사람이 익사하는 동안 한 삼류 모험가가 봉쇄를 뚫고 파리로 귀환했다. 그는 오데사의 암시장에서 약소한 금액으로 구매한 다이아몬드도 가져갔다. 이 얘기는 자세히 적어둘 만하다. 그렇게 위중한 시기였음에도 체카조차 양심적으로 활동했음을 증명해주기 때문이다. 인터내셔널에 파견된 대표 몇 명과 밥을 먹고 있었다. (그 자리에는 고참 볼셰비크이자 우크라이나 정부에 참여 중이던 스크리프니크Skrypnik도 있었다. 그는 입은 옷이 형편없었고, 몸은 깡말랐으며, 역시 뼈만 앙상한 목 위로 미끼로 내놓은 병든 새 같은 머리를 달고 있었다. 스크리프니크는 결국 1934년에 자살을 한다. 물론 민족주의자라는 기소 내용은 엉터리였다. 실상을 보면, 그가 우크라이나의 일부 지식인을 보호했기 때문이다.) 누군가가 다가오는 게 느껴졌다. 코안경을 꼈고, 불그스름한 콧수염은 풍성했으며, 얼굴 역시 불그레했다. 나는 대번에 그를 알아보고 깜짝 놀랐다. 모리시우스[46]였다. 그는 파리에서 개인주의 사상에 기초해 선전 활동을 했다(물론 지금은 아니다). 그는 전쟁 때 평화주의를 선전 선동했다(역시 지금은 아니다). 그렇다면 작금의 정체는? 카요와 말비Malvy 재판이 열린 고등법원에서 파리 경찰청의 고위 관리 한 사람이 모리시우스를 "우리가 운용하는 최고 요원"으로 언급한 바 있었다.

"여기는 어쩐 일이죠?" 내가 물었다.

"나도 대표로 파견됐어요. 레닌을 만날 겁니다. ……"

"고등법원 진술은 뭐죠? 거기에 대해서는 뭐라고 하실 겁니까?"

"경찰이 나를 매장하려고 더러운 흉계를 꾸민 겁니다!"

모리시우스는 체포되었고, 나는 체카로부터 그를 지켜야 했다. 체카는 모리시우스에게 시베리아에서 이루어지는 농업 활동을 알려주고자 했다. 요컨대 놈이 인터내셔널의 연락 업무와 관련해 유용할 수도 있는 정보를 빼가는 것을 차단해야 했던 것이다. 그는 자기 책임하에 떠나도 좋다는 허락을 받았고, 무사히 빠져나갔다.

인터내셔널 제2차 대회 이후, 곧 1920년 9월과 10월 상황을 적는 것으로 이 장을 마치려 한다. 우리에게 그 시점이 일종의 분계선이었다는 느낌이다. 바르샤바 공격이 실패했다. 중부 유럽에서 러시아혁명이 패배한 것이었다. 물론 사태를 그렇게 인식한 사람은 아무도 없었지만. 국내에서도 새로운 위험이 비등했다. 우리는 재앙을 향해 나아가고 있었다. 하지만 희미한 예감뿐이었다. (여기서 내가 쓴 "우리"란 말은 상황 판단이 가장 빠른 동지들을 뜻한다. 공산당의 대다수는 공식 관점의 도식적 체계에 맹목적으로 기댔다.) 10월부터 중대한 사건들이 발생했고(하지만 대체로 간과되었다), 서서히 묵직한 사태沙汰로 비화했다. 나는 절실하고, 이 얘기를 꼭 하고 싶다. 내부가 위험하다는 생각, 우리 자신이 위험하다는 생각, 승리를 거둔 볼셰비즘의 바로 그 기질과 성격에 위험 요소가 있다는 생각이 들기 시작했다. 천명된 이론과 실재가 확연히 차이 나면서 나는 계속 괴로웠다. 많은 관료가 점점 더 편협하고, 비자주적으로 변해갔다. 그들은 특권까지 좇았다. 식량 인민위원 츄루파Tsyurupa와 대화했던 게 생각난다. 그는 하얀 수염이 인상적이었고, 두 눈은 숨김이 없었다. 그에게 프랑스와 에스파냐 동지들을 데려갔다. 츄루파가 소비에트의 배급 및 물자 공급 체계를 설명해줬다. 우리는 근사한 도해圖解를 보았는데, 거기에는 무시무시한 기근 사태와 엄청난 암시장은 흔적도 찾아볼 수 없었다.

"암시장은요?" 내가 물었다.

"암시장은 중요하지 않아요." 츄루파의 대꾸였다. 그가 진실한 사람이라는 것은 의문의 여지가 없었다. 하지만 그는 계획의 포로였다. 자기가 만든 체계에 사로잡혀 있었던 것이다. 사무실을 꿰차고 앉은 자들이 츄루파에게 거짓말을 해댔음이 분명했다. 나는 경악했다. 지노비에프 역시 서유럽에 프롤레타리아 혁명이 임박했다고 믿었다. 동방 민족들이 반란을 일으킬 거라고 레닌도 그렇게 믿고 있었던 것일까? 그들은 위대한 맑스주의자들이었다. 하지만 그 경이로운 명석함이 흐려지기 시작했다. 이론에 열중한 나머지 착각을 넘어 망상으로 나아간 것이다. 속임수, 바보짓, 비자주성이 그들을 에워쌌다. 페트로그라드 전선 관련 회의들에서 멋진 가죽 옷을 차려입은 출세 지향의 청년 장교들이 면전에서 정박아 같은 아첨을 늘어놓자, 지노비에프는 어색하고 쑥스러웠던지 얼굴이 벌개졌고 고개를 숙여 인사를 했다. 그들 가운데 한 명은 계속해서 이렇게 말했다. "영광스러운 지도자 지노비에프 동지가 지휘하기 때문에 우리는 반드시 승리할 것입니다!" 전과자 출신의 한 동지가 위대한 러시아 화가 한 명이 도안한 화려한 색상의 표지를 갖고 왔다. 지노비에프가 쓴 팸플릿을 장식하겠다는 것이었다. 화가와 전과자가 결탁해 아부의 극치를 보여줬다. 지노비에프의 옆얼굴이 고대 로마의 총독처럼 그려졌고, 주위로 짧은 명문, 다시 그 가장자리로 상징적인 무늬가 아로새겨진 걸작이었다. 코민테른 의장은 선물을 받고 진심으로 감사했다. 그들이 떠나자 지노비에프가 나를 불렀다.

"악취미의 절정입니다." 그는 몹시 곤란하다는 어조였다. "하지만 그들의 감정을 상하게 하고 싶지는 않았어요. 대신 조금만 인쇄하고, 표지를 아주 단순하게 도안하도록 시켜야겠습니다."

한번은 그가 레닌이 보낸 편지를 보여줬다. 신흥 관료를 간단히 언급한 편지에는 "소비에트의 쓰레기"라고 적혀 있었다. 그런 분위기가 줄곧 악화된 것은 공안통치가 지속되면서 참을 수 없는 잔혹 행위가 보태졌기 때문이다. 볼셰비키 투사들이 감탄이 나올 만큼 올곧고 객관적이고 사심이 없지 않았다면, 그들이 과업을 성취하기 위해 그 어떤 장애물도 극복하겠다고 단호히 결의하지 않았다면 희망은 없었을 것이다. 하지만 도덕적으로 위대하고, 지적으로 탁월하다는 점이 무한한 자신감이라는 악습으로 부상했다. 이

중의 책무라는 개념이 얼마나 중요한지를 그때 깨달았다. 결코 잊을 수 없는, 잊어서는 안 되는 교훈이었다. 사회주의는 적과 구체제에 맞서 싸우는 것만이 아니다. 사회주의는 자체의 내부 반동과도 싸워야만 한다. 혁명은 멀리서 보면 하나의 암괴처럼 보일 뿐이다. 허나 가까이 다가가 자세히 관찰하면, 최선의 요소와 최악의 요소가 격렬하게 휘몰아치는 급류와 같다. 반혁명의 흐름이 실재한다는 것도 불가피한 현실이다. 혁명은 구체제의 낡은 무기를 쓰도록 강요받는다. 그런데 그 무기는 양날의 검이라고 할 수 있다. 혁명이 성공하려면 자체의 폐해, 월권, 범죄, 반동의 순간들을 경계해야 한다. 혁명을 수행하는 사람들의 비판, 반대, 시민적 용기가 사활적으로 필요한 것이다. 이 점을 염두에 둔다면, 우리는 1920년에 그런 요소가 크게 부족했다.

레닌이 자주한 유명한 말이 내 마음을 떠나지 않았다. "최초의 사회주의 혁명을 시작하는 영예가 유럽에서 가장 후진적인 민족에게 닥치다니 참으로 불운하다." (기억에 의존해 인용하는 것이다. 레닌은 이 말을 여러 번 했다.) 그럼에도 유럽의 당시 상황을 살펴볼 때, 볼셰비즘이 옳았다는 것은 분명한 사실이다. 피로 물든 유럽, 폐허가 된 유럽, 인사불성에 혼수상태인 유럽을 떠올려보라. 볼셰비즘은 역사의 새로운 출발점이었다.

세계 자본주의는 자멸적 전쟁을 치렀고, 능동적으로 나서서 평화를 조직할 수도, 인류의 번영과 자유와 안전과 존엄을 드높일 멋진 기술 진보를 이뤄낼 수도 없었다. 이는 자명한 사실이었다. 자본주의에 반대한 혁명이 옳은 것은 그 때문이었다. 미래의 전쟁을 생각하면 유럽의 사회 제도가 신속히 바뀌지 않을 경우 문명 자체의 존속이 의심스러웠다. 러시아혁명의 자코뱅주의가 두렵기는 했어도, 나는 불가피한 측면이 있다고 생각했다. 그러나 신생 혁명 국가가 제도화 과정을 거치면서 초기의 온갖 약속을 외면하고 있었다. 나는 그 속에서 커다란 위험을 느꼈다. 내게는 국가가 생산 활동을 조직하는 수단이 아니라 꼭 전쟁 무기 같았다. 우리는 갖은 업적을 이뤄냈지만 언제고 목이 매달릴 수 있었다. 우리 자신, 우리의 이상, 새롭게 선포된 정의, 새로운 집산주의 경제는 여전히 유치했다. 패배하면 당연히 죽을 수밖에 없었다. 그다음에는 뭐가 어떻게 될지 누가 알겠는가? 나는 혁명이기 때문에 엄청난 희생이 필요하다고 생각했다. 미래를 위해서 말이다. 하지만 혁명 과정에서 자유정신이 보존 유지되는 것보다 더 중요한 것은 없다고도 생각했다.

위의 내용은 그 시기를 다룬 내 저술의 개요를 반복한 것에 지나지 않는다.

4

내부가 위험하다

1920~1921

이 연간의 사회체제는 후에 '전시 공산주의'라고 불린다. 물론 당시에는 그냥 '공산주의'라고만 했고, 나처럼 그 공산주의가 일시적인 조치일 뿐이라고 생각하는 사람은 죄다 경멸의 대상이었다. 트로츠키는 진정 자유로운 사회주의로 이행하려면 그 체제가 수십 년은 지속돼야 한다고 썼다. 부하린은 《이행기 경제학》이라는 저작을 쓰고 있었는데, 레닌은 그의 도식적 맑스주의에 몹시 화를 냈다. 부하린은 새로 도입된 생산 조직 방법이 변경할 수 없는 최종 형태라고 생각했다. 그러나 그 방식을 고수하며 살 수 없다는 게 점점 더 명백해졌다. 물론 행정가들은 아니었고, 다수 대중이 그러했다는 말이다. 모스크바에서는 츄루파가, 페트로그라드에서는 바다예프Badaev가 물자 공급 활동을 조직했다. 허나 그 경이로운 체계는 진공 속에서 작동했다. 뚱보 바다예프는 소비에트 회의에서 이렇게 주장했다. "요리 기구는 좋은데, 수프가 형편없다!" 앙헬 페스타냐는 녹색 원과 빨갛고 파란 삼각형으로 도해된 근사한 도표 앞에서 얼굴을 찌푸리며 이렇게 불평했다. "정말이지, 속는 느낌이다." 사람들은 밥을 먹으려면 매일 간단없이 암시장을 찾아야 했다. 다른 모든 이처럼 공산당원도 그래야 했다. 은행권은 더 이상 아무 가치가 없었고, 기발한 이론가들은 머잖아 화폐 제도가 폐지될 거라고 했다. 우표를 인쇄할 종이와 칼라 잉크가 없었고, 해서 우편 요금을 폐지하는 법령이 반포되었다. 그것은 "사회주의를 실현하는 새로운 일보 전진"이었다. 전차 요금이 폐지되었고, 결과는 처참했다. 과적이 문제가 되면서 상황이 나날이 악화되었던 것이다.

국가가 운영하는 협동조합이 배급해주는 식량은 약소했다. '제1범주'(노동자와 군인) 사람들에게는 흑빵(가끔은 흑빵 대신 귀리 몇 컵), 매달 청어 몇 마리, 소량의 설탕이 지급됐지만 제3범주(비노동자) 사람들에게는 아무것도 돌아가지 않았다. 사도 바울의 말이 곳곳에 나붙었다. 일하지 않는 자여, 먹지도 말라! 허나 상황이 역설적이었다. 뭐라도 음식을 원한다면 노동이 아니라 암시장을 찾아야 했기 때문이다. 공장이 가동을 멈췄고, 노동자들은 기계에서 철물을 떼어내 주머니칼을, 컨베이어벨트로 신발 밑창을 만들었다. 그러고는 지하 시장으로 갖고 나가, 물물교환을 했다. 전체 산업 생산이 1913년 기준 30퍼센트 미만으로 추락했다. 밀가루, 버터, 고기를 약간이라도 농민한테서 입수하려면(도시에 불법으로 반입되었다) 받고서 건네줄 직물이나 무슨 물건이 있어야 했다. 다행스럽게도 자취를 감춘 부르주아지의 도시 주택에 그런 게 상당히 많았다. 농민들은 카펫, 태피스트리, 리넨, 접시 따위를 좋아했다. 가죽 재질의 소파 덮개로는 그럭저럭 괜찮은 신발을 만들 수 있었다. 각종 장막으로는 옷을 만들었다. 그렇잖아도 삐걱거리던 철도 체계가 투기 행위로 혼란에 빠졌다. 당국은 사람들이 개인적으로 운반하는 식량을 금지했고, 특수 집행대를 파견했다. 그 파견대가 기차역에서 주부들의 밀가루 부대를 무자비하게 압수하고, 민병대와 함께 시장을 에워싼 후 허공에 총을 발사한 다음 눈물과 항의가 난무하는 가운데 각종 물품을 징발했음은 물론이다. 특수 집행대와 민병대는 증오의 대상이었다. '코미사리오크러시commissariocracy', 곧 위원 지배라는 말이 인구에 회자됐다. 올드 빌리버Old Believer, 곧 러시아정교회 이탈파 교도들은 세상의 종말과 적그리스도의 재림을 선언했다.

도시민들에게 겨울은 고문이나 다름없었다(그 이상 적절한 단어를 찾을 수가 없다). 난방이 안 됐고, 조명을 기대할 수 없었으며, 기근이 맹위를 떨쳤다. 아이들과, 허약한 노인이 수천 명 죽어나갔다. 이들이 온데사방으로 발진티푸스를 옮겼고, 희생자 수가 끔찍하게 치솟았다. 나는 이 모든 것을 보았고, 견뎠다. 정말이지 엄청나게 길게 느껴졌다. 페트로그라드의 웅장한 아파트들은 버려졌고, 사람들은 너무 추워서 방 하나에 모여 생활했다. 벽돌이나 주철로 제작된 작은 난로가 연통으로 연기를 뿜어내는 가운데, 주위로 다닥다닥 포개져 지냈던 것이다. 옆방의 마루 널, 가구의 이용 가능한 나무 부분, 그밖에 책도 땔감으로 썼다. 그런 식으로 해서 장서가 몽땅 사라졌다. 나도《제국 법률Laws of the Empire》수집본을 이웃 가족과 함께 땔감으로 땠다(상당히 만족스러웠다). 사람들의 식사는 소량의 귀리 가루, 반쯤 썩은 말고기였다. 가족들은 설탕 덩어리도 작은 조각으로 나눠 먹었는데, 순서가 뒤바뀌기라도 하면 험악한 광경이 연출되었다. 지역 코뮌은 아이들을 굶기지 않으려고 온갖 노력을 다 했지만, 그 성과는 한심하고 초라한 수준이었다.

협동조합의 배급 체계가 유지돼야 했다. 가장 열악하고 굶주리는 프롤레타리아트, 군대, 함대, 당 활동가들이 주로 거기에 의존했기 때문이다. 해서 징발 부대가 농촌으로 파견되었다. 하지만 십중팔구는 쇠스랑을 휘두르는 농민들에 의해 쫓겨났다. 살해당하는 일까지 있었다. 야만적인 농부들은 인민위원의 배를 가르고, 거기에 곡물을 채운 다음, 모두가 교훈으로 삼으라며 길가에 버렸다. 내가 아는 동지 가운데 한 명도 그렇게 죽었다. 그는 인쇄 노동자였다. 사건은 드노에서 그리 멀지 않은 곳에서 발생했다. 나는 나중에 거길 방문해, 필사적인 촌락민들에게 제국주의 세력의 봉쇄에 책임이 있다고 설명했다. 내 말은 사실이었다. 하지만 그럼에도 농민들은 징발 폐지와 시장 합법화를 계속 요구했다(불합리한 요구가 아니었다).

'전시 공산주의'는 다음과 같이 규정할 수 있다. 첫째, 농촌 징발. 둘째, 도시민을 여러 집단으로 분류해, 배급 시행. 셋째, 생산과 노동의 완전한 '사회화'. 넷째, 남아 있는 공업 생산물의 경우 무수한 전표 작업이 뒤따르는 엄청나게 복잡한 분배 체계. 다섯째, 일당 독재로 기우는 권력 독점과 일체의 반대 의견 억압. 여섯째, 포위 상태와 체카. 1920년 3월과 4월에 열린 제9차 공산당 당 대회가 전시 공산주의를 승인했다. 전시 공산주의가 제대로 작동하지 못한다는 사실을 솔직히 인정하는 사람이 아무도 없었다. 그해 2월 트로츠키가 중앙위원회에 징발을 폐지하자고 요구한 걸 당은 몰랐다. 맑스주의 역사학자 로즈코프Rozhkov는 레닌에게 러시아가 재앙을 향해 나아가고 있다고 썼다. 농촌과 맺는 경제 관계에서 당장 변화가 필요합니다. 중앙위원회는 그를 프스코프로 하방시켰다. 레닌은 로즈코프에게 이렇게 답장했다. 농촌의 반혁명 세력에 굴복하는 정책을 취할 의사가 전혀 없다고.

1920~21년 겨울은 끔찍했다. 직원들이 쓸 사무용 주택이 필요했고, 나는 페트로그라드 시내의 몇몇 건물을 둘러봤다. 우리 군대 사령부와, 동궁으로 연결되는 개선문에서 멀지 않은 곳에 사교계의 꽃이었던 모르스카야Morskaya 소유의 대저택이 있었다. 모든 방이 얼어붙은 배설물 천지였다. 화장실 물을 내릴 수가 없자, 거기를 임시 숙소로 삼은 군인들이 마룻장 위에 야전 변소를 만들었던 것이다. 많은 주택이 상황이 비슷했다. 봄이 오고 배설물이 마루 위에서 녹아 흐르기 시작하면 도시가 어떻게 될지 도저히 감이 안 잡혔다. 급히 청소 부대가 조직되었다. 바실리-오스트로프의 장티푸스 병원을 찾아간 얘기도 적어놓자. 덧문이 달린 작고, 낮은 건물은 햇볕이 잘 드는 온화한 거리에 면해 있었다. 풍경은 여전히 하얗게 눈을 인 채였다. 내부가 이상하게 조용하고, 추웠다. 바닥에 통나무처럼 누워 있는 사람 형체 몇이 눈에 들어왔다. …… 병원 측은 말이 없어서 시신을 매장하지 못했고, 다른 곳으로 옮겨 유기한 것이었다.

지역 군사령관 미하일 라셰비치Mikhail Lashevich와 눈 속을 터벅 터벅 걸으며 나누었던 대화가 생각난다. 35년째 혁명운동에 헌신 해온 그는 용감한 투사로, 권력 장악 행동을 기획한 당사자 가운데 한 명이었다. 나는 라셰비치에게 변화가 필요하다고 말했다. (그는 체격이 다부지고 튼튼한데다, 얼굴에 살집이 많았지만 주름도 가득했다.) 그가 문제 를 인지하고 떠올릴 수 있는 해결책이라고는 폭력뿐이었다. 투기 행위요? 중단시켜야죠! "암시장을 일소하고, 사람들은 해산시키 겠습니다! 됐죠?" 그는 실제로도 그렇게 했고, 사태는 더욱 악화되 었다.

정치 역시 동일한 양상으로 발달했다. 도저히 다르게 할 수가 없었던 것이다. 강제와 폭력으로 경제 난국을 무시하려는 움직임 이 거듭되었고, 전반적 불만이 고조되었다. 자유로운, 곧 비판적인 의견 개진은 위험하고, 따라서 이적 행위로 간주되었다. 나는 그 런 악덕이 발달하는 과정과 양상을 목격하고 관찰할 수 있는 상당 히 예외적인 처지에 있었다. 페트로그라드의 통치 집단에 속했으 면서도 여러 야당 세력과 막역했던 것이다. 아나키스트, 멘셰비키, 사회혁명당 좌파, 공산당원들(당 내의 '노동자 반대파')까지 정권의 관료 주의를 혹평했다. 평범한 노동자들의 조건은 물질적으로는 물론 이고 법적으로도 형편없었다. 정부가 공개적으로 의견을 피력하 는 것을 금지했기 때문에 후자가 훨씬 안 좋았다.

그들 야당 세력은 노동자 반대파를 제외할 경우 정치적으로 파산해 이렇게 저렇게 해산 중이었다. 멘셰비크인 단¹과 체레텔 리Tsereteli는 소비에트의 권력 장악을 노골적으로 반대했다. 실행 이 불가능한 부르주아 민주주의가 지속돼야 한다고 주장한 것이 다. 일부 멘셰비키 지도자들의 경우 볼셰비키를 강력하게 탄압해 야 한다고까지 극언했다. 마리아 스피리도노바Maria Spiridonova와 캄코프Kamkov가 이끈 사회혁명당 좌파는 처음에 볼셰비키 정권을 보이콧했다가 협력하더니, 1918년 7월 단독 통치를 선언하고는 반란을 일으켰다. 아나키스트들의 분열은 혼란 그 자체였다. 그들은 소비에트 지지, 소비에트 반대, 중도로 갈렸다. 소비에트에 반대하는 아나키스트들은 1919년 공산당 모스크바 위원회 총회 석상에 폭탄을 투척했고, 열다섯 명이 희생되었다.

그들은 러시아혁명을 열정적으로 반대했고, 분쇄되고 박해받았다. 하지만 많은 점에서 그들은 여전히 옳았다. 반대자들은 자신들과 러시아 인민의 이익을 위해 표현의 자유와 소비에트에서 자유를 회복하라고 요구했다. 1918년까지만 해도 소비에트는 정말이지 활기가 넘쳤다. 그러던 소비에트가 당의 보조기구로 전락하고 말았다. 소비에트는 주도권이 없었고, 통제력을 행사하지 못했으며, 사실상 지역의 공산당 위원회만 대변할 뿐이었다. 주민의 10분의 9가량이 전시 공산주의 경제체제를 참을 수 없어 했고, 소비에트든 다른 어디에서든 언론의 자유는 도저히 승인될 수 없었다. 서기들이 갈수록 더 상명하달식으로 운영하던 당도 이런 괴로운 상황에서 자유롭지 못했다. 우리는 관료화를 개선할 방법을 찾아보았고, 망연자실했다. 출세주의자, 모험주의자, 돈이 목적인 용병 같은 자들이 권력 기반으로 대거 유입되었던 것이다. 유일한 해결책은 청렴하고 정직한 고참 당원들의 신중한 독재일 수밖에 없었고, 실제로도 그랬다.

나는 아나키즘 세력의 활동을 상세하게 추적 조사했다. 크론시타트 봉기는 역사적으로 중요하다. 레닌과 벤자민 마르코비치 알리니코프Benjamin Markovich Aleynnikov는 공산주의 인터내셔널 제2차 대회 때 협의를 진행했다. 아나키스트 지식인인 알리니코프는 망명 생활을 했고, 수학을 연구했으며, 네덜란드에서 '소비에트 사업가'로 활약했다. 두 사람은 아나키스트들과의 협력 방안을 논의했다. 레닌은 자신이 아나키스트들과 협력할 생각이라고 밝혔다. 그는 네스토르 마흐노도 동지로 인정하고 받아들인 상태였다. 트로츠키는 훨씬 후에(내 생각에 아마 1938년일 것이다) 이렇게 술회했다. 레닌과 자신은 우크라이나의 아나키스트 농민들에게 자치를 허용할 계획이었다고 말이다. 그런 합의는 외교적으로 적절했다. 혁명은 그렇게 관대한 견해 때문에도 비극을 모면했을 것이다. 외무 인민위원부에서는 소비에트를 지지하는, 유능하고 정력적인 아나키스트 두 명이 치체린Chicherin과 협력했다. 젊은 학자 출신의 헤르만 산도미르스키Herman Sandomirsky는 바르샤바에서 사형 선고를 받은 바 있었고, 감옥의 사정을 잘 알았다. 알렉산더 샤피로Alexander Shapiro는 비판적이면서도 온건했다.

모스크바 소비에트 의장 카메네프는 아나키스트의 활동을 합법화했다. 신문과 클럽과 서점을 갖추는 게 가능해졌다. 단 조건이 있었다. 등록을 할 것이며, 그들의 소굴을 정화해야 했다. 불평분자, 통제 불능자, 반미치광이, 속이 빤히 들여다보이는 반혁명가가 거기에 들끓었다. 대다수의 아나키스트는 등록을 하고 조직 활동을 하라는 제안에 소스라치게 놀라며 거부했다. "뭐? 우리까지 당을 만들라고?" 그들은 그러느니 차라리 사라졌다. 그들의 신문은 폐간되고 부속 건물은 압류되었다.

격정의 해 1918년이 배출한 아나키스트 지도자들도 소개해둔다. 한 사람은 '아오Ao'라고 하는, 어휘가 전부 단음절어인 새로운 세계 공통어를 만들었다. 부티르키 교도소의 야르추크Yarchuk도 빼놓을 수 없겠다. 크론시타트의 그 유명한 수병은 감옥에서 괴혈병을 앓았다. 세 번째는 니콜라이 로그다예프Nikolai Rogdayev이다. 로그다예프는 투르키스탄에서 소비에트를 선전했다. 테러 활동으로 수감된 바 있는 노보미르스키Novomirsky는 공산당에 입당했고, 나와 함께 지노비에프 밑에서 일했다. 신참자의 별난 열정이 떠오른다. 다섯 번째는 그로스만-로스친Grossman-Roschin이다. 과거 1906년 '무조건 테러' 이론(언제 어디서고 구체제를 타격한다는 이론)을 주창한 그는 생디칼리스트로 전향해, 레닌 및 루나차르스키와 교유했다. 프롤레타리아트 독재를 자유지상주의에 입각해 이론화하는 것이 그의 목표였다. 마지막으로 소개할 사람은 나의 옛 친구 아폴롱 카를랭Appolon Karelin이다. 나는 그 명석한 친구를 파리에서부터 알고 지냈다. 카를랭은 뤼 뒬름의 작은 방에서 협동조합 문제를 연구했다. 그는 소련으로 건너와 나시오날 호텔(소비에트의 집 가운데 한 곳)의 역시 작은 방에서 백발의 아내와 생활하며, 전 러시아 소비에트 집행위원회(All-Russian Executive of Soviets) 일을 보았다. 카를랭은 노령으로 쇠약했고 시력이 떨어진 가운데서도 하얀 턱수염을 무성하게 기른 채 한 손가락으로 골동품 타자기를 두드려 대작 —《사형에 반대한다Against the Death Penalty》— 을 써냈고, 자유로운 코뮌들의 연합이 얼마나 위대한지를 논했다.

공산당과 거의 동맹했다고 보아도 좋을 아스카로프Askarov 그룹은 '보편적 아나키즘universalist anarchism'을 주창했다. 아타베키안Atabekian이 주도한 크로포트킨주의자들은 자유로운 협동조합이 유일한 해결책이라고 생각했다. 투옥 중이던 보리스 볼린은 볼셰비키 지도자들이 제안한 우크라이나 교육 책임자 자리를 거부했다. 그는 "인민위원들의 독재를 허용할 수는 없다"고 대꾸했다. 종합해보자. 그들이 의도가 좋았을지는 모르지만 종파적 혼란은 참으로 한탄스러웠다. 아나키즘은 기본적으로 지성의 교의라기보다는 감정과 정서에 기반을 둔 신조이자 주의였다. 그 사람들은 만나기만 하면 이렇게 주장했다. "우리는 모든 국경을 없애기 위해 싸운다. 지상의 모든 것은 전 인민의 소유다!"(1919년 12월 모스크바 아나키스트 연합대회 선언문). 사상과 표현의 자유를 그들에게 허용했다면 소비에트 정권이 위험에 처했을까? 그렇게 생각하는 것은 터무니없다. 맑스주의 전통에 충실한 볼셰비키의 다수는 그들을 '과학적 사회주의'와 양립할 수 없는 '프티-부르주아 몽상가들'에 불과한 것으로 보았다. 그런데 체카 요원들과 일부 관료가 권력의 정신병에 걸리고 말았다. 그들의 머릿속에서 이 '프티-부르주아' 분자들은 '실재하는 반혁명 세력'으로 빠르게 자리를 잡았고, 그 왁자한 폭도는 완전히 깔아뭉개버려야 했다.

고리키는 러시아인의 성정이 폭정에 저항하는 활동과 그것에 굴복하는 일 모두에 의해 형성되었다고 자주 언급했다. 권위주의에 반대하는 기풍은 바로 러시아인의 이런 특성에서 기인한다. 러시아에서는 자생적 아나키즘이라는 강력한 요소 덕택에 역사가 주기적으로 폭발했다. 우크라이나 농민은 반란 정신이 충만했고, 스스로를 조직할 수 있었으며, 자율과 자치를 숭상했다. 그들은 백군, 독일, 민족주의자는 물론이고 모스크바가 파견한 냉혹하고 무지한 정치위원들에 맞서기 위해 따로 남에게 의존할 필요가 없었다. 더구나 우크라이나는 곡창이어서 징발이 끝도 없이 계속됐다. 이런 것들이 전부 원인으로 작용해, 유난히 활기차고 강력한 운동이 탄생했다. 교사 출신의 아나키스트로 수감 생활을 경험한 바 있는 네스토르 마흐노가 굴랴이-폴리예 지방에서 '농민 반란군'을 규합했다. 보리스 볼린과 아론 바론²이 주도한 아나키스트 조직 나바트 동맹Nabat Federation(나바트는 경종이라는 뜻)이 그 운동 세력에 (자유지상주의적) 제3혁명이라는 이데올로기와 흑기黑旗라는 표상을 제공했다. 그 농민들은 진정으로 서사시적인 능력을 발휘해, 조직하고 싸웠다. 네스토르 마흐노는 술고래였고, 허세가 대단했으며, 사람이 어수선한 이상주의자였다. 그는 타고난 전략가로, 타의 추종을 불허하는 능력을 과시했다. 마흐노의 지휘를 받는 병력 수가 수만 명에 육박하기도 했다. 무기는 적에게서 탈취했다. 마흐노의 반란군은 두세 명당 소총이 한 자루뿐인 채로 전투에 돌입하기도 했다. 총을 소지한 병사가 쓰러지면 살아서 대기 중인 옆의 동료에게 즉시 인계되었다.

마흐노는 보병을 수레에 탑승시키는 방법을 떠올렸고, 엄청난 기동력을 확보했다. 무기를 묻어버리고 병력을 잠시 해산하는 것도 그의 전술 방안이었다. 마흐노의 병사들은 비무장 상태로 전선을 통과해, 지정된 장소에서 기관총을 파내고, 다시금 뜻밖의 방면에서 출현했다. 그는 1919년 9월 우만에서 데니킨 장군에게 패배를 안겼다. 데니킨 세력은 만회할 수 없는 타격을 입었다. 마흐노는 아버지 또는 선생님이라는 뜻의 '바트코Batko'로 불렸다. 예카테리노슬라프Yekaterinoslav(이후의 드니에프로페트로프스크Dniepropetrovsk)의 철도원들이 급료로 돈을 달라고 요구하자, 마흐노는 이렇게 대꾸했다. "직접 철도를 운영하십시오. 난 필요 없으니까요." 그는 러시아 전역에서 인기와 평판이 대단했다. 그의 부대가 잔학 행위를 수없이 저질렀음에도 명성이 여전했다. 공산당의 격렬한 중상에도 그는 끄떡없었다. 공산당은 심지어 그가 백군과 밀약을 맺었다고 혐의를 제기하는 지경에까지 이르렀다. 하지만 바로 그때 마흐노는 백군 세력과 목숨을 걸고 싸웠다.

브랑겔Wrangel 남작이 크림 반도를 장악 중이던 1920년 10월 흑군과 적군이 동맹 조약을 맺었다. 벨라 쿤, 프룬제[3], 구세프Gusev가 적군을 대표해 조약에 서명했다. 그 조약으로 아나키스트들이 러시아 전역에서 사면될 예정이었다. 아나키즘 운동 세력이 합법화되고, 하리코프에서 아나키스트 대회가 소집되는 일정이 잡혔다.

흑군 기병대가 백군 전선을 돌파해, 크림 반도로 뚫고 들어갔다. 때맞춰 프룬제와 블뤼처[4]도 페레코프에서 승리를 거두었다. 영국과 프랑스가 갓 승인한 크림 반도의 백군 정권은 결정적 타격을 입고, 궤멸했다.

페트로그라드와 모스크바의 아나키스트들은 하리코프 대회를 준비 중이었다. 그러나 합동 작전이 승리를 거두자마자 체카가 별안간 아나키스트들을 일제히 검거했다(1920년 11월). 크림 반도에서 승리를 거둔 흑군 지도자들인 카레트니크Karetnik, 가브릴렌코 Gavrilenko 외 기타 인사들은 배신을 당했다. 그들은 체포돼, 총살당했다. 굴랴이-폴리예에서 포위당한 마흐노의 저항은 미치광이 같았다. 그는 부대원들의 퇴로를 텄고, 1921년 8월까지 싸웠다. (마흐노는 후에 루마니아, 폴란드, 단치히에 억류된다. 그는 결국 파리에서 공장 노동자로 생활하다 삶을 마감했다.)

볼셰비키 정권은 소수였지만 무한히 용감했던 농민 혁명군과의 약속을 내팽개쳤다. 볼셰비키의 변덕으로 사기가 크게 꺾여버렸다. 크론시타트 반란의 근본적 원인 가운데 하나가 그 서약 파기라고 나는 생각한다. 내전이 막을 내리고 있었고, 징발이 계속되면서 격분한 농민들은 '인민위원들'과는 절대로 화해할 수 없다고 결론 내렸다.

공산당에 가입한 노동자 상당수를 포함해 많은 노동자가 거의 같은 의견이었다는 사실도 만만치 않았다. 슐리아프니코프[5], 알렉산드라 콜론타이[6], 메드베데프Medvedev가 이끈 '노동자 반대파'는 당이 다음을 외면한다면 혁명은 파멸을 피할 수 없다고 믿었다. 요컨대, 노동을 조직하는 방식을 혁신적으로 바꾸고, 노동조합에 진정으로 자유와 권한을 돌려주며, 당장에 진정한 소비에트 민주주의를 확립하라고 요구한 것이다. 나는 이 문제를 두고 슐리아프니코프와 오랫동안 토론했다. 금속 노동자 출신의 슐리아프니코프는 1917년 2월과 3월의 페트로그라드 혁명에 참가한 극소수 볼셰비키 가운데 한 명이었다. 그는 권좌에 올랐어도 노동자였을 때의 사고방식, 편견, 심지어 복장까지 그대로 유지했다. 그는 관리들을 불신했고("그 하이에나 무리"), 코민테른에도 회의적이었다. 돈만 바라는 기생충이 너무 많다는 것이었다. 슐리아프니코프는 뚱뚱한데다 통제하기 힘든 인물이었다. 얼굴은 크고, 둥글었으며, 콧수염을 길렀다. 처음 만났을 때 그는 매우 억울해했다. 노동조합 관련 토론에 열정적으로 참여했지만 결과가 별로였기 때문이다. 트로츠키는 노동조합이 국가와 융합돼야 한다고 주장했다. 레닌은 노동조합의 자율성과 파업의 권리를 지지했다. 하지만 노동조합이 당에 완전히 종속돼야 한다는 단서를 달았다. 당이 강압적으로 운영됐다. 페트로그라드의 한 지구 토론에 참가했는데, 레닌과 지노비에프의 '과반'을 위해 투표가 조작되는 사태를 목격하고는 경악했다. 그런 식으로는 아무것도 해결할 수 없었다. 스몰니에서는 매일이다시피 공장의 각종 사건 사고, 파업, 당 선동가들이 야유를 받았다는 얘기뿐이었다. 1920년 11월과 12월의 상황이다.

노구의 크로포트킨이 1921년 2월 모스크바 인근의 디미트로보에서 사망했다. 나는 그를 만나려는 시도를 전혀 하지 않았다. 어떤 대화를 해도 고통스러울 게 뻔했기 때문이다. 크로포트킨은 끝까지 볼셰비키가 독일 자금을 받았다는 이야기 등등을 믿었다. 친구들과 나는 그가 추위와 어둠 속에서 생활하며《윤리학》을 쓰거나, 기분 전환을 위해 피아노를 좀 친다는 걸 알았다. 우리가 그에게 양초를 한가득 보냈던 이유다. 나는 크로포트킨이 레닌에게 편지를 써 보내, 볼셰비키의 편협함과 출판업 국유화를 성토했음을 알았다. 만약 그 서한들이 공개된다면 생각이 지휘되는 것의 해악을 크로포트킨이 얼마나 신랄하게 비난했는지 알 수 있을 것이다. 모스크바로 가, 장례식에 참석했다. 가슴이 터질 것 같았다. 엄청 추웠고, 굶주림이 맹위를 떨쳤다. 나는 아나키스트 서클이 동지라며 받아준 유일한 공산당원이었다. 조문을 위해 노동조합 궁전에 시신이 안치되었다. 카메네프가 좋은 의도 속에 갖은 요령을 부렸지만 불행한 사건이 계속 일어났다. 도처에 체카의 그림자가 드리워져 있었다. 하지만 열광적 군중이 상여 주위로 단단히 모여들었고, 장례식은 시위로 발전했다. 그 사건이 중요하다는 것은 누가 보더라도 명백했다.

○   아나키스트들의 지도자 크로포트킨이 1921년 사망했다. 그의 장례식 장면으로 엠마 골드만의 모습도 보인다.

카메네프가 장례식 특사로 투옥된 아나키스트를 전부 석방하겠다고 약속했다. 그렇게 해서 아론 바론과 야르추크가 사자死者의 유해를 지킬 수 있었다. 얼굴은 굳어 있었지만, 이마는 높고 우아했으며, 코는 예리했고, 수염은 하얗게 센 상태였다. 크로포트킨은 마치 잠자는 마법사 같았다. 주위에서는 격분한 사람들이 속삭였다. 체카가 카메네프의 약속을 지키지 않았다, 감옥에서는 단식 투쟁 안건이 표결에 부쳐졌다, 아무개와 아무개가 체포되었다, 우크라이나에서는 여전히 총살이 계속되고 있다고.

흑기와 장례식 연설을 허가해달라는 협상이 지루하게 계속되면서 군중은 분노했다. 기다란 장례 행렬이 노보데비치 묘지로 출발했다. 학생들이 손을 맞잡아 대열을 에워쌌고, 합창단이 동행했다. 휘날리는 흑기들에는 압제를 비난하는 글귀가 새겨져 있었다. 투명한 겨울 햇빛이 묘지를 비췄다. 매장 구덩이 위로 은빛 자작나무가 빛났다. 볼셰비키 중앙위원회가 파견한 모스토벤코Mostovenko와 인터내셔널 집행국의 알프레드 로스메르가 달래고 회유하는 연설을 했다. 다음은 우크라이나에서 체포된 아론 바론의 차례였다. 그는 새로운 폭정을 가차 없이 성토했다. 연단의 바론은 수염을 깎지 못해 수척한 모습이었고, 금테 안경을 끼고 있었다. 감방에 도살자들이 활보한다, 사회주의의 명예가 땅에 떨어졌다, 폭력이 공식화돼 혁명이 짓밟히고 있다고 그는 항의했다. 바론은 새로운 폭풍의 씨앗을 뿌리는 것처럼 보였다. 그는 두려움을 몰랐고, 열렬했다. 바론은 그날 저녁 감옥으로 돌아갔고, 결코 다시는 볼수 없었다. 정부는 크로포트킨 박물관을 세웠고, 수많은 학교에 크로포트킨이란 이름을 붙였으며, 그의 저작을 출판하겠다고 약속했다. …… (1921년 2월 10일).

18일이 지났다. 2월 28일에서 29일로 넘어가는 밤에 아스토리아 호텔의 내 옆방에서 전화벨이 울렸다. 격앙된 목소리에 나는 잠이 깼다. "백군이 크론시타트를 장악했어요. 전부 명령 대기하랍니다."

내게 그 가공할 소식(그렇다면 페트로그라드가 언제고 함락될 수 있었다)을 전해준 사람은 지노비에프의 매제 일리야 요노프Ilya Ionov였다. "무슨 백군? 백군이 어디 있다고? 말도 안 돼!"

"코즐로프스키라나 봐요."

"우리 수병은요? 소비에트는? 체카는? 조병창의 노동자들은
요?"

"저도 더는 몰라요."

지노비에프는 혁명 군대위원회와 회의에 들어갔고, 나는 제2
지구 위원회로 달려갔다. 모인 사람들이 죄다 침통한 표정을 하고
있었다. "도저히 안 믿겨요. 하지만 사실입니다."

나는 이렇게 말했다. "당장 전부 동원해야 합니다!"

그렇게 해야겠지만 페트로그라드 위원회의 지시를 기다리고
있노라고 그들은 얼버무렸다.

나는 그 밤에 몇몇 동지와 함께 핀란드 만 지도를 연구했다. 교
외의 노동자 지구에서 소규모지만 상당수의 파업이 벌어지기 시
작했다는 정보가 들어왔다. 목전으로 백군이 들이닥쳤고, 뒤통수
에서는 기근과 파업 사태라니! 새벽에 호텔로 돌아왔는데, 청소하
는 노파 한 명이 꾸러미를 몇 개 챙겨 조용히 건물을 빠져나가고 있
었다.

"이 시각에 어디를 가십니까? 날이 너무 일러요, 할머니."

"낌새가 안 좋아요. 당신들을 다 죽일 거예요. 불쌍한 사람들 같
으니! 또 모든 걸 약탈하겠죠? 그래서 내 물건을 가져가는 거랍니
다."

거리는 여전히 텅 비어 있었고, 벽에 나붙은 포스터들에는 코
즐로프스키 장군의 반혁명 세력이 크론시타트를 장악하는 음모와
대역죄를 범했다고 적혀 있었다. 무장하라고 프롤레타리아트를
독려하는 내용도 함께였다. 그러나 나는 지구 위원회에 도착하기
도 전에 이미 여러 동지를 만났고(권총을 소지한 채였다), 그들은 포스

터의 선전 내용이 극악무도한 거짓말임을 알려줬다. 수병들이 폭동을 일으켰고, 해군 반란의 주모자는 소비에트 소속이라는 것이었다. 그게 사실이라도 다른 시나리오 못지않게 심각했다. 정반대 사태라니! 그 모든 것 가운데서도 최악이었던 것은 당국의 거짓말로 우리가 마비 상태에 빠져 무력해졌다는 사실이다. 공산당이 우리에게 그렇게 파렴치한 거짓말을 한 적은 없었다. 물론 겁에 질린 일부가 이렇게 말하기는 했다. "공중의 이익 때문에 불가피하다." 소요는 사실상 총파업의 형태로 발전해 있었다. 전차가 운행될지 말지 아는 사람이 아무도 없었다.

나는 그날 프랑스어를 하는 공산당 친구들을 만났다(기억에 마르셀 보디[7]와 조르주 엘페르[8]가 끼어 있었던 것 같다). 굶주린 파업 노동자들과 인내심의 한계로까지 내몰린 수병들을 상대로 무기를 들거나 싸워서는 안 된다는 게 우리의 결론이었다. 바실리-오스트로프에서 만난 군중은 압도 다수가 여자였다. 눈 쌓인 거리에 선 그녀들이 군사학교에서 파견된 사관 후보생들을 막아섰고, 서서히 밀어붙였다. (그들은 공장 접근을 차단하기 위해 투입되었다.) 군중은 슬픈 얼굴이었고, 조용했다. 그들은 군인들에게 비참한 현실을 알렸고, 그들을 형제라고 도와달라고 호소했다. 사관 후보생들은 주머니에서 빵을 꺼내 나눠줬다. 총파업은 멘셰비키와 사회혁명당 소행이라는 얘기가 나오고 있었다.

노동계급 지구에 배포된 팸플릿들은 크론시타트 소비에트의 요구 사항을 내걸었다. 그것은 혁명을 갱신하자는 강령이었다. 요약해보자. 비밀 투표로 소비에트를 재선출할 것, 모든 혁명 정당과 조직에 언론, 출판, 집회, 결사의 자유를 허용할 것, 노동조합에 자유를 보장할 것, 수감 중인 혁명 정치가를 전원 석방할 것, 관의 홍보 활동을 폐지할 것, 농촌 징발을 중단할 것, 장인 계급에게 자유를 허용할 것, 사람들이 자유롭게 식량을 갖고 이동할 수 있도록 당장 도로 봉쇄를 풀 것. 소비에트, 크론시타트 수비대, 제1, 2 해군 전대가 이 강령의 승리를 목표로 반란에 돌입했다.

서서히 진실이 통했다. 언론에는 거짓말이 난무했고, 그들이 피우는 연막은 안 통했다. 실상 그것은 우리의 언론이었다. 우리 혁명의 언론, 최초의 사회주의 언론, 편파적이지 않고 타락하지 않을 사상 최초의 언론이었다! 물론 그전에도 어느 정도 선동을 하기는 했다. 하지만 그 선동은 열렬하고 진실했다. 적들에게 얼마간 폭력적인 전술을 쓰는 것도 당연했다. 충분히 공정하다고 할 수 있었으며, 어쨌든 이해할 수 있는 일이었다. 그런데 그 언론이 조직적으로 거짓말을 해댔다. 레닌그라드《프라브다》는 함대와 육군 담당 인민위원 쿠즈민Kuzmin이 크론시타트에 잡혀 있는 동안 야만적인 대우를 받았고, 반혁명 세력이 서류 작업까지 해서 명령한 즉결 처형을 간신히 모면해 탈출했다고 발표했다. 나는 쿠즈민을 알고 지냈다. 그는 단호하고 근면한 군사 전문가로, 머리부터 발끝까지 제복에서 주름진 얼굴까지 온통 잿빛이었다. 크론시타트를 "탈출한" 쿠즈민이 스몰니로 왔다. 나는 그에게 물었다. "그들이 당신을 죽이려 했다는 게 도저히 안 믿깁니다. 명령서를 정말로 봤습니까?"

그는 주저했고, 당황하는 표정이 역력했다. "항상 과장이 있는 법이죠. 종이에 위협적인 언사가 적혀 있기는 했어요." 간단히 말해, 그는 온정어린 시간을 보냈던 거다. 크론시타트 봉기는 아직 한 방울의 피도 흘리지 않은 상태였고, 공산당 간부 몇 명만 체포되었을 뿐이었다. 그들에 대한 처우에도 전혀 문제가 없었다. 수백 명의 공산당원이 봉기로 결합했고, 이는 당의 기초가 불안정하다는 명백한 증거였다. 그럼에도 아슬아슬하게 처형을 모면했다는 이야기가 퍼져나갔다. 크론시타트 반란이라는 비극 전체에서 소문은 정말이지 치명적이었다. 공식 언론은 정권의 업적을 찬양하는 게 아니면 뭐든 숨겼다. 체카의 활동 역시 철저하게 비밀에 부쳐졌다. 때문에 하루가 멀다 하고 소문이 양산되었고, 그 결과는 처참했다. 크론시타트 폭동은 페트로그라드 파업과 연대하는 행동의 일환이었고, 파업이 탄압받고 있다는 소문 때문에 일어난 것이기도 했다. 각종 소문은 사실이 아니었다. 그러나 체카의 대응은 충분히 예상할 수 있는 것이었다. 그들은 틀림없이 마구잡이로 체포했다(잡아 가둔 시간이 대체로 짧기는 했지만). 나는 거의 매일 페트로그라드 위원회 서기 세르게이 조린Sergei Zorin을 만났다. 그는 소요 사태로 걱정이 많았고, 노동자 지구들에서 탄압을 할 생각은 전혀 없었다. 그런 상황이라면 유세 선동이 훨씬 효과적이라는 게 조린의 판단이었다. 그는 유세 선동의 효과를 높일 요량으로 짐차 여러 대 분량의 식량을 입수했다. 사회혁명당 우파가 "제헌의회 만세"("볼셰비키 타도!"를 의미했다) 구호를 외쳐대던 지구에 다녀온 얘기를 그가 웃으면서 해줬다. "짐차 여러 대 분의 식량이 도착했다고 알렸죠. 순식간에 분위기가 바뀌더군요." 어쨌든 크론시타트의 불복종과 반항은 페트로그라드 파업에 연대하는 행위였고, 노동자들이 탄압받고 있다는 그릇된 소문 때문이기도 했다.

폭동을 일으킨 진짜 범인은 칼리닌Kalinin과 쿠즈민이었다. 두 사람이 무지막지하게 일을 그르치면서 반란이 일어났다. 칼리닌은 공화국 행정부 수반이었다. 크론시타트 수비대는 음악을 연주하고, 경례를 하면서 그를 환대했다. 수병들의 요구 사항을 전달받은 칼리닌은 그들을 자기들만 생각하는 악당이자 배반자로 몰면서 무자비하게 보복하겠다고 위협했다. 쿠즈민은 기강 해이와 반역을 프롤레타리아트의 철퇴로 응징하겠다고 외쳤다. 그들은 야유를 받으며 쫓겨났다. 사이가 완전히 틀어지고 말았다. 페트로그라드로 돌아와서 "백군 장군 코즐로프스키"를 발명해낸 사람은 아마도 칼리닌일 것이다. 갈등을 쉽게 완화할 수 있었던 볼셰비키 지도자들은 처음부터 강제 수단 말고는 그 어떤 것도 사용할 생각이 없었던 것이다. 크론시타트가 페트로그라드 소비에트와 대중에게 사안을 설명하라고 보낸 대표단 전원이 체카의 감옥에 수감되었음을 우리는 나중에야 알았다.

나는 미국에서 온 몇몇 아나키스트와 매일 저녁 토론을 하면서 중재안을 떠올렸다. 엠마 골드만[9], 알렉산더 버크만[10], 전미 러시아 노동자 연맹Russian Workers' Union in the United States의 청년 서기 퍼커스 Perkus가 그들이었다. 당에서 나온 몇몇 동지에게 중재안을 꺼내자 그들은 이렇게 대꾸했다. "안 돼요. 우리는 당의 규율을 따라야 합니다. 그건 당신도 마찬가지고요."

나는 버럭 화가 났다. "사람들이 당을 이탈할 수도 있습니다!"

그들의 대답은 냉담하면서도 진지했다. "볼셰비키는 당을 저버리지 않습니다. 그래, 어떻게 할 거요? 당신도 사태를 외면할 수 없을 텐데, 우리 말고는 아무도 없잖소."

○   루사코프 가족, 1912년경 마르세유. 장녀인 류바가 맨 오른쪽에 있다.

장인 알렉산드르 루사코프[11]의 집에서 아나키스트 중재파가 모임을 가졌다. 나는 그 회의에 참석하지 못했다. 아나키스트들끼리만 모여서 계획을 세우자고 결정이 났기 때문이다(그들이 크론시타트 소비에트에 끼치는 영향력을 고려했다). 소비에트 정부와 관련해서는 미국 아나키스트들이 단독으로 책임을 지기로 결정이 났다. 지노비에프는 엠마 골드만과 알렉산더 버크만을 환대했다. 그들의 발언이 국제 노동계급의 중요한 일부에서 상당한 권위를 지녔기 때문이다. 그들의 중재는 완전히 실패했다. 지노비에프는 특별 열차로 러시아 전역을 여행할 수 있게 온갖 편의를 제공하며 두 사람을 위로했다. 이런 말이 보태졌다. "두루 살펴보십시오. 실상을 알게 될 겁니다." 러시아인 '중재자' 대다수는 체포되었다. 나는 빠졌다. 그 관용은 지노비에프와 조린과 기타 인사들이 친절을 베풀어서였다. 내가 프랑스 노동계급 운동의 투사였기 때문이기도 했다.

공산당원 친구들과 나는 여러 차례 주저하고 말로 표현할 수 없는 괴로움을 느꼈지만, 그래도 최종적으로 당을 지지한다고 선언했다. 이유는 다음과 같다. 크론시타트 반란 세력은 나름의 정당성이 있었다. 크론시타트는 대중 민주주의를 지향하는 새롭고, 활력 넘치는 혁명의 시발점이었다. 일부 아나키스트들은 비록 유치하게 착각하기는 했지만 '제3의 혁명!'을 부르짖었다. 그러나 러시아는 완전히 탈진했고, 생산 활동도 사실상 멈춘 상태였다. 종류를 불문하고 예비 자원이 전혀 없었다. 대중의 정력과 끈기조차 말이다. 낡은 체제와 싸우면서 형성된 선진 노동계급은 말 그대로 대거 사망했다. 권력에 환장한 자들이 당에 유입되면서 당원 수가 늘었지만 자신감과 활력은 별로였다. 극수소의 중핵만 남은 다른 당들의 경우 그 성격이 대단히 의심스러웠다. 그들 집단은 수주 정도면 적의를 품은 불평분자와 선동가를 수천 명 끌어 모아 소생할 수 있었다. 하지만 그들은 1917년과 달리 신생 혁명에 더 이상 열광하지 않았다. 소비에트 민주주의는 리더십과 제도와 영감이 부족했다. 굶주려 절망한 대중뿐이었던 것이다.

반혁명이 인기를 얻자, 자유선거로 소비에트를 뽑자는 요구가 "소비에트에서 공산당을 배제하자"는 요구로 둔갑했다. 볼셰비키 독재가 붕괴하면 순식간에 혼란으로 치달을 터였다. 농민 봉기가 일어나고, 공산당원들이 도륙되며, 망명자들이 돌아오는 게 다음 수순이었다. 결국 자체 동력으로 사태가 빠르게 전개되면서 또 다른 독재체제가 들어서리라는 것은 불문가지였다. 하지만 이번에는 반反프롤레타리아 독재일 터였다. 스톡홀름과 탈린에서 급보가 도착했다. 망명자들이 그런 전망을 염두에 두고 있다는 내용이었다. 여담이지만 크론시타트 반란을 어떤 희생을 치르더라도 신속하게 진압한다는 볼셰비키 지도자들의 방침이 강화된 것은 그런 급보 때문이기도 했다. 우리는 추상적으로 판단하지 않았다. 유럽 쪽 러시아에서만 농민 반란의 거점이 최소 50개였다. 모스크바 남쪽에 탐보프라는 지방이 있다. 교사 출신으로 사회혁명당 우파인 안토노프Antonov가 거기서 소비에트를 폐지하고, 제헌의회를 복구해야 한다고 주장했다. 조직 상태가 매우 우수한 휘하의 농민 군대는 그 수효가 수만 명에 이르렀다. 그는 백군과 타협한 전력도 있었다. (투하쵸프스키가 1921년 중반 이 반란 세력을 진압한다.)

상황이 그러했기 때문에 당은 경제 사정이 참을 수 없는 수준임을 인정하면서 양보를 해야 했다. 하지만 권력을 포기해야 했다는 것은 어불성설이다. 나는 이렇게 썼다. "볼셰비키 정당은 과오와 폐해에도 불구하고, 현재 조직 상태가 가장 우수하고 그래도 상황 판단이 되며 안정된 세력이다. 온갖 악폐가 있지만 우리는 그들을 신뢰해야 한다. 혁명을 지탱해주는 다른 중심 세력이 전혀 없다.

전면적이고 철저하게 부활할 가능성이 더 이상은 없는 것이다."

중앙위원회 정치국은 크론시타트 세력과 협상을 한 다음 최후 통첩을 하고, 마지막 수단으로 요새와 (얼음에 갇혀 기동이 불가한) 전함을 공격하기로 했다. 그러나 협상은 없었다. 레닌과 트로츠키가 서명한 최후 통첩문이 발표되었다. 구역질나는 내용이었다. "투항하라. 안 그러면 토끼처럼 죽음을 면할 수 없을 것이다." 트로츠키는 페트로그라드에 오지 않았고, 정치국에서만 직무를 수행했다.

○　적군이 크론시타트 반란을 진압하는 장면.

늦가을 또는 초겨울이었을 것이다. 아나키스트들의 도움을 받아 승리를 쟁취한 직후에 그들은 불법화됐다. 거의 동시에 체카가 멘셰비키를 불법화했다. 그들이 멘셰비키를 기소한 공식 문서의 내용은 상당히 놀랍다. "적과 내통했고, 철로를 파괴했으며", 다른 극악무도한 범죄 행위를 저질렀다고 적힌 문서는 끔찍하고 혐오스러웠다. 볼셰비키 지도자들 자신이 거기에 낯을 붉혔다. 그들은 어깨를 으쓱했지만("체카가 미쳤군요!"), 사태를 바로잡기 위해 아무것

252

도 하지 않았다. 멘셰비키에게 체포는 없을 것이며, 모든 게 다 잘 풀릴 거라고 약속하는 게 고작이었다. 멘셰비키 지도자들인 테오도르 단과 아브라모비치[12]가 페트로그라드에서 체포됐다. 내 기억이 맞다면 당시에 체카를 이끈 것은 세묘노프Semionov였다. 무례하고 잔인한 단신의 빨강머리 노동자 세묘노프는 파업을 주도했다며 그들을 총살하려 했다. 그 혐의는 사실이 아닐 가능성이 많다. 파업이 자발적인데다 총파업의 성격까지 띠고 있었기 때문이다. 나는 세묘노프와 대판 싸운 직후였다. 학생 두 명을 냉방에 가두고, 거칠게 다룬 걸 문제 삼은 게 기화였다. 나는 고리키를 찾아갔다. 그는 멘셰비키 지도자들을 구하려고 레닌과 접촉을 시도하는 중이었다. 레닌한테 이야기가 들어갔고, 그들은 안전해졌다. 하지만 그사이 며칠 동안 우리는 걱정이 돼 안절부절못했다.

3월 초에 적군이 얼어붙은 바다를 건너 크론시타트 요새와 함대를 공격했다. 함선과 요새의 대포도 가만있지 않았다. 흰옷을 입고 물밀듯이 진격하던 보병의 발 아래로 얼음이 갈라지면서 아가리를 벌렸다. 거대한 부빙浮氷들이 뒤뚱거렸고, 그 위의 병력은 새까만 격류 속으로 사라졌다. 섬뜩한 동족 살해가 시작되었다.

모스크바에서는 제10차 당 대회가 열리고 있었다. 레닌이 징발과 '전시 공산주의'를 폐지하고, '신경제 정책'[13]을 추진하자고 제안했다. 크론시타트 반란 세력의 경제 요구 사항 전부를 들어주는 내용이었다! 제10차 당 대회로 여러 야당 세력이 힘겨운 시절을 보내야 했다. 노동자 반대파는 "당과 양립할 수 없는 아나코-생디칼리스트적 일탈파"로 분류됐다. 하지만 노동자 반대파는 아나키즘과 아무런 공통점이 없었다. 그들은 노동조합이 생산을 관리 운영해야 한다고 요구했을 뿐이다(노동계급의 민주주의를 달성할 수 있는 일대진보일 터였다). 당 대회는 노동자 반대파 다수를 포함해 참가자 전원을 크론시타트 진압 전투에 동원했다. 디벤코Dybenko는 그 자신이 크론시타트 수병 출신으로 극단적인 좌익 공산주의자였다. 부브노프Bubnov는 작가 겸 군인으로 '민주 집중제Democratic Centralism' 그룹을 이끌었다. 두 사람은 반란군을 진압하는 부빙 전투에 나섰지만, 마음속으로는 그들이 옳다고 생각했다. 투하쵸프스키가 최종 공격을 준비했다. 레닌은 그 암울했던 시기에 내 친구 한 명에게 이렇게 말했다. 정확히 말한 그대로 밝혀놓는다. "이건 테르미도르예요. 하지만 우리 목을 내놓지는 않을 겁니다. 결국 우리 자신이 테르미도르가 되겠군요."

내가 아는 한 오라니엔바움Oranienbaum 사건을 얘기한 사람은 아무도 없다. 크론시타트 반란군은 거의 승리할 뻔했고(사실 그곳의 혁명적 수병들은 승리를 추구하지도 않았다), 페트로그라드 정부는 하마터면 망할 뻔했다. 내가 오라니엔바움 사건을 아는 것은 직접 목격했기 때문이다. 페트로그라드 위원회 서기 세르게이 조린은 금발, 흰 피부, 푸른 눈의 바이킹 같은 거한이었다. 군 지휘관 한 명이 보병부대를 기동했고, 조린은 그의 부대 이동이 논리적으로 합당하지 않음을 깨달았다. 우리는 이틀 후 음모가 진행 중임을 확신했다. 한 개 연대 전체가 바야흐로 방향을 홱 틀어 크론시타트와의 연대를 선언하며 모든 군에 반란을 호소할 찰나였다. 바로 그때 조린이 믿을 수 있는 부하들을 해당 연대에 투입했다. 전초 부대와 보초병의 수를 두 배로 늘렸고, 연대 지휘관을 체포했다. 제국 군대 장교 출신의 그 사령관은 매우 솔직했다. "여러 해 동안 이 순간만을 기다려왔다. 나는 러시아를 살해한 너희를 증오한다. 나는 졌고, 이제 삶은 나한테 아무 의미도 없다!" 그는 가담자 상당수와 함께 총살당했다. 문제의 연대는 폴란드 전선에서 소환된 부대였다.

얼음이 녹기 전에 일을 일단락지어야 했다. 3월 17일 투하쵸프스키가 최종 공격을 가했다. 얼음이 장애로 작용했지만 진압군은 대담하게 행동했고, 승리를 거두었다. 실력 있는 사관들이 없었고, 크론시타트 수병들은 대포 운용법을 몰랐다. 코즐로프스키라는 장교 출신자가 있었다는 것은 사실이다. 하지만 그는 권위가 없었고, 한 게 거의 없었다. 반란군 일부는 핀란드로 도주했다. 다른 일부는 거리와 요새에서 격렬하게 저항했다. 그들은 감연히 맞섰고, "세계 혁명 만세!"를 외치며 사살되었다. "공산주의 인터내셔널이여, 영원하라!"라고 외치다가 죽은 사람들도 있었다. 수백 명의 죄수가 페트로그라드로 끌려가, 체카에 인계됐다. 그들은 여러 달 동안 계속해서 작은 단위로 총살당했다. 무분별한 범죄는 대단히 고통스러웠다. 패배한 수병들은 러시아혁명에 몸과 마음을 바친 사람들이었다. 그들은 러시아 인민의 고통과 의지를 표현했다. 네프야말로 그들이 옳다는 것을 입증했다. 그들은 전쟁과 내전의 희생자들일 뿐이었다. 정부는 반란 가담자들이 지지로 입장을 바꾸면 사면해주겠다고 오래전부터 약속했다. 시간을 질질 끌며 계속된 그 학살은 제르진스키가 지휘하거나 허용했다.

크론시타트 봉기는 그때까지 무명이던 사람들이 지도했다. 일반 사병 중에서 배출되었기 때문이다. 그 가운데 한 명인 페트리첸코[14]는 아직 살아 있을 것이다. 그는 핀란드로 신속하게 도피할 수 있었다. 페레펠킨Perepelkin은 우연히 내 친구와 함께 투옥되었고, 슈팔레르나야 가의 그 오래된 감옥 — 레닌과 트로츠키를 위시해 수많은 혁명가가 그 옛날 거쳐간 — 을 나는 자주 찾았다. 페레펠킨이 어두운 감방에서 우리에게 무슨 일이 일어났는지 알려줬다. 그러고는 영원히 사라졌다.

3월 18일은 날이 흐렸다. 조간신문의 헤드라인이 이색적이었다. 노동계급의 기념일을 축하하는 내용이었던 것이다(파리코뮌 기념

일이었다). 멀리 크론시타트 쪽에서는 총포 발사의 우레가 미약하게 들려왔다. 창문도 계속해서 흔들렸다. 스몰니에는 안절부절못하는 죄책감이 감돌았다. 사람들은 친한 친구들 말고는 대화를 기피했다. 친구들과만 하는 이야기에 쓰라림이 배어 있었음은 물론이다. 네바 강의 웅혼한 풍경이 그때보다 더 활기 없고, 황량해 보인 적이 없다. 같은 3월 18일에 베를린에서 독일 공산당의 봉기가 실패한 것은 역사의 우연이라기엔 참으로 얄궂다. 결국 인터내셔널은 전술을 전환했다. 공세를 접고, 방어로 돌아선 것이다.

크론시타트 사건을 경과하면서 당원들은 실망과 회의에 휩싸였다. 파니우쉬킨Paniushkin은 내전에서 혁혁한 전공을 세운 볼셰비키다. 그가 모스크바에서 탈당해 새로운 정치 조직을 만들겠다고 나섰다. 아마도 '소비에트 정당'이라고 했던 것 같다. 그는 노동계급 지구에 클럽을 열었다. 잠시 동안 활동이 용인되는 듯하더니, 결국 체포되었다. 동지 몇 명이 찾아와, 아내와 아이를 위해서라도 중재에 나서달라고 내게 부탁했다. 살던 아파트에서 쫓겨나 복도에서 지내고 있다는 것이었다. 나는 그들에게 아무 도움도 되지 못했다. 미아스니코프Miasnikov라는 노동자 출신의 고참 볼셰비크가 있었다. 1905년 볼가 강 상류에서 벌어진 봉기에 참여했고, 레닌과도 친한 동지였다. 그가 "아나키스트에서 군주제의자에 이르기까지 모두가" 언론의 자유를 누려야 한다고 요구했다. 미아스니코프는 편지로 첨예한 논쟁을 한 차례 주고받은 후 레닌과 결별했고, 곧 아르메니아의 에레반으로 추방됐다. 그는 터키로 탈출했다. (나는 약 20년 후 파리에서 그를 다시 만난다.) '노동자 반대파' 역시 당과 결별 수순을 밟는 것 같았다.

전체주의가 부상했고, 이미 반쯤은 우리를 짓밟아버렸다는 것이 사태의 진실이다. '전체주의totalitarianism'란 말이 아직 존재하지는 않았다. 그러나 실상을 보면 우리는 강력하게 짓눌리고 있었다. 실체를 인식하지도 못한 상태에서 말이다. 내가 사태의 진행을 깨달은 극소수였다는 것은 참으로 딱했다. 당 지도부와 활동가 대다수는 전시 공산주의 구상을 검토했고, 다음과 같은 결론을 내렸다. 전시 공산주의는 독일, 프랑스, 영국이 전쟁을 벌이면서 수립한 집중화 체제와 유사한 경제 정책이다. 그들은 이걸 '전쟁 자본주의' 라고 불렀다. 공산당은 평화가 도래하면 자동으로 봉쇄도 풀릴 거라고 기대했다. 확실하게 아는 사람이 아무도 없던 소비에트 민주주의가 다시 시작될 거라는 생각도 했다. 볼셰비키는 1917년의 위대한 미래상을 바탕으로 농민, 군대, 노동계급, 맑스주의 지식인을 자기편으로 끌어들일 수 있었다. 그 위대한 사상이 죽어버렸다는 게 명백했다. 레닌은 1917년에 소비에트 형태의 언론 자유를 제안하지 않았던가? (그에 따르면 1만 명 이상의 지지를 받는 단체면 누구라도 공공 비용으로 기관지를 낼 수 있다.) 레닌은 소비에트의 틀 안에서 격렬한 갈등 없이 한 정당에서 다른 정당으로 권력을 넘길 수 있다고도 썼다. 레닌의 소비에트 국가 이론은 낡은 부르주아 국가들과 완전히 다른 국가 구조였다. "민중과 외따로 존재하는 관료와 경찰을 배제한" 소비에트 국가에서 노동자는 위원회를 선출해 권력을 직접 행사하고, 민병대를 통해 역시 직접 질서를 유지할 터였다.

정치 활동 독점, 체카, 적군으로 인해 우리가 꿈꾸던 '코뮌 국가Commune-State'의 모든 것이 공허한 이론으로 전락했다. 전쟁, 반혁명 세력에 맞서 내부를 단속하던 조치, 기근(배급을 시행하는 관료기구가 탄생했다)으로 인해 소비에트 민주주의가 죽어버렸다. 어떻게 해야 소비에트 민주주의가 부활할까? 그게 언제쯤 가능할까? 공산당은 통치력이 조금만 약화돼도 반동 세력이 활개를 치리라고 확신했다.

구체적 역사의 이런 특징들에 나름으로 중요한 심리적 요소를 더해야 한다. 맑스주의는 시대에 발맞춰 여러 차례 바뀌었다. 부르주아 과학과 철학, 프롤레타리아트의 혁명 염원이 맑스주의의 산실이었다. 자본주의 사회가 바야흐로 절정으로 치닫던 시절이었다. 맑스주의는 자본주의 사회의 산물임과 동시에, 그 사회의 당연한 계승자임을 자임한다. 산업 자본주의는 모든 생명을 자신의 의도대로 개조하면서 전 세계를 아우른다. 맑스주의가 20세기가 시작된 이후로 계속해서 모든 것을 갱신하려고 노력한 이유다. 맑스주의는 재산 제도, 노동 조직화, 세계 지도(국경 폐지를 통해), 심지어 인간의 내면생활(종교적 사고방식을 없앰으로써)까지 완전히 바꾸려고 했다. 완전한 개조를 열망한 맑스주의는 말의 어원적 의미에서 전체주의적이었다. 맑스주의에서 새롭게 부상할 사회는 민주적이면서, 동시에 권위적인 얼굴을 할 것으로 그려진다. 1880년에서 1920년 사이에 가장 두각을 나타낸 맑스주의 정당은 독일 사회민주당이었다. 그 당은 국가와 아주 비슷하게도 관료적이었고, 국가 내부에서 권력을 쟁취하려는 수단이었다. 볼셰비키는 진리를 전유專有했다는 영감 속에서 뿌듯해했다. 레닌과 부하린과 프레오브라젠스키[15]는 변증법적 유물론이 인간 사유의 법칙일 뿐만 아니라 자연과 과학의 발전 양상도 설명해준다고 보았다. 볼셰비키는 진리를 전유했다고 자신했다. 당이 진리의 보고였기 때문에 그들과 다른 어떤 생각도 위험하거나 반동적이었다. 공산당이 옹졸하고 편협하게 아량을 베풀지 못한 것은 그 때문이다. 볼셰비키는 자신들의 고귀한 임무를 전적으로 확신했고, 엄청난 활력을 유지할 수 있었다. 그러나 거기서 멈추지 않았다. 그들의 성직자 같은 정신 상태가 순식간에 이단 심문관처럼 바뀌었다. 레닌은 생각과 행동 모두에서 공평무사할 것과 규율을 강조한 '프롤레타리아트 자코뱅주의'를 기풍으로 확립했다. 볼셰비키의 그 사업 작풍에 최종적으로 다음이 보태졌다. 투사들은 구체제의 폭정과 싸우면서 잠재해 있던 기질을 갈고닦았다. 나는 그렇게 해서 권위주의적 요소가 자연 선택되었다고 확신한다. 혁명이 승리하면서 놀라운 일이 벌어졌다. 끊임없이 협박받으며 정신적으로 만신창이가 된 대중의 열패감이 사회에 앙갚음을 하겠다는 복수심으로 타올랐다. 새로운 독재가 탄생하는 것은 당연했다. 나는 어제의 수병과 노동자들이 명령을 내리면서 권력자임을 과시하는 일에 열중하는 것을 똑똑히 목격했다!

위대한 민중 지도자들까지 갈팡질팡했고, 그들은 변증법을 동원해 난마처럼 얽힌 갈등과 모순을 구변으로, 때로는 선동을 통해 돌파했다. 레닌이 민주주의를 찬양한 게 스무 번, 아니 족히 100번은 될 것이다. 그는 프롤레타리아트 독재가 "몰수당한 유산계급"을 겨냥한 것으로, "노동자 민주주의는 광범위하게 실현될 거"라고 강조했다. 레닌은 그렇게 믿었고, 원했다. 그는 공장에 가서 직접 설명을 했고, 노동자들에게 기탄없이 비판해달라고 요구했다. 하지만 인력이 부족한 사태가 걱정되었던지 1918년에는 이렇게도 썼다. 프롤레타리아트 독재는 개인 권력과 양립할 수 있다. 보나파르티즘 같은 것을 사전에 정당화한 것이다. 그는 오랜 친구이자 동지인 보그다노프Bogdanov를 감옥에 가두었다. 그 걸출한 지식인이 정면으로 부딪치면서 입장을 곤란하게 만들었던 것이다. 레닌은 멘셰비키를 불법화했다. 그 '프티-부르주아' 사회주의자들이 저지른 과오가 유죄라는 것이었다(역시 레닌은 입장이 난처했다). 레닌은 아나키즘 당과 마흐노를 진정으로 환영했다. 그는 맑스주의가 올바르다는 것을 입증하려고 했지만, 아나키즘의 불법화를 묵인하거나 능동적으로 꾀했다. 레닌은 종교 지도자들에게 탄압은 없을 거라고 약속했고, 교회를 존중하라고 명령했다. 하지만 그는 계속해서 이렇게도 말했다. "종교는 인민의 아편이다." 우리는 자유로운 개인들의 무계급 사회로 나아가고 있었다. 하지만 당이 온데사방에 붙인 포스터에는 이렇게 적혀 있었다. "노동자들이 계속 지배할 것이다." 그렇다면 그들은 누구를 지배한단 말인가? 그 지배라는 말은 어떤 의미인가? 우리 안에 전체주의가 있었다.

레닌은 1921년 늦봄에 네프가 어떤 내용일지를 설명하는 장문의 논설을 썼다. 징발을 중단하고, 농민들에게 일종의 세금을 거두기로 했다. 거래를 자유화하고, 장인들의 생산 활동도 보장하기로 했다. 매력적인 조건으로 해외 자본에 양보도 했다. 소련 국민의 기업 활동도 자유를 보장했다(물론 일정한 한계까지만). 네프는 자본주의를 부분적으로 복원했다. 레닌은 그 사실을 인정하면서 말이 많았고, 길게 써야 했다. 하지만 그는 그러면서도 국민에게 정치 활동의 자유를 일체 부여하지 않았다. "멘셰비키는 계속 감옥을 지킬 것이다!" 그는 공산당의 숙청도 주장했다. 이는 다른 당에서 들어온 혁명가들을 겨냥한 조치였다. 요컨대, 그들은 정신 상태와 기풍이 볼셰비키에 못 미쳤고, 달랐다. 그로 인해 당에 고참 볼셰비키의 독재가 확립되었다. 징계 조치가 절조 없는 출세주의자나 입당한 지 얼마 안 되는 순응주의자가 아니라 비판적 견해를 제기하는 분파를 겨냥했다.

얼마 후 인터내셔널 제3차 대회가 열렸고, 나는 부하린이 외국 대표들에게 하는 연설을 들었다. 그가 네프를 정당화한 논리는 이랬다. "농촌의 프티 부르주아지를 유혈 탄압만으로는 격파할 수 없었습니다. 농민들은 작은 규모의 사유재산에 무척이나 집착합니다. 러시아혁명이 고립되었고, 우리는 그렇게 할 수 없었습니다." 독일에서 혁명이 일어나 막강한 산업 자원에 힘입을 수 있었다면 우리는 전면적 공산주의화의 길로 계속 나아갈 수 있었을 것입니다. 유혈 사태에도 불구하고 말이죠. 지금 나한테는 그 연설 원고가 없다. 하지만 회의 자료 발행 책임자가 나였고, 나는 방금 쓴 내용이 정확한 진단이라고 확신한다. 나는 참말이지 대경실색했다. 지노비에프의 집무실에서 여러 번 부하린을 만났고, 진정으로 그를 존경했기 때문이다.

레닌, 트로츠키, 카를 라덱, 부하린이 러시아혁명의 두뇌들이라는 데에는 그 어떤 의혹도 있을 수 없었다. 그들은 똑같이 맑스주의적 언사를 사용했고, 유럽과 미국의 사회주의를 경험한 것도 같았다. 그들은 서로를 잘 알았다. 심심상인心心相印이라 할 정도였다. 그들은 집합적으로 사고하는 듯했다. (공산당이 집합적으로 사고하고, 거기서 막강한 위력이 발휘되었다는 것은 사실이다.) 교육 인민위원 루나차르스키는 그들과 비교하면 아마추어 평론가 같았다. 그는 극작가였고, 시인이었으며, 일급의 연사였고, 허영이 약간 있었고, 횔덜린Hölderlin을 번역했고, 미래파 화가들을 후견했다. 지노비에프는 레닌이 노작勞作한 사상을 대중화하는 데마고그에 불과했다. 외교 분야를 담당한 치체린은 집무실에 처박혀 코빼기도 안 보였다. 칼리닌은 교활하기만 했다. 그가 대표직에 오른 것은 얼굴이 더할 나위 없이 농민처럼 생겼고, 대중의 감정 상태를 예리하게 짚어냈기 때문이다. 다른 인사들도 능력이 입증된 뛰어난 사람들이었다. 하지만 그들 ― 크라신, 퍄타코프Piatakov, 소콜니코프Sokolnikov, 스밀가, 라코프스키, 프레오브라젠스키, 요페Joffe, 오르드조니키제Ordzhonikidze, 제르진스키 ― 은 실무에만 몰두한 부차적인 등장인물들이다.

니콜라이 이바노비치 부하린은 서른세 살이었다. 그는 15년 성상을 투쟁해왔다. 오네가로 유배를 당했고, 크라코프에서 레닌과 지내기도 했으며, 빈, 스위스, 뉴욕에서 당 활동을 했다. 부하린은

○　부하린은 항상 표정이
유쾌했다. 잠자코 있을 때조차도
익살스런 눈동자는 활기가 넘쳤다.

○　라덱은 재기 넘치는 작가였고,
종합과 풍자의 대가이기도 했다.

끊임없이 경제 이론에 몰두했다. 그는 자본주의 국가를 완벽하게 전복하는 이론 기획을 정초하는 데서 레닌을 앞서나갔다. 부하린의 지성은 기운이 넘쳤다. 언제나 활달하고 기민하면서도 규율 또한 엄격했다. 그는 이마가 넓었고, 관자놀이 부분은 머리가 벗겨졌으며, 가는 머리칼에, 약간 들창코였고, 밤색 콧수염에, 턱수염도 짧게 길렀다. 이 모든 게 평범한 러시아인의 외모였다. 거기에 신경 쓰지 않고 되는 대로 옷을 입는 방식이 부하린의 외모를 완결했다. 정말이지 그는 맞는 옷을 찾을 시간이 없었다는 듯 아무렇게나 옷을 입었다. 부하린은 항상 표정이 유쾌했다. 잠자코 있을 때조차도 익살스런 눈동자는 활기가 넘쳤고, 예리하게 반짝였다. 마치 언제라도 재담을 쏟아낼 것 같았다. 그는 남 얘기를 할 때면 가볍게 비꼬는 버릇이 있었다. 부하린은 여러 언어와 책을 탐독했고, 심각한 주제도 장난스럽게 다루었다. 그가 즐긴 게 단순한 사유였을 뿐이라는 게 이내 명백해졌다. 부하린 주위로 헤헤거리는 청년들을 으레 볼 수 있었다. 그렇게 모인 젊은이들은 넋을 잃고 부하린의 예리한 논평에 귀를 기울였다. 그는 서방의 노동조합과 의회 정치인들을 신랄하게 공격했다.

카를 베르나르도비치 라덱(서른다섯 살이었다)은 자기 언어로만 얘기했고, 도대체가 말을 알아들을 수 없었다. (말투와 억양이 지독하게 안 좋았다.) 갈리치아 출신의 유대인인 라덱은 갈리치아, 폴란드, 독일, 러시아에서 사회주의 운동을 병행했다. 그는 재기 넘치는 작가였고, 종합과 풍자의 대가이기도 했다. 라덱은 말랐고, 다소 작은 체구였으며, 신경과민에, 자주 야만적이기까지 한 일화들을 주워섬겼고, 잔인하리만치 현실적이었으며, 깨끗하게 면도한 얼굴 주변으로 턱수염을 띠 모양으로 길러 꼭 옛날 해적 같았다. 이목구비가 가지런하지 못했고, 거북이 등딱지 같은 두꺼운 안경이 근시인 두 눈에 걸려 있었다. 뚝뚝 끊기는 걸음걸이, 돌출된 입술, 찌푸린 얼굴. 하지만 시종일관 표정이 풍부해서 꼭 원숭이처럼 웃겼다.

레닌이 혼합 경제를 구상하던 1918년 라덱과 부하린이 앞장서서 대규모 산업을 국유화하라고 요구했다. 같은 해 브레스트-리토프스크에서 강화 협상이 진행되었는데, 두 사람은 레닌을 비난했다. 약 15년 동안 그들의 선임자였던 레닌은 기회주의자라는 소리를 들었다. 두 사람은 낭만적 전쟁론을 들고 나왔다. 소비에트 공화국이 멸망하더라도 독일 제국에 맞서 전면전을 벌여야 한다는 것이었다. 라덱은 1919년에도 자신의 위험하고 흔해빠진 생각을 스파르타쿠스 단[16]에 주입해, 독일 운동을 지도하려고 했다. 로자 룩셈부르크, 카를 리프크네히트, 레오 티스코 (요기혜스)처럼 살해당하지 않은 게 그나마 다행이다. 라덱은 변증법을 동원해, 온건한 독일인들을 조롱하고 괴롭혔다. 그가 연단에서 바지를 끌어 올리며(항상 바지가 컸다), 귀에 거슬리는 목소리로 "당원 여러분!"이라고 호명한 후, 유럽의 구질서가 머잖아 붕괴할 거라고 얘기하던 광경이 아직도 눈에 선하다. 라덱은 이론가이기보다 즉석 연설가에 가까웠지만 학자이기도 했다. 그는 온갖 진지한 저널을 두루 읽었다. 그런 라덱이 우파로 불렸다. 독일 공산당에 관한 언행을 조심하지 않았고, 중유럽에서 봉기와 공세의 시기가 끝났으며 한동안은 그 상태 그대로 유지될 것으로 생각했기 때문이다.

공산주의 인터내셔널 3차 대회가 모스크바에서 열렸다. 분위기는 2차 대회 때와 거의 같았다. 물론 참가자가 더 많았고, 행사는 더 느긋하게 진행됐다. 네프가 시행되었고, 기근 상황이 약간 개선되었다. 대중은 유화 정책이 뒤따르기를 내심 기대했다. 외국 대표들은 크론시타트의 비극에 관심이 전혀 없었다. 소수를 제외하면 알아볼 생각도 하지 않았다. 그들은 위원회에 자리를 꿰차고 앉아,

노동자 반대파를 규탄했다. 그들이 열정을 보인 일은 그것뿐이었다. 노동자 반대파의 주장을 들어볼 생각도 안 했다. 그들은 (프랑스의 한 대표가 내게 말한 것처럼) 네프가 '탁월한 우향우'로, 혁명의 목숨을 구했다고 생각했다. 참말로 말도 잘 들었다. 하지만 더 이상 견딜 수 없는 상황에 이르렀고, 기근 사태에 굴복한 것을 두고 기발한 정책이랄 수는 없었다. 러시아혁명의 광휘는 위풍당당했고, 지지자들은 비판적 지성이 마비되었다. 그들은 러시아혁명을 승인하면서 독자적으로 생각할 수 있는 권리도 내려놓은 것 같았다.

레닌은 크렘린의 임피리얼 궁전의 대좌가 있는 방에서 신경제정책의 당위성을 설명했다. 그는 도금된 화려한 열주 아래서 연설을 했다. 위로 벨벳 소재의 진홍색 천개天蓋에는 소비에트의 표장이 보였다. 레닌의 국제 전략은 휴전과, 진정으로 대중의 지지와 동정을 얻어내는 것이었다. 그는 따스하고, 우호적이며, 상냥했다. 말도 최대한 간명했다. 레닌은 소비에트 정부와 러시아 공산당의 우두머리가 또 한 명의 동지일 뿐임을 강조하기 위해 모든 몸짓을 다하기로 작정한 것 같았다. 물론 그가 누리는 지적 도덕적 권위는 막강했다. 하지만 거기에 그칠 뿐 또 다른 위대한 정치가나 독재자가 되지는 않을 거라는 투였다. 레닌이 인터내셔널을 설득을 통해 이끌려 한다는 게 분명했다. 그는 어떤 연설 때는 강단에서 내려와, 계단에 앉기도 했다. 속기록 작성자 옆에서 메모장을 무릎에 올린 채였다. 그가 가끔 약간 신랄한 논평으로 끼어들면 모두가 웃었다. 그의 얼굴에 짓궂은 미소가 피어오르던 것도 생각난다. 외국 대표들은 레닌 앞에서 하는 말을 잠자코 들어야 했다. 거의 무명이었고, 그리 중요하지 않은 사람들이었다. 레닌은 그들을 구석으로 데려가 얼굴을 맞대고 논쟁했다. 공산당은 대중과 함께해야 합니다! 대중과 함께여야 해요! 절대 종파가 되어서는 안 됩니다! 네프는 사실 밖에서 보는 것만큼 그렇게 위험하지 않았다. 우리가 권력을 여전히 독점하고 있었기 때문이다. 자본주의적 양보 조치를 취한 우리의 역할이 중요했다. 신흥 자본가들에 대해 말하자면, 암탉처럼 살을 찌웠다가 방해가 될 경우 목을 비틀어버리면 그만이었다.

레닌은 여러 번 대회장을 떠났다. 모자와 겉옷을 걸치고, 혼자서 크렘린의 옛 성당 사이를 활기차게 걸었다. 나는 그가 벨라 쿤을 몰아붙이는 것도 보았다. 언제나처럼 다정했지만 무자비한 비판을 퍼부었다. 레닌은 안색도, 기분도 좋아 보였다. 아마 크렘린 아래쪽 시어터 광장의 콘티넨탈 호텔 연회장에서 대회 중에 열린 인터내셔널 집행위원회 회의에서였을 것이다. 그 연설과 함께 공산당의 정책이 완전히 바뀌었다.

벨라 쿤은 개인적으로 좀 아는데, 매력이 전혀 없었다. 그가 페트로그라드에 왔는데, 생각해보면 이상하기 짝이 없다. 차를 타고 네프스키 프로스펙트를 지나는데, 느닷없는 인파로 인해 오도 가도 못하게 됐다. 대열에서는 구호가 아니라 낮게 웅얼거리는 소리가 들려왔고, 상황이 이상했다. 그 넓은 대로가 카잔 성모 마리아 대성당까지 인산인해였다. 신분이 낮은 사람들, 검정색 머릿수건을 한 가난한 여자들, 다부진 체격에 두꺼운 양가죽을 걸친 수염 기른 농민들, 노점상, 그 옛날의 반유대주의자들이었다. 모인 군중 위로 교회 현수막이 보였다. 성유골이 안치된 도금 옥좌가 출렁였다. 한 천개天蓋 아래로 성직자들의 작은 왕관도 반짝였다. 기도회가 고조되었고, 사람들의 표정은 행복해 보였다. 하지만 내가 탄 차에 대해서는 사납고 험상궂게 나왔다. 자동차 자체가 당국자를 의미했기 때문이다. 티혼Tikhon 총대주교가 공개적으로 우리를 반대했고, 부활절 가두 행진은 거대한 반혁명 시위로 발전했다. 꼭 포그롬(특정한 인종, 민족, 또는 종교적 집단에 대해서 그들의 집과 일터 및 종

교시설 등을 파괴하는 형태의 폭력행위 또는 폭동 - 옮긴이)이라도 일어날 것 같
았다. 승객 두 명을 싣고 역에서 나온 고물 택시 한 대가 인파를 뚫
고 나아가려 애쓰고 있었다. 두 사람 가운데 한 명은 턱수염이 백발
이고, 해골이나 다름없을 정도로 홀쭉했다. 카라Kara 노동수용소의
폴란드인 역전의 용사 펠릭스 콘Felix Kohn이었다. 다른 사람은 나이
가 서른다섯쯤 돼 보였는데, 통통하고 둥근 머리와 짧지만 고양이
처럼 털이 뻣뻣한 콧수염만 눈에 띄었다. 헝가리 소비에트가 패배
하고 벨라 쿤이 빈의 한 정신병원에 수감되었을 때 우리는 그의 처
지를 몹시 걱정했다. (실상 그는 거기서 오스트리아 사회민주당의 극진한 보살핌
을 받았다.) 쿤은 군 복무 중 러시아에 포로로 잡힌 사회민주당원이었
다. 그의 혁명가 경력은 시베리아에서 톰스크 볼셰비키와 함께 시
작됐다. 사회혁명당 좌파가 1918년 모스크바에서 봉기했고, 그는
레닌과 트로츠키의 당을 지지하는 국제 의용군을 조직하면서 유
명세를 탔다. 고국으로 돌아간 그는 투옥되었고, 나와서는 헝가리
공산당을 이끌며 헝가리 인민위원 협의회 의장이 됐다. 쿤은 그 직
책들을 수행하며 연이어 과오를 범했고, 망설였다. 무대 뒤에서는
자기 당을 억누르며 전횡까지 일삼아 헝가리 공산당은 누더기가
되었고, 결국 군사 음모단이 헝가리 전역을 재장악할 수 있도록 길
을 터줬다. 헝가리 소비에트가 패배하는 과정에서 그는 한심하고
무기력했다(그가 형편없었다는 얘기가 공공연히 나오지는 않았지만 사람들 사이에
서는 관련해서 그의 얘기가 민간 설화처럼 떠돌았다). 얼마간 좌절과 패배를 맛
본 후 헝가리의 소규모 적군이 주도권을 탈환했다. 그들은 루마니
아 군대를 격파하고, 계속해서 체코슬로바키아로 치고 들어갔다.
체코슬로바키아의 민중운동 세력이 그들을 환영했다. 클레망소
는 대경실색했고, 벨라 쿤에게 전보를 보내 공세를 철회하라고 요
구했다. 그렇게 해주면 적색 공화국 헝가리와도 우호조약을 맺겠

다고 암시하면서 말이다. 쿤은 그 계략에 넘어갔고, 공세를 중단했다. 루마니아가 세력을 결집해 반격을 가해왔고, 그걸로 끝이었다.

자신은 실패자라는 감정에 쿤이 평생 짓눌렸을 거라고, 나는 생각하지 않을 수 없다. 쿤은 그 실패를 만회하려는 노력을 중단하지 않았다. 독일에서 임무를 수행할 때였다. 쿤은 1920년 3월 18일 베를린에서 봉기를 부추겼다. 공산당이 취약하다는 것은 부인할 수 없는 사실이었고, 처음부터 실패가 예정돼 있었으며, 실제로도 봉기는 유혈낭자하게 진압되었다. 신생 공산당은 그 사건으로 더욱 약해졌다. 그런 식의 '모험적인 봉기'에 강력 반발한 파울 레비는 당에서 쫓겨났다. 벨라 쿤은 또 한 차례 실패했다는 불명예 속에 독일에서 귀국했다. 그는 크림 반도로 떠났고, 다행히 이번에는 승리의 영광을 거머쥔다.

레닌은 인터내셔널 집행위원회 회의에서 베를린 사태를 길게 분석했다. 대중의 지지가 없고, 정치 상황을 면밀히 검토하지도 않았으며, 패배가 뻔했는데도 일으킨 반란이 베를린 사태였다. 비밀 토의였기 때문에 참석자는 몇 명 없었다. 벨라 쿤은 크고, 동그랗고, 통통한 머리를 계속 조아렸다. 그의 느글느글한 웃음도 이내 사라졌다. 레닌은 프랑스어로 말했는데, 딱딱하고 혹독했다. 그는 열 번 넘게 이렇게 말했다. "멍청한 실수다." 회의 참석자들은 레닌의 말에 돌처럼 굳어버렸다. 아내가 레닌의 연설을 속기로 기록했고, 편집은 나중에 나랑 함께했다. 헝가리 혁명의 상징과 같은 존재가 열 번 넘게 얼간이로 나오는 공문서 기록을 남길 수는 없었기 때문이다!

레닌의 격렬한 비판과 함께 인터내셔널의 전면 공세 전술도 끝났다. 그 방법이 실패했음을 분명히 해야 했다. 러시아는 내부적으로 유화 국면에 진입 중이기도 했다. 경중에서 차이가 나는 이 두

고려 사항 가운데 무엇이 더 유력했는지는 잘 모르겠다. 인터내셔 널 3차 대회 공식 결의안은 여전히 독일 공산당의 투지를 칭송했고, 벨라 쿤도 집행위원회에서 계속 자리를 유지했다.

당시에 러시아혁명의 상황이 그렇게 위태롭지 않았다면 쿤은 다른 두 범죄 때문에라도 조사를 받아야 했을 것이다. 쿤은 마흐노의 흑군과 동맹 조약을 맺은 서명 당사자였다. 그런데 그런 그가 연합 세력을 구성해 승리를 거두자마자 조약을 헌 신짝 버리듯 내팽개친 것이었다. 쿤은 적군혁명위원회Revolutionary Council of the Red Army 성원이기도 했다. 1920년 11월 브랑겔 남작이 크림 반도에서 축출되었다. 쿤이 적군혁명위원 자격으로 백군 잔당 세력의 항복을 받아냈다. 그는 군주제를 지지하던 장교들에게 사면과 함께 시민으로서 살아갈 수 있게 해주겠다고 약속했다. 헌데 얼마 안 돼 그들을 학살하도록 직접 명령했다. "국가를 정화한다"는 명분하에 전쟁 포로 수천 명이 기만적으로 몰살당했다. 1만 3,000명이라고 말하는 사람도 있지만, 사실 통계가 전혀 없고 그 숫자는 부풀려졌을 것이다. 나는 우연한 기회에 당시 현장을 목격했던 사람을 몇 만났다. 그들은 그 대학살이 소름끼치는 일이었다고 전했다. 성격이 박약하고, 지성이 불안정한 혁명가 한 명이 '강철의 사나이'가 되어 보겠다고 멍청한 짓을 한 것이었다. 실제로도 대회 기간 중에 크림 반도에서 대표가 한 명 나를 찾아왔다. 적군에서 간호사로 복무하던 투사였는데, 그 가증스런 사태에 진저리를 치던 다른 활동가들을 대표해서였다. 그녀는 혁명의 지도자들이 이 사태에 관심을 가지고 조사를 진행해야 한다고 요구했다. 나는 그녀를 안젤리카 발라바노바에게 데려갔고, 발라바노바는 그녀의 얘기를 들으면서 함께 슬퍼했다.

트로츠키가 여러 번 대회장을 방문했다. 그보다 더 우아하게 위대한 운명을 체현한 사람은 없었다. 트로츠키는 마흔한 살이었고, 권력과 인기와 명성이 최정상에 있었다. 그는 두 차례 혁명에서 페트로그라드 대중을 이끌었다. 그는 적군의 창설자였다. (레닌이 고리키에게 말한 것처럼) 트로츠키는 말 그대로 "무에서 붉은 군대를 창조해냈다". 스비아즈스크, 카잔, 풀코보 등 몇몇 결정적 전투는 직접 지휘해 승리로 이끌기도 했다. 그는 모두가 인정하는 내전 승리의 조직자였다. 라텍은 트로츠키를 "우리의 카르노Carnot(프랑스의 군사 전략가이자 정치가 - 옮긴이)!"라고 불렀다. 그의 탁월한 연설과 조직 능력(군대와 철도), 이론가로서의 천부적 재능은 레닌을 무색케 했다. 이 모든 것과 견줄 때 레닌의 걸출함이라고 해봤자, 혁명 이전부터 소수 정당 볼셰비키를 확고하게 이끌어왔다는 점뿐이었다. 볼셰비키가 혁명 러시아의 실질적 근간임을 고려할 때 이 사실은 무한히 중요하다. 그러나 볼셰비키는 종파주의 성향이 강했고, 전쟁 최고협의회 의장의 풍요롭고, 유동적인 지성은 불신의 대상이었다. 인터내셔널 대회에 참가한 다양한 소그룹 사이에서 잠시였지만 트로츠키를 의장에 앉혀야 한다는 얘기가 나왔다. 그런 움직임에 지노비에프가 격분했다는 것은 틀림없는 사실이다. 레닌도 자기 대변인을 '세계 정당'의 수장 자리에 앉히는 것을 선호했다. 트로츠키 자신은 소비에트 경제를 재건하는 쪽에 관심을 두었다.

그는 하얀 제복 같은 걸 입고 나타났다. 휘장은 일체 없었고, 역시 하얀색의 넓고 납작한 군모도 썼다. 그의 태도와 자세는 훌륭한 군인다웠다. 건장한 가슴, 칠흑 같은 수염과 머리칼에 안경이 반짝였다. 트로츠키는 레닌보다 덜 편안해 보였다. 뭔가 권위주의적인 데가 있었다. 나와 동료들, 곧 우리 비판적인 공산당원들은 그를 그렇게 보았던 것 같다. 우리는 트로츠키를 대단히 존경했지만 사랑하지는 않았다. 그는 단호했다. 그는 과제와 전투에서 시간 엄수

○   1918년 볼셰비키가 제작한 선전용 초상화. 트로츠키의 모습을 용을 사냥하는
기독교의 성인 성 조지로 형상화해 그렸다.

를 철칙으로 삼았다. 전반적으로 느슨하고 해이하던 시절에 그는
고집스럽게도 정확하고 올바르게 처신하려 했다. 그로 인해 선동
적이고 사악한 흉계와 공격이 트로츠키에게 퍼부어졌다. 나는 그
런 비난들에는 전혀 영향을 받지 않았다. 하지만 트로츠키가 난국
을 타개하기 위해 제시한 정치적 해법들이 내게는 기본적으로 독
재적이라는 인상을 줬다. 레닌은 노동조합이 독자성을 유지해야
한다고 생각했지만 트로츠키는 노동조합과 국가의 융합을 제안하
지 않았던가! 우리는 노동조합이 국가의 구조에 영향을 미쳐, 국가
를 노동계급의 이익에 더 효과적으로 복속시킬 수도 있음을 깨닫
지 못했다. 트로츠키는 노동자를 군대로 조직해야 한다고 주장했
다. 극심한 혼란을 수습하려면 산업을 군사화해야 한다고 제안한
것이다. 우리는 그가 더 이른 시기에 중앙위원회에서 징발을 끝내
야 한다고 주장했다가 거부당했음을 알지 못했다. 노동의 군사화

는 동원 해제 단계에서 상당히 좋은 방편이었다. 트로츠키는 크론 시타트를 위협하는 역겨운 선언문에 서명했다. 사태의 진실은 그가 갖은 혼선 속에서도 자신만만한 활력을 바탕으로 즉시 정반대 해법을 시도하려 했다는 것이다.

어떤 회의 때는 트로츠키가 연단에서 내려오기도 했다. 그가 우리 프랑스 그룹 한가운데 서서, 한 연설을 직접 통역해줬다. 트로츠키의 발언은 열정적이었다. (그의 프랑스어는 약간 부정확했지만, 그래도 유창한 편이었다.) 트로츠키는 공안통치, 폭력, 당 규율과 관련해 야유를 받자 굴하지 않고 신랄하게 응수했다. 내가 속한 소그룹도 그를 자극했을 것이다. 바양-쿠튀리에[17], 앙드레 모리제André Morizet, 앙드레 쥘리앙André Julien, 페르낭 로리오[18], 자크 메스닐과 클라라 메스닐[19], 보리스 수바린[20]이 모두 그 자리에 있었다. 트로츠키는 너그럽고 다정했지만, 주장은 도도했다. 그가 에스파냐 대표 오를란디스Orlandis에게 나는 듯이 다가가는 것도 나는 보았다. 오를란디스는 아나키스트들을 박해한 것을 비난했다. 트로츠키가 그의 외투 옷깃을 붙잡고 흔들며 이렇게 외쳤다. "당신이 우리 입장에 처하는 걸 꼭 보고 싶소, 이 프티 부르주아 같으니!"

나는 1921년의 그 여름에 해외에서 온 동지들과 오래가는, 심지어 평생 지속되는 우정을 여럿 쌓았다. 불원천리 모스크바로 달려오면서도 정통파적 관행보다는 진실을 더 추구하고, 프롤레타리아 독재를 숭배하기보다는 혁명의 미래를 더 걱정한 사람들과 나는 어울렸다. 우리는 허심탄회하게 솔직한 대화를 하면서 관계를 맺었다. 나는 온갖 악덕, 위험, 난관, 불확실한 전망을 밝히 드러내는 책임을 자처했다. 나는 아직도 그렇게 생각하는데 순응주의가 광적일 만큼 만연한 시기였고, 그것은 용기도 약간 필요했으므로 가치 있는 일이었다. 나는 정신이 자유로운 사람들에게 끌렸다.

혁명에 기여하고자 하는 그들의 열정은 결코 맹목적이지 않았다. 진리가 '공식화'되고 있었다. 그런 사태가 내게는 상상할 수 있는 최악의 재난으로 비쳤다. 나는 헨리에트 롤랑-홀스트[21]와 친해졌다. 롤랑-홀스트는 네덜란드의 맑스주의자로, 저명한 시인이기도 했다. 그녀는 회색 머리칼이 볼품없이 죽 뻗어 있었고, 수척했으며, 갑상샘종으로 목이 기형이었다. 하지만 얼굴은 조각가의 섬세한 작품 같았고, 표정에서는 다정함과 더불어 엄격한 지성이 느껴졌다. 헨리에트는 내게 여러 가지 이의를 제기했고, 매우 양심적으로 걱정을 한다는 게 느껴졌다. 그녀는 멀리, 그리고 똑바로 내다보았다. 헨리에트가 볼 때, 소련의 프롤레타리아 독재는 최악의 난관에 휩싸여 있었다. 숭고한 목표를 실현하는 것은 고사하고, 더럽히고 무효화하는 단계로까지 타락했다고 본 것이다. 러시아의 독재자들은 자유를 복원하겠다는 발표를 전혀 하지 않았다.

자크 메스닐과 클라라 메스닐 부부는 엘리제 르클뤼의 제자들로, 로맹 롤랑과 절친했고(로맹 롤랑은 간디주의의 영향을 받았고, 프랑스혁명을 기준으로 볼셰비키의 폭력을 비판했다), 절대 자유주의 성향에, 정견이 비슷했다. 클라라는 얼굴이 보티첼리의 그림에 나오는 작중 인물처럼 우아했고, 자크는 옆얼굴이 피렌체의 인문주의자처럼 강인하고 다부졌다. 자크는 당시에 《보티첼리의 생애Life of Botticelli》를 집필하기 시작한 상태였고, 20년 후에 마무리한다. 그는 저술이 별로 없었다. 하지만 자크와 친한 사람들 모두는 그의 풍요롭고 세련된 지성 덕을 봤다. 자크의 말년은 비참하기 이를 데 없었다. 클라라가 쉰 살 때 미쳐버렸다. 자크는 1940년 죽을 때 혼자였다. 그해 여름 프랑스를 탈출할 때였다.

우니오네 신디칼레가 파견한 이탈리아 노동자 프란체스코 게치[22]가 우리와 자주 어울렸다. 그는 굳은 얼굴이었지만 솔직한 사

람이었다. 게치에 대해서는 좀 있다 다시 얘기하겠다. 에스파냐 대
표단의 두 청년 호아킨 마우린[23]과 안드레스 닌[24]은 우리에게 미래
를 맹세했다. 그들이 맹세를 지키려면 엄청난 희생을 치러야 했다.
나는 사람의 외모에서 확인할 수 있는 신체 특징을 통해 그 사람의
자질을 읽을 수 있다고 생각한다. 마우린은 레리다의 교원이고 닌
은 바르셀로나의 교원이었는데, 딱 봐도 도량과 재간을 알 수 있었
다. 마우린은 거동과 태도가 라파엘 전파의 회화에 나오는 정중한
청년 신사 같았다. 금테 안경을 낀 닌은 전심전력하는 표정이었지
만 삶을 즐기고자 하는 자세도 또렷했다. 둘 다 대의를 위해 목숨을
바쳤다. 마우린은 끝없이 투옥되었고, 닌은 에스파냐 혁명 때 참혹
하게 죽는다. 두 사람은 당시에 대단히 인상적이었고, 그것은 이상
주의 속에서 상황과 사태에 정통하기를 갈망했기 때문이다.

　프랑스인들은 더 세련되고 더 회의적이었으니, 물건이 다르다
고 할 만했다. 불로뉴 시장 앙드레 모리제는 감탄스러울 정도로 확
실하고 실질적인 자신의 얼굴과 권주가를 우리 모두를 위해 보여
주고 들려줬다. (그는 점령 프랑스의 쉬렌Suresnes에서 지금도 자신의 시장직을 유
지하기 위해 싸우고 있다. 세월이 많이 흘렀고, 그는 다시 기존의 전통 사회주의로 복귀
했다.) 샤를-앙드레 쥘리앙은 각종 주석을 무수히 모았다. 필요한
내용과 사실을 모두 담은 책을 쓰겠다는 의도였는데, 그는 그 책을
완성하지 못한다. (그는 1936년과 1937년에 사회당의 충실한 일꾼으로, 인민전선
에 참여했다.)

　폴 바양-쿠튀리에는 전쟁 때 전차 장교로 복무했고, 시인이며,
대중 연설가에, 재향 군인들을 이끌었다. 그는 장신에 통통했고,
재주가 비상한 젊은이였다. 하지만 나는 후에 그한테서 크게 낙담
했다. 폴은 온갖 사태의 진행 상황을 두루 잘 이해했다. 하지만 그
는 장래에 부패하고 만다. 타락한 볼셰비키의 온갖 악행에 휩쓸리

고 마는 것이다. 그는 노동계급이 장악한 파리에서 샘이 날 만큼 인기를 누리다가 죽는다. 그는 인기가 없으면 못 살았다. 시류를 거스르는 것도 두려워했다. 시절이 좋지 않았고, 이 두 가지가 폴이 부패하는 데서 중요한 역할을 했다.

보리스 수바린은 프랑스로 귀화한 유대계 러시아인으로, 사회당원이었던 적이 아예 없었다. 우리와 만났을 때 그는 스물다섯 살이었고, 노동계급 운동보다는 좌파 언론계에 몸담고 있었다. 수바린은 지행합일에 대한 열망이 대단했다. 단신에 가냘팠던 그는 엄청 두꺼운 안경을 꼈다. 약간 혀짤배기 말을 했고, 태도가 공격적이었으며, 자주 무례하게 굴거나 되레 화를 내곤 했다. 수바린은 별안간 난처한 질문을 해대는 습성이 있었다. 그가 프랑스의 각급 명사들과 여러 사건에 내린 판정 내용과 의견은 잔인하리만치 실제적이었다. 수바린은 직접 고안해낸 영리한 재담으로 헛바람 든 사람들을 망신 주는 것도 즐겼다. 당시에 그는 평판이 아주 높았다. 비록 그가 도착해서 처음 요구한 게 감옥을 둘러보고 싶다는 것이었지만 말이다. 수바린은 줄곧 탁월한 분석력을 자랑했다. 그는 가는 곳마다 사람들을 격분시키겠다는 의도로 논쟁을 일삼았고, 현실을 생생하게 포착했다. 수바린은 코민테른 집행위원회에 참여해, 인터내셔널을 지도했다. 로스메르, 피에르 모나트와 함께 프랑스 공산당을 이끌었다(1920년 투르 대회에서 분열해, 창당됐다). 수바린은 1924년 코민테른에서 쫓겨났지만 이후로도 약 10년 동안 유럽 공산주의자들 사이에서 가장 유력하고 통찰력 넘치는 두뇌로 활약한다.

나는 러시아에 머물던 프랑스인 공산주의자 그룹 둘 다와 아주 가까웠다. 그중 하나인 페트로그라드 무리는 사실상 내가 지도자였다. 두 그룹은 사람들이 대중운동을 통해 바뀐다는 법칙을 생생하게 예증하는 사례였다. 대중운동이 그들을 죄어쳤고, 그들은 도 저히 따라잡을 수 없을 정도로 발전했다. 대중운동이 그들의 신념 과 의견을 주조해낸 것이다. 그들은 흥했던 기운이 쇠퇴하면 사람 들이 방향감각을 상실하고 의기소침해한다는 법칙도 생생하게 예 증했다. 사건들이 분출하면서 사람들이 자신감을 바탕으로 능동성 을 발휘할 때와는 정반대인 셈이다. 프랑스 사회당 소속이었던 사 람도 몇 되었지만(프랑스 사회당한테는 볼셰비즘이 참으로 이질적이었다) 정말 이지 정치적 입장이 천차만별이었다. 새롭게 공산주의자로 전향한 그들은 열성적이고, 진지했다. 하지만 이전의 입장에서 빠르게 바 뀐 만큼이나 새로운 시야와 전망도 제각각이었다. 모스크바 그룹 은 정말이지 독사 같은 인간들의 작은 무리에 지나지 않았다. 리더 가 피에르 파스칼[25]이기는 했지만. (파스칼은 성격이 아주 모범적이었다.) 당시 모스크바 그룹을 주도하던 두 명, 곧 앙리 길보[26]와 자크 사 둘[27]의 언쟁, 원한, 비난과 반박으로 성원들은 사기가 완전히 꺾여 버렸다. 두 사람의 갈등이 어찌나 심했던지 체카까지 주목할 정도 였다. 길보는 인생 전체가 총체적 실패자의 완벽한 사례라 할 만했 다. 그는 갖은 노력에도 불구하고 단 한 번도 성공이란 걸 해보지 못 하고, 그 근처만 어슬렁거리는 패배자였다. 베르하렌, 로맹 롤랑, (스 위스의) 레닌이 전부 그를 진지하게 대했다. 길보는 전쟁 때 제네바에 서 혁명적 평화주의 저널을 발간했다. 그는 그로 인해 1918년엔가 19년에 사형 선고를 받으며 명예롭게 유명해졌다. (10년 후 프랑스 전 쟁협의회가 무죄를 선고한 것은 이상야릇한 일이다.) 길보는 엉터리 시를 썼고, 동지들에 관한 소문을 체계적으로 분류 정리했으며, 비밀을 얘기 해달라며 체카를 성가시게 했다. 녹색 셔츠, 황록색 타이, 녹색 양 복이 길보의 복장이었다. 비뚤어진 얼굴과 두 눈을 포함해 그의 모 든 것이 틀에 박힌 느낌이었다. (그는 파리에서 죽었다. 1938년경이었는데, 그즈음에는 반유대주의자였다. 책도 두 권 출간했는데, 그는 거기서 무솔리니가 레닌의 유일하고도 진정한 후계자임을 논증하려고 시도했다.)

○   프랑스 공산주의자 그룹의 회합(모스크바, 1920년경). 중앙에 앉아 있는 사람이 세르주, 왼쪽에서 두 번째가 마르셀 보디.

자크 사둘은 길보와 배경이 완전히 달랐다. 그는 파리의 변호사 출신으로, 육군 대위였고, 알베르 토마[28]가 러시아로 파견한 정보 장교였으며, 코민테른 집행국에서 일했고, 레닌과 트로츠키에게 아첨을 일삼았고, 매력이 상당했고, 탁월한 재담가에, 사치와 향락을 일삼았으며, 쌀쌀맞은 출세주의자였다. 그렇기는 했어도 사둘은《편지Letters》라는 러시아혁명에 관한 책을 한 권 썼다.《편지》는 여전히 1급의 중요성을 지닌 문서다. 사둘은 볼셰비키 편으로 넘어갔다는 이유로 프랑스에서 사형 선고를 받았다. 하지만 시간이 흘러 정세가 바뀌었고, 그는 무죄가 돼 고국으로 귀환한다. 사둘은 그 후 철저하게 스탈린주의 행보를 밟았다. 그는 소련의 이해를 대변하는 변호사이자 국회의원으로 활약했다. 하지만 사둘의 속마음은 소련에 대한 환상이 전혀 없었다. 좌익 반대파는 쓰라린 경험을 했고, 그는 합류할 생각이 전혀 없었다.

르네 마르샹René Marchand은 반동적인 가톨릭 신문《피가로Figaro》의 페트로그라드 통신원이었는데, 계속해서 양심의 위기를 겪다 갓 전향한 인물이었다. 그는 계속해서 터키로 떠났는데, 거기서 볼셰비즘 포기를 선언하고 케말 아타튀르크Kemal Ataturk의 옹호자가 됐다(진심어린 아타튀르크 변호인이 되었음에 틀림없다).

모스크바에 머물던 프랑스 공산주의자 그룹에서 단연 돋보인 인물은 피에르 파스칼이었다. 아마도 블레즈 파스칼Blaise Pascal의 먼 후예일 텐데, 나는 그를 볼 때마다 조상이었을 위인을 떠올렸다. 피에르를 만난 건 1919년 모스크바에서였다. 그는 머리를 러시아식으로 밀었고, 코사크식으로 콧수염을 길렀으며, 밝은 눈동자에는 항상 미소가 가득했다. 피에르는 맨발로 도시를 가로질러 외무 인민위원부 사무실까지 출퇴근했다. 러시아 농민의 튜닉을 걸친 그는 거기서 치체린의 메시지 초안을 작성했다. 성실하고 신중한 가톨릭 교도였던 그는 토머스 아퀴나스의《신학대전》을 근거로, 볼셰비즘으로 전향한 것과 공안통치를 정당화했다. (그 과제에 《신학대전》의 내용이 동원되었다는 사실은 감탄스럽다.) 파스칼은 금욕적으로 살았고, 노동자 반대파에 공감했으며, 아나키스트들과도 자주 어울렸다. 그는 원래 프랑스 군사 사절단의 중위(암호 책임자)였다. 간섭이 한창일 때 파스칼은 혁명 편으로 넘어왔다. 그는 혼신을 다해 혁명에 전념했다. 파스칼은 베르댜예프Berdyaev와 혁명의 정신적 의의를 토론했고, 블로크[29]의 시를 번역했다. 그는 전체주의가 부상해 진전되는 과정에서 고통이 막심했다. 나는 1936년 파리에서 파스칼과 해후했다. 당시 소르본 대학 교수로 재직 중이던 그는 대주교 아바쿰Avvakum의 평전을 쓰는 보수주의자로 바뀐 상태였다. 형제나 다름없었던 우리 두 사람은 마드리드 전투에 관한 얘기조차 함께 나눌 수 없었다.

집행위원회는 코민테른 산하의 노동조합 인터내셔널을 세우기로 결의했다(당연히 러시아가 주도했다). 살로몬 아브라모비치 로조프스키 (드리조)Salomon Abramovich Lozovsky (Dridzo)가 노동조합 인터내셔널을 담당했다. 멘셰비크 출신의 그는 지칠 줄 모르는 웅변가였다. 우스꽝스러운 수염, 싹싹함, 전형적인 남성성, 서방에도 얼마간 익숙한 것, 프랑스어 지식, 항시 견지한 유연한 태도를 바탕으로 그는 자리를 오래 유지할 수 있었다. 로조프스키는 세계 각지에서 모여든 노동조합 투사들 속에서 약간 까다로운 교사 분위기를 풍겼다. (그들의 정치적 지평은 고국의 해당 노동계급 지구를 그리 크게 벗어나지 않았다.) 외눈박이 거인 한 명이 로조프스키와 가까웠고, 모인 사람들 사이를 왔다 갔다 했다. 그는 대개의 경우 눈을 내리뜨고 혼자였지만, 활기차게 동료들의 어깨를 치기도 했다. 그가 바로 빌 헤이우드Bill Haywood다. 벌채 인부 출신의, 세계산업노동자동맹[30] 조직자 말이다. 헤이우드가 생애를 마친 곳은 럭스 호텔의 답답한 방이었다. 맑스주의자들 가운데 그의 생각을 들어보고자 한 사람은 한 명도 없었다. 그 자신도 맑스주의자들을 이해해보려는 노력을 전혀 하지 않았다. 그럼에도 헤이우드는 광장의 붉은 깃발들을 보면서 흥분하고 황홀해했다.

거기서 내가 또 만난 사람은 알렉산드로프 박사Dr. Alexandrov(아마 맞을 것이다)라는 러시아인 투사였다. 그는 영국 감옥에 수감된 경험이 있었고, 라틴아메리카에서 귀국한 상황이었다. 알렉산드로프는 서른다섯 살이었다. 평범한 얼굴은 거무스름했고, 머리칼은 검었으며, 검은 콧수염에, 온갖 세상사를 두루 꾀고 있었다. 후에 보로딘Borodin 동지가 되는 사람이 바로 그다. 광둥의 국민당 정부에 파견된 정치고문 말이다. 이후로 그는 세상 사람들 사이에서 다시 잊혔다. …… 비가 억수로 퍼붓던 어느 날 저녁 중키의 헝가리인

한 명이 내 집을 떠났다. 그는 에스토니아로 가는 중이었다. 그런데 마부가 그를 진흙탕에 내팽개쳤다. 마티아스 라코시[31]가 그다.

전반적으로 보아 외국에서 온 대표들은 꽤나 실망스러웠다. 그들은 굶주리는 나라에서 제공된 상당한 특권을 기쁜 마음으로 누렸고, 무턱대고 칭찬하며 비위를 맞췄고, 스스로 생각하는 것은 꺼렸다. 노동자는 거의 없었고, 정치인들만 많았다. 자크 메스닐은 내게 이렇게 말했다. "사람들 좋아하는 것 좀 보세요! 공식 연단에서 사열을 하니 좋은가봐요." 인터내셔널은 질을 훼손하면서야 겨우 영향력을 확대할 수 있었다. 우리는 사회주의 운동단체를 쪼개서 군소 정당을 새로 만든 게 심각한 과오는 아닌지 자문했다. 신생 정당들은 효과적으로 활동하지 못했고, (코민테른) 집행국 특사들이 기획과 재정을 제공했으며, 결국 소련 정부의 선전기관으로 전락했다. 그런 문제들은 이미 우리 자신의 문제이자 과제였다. 그나마 안심이 되었던 건 서유럽이 불안정하다는 것과 우리가 여전히 열정으로 충만해 있다는 것이다. 하지만 내 결론은 다음과 같다. 인터내셔널에서도 위험한 것은 우리 자신이었다.

신경제 정책은 불과 몇 달인데도 놀라운 성과를 내고 있었다. 1~2주만 관찰해도 기근과 투기가 감소한다는 걸 또렷하게 인지할 수 있었다. 식당이 다시 문을 열었다. 먹을 만한 패스트리가 개당 1루블에 팔린다는 사실이 가장 놀라웠다. 대중은 숨을 돌리기 시작했다. 사람들은 자본주의가 돌아왔다고 말해댔다. 그것은 번영과 동의어였다. 평당원들의 혼란과 당혹감이 커졌다는 것은 당연하다. 도대체 우리가 무얼 위해 싸웠단 말인가? 왜 그렇게 많은 피를 흘렸는가? 그토록 많은 희생을 어떻게 받아들일 수 있단 말인가? 내전의 투사들이 던진 질문은 쓰라린 것이었다. 그들은 통상 모든 생활수단이 부족했다. 의복, 이렇다 할 집, 돈 등등. 그런데 모든 게 다시 시장 가치로 환원되고 있었다. 그들은 자신들이 쳐부순 적인 돈이 머잖아 다시 권력을 잡을 것이라고 느꼈다.

나 자신은 그들보다 덜 비관적이었다. 오히려 변화가 일어나서 기뻤다. 물론 반동적 측면이 걱정스러웠고, 괴롭기도 했다. (민주주의의 자취와 흔적이 철저하게 말소됐다.) 전시 공산주의를 뭔가 다른 방법으로 해결할 수는 없었던 것일까? 물론 당시에는 그게 이론적인 문제일 뿐이었다. 하지만 그래도 생각해볼 만한 가치는 있다고 본다. 관련해서 몇 가지 생각을 해보았고, 구체적인 한 가지 안을 어떤 비밀 모임에서 자세히 설명했던 게 기억난다. 나는 럭스 호텔에서 에스파냐 사회주의자 두 명과 만났다. (페르난도 데 로스 리오스Fernando de los Rios가 그 가운데 한 명이었다.)

볼셰비키 정권은 편협했고, 모든 부문에서 권력을 절대적으로 독점해 전횡을 일삼았다. 그들이 스스로 만든 함정에 빠져 허우적댄 이유다. 국가 전반이 마비되었다. 농민층에게는 반드시 양보해야 했다. 하지만 소규모 생산 활동, 중급 규모 거래, 특정한 산업들은 생산자와 소비자 집단의 주도성과 창의력에 기대야만 소생할 수 있었다. 국가가 교살해버린 협동조합을 자유화하고, 각종 단체가 나서서 제 분야의 경제 활동을 관리 운영할 수 있도록 조치해야 당장에 대규모로 회복될 수 있었다. 러시아는 구두와 가죽이 모두 부족했다. 하지만 농촌 지역으로 가보면, 가죽이 있었다. 제화공 협동조합이 가죽을 쉽게 입수할 수 있었고, 일단 넘어가자 빠르게 생산이 정상화됐다. 그들이 비교적 높은 가격을 요구했음은 당연하다. 하지만 국가가 협동조합의 생산 활동을 보조하면서 그들이 책정한 가격에 하방 압력을 행사할 수 있었다. 어쨌든 그 높다는 가격도 암시장에서 요구받는 가격보다는 낮았다. 나는 페트로그라드에서 출판업에 어떤 일이 벌어지는지를 목격했다. 압수된 도서들이, 봄에 지하실에 물이 자주 차면서 썩어갔다. 우리는 도둑들이 가장 고마웠다. 상당량의 도서를 반출해 비밀리에 유통시켰던 것이다. 출판업이 도서 애호가 단체들에 넘어갔다면 지체 없이 회복되었을 것이다. 한마디로 말해서 나는 "단체와 결사들의 공산주의" ─ 이는 국가 공산주의와 대비된다 ─ 를 주장했다. 이런 시스템에는 경쟁이 빠지지 않으며, 무질서와 혼란도 애당초 불가피하다. 하지만 우리가 엄격하게 강요한 관료적 집중화 정책보다는 덜 불편했을 것이다. 관료적 집중화 정책은 한마디로 뒤죽박죽과 마비였다. 나는 총체적 계획이라는 것이 국가가 위에서 명령하는 어떤 것이 아니라 아래로부터의 주도력이 회의와 특별위원회 등을 통해 조화를 달성하면서 비롯하는 것이라고 생각했다. 그러나 볼셰비키는 이미 다른 해법을 명령한 상황이었고, 그들의 생각은 순전히 이론의 영역으로만 국한되었다.

크론시타트 사건 이후로 친구들과 나는 앞으로 어떻게 해야 할지를 자문했다. 우리는 지배층으로 들어가, 기관장이나 총무 또는 서기가 되고 싶은 생각이 조금치도 없었다. 나는 외교 분야로 진출해보지 않겠느냐는 제안을 받았다. 우선 동방에서 경력을 쌓으라는 것이었다. 동방의 여러 나라를 떠올리자니 마음이 끌렸다. 하지만 외교는 아니었다. 우리는 탈출구를 찾아냈다. 러시아 농촌으로 들어가 농업 공동체를 세우자는 데 의견이 모아졌다. 네프로 인해 도시에 부르주아적 관행이 복귀했고, 새로운 지배층은 한직을 맡거나 편하게 살 수 있었다. 바로 그때 우리는 러시아의 대지로, 황무지로 들어갔다. 처연하고 고요하게 탁 트인 러시아의 대지는 무한히 매혹적이다. 페트로그라드 북쪽으로 버려진 대규모 영지를 우리가 차지했다. 라도가 호수에서 그리 멀지 않은 곳이었다. 수백 에이커의 삼림 지대와 불모지, 소 서른 마리, 지주의 저택이 우리의 생활 방편이었다. '노바야 라도가 프랑스 코뮌'에는 프랑스인 공산주의자들, 헝가리인 전쟁 포로들, 톨스토이를 따르는 의사 한 명, 장인 루사코프가 참여했다.

우리의 실험은 용맹하고 단호했다. 허나 이내 매우 힘겨워졌다. 영지가 버려진 것은 농민들이 집단 개발을 거부해서였다. 그들은 영지를 나눠야 한다고 요구했다. 그곳 코뮌들은 단명하고 말았고, 18개월 동안 의장이 두 명이나 살해당했다. 그 지역 체카 대원이던 한 인쇄 노동자가 우리에게 조언하기를, 농민들을 자극하지 말라고 했다. 그렇지 않으면 사람들이 "방화로 다 태워버릴" 거라고 경고했던 것이다. 색깔이 연한 잎사귀를 단 아름다운 스칸디나비아 수목들이 숲을 채웠고, 개활지는 한적하고 찬연했으며, 강 하나가 유장하게 초지를 흘렀고, 나무로 지은 커다란 농가가 한 채 있었다. 집에는 사람들이 가져갈 생각을 도무지 할 수 없는 것들만 남아 있었다. 벼락부자가 된 상인들이 좋아할 만한 주철 침대가 그것이었다. 농기구는 거의 다 사라지고 없었다. 받기로 한 말 네 마리에 관해 말하자면, 세 마리는 기력이 다했고 한 마리는 애꾸눈 암당나귀였다. 우리는 다리를 약간 저는 그놈에게 퍼펙트Perfect라는 이름을 지어줬다. 생활 물자 대부분을 페트로그라드에서 등에 지고 날라야 했다. 밧줄, 각종 연장과 공구, 성냥, 등잔(등유도 없었는데)도 옮겼다.

도시에 가려면 상당한 재주를 부려야 했다. 노바야-라고다까지는 잡초가 무성한 숲길을 20킬로미터가량 걸어야 했다. 그런데 그 황량한 경로에는 당국의 손길이 미치지 않았고, 사실상 아무것도 없었다. 말하자면 우리는 적대감을 느끼며 공포에 떨어야 했던 것이다. 아무튼 나는 등에 배낭을 메고, 자주 페트로그라드에 다녀왔다. 네바 강 상류도 둘러보았다. 널따랗고, 비밀스러우며, 초록 바다 같았다. 주변의 삼림 지대는 평화로웠고, 하늘은 활짝 개어 있었다. 슐뤼셀부르크에 도착하면 도저히 있을 것 같지 않은 배에 올라야 했다. 가난한 사람들이 배낭을 메고서 어찌나 많이 타는지, 그 노후한 작은 배는 자주 수로의 모래톱에 처박혔고 다시는 뜨지 못했다. 그러면 일부 선객들은 내리지 않을 수 없었고, 화가 나는 것은 당연했다. 맨 가장자리에 있던 사람들이 타격이 가장 컸다. 그들이 물로 떨어져 아우성을 쳐대면 우리는 막대기로 그들을 끌어올렸다. 한번은 그런 여행을 철판 위에 서서 했다. 무슨 말이냐면, 이글이글 타는 굴뚝에 등짝을 대고 서 있었다는 얘기다. 가을바람의 냉기에 얼굴과 가슴은 시렸고, 보일러의 열기로 등짝은 익는 것 같았다. 황량한 슐뤼셀부르크 감옥 요새가 서서히 파란 수평선 아래로 가라앉는 광경은 무척 인상적이었다. 하선을 하면 적어도 20킬로미터를 걸어 삼림 지대를 관통해야 했고, 그런 연유로 우리는 권총을 휴대해야 하는 것은 아닌지 자주 얘기를 나눴다. 무기 휴대가 현명한 계책이라는 것은 분명했지만 바로 그 때문에 살해당할 가능성도 상존했다. …… 다행히도 나한테는 아무 일도 일어나지 않았다(갈증이 나서 힘들었다는 것을 제외하면). 숲속에서 한 경험을 하나 소개하고자 한다. 창가에 제라늄이 만발한 작고 멋진 집을 하나 발견했고, 나는 물 한 잔 달라고 청했다. 농부 아낙은 의심스럽다는 눈초리로 손수건을 갖고 있냐고 내게 물었다. "그런데요. 왜죠?" "여기서는 당신 같은 사람들한테 손수건 한 장씩을 받고 물을 내주거든요." "뒈져버려, 파렴치한 기독교도들 같으니!" 나는 열이 뻗쳤고, 여자한테 성호를 그은 다음 자리를 떴다.

근처의 촌락은 우리를 외면했다. 하지만 아이들은 우리가 이상한 생물체라도 되는 양 줄곧 찾아와 빤히 쳐다보았다. 촌락민들은 도처에서 우리를 염탐했다. 이런 식이었다. 삽을 잊었다면 더 찾을 것도 없었다. 이미 훔쳐갔기 때문이다. 어느 날 밤 우리는 지닌 곡식 전부를 털렸다. 수확철까지 먹고 종자로도 써야 할 재산이었는데 말이다. 노바야-라도가는 기근과 봉쇄의 땅이었다. 우리는 매일 밤 방화에 대비해 불침번을 섰다. 우리는 누가 곡식을 가져갔는지 알았다. 하지만 그들의 예상과 달리 빼앗긴 곡식을 찾겠다며 권총을 들고 나서지 않았다. 불신과 증오만 커질 터였기 때문이다. 정말이지 우리는 매일 밤 그들이 방화를 시도하려 한다고 생각했다. 그러던 차에 엄청난 발견을 했고, 우리는 영양가도 별로고 시큼했지만 수프를 만들어 먹고 몸을 덥힐 수 있었다. 지하 저장고에서 오이 피클 한 통을 찾아낸 것이다. …… 아르곤의 참호에서 습격부대를 이끌었고, 뮌헨 코뮌에서는 수호대를 자처했으며, 우리 무리에서 말 사육을 담당 중이던 가스통 불리Gaston Bouley는 밤마다 저녁식사로 애꾸눈 암당나귀를 잡아먹어야 한다고 주장했다. 내가 불침번을 어떻게 섰는지도 써놓자. 일단은 검은 옷을 입었다. 덧문에 난 틈 사이로 보여서는 안 되었기 때문이다. 나는 조용히 문으로 다가가, 득달같이 문을 열고 밖으로 뛰쳐나갔다. 권총과 날카롭게 다듬은 막대로 무장했음은 물론이다. 문 뒤에서 손도끼로 불시에 공격할 수도 있는 상황에 대비해야 했다. 그렇게 밖으로 나가는 데 성공한 다음에는 밤새 집 주변을 순찰했다.

농민들한테는 생활필수품이 다 있었다. 하지만 그들은 우리가 '유대인'이고 '적그리스도'라며 아무것도 팔지 않았다. 우리는 그런 봉쇄와 차단을 끊어야 했다. 엔 박사Dr. N와 내가 촌락으로 찾아갔다. 엔 박사는 올드 빌리버이자 톨스토이주의자로, 목소리가 듣기 좋았고 근엄하면서도 상냥했다. 우리는 상황이 뭐라도 좀 개선되기를 바랐다. 우리의 모든 요청을 거절하는 농부 아낙의 태도는 퉁명스럽기 이를 데 없었다. 엔 박사가 상의의 목 부분을 풀고, 걸고 있던 가슴팍의 작은 십자가를 꺼내 보여줬다. "우리도 기독교도랍니다, 자매님!" 그들의 얼굴이 환하게 밝아졌고, 우리는 달걀을 받았다! 소녀들이 대담하게도 저녁에 우리를 보겠다고 올 정도였다. 우리는 그 저녁에 함께 프랑스 노래를 불렀다. …… 하지만 그런 상황은 오래가지 못했다. 우리는 굶주림 속에서 지쳐갔고, 3개월 만에 농촌 공동체 계획을 중단하고 말았다.

크론시타트 이후로 페트로그라드에서는 테러가 몰아쳤다. 체카에 의해 타간체프 음모Tagantsev conspiracy가 "일소되었다". 약 서른 명이 처형되었다. 타간체프 교수는 나도 좀 알았다. 비쩍 마른 단신의 노인네로, 구레나룻이 하얀 그는 페트로그라드에서 가장 오래된 대학의 교수이자 법학자였다. 그와 함께 박Bak이라는 변호사도 총살되었다. 내가 번역 일을 맡기곤 한 박은 자신의 반혁명 견해를 나한테 거리낌 없이 밝혔다. 또 총살된 사람으로 조각가 블로흐Bloch가 있었는데, 이유는 신만이 아실 것이다. 블로흐는 광장에 성난 노동자 조상을 세워댔다. 콩스탕탱 뫼니에Constantin Meunier 양식으로 말이다. 블로흐의 아내가 내게 물었다. "당신은 뭐라도 좀 아세요?" 나는 도무지 단서를 찾을 수 없었다. 체카는 그 옛날과 견주어 범접할 수 없는 기관이 되어버렸다. …… 훌륭한 시인 니콜라이 스테파노비치 구밀료프도 처형되었다. 파리에서 나의 동지이자 적이었던 그 구밀료프다. 나는 모이카 아트 하우스에 있는 그의 집을 찾아갔다. 그가 어린 아내와 함께 거기서 방을 하나 잡고 살았던 것이다. 호리호리한 목에, 겁에 질린 가젤의 눈을 한 키 큰 여자가 나를 맞았다. 집으로 쓰고 있는 방은 엄청 컸다. 백조와 연꽃이 벽화로 그려져 있었다. 그런 걸 형상화한 시를 좋아한 어떤 상인의 목욕탕이라고 했다. 구밀료프의 어린 아내가 내게 작은 목소리로 이렇게 말했다. "소식 들은 거 있어요? 남편을 데려간 지가 벌써 사흘

이에요."

소비에트 집행위원회 동지들이 내게 알려준 소식은 안심이 되면서도 착잡했다. 구밀료프는 체카에서 처우가 좋다는 것이었다. 체카 대원들이 그가 낭송하는 시를 들은 밤도 여러 날이라고 했다. 장중한 활력이 넘치는 시였다는 말이 보태졌다. 하지만 구밀료프는 타간체프 반혁명 단체의 특정 정치 문서들을 초안해줬음도 인정했다. 이 모든 것으로 충분한 듯했다. 구밀료프는 하는 생각을 숨긴 적이 없었다. 크론시타트 반란 때 대학의 그 서클은 볼셰비키 정권이 몰락해야 한다고 판단했음에 틀림없다. 그들은 정권 붕괴에 일조하겠다고 결의했다. 하지만 '음모단'은 그 이상으로 더 나아가지 못했다. 체카는 그들 모두를 기꺼이 총살할 태세였다. "유하게 나갈 때가 아닙니다!" 모스크바에 간 한 동지가 제르진스키에게 물었다. "러시아의 최고 시인을 죽일 자격이 우리한테 있는 겁니까?" 제르진스키는 이렇게 반문했다고 한다. "우리한테 시인은 예외로 남겨두고, 나머지 사람들만 쏴죽일 자격이 있습니까?" 새벽녘 어느 숲 가장자리에서 구밀료프는 스러졌다. 두 눈 위로 그의 모자가 얹혔다. 입술에는 여전히 담배가 물려 있었다. 그가 에티오피아에서 귀환하며 들고 온 시편 가운데 하나에서처럼 구밀료프는 여전히 침착하고 평온했다. "거룩하신 하느님 앞에서도 나는 두렵지 않아." 내가 들은 이야기는 그 정도다. 구밀료프가 〈노동자The Worker〉라고 제목을 붙인 시를 읽을 때마다 나는 감탄하면서 동시에 오싹한 기분을 느낀다. 그 시에는 회색 눈동자의 조용한 남자가 나온다. 그가 "나를 죽일 탄환"을 다 만들고 잠자리에 드는 것이다. 나는 니콜라이 구밀료프와 올가 구밀료프의 얼굴을 그 후로 여러 해 동안 잊지 못했다.

○　위대한 시인 알렉산드르 블로크의 초상화. 화가 콘스탄틴 소모프가 그렸다.

위대한 시인이 또 한 명 죽어가고 있었다. 몸이 약해져서인데, 역시 굶주렸기 때문이다. 알렉산드르 블로크는 마흔한 살이었다. 나는 그를 조금밖에 알지 못했지만, 정말이지 무한히 존경했다. 블로크는 안드레이 벨르이[32] 및 세르게이 예세닌과 더불어 혁명 정신을 고무 격려했다. 그리스도가 눈폭풍 속에서 적군 병사 열두 명을 이끄는 광경을 그는 이렇게 노래한다. "장미 화환을 두른 그리스도가 보이지 않는 가운데서도 조용히" 앞장서 걷고 있다. 군인들은 앞챙이 달린 모자를 썼고, 그들의 소총은 도시의 그림자를 겨눈다. 블로크는 혁명의 새로운 절대주의를 반대한다고 내게 말했다. 그가 자신의 마지막 대작을 낭독했다는 얘기를 듣기도 했다. 그의 시 두 편 〈열두 명The Twelve〉과 〈스키타이 사람들The Scythians〉이 여러 언어로 번역되었다. 두 작품은 그 시대를 기리는 영혼의 기념비이다. 〈열두 명〉은 혁명이 구세주라고 선포한다. 〈스키타이 사람들〉은 고래의 아시아적 면모를 밝히 드러낸다. 모순적이면서도 박력 있는 현실감이 돋보이는 시다. 블로크는 서양 신사, 그러니까 꼭 영국인 같았다. 눈동자가 파랗고, 길쭉하고 심각한 얼굴은 좀체 웃는 법이 없었다. 그는 몸짓에 절도가 있었고, 미려하고 품위가 있었다. 15년 전에 상징주의 유파가 부상했고, 블로크는 러시아의 최고 시인이었다. 체카가 구밀료프에게 사형 선고를 내리던 그즈음 나는 그의 상여를 좇아 바실리-오스트로프 묘지로 향하는 중이었다.

나는 최후까지 살아남은 자유사상협회의 회원이었다. 십중팔구 나만 공산당원이었을 것이다. 볼필라Volfila(자유철학협회Free Philosophic Society)를 실질적으로 이끈 사람은 또 다른 위대한 시인 안드레이 벨르이였다. 우리는 공개 토론회를 여러 차례 대규모로 조직했다. 키가 작고 사시인데다 추레한 남자가 자주 연사로 참여했다. 그는 얼굴의 주름이 수직으로 잡혀 있었다. 이바노프-라줌니크Ivanov-Razumnik는 역사가이자 철학자로, 러시아의 그 옛날 혁명적 인텔리겐치아를 대표하는 사람 가운데 한 명이었다. 토론회는 실존, 의식, 우주 따위를 주제로 해서 장엄한 서정을 토로하는 자리로 바뀌곤 했다. 벨르이와 이바노프-라줌니크도 블로크처럼 박해받고 침묵을 강요당하는 사회혁명당 좌파에 다소 끌렸다. (그들의 혁명적 낭만주의가 이유로 작용했다.) 이런 동정과 더불어, 두 시인이 감행한 철학적 탈주가 맑스주의의 한계를 벗어났고, 체카와 당은 볼필라를 눈엣가시로 여겼다. 볼필라 조직자들은 언제 체포될지 몰라 두려움에 떨었다. 우리는 안드레이 벨르이의 집에서 비공개로 만났다. 벨르이는 당시에 동궁 맞은편 구舊군사령부 건물의 큼직한 방에 살았다. 바로 아래가 민병 경찰 사무실이었다. 우리는 그곳에서 사상의 자유를 어떻게 지켜낼 수 있을지 서로에게 물었다. 사상의 자유가 반혁명 기도가 아님을 천명했음은 물론이다. 벨르이는 모스크바에서 자유사상세계대회를 열자고, 거기에 로맹 롤랑과 앙리 바르뷔스Henri Barbusse와 간디를 초청하자고 제안했다. 사람들은 이구동성으로 외쳤다. "절대로 허락 안 해줄걸!" 나는 그들에게 이렇게 말했다. "러시아의 지식인들이 해외의 지식인들에게 호소하면 혁명이 불신받을 위험이 있습니다. 해외의 지식인들이 러시아 혁명을 제대로 파악할 수 없다는 것은 분명합니다. 망명자들이 이미 혁명을 무차별 공격하고 있지 않습니까?"

안드레이 벨르이는 제임스 조이스James Joyce에 비견되는 명문장가이자 탁월한 시인 겸 산문 작가로 갓 마흔을 넘긴 상태였다. 그는 신지神智론자이기도 했는데, 그 자신의 용어법으로는 인지人智학자였다. 그는 대머리인 것이 부담스러웠고, 항상 테두리가 없는 검정색 베레모를 썼다. 무표정한 청록색 눈동자가 시종일관 대가답게 번득였던 게 생각난다. 벨르이의 지성은 다재다능하고 활력이 넘쳤으며, 한마디로 엄청났다. 그의 행동 전반에서 영적 이상주의를 읽을 수 있었다. 벨르이는 어떤 때는 선지자였고, 아이처럼 솔직하게 감정을 쏟아내기도 했다. 그는 1905년 혁명 이후에 이미 명성이 자자했다. 그 시기를 제재로 해 심리 소설을 한 편 썼던 것이다. 이 작품은 독일 및 라틴 문화가 망라되어 있을 뿐만 아니라 혁명적이고 신비적이기까지 하다. 하지만 벨르이는 1920년대 초에 자신의 기운이 고갈되었음을 느끼고 있었다.

그는 낙담했고, 어느 날 저녁 내게 이렇게 물었다. "이승에서 내가 더 이상 뭘 할 수 있을까요? 우리의 조국 러시아를 떠나서 난 살 수 없습니다. 그런데 바로 여기에서도 숨을 쉴 수가 없군요!"

나는 포위와 봉쇄는 반드시 끝날 거라고, 서방의 사회주의가 러시아에 위대한 전망을 열어줄 거라고 대꾸했다. "정말 그렇게 생

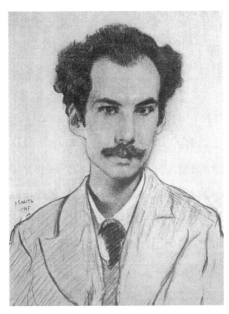

각해요?" 그는 조용히 생각에 잠긴 채 이렇게 반응했다. 때는 바야 흐로 1921년 초가을이었고, 우리는 공안통치의 대학살에 경악했 다. 볼필라까지 와해되는 마당이었으니!

모든 위대한 혁명의 경우 어느 정도까지는 공안통치가 불가피 함을 나는 잘 안다. 혁명은 선의를 지닌 사람들의 입맛에 맞게 일어 나지 않는다. 혁명은 저절로 일어나는 자연발생적 과정 같은 것이 다. 폭력이 거세게 몰아치는 것은 당연지사다. 허리케인 앞의 지푸 라기처럼 인간 개인은 무력하기만 하다. 따라서 혁명가들은 판단 력을 잃고 어리석은 짓을 해서는 안 되며 역사가 허용하는 무기만 을 사용해야 한다. 그런데 내전이 끝나고 자유 경제 활동을 허용한 후에도 공안통치가 지속되었고, 이것은 사기를 갉아먹는 엄청난 실수였다. 새 체제가 사회주의 정부를 표방하는 가운데 인간의 생명과 개인의 자유를 예외 없이 존중한다고 선포했다면 백배는 더 안전했을 거라는 게 내 판단이었고, 그 믿음에는 아직도 변함이 없다. 새로운 체제를 이끌었던 사람들은 똑똑하고, 정직했다. 가까이서 그들을 지켜본 나는 새 정부가 왜 그러지 못했는지를 여전히 자문한다. 공포심과 권력이 개입한 일종의 정신병들이 그런 조치를 막았을까?

비극이 계속됐다. 오데사에서 올라온 소식은 가공할 만한 수준이었다. 체카가 패니 바론(아론 바론의 아내)[33]과 레프 초르니Lev Chorny를 총살했다는 것이었다. 초르니는 러시아 아나키즘 이론가로, 나도 12년 전에 파리에서 알고 지냈다. 비잔티움 성상화에서 곧바로 튀어나온 듯한 그는 안색이 창백했고, 두 눈이 안와眼窩에서 번득였다. 초르니는 라탱 지구에 살았다. 그는 식당 창문을 닦으며 생계를 꾸렸고, 일을 마치면 뤽상부르 공원의 수목 아래서 저서《계량 사회학Sociometry》을 썼다. 그는 당시 감옥 아니면 죄수 유형지에서 막 석방된 처지였을 것이다. 초르니는 꼼꼼한 지성의 소유자였고, 신념이 강렬했으며, 금욕적이었다. 결국 그는 죽었고, 엠마 골드만과 알렉산더 버크만은 격분했다. 엠마 골드만은 코민테른 3차 대회 때 한바탕 소동을 기획했다. 영국의 여성 참정권 운동가들을 보고 흉내 내려 한 것인데, 사람들이 잘 보이는 대회장의 특별석에 자신을 결박하고 주최 측에 항의 의사를 전달하는 일종의 퍼포먼스였다. 러시아 아나키스트들이 마음을 돌리도록 그녀를 설득했다. 스키타이인들의 나라에서 그런 시위는 의미가 거의 없었다. 그보다는 레닌과 지노비에프를 계속 들볶는 게 훨씬 나았다. 엠마 골드만과 알렉산더 버크만은 열렬히 공감해 러시아에 왔지만, 이젠 분노가 하늘을 찔렀다. 더 이상은 공평무사하게 판단할 수 없을 지경이었다. 두 사람이 위대한 혁명에서 본 것이라고는 비참한 실패

사례들, 당국의 비인도적 처사뿐이었다. 그들에게는 모든 희망이 사라지고 없었다. 나와 그들의 관계도 힘겨워졌다. 지노비에프하고 만큼이나 힘겨웠던 것 같다. 나는 자유지상주의자들을 왜 그렇게 박해하냐고 자주 이의를 제기했다. 기실 나는 크론시타트 사태 이후 지노비에프를 피하고 있었다.

우리는 수감된 희생자들의 석방을 끈질기게 요구했고, 얼마간 성공을 거두었다. 구금되었던 아나키스트 열 명 — 예컨대, 생디칼리스트 막시모프와 보리스 볼린 — 이 당국의 허가 속에 러시아를 떠날 수 있었고, 기타 인사들도 자유의 몸이 되었다. 카메네프는 아론 바론을 추방하겠다고 약속했다. 허나 그 약속은 지켜지지 않았다. 체카가 반대했던 탓이다. 멘셰비키 일부, 대표적으로 마르토프도 여권을 발급받았다.

크론시타트는 엄청난 비극이었고, 골드만과 버크만이 구세계는 물론 신세계의 노동운동 세력에 막강한 영향력을 행사했기 때문에, 맑스주의자들과 자유지상주의자들의 메울 수 없던 간극이 더욱 벌어질 태세였다. 이 분열이 나중의 역사에서 치명적으로 작용한다. 에스파냐 혁명은 이로 인해 지적으로 혼란스러웠고, 결국 패배하고 말았다. 그러고 보면 내 최악의 예감이 맞아떨어진 셈이기도 했다. 하지만 대다수 볼셰비키는 자유지상주의 운동 세력을 프티 부르주아적이라 봤고, 급속히 몰락할 것이며 나아가 자연스럽게 소멸할 것으로 예상했다.

골드만과 버크만은 미국 출신이었다. 러시아 사람들은 그들을 낯설어했다. 그들에게 두 사람은 러시아에서는 완전히 사라진 이상주의 세대처럼 보였다. (나는 두 사람이 마흐노 집단에서 벌어진 많은 사태에 똑같이 당황해하며 분개했음을 잘 안다.) 그들은 세기의 전환기에 활약한 인본주의적 반란 세력을 상징했다. 골드만은 사람을 조직하는 재간이 뛰어났다. 기질과 성향도 실제적이었다. 그녀는 관대했지만 편견도 심했다. 골드만은 자만심이 강했다. 사회사업에 헌신한 미국 여성들의 전형적인 특성이다. 버크만은 그 옛날의 이상주의 때문에 내심 긴장이 심했다. 그는 미국의 감옥에서 18년을 썩었고, 젊은 시절의 사고방식에 사로잡혀 있었다. (그는 파업에 연대한다는 취지로 목숨을 내놓고 철강왕을 저격했다.) 그 갈등이 이완되면서 그는 기가 꺾였다. 그가 자살 충동에 시달렸다는 게 틀림없다. 훨씬 나중이었지만 그는 실제로 자살을 결행했다. 1936년 코트다쥐르에서였다. 내가 바쿠닌의《고백록Confession》이 존재함을 독일의 한 저널에 알리자, 두 사람은 크게 분노했다. 지하 감옥에서 차르 니콜라이 1세에게 참회한 내용 말이다.《고백록》은 아주 인간적인 문서로, 나는 그로 인해 바쿠닌의 위대성이 결코 훼손되지 않는다고 생각한다. 아무튼《고백록》은 문서고에서 발견되자마자 보관인들에 의해 절취되었고, 나는 문서의 존재 사실과 내용을 공표했다. 장래에 어떤 식으로든 회피하고 빠져나가려는 시도를 차단하려면 불가피했다. '맑스주의자'를 자처하는 일부 멍청이들은 즉시 바쿠닌이 수치스럽다고 떠들었다. 아나키스트 천치들도 있었다. 그들은 내가 바쿠닌을 중상하고 모략했다고 살기등등하게 비난했다. 내게 이런 격론은 별로 중요하지 않았다.

우리는 엄청난 재앙에 직면했다. 바싹 말라버린 볼가 강 유역의 평원이 시발점이었다. 이미 내전이 그 지역을 휩쓸었는바, 이제는 가뭄으로 초토화된 것이었다. 지역 주민 수백만 명은 생활필수품이 없었고, 기근을 피해 달아났다. 사람들은 걷거나 수레를 타고 페트로그라드까지 오기도 했다. 모두가 고난을 피해 달아날 수 있었던 것은 아니다. 수백만 명이 재난의 현장에서 죽어갔다. 그 재앙으로 우크라이나와 크림 반도가 작살났다. 2,300만 명이 사는 지역이 완전히 파괴된 것이다. 극심한 타격에 당국마저 비틀거렸다. 볼셰비키 독재 정권이 그 섬뜩한 죽음의 신을 이겨낼 수 있었을까? 나는 막심 고리키를 만났다. 그는 뼈가 앙상했고, 안색이 창백했으며, 그 이전 어느 때보다 언짢은 표정이었다. 고리키는 유력 지식인들과 공산당원이 아닌 전문가들이 위원회를 구성해야 한다고 내게 말했다. 그런 조치라야 러시아의 잠재 에너지를 전부 끌어낼 수 있을 거라는 거였다. 그렇게 탄생한 위원회가 미래에 민주 정부로 성장할 수도 있다고 고리키는 생각했다. (정부가 처음에는 이 위원회를 승인했다. 경제 전문가로 수정주의 맑스주의자인 프로코포비치Prokopovich와 자유주의 성향의 정치 평론가 에카테리나 쿠스코바Ekaterina Kusskova가 위원회를 이끌었다. 허나 두 사람은 곧 체포되었고, 국외로 추방당했다.)

나는 고리키의 전망에 동의하지 않았다. 내가 볼 때, 혁명 정권

○   블라디를 안고 있는 세르주. 류바와 처제 제니 루사코바.

은 확고부동했다. 기근의 해골바가지가 권력을 낚아채갈 수는 없었다. 나는 정권이 갖은 시련에도 불구하고 살아남길 원하며, 또한 정당하다고 생각했다. 나는 정권의 미래를 믿었다. 러시아가 향후 몇 년 동안 새로이 분출할 수는 없다는 게 내 판단이었다.

크론시타트 반란과 진압, 신경제 정책, 지속적 공안통치, 정권의 불관용으로 당 간부들은 혼란이 극심했고, 우리는 도덕적으로 총체적 위기에 빠졌다. (크론시타트의 경우 압도 대다수의 공산당원이 반란군과 합세했다.) 나는 두 무리의 친구들과 교제했는데, 프랑스 지인과 러시아 동료 모두가 대단히 괴로워했다. 동지들 대다수가 정치 활동이나 당원 자격을 포기했다. 노보미르스키Novomirsky는 기결수 출신으로 1905년 이후 테러 활동을 포기한 아나키스트인데, 레닌의 온화함에 반해 볼셰비크로 전향해 인터내셔널에서 고위 관료로 일했다. 그런 그가 자신은 당과 근본적으로 견해를 달리한다면서 중앙위원회에 당원증을 반납했다. 노보미르스키는 과학 연구에 매진했고, 그에게 적의를 품은 사람은 아무도 없었다. (그럼에도 그는 1937년 검속되는 운명에 처한다. 노보미르스키는 아내와 함께 강제노동수용소로 사라졌다.) 우리가 다 알고 지내던 한 친구는 국경을 훌쩍 넘어 폴란드로 갔고, 계속해서 프랑스에 정착했다. "자네들은 꽤나 시끄럽다고 생각하겠지만 프랑스의 부르주아 민주주의는 제대로 퇴폐적이라네." 프랑스 친구 엘페르Hellfer는 풍자적인 유머가 대단했는데, 이렇게 말했다. "나는 세계가 변혁 중이라고 생각했다. 하지만 다시 보면 바뀐 건 하나 없고 옛날이랑 똑같다. 친구가 사는 타히티에나 가려고 한다. 앞으로는 코코야자 나무하고 원숭이나 보며 살겠다. 문명세계 인간은 가급적이면 피하고 싶다." 그는 타히티에는 못 갔고, 프랑스의 벽촌에서 닭을 쳤다. 사회당 소속의 노동자였던 마르셀 보디는 오슬로 주재 소련 대사관 파견을 요청했다. 임지로 터키를 선택한 사람도 있었다. 극동의 오지로 들어가 제재소를 운영한 사람이 있었는가 하면, 피에르 파스칼은 조용히 탈당해 번역을 하며 생계를 꾸렸다. (그는 러시아정교회가 분립한 역사도 연구했다.) 나는 내면이 더 강인해졌고, (지금 생각해보면) 러시아혁명을 더 폭넓게 바라보았다. (개인주의도 덜했다.) 나는 갈피를 못 잡지 않았고, 용기를 잃지도 않았다. 특정한 사태가 혐오스럽기는 했다. 공안통치로 진이 다 빠져버렸다. 비행과 과오가 증대했고, 효과적으로 대응할 수 없다는 무력감에 괴로웠다.

내 결론은 다음과 같았다. 러시아혁명은 고립되면 결국 망한다. (어떻게 망할지는 몰랐다. 대외 전쟁으로 망할지, 국내의 반발로 망할지는 도저히 예상이 안 됐다.) 초인적 능력을 발휘해 새로운 사회를 건설한 러시아인들은 기력이 거의 다했다. 서방이 러시아를 구제해야 한다. 서방에서 노동계급 운동을 건설해 러시아를 돕게 해야 했다. 언젠가 그들이 러시아를 대신할 수 있으려면 이게 반드시 필요했다. 나는 중유럽으로 향하기로 결심했다. 중유럽이 향후 사태의 초점이 될 것같았다. (어쩌나 궁핍하게 지냈던지 아내가 결핵을 앓기 일보직전이었고, 나는 그 때문에도 중유럽으로 가고자 했다.) 지노비에프와 집행국 동지들이 베를린에 자리를 마련해줬다. 물론 불법으로 일하는 자리였다. 위험 요소가 우리 안에 있었고, 우리를 구원할 수 있는 것도 우리뿐이었다.

5

기로에 선 유럽

1922~1926

나는 출발하기 전 막바지 몇 주를 진부하면서도 비극적인 소송 사건으로 일마간 허비했다. 슈메를링Schmerling이라고 하는 장교는 나의 먼 친척이었다. 적군 소속의 그가 다른 군인 세 명과 함께 군대의 혁명재판소에 회부되었다. 군수품을 착복했다는 것이었는데, 이는 사형감이었다. 슈메를링은 정직한 노병이었다. 그는 군수 장교였고, 공산당 소속의 인민위원한테 명령을 받았다. 인민위원이 수시로 그에게 명령서를 하달했다. 명령서 소지자에게 일정량의 식량을 지급하라는 내용이었다. …… 그건 불법 지시였다. 하지만 부르주아 장교 출신자인 그 특무 사관이 과연 인민위원의 명령을 거역할 수 있었을까? 인민위원이라면 오만 가지 이유를 들어 그를 총살시킬 수 있었다. 슈메를링은 일련의 사태가 안 좋게 끝나리라는 것을 충분히 잘 알았으면서도 인민위원의 명령을 순순히 따랐다. 결국 그는 체포되었고, 언론은 군수품의 착복과 횡령을 "엄하게 다스려야" 한다고 요구해댔다. 소련 법률에 따르면 시민은 누구라도 법정에서 변론을 행할 수 있었다. 내가 슈메를링의 변호인단에 들어간 이유다. 그를 꺼내야 한다는 결심이 확고했고, 나는 법적 의제를 별로 고려하지 않았다. 그 옛날 한 유명 은행의 로비에서 재판이 열렸다. 모르스카야 거리에서 고골 거리로 개명된 곳이었는데, 로비는 회색 대리석 창구로 여전히 나뉘어 있었다. 판사들의 사고방식과 태도는 처음부터 누가 봐도 뻔한 것이었다. 본보기로 삼아 처벌하자는 방침이 확고부동했다. 세 사람은 험악한 분위기에서 쌀쌀맞게 질문했고, 대꾸도 냉담하기 이를 데 없었다. 공리주의적인 절차를 진행하는 것이 정의를 실현하는 것과 전혀 관계가 없다는 것이 명백했다. 그 얼마 전 반혁명 군대의 고위급 장교를 재판한 모스크바 법정이 떠올랐다. 그곳의 분위기는 후끈 달아올랐고, 사뭇 논쟁적이었다. 그 소송 사건은 원칙에 따라 유죄가 선고되는 것으로 마무리되었다. 하지만 이 재판은 그와 달랐다. 로봇 같은 재판관들은 대단히 부당하게도 도끼날을 휘두르겠다고 단단히 결심한 상태였다. 다른 변호인들은 괜히 끼어들어서 그 위험한 사람들을 짜증나게 하지 말라고 내게 간청했다. 그 언질은 아마도 판사들한테서 나왔던 것 같고, 나는 굴복했다. 피고 네 명에게는 별다른 고려 없이 사형이 언도되었다. 형이 확정되는 데에는 72시간이 채 걸리지 않았다(무려 토요일이었다!). 다음날인 일요일에는 형 집행을 유예해달라는 탄원 절차가 일체 허용되지 않았다. 모스크바의 소비에트 중앙 집행국에 당장 전보를 쳐야 했다. 그런데 전신국은 공식 승인이 난 전보만 수령했다. 관대한 처분을 바라는 탄원의 경우, 통상은 법원이 변호인단의 요구에 따라 도장을 찍어줬다. 내가 판사 가운데 한 명한테 인가를 해줄 것을 요구한 이유다. 빨강머리의 젊은 친구였다. 입술이 가늘고 얼굴이 길쭉한 그가 떨떠름한 표정으로 퉁명스럽게 거절했다. "그 불쌍한 사람을 정말로 총살시켜야겠습니까?" "댁에게 답변할 필요는 없겠지요!" 그 젊은 판사의 이름은 울리치Ullrich였다. 때깔 좋은 돌 같은 얼굴의 그는 이후로도 역사의 한자리를 담당했다. 1936년 16인 재판(지노비에프, 카메네프, 이반 스미르노프가 심판대에 섰다)의 주심이 바로 그였던 것이다. 하는 수 없었고, 나는 인터내셔널의 승인을 받아냈다. 모스크바의 전 러시아 집행국 서기 아벨 에누키제Avel Enukidze가 내게 공식으로 사면을 약속했다. 물론 거기에는 일련의 해당 재판이 끝난 다음이라는 단서가 붙었다. …… 내 먼 친척인 노병 장교는 사형수 수감동에서 여러 달을 살아야 했다. 최후의 호출이 언제일지 모르는 불안과 초조가 그를 갉아먹었음은 불문가지다. 마침내 그는 사면을 받았고, 군대에 복귀했다. 곡절 속에서 사태가 지연되며 속히 결판나지 않은 상황 때문에 그의 가족은 내가 미웠을 것이다.

기차가 음산한 무인 지대를 통과했다. 그곳은 버려진 참호로 울퉁불퉁했고, 가시철조망이 곤두선 것도 보였다. 회색 야전 상의를 걸친 군인들이 우리를 슬픈 눈으로 바라보았다. 그들을 지나치는 우리 눈에 천으로 만든 군모의 붉은 별이 들어왔다. 군인들은 대지만큼이나 황량하고 음울했다. 안녕, 동지들!

나르바는 에스토니아 제1의 도시였다. 그 옛날 독일 양식으로 지은 박공집들이 보였다. 불현듯 분위기가 가벼워지면서 긴장이 풀리는 느낌이었다. 뒤로는 이상주의가 경직되면서 냉혹한 법률이 작동하는 거대한 진영이 견고하게 확립돼 있었다. 우리는 그 진영에서 빠져나와 부르주아지의 영역으로 들어가는 중이었다. 에스토니아는 작고, 깔끔하며, 넉넉했다. 수수한 가게들은 호화로워 보였고, 화려한 제복은 기이하게 다가와 싫었다. 에스토니아는 주민이 100만 명 정도에 불과하고 경제를 뒷받침해줄 배후지도 없었지만 근대 국가 행세가 대단했다. 의회가 갖추어졌고, 장군들이 있으며, 대외 정책도 편다는 것이었다. 러시아화된 세 영역이 일소되고 있었다. 에스토니아는 톨스토이의 언어를 버리고 있었고, 도르파트Dorpat 대학교(현재의 타르투Tartu)에서 러시아인 교원을 면직했으며, 민족주의 성향의 인텔리겐치아를 주조해냈다. 하지만 그들 지식인은 다른 세계와 어떤 언어, 어떤 표현 양식도 공유하지 못했다. 에스토니아가 얼마나 버틸까? 그 대가는?

나는 탈린(이후의 레발)에서 잠깐 멈췄다. 집을 짓는 건설 현장 앞에서 감정이 북받쳤다. 파괴의 참상을 어찌나 많이 보았던지 벽돌공들의 단순 작업마저도 몸 둘 바를 모르겠을 만큼 감동적이었다. 언덕의 옛 성채에 올라갔더니 텅 빈 거리가 내려다보였다. 중세 시대의 뾰족한 자갈돌이 그 길들에 깔려 있었다. 합승 마차 한 대가 길을 따라 운행됐고, 패스트리를 파는 가게와 카페들도 연해 있었다.

우리 러시아 어린이들이라면 그중 어떤 가게를 보더라도 환호성을 질러댔을 것이다. 볼가 강 유역의 아이들은 수십만 명이 목숨만 부지했지 해골바가지나 다름없었다. 나는 그 어떤 이론을 통해서보다 '민족 자결'의 원리를 더 잘 이해할 수 있었다. 러시아혁명이 봉쇄되면서 민족 자결의 의미가 완벽하게 제시되었기 때문이다.

나와 아내 류바, 그리고 아직 돌도 안 지난 아들 블라디미르[1]는 불법 여행자 신세였다. 물론 그렇다고 해서 공격받기 쉬운 만만한 형태의 불법은 아니었다. 페트로그라드에서 슈테틴 및 기타의 서방 도시 몇 군데까지는 장애물이 전혀 없었다. 우리 일행은 열두 명이었다. 인터내셔널의 대표와 요원들을 슬리브킨Slivkin이라고 하는 외교 특사가 신중하게(가끔은 공개적으로) 수행했다. 건장하고 쾌활한 그 젊은이는 상상할 수 있는 온갖 형태의 밀수를 했다. 그게 다가 아니었다. 우리 여정상의 경찰, 세관, 국경수비대가 전부 매수된 상태였다. 이동의 막바지였다. OMS 사무국Otdiel Mezhdunarodnoi Sviazy(코민테른 집행국 국제사업 담당)이 우리의 벨기에 여권에 정보를 적어 넣는 과정에서 블라디를 빼먹었음이 떠올랐다. ……

슬리브킨이 내게 말했다. "걱정 말아요. 국경 검사 때 내가 블라디와 장난치며 놀면 돼요." 슬리브킨은 슈테틴에서 또 다른 '무자격자'를 통과시키느라고 한층 곤경에 처했다. 독일 경찰이 1921년 3월 봉기의 조직자 가운데 한 명으로 지목해 그를 쫓고 있었다(또 다른 사람이 벨라 쿤이었다). 구랄스키Guralski는 장신의 호리호리한 젊은이로 검은 눈동자가 매서웠고, 얼굴은 잿빛이었다. 본명이 하이피츠Heifitz인 그는 유대인 분트파 투사 출신으로, 당시 인터내셔널에서 가장 근면한 요원 가운데 한 명이었다.

나는 베를린 경찰국에서 거주 허가증을 받았다. 10달러와 시가 몇 개를 건넸더니 일사천리였다. 나는 덤으로 벨기에인에서 폴란드인으로 변신까지 했다. 얼마 후 나는 다시금 국적을 변경해야 했는데, 그때는 리투아니아인이었다. 베를린의 카페들에 다음과 같은 고지문이 나붙었던 탓이다. "우리 가게는 폴란드인을 받지 않습니다." 폴란드가 상부 실레지아의 몇몇 광산 지역을 병합해버렸던 것이다. 주민투표 결과가 독일을 선택했다는 사실이 중요했다. 독일 국민은 격분했다. 쿠르퓌르슈텐담(베를린의 유명 거리 - 옮긴이)의 한 술집에서 겪었던 일이다. 러시아어로 몇 마디 지껄였더니, 얼굴에 흉터가 있는 한 신사가 고개를 홱 돌렸다. "폴란드 사람이오?" "아닙니다." 나는 웃으면서 이렇게 덧붙였다. "리투아니아 사람입니다." "그렇다면, 좋소. 한잔합시다! 폴란드 사람이었으면 당신을 죽였을지도 모르오."

베르사유 조약이 맺어진 이후의 독일은 사회민주당 대통령에 베르트Ebert가 통치했고, 공화국 헌법 역시 가장 민주적이었다. 하지만 독일 사람들은 세상이 무너졌다고 느꼈다. 사실 모든 것이 제자리를 지키고 있었다. 사람들은 겸손했고, 친절했으며, 근면했고, 쫄딱 망했고, 비참했고, 부패했고, 억울해했다. 슈프레 강과 프리드리히슈트라세 건너 시내 한복판에서는 거대한 철도역이 건설 중이었다. 1차 세계대전 상이군인들은 목에 훈장을 건 채 나이트클럽 바깥에서 성냥을 팔았다. 나이트클럽 안이라고 해서 상황이 별반 나을 것도 없었다. 여자들이 다른 모든 물건과 꼭 마찬가지로 가격이 매겨진 채 식사하러 온 손님들의 꽃으로 장식된 탁자 사이에서 나체로 춤을 췄으니 말이다. 자본주의가 미쳐 날뛰었다. 사람들이 후고 슈티네스[2]의 고무와 격려 속에 움직이고 있다는 게 분명했다. 독일은 채무 초과로 지불 불능 상태에 빠졌음에도 불구하고 엄청난 부가 쌓이고 있었다. 모든 게 팔렸다. 부르주아지의 딸은 술집에, 인민의 딸은 거리에 있었다. 관리들, 수출입 허가, 공문서,

사업 전망 따위를 믿는 사람이 아무도 없었다. 가치 높은 달러와 보잘것없지만 전승국의 부풀려진 주화가 지배권을 행사했다. 두 가지면 뭐든 살 수 있었다. 마음만 먹는다면 인간의 영혼도 가능했을 것이다. 연합국 군사위원회가 무장 해제 과정을 통제했지만 그것은 애당초 불가능한 임무였다. 아무튼 외국 군인들은 말쑥한 제복을 차려입고 거리를 활보했다. 독일 사람들은 정중하고 공손했지만, 증오를 느낀다는 것 역시 분명했다.

○ 독일 다다이즘을 대표하는 화가 게오르게 그로스의 〈사회의 기둥〉.

음모가 수도 없었을 뿐만 아니라 끊임없이 꾸며졌고, 그 결과와 영향도 엄청났다. 라인란트 분리주의자들의 음모는 외국이 돈을 댔다. 반동적 군사 결사체들이 모의를 했다. 우리 자신 혁명가들의 작당도 빼놓을 수 없었다. 철학자 오스발트 슈펭글러Oswald

Spengler는《서구의 몰락Der Untergang des Abendlandes》을 선언했다. 와서 보라. 이집트는 송장이다. 곰곰 생각해보라. 로마는 이미 종말을 고했다. 혁명적 시인들은《인류의 여명Dammerung der Menschen》을 선 포했다. 오스카르 코코슈카Oskar Kokoschka의 희곡, 그림, 책에서는 우주적 신경증이 고동쳤다. 게오르게 그로스George Grosz는 금속성 물감을 사용해 돼지 같은 부르주아와 자동 기계 같은 교도관들을 실루엣으로 표현했다. 죄수들과 노동자들이 그들 밑에서 벌레처 럼 살고 있는 광경도 묘사됐다. 에른스트 바를라흐Ernst Barlach는 공 포로 망연자실한 농부들을 조각상으로 제작했다. 나 역시도 이렇 게 썼다.

삶은 아픔에 시달리는 것.
붉게 달아오른 쇠만이 유일한 치유책,
허나 그들은 독약을 사용하지.

첨탑이 달린 자그마한 붉은 벽돌 교회들이 광장 주변으로 자리 했고, 다시금 광장은 시민들이 경작하는 도시 텃밭으로 분할 구획 돼 있었다. 독일 국방군Reichswehr의 최정예 병력이 묵직한 철모를 쓴 채 창문이 꽃으로 장식된 육군성 건물을 경비했다. 드레스덴 미 술관에서 라파엘로Raphael의 〈마돈나Madonna〉를 구경했다. 그녀로 인해 미술관의 그 전시실은 눈이 부셨다. 미술관을 찾은 방문객을 대하는 마돈나의 눈길은 그윽하고, 음울했으며, 특별했다. 독일은 사회생활이 완벽에 가깝게 조직돼 있었다. 작센이나 하르츠 산맥 의 오지에도 휴지통이 설치되었을 정도이니 말이다. 쇠네스 블리 크Schönes Blick라고 적힌 간판도 많았다. 말하자면 전망이 좋다는 얘 기다. 도시의 야경은 휘황찬란했다. 우리 러시아는 궁핍하기 이를 데 없었고, 독일의 풍요로움에서 받은 충격은 그만큼 오래갔다.

독일은 고혈을 빨렸고, 뼈까지 갉아 먹혔다. 독일 사람 가운데서 미래를 낙관하는 사람은 아무도 없었다. 공익을 생각하는 사람이 거의 전무했다. 자본가들은 혁명을 두려워하며 살았다. 프티 부르주아지는 영락했고, 구래의 태도와 희망이 눈앞에서 사라지는 것을 지켜보았다. 자본주의의 미래를 믿은 존재는 사회민주당 세력뿐이었다. 그들은 독일 민주주의가 안정될 것으로, 나아가 전승국들이 현명하게도 자비를 베풀어줄 거라고 믿었다! 1848년의 자유주의 부르주아가 떠오르는 대목이다. 그들은 낙관주의를 고수했다. 젊은이들은 국가주의적이었고 사회주의에도 경도되었는데, 사회민주당과는 아무런 관계도 맺지 못했다. 젊은이들이 혁명을 원하고, 러시아와 동맹해 혁명전쟁을 벌이고자 한다는 게 내가 받은 인상이었다. 그런 기운이 이성과 단절되자, 군사 결사체들이 힘을 얻었다. 물론 논리적인 신조가 침투한 사회 영역에서는 공산당이 세를 확장하기도 했다. 샤를 라포포르가 수염이 잔뜩 난 얼굴에 재미있다는 듯 냉소적인 표정을 하면서 내게 말했다. "독일에서는 혁명이 안 일어나요. 러시아에서 반혁명이 안 일어나는 것과 똑같은 이유죠. 사람들은 굶주리고 탈진한 상태입니다."

독일에서는 러시아혁명이 위대한 공훈으로 비쳤다. 새롭게 부상한 정의와 기구의 영광은 대단한 것이었다. 전대미문의 민주주의는 말할 것도 없었다. 일반 대중은 물론이고 반동분자들 다수도 그렇게 생각했다. 혁명이 치른 대가와 비용, 전제적 횡포, 기근, 장기간의 전쟁만이 눈에 들어온 세력은 사회민주당뿐이었다. 동일한 경로를 밟는 일은 몹시 힘들었고, 그들은 러시아를 따르지 않겠다는 결심이 확고했다. 한계에 이른 자본주의를 조금씩 바꿔가며 어떻게든 극복해보겠다는 것이 그들의 방침이었다. 그들은 오물이 쏟아져 나오는 국가, 행정부, 교육기관, 시청, 경찰기구의 땀구멍에 똬리를 틀었고, 정말이지 가끔은 도저히 제거할 수 없을 것 같았다. "무기력의 절정이라니!" 우리는 이렇게 말하고는 했다. 소련은 가난했다. 우리는 평등적 조치를 즉흥적으로 취했다(지배자들의 특권은 그리 대단하지 않았다). 우리는 창조력이 불을 뿜었고, 혁명가들도 몸을 바쳤다. 반면 독일은 사리를 꾀하는 투기 행위가 인정사정없이 벌어졌다. 부자들의 사치는 오만방자하고, 거의 정박아 수준이었다. 아울러 대중의 빈곤과 궁핍은 창피할 만큼 처참했다. 러시아혁명은 고집스럽고, 가혹했다. 수많은 과오를 범하면서도 스파르타식을 고수했다. 그럼에도 우리가 러시아혁명을 선선히 용서할수 있었던 이유다. 부르주아 세계는 그렇게 부패했고, 우리는 자신감을 회복했다.

나는《인프레코르Inprekorr》편집진에 합류했다.《인프레코르》는 코민테른 집행국의 통신사로 방대한 양의 자료를 발행했다. 목표가 전 세계의 노동자 언론을 지원하는 것이었고, 해서 독일어, 영어, 프랑스어 이렇게 세 언어가 채택됐다. 내 사무실은《적기Rote Fahne》편집국에 있었다. 거기서 나는 지크프리트Siegfried였다가 고틀리프Gottlieb가 되었다. 시내로 나오면 알베르트 박사Dr. Albert로 변신했고, 서류상으로는 빅토르 클라인Viktor Klein이었으며, 러시아 여행 때는 알렉세이 베를로프스키Alexei Berlovsky — 독일의 러시아인 전쟁 포로였던 — 였다. 빅토르 세르주Victor Serge는 기사를 키예프 발로 작성했다. 공교롭게도 나는 키예프라는 도시에 가본 적이 없었다. 세르주의 기사는 저 멀리 중국에서까지 발행됐다. 운터 덴 린덴 로에 있는 소련 공사관은 아주 드물게만 찾아갔다. 그럼에도 거기서 크레스틴스키Krestinsky와 야쿠보비치Yakubovich는 만날 수 있었다. 쿠르퓌르슈텐담에서 우연히 라덱을 만나면 눈인사를 교환했다. 둘 중 누구라도 미행이 붙을 수 있었기 때문에 절대 정식으로 인사하지는 않았다.

나는 그뤼네발트로 친한 친구 집을 자주 찾았다. 유명한 프랑스 공산주의자 자크 사둘이 거기 살고 있었다(물론 가명으로 살았다). 옆집 정원은 장미 덤불이 근사했는데, 그 사이를 풍채 좋은 신사가 산책했다. 독일 국방군 '블랙'(비밀) 부대와 군사 음모단의 지휘자 가운데 한 명인 에크하르트Eckhart 대위였다. 우리 인터내셔널의 법외자들과 사절들이 가끔 만난 곳은 첼렌도르프의 한 저택이었다. 울창한 솔밭이 그늘을 드리운, 장밋빛이 견실해 보이는 그 별장은 에두아르트 푹스Edouard Fuchs 소유였다. (그는 나이에도 불구하고 왕성하게 활동했다.) 그곳에서 우리는 사회주의를 토론하고, 음악도 좀 들었다. 라덱, 부요비치Vuyovich 형제, 오토 폴Otto Pohl(오스트리아 대사), L.-O. 프로사르, 그 외 러시아인들이 거기 모였다. 사회 역사가 푹스는 도미에Daumier와 슬레포크트Slevogt의 작품, 중국과 일본의 미술 세공품, 독일 혁명의 어두운 구석을 밝혀주는, 사람들이 잘 모르는 사실을 수집했다. 그는 공산주의 운동의 언저리에 있었고, 결코 위험하지 않다고 할 수 없는 일들을 계속 했다.

가족과 함께 세 들어 살 곳을 찾기가 여러 이유로 쉽지 않았다. 느닷없이 동지가 찾아와 군식구가 늘어나는 일도 다반사였다. 아무튼 꽤 오랫동안 나는 노동자들의 한 공동 주택에서 살았다. 안할트 역 근처였는데, 그곳은 스파르타쿠스단에 가입한 노동자들의 본거지였다. 1923년 봉기가 준비되던 가장 결정적인 시기에는 쇠네베르크의 작은 아파트가 거주지였다. 바로 맞은편에 독일 국방군 병영이 있었다. …… 나를 수발하던 밀사들은 겁 없는 젊은이들이었다. 그들은 나를 만나러 오면서 투사들의 상징이나 다름없는 코르덴 양복을 벗지 않았을 뿐만 아니라 귀찮다며 옷깃에서 붉은

별 휘장도 떼지 않았다. 나는 몇 번이고 바보처럼 체포될 뻔했다. 한번은《적기》편집국의 현관 출입구에 발을 들여놓으려는 찰나에 아내가 팔을 붙들고 나를 제지했다. "계속 가요, 어서!" 현관에 녹색 제복을 입은 보안경찰이 가득했던 것이다. 대놓고 그들 곁을 서둘러 지나갔다. 나는 무역 중개인 행세를 하며 시내에 별도로 작은 사무실을 두고 있었다. 어떤 종류의 물품을 거래한다고 할지 생각해본 적은 없었지만 말이다.

　　《인프레코르》는 세계 공산주의 운동의 지적 조언자이자 정치적 후원자였다. 허나 그곳 편집진은 대단히 평범했다.《인프레코르》의 책임자는 헝가리 소비에트 정권에서 고위직을 맡았던 줄리어스 알파리Julius Alpari였다. 살집이 통통했던 그는 재주가 많았고, 박식했다. 허나 알파리는 자신의 역할을 조심스럽게 조직을 이끄

는 관료로 한정했다. 비록 불법 활동을 하고는 있었지만 직장 생활
이 방해를 받아서는 안 됐다. 그가 자기 의사를 밝힌 쟁점이나 사안
이 하나도 없었다. 알파리는 적절한 보상이나 기다리는 순응주의
형 혁명가로 소극적이었고, 적당주의로 임했다. 그가 나에게 말하
면서 활짝 웃었던 게 생각난다. "예쁜 여자가 '노'라고 말하면 '예
스'란 얘기죠. 외교관이 '예스' 하고 대답하면 그건 '노'라는 뜻입
니다. 내가 '예스'나 '노'라고 말하면 그건 '예스'도 아니고 '노'도
아니에요. ……"

독일 분과 운영자는 프러시아 주의회 의원 두 명이었다. 바르
츠Bartz는 시사 만화가들이 하급 관리를 묘사할 때 떠올리는 이미
지였고, 프란츠 달렘Franz Dahlem은 이목구비가 또렷한 젊은이였다
(코가 톡 튀어나왔고, 눈은 표정을 읽을 수 없었다). 달렘은 묵묵히 일하는 유형
이었다. 회의할 줄 모르는 투사였고, 열심히 사실을 수집했지만 스
스로 생각하는 법이 없었다. 그는 받은 지시와 명령을 꼼꼼하게 수
행하기만 했다. 바로 이게 공산당 하사관 유형이다. 그들은 돌대가
리도 아니었지만 생각하는 존재도 아니었다. 그들은 순종했고, 말
을 잘 들었다. 바르츠는 충직한 노동계급의 대표로 죽었다. 알파리
는 파리가 함락될 때까지 코민테른 요원으로 계속 활동했다. 프란
츠 달렘은 탤만[3]이 체포된 이후 독일 공산당을 이끌다가 프랑스에
억류되었고, 비시 정부에 의해 게슈타포에 인계되었다. 십중팔구
죽었을 것이다. 그는 전체주의화한 공산당의 그 모든 악랄한 활동
을 성실하게 수행했다. (그가 아직 안 죽었다면) 훌륭한 하사관처럼 용감
하게 죽음을 맞이할 것이다. 인터내셔널에는 이미 1922년쯤부터
막일이나 하는 관리들이 알게 모르게 똬리를 틀고 있었다. 그들은
기꺼이 소극적으로 복종했다.

개별 투사 몇을 제외하면 인터내셔널에서 로마 진격과 무솔리

니의 부상을 제대로 이해한 사람이 아무도 없었다. 나는 지근거리에서 파시즘의 부상과 전개를 추적했다. 파시즘은 반동분자들이 벌이는 한바탕의 익살극으로 머잖아 소멸할 테고, 혁명이 도정에 오를 거라는 게 지도부의 판단이었다. 나는 그 생각에 반대했다. 새롭게 부상한 이 반혁명은 러시아혁명을 반면교사로 삼았습니다. 선전 활동을 통해 대중을 조작하고, 억압하는 걸 보세요. 그게 다가 아닙니다. 파시스트들은 환멸을 느끼고 혁명을 떠났지만 여전히 권력에 굶주린 자들을 끌어들이는 데 성공했어요. 그들의 지배가 오래갈 겁니다.

인터내셔널과 소련 정부는 병행 접근을 시도 중이었다. 별개의 목표가 두 개였다. 향후의 사태에 대비해 유럽 전역에 규율 바른 정당을 조직하는 것이 첫 번째요, 자본주의 국가들의 용인과 신용을 얻어 러시아를 재건하는 게 두 번째였다. 그런 신용이 확보되었더라면 소련 체제는 어쩌면 자유화되었을 것이다. 제노바 회의가 열린 1922년 5월 레닌과 카메네프가 언론의 자유를 일정 정도 부활할 걸 고려했음을 나는 안다. 당과 연계가 없더라도 모스크바에서 일간지를 발행할 수 있도록 허용하자는 얘기도 오갔다. 당과 무관한 문학 평론지가 실제로 등장했다. 나라가 빈곤했고, 해서 교회로부터 귀금속을 압류해야 했지만 종교를 일정 정도 용인하자는 안도 구상되었다. (교회 재산 몰수 조치는 무수한 충돌을 낳았고, 사형 집행도 늘었다.) 제노바 회의는 러시아에 좌절을 안겼다. 치체린과 라코프스키가 융통성을 보이며 나긋나긋하게 대응했지만 소용이 없었다. 치체린은 라팔로에서 패배를 만회했다. 독일과의 우호 조약에 서명한 것이다. 소련은 그렇게 해서 명실상부 베르사유 조약상의 패전국들과 함께했다.

인터내셔널 조직 세 개가 회의를 하기로 했고, 적이나 다름없는 형제가 처음으로 한 회의 탁자에 모였다(독일 제국의회의 한 서재에서 만났다). 사회주의 인터내셔널의 지도자, 2.5인터내셔널의 지도자, 제3인터내셔널의 지도자들이 그 주인공이었다. (개량주의자들과 볼셰비키의 중간으로 결집한 소그룹을 우리가 조롱조로 지칭한 게 2.5인터내셔널이다.) 나는 기자 신분으로 그 회의에 참석했다. 그들은 외모가 현저하게 달랐다. 사회(민주)주의자들인 아브라모비치, 반더벨드, 프리드리히 아들러Friedrich Adler는 서구 지식인의 고상한 외모에 행동거지도 유능한 변호사 같았다. 그들은 전반적으로 온건하고, 절제돼 있었다. 그들과 마주한 것은 클라라 체트킨[4], 라덱, 부하린이었다. 면면을 보자. 체트킨은 비록 늙었지만 단단하고 건장했다. 라덱은 표정이 풍부하고 냉소적이었다. 부하린은 상냥했지만 완고했다. 사회주의자들은 합당한 이유를 대며 러시아가 정치 탄압을 끝내야 한다고 주장했다. 부하린은 내게 이렇게 말했다. "핑계일 뿐입니다. 저 사람들은 사회주의를 위해 싸울 태세가 안 돼 있어요." 명령조로 그가 보탠 말은 이랬다. "우리 언론은 저들을 인정사정없이 공격해야 합니다."

러시아 사회혁명당 중앙위원회 재판으로 협력의 가능성이 완전히 사라지고 말았다. 사회혁명당은 내전에 가담해 우리를 공격했다. 그들 조직의 테러리스트 가운데 한 명인 세미오노프Semionov가 1918년 페트로그라드에서 볼셰비크 선동가 볼로다르스키Volodarsky 암살 작전을 주도했다. 도라 카플란Dora Kaplan은 레닌을 저격했다. 세미오노프는 볼셰비즘을 수용했고, 범죄 사실을 깡그리 자백한 후 게페우의 비밀요원이 됐다. 레닌 암살 시도는 배후가 철저하게 조사됐다. (첫 번째 암살 기도의 주모자들은 그러면서도 페트로그라드에서 공산당에 입당했다.) 공판은 주요 피고 열두 명에게 사형을 언도했으나, 형 집행은 유예됐다. 고츠[5], 티모페예프Timofeyev, 게르슈타인

Gerstein이 거기 포함돼 있었다.

공판 진행을 베를린에서 지켜보자니 몹시 괴로웠다. 내전이 끝난 마당에 우리가 패배한 자들의 피를 원하다니! 사회혁명당의 수많은 영웅이 그 옛날 초개와 같이 혁명운동에 몸을 바치지 않았던가. 정치국은 주저했다. 그들의 발언이 전해졌다. "우리가 농민과 충돌하는 것은 필연이다. 이 농민 정당은 전망이 확고하다. 어쩔 수 없다. 목을 베어버려야 한다." 그 재앙을 막아야 했고, 나는 친구 몇 명과 의논했다. 클라라 체트킨, 자크 사둘, 수바린도 목표가 같았고, 영향력을 행사했다. 막심 고리키도 관계를 전부 끊어버리겠다며 레닌에게 편지를 써 보냈다. …… 유혈 사태는 일어나지 않았다. 허나 13년 후 노인이 다 된 게르슈타인이 유배지 오렌부르크에서 찢어지게 가난한 상태로 죽어가는 것을 나는 지켜봤다. 그는 양심의 명령을 따른 단호한 이상주의자로 마지막 숨을 내쉴 때까지 자신의 민주주의 신념을 고수했다. (고츠는 1936년 볼가 강 유역의 한 소도시로 두 번째 유배를 갔다. 재무부에서 고위 관리로 일하던 실세였는데도 말이다. 그는 1937년 알마아타에서 고문을 받고 살해됐다.)

그 사건 직후인 1922년 말에 나는 모스크바를 잠시 방문했다. 러시아는 다시 살아나고 있었다. 페트로그라드는 상처를 싸매고, 폐허에서 일어서는 중이었다. 야간 조명 상태는 초라했고 끔찍할 만큼 암울했다. 하지만 사람들은 더 이상 굶주리지 않았다. 도처에서 활달한 삶의 발걸음을 분명하게 감지할 수 있었다. 공안통치는 공식으로 폐지되지는 않았어도 끝났다. 모두가 체포와 처형의 악몽을 잊기 위해 애를 썼다. 세라피온 형제회Serapion Brothers와 그 외 작가들이 새로운 문학을 폭죽처럼 선보였다. 무명이었던 사람들이 순식간에 문학의 거목으로 각광받았다. 보리스 필냐크[6], 브세볼로트 이바노프[7], 콘스탄틴 표딘Konstantin Fedin이 그들이다. 그들의 작품은 강렬하고 격정적이었으며, 열렬한 휴머니즘과 비판 정신이 충만했다. 그런데도 비난을 받은 건 전혀 공산주의적이지 않았기 때문이다. 정말이지 공산주의와는 아무런 상관이 없었다. 그래도 그들의 작품은 출판되었고, 많은 사랑을 받았다. 분위기가 험악한 시절에 중단되었던 러시아 문학의 위대한 전통이 평화가 도래한 2년차에 부활하고 있었다. 기적과도 같은 일이었다.

소규모 상인들이 여기저기에서 생겨났다. 사람들이 시장을 가득 메웠다. 술집에서는 음악이 흘러나왔다. 맨발의 청년들이 새벽녘에 거리를 뛰어다녔다. 그들은 택시를 쫓아가 연인들에게 꽃을 건넸다. 거지들이 많았지만 굶어 죽지는 않았다. 관료들은 트로츠키가 주창한 재건계획을 논의하기 시작했다. 국가가 회복되고 있었다. 다시금 행진을 시작한 것이었다.

크렘린의 분위기는 여전히 낯이 익었다. 코민테른 집행국은 확대 회의를 열고 어떤 문제들을 논의 중이었는데, 뭐였는지는 지금 기억이 안 난다. 거기서 아마데오 보르디가를 만났다. 그는 그 어느 때보다 더 우울해 보였고, 더 단호했으며, 걸핏하면 싸우려 들었다. 그때는 혁명의 도덕성이 말다툼의 주제였다. 지노비에프는 관대하게 그의 말을 들어줬다. 자크 도리오[8]는 주요 인사로 부상해 있었다. ……

부패, 노예근성, 음모, 고자질, 관료주의가 인터내셔널을 운영하는 데서 점점 더 비중이 커졌다. 유력자 행세를 하거나 행정관직을 차지하려면 누구라도 러시아와 러시아 사절들에게 끊임없이 굽실대야 했다는 것이 그중에서도 최악이었다. 러시아가 돈을 주물렀고, 다른 정당들은 천덕꾸러기 신세였다. 지도자들이 부르주아적 삶의 방식에 길들여진 정치인들이라서, 그 당들은 선전 능력도 실행력도 전혀 없었다. 인터내셔널은 두세 가지 방법을 써서 그들에게 활력을 불어넣고자 했다. 탁월한 유경험자들로 하여금 당들을 맡아 관리하게끔 한 것이 첫 번째 시도였다. 그들 대다수가 러시아인이었고 (해서 서구인들의 심리와 사고방식이 낯설었다) 그들이 지노비에프 추종자들이었다는 사실도 보태야 하리라. 인터내셔널은 다른 당들에 상당한 자금을 제공했다. 존경받는 고참 정치인들을 제거하고, 젊은 투사들로 대체하는 것이 세 번째 방법이었다. 청년 투사들은 출세주의자에 불과한 경우도 있었다. 인터내셔널 소속 정당들은 한 위기에서 또 다른 위기로 계속 휩쓸렸다.

베를린은 교차로였고, 나는 다수의 대표단과 사절들을 만나고 접했다. 생드니의 청년 기사 자크 도리오는 실세라는 자부심이 대단했다. 프로사르는 러시아혁명에 기여할 것이며, 제3공화국의 의회제 사회주의로는 돌아가지 않겠다고 확약했다. 철도원 노조 서기인 피에르 세마르Pierre Sémard는 당을 프롤레타리아화하겠다고 호언했다. (그는 장신으로, 침착했으며, 얼굴 표정이 전형적인 파리 노동자의 모습이었다.) 루이 셀리에Louis Sellier는 소련의 화폐 개혁에 열광했다. 그가 사안을 전혀 모른다는 것이 단박에 감지되었다.

프로사르는 몇 달 후 인터내셔널과 결별했다. 세마르는 죽을 때까지 당에 충성했다. 하지만 창피를 많이 당했고, 극악무도한 혐의 내용에도 시달렸다. 요컨대, 세마르가 경찰의 첩자라는 것이었다. 그는 위선적인 중상과 비방에 시달렸고, 결국 지도부에서 쫓겨난다. (나치는 1942년 4월 15일 파리에서 그를 총살했다.)

마르셀 카생Marcel Cachin은 자신이 바르샤바 진격을 못하게 레닌을 말렸다고 떠벌였다. 오, 하지만, 문제는 사람들이 그의 얘기를 들으려고 하지 않았다는 것이다. 카생은 호감이 가는 성격에, 솔직했다. 그는 머리칼이 세는 중이었고, 콧수염을 기른 얼굴은 늙은 선원이나 광부 같았다. 카생은 열정적인 목소리의 소유자였고,

프랑스어 발음이 완벽했다. 이는 의회 연설에 적합한 자질이었고, 그는 실제로 국회의원으로 활약했다. 그는 순전히 변사辯士처럼만 사고했다. 당을 물신처럼 숭배했고, 인기가 가장 중요했다. 카생은 명성을 유지하기 위해 항상 가장 유력한 견해를 따랐다. 시류를 감지하는 것도 재빨랐다. 그는 상당히 똑똑해서, 거의 모든 사태를 꿰고 있었고, 몹시 괴로워했다. (나는 오래전부터 그렇게 확신해왔다.) 하지만 그는 결코 반기를 들지 않았다. 소속한 당과 의회 따위가 없었다면 도대체 그가 어디에 머무를 수 있었겠는가? 하지만 평균적으로 얘기해서, 우리의 인적 자원과 내가 가려 뽑은 사람들은 비교적 우수했다.

베르사유 조약으로 독일에 배상금이 부과되었고, 위기가 악화일로로 치달았다. 보로프스키Vorovsky는 인본주의적 맑스주의자로, 이탈리아 주재 소련 대사로 근무 중이었다. 백군을 지지하는 러시아인 청년 망명자가 그를 로잔에서 저격 살해하는 비극이 발생했다. 독일 상황이 엄청 심각했고, 모스크바에서 명령이 하달됐다. 소련을 지지하는 대규모 공산당 시위를 요구하는 내용이었다. 요컨대, 이송 시신이 독일을 통과할 때 그렇게 하라는 거였다. 안개가 잔뜩 낀 어느 저녁에 운구차가 실레지아 역에 도착했다. 군중이 어둑어둑한 가운데 역사를 에워쌌다. 적기가 수도 없이 보였다. 라덱이 꽃과 깃발로 장식된 무개화차의 뒤쪽에서 연설을 했다. 주변으로 횃불이 타올랐다. 분위기가 열광적이었고, 라덱의 거칠고 단호한 목소리는 묻혀버렸다. 하지만 작달막하고 준엄한 그의 실루엣은 또렷했다. 대사 크레스틴스키[9]가 행진 대열에 속해 함께 걸었다. 그를 보호하는 건 독일 청년 공산당원 한 무리뿐이었다.

크레스틴스키는 대단히 똑똑한 사람이었다. 그는 신중하고 용감했으며, 혁명 정당에 평생 헌신했다. 사실 그의 독일행은 일종의 유배였다. 민주적 성향 때문에 사무총장 자리에서 면직된 것이다. 그는 여전히 젊었고, 근시가 심해서 날카로운 눈매가 4분의 1인치 두께의 렌즈에 가려 있었으며, 해서 표정이 소심해 보였다. 길쭉한 대머리에 검은 턱수염은 학자를 연상시켰다. 실제로도 그는 엄청난 사회주의 실무 기술자였다. 그는 불필요한 위험을 감수하는 것에 반대했지만 그렇다고 해서 두려워하지도 않았다. 정말이지 그는 철저히 준비돼 있었다. 때가 되면 비서진, 직원과 더불어 권총을 들고 대사관을 사수할 각오로 임무를 수행한 것이다. 그날 저녁 그는 안전 조치를 취해야 한다는 조언을 물리쳤다. 베를린 주재 소련 대사라면 약간의 위험은 감수해야 한다는 것이 크레스틴스키의 답변이었다. 보로프스키의 관을 메고 이루어진 횃불 시위와 함께 혁명적 동원의 시기가 열렸다.

쿠노Cuno 정부는 독일이 더 이상은 배상금을 지불할 수 없다고 선언했다. 정부와 산업계는 공화국이 파산했고, 어쩌면 혁명이 일어날지도 모른다며 유럽의 지도자들을 협박했다. 프랑스의 푸앵카레Poincaré는 군대를 동원해 루르 지방을 점령했다. 그 과정에서 슐라게터Schlageter라는 국수주의자가 사살되었다. 프랑스 스파이들이 라인란트에서 분리주의 공작을 벌였다. 사건들이 어지럽게 속발했고, 나는 매시간 촉각을 곤두세웠다. 물가가 엄청나게 상승했고, 투기가 만연했다. 달러 환율이 하루에 무려 두 번씩 바뀌었다. 미국 연방은행이 발행한 달러화 소지자들은 전화 통화를 하면서 가장 최근의 환율을 파악해, 가게의 물건을 싹 털어갔다. …… 대도시들의 번화가에는 꾸러미를 움켜쥔 채 달아나는 사람이 많았다. 빵집과 식료품점 밖에서 독일 국민이 사실상 폭동을 벌인 것이었다. 그들을 제지할 배급 제도도 전혀 시행되지 않았다. 폭도들이 거리를 어슬렁거렸다. 편지에 우표를 붙이는 데 몇 조 마르크가 들었을까? 나는 베르트하임의 한 가게에서 어떤 노파를 목격했다. 검정색 레이스 장식끈을 목에 감은 노부인은 핸드백에서 발터 라테나우Walter Rathenau의 시절이던 전 해에 발행된 지폐 수백 마르크를 꺼내 계산대 위에 올려놨다.

"안됐지만 그 돈은 이제 아무 값어치가 없습니다, 부인."

"무슨 말이에요? 이해할 수가 없군요. ……"사람들은 껄껄 웃었다. 발터 라테나우는 죽었고, 그의 시신은 티끌로 변해 있었다. 그 유명한 유대인은 독일 자본주의를 새로이 현명하게 조직하는 방안을 꿈꿨고, 라덱과 이 주제로 토론까지 했던 것이다.

알렉산더 광장과 경찰국에서 그리 멀지 않은 곳의 한 가게가 약탈당하는 것을 봤는데, 그렇게 질서 정연할 수가 없었다. 음식을 세 깡통 이상 가지고 나오는 사람이 아무도 없었다! 그게 프롤레타리아의 규율이었던 것이다. 나는 구두 가게가 약탈당하는 것도 봤다. 두 사람이 자원해 바깥에서 망을 보는 가운데 사람들은 신속하게 신발을 신어보면서 맞는 사이즈를 찾았다. 맞는 신발을 못 찾은 사람은 양심적이게도 그냥 빈손으로 나왔다. …… 저녁에는 알렉산더 광장의 같은 거리에서 귀에 거슬리는 호루라기 소리가 들려왔다. 신호가 나면 어두운 형체들이 사방에서 등장해 유대인이 운영하는 가게 앞에 모였고, 별안간 고함과 함성이 들리는가 싶다가 유리창 깨지는 소리가 났다. 급하게 순찰차가 출동하면 소음이 멈췄고, 그림자들은 달아났다. 다음날 아침 현장을 살펴보면 폭동이 일어났던 거리임이 분명했다. 이불을 갈라, 도처에 깃털이 나부꼈다. 부자 동네라는 것이 더 이상은 존재하지 않았다. 물론 나이트클럽에서는 여전히 술꾼들이 흥청대고 있었다. 술집은 세상이 끝날 때까지 영업을 계속할 것이다. 권모술수에 능한 실업가들은 가장자리에 모피를 댄 외투를 입었고, 화려한 승용차를 타고 돌아다녔다. 그들은 주식의 진짜 가격을 알고 있었다. 상품, 선박, 인간, 기계, 각료들, 푸른곰팡이 색 제복을 걸친 경찰 간부들의 가격을 알고 있었음도 물론이다. 반면에 뭐라도 가격을 아는 서민은 아무도 없었다. 나는 기사로 일하는 늙은 집주인에게 매주 아파트 임대료로 커다란 갈색 빵 세 덩이를 살 수 있는 돈을 줬다. 그가 내게 물었다. "돈으로 더 이상 빵을 살 수 없게 되면 어쩌죠?" 그는 작센 왕의 조신 출신으로, 나이가 일흔다섯이었다. 나는 그에게 굶으라거나 가게를 약탈하지 말라고 대꾸할 수 없었다. ……

베딩, 노이쾰른, 모아비트의 노동계급 여성들은 안색이 납빛이었다. 아마도 그런 모습을 처음 본 건 교도소의 재소자들이었을 것이고, 러시아혁명 후 기근이 덮친 도시 주민들이 두 번째였다. 창문에서 새어나오는 빛을 거의 볼 수 없었고, 거리의 사람들 역시 활기가 없었다. 낮에는 하루가 멀다 하고 파업이 빈발했고, 밤이면 밤마다 불길한 침묵 속에서 연발 권총의 총성이 울려퍼졌다. 선전원들이 거리로 나가 상황을 논평했다. 사회민주당은 뭐랄까 안전한 방식으로 화를 냈고, 공산당은 열정적이었으며, 비밀 결사들은 애국주의적이었지만 어쨌거나 의견이 일치했다. 베르사유 조약이 독일 국민의 목에 걸린 올가미라는 것이었다. 프랑스에 화가 있을진저, 폴란드에 재난이 닥치리라, 자본주의가 멸망하기를! 공산당한테는 멋진 계획이 있었다. 산업국가 독일과 농업국가 러시아가 단결하면 세계를 구원할 수 있다는 것이었다. 라덱이 민족주의자들과의 우호 협력을 골자로 하는 일명 '망치 전술Schlageter tactic'을 밀어붙였다. 그것은 위험했다. 정말이지 불장난이나 다름없었다! 언제, 어디서, 어떻게 시작한단 말인가? 우리 쪽 선동가들은 공격을 개시하자고 주장했다. 싸움을 시작해야 한다는 게 그들의 요구였다. 그렇게 하기로 결정이 내려졌다. 신중하고 철저하게 준비해 거사일을 선택하기만 하면 됐다. 한편으로, 트로츠키가 모스크바 군사학교에서 행한 강연 내용이 여러 언어로 출판돼 있었다.《날짜를 미리 잡고 혁명을 할 수 있는가? Can one lay down the date of a revolution in advance?》가 강연의 주제였다. 작센과 튀링겐에 노동계급 정부가 들어섰고(각각 공산당과 사회민주당), 공산화된 두 주는 붉은 군대를 2개 사단 꾸렸다. 체코슬로바키아에서 무기가 도착했다. 독일 국방군한테서 더 많은 양이 흘러나왔다. 거래가 이루어졌는데, 그 달러화 대금은 러시아에서 왔다. (군대는 해가 떨어지면 카빈총을 한 트럭 싣고 왔고, 신권 달러화를 손에 넣은 다음 보안 경찰에 정보를 넘겼다. 그러면 그들이 새벽녘에 트럭을 덮쳤다. ……) 청년 투사들은 군대에 은밀히 침투하라는 명령을 받았다. 철도 노동자들은 탄약을 실은 화차를 지선으로 빼, 은닉했다. 운송을 담당한 동지들의 경우 무척 조심해야 했다! 밤이면 병영의 초소로 여자들이 접근했다. 머리를 틀어 올리고, 근무 중인 젊은 병사들에게 추파를 던진 것이나. "수류탄 좀 보여주세요?" 연가와 달콤한 설렘을 거역할 사람이 그 누가 있으랴!

대중이 우리를 따를까? 당은 라인란트에서 처음으로 대규모 파업이 벌어지고서야 마음을 정했다. 그들은 힘을 낭비하지 않도록 파업운동을 제지했다. 우리의 힘과 세력이 결집 중이었을까, 아니면 약화되고 있었을까? 사람들은 굶주리면 용기를 잃는다. 인터내셔널이 모든 걸 정하면 평범한 사회민주당원들(그들은 공산당을 불신했다)과 보통 사람들은 어떻게 생각하고 판단할까? 모스크바에서 집행국 회의가 열렸고, 보리스 수바린은 내게 이런 편지를 보냈다. "우리는 레닌처럼 생각하려고 애쓰고 있습니다. ……"

집행국은 10월 25일을 봉기일로 잡았다. 페트로그라드에서도 1917년 그날 권력을 잡았다. 율리우스력과 그레고리력의 날짜 차이는 별로 안 중요했다! 나는 수바린과 모스크바의 다른 동지들에게 답장을 썼다. 당의 계획과 주도력이 대중의 자발적 운동과 결합하지 못하면 불행한 결말을 맞게 될 거라는 취지였다. 나는 매일이다시피 다량의 무기가 압수 중이라는 소식을 접했다. 노동계급 지구의 고조되었던 긴장과 기대감이 이상하게도 바람 빠지듯 완화되는 게 느껴졌다. 모반의 열정으로 충만했던 실업자들이 지쳤으며 다 싫다는 투로 상황을 체념하고 받아들였다. 순식간의 변화였다.

보야 부요비치Voya Vuyovich가 모스크바에서 왔다. 불거져 나온 이마에, 두 눈은 잿빛이었고, 앳된 얼굴은 밝게 빛이 났다. 나는 보야의 투사 이력을 잘 알았다. 그는 세르비아에서 도망쳐 와 사회주의자가 되었다. 패배한 어중이떠중이 폭도 가운데도 차분하게 생각할 줄 아는 사람들이 있었던 것이다. 그는 프랑스에서 투옥을 당했다. 그 밖에도 과거의 사회당들에서 자잘한 위원회, 인터내셔널, 불법 여행, 비밀 통신, 분파 모의 등의 활동을 했다. 보야는 리보르노 당 대회 때 이탈리아 사회당의 분열을 막후에서 배후 조종한 주모자 가운데 한 명이기도 하다.

그가 내게 이렇게 말했다. "루르 지방의 프랑스 군대를 상대로 수행한 선전 활동이 효과를 보았습니다. 쾰른에서는 경찰 첩자를 처리했고요. ……" 보야는 그날 우리가 승리할 거라고 믿었다. "모든 상황이 러시아보다 훨씬 좋습니다." 당신 판단이 맞았으면 좋겠군요.

다른 동지들은 봉기 이후의 사태를 고려해 일종의 '끝마무리' 부대를 조직 중이었다. 그들이 반혁명을 이끄는 지휘부를 제거한다는 개념이었다. 우리 편의 최정예 활동가들은 열의로 충만했다. 하지만 그들뿐이었다는 게 문제였다. 봉기 며칠 전 독일 공산당 투쟁국의 한 투사를 만났다. 그는 질문을 받고서 내 눈을 지그시 바라보더니 이윽고 대꾸했다. "지더라도 좋은 선례를 남기는 겁니다.

어쨌든 우리는 패배할 겁니다." 우리 모두가 그렇게 생각했다. 하지만 그 와중에도 KPD 중앙위원회는 고위 당직자들에게 인민위원 직을 나눠주고 있었다. 교사 출신으로 연한 적갈색의 염소수염을 한 쾨넨Könen이 중앙위원회 정보국을 대신해 모든 게 잘 돌아가고 있다고 우리에게 설명했다. 우리가 베를린에 비축해두었던 무기 상당량이 압수당한 바로 그날조차 여전히 그랬다. 우연이 나의 가장 중요한 정보원이었다. 탁월한 정보원이기도 했다. 당 관료 한 명이 빌리 뮌첸베르크[10]의 집에서 나오다가 경찰에 체포되었다는 걸 알게 됐다. 그가 지닌 서류 가방에는 우리 편 무기 재고 서류가 들어 있었다. 그 장부는 코민테른 집행국에 전달될 예정이었다. 독일 공산당은 수도 베를린에서 거의 무장 해제되었다. 정부가 원칙적으로 독일 공산당을 해산하기로 결정했다는 소식도 내 귀에 들어왔다. 중앙위원회 성원들에게 그 사실을 알렸다. 물론 직접 그들을 만날 수는 없었기 때문에 사신을 통해서였다. 그들은 다음과 같은 취지로 회신을 보냈다. 그건 유언비어다. 아무튼 무슨 말인지는 알겠다. 어느 누구도 참견해서 뜯어말리려고 하지 않았다! "물론 우리가 질 수도 있다. 그럴 경우에는……" 그들은 이미 진 상황이었다. 하지만 상황이 그렇다는 걸 여전히 전혀 눈치 채지 못했다.

모든 게 1923년 10월 25일 권력 장악에 맞춰졌다! 공산화된 작센과 튀링겐이 앞장을 설 예정이었다. 브란틀러Brandler, 헥케르트Heckert, 보트체르Bottcher가 코민테른의 명령에 따라 드레스덴의 차이크너 사회민주당 행정부 각료로 입각했다. 공산당원들은 작센 주정부가 봉기를 예보해준다고 생각했다. 사회민주당 정부가 또 한 차례의 위기관리 내각일 뿐이라고 본 것이다. 다른 모든 시대와 꼭 마찬가지로 모든 것은 사필귀정이다. 21일 공장위원회 대회가 켐니츠에서 열렸다. 요컨대, 프롤레타리아트 독재를 선포할 노동자위원회 대회를 예행 연습한 것이었다. 노동자백인단Workers' Hundreds이 대회장 밖을 지켰다. 젊은 친구들은 스포츠 셔츠에 당당하게 오각별을 달았고, 백전의 스파르타쿠스 단원도 있었다. 그들 스파르타쿠스 단원은 1918년 11월과 1919년 1월 봉기 과정에서 살아남았고, 카를 리프크네히트와 로자 룩셈부르크가 백주대낮에 사람들이 보는 앞에서 살해당한 사건을 겪었으며, 냉혈한 구스타프 노스케Gustav Noske의 독재를 참고 참았다. 그들은 무슨 일을 요구받더라도 기꺼이 응할 마음의 준비가 돼 있었다. 나는 그들과 함께하고 있었다. 그들은 머뭇거리면서도 내게 러시아 상황을 물었다. 멀대같은 청년들이 시가전의 전술을 연구했다.

켐니츠 대회가 열리고 에베를라인Eberlein이 베를린에서 은밀히 봉기를 준비하는 와중에, 러시아인 군사 전문가들이 전략적 상황을 재평가했다. 우크라이나 내전에 참여한 유리 퍄타코프Yuri Piatakov와 (내 기억에) 로조프스키가 그들이었다. 키예프 주변에서 전투를 할 때도 무기가 이렇게 적지는 않았어요! 봉기를 취소하는 것 말고는 다른 수가 없었다. 켐니츠에서 돌아온 사람들은 실망이 이만저만 아니었다. 밀사들이 모반을 중지하라는 명령을 들고 전국 각지로 급파됐다. 우리가 일단 숨을 돌린 다음 무기를 확보할 수 있었을까? 그런 생각 자체가 미친 짓이었다. 이어진 사태의 제1단계에서 우리가 당할 패배의 규모를 인지한 사람은 극소수였다.

함부르크는 봉기 철회 명령을 받지 못했다. 공산당원 300명이 혁명을 일으켰다. 함부르크 시민은 쥐 죽은 듯 숨을 죽였고, 바짝 긴장한 채 사태를 관망했다. 공산당원 투사들은 거사를 결행했다. 그들은 열의가 대단했고, 체계적으로 조직돼 있었다. 경찰 초소가 하나둘 함락되었다. 저격수들이 주요 도로 양쪽의 고층 건물 창가에 자리를 잡았다. 300명이 함부르크를 장악한 것이다! 하지만 나머지 독일은 단 한 발자국도 움직이지 않았다. 함부르크는 무주공산의 상황이었다. 주부들이 장을 보러 나왔고, 경찰이 다시금 조심스럽게 활동을 개시했다. 자신감을 회복한 경찰이 숨어 있는 반란 세력을 겨냥해 발포하기 시작했다. 반역자들은 줄행랑을 치지 않을 수 없었다. 노동자들은 집에서 그 결과를 접하고는 현실을 인정하지 못하고 괴로워했다.

사회민주당은 이렇게 말했다. "또 폭동인가? 도무지 전혀 배울 생각이 없군." 우리는 이렇게 대꾸했다. "그러는 너희는 무얼 배웠는가?" 당 내 좌파가 지도부를 우익 기회주의자들이라며 성토했다. 탈하이머Thalheimer는 요설가고, 꼽추 벽돌공 브란틀러는 앙심을 품었다는 것이었다. 좌파는 코민테른 집행국이 과연 자기들을 승인해줄지 궁금했다. 그들은 이렇게 주장했다. "우리가 진짜다." 혁명가는 우리뿐이다. 독일 혁명을 지도할 수 있는 세력은 우리뿐이다. 루트 피셔Ruth Fischer, 아르카디 마슬로프Arkadi Maslow, 하인츠 노이만[11], 아르투르 로젠베르크Arthur Rosenberg는 자기들의 시대가 왔다고 믿었다. 로젠베르크 같은 경우, 《적기》 사무실에서 수도 없이 만났다. 그 탁월한 지식인은 "러시아인들이 독일 혁명을 원한다고 정말 생각하느냐?"고 물었고, 나는 약간이지만 놀라기도 했다. 그는 이 명제를 의심했다. 하인츠 노이만은 얼굴이 핼쑥한 젊은이로, 남을 깔보는 듯한 표정이 압권이었다. 음모를 즐기는 그는 꼭 낭만적 배우 같았다. 하지만 그가 보여준 용기는 결코 연기가 아니었다. 그는 주머니에 위장용 가짜 콧수염을 넣고 다녔다. 라인란트의 경찰서를 탈출한 그는 은신하던 집이 포위당했고, 다시금 막판에 피신에 성공했다. 노이만은 자신을 재워주던 동지들에게 발송된 편지를 훔쳤다. (그들은 당 내에서 야권을 형성했다.) 노이만은 서너 가지 다른 일을 동시에 추진했다. 당 업무가 하나라면 좌파라는 당 내

326

의 업무가 두 번째였고, 다른 과제들은 더 위험했으며, 아가씨들도 잊는 법이 없었다. …… 스물다섯인 그는 냉소가처럼 싸움을 거는 악당 청년이었다. 노이만은 지식을 받아들이고 흡수하는 능력이 신동 같았다. 역사의식이 대단했고, 연장자들에게 무자비했으며, 노동계급 출신 이론가들을 좋아했다. 노이만에게 그 외 현실의 노동계급은 대단히 불완전한 인간일 뿐이었다.

"독일에 진정한 볼셰비키는 더 이상 없습니다. 독일 놈들은 다 썩었어요. 적당적당 온건파에, 현인 행세나 하고, 디태처블 칼라detachable collar는 또 오죽 좋아합니까. 가로등 유리를 깨지 말라는 경찰국장 지시 사항이나 따르니 말 다했죠. 또 뭐가 있더라. …… 프롤레타리아트는 그 자체로 결코 부끄럽지 않은 존재입니다. 우리가 파시즘을 이겨내야 이 모든 허튼소리에서 벗어날 수 있을 거예요." 하인츠는 오밤중에 나를 여러 번 찾아와 이런 의견을 피력했다. 독일의 경찰력이 전부 동원돼 그를 추적 중이었다. 나 역시도 감시를 받았다. 당시에 나는 리히테르펠데 병영 맞은편에 살고 있었다.

사회민주당 대통령 에베르트가 폰 제크트von Seeckt 장군에게 전권을 부여해, 소란의 대미를 장식케 했다. 폰 제크트의 금욕적인 얼굴이 느닷없이 신문 지상에 나타났다. 뮐러Müller 장군이 군대를 이끌고 드레스덴에 입성했다. 차이크너 정부가 쫓겨났다. 저항은 없었다. 폰 제크트는 매일 티어가르텐에서 아침 승마를 즐겼다. 부관이 그를 수행했음은 물론이다. 하인츠 노이만이 폰 제크트의 이동 경로에 노동자 두 명을 배치했다. 권총으로 무장한 명사수들이었다. 두 명은 두 번씩이나 겁을 집어먹고 결행하지 못했다. 폰 제크트는 아침마다 계속해서 말을 탈 수 있었다. ……

아돌프 히틀러Adolf Hitler는 바바리아에서 소란을 피우던 한 군소 도당의 별 볼일 없는 선동가였다. 그가 11월 9일 뮌헨에서 터무니없는 쿠데타를 일으켰다. 맥주잔들 위로 천장쯤에서 한 사람이 총에 맞았고, 거리에서 열네 명이 죽었으며, 미래의 총통 각하는 완전히 실패하고 버림까지 받았다. 그래도 아주 안락한 감옥이 그를 기다리고 있었다. 보는 바와 같이, 좌파도 우파도 완전히 무용지물이 되고 말았다!

바이마르 공화국은 1923년 10월과 11월의 위기를 뚫고 살아남았다. 다만 대중의 타성이 엄청났기 때문이다. 혁명가든 반혁명가든 공화국을 반대한 사람들은 배짱도 없었고, 그렇다고 순순히 따르지도 않았다. 다수 국민은 사태 및 사안에 무관심했다. 둘 중 어느 세력도 믿을 수 없었기 때문이다. 실업자들은 여러 해 동안 기만과 사기를 당한 후에야 비로소, 빵조각을 얻겠다고 나치당에 자신을 팔았다거나, 또는 다른 사람들처럼 절망해서 분명하지도 않은 이상을 좇았음을 알게 될 터였다. 사회민주당 사람들 없이는 아무것도 할 수가 없었다. 그런데 그들은 사회체제가 무너지면 안 되는 관료들과 혁명을 두려워하는 조심스런 노동자들로 나뉘어져 있었다. 혁명이라면, 러시아혁명이 유일하게 성공했는데, 기근의 고통이 너무 심했다. 공안통치는 공포스러웠고, 초기 연간에 자유가 너무나 말살되었다. 트로츠키는 독일의 패배를 "혁명적 리더십의 위기"로 설명한다. 실제로 혁명적 리더십의 위기는 상이한 위기 두 가지로 표출되었다. 대중 의식의 위기가 하나요, 관료화한 인터내셔널의 위기가 두 번째다.

결정적 순간에 트로츠키를 독일로 불러오자는 애기가 나오기는 나왔다. 지노비에프는 그 애기를 듣고 대로했다. 왜 자기가 아니냐는 것이었다. 정치국의 원론적 결정은 필요하다면 독일 봉기를 지원하기 위해 군사 개입도 불사한다는 것이었다. 준비를 마친 사단도 여럿이었다. 그러나 봉기는 소동으로 끝나버렸고, 코민테른 집행국은 다른 무엇보다 자기 위신이 중요했으므로, 독일 공산당의 두 지도자 브란틀러와 탈하이머가 '기회주의적'이고 무능했다고 비난했다. 두 사람이 독일 혁명을 수행하는 데서 무능했다는 것은 사실이다. 그러나 두 사람은 집행국에 조회하지 않고서는 손가락 하나 까딱하지 못했다! 브란틀러는 자신이 작센 정부의 각료가 됐다는 소식을 기차에서 들었다! 당신이라면 도대체가 무슨 말을 할 수 있겠는가? 그렇다고 인터내셔널 집행국을 비난한다? 무엇을 우선해야 하나? 공산주의 인터내셔널의 명예? 당신 나름의 진실과 개인들의 도덕 판단?

희생양을 찾아내야만 했다. 패배에 따른 거짓말과 억압이 난무했다. 사기를 꺾는 훈육으로 양심이 망가졌다. 가장 중요한 잘못과 책임을 말하는 사람이 아무도 없었다. 당료들은 자기도 모르게 허세와 엄포를 놓았고, 당 전체가 그렇게 연명했다. 그들의 최우선 관심사는 상급자와 충돌하지 않는 것이었다. 밑바닥에서부터 정보가 잘못되었다. 기저에서 활동하는 가난뱅이들의 이해관계는 그저 일을 계속하는 것뿐이었고, 지역 또는 중앙위원회 조직자에게 동원할 수 있는 부하가 쉰 명에, 마우저도 50정 구매해놨다고 확언해줬다. 허나 모을 수 있는 사람이 열 명에, 마우저를 사려고 수소문했지만 허탕을 쳤다는 게 사태의 진실이었다. 그렇게 잘못된 정보가 서기들의 전체 위계를 타고 단계적으로 올라왔다. KPD 중앙위원회 대표자가 최종적으로 인터내셔널의 수장에게 보고한 내용은 이렇다. "준비를 마쳤습니다." 하지만 준비된 건 아무것도 없었다. 당원 전부가 그 사실을 알았다. 비밀 보고서를 작성한 사람들을 빼면 말이다. 인터내셔널의 위기가 완연해졌다. 그로 인해 러시아혁명이 위기에 처하리라는 것을 우리는 알았다. 그런 재난에 직면한 소련 공화국이 무엇을 할 수 있을까? 금도 없고, 돈도 없고, 산업 활동은 형편없는 상황에서 말이다.

폰 제크트의 독재가 선포된 그날 아침 나는 프라하 행 특급 열차를 탔다. 아내, 네 살배기 아들과 함께였다. 우리가 독일에서 보낸 날들은 중대하면서도 위태로웠다. 사실상 돈 한 푼 없이 살았고, 믿고 의지할 신분 증명 같은 것도 없었다. 소련 대사관은 막판에 부랴부랴 우리를 보내버렸다. 불법 활동가들을 도우면서 화를 자초해서는 안 된다고 판단한 것이었다. 몇몇 승객이 객차에서 아들에게 물었다. 커서 뭐가 될 거냐고? 독일어만 유창하게 할 줄 알았던 아들 녀석은 즉각 이렇게 대답했다. "크리크 게겐 디 프란초젠!Krieg gegen die Franzosen!"("프랑스 놈들이랑 싸울 거예요!"란 뜻의 독일어 – 옮긴이)

프라하는 세련되게 번영 중인 오아시스였다. 마사리크Masaryk 대통령은 냉철하고 진지했으며, 프라하는 그의 치하에서 부유하고 자유로웠다. 그건 승리의 과실이기도 했다. 나는 오래된 거리, 맑은 물이 흐르는 블타바 강, 카를 교에 설치된 실물 같은 조각상, 온실, 멀리 헤라차니의 장려한 탑들을 구경하며 소일했다. 국경이라고 해봐야 지도에 그려진 게 다고 지키는 사람도 비무장 수비대 몇 명뿐이었음에도 불구하고, 두 나라의 상황이 이토록 현격하게 다를 수 있다는 사실은 기이하고 또 받아들이기 어려웠다. 독일과 체코는 둘 다 유럽의 일부로 문화가 아주 비슷했기 때문이다. 빈은 물가 상승으로 인한 위기에서 벗어나기 위해 아주 많은 노력을 기울이고 있었다. 오스트리아는 관할 영역이 풍요롭지 못할 경우 살아남지 못하리라는 것을 알았고, 시간을 벌기 위해 분주히 노력했다. 노동자들의 아파트가 지어졌다. 그들은 모든 카페에서 달콤한 음악을 즐길 수 있을 정도로 아주 사소한 세부에 이르기까지 신경을 썼다. 나는 외교관 여권을 갖고서 빈에 도착했다. 이로써 신원이 회복되었다. 하지만 공식으로 등재되지 않았기 때문에 얼마간 낭패스런 상황을 겪기도 했다.

적색 노동조합 인터내셔널 사무총장 안드레스 닌이 로조프스키와 빈을 거쳐가면서 레닌이 죽어가는 중이라고 알려줬다. 듣기에 레닌은 여전히 의식이 완전한 듯했다. 하지만 의견을 피력하거나 업무를 수행할 힘은 이제 없는 것 같았다. 레닌은 간신히 더듬거리면서 몇 마디 할 수 있는 정도였다. 《프라브다》의 제목을 한 글자 한 글자 자세히 설명해줘야 했다. 그가 묵묵히 시련을 받아들이며 두 눈을 무겁게 감는 경우도 있었다. 한번은 상태가 호전돼 크렘린에 가보고 싶다고 했다 한다. 레닌은 자신의 작업대와 전화기를 보고 싶어했다. 사람들이 그를 데려갔다.

"나데즈다 콘스탄티노브나 크루프스카야Nadezhda Konstantinovna Krupskaya와 니콜라이 이바노비치 부하린한테 기댄 채 발을 힘없이 끌며 작업하던 서재와 기타 시설을 둘러보다가 자신이 더 이상 상황 파악이 안 됨을 깨닫고 소스라치게 놀라는 레닌의 모습을 떠올릴 수 있을 겁니다. 그가 손가락 사이에 연필을 끼우고 벽에 걸린 지도로 다가가 투박하게 서명을 했다죠. 몽상가처럼, 늘그막에 절망한 노인처럼요. 부하린이 레닌의 시골 저택을 자주 찾아갑니다. 고리키 소유의 집이에요. 둘이서 즐겁게 떠들며 논다고 해요. 부하린이 관목 사이로 들어가 눈물이 그렁그렁한 채 레닌을 찾는답니다. …… 확실히 죽을 것 같아요."

"그다음은요?"

"투쟁이 벌어지겠죠. 요즘은 당의 단결과 통일을 그 어둠 속의 남자가 좌우합니다. 나는 그것밖에 몰라요."

레닌이 골든버그Goldenberg 박사에게 한 말이 떠올랐다. 골든버

그는 고참 볼셰비크로 베를린에 살고 있었는데, 레닌이 와병 초기에 진찰과 상담을 위해 그를 긴급 호출했다. "우리의 파괴 활동은 엄청났습니다! 맞아요, 우리는 그 소임을 충분히 감당할 수 있었죠. 확실합니다!" 나는 1924년 1월 어느 날 여행 중이었다. 탑승한 기차가 터널을 빠져나오자 멋진 광경이 펼쳐졌다. 눈이 반짝반짝 빛나는 산이 보였고, 거무칙칙한 전나무들이 섞여 있었다. 객실에는 살이 찌고 땅딸막한 사람이 많았다. 누군가가 신문을 펼쳐 들었고, 나는 보았다. 레닌 사망. 승객들은 레닌의 죽음을 화두로 얘기를 나누었다. 아주 특별하고 위대한 사람이 세상을 떠났다고 그들이 생각한다는 걸 알 수 있었다. 나는 그들의 면면을 살펴보았다. 오스트리아의 프티 부르주아는 새로운 사상 따위와는 일체 담을 쌓고 산다. 말하자면 세상이 다른 것이다. 그들이 한 혁명가의 죽음을 애석해하고 있었다. 눈앞에 레닌이 떠올랐다. 뭘 설명할 때 두 손을 벌리던 낯익은 모습, 청중 앞에서 약간 허리를 구부린 채 역사적 사실을 제시하던 광경, 큼직하고 단단했던 이마, 진실과 자아를 확신했던 한 남자의 미소. 레닌은 다른 몇몇과 함께 머뭇거리던 대중의 거대한 운동에 최고로 명확하고 단호한 정치의식을 부여했다. 사회 상황과 조건이 더 순조로울지라도 그렇게 위대한 업적은 쉬이 찾아보기 힘들며, 아주 특별할 뿐만 아니라, 그 무엇으로도 대체할 수 없을 것이다. 명확하고 단호한 정치의식이 제시되지 않았더라면 운동에 참여한 사람들이 몇 단계는 더 흐리마리했을 것이다. 혼란의 가능성이 커졌을 테고, 그 와중에 패배했을 확률 역시 헤아릴 수 없을 만큼 높아졌을 것이다. 정치의식은 일단 잃어버리면, 그걸 재고 평가하는 게 불가능하다.

사건들이 연이어 벌어졌고, 우리는 압도당했다. 장소가 소련으로 멀었지만 그 사건들을 기억에서 지우기는 어렵다. 우리는 다만 활동을 역사에 통합하는 것을 목표로 살았다. 우리는 활동과 역할을 교대하고 바꿀 수 있었다. 러시아 사태가 즉시로 독일과 발칸 반도의 상황에 영향을 미쳤다. 우리는 유럽의 다른 곳에서 우리와 같은 목표를 추구하다가 장렬히 산화하거나 약간이나마 성공을 거둔 우리의 동지들에게 연대감을 느꼈다. 우리 가운데 단어의 부르주아적 의미에서 개인의 망명도생을 꾀한 사람은 한 명도 없었다. 우리는 이름을 바꾸었다. 당이 필요로 하면 임지와 임무도 바꾸었다. 재산이라고 해봤자 물질적 불편이 겨우 면제되는 수준으로만 하고 살았다. 우리는 돈을 버는 일에 관심이 없었다. 출세하는 것, 문명을 떨치기, 이름을 후세에 남기는 것에도 미련이 없었다. 우리는 사회주의를 구현하는 험난한 과제에만 전심전력했다. 내가 말하는 우리는 러시아와 국제사회에서 투쟁한 동지들이다. 부하린은 당을 '철의 집단'이라고 규정했다. 당을 예수회에 비유한 사람도 있다. 예수회를 세운 성자는 군인, 정치인, 조직가, 그리고 무엇보다도 지성인이었다. 예수회는 신앙을, 삶에 대한 유연하면서도 단호한 유물론적 이해와 결합했다. 그들은 허영과 개인적 이해관계에서 완전히 벗어났고, 교회에 봉사할 수 있었다. …… "우리는 최선의 의미에서 붉은 예수회입니다." 나는 이렇게 대꾸했다. "맞아요. 하지만 꽤나 위험한 비유로군요. 우리 뒤에 있는 국가는 결코 청렴결백하지 않습니다. 그래도 우리가 새로운 의식과 삶의 방식을 구현하고 있으니 위대한 세력이라고 할 수 있겠죠."

1924년 12월 1일 새벽 5시 15분. 에스토니아 공산당원 227명이 권력 장악을 목표로 탈린의 관공서를 공격했다. 코민테른 집행위원회의 명령을 따른 것이었다. 오전 9시. 수도 탈린의 모퉁이에서 그들은 학살당했다. 정오쯤 그들의 열의는 완전히 증발해 사라졌다. 밤자갈 위에 튄 핏방울을 제외하면 말이다. 얀 톰프Yan Tomp는 총살당했다.

그 아둔한 모험을 지노비에프는 왜 발안했던 것일까? 우리는 지노비에프의 위협에 겁을 집어먹었다. 그는 독일에서 패배했다는 사실을 받아들이지 못했다. 그가 봤을 때 봉기는 잠시 지연됐을 뿐이었다. 독일 공산당이 여전히 권력을 다투는 중이라는 것이었다. 크라쿠프에서 폭동이 일어나자, 그는 대뜸 폴란드 혁명을 선언했다. 지노비에프가 다른 데서는 현명하게 판단했지만 딱 한 번 과오를 범한 사실로 인해 늘 괴로워했다는 것이 나의 생각이다. 1917년에 막 시작되던 볼셰비키 혁명을 반대했던 것이다. 지노비에프는 그로 인해 시계추가 반대 방향으로 쏠리듯이 권위주의적이고 과장된 혁명적 낙관주의를 표방했다. 우리는 이렇게 말하곤 했다. "지노비에프야말로 레닌의 가장 커다란 실수"라고.

1924년 9월 우리는 소련의 그루지야에서 일어난 반란이 막 분쇄되었다는 얘기를 들었다. 러시아에서 온 동지들이 비밀 토의 때 그 소식을 전해줬다. 그들은 몹시 괴로워했다. "우리의 농업 정책이 완전히 파산했어요. …… 음디바니Mdivani가 이끄는 그루지야 공산당 전체가 중앙위원회와 대립 중입니다. 또, 국민 전체가 당에 반대하고 있고요. ……"

후에 우리는 학살 소식을 접했다. 슐뤼셀부르크에 수감되었던 세르고 오르드조니키제Sergo Ordzhonikidze가 책임자라고 했다. 정직하고 성실했던 그는 거듭되는 양심의 가책 속에 괴로워했다. 비극이 발생한 배경은 이랬다. 한 민족 전체가 들끓었다. 민족적 자긍심이 모욕당했던 것이다. 기실 그 도발은 체카가 주동했다. 반역의 동향을 만천하에 드러내 제거해버린다는 것이 목표였다. 수감 중이던 그루지야 멘셰비키 중앙위원들이 모반이 준비되고 있다는 정보를 입수하고, 며칠만 석방해줄 것을 간청했다. 돌이킬 수 없는 재앙을 어떻게든 막아보려 했던 것이다. 심지어 그들은 독극물을 가지고 출발하겠다고까지 했다. 요구는 받아들여지지 않았다. 그들은 속수무책이었고, 후에 총살당했다. …… 카프카스 산맥 지역의 정치 문제는 다음과 같았다. 공산화된 러시아는 열강이었다. 그루지야와 아제르바이잔은 소국들로, 외세를 강력하게 거부했고, 영역에 진입하면 공격받기 십상이었다. 두 나라가 석유, 망간, 전략적 길목을 독차지하려는 걸 러시아가 용인할지가 핵심이었던 셈이다.

빈에 머물던 우리에게는 발칸 반도의 분위기가 심상치 않았다. 우리가 파악한 사태는 파편적이었지만 거기에는 온갖 풍경이 다 들어 있었다. 선전, 공식으로 인정되거나 부인된 각종 활동, 비밀 모의 등이 말이다. 불가리아는 이미 여러 차례 유산을 거듭했음에도 여전히 혁명이 잉태 중이었다. 크렘린에서 열린 한 공개 회합에서 콜라로프Kolarov와 카바크치에프Kabakchiev는 자신들의 당을 자랑했다. 콜라로프는 상당히 인상적이었고, 마른 몸매의 카바크치에프는 수염이 눈가까지 나 있었다. 요컨대, 그들은 자기들의 당이 볼셰비키처럼 원칙을 비타협적으로 고수하는 유럽 내의 유일한 사회당이라고 주장했다. 그들은 스스로를 테스냐키Tesnyaki라고 불렀다. 이는 '완고한 자들'이란 뜻인데, 제 국가의 광범위하고 무기력한 기회주의자들과 자신들은 다르다는 의지의 표명이었다. 인터내셔널 집행국이 복잡한 국제관계에서 혼선을 빚지 않았더라면 자기들은 권력을 이미 잡았을 것이라는 게 그들의 주장이었다. 아무튼 실기한 상황에서 이제는 스탐불리스키Stambulisky가 이끄는 농민당이 탈진하는 걸 기다려야 했다. 농민 대중의 신뢰가 떠나면 그다음 차례는 우리라는 것이었다. …… 그들이 대기하는 가운데 찬코프Tsankov 교수라는 자가 군대 내 음모 세력의 지원을 등에 업고 쿠데타를 일으켰다. 1923년 6월이었다. 곱슬머리 거한 스탐불리스키는 시골 저택에 머물던 중 그 소식을 접하고 대경실색했다. 잔인한 행동대원들이 스탐불리스키를 짐승 다루듯 가지고 놀다가 살해했다. 떠올릴 수 있는 가장 원시적인 잔혹 행위가 동원되었다. 콜라로프, 카바크치에프, 디미트로프Dimitrov가 이끄는 공산당은 막강했지만 비타협적 교리를 완고하게 고수하며 중립을 지켰다. "반동적인 대부르주아지에 맞서 농촌의 프티 부르주아지를 지지하는 것은 노동계급 정당의 소임이 아니다. ……" 직후에 공산당이 박해를 받자, 지도자들은 모스크바에서 자신들의 과오를 인정하고 사태를 바로잡겠다고 약속했다. 하지만 때가 너무 늦었다. 공산당은 9월에 무기를 들었다. 그러나 이미 무력해진 농민층의 지지를 기대하는 것은 난망이었다. 아무튼 그들은 싸웠고, 쫓겨서 사방팔방으로 흩어졌다. 그 일련의 공방은 독일 무대에서 벌어진 사건과 비교하면 약소했다. 독일 혁명이 사태처럼 굉음을 울리며 전개되자 불가리아 사태의 소음은 그냥 묻혀버렸다. ……

내가 빈에 머물던 1925년 4월 초에 보리스 차르가 가까스로 암살을 모면했다. (우리는 그를 "불가리아인 도살자"라고 불렀다.) 4월 15일에는 코스타 게오르기에프Kosta Georgiev 장군이 한 테러리스트의 총탄에 쓰러졌다. 17일 장례식을 위해 소피아의 7성인 대성당에 정부 요인들이 모였다. 폭탄이 터졌고, 돔 하나가 박살났다. 잔해에서 수습된 시신이 120구였다. 국회의원 세 명, 장군 열세 명, 대령 여덟 명, 고관 여덟 명이 희생자 명단에 포함되었다. 천우신조였는지 정부와 왕가는 무사했다. 폭파 작전을 조직한 것은 군대 내 공산당 장교들이었다. 자체 판단에 따른 소행 — 당은 알력과 불화가 심했다 — 이거나, 그게 아니라면 비밀 지령이 있었을지도 모른다. 공산당원들 자신이 깜짝 놀랐다. 즉시로 군대와 경찰이 출동했고, 그들은 체포 고문 살해되거나 불에 태워졌다. 샤블린Shablin은 러시아 시절에 알고 지낸 미소가 멋진 호남이었다. 아마 그도 산 채로 불태워진 것 같다. 폭파 공작을 주도한 두 사람 얀코프Yankov와 민코프Minkov는 체포에 불응하고 저항하다가 살해되었다. 5월에는 소피아 시민 5만 명이 보는 가운데 공산당원 세 사람이 교수형을 당했다. 그중 한 명 마르코 프리드만Marko Fridman은 판사들 앞에서 공산당의 사상과 행적을 조목조목 방어했다.[12] 그들과 함께 재판을 받고 사형수가 된 프랑스인 공산주의자 외젠 레제르Eugène Léger는 후에 모호한 상황에서 석방되었고, 모스크바로 피신했다. 나는 종적이 묘연하던 그가 야로슬라블의 한 비밀 격리 시설에 오래 머물렀음을 나중에야 알았다. 그곳에서 미쳐버린 그는 다시금 정신병원으로 이송됐다.

나는 많은 사건을 목격하거나 접했고, 해서 이런 비극은 더 한층 불쾌하고 내키지가 않았다. 내전이 배출한 투사 집단 전체는 막강한 첩보 기관을 구성했는데, "적진의 혼란 사태"를 옹호했다. 대표적인 예가 폴란드다. 폴란드가 러시아를 공격할 가능성이 크다고 예상되었던 것이다. 권위주의적으로 변모한 당도 극단적인 자포자기식의 분노 표출을 조장했다. 빈에는 마케도니아 혁명가들이 많았다. 그들은 자기들끼리 분열했을 뿐만 아니라 최소 세 개 정부(러시아, 불가리아, 이탈리아)에 매수당한 상태였다. 그들은 원하는 것을 얻기 위해서라면 어떤 일도 마다하지 않았다. 몇몇 군소 패거리는 소피아에서 공격이 있을 때마다 세 대사관 소속의 이런저런 첩보부에 각종 보상을 요구해댔다.

소피아에서 세 명이 처형당하던 날 나는 카린티아의 뵈르터제 호숫가에 있었다. 파란 거울 같은 호수는 오스트리아와 유고슬라비아를 나누는 카라방크 산맥의 기슭에 자리했다. 저 멀리 고지대

산비탈의 경관은 정말 놀라웠다. 꿈같은 초록이 소피아 사태와 끔찍하게 대비됐다. 얼마 후에는 빈 주재 소련 대사관부 육군 무관 야로슬라프스키Iaroslavsky가 배신자로 밝혀졌다. 우리는 그렇다고 들었다. 나는 대사관에서 그를 특별히 주목하지 않았다. 그가 투쟁 경력이 많다는 것, 폭음을 한다는 것, 발칸 반도 사태에 몹시 낙담 중이라는 것을 알았다. 그는 탁자 위에 작별 인사를 간단한 전언으로 남겼다. 누군가가 그를 찾아냈고, 여자들과의 저녁식사에 데려갔으며, 그의 유리잔에 뭔가를 탔다. 다음 수순은 주머니에서 사진기를 꺼내, 시체를 또렷하게 촬영하는 것이었다. 대사관의 한 동지가 씁쓸하게 웃으면서 내게 그 사진을 보여줬다. 게페우는 야로슬라프스키가 영국 정보기관과 접촉했다고 단언했다.

나는 발칸 연방Balkan Federation 운동에 관심을 가졌다. 개념이 훌륭했다. 비슷비슷한 소규모 민족이 미미한 국가들로 분할돼 있었고, 발칸 연방보다 더 나은 해결책은 없어 보였다. 언제라도 갈가리 찢길 운명을 떠올리면 더욱 그랬다. 나는 조심스럽게 약속을 잡고, 조그마한 카페들에서 의사 한 명과 만났다. 그는 백발의 불가리아인 거한으로, 박식하고 세련돼 보였다. 우리는 택시와 전차를 갈아타고, 교외의 포도원으로 향하곤 했다. 플로리드스도르프와 뫼들링 사이의 포도원들이었다. 포도원에는 큼직한 외투를 걸친 낯선 젊은이가 있었다. 단박에 경호원임을 알 수 있었다. 엄청 큰 브라우닝 권총이 자동으로 떠올랐다. (작은 탄환을 신뢰하지 않는) 마케도니아인들이 제일 좋아하는 무기가 브라우닝 연발 권총이다. 주머니가 툭 하고 불거져 나온 걸 볼 수 있겠다는 생각은 자연스러운 것이었다. 외투를 걸친 남자는 만면에 미소를 띠면서 나를 서둘러 안내했다. 우리는 다시 전차를 탔고, 눈길을 끄는 술집이 가득한 한 마을에 도착했다. 그러고 마침내 도착한 곳은 어떤 저택이었다.

집은 이웃과 마찬가지로 꽃으로 장식돼 있었다. 바로 그곳에 공산주의를 바탕으로 구상된 발칸 연방의 마지막 주창자가 살고 있었다. 그는 오스만 제국의회 의원 출신이기도 했다. 오스만 제국에 의회가 있었나, 하고 궁금해할 사람이 있을 것이다. 사실을 말하자면 있었다. 압둘 하미드Abdul Hamid가 소집했고, 개회 첫날 폭탄으로 날아가버려서 그렇지. …… V — — [13]는 대외 활동을 거의 하지 않았다. 어딜 가나 살인자들이 그를 기다렸다. 밤에는 심복들이 저택 정원에서 경비를 섰다. 빈에서 전임자 토도르 파니차Todor Panitza가 연극을 관람하던 중 살해당했다. 그 얼마 전에는 파니차의 전임자 표트르 촐료프Peter Chaulev가 미행이 붙었음을 깨닫고는, 기차를 잡아타고 밀라노까지 갔다. 하지만 노력도 헛되이, 그는 밀라노에서 살해됐다. 다시금 그 얼마 전에는 마케도니아 국제혁명조직IMRO, International Macedonian Revolutionary Organization의 지도자 토도르 알렉산드로프Todor Aleksandrov가 산 속에서 열린 한 대회 말미에 살해당했다. 그는 회의석상에서 공산당과 협력해야 한다고 주장했다. 나는 그 세 명의 부고를 작성해 신문에 실었다.

발칸 연방 구상은 엄청났고, 첩보원들이 득실댔다. 통일 기획자들, 유력한 신조의 도붓장수들은 말할 것도 없었다. 야밤의 정치인들이 한꺼번에 여섯 가지 음모를 꾸몄다. 그 모든 잘난 신사들이 번드르르한 넥타이를 하고서 코미타지스Comitajis의 걷잡을 수 없는 에너지를 어떤 구매자에게라도 팔아먹고자 했다. 이탈리아인이 있었는가 하면, 불가리아인과 유고슬라비아인도 있었다. 그리스파는 둘, 군주제주의자가 하나, 공화파도 하나였다. 이데올로기, 파벌, 피의 복수가 난무했다. 우리는 어떤 카페에 어떤 집단이 잠복 대기 중인지 알았다. 맞은편 카페에서 다른 집단이 다시금 그들을 감시했음은 물론이다. 발칸 연방은 다른 비극에서 살아남은 낭만적 혁명가 일부의 목표이기도 했다. 그때 만난 세르비아 청년들은 아직도 기억이 난다. 그들은 블라디미르 가치노비치Vladimir Gacinovic의 친구이자 사도들이었다. 가치노비치는 바쿠닌을 추종한 민족주의자였는데, 서른 살에 결핵으로 죽었다. 1914년 6월 28일 사라예보 암살 사건을 벌인 조직을 창설한 것도 그였다. 그들은 가브릴로 프린치프[14]와 그의 선생 일리치[15]에 관한 기억을 소중히 여겼다. 무리를 이끌던 드라구틴 디미트리예비치[16] 대령 — 지하 동아리에서는 '에이피스Apis'라는 가명으로 불림 — 이 작전을 벌이기에 앞서 러시아의 지지를 확약받았다고 주장했다. 계획을 전달받은 베오그라드 주재 러시아 대사관부 육군 무관 아르타모노프Artamonov가 그러마고 형식적으로 약속한 것은 사실이다. 나는 이런 주장 내용을 (파리에서 발행되던) 《클라르테Clarté》에 실었다. 디미트리예비치의 동료였던 보진 시미치Bozin Simic 대령과 세르비아 대사를 지낸 M. 보기체비치M. Bogicevic — 그의 경우 더 과묵한 방식으로 — 가 그 주장을 확인해주었다고도 들었다. 유고슬라비아인 친구 몇 명은 뵈르터제로 갈 경우 유고슬라비아 국경 근처로 너무 가까이 접근하지 말 것이며, 무슨 일이 있어도 유고슬라비아로 월경해서는 안 된다고 내게 충고했다. 나를 목표로 하는 고도의 비밀 지령이 내려졌을 거라는 거였다. 합스부르크 왕가를 겨냥해 음모를 벌이던 그 세르비아인 생존자들은 머잖아 공산당에 입당했다. 나는 1938년 한 공산당 계열 신문에서 그들의 이름을 발견했다. 신문은 그들의 출당 소식을 전하고 있었다. 그들은 러시아에서 사라져버렸다.

이런 온갖 차질과 전반적 분위기에도 러시아인들은 와해되지 않은 채 본래의 자세를 또렷하게 유지했고 낙관주의도 견실했다. 쓸모가 다한 사람들의 경우 상습적으로 해외에서 소련의 임무를 맡아 수행했다. 그들은 소련을 벗어났고, 부르주아 사회의 부패와 타락을 지켜보았다. 그들은 한직을 수행하며 잠자코 있었다. 그 옛날 박해를 받았던 노련한 베테랑, 맑스주의자로 망명을 했던 사람, 모두의 예상을 뒤집고 마침내 집권한 제1대 소비에트 기구들의 전직 운영자들이 그들이었다. 그 가운데 일부는 수다쟁이로 전락하고 말았다. 심장의 부담을 다스리며, 코벤츨 레스토랑에서 품질 좋은 시가를 피우는 데 만족하는 삶을 살았다는 얘기다. 알랑방귀나 뀌어대는 하찮은 인간들은 그들을 두고서 호들갑을 떨었다. 기이하고 별나다며 자기만족적으로 뇌까린 것이다. "혁명가들이 입을 다물고 있는 걸 봐. 그들도 별수 없군." 그들에 관해서는 아무 말도 하지 않으련다. 하지만 이 책에 훌륭한 몇 명을 소개해두고자 한다. 내가 애착을 갖고 있는 그들은 사라진 세대를 대표한다.

아돌프 아브라모비치 요페[17]는 필사적으로 저항하던 시절에 페트로그라드에서 마지막으로 보고 다시 만났으니 나이를 약간 더 먹은 게 당연했다. 그런 요페를 보고 있자니 죽어가는 환자의 침대 옆을 지키는 사려 깊은 의사가 떠올랐다. 그는 부유해 보였고, 엄숙한 가운데서도 익살스러웠다. 중국과 일본에서 귀환한 요페는 쑨원孫文으로부터 소련과의 우호를 이끌어내는 성과를 얻기도 했다. 그는 몸이 안 좋았고, 도전적인 견해 때문에 인기가 없었다. 소련이 요페를 오스트리아 공화국, 그러니까 수상이 된 자이펠 추기경에게 파견해버린 이유다. 그는 일체의 모험에 반대했다. 유고슬라비아의 어떤 장교단이 베오그라드에 좌파 정부를 하나 강제로 세우겠다고 자기한테 제안했다고 했다. 스테판 라디치Stjepan Radic의 크로아티아 농민당이 그들을 지지해줄 거라는 것이었다. ……
(우리는 스테판 라디치 얘기를 자주 했다. 그는 발칸 반도에서 단연 돋보이는 정치인이었다. 하지만 그도 머잖아 유고슬라비아 전체 의회 소집을 앞두고 살해당할 운명이었다.)
요페는 기른 턱수염이 꼭 아시리아인 같았다. 입술에서는 힘이 느껴졌고, 신참자는 그의 눈을 보면 당황했다. 그가 어찌나 매섭게 째려보는지, 업신여기고 무시한다는 느낌이 강렬했던 것이다. "그들은 그런 식으로 혁명을 할 수 있다고 생각해요. 아니죠, 아니에요." 그들은 뭐든 다 팔고자 했다. 쿠데타, 독재, 공화주의, 친소련 행위, 수상한 거래 등등 내키는 거면 뭐든 상관없었다. 요폐 같은 사람은 다른 누구보다 혁명과 불안한 모험의 경계를 잘 알았다. 다른 사람들은 그 차이를 알고자 하지 않았다. 그들의 후원 속에 알바니아에서 판 놀리 예하Monsignor Fan Noli가 이끄는 친소 좌파 정부가 수립된 것을 봐도 이를 알 수 있다. 뒤이어 아흐메트 조구Ahmet Zogu가 정부 전복 쿠데타를 시도했고, 알바니아는 이탈리아 영향권에 들어갔다.[18]

그 암울한 변경 지대를 자주 지난 사람은 골드스타인Goldstein 박사였다. 대사관 서기의 책임이자 의무였기 때문이다. 그는 이렇게 말하곤 했다. "우리한테 돈과 권력이 있다는 사실로 인해 전통적인 혁명의 방도가 복잡한 미로에 빠져버렸고, 회색 지대가 생겼어요. 지저분한 유혹을 받게 된 것이죠. 과업을 수행하면서 탐욕을 부리게 되었단 말입니다. 사람들은 돈을 정복했다고 생각하지만, 실상을 보면 대개는 돈이 그들을 불구로 만들어 정복해버리죠. 우리는 프롤레타리아트 정부가 그런 악덕에 굴종하지 않을 거라고 믿고 싶어합니다. 부디 우리가 사특邪慝해져서는 안 될 텐데요!" 발칸 문제를 전담한 골드스타인은 장신으로, 호리호리했고, 교묘하고 솜씨가 좋았다. 대단히 겸손한 그는 옛날 유형의 꽤나 솔직한 사회주의자였다. 그는 최악의 명령을 피해가 가장 적게 발생하도록 수행했다. 소피아에서 파견된 암살단이 슈바르첸베르크플라츠 일대에서 그를 기다리며 잠복했다. 말썽을 일으키지 말고 없애라는 지령 때문에 천만 다행이게도 그들의 임무가 복잡했다. 그는 내게 사진을 몇 장 보여줬다. 내 책상 서랍 내용물을 찍은 사진이었는데, 나만 영문을 모르고 있었다. "하녀를 해고하도록 하세요. 백군 녀석들이 당신 서류를 들춰보고 있습니다. 다행히 놈들 사이에 우리 사람을 한 명 심어둘 수 있었죠. ……"

코즐로프스키는 러시아의 제1대 법무 인민위원이었다. (그의 동정적인 얼굴은 과거 상트페테르부르크에서 활약하던 변호사 시절과 어울렸다.) 관계 당국의 월권과 방종을 제어하는 것이 그가 맡은 임무였다. 코즐로프스키는 체카가 용의자를 특정하는 문서를 어떻게 작성했는지 내게 알려줬다. "출신 배경: 귀족인가, 부르주아인가. 학력: 대학……" 코즐로프스키는 그 문서를 들고서, 레닌 집무실의 문을 두드렸다. "말해보세요, 블라디미르 일리치. 이런 식이면 우리 두 사람도 해당되는 거 아닙니까?" "지독한 멍청이들 같으니!" 레닌의 대꾸였다. 1918년에는 체카의 한 지부가 외국 스파이들의 자백을 받아내기 위해 다시 고문을 하겠다고 제안했다. 카메네프와 코즐로프스키는 격분했고, 그 안은 가차 없이 폐기되었다.

R ─ ─ 의 임무는 소비에트 나프타 프로덕션 신디케이트Soviet Naphtha Production Syndicate의 석유를 파는 것이었을 것이다. "기름? 내 평생에 등잔을 제외하고는 본 적도 없고, 보고 싶지도 않아. ……" 러시아어를 제외하고, 그가 할 줄 아는 유일한 언어는 중앙아시아에서 사용되는 투르크어였다. 그의 상의에서는 부하라의 붉은 별이 밝게 빛났다. 떡 벌어진 몸집, 거뭇거뭇한 피부, 박박 민 머리, 곁눈질하는 눈, 맹금의 옆모습. 그는 동양인 기수의 매력을 발산했다. 모스크바의 당 대회에서 그는 투표를 잘못했다고 유배를 당했다. 투표를 잘못했다 함은 프레오브라젠스키와 트로츠키가 요구한 당의 민주화를 지지했다는 말이다. 그는 이렇게 말했다. "우리가 활기를 되찾아 소생하든지, 그게 아니라면 혁명이 물에 빠져 익

사하고 말 겁니다." 그의 얼굴에는 슬픔과 비애가 각인돼 있었다. 모스크바의 신문들이 극도로 불쾌한 내용을 실어 트로츠키를 격렬하게 비판했을 때 그가 솟구치는 분노를 억누르던 모습이 아직도 눈에 선하다. 인쇄물 독점이 이미 공고화됐고, 사람들의 지성이 믿을 수 없을 정도로 격하되었다. 논증은 철두철미했고, 글은 치사하게 물고 늘어졌으며, 반어와 풍자는 상스럽고 형편없었는데다, 엄연한 진실이 멍청이들에 의해 조작되었다. …… 그때까지만 해도 나는 당이 끝났다고, 이상주의가 종말을 고했다고 감히 생각하지 못했다. 하지만 그렇게 지적 저하가 심화된 상황에서, 나아가 억압이 심각한 상황에서 당과 이상주의가 살아남는 것은 불가능했다. 누군가 다른 사람이 내게 같은 말을 해도 나는 그렇지 않다고 반기를 들었다. 수바린이 독설이 가득 담긴 편지를 보내왔지만 나는 항의했다. 그런 태도는 반역이라고까지 몰아붙였다. 우리는 그런 식으로 마지막까지 희망의 끈을 놓지 않았다. 일부는 10년 이상 그랬고, 죽을 때까지 그런 동지도 많았다. 그들은 정치국의 명령으로 머리에 총탄이 박혀 죽었다. 하지만 그런 미래는 아직 흐릿했고, 도저히 상상할 수도 없었다. 트로츠키는 여전히 전쟁최고협의회 의장이었고, 눈부시게 글을 썼다. 우리는 당을 사랑했고, 당 밖의 삶은 상상도 할 수 없었다. 우리는 스스로에 대해서만큼이나 당의 미래도 신뢰했다. 우리가 당을 배반한다는 것은 있을 수 없는 일이었다. R ── 은 투르케스탄의 모래밭 위에서 말을 탄 채로 부하라 (소비에트)의 붉은 별을 받았다. 그는 그라벤에서 커피를 마시며 내게 말했다. 발진티푸스가 창궐하고, 효수가 횡행하던 시절이었죠. 트로츠키가 기병 반란군 부대 하나를 사로잡았습니다. 기병도가 난무하는 속으로 차량을 돌진시켰어요. 그가 18세기 유라시아인의 풍모를 한 군중 앞에서 연설을 했죠. 무자비하게 권위주의적이었고, 인간적이었으며, 또 노련했어요. 기병도가 칼집으로 들어갔고, 스텝의 기수들은 이렇게 외쳤답니다. "만세! 세계 혁명 만세!" "그때 내가 얼마나 후련했는지 당신은 모를 겁니다. ······"

(R ― ― 은 1927년 장제스의 국민당 군대가 중국 북부에서 연전연승할 때 고문으로 활약했다. 그는 중국의 전설적인 군사 작전을 기획해 승리로 이끌었다. 하지만 그 역시 대숙청 때 사라졌다.)

유리 코치우빈스키[19]는 내가 모든 걸 솔직하게 터놓고 얘기할 수 있었던 사람이다. 그가 살아남을 수 있었던 것은 순전히 운이나 기적이었다. 그는 키예프의 한 감방에서 사형 대기 중이었다. 바로 그때 적군이 도시를 함락했다. 백군은 남은 죄수들을 처리할 시간이 없었다. 코치우빈스키는 포위당한 도시를 빠져나와 퍄타코프 Piatakov 밑으로 들어갔다. 소비에트를 지지하는 그 최후의 투사들이 우크라이나 정부 역할도 수행했다. 우크라이나의 촌락이 하나씩 차례로 정복되었다. 그러나 오전에 함락된 마을은 해질 무렵이면 다시금 빼앗기는 경우가 많았다. 그 지역에서는 에브게니아 보쉬Evgenia Bosch, 유리 코치우빈스키, 유리 퍄타코프가 1918년의 영웅이었다. 코치우빈스키는 장신에 호남으로, 턱수염을 가늘게 길렀고, 옆모습을 보면 매부리코가 도드라졌으며, 두상의 경우 오래전에 살다 간 인문주의자 청년들의 조화로운 비례를 달성했다. 물론 그의 내면은 훨씬 더 견실하고 믿음직했다. 코치우빈스키는 하리코프 노동계급 사이에서 인기가 대단했고, 그래서 외교관이나 하라며 사실상 유배당했다. 그는 가장 급진적인 반대파, 곧 '민주적 중앙 집중제'파를 지지했다. 사프로노프[20]와 우크라이나의 블라디미르 스미르노프[21], 그리고 드로브니스Drobnis(1937년 총살당함)가 민주 집중제파를 이끌었다. 우리는 레오폴츠베르크 언덕의 가파른 비탈을 올라, 파란 띠 모양으로 흐르는 다뉴브 강을 바라보았고,

당의 여러 문제를 토론했다. 유리가 웃던 모습이 떠오른다. 그가 입었던 실크 블라우스가 바람에 부풀어 오르던 광경도. (그는 바르샤바 총영사가 돼 빈을 떠났고, 1937년 재판도 받지 못한 채 총살당했다.)

N――도 유리 코치우빈스키처럼 상의 아래는 러시아 블라우스(루바슈카)만 입었다. N――에게는 낡은 회색 양복 한 벌이 다였다. 그는 뭔가 다른 옷을 입을 수도 있다는 것을 생각해보지 않았고, 전혀 몰랐다. 그는 젊었다. 아니 그보다는 동안이라고 해야 할 것이다. 공사관에서 공식으로 맡은 직책이 없었고, 돈도 없었다(그는 돈을 싫어했다). 나는 그의 과거를 몰랐고, 그는 사생활이라는 게 전혀 없었다. N――은 전형적인 유대인이었고, 천진난만한 시선에, 용감한 음모가였다. 대사관 내 그의 사무실은 특급 비밀 임무를 수행했다. 약병, 화학 반응제, 잉크, 사진 장비, 암호가 가득했다. 그가 국적과 신분을 하도 바꿔서 진짜 이름을 잊은 건 아닐까 궁금할 정도였다. (하지만 생각해보라. 사람의 '진짜' 이름이란 게 뭐란 밀인가?) 그가 프랑스에서 수형 생활을 하던 때 얘기를 해줬다. 메이데이였고, 그가 노역장 한가운데에서 벌떡 일어서, 공들여 준비한 연설문을 어설픈 프랑스어 발음으로 낭독했다고 했다. "동료 수형자 여러분! 오늘은 국제 노동자의 날입니다. ……" 죄수들은 깜짝 놀랐고, 그의 머리가 이상해졌다고 생각했다. 간수들이 그를 잡아갔다. 소매치기, 절도범, 마약상, 뚜쟁이, 사기꾼 변호사가 비웃는 가운데 그는 독방에 감금되었다. 그는 징벌방에 들어갔지만 시위를 한 것이 자랑스러웠다고 말했다. 병든 당에 관한 우리의 토론은 열정적이었다. 하지만 당이 병들었다고 이 무정한 세상에서 다른 무엇을 기대할 수 있겠습니까?

(몇 년 후 내가 소련의 한 감옥에서 막 출소했을 때였다. N――이 레닌그라드로 나를 찾아왔다. "그 옛날의 유령 동무로군요! 어디서 오는 길입니까?" "상하이에서요." 1928

년의 상하이는 결코 한가한 곳이 아니었다. 그는 1927년 대학살 이후 그곳에서 노동조합을 재조직했다. 상하이의 활동가들은 자기보다 더 금욕적이고, 더 교활하고, 더 익명 속에서 움직인다는 게 그의 설명이었다. "아나키스트들도 있어요. 대단한 사람들이죠. 뭐, 훌륭한 이데올로기라고 생각해요. 열두 살 먹은 아이들한테 딱이죠!" 그는 모스크바로 돌아왔고, 야코프 블룸킨Yakov Blumkin이 처형되었다는 소식을 접한 상태였다. 나도 아는 블룸킨의 최후를 파악해야 했고, 그는 총살형 집행대 소속 동지들을 수소문했다. 덕택에 블룸킨이 어떻게 최후를 맞이했는지 나도 전해들을 수 있었다.)

안젤리카 발라바노바는 코민테른 집행국 제1대 서기였다. 레닌과 지노비에프는 그녀가 윤리와 도덕을 바탕으로 이의를 제기하거나 반대하는 사태에 자주 짜증을 냈다. 제3인터내셔널이 막 그녀를 내쫓은 상황이었다. 발라바노바는 빈 시내와 교외 변두리를 오가며 살았다. 가난한 학생마냥 세간을 수레에 싣고 이 집 저 집 전전한 것이다. 차를 끓이는 알코올 스토브, 오믈렛을 만드는 작은 팬, 손님을 대접할 컵 세 개, 필리포 투라티[22]를 찍은 큼직한 사진, 마테오티[23]를 남자답게 묘사한 그림,《아반티Avanti!》철, 이탈리아 최대한주의자들이 보낸 서신, 시를 가득 끼적인 공책이 그녀의 소지품이자 재산이었다. 안젤리카는 가무잡잡한 단신으로, 꽃다운 시절이 저물기 시작했지만 여전히 열정적인 투사의 삶을 살았다. 그녀의 60년 성상이 낭만적 열정으로 가득했다. 안젤리카는 통일 공화국을 목표로 적극 투쟁했고, 마치니주의자들 및 카르보나리 당 인사들과 어울렸다! 라차리Lazzari와 세라티Serrati 같은 정치인들이 의회 전술을 통해 그런 기백을 제법 보여주기도 했다. 허나 안젤리카는 그들을 뒤로 하고 러시아혁명에 뛰어들었다. (스위스에서는 그 과정에서 반동적 깡패 무리에게 흠씬 두들겨 맞기도 했다.) 안젤리카는 공산주의 인터내셔널 집행국이라는 맑스주의 세계 정부와 긴밀한 관계를 맺었다.

그러나 코민테른은 더 이상 침머발트 회의 때의 분위기가 아니었다! 각종 위원회가 기민하게 구성되었고, 다이아몬드를 지닌 밀사들이 해외의 자매 당들로 파견되었다(밀사와 다이아몬드 모두 사라지기 일쑤였다). 계속해서 '동지'라고 불리는 사람들을 축출하기 위해 파견된 특사도 있었다. 물론 그런 조치와 활동은 조직이 커지면서 어쩔 수 없이 부상한 막후 공작일 뿐이었다. 하지만 활동의 규모가 커지면서 그럴듯하게 미화되는가 싶더니, 낡은 의회 연사와 진정한 투사를 가려내야 한다는 명목하에 정당화되기까지 했다. (낡은 의회 연설가들은 말로만 떠벌였지 전혀 행동에 나서지 않은 채 안락한 삶을 추구했다.) 예지력과 용기로 무장하고 수행되는 혁명 정치는 중요한 시기마다 탁월한 외과의사의 자질이 요구된다. 이 세상에 탁월한 외과의보다 더 인도적이고 정직한 사람은 없기 때문이다. (물론 그는 살아 있는 사람을 상대로 시술을 하고, 피를 흘리며 고통을 안긴다.) 안젤리카는 둘 모두에 빈발했다. 공세적 진술 일체를 망치는 데 진념한 개량주의 지도자들을 점잖지 못하게 제거하는 정치적 외과 수술에 반대한 것이 첫 번째요, 지노비에프가 야비하게 추진한 정치적 접골술이 두 번째다. 그녀는 이러한 도덕적 타락의 최초 징후들을 예리하게 감지했다. 약 15년 후 볼셰비즘은 죽었다.《역사와 계급의식Geschichte und Klassenbewußtsein》을 쓴 죄르지 루카치[24]는 내게 이렇게 말하기도 했다. "맑스주의자들은 위대한 행위가 이루어질 때 더러운 술수가 제재 없이 부려지기도 한다는 것을 압니다. 일부 동지들의 과오는, 정말이지 더러운 술수를 통해서만 위대한 성과를 얻을 수 있다고 생각합시다. ……"

안젤리카는 창틀에서 커피를 준비해 나를 대접했고, 우리가 발행하는 공식 출판물이 더 나아지기를 기대하며 우호적인 비판을 해줬다. 나는 페트로그라드에서 굶주리던 시절을 화제로 삼았다.

아들 블라디가 태어났을 때였는데, 그녀가 선물로 오렌지와 초콜 릿 바를 주었다. 다른 세계에서 온 그 진미는 외교 행낭을 통해 반 입된 것이었다. 그녀의 두 손은 가없이 친절했고, 그녀의 두 눈은 열정적이며 용기를 북돋워줬다. 안젤리카는 몇 번이나 로자 룩셈 부르크와 같은 죽음을 가까스로 모면했다.

○   세르주, 그람시, 블라디를 안고 있는 뤼시앙 로라, 류바. 1925년 빈.

안토니오 그람시[25]도 빈에 체류 중이었다. 그람시는 부지런한 망명객으로, 보헤미안처럼 늦게 자고 늦게 일어나며 이탈리아 공 산당의 비합법 위원회에서 일했다. 그는 머리가 묵직했고, 이마는 높고 넓었으며, 입술은 얇았다. 몸은 꼽추여서 작고 연약했다. 어깻 죽지가 올라간 것, 허약한 가슴도 다 그 때문이었다. 하지만 홀쭉하 고 섬세한 손의 움직임은 우아했다. 그람시는 일상생활이 서툴렀 다. 익숙한 곳인데도 밤이면 길을 잃었고, 전차를 잘못 탔으며, 숙 소의 안락함이나 식사의 질에 무심했다. 하지만 그의 지적 능력은 완벽했고, 활기가 넘쳤다. 그람시는 변증법을 직관적으로 활용했고, 냉큼 허위를 파악해 역설로서 제시했다. 그렇게 제시된 세계는 더할 나위 없이 명료했고 말이다. 레닌이 죽고 나서 한꺼번에 노동자 25만 명이 러시아 공산당에 입당한 사건을 놓고 함께 토론한 적이 있었다. 그 프롤레타리아들은 블라디미르 일리치가 죽기를 기다렸다가 입당했다. 그들이 얼마나 가치 있는 존재였겠는가?

그람시는 마테오티가 살해당했음에도 로마에 계속 남아서 투쟁을 지속했다. 그도 마테오티처럼 국회의원이었고, 위협과 협박 속에서 살았다. 무솔리니는 증오와 존경 속에 그 허약한 지체 부자유자를 가두었다. 그람시는 비참했던 어린 시절 얘기를 즐겨 했다. 사제가 되고자 했으나 거부당했다고도 했다. 잘 아는 파시스트 지도자 몇 명은 가소롭다는 듯 비웃었다. 러시아에서 위기가 심화되었고, 그람시는 그 과정에서 망가지고 싶지 않았다. 그가 당으로 하여금 자신을 이탈리아로 소환해달라고 요구한 이유다. 사실 그는 몸이 기형이고 이마가 너무 도드라져서 딱 보면 신원 파악이 가능했다. 그람시는 1928년 6월에 투옥되었다. 움베르토 테라치니 Umberto Terracini 및 다른 몇 명과 함께였다. 그는 파시스트의 감옥에 갇혔고, 불행인지 다행인지 격심한 분파 투쟁 바깥에 존재했다. (분파 투쟁으로 거의 모든 곳에서 그가 속한 세대의 투사들이 제거되었다.) 우리가 암울한 시절을 보내는 동안 그는 완강하게 저항했다. (12년 후인 1937년 나는 러시아에서 유배 생활을 끝내고 파리에 도착했다. 인민전선 시위대를 쫓아가고 있는데, 누군가가 내 손에 공산당 팸플릿을 쥐어줬다. 거기에 안토니오 그람시의 사진이 실려 있었다. 그는 그해 4월 27일 이탈리아의 교도소 병원에서 사망했다. 8년의 수감 생활을 마친 후였다.)

헝가리에서 넘어온 사람들은 분열이 심각했다. 헝가리 공산당의 야당 세력은 벨라 쿤이 지긋지긋했다. 쿤은 부족한 지력, 불철저한 의지, 권위주의와 부패의 화신이었다. 그를 반대하던 사람 몇은 빈에서 굶어 죽었다. 죄르지 루카치는 그중에서 내가 가장 존경한 헝가리인이다. 정말이지 나는 그에게 엄청난 빚을 지고 있다. 루카치는 부다페스트에서 대학 교수를 하던 인물로, 전선에서 적군 사단의 인민위원으로 활약했고, 헤겔, 맑스, 프로이트의 저작을 깊이 연구한 철학자였다. 그의 지성은 대단히 자유로우면서도 엄정했다. 루카치는 탁월한 책을 다수 썼지만 당대에 빛을 보지는 못했다. 그는 공산주의가 권위주의 세력과 결합하는 운동으로 타락하지 않고 진정한 사회 운동으로 발전했다면 거기에 위대한 지성으로 기여할 수 있었던 일급의 두뇌였다. 루카치는 맑스주의를 전체주의적으로 파악했고, 그 안에 인간 생활의 모든 면을 구겨 넣었다. 그의 당 이론은 상황에 따라 최고일 수도, 재앙일 수도 있었다. 가령, 그는 역사와 정치를 분리할 수 없고, 따라서 역사는 중앙 위원회에 소속된 역사가가 써야 한다고 생각했다.

하루는 사형 선고를 받은 혁명가들의 자살 결행 문제를 놓고 토론을 벌였다. 1919년 부다페스트에서 오토 코르빈Otto Korvin이 처형당한 게 화두였다. 코르빈은 헝가리판 체카의 책임자였고, 그의 교수형은 상류층 사람들의 대단한 볼거리였다. 루카치는 이렇게 말했다. "체포돼서 그와 함께 교수형을 당하리라 점쳐졌고, 자살을 생각했지요. 하지만 내게 그럴 권리가 없다는 결론에 이르렀습니다. 중앙위원이 선례를 보여야 한다고 판단했죠." (나는 1928년인가 1929년에 모스크바의 한 거리에서 루카치와 아내를 만났다. 당시에 그는 맑스-엥겔스 연구소에서 일하고 있었다. 그가 쓴 책은 금서였고, 공포가 횡행하는 가운데서도 대체로 용감하게 살고 있었다. 루카치는 상당히 친절하고 호의적이었지만 공공장소에서 나와 악수하려고 하지 않았다. 내가 당에서 쫓겨난데다 누구나 다 아는 반대파였기 때문이다. 그는 일신의 안위를 챙길 수 있었고, 코민테른 발행물에 영혼이 실종된 단편 기사들을 썼다.[26])

외젠 란들러Eugene Landler는 오십 줄이 다 돼갔다. 불룩한 배, 툭 튀어나온 코, 맥주 꽤나 마시게 생긴 머리, 환한 미소와 교활한 표정의 그 전직 철도 노동자이자 노동조합 조직가는 헝가리 소비에트 공화국의 결정적 시기에 대규모 파업을 이끌었다. 당시에 그는 노동조합 군대의 총사령관으로 활약하며 웃기는 에피소드가 가미된 유명한 승리를 거두었다. 그가 전선으로 가는데, 사이드카를 타고 복귀하는 장군을 만났다. 전황을 들어야 했고, 길에서 그를 세웠다. "가망이 없습니다! 이미 후퇴를 명령했어요." 란들러는 더 이상 들으려고 하지 않았다. 그는 장군의 손등을 철썩 내려쳤고, 억지로 사이드카에서 끌어낸 다음, 서둘러 전선으로 이동했다. 그가 포기되었던 도시의 노동 대중을 끌어 모으고, 낡은 엽총과 현장에서 구식으로 주조한 납 탄환으로 그들을 무장시키면서 상황이 역전되었다. 체코 군대가 아무런 저항도 없을 것으로 기대하며 진격하는 가운데 그 소총 부대가 지옥처럼 불쾌한 소음을 만들어냈다. 체코 군대는 걸음아 날 살려라 하고 도망쳤다. 란들러는 언어도단과 상식 사이에서 줄타기를 하며 유머를 구사했다. 그는 전술과 병법의 견지에서 가망이 없다고 장교들이 판단할 때조차도 투사들은 여전히 할 수 있는 게 많다고 얘기했다. "다행히 저는 전술을 하나도 몰랐습니다!" 란들러는 밀려나고 배제되었지만 그럭저럭 견뎠고, 1928년 망명지에서 평화롭게 영면했다.

루마니아와 소련의 평화 회담이 열렸고, 나는 소련 언론 대표라는 있지도 않은 역할을 맡아 거기 참석했다. 소련 대표단의 수장은 레오니드 세레브리아코프Leonid Serebriakov였다. 금속 노동자 출신인 그는 제국 시절 감옥에서 살다시피 했고, 혁명기에는 시베리아는 물론 러시아 전역에서 복무했으며, 소비에트 철도 노동자 연맹을 조직해 철도 운행을 정상화했다. 당 내 민주주의 반대파의 핵심 인물이었던 그는 도덕적 권위와 재능, 소비에트의 미래 지도자를 기대케 하는 경력으로 서른넷의 나이에 이미 두각을 나타냈다. 세레브리아코프는 평화 회담 직후 미국으로 건너갔고, 사업의 세계에서도 사회주의에 기초한 탁월한 행정 능력으로 명성을 쌓았다. 그는 풍채가 당당했고, 활기찬 태도에, 금발이었다. 얼굴은 동그랗고 통통했으며, 짧은 콧수염은 적극적이라는 인상을 주었다. 그는 엄청나게 구식인 연상의 루마니아 외교관도 사근사근하게 대했다. 루마니아 외교관은 세레브리아코프의 모든 말을 유심히 판단해 트집을 잡았다. 근사한 호텔의 온통 하얗게 장식된 사교실에서 거행된 환영식도 격식이 지나쳤다. 그는 매번 정부와 상의해봐야 한다고 대꾸했다. 회담이 완료되자, 그가 우리를 만찬에 초대했다. "노인네 참!" 우리는 이렇게 생각했다. 아무려면, 그 늙은이는 젊은 비서들에 둘러싸여 있었다. 그들은 재수 없는 사회적 명사 느낌이었고, 완벽한 러시아어를 구사했으며, 적군의 지휘 체계에 대단한 관심을 보였다. 그들 가운데 한 명이 내게 코냑을 마시겠느냐고 물었다. "우리끼리여서 하는 말인데, 당신네 나라는 베사라비아 문제(베사라비아는 몰도바와 우크라이나에 걸친 지역 – 옮긴이)를 어떻게 해결해야 한다고 생각합니까?" "프룬제에게 기병 사단 두 개를 줘서 맡겨야 한다고 생각할 겁니다. ……" 그 대답으로 흥이 깨져버렸다. 드라기에세스쿠Draghiecescou라는 상원의원이 있었다. 아주 호감이 가는 인물로, 한때 자유지상주의자였다고 했다. 그도 내게 저녁식사를 대접하더니, 맛있는 밥에 뒤따르는 과장된 언사로 이렇게 말했다. "친애하는 벗이여, 우리에게 베사라비아를 넘기시오! 그러면 민족과 역사 문제 따위는 보장하겠소." 나는 돌아가서 관련 대화를 보고했고, 적군은 재무장을 단행하고 진격했다. …… 협상은 완전히 실패로 돌아갔다. (레오니드 세레브리아코프는 1937년 총살당했다.)

우리는 오스트리아 사회민주당하고는 거의 접촉하지 않았다.

극소수의 공산당 세력은 두 개의 파로 분열해 있었다(토만Toman 파와 프라이Frey 파). 각각의 규모는 100명 정도였다. 공산당은 노동자의 무장과 프롤레타리아트 독재를 요구하는 벽보를 빈 시내에 정기적으로 붙였다. 하지만 그 와중에도 오스트리아 사회민주당은 계속해서 위세를 뿜냈다. 겉으로만 보면 그들이 끝물에 이르렀음을 전혀 눈치 챌 수 없었다. (실상 그들도 이 사실을 인지하기는 했다. 하지만 그들은 불길한 가능성에 직면해서도 용감하고 훌륭한 인물의 유입을 차단했고, 무대응으로 일관했다.) 오스트리아의 맑스주의는 프롤레타리아 100만 명 이상을 조직했고, 그 영향력도 대단했다. 빈의 주인은 맑스주의였다. 맑스주의는 빈에서 자치 사회주의를 발전시켰고, 그 성과도 풍요로웠다. 오스트리아 맑스주의는 불과 두세 시간이면 노동자 5만 명을 동원할 수 있었다. 그들의 제복은 운동복이었고, (모두가 인정했듯이) 무장도 어지간한 수준이었다. 오스트리아 맑스주의의 지도는 노동계급이 배출한 가장 유능한 이론가들이 맡았다. 그러나 그들은 10년 동안 두 번 또는 세 번 자신의 운명을 배신했다. 얌전하고 신중한 부르주아적 적당주의에 푹 절어 있었던 것이다.

정말이지 오스트리아가 공산화돼 헝가리 소비에트와 결합했다면 난국에 처한 보헤미아와 독일이 두 나라의 선례를 따르지 않았을까? 같은 시기에 이탈리아에서 혁명이 무르익고 있었다. 하지만 어쩌면 이미 너무 늦은 듯했다. 1918년 이후 사회당 정부가 세운 주요 산업 국유화 위원회가 소극笑劇으로 끝나지 않았더라면! 오스트리아 사회민주당에 러시아 볼셰비키의 열정이 조금이라도 있었더라면! 볼셰비키가 사슬에 묶인 채 시베리아 하이웨이를 터벅터벅 걷고 있을 때 그들이 한 거라고는 푸른 도나우 강이 흐르는 오페레타의 나라에서 달콤한 백포도주를 홀짝이는 것뿐이었다. 감연한 과거의 시간과 기회가 사라지자, 오스트리아는 옴짝달

싹할 수 없게 됐다. 헝가리와 이탈리아와 독일에서 반혁명이 거세 졌고, 오스트리아는 작았다. 국내적으로도 사회당이 장악한 빈은 농촌과 가톨릭 부르주아지의 위협에 직면했다. 슈타르헴베르크 Starhemberg 대공이 사회당의 빈을 격파하겠다며 농민 군대를 규합 했다. 나는 사회민주당 활동가들의 집회에 가보았다. 중년들이었 는데, 적합하고 어울린다고 생각되는 사람이 거의 없었다. 그들은 연설을 들으면서 맥주를 마셨다. 방어 동맹Schutzbund원들이 꽃으로 장식한 자전거 3만 대를 동원해 시 청사 앞을 행진했다! 사람들은 도처에서 오토 바우어[27]를 따뜻한 시선으로 환영했다. 그는 노동 계급의 행진을 보면서 자신감이 넘쳤다. 영광스러운 미래가 보장 된 듯했다. 정말이지 그게 당연지사였다면 얼마나 좋았을까! 나한 테는 그 사람들의 거대한 약점이 또렷하게 보였다. 무엇보다도 지 도부가 취약했다. 문화와 의식의 측면에서 그들이 당대 최고의 유 럽 사람들이라는 것이 문제의 원인이었다. 그들은 19세기 민주주 의에 커다란 애착을 갖고 있었고, 잔혹한 폭력과도 가장 멀리 떨어 져 있었다. 유대인 공격이 있은 다음날 나는 타보르슈트라세에서 그들이 만卍자 십자장을 한 멍청한 폭력배를 여기저기서 추적하는 걸 보았다. 기마경찰대는 법무 궁전 주위의 시위 군중을 살살 몰아 붙였다. …… (14년 후 파리에서 오토 바우어를 만났는데 못 알아볼 정도였다. 잔혹한 패배로, 알차고 고르던 이목구비마저 시들고 오그라든 탓이었다. 그토록 도저하던 자신감 역시 짓밟혔음은 물론이다. 그는 급사했다. 심장 마비였다고 하나 사실상 오스트리아 노 동계급이 패배했기 때문이다. 임종을 맞이한 그의 얼굴은 다시금 고요하고 맑아졌다.)

밤이면 마리아힐페르슈트라세로 꽤나 이질적인 사람들이 모 였다. 제복과 베레모를 착용한 그들은 작은 부대 단위로 보조를 맞 춰 행진했고, 외진 산들로 가서 무기 사용법을 연습했다. 그들은 장교 단체, 퇴역 군인, 슈타르헴베르크 부대원, 기독교도, 만자 십자장을 한 무리였다. …… 하지만 정치인들은 오스트리아에 파시스트가 없고 전혀 위험하지 않다고 부인했다. 1925년이었으니 파시즘의 위험을 최초로 경고한 사람은 어쩌면 나일 것이다. 나는 파리의 《노동자의 삶Vie Ouvrière》과, 러시아에서 발행되었으나 별 반향을 못 얻은 팸플릿에서 그들을 고발하고 비난했다. 노동계급의 민주주의는 그 숫자, 교육 정도, 업적 면에서 위세가 대단했다. 하지만 3면이 포위당했고, 결과적으로 선택지는 가망 없는 저항 아니면 총체적 무능이었다. 파시즘이 위험하다는 것은 아주 명백했다. 독일에서 바이마르 공화국이 버텨주는 한 오스트리아의 노동계급은 계속해서 희망을 가질 수 있었다. 하지만 독일 사회주의가 붕괴하면 오스트리아의 노동계급도 필멸이었다. 독일과 오스트리아가 둘 다 민주 정체가 되었을 때 프랑스와 체코슬로바키아가 둘의 결합을 반대하지만 않았더라면 두 나라 노동계급이 단결해 어쩌면 파시즘을 막았을 수도 있다. 그들이 인상적인 사회주의적 개혁을 다수 했으리라는 것은 틀림없는 사실이다. 정말 그렇게만 되었더라면 어땠을까.

빈의 분위기는 어지럽고 아찔했다. 사람들은 절망했고, 유혈 사태가 빚어졌다. 새해가 밝았고, 우리는 어느 날 저녁 눈이 소복이 쌓이는 가운데 길을 걷고 있었다. 사방에서 종이 장식물을 볼 수 있었고, 슈트라우스의 왈츠가 울려 퍼지는 중이었다. 바로 그때 오페라 하우스의 회랑에서 폭발음이 들려왔다. 실업자 한 명이 다이너마이트로 자기 머리를 날려버린 것이었다. 총리로 재직 중이던 자이펠 추기경을 저격한 사람도 있었다. 후고 베타우어Hugo Bettauer는 잘나가는 기자로, 누드 댄스장을 자주 찾았다. 그는 아주 파격적인 광고를 싣는 몇몇 주간 저널들에서 프로이트주의의 애욕적 정서를 선전 전파했다. 한 광신도 청년이 "오스트리아의 젊은이를 타락시킨다"며 그 유대인의 몸뚱이에 여섯 발의 탄환을 쏘셔넣었다.

나는 맑스와 프로이트를 연구했고, 에스파냐에서 고용주와 경찰이 벌이는 공포 탄압을 규탄하는 국제 언론 활동을 수행했다. 옛 동지들이 신디카토 리브레Sindicato Libre의 폭압 속에서 하나둘 죽어 가고 있었다. 나는 불가리아의 백색 테러도 맹렬히 성토했다. "칼이 불가리아를 지배하고 있었다." 러시아 공산당에서는 반대파에 공감했다. 1923~24년에는 프레오브라젠스키가 반대파를 이끌었고, 이를 고무한 사람은 트로츠키였다. 러시아에서 막 시작된 투쟁의 중요성을 정확히 가늠한 사람은 아무도 없었다. 독일 혁명 거사일을 정하던 시점에 고참 투사 마흔여섯 명이 중앙위원회에 두 가지 위험을 경고했다. 공업 기반이 취약해서 농촌의 필요와 요구에 부응할 수 없다는 점과 관료제의 독재로 숨 막힐 듯 답답하다는 것이 그 두 가지였다. 정신적 지적으로 궁핍하던 그 시절에 번쩍이는 섬광 같은 문서는 두 개뿐이었다. 트로츠키가 잔글자로 빽빽이 써 내려간 소책자 두 권이 다였던 것이다. 그는《새로운 진로The New Course》에서 이런저런 요구 사항을 제출했고,《10월의 교훈Lessons of October》은 분석서였다. 두 저작 다 우리의 공식 언론은 비난을 퍼부었다. 우리는 모처에서 몰래 만나 그 내용을 읽고 토론했다. 당시에 우리는 규율에 종속되었고, 목구멍이 포도청이기도 했다. 우리가 진실이라고 생각하면서도 무미건조하고 역겨운 비난을 계속 쏟아냈던 이유다. 그런 식으로 일할 거라면 뭐하러 혁명가를 한단 말인가?

나는 프랑스 공산당을 관리하라는 벨라 쿤의 부정한 명령을 거부했다. 모스크바에서 내게 발송된 편지 한 통이 알 수 없는 이유로 도중에 증발하기도 했다. 인터내셔널에서 고위직을 맡고 있던 한 동지는 정말 싫은 만큼이나 성실했는데, 나를 설득하려고 상당히 애를 썼다. (그는 과연 우리가 미래에 정치적으로 승리할 것인지를 확신하지 못했다.) 요컨대 이런 것이었다. 인터내셔널은 상황이 좋으니 받아들이고, 즐겨라. 지금으로서는 러시아 상황이 어떻게 결판날지 모른다. 그 대화는 여러 가지로 해석할 수 있었고, 나는 면담 후 무조건 러시아로 돌아가겠다고 요청했다. 인터내셔널은 도저히 내가 숨을 쉬며 함께할 수 없는 분위기였다. 모나트, 로스메르, 수바린 같은 인사들이 프랑스 공산당에서 쫓겨나고 있었다. 정치적 용기를 발휘해, 러시아 사태를 제대로 봐야 한다고 요구했다는 이유에서였다. 당들의 얼굴이 바뀌고 있었고, 언어까지 변했다. 우리의 간행물에 관례적이고 인습적인 용어들이 똬리를 틀었다. 소위 '아지트프로프 피진Agitprop Pidgin'이라는 것이었다. 모든 게 이런 식이었다. "집행국의 올바른 노선을 100퍼센트 승인하다." "볼셰비키의 영도하에 하나로 뭉침." "자매당들이 신속하게 볼셰비키화하다." 지노비에프와 벨라 쿤의 재간은 과연 대단했다. 왜 300퍼센트 승인이라고는 하지 않았을까? 모든 당의 중앙위원회들이 생각을 달리하면서도 알아서 기는 내용의 전보를 보냈다. 완벽한 체계가 갖추어진 듯했다. 친구 한 명은 이런 농담을 했다. "모스크바에서 40차 대회가 열려도 아흔 살 먹은 지노비에프가 간호사들의 부축을 받으며 나타나 여전히 의사봉을 휘두를 겁니다." '볼셰비즘 학교들'이 만들어졌다. 예컨대, 폴 마리옹Paul Marion(그는 1941년 페탱과 라발의 각료가 되었다)과 자크 도리오가 보비니에 세운 프랑스 학교. 인터내셔널은 여전히 인상적으로 눈길을 잡아끌었고, 노동계급 지지자 수천 명은 열과 성을 다해 그들의 말을 믿고 따랐다. 하지만 나한테는 인터내셔널이 내부로부터 썩어가는 게 보였다. 나는 러시아에 가야만 인터내셔널을 구할 수 있다고 생각했다. 먼저 당을 갱생시켜야 했다. 나는 돌아가야만 했다.

루카치가 내게 말했다. 함께 이리저리 돌아다니다가 포티프 교회의 회색 첨탑 아래 이르렀을 때였다. 아마 저녁 무렵이었을 것이다. "바보짓하지 말아요. 왜 헛되이 유배를 자청합니까. 반대표나 던지면서 만족하겠다는 거예요? 내 말 믿어요. 우리는 모욕당하는 데 이골이 난 사람들입니다. 맑스주의 혁명가들은 인내하고 용기를 가져야 합니다. 잘난 체하는 게 아니라요. 시절이 안 좋아요. 우리는 암울한 기로에 처해 있습니다. 함께 힘을 비축합시다. 역사가 우리를 호출하고 요청하는 날이 올 겁니다."

나는 레닌그라드와 모스크바의 당 분위기가 너무 억압적이면 시베리아 같은 곳에 보내달라고 요청하겠다고 대꾸했다. 부정한 정계에서 멀리 떨어진 설국에 틀어박혀 여물고 있던 생각을 책으로 정리하며 더 나은 시절을 기다리겠다고 말이다. 나는 여전히 오래된 악몽에 이따금 시달렸고, 확실히 단절할 필요가 있었다. 카린티아의 한 호안에서《감옥에 갇힌 사람들》을 쓰기 시작한 이유다.

6

꽁꽁 묶인 혁명

1926~1928

비가 오고 있었다. 둑은 새까맸다. 등불이 저 멀리 밤 깊은 곳으로 점점이 두 줄 박혀 있었다. 그 사이로 네바 강의 검은 물이 흘렀다. 양안으로 도시가 어둡게 웅크리고 있었다. 강이 그렇게 둘로 나눈 도시는 손님을 냉대하는 듯했다. 페트로그라드는 여전히 비참했다. 나는 나흘 전까지만 해도 베를린의 밤하늘을 수놓던 화려한 조명 아래 있었다. 베를린이 우리보다 더 안 믿기는 물가 앙등 사태를 겪은 것은 아주 최근이었다. 우리가 레몬 하나를 사려고 100만 마르크를 지불한 적은 없었다. 베를린에서는 우표 가격이 수조 마르크였다. 허나 우리라고 나을 것도 없었다. 러시아가 여전히 탈진 상태를 벗어나지 못한 이유는 무엇이었을까? 우리 일행이 세관을 나오자 고물 택시가 진창길의 물을 튀기며 다가왔다. 유령 같은 말이 끄는 덜커덕거리는 마차는 고골이 살던 비참한 도시에서 바로 튀어나온 듯했다. 모든 게 전과 똑같았다. 러시아 땅에 발을 딛자 가슴이 미어졌다. 시인 튜쵸프Tyutchev는 이렇게 썼다. "러시아의 대지여/ 어느 한 구석 그리스도라는 노예의 손길이 닿지 않은 곳이 없구나." 맑스주의자들은 같은 내용을 이렇게 설명했다. "상품이 충분히 생산된 적이 없다. 커뮤니케이션 수단도 항상 부족했다. ……" 빈민들(그들 사이에는 항상 그리스도가 있었다)은 그렇게 스텝을 떠도는 부랑자가 되었다. 맨발의 거지들은 봇짐을 진 채 끝없이 도망쳤고, 끝없이 찾아다녔다. ……

분위기는 조용하고, 음울하며, 억압적이었다. 루토비노프Lutovinov가 자살을 했다.[1] 금속 노동자들을 조직하던 그는 밤이면 라덱과 함께 베를린을 거닐었다. 쿠르퓌르슈텐담의 칵테일이 그의 목구멍을 타고 흘렀다. "부르주아지 놈들은 앞으로도 취하기 위해서라면 뭐든 만들어낼 거야! 돌아가면 뭘 해야 하지? 중앙위원회에 거듭해서 말했었지. 임금 문제를 재검토해야 한다고 말이야.

엔지니어들이 배를 곯고 있다고. 그랬더니 당 보건위원회가 치료나 하라며 해외로 보내버리더군."

글래즈만Glazman도 자살했다. 왜 그런 비극이 발생했는지는 베일에 싸였다. 전쟁최고협의회 의장 트로츠키의 서클에서 그런 일들이 일어났다. 다들 사건을 쉬쉬 했고, 글래즈만이 유일한 자살자도 아니었다.

'새로운 진로'를 요구하다가 당에서 쫓겨난 일부 청년이 스스로를 향해 권총의 방아쇠를 당겼다. 젊은 처자들은 최면 진정제 베로날Veronal을 선호했다. 당으로부터 당에 봉사할 권리를 거부당했는데 사는 게 무슨 소용이었을까? 새로운 세대는 우리에게 이렇게 호소하고 있었다. 우리에게는 오직 당뿐이다! 그런데도 당의 이름으로 우리 얼굴에 침을 뱉는 사람이 있다. "너희는 자격이 없어." 우리의 영과 육이 분노하고 뒤틀렸기 때문에 자격이 없다는 말인가? 차라리 죽는 편이 낫다. …… 자살 건수를 가리키는 그래프가 올라가고 있었다. 중앙통제위원회가 임시 회의를 열어야 할 지경이었다.

에브게니아 보그다노브나 보쉬Evgenia Bogdanovna Bosch가 자살을 했다. 가장 위대한 볼셰비키 가운데 한 명이 사망했지만 해외로는 어떤 소식도 타전되지 않았다. 그녀는 내전을 겪었다. 우크라이나에서는 퍄타코프와 함께 제1대 소비에트 정부를 이끌었다. 그녀는 아스트라한 사태를 엄격하게 처리했다. 페름에서는 농민들이 반혁명을 일으켰고, 그녀는 군대를 지휘했다. 그 모든 과정에서 에브게니아의 베개 밑에는 항상 권총이 있었다. 1923년의 당 내 논쟁, 중앙위원회가 모호한 결의안을 내놓으면서 노동자 민주주의를 우롱한 사태, 대학 숙청, 서기들의 독재, 이 모든 게 결합하면서 그녀는 좌절했다. 에브게니아는 몸져누웠고, 강단 있던 투사의 얼굴은 시들었으며 날카롭던 두 눈도 쑥 들어가고 말았다. 레닌이 죽자 그녀도 마음을 정했다. 남은 할 일이 무엇이란 말인가? 당은 분열 상태고, 우리를 배반했다. 일리치는 이제 저세상 사람이다. 더 이상 아무것도 할 수 없는 마당에 무엇을 기다린단 말인가? 에브게니아는 잠자리에 들었고, 권총으로 관자놀이를 쐈다. 위원회가 구성돼 그녀의 장례식 문제를 숙의했다. 엄격한 동지들은, 불치병 때문이라 해도 자살은 무규율적 행동이라고 주장했다. 기실 에브게니아의 자살은 그녀가 반대파로 기울었다는 증거였다. 국민장은 없었다. 겨우 지역장이었다. 유골 단지를 크렘린 벽에 안치하지도 않았다. 노보데비치 공동묘지의 공산당원 할당 구역에 그녀의 지위에 걸맞은 묘가 차려진 게 다였다.《프라브다》에 실린 부고는 마흔 줄. 프레오브라젠스키가 그 모든 과정에서 사기와 협잡이 비밀스럽게 가동되었다고 폭로했다. 에브게니아가 독일군, 우크라이나 민족주의자, 백군 세력, 농민 반란군을 상대할 때였다면 어떤 놈이 그녀의 당내 공식 관등을 조사했겠는가? 당시에는 그런 생각 자체가 있을 수 없는 일이었다. 프레오브라젠스키는 입단속을 하라는 요구를 받았다. 실질과 정신이 전부 망각된 레닌의 육신이 유령처럼 영묘에 안치돼 있는 가운데 당의 위계와 서열 정치가 활개를 치며 물릴 줄 모르는 탐욕을 과시했다. 하지만 우리는 그런 사태 전개가 끝나지 않았음을 여전히 몰랐다.

독보적 시인 세르게이 예세닌이 자살했다. 전화벨이 울렸다. "당장 오세요. 예세닌이 자살했습니다." 눈을 맞으며 인터내셔널 호텔로 달려갔다. 도무지 알아볼 수가 없었다. 예전의 예세닌이 아니었다. 물론 그는 전날 밤 술을 마셨고, 친구들과 작별 인사를 했다. "잘 가요. 혼자 있고 싶군요. ……" 아침에 일어났지만 그는 우울했다. 뭔가를 쓰고 싶은 충동을 느꼈지만 연필도, 만년필도 없었다. 호텔 비품 잉크통에도 잉크가 없었다. 면도날뿐이었다. 예세닌

은 그걸로 손목을 그었다. 그가 녹슨 펜을 피에 적셔 써내려간 마지
막 시구는 다음과 같았다.

안녕, 친구여, 안녕, ……
…… 이렇게 살다가 죽는 게 뭐 대수겠나?
틀림없어, 사는 것도 마찬가지야.

그는 호텔 측에 아무도 만나지 않겠으니 사람을 들이지 말라
고 요청했다. 사람들은 여행 가방용 줄로 목을 맨 예세닌을 발견했
다. 사망 과정에서 추락하며 난방열 배관에 부딪혀 이마가 멍든 채
였다. 씻기고 빗질해 뉘어놓은 그의 얼굴은 생전보다 덜 온화했다.
머리는 금발이기보다는 갈색이었다. 표정이 차갑고, 쌀쌀맞으며,
무정해 보였다. 내 입에서 이런 말이 새어나왔다. "쓰디쓴 패배를
겪고서 외롭게 죽은 젊은 군인이로세." 서른 살에 절정의 영광을
누렸고, 여덟 번 결혼한 그는 위대한 서정 시인이었다. 그는 러시
아의 농촌과 모스크바의 선술집과 혁명을 찬양하는 보헤미안들을
노래했다. 그는 〈깜깜한 대지Fields without a Glimmer〉에서 철마steel horse
가 붉은 갈기의 수망아지를 이겼다고 선언했다. 그가 쏟아낸 시구
는 눈부신 심상이 가득하면서도 촌락민의 언어만큼이나 단순 소
박했다. 그는 자신이 심연으로 추락하는 상황을 헤아리고 파헤쳤
다. "그대여/ 그대는 나를 어디로 이끄는가?/ 신중하지 못하고 무
모한 나를." "나는 혐오스럽고, 사악하기까지 하지. 물론 그래서 더
찬란하게 빛날 수 있었지만."
예세닌은 시류에 순응해, 문학의 공식 노선을 따르려고도 했
다. "조국에서 나는 이방인." "이제 내 시는 더 이상 필요가 없다. 사
람들도 나를 원하지 않는다." "오, 젊은 그대. 그대들은 건강하고,

발전하는도다. …… 그대들의 삶은 낯설고, 그대들의 노래는 생경하다." "나는 새로운 인간이 아니다. 옛날부터 나는 외다리. 하지만 비록 절름발이일지라도 바라고 원한다. 불구자이지만 다시 한 번 강철의 무리에 끼고 싶은 것이다."

끝없이 혹독한 우리의 삶,
그것은 고통받는 인류의 이야기!
낫이 줄기를 베듯,
백조들의 목도 달아나지.

예세닌 사후 최고의 인기를 누린 블라디미르 마야코프스키는 추도사를 하면서 그를 책망했다.

그렇게 당신은 갔습니다.
옛말에서 가로되,
내세로 말이지요……

이 공허함이라니……
당신은 별들의 운행을 재촉하며
거기서 돌고 있겠죠.

마야코프스키는 그 고별사를 이렇게 끝맺었다. 추모객에게는 예세닌의 죽음이 하나의 상징이었던 것이다.

이 행성은 아직 행복의 무대가 아닙니다.
행복한 삶은 먼 미래에나 쟁취될 것입니다!

마야코프스키도 머잖아 가슴에 총을 쏴 자살을 결행한다. 허나 그것은 또 다른 얘기이니 그만하자. 우리는 밤에 눈을 맞으며 세르게이 예세닌의 시신을 운반했다. 꿈을 꾸기에 적합한 시대가 아니었다. 서정시가 어울리지 않는 시대였던 것이다. 시인이여, 부디 안녕히.

렌카 판탈레예프Lenka Pantaleyev는 1917년 당시 크론시타트의 수병이었다. 동궁의 문이 그와 동료들의 소총 개머리판 앞에서 산산조각 났었다. 그가 레닌그라드에서 막 생을 마감했다. 암흑가에서는 렌카 얘기가 전설처럼 떠돌았다(다시 암흑가가 생겼다). 화폐가 복귀하자, 렌카는 끝이 다가왔다고 느꼈다. 그는 이론가가 아니었고, 다만 올곧은 평등주의자였다. 도적이 된 그는 다시금 출현한 보석상(네프맨들의 승리라 할 수 있었다)을 털었다. 민병대원들이 렌카의 은신처를 포위했다. (그들은 렌카를 감탄하며 바라보았고, 후에 내게 사태의 전말을 알려주었다.) 짐작할 수 있듯이, 렌카는 배신을 당했다. 여자와 음주를 떠올리면 된다. 그는 가죽조끼를 벗어던지고, 보드카를 한 잔 죽 들이켠 다음, 기타를 집어 들었다. 렌카가 어떤 노래를 불렀을까? "도끼 아래로 스텐카 라진Stenka Razin의 머리가 굴러 떨어지누나. ……" 민병대원들은 노래를 부르는 렌카를 제압했다. 위험하기 짝이 없는 기타 연주도 중단됐다. 급료로 한 달에 40루블을 받던 민병대원들은 모자에 붉은 별을 달고 있었다. 그렇게 단 붉은 별을 기쁜 마음으로 맨 처음 자랑스럽게 내보인 것은 판탈레예프 가족이었다.

일리야 요노프Ilya Ionov. 우리의 공장이 원료와 원자재가 없어, 귀신이 나올 것만 같던 을씨년스러운 시절부터 나는 그를 알고 지냈다. 요가 수행자처럼 비쩍 마른 그가 초인적인 능력을 발휘해 그런 공장들을 가동시켰다. 당시로부터 6년 전인 1919년은 지독한 엄동설한이었다. 함께 리고보 전선에서 복귀하던 어느 날 저녁이었다. (그곳은 페트로그라드에서 30분 거리에 있었다.) 그는 내게 이렇게 말했다. "남은 전력을 전부 최전선에 투입해야 합니다. 빈혈을 앓는 열일곱 살짜리들까지도요. 우리의 두뇌를 제외하고 몽땅 다요. 생각할 수 있는 머리 몇만 후방에 남고, 기관총이 잘 엄호해주면 됩니다. 그 밖에는 전부 사선에 투입해야 합니다. 이게 내가 하고 싶은 말입니다!"

그러던 친구 요노프조차 생각이란 걸 포기해버렸다. 우리는 1919년에 최후의 격렬한 저항으로 도시를 폭파하고 방화하는 계획을 세웠다. "우리를 죽이려면 막심한 대가를 치러야 함을 보여주자!"고 했었다. 우리는 재회했고, 그의 집에서 카드를 쳤다. 친구의 집은 꽤나 풍족해 보였다. 서가가 멋졌고, 축소 모형 장식물과 세밀화가 보였으며, 식기에는 문장이 박혀 있었고, 마호가니 가구는 파벨 황제 시대 거였다. 징발과 몰수가 횡행했고, 약탈한 전리품이 흘러든 것이었다. 다수의 당료 집에서 그런 물건을 볼 수 있었다. 나는 금발의 리사 요노바Lisa Ionova와도 진작부터 아는 사이였다. 첫아이가 굶어 죽는 것을 지켜보던 그녀의 야윈 얼굴은 실성한 사람 같았다. 부부 사이에서 새로 태어난 아이는 실업자들의 자식보다 훨씬 잘 먹고 있었다. 리사는 풍성한 금발을 과시했고, 목걸이도 하고 있었다. 거기에는 우랄 지방 산의 묵직한 보석이 달려 있었다. 그녀의 두 눈에서 미약하나마 여전히 아픈 기억의 흔적을 찾을 수 있었고, 나는 이런 질문을 쏘아붙이고 싶은 생각이 굴뚝같았다. "그 시절은 다 잊은 거예요? 전나무 아래서 마진의 시신을 수습하던 때는 다 잊었습니까? 조각가 블로크가 왜 총살당했는지 모른단 말입니까? 그의 아내는요? 그녀가 순진해서 그런 거였습니까? 말해봐요. 당신들, 다 잊은 겁니까?" 하지만 그런 얘기는 한마디도 하지 않았다. 좋을 게 없었다. 세상이 바뀌었던 것이다. 그리샤 예브도키모프Grisha Yevdokimov가 함께 어울려 카드를 치려고 왔다. 그는 독일에서 귀국한 상황이었고, 사실 중앙위원회는 알코올 중독이나 치료하라며 그를 독일로 보낸 것이었다. 푸쉬코프 사건이 화제에 올랐다. 아무튼 삶은 계속되기 마련이니까 말이다. (우리는 정치 얘기를 입 밖에 내지 않았다. 나는 불명예스럽게도 반대파였고, 그들도 그 사실을 알았던 것이다. 이유는 또 있었다. 그들은 미래가 불안했고, 이번에는 내가 그들의 처지를 알고 있었다. 당시의 정치국 상황을 보면, 그들과 친한 사이인 지노비에프와 스탈린 사이에서 묘한 냉기류가 감지되었다. 요노프는 1937년 총살당한다.)

나는 푸쉬코프Pushkov를, 그가 페트로코뮤나Petrokommuna, 곧 페트로그라드 코뮌중앙협동조합을 운영하던 시절에 알고 지냈다. 그가 영락(출당이었다)한 이유는 다음과 같았다. 관리위원회는 "변칙 경영(이 건은 재판에 회부될 예정이었다)과 풍기 문란"을 의결했다. 푸쉬코프는 기혼자였다. 일요일 저녁이면 그의 집에서도 사람들이 모여 차를 마시며 카드놀이를 했다. 푸쉬코프는 아내를 무척 사랑했다. 그런데 유물론적 행정가라는 직분에 어긋날 만큼 아내를 사랑했다는 것이 문제였다. 아내가 급사했고, 그는 물질이 썩는다는 사실을 망각했다. 시체 숭배가 당이 비난하며 공식으로 금한 조상 전래의 이데올로기임을 망각한 게 더 큰 문제였다. 푸쉬코프는 아내의 시체를 방부 처리했고, 그녀가 유리 덮개 아래서 영면할 수 있도록 공동묘지에 아치형 지붕도 만들었다. 레닌이 영묘에 누워 휴식을 취하는 것은 인류가 계속해서 그를 잊지 않고 기억하는 것이 더 낫고 필요했기 때문이다. 한 남자의 추념을 위해 그녀 역시 비슷하게 보존하는 것이 왜 안 된단 말인가? 푸쉬코프는 정직한 사람이었지만 유리관은 비쌌다. 그가 협동조합 기금에 손을 댄 이유였다. 더 이상은 푸쉬코프 얘기를 아무도 하려고 하지 않았다. 이유는 모른다. 하지만 그 사건의 전말에서 가장 슬펐던 것은 죽은 아내가 다시금 잊혔다는 것이었다.

멘초이 사건은 더 걱정스러웠다. 멘초이Menchoy의 경우는 여기 저기 떠들고 다닐 수 있는 사람이었기 때문이다. 그는 유대계 미국인 사업가로, 물고기처럼 큰 두 눈에 뿔테 안경을 꼈고, 영국산 최고급 소모 직물 양복을 걸쳤으며, 스타일도 언제나 최신식이었다. 그가 항상 중대 프로젝트로 바빴음은 물론이다. 내가 그를 만났을 때 그는 미국에서 갓 돌아온 상황이었다. 모스크바의 집행국을 대리해 로트슈타인Rothstein과 함께 인터내셔널의 영국 부서를 담당할 예정이었다. (로트슈타인은 인민헌장 운동을 연구한 역사가였다.) 그런 그가 당에서 쫓겨나 체포되었고, 솔로비예츠키 제도로 유배되었다. 사람들은 멘초이 얘기를 하면서 분노하고, 역겨워했다. 그는 공산당 관료였는데도, 배신을 했다. 발행이 겨우겨우 허용되던 한 문예지에 당의 노선을 성토하는 여러 논설을 다양한 가명으로 투고한 것도 그였다. 자택에서 발견된 그의 노트는 욕지기가 나는 수준이었다. 적힌 내용은 예컨대 다음과 같았다. "오늘 허섭스레기 같은 레닌 팸플릿을 뚝딱 해치우고 800루블을 챙겼다. 돈을 주고 창녀 두 명을 데려왔다. 함께 술을 마시고 떡이 됐다." 한 동지는 말했다. 우리랑 어울리며 이중생활을 하던 그자가 모스크바 위원회를 대신해 레닌을 선전하는 팸플릿을 썼다는 게 믿겨요? 그놈은 영혼까지 썩었습니다! 물론 나는 알고 있었다. 그것은 도시와 거리를 한 번 살펴보는 것만으로도 충분히 알 수 있는 사실이었다.

다시금 모든 것에서 추악한 돈의 기미가 보였다. 식료품점들에 크림 반도 산 과일과 그루지야 산 포도주 등이 호화롭게 진열됐다. 하지만 우편집배원의 한 달 급료는 50루블이었다. 레닌그라드에만 직업 없는 사람이 15만 명이었다. 그들은 실업수당으로 한 달에 20~27루블을 받았다. 농업 분야의 일용직 노동자와 여성 가정부는 식사를 제공받고 15루블을 벌었다. 당 관료들은 숙련 노동자와 똑같이 한 달에 180~225루블을 받았다. 거지들과 고아 천지였고, 그건 창녀들도 마찬가지였다. 도시에는 대규모 도박장이 세 곳 있었다. 사람들은 거기서 바카라, 룰렛, 슈맹드페르chemin de fer(바카라의 일종 - 옮긴이)를 했다. 모퉁이마다 술집들이 똬리를 틀었고, 사악한 범죄가 끊임없이 일어났다. 외국인과 당료들이 투숙할 수 있던 호텔에는 비록 때 묻었지만 탁자에 하얀 천이 깔렸고, 역시 먼지투성이이긴 해도 모형 야자나무를 볼 수 있는 술집이 있었다. 거기 근무하는 급사들은 눈치가 빨랐고, 혁명 너머의 비밀을 알았다. "눈" 가루 한 방 어떠세요? 유로파 호텔의 술집에서는 서른 명의 여자가 남정네들에게 단장한 얼굴과 싸구려 반지를 자랑했다. 남자들은 안에 모피를 댄 외투와 모자를 썼고, 술이 가득 담긴 유리잔을 비웠다. 그 가운데 3분의 1은 도둑, 3분의 1은 횡령자, 나머지 3분의 1은 사악한 길로 들어선 노동자와 동지들이었다. 현장에서는 새벽 3시경이면 어김없이 싸움이 벌어졌고, 칼부림도 잦았다. 그러던 어느 날 밤 나는 누군가가 소리치는 걸 들었다. 이상한 자만심이 느껴졌다. "나는 1917년부터 당적을 유지해왔다고!" 1917년은 전 세계가 뒤흔들린 해였다. 통 트기 전 눈발이 나리는 밤이었다. 잘 빠진 말이 끄는 썰매가 여러 대 멈추었다. 마부들은 수염을 기르고 있었는데, 마치 차르 시절에 돈 많은 바람둥이들을 시중들던 사람 같았다. 국유화된 공장의 경영자, 레닌 공장Lenin Factory에서 생산된 직물을 파는 도매인, 정보원들이 찾아내 함께 술을 마시던 청부 살인자가 볼가 강 유역이나 랴잔 출신일 것으로 추정되는 어떤 여자와 재빨리 자리를 떴다. 그들은 비좁은 자리에 서로서로 바짝 붙어 앉았다. 여자는 기근과 혼란 속에서 속수무책이었을 테고, 자신의 젊음 말고는 팔 게 아무것도 없었다는 게 틀림없다. 자살자 대열에 합류하기에는 살고자 하는 열망이 무척 강하기도 했으리라. 나는 편집자였고, 도시의 자살 현황을 추적 중이었다. 레닌그라드에서는 하루에 10~15건의 자살이 일어났고, 그 대부분이 30대 미만이었다.

승강기를 타고 옥상으로 올라가면, 술집이 또 있었다. 무슨 파리나 베를린 같았다. 조명이 화려했고, 재즈가 흘러나왔으며, 춤도 출 수 있었다. 하지만 분위기는 1층의 술집보다 훨씬 우울했다. 작가랍시고 우리 일행 두 명이 휑뎅그렁한 홀에 있었고, 생기 없고 칙칙한 밤이 시작되려던 참이었다. 바로 그때 마야코프스키가 걸어 들어왔다. 예의 운동선수 같은 걸음걸이로 말이다. 그가 우리 옆으로 카운터에 기대어 앉았다.

"어떻게 지내요?"

"그럭저럭. 지옥이죠!"

"지긋지긋하죠?"

"아니요. 하지만 언젠가는 내 머리통을 날려버릴 겁니다. 다 사이비예요!"

몇 년 후 그는 자살했다. 마야코프스키는 관의 허가 속에 시집을 발표했고, 엄청난 돈을 벌었다. (호소력이 상당한 시도 있었다.)

우리의 목표는 가난한 사람들의 당으로 남는 것이었다. 하지만 돈이 점점 더 주인이 되어갔다. 돈 때문에 모든 것이 부패하고 타락했다. 형편이 돈에 힘입어 도처에서 좋아질 때조차도 그랬다. 5년이 채 안 되었지만 거래가 자유화되면서 기적이 일어났다. 기근이 사라졌다. 우리는 삶에 열중했고, 제정신들이 아니었으며, 불행하게도 빠른 속도로 내리막을 타고 있음을 느꼈다. 광대한 조국은 회복 중인 환자였다. 하지만 그 회복 중인 환자의 살집에서 고름집이 증식했다.

내가 공동주택협동조합의 조합장으로 일할 때였다. 여학생에게 방을 하나 마련해주기 위해 장시간 엄청나게 싸워야 했다. 공동 소유라고는 했지만 주택 자산이 철저하게 부르주아화해버린 탓이었다. 기사 한 명이 내게 제출한 설명서는 완전 사기였지만 그럼에도 서명 승인해주지 않을 수 없었다. 함께 사는 사람 한 명은 스스로 부자가 되는 과제에 내놓고 몰두했다. 그는 국영 공장이 저소득자에게 염가로 판매한 직물을 고가로 되파는 수법을 썼다. 그런 일이 어떻게 가능했나? 공산품 수요가 무려 4억 루블가량 공급을 웃돌았기 때문이다. 노동자들은 피폐한 가정생활에서 벗어나기 위해 선술집을 찾았다. 붉은 푸틸로프 작업장 거주구의 주부들은 당위원회에 호소했다. 고주망태가 된 남편들의 임금을 일부라도 공제해 넘겨받을 수 있는 방법을 강구해달라고. 월급날이면 인사불성으로 취해 보도에 큰 대자로 누운 노동자들을 볼 수 있었다. 신이 나서 모두를 상대로 휘파람을 불거나 야유하는 노동자들이 또한 편이었다. 그들은 나를 안경잡이 지식인으로 간주했다. 앙심이랄까, 원한 같은 것이 상당했다. 한 아동구호위원회는 블라디미르스키 클럽을 운영했다. 그곳은 도박장으로 평판이 안 좋았다. 나는 거기서 여자 한 명이 얼굴을 가격당하고, 계단 아래로 내동댕이쳐지는 광경을 목격했다. 옷이 찢어져 반라의 상태였다. 클럽 담당자가 내게 다가와 이렇게 말했다. 싸늘한 어조였다. "뭘 그렇게 놀랍니까? 저년은 창녀일 뿐이에요! 내 입장이 한 번 돼보세요!" 그는 공산당원이었다. 우리는 같은 당 소속이었던 것이다.

사업 활동으로 사회가 어느 정도 활기를 띠었다. 하지만 그 사업 활동이란 게 상상할 수 있는 가장 추악한 종류였다. 예를 들어보자. 공산품을 분배하는 소매 거래를 사기업이 장악했다. 협동조합과 국영 거래 체계가 패배한 것이다. 5년 전만 해도 없던 자본이 다 어디서 생겨난 것일까? 강탈, 사기나 다름없는 투기 행위, 탁월한 수완의 협잡과 공갈을 통해 자본이 탄생했다. 부정직하고 교활한 인간들이 가짜로 협동조합을 만들었다. 뇌물을 먹은 공무원들이 그들에게 융자를 해주고, 원자재를 대줬으며, 주문을 했다. 엊그제까지만 해도 그들에게는 아무것도 없었고, 사회주의 국가는 그들에게 모든 것을 제공했다. 국가로서는 실상 부담스러운 조건이었다. 계약, 합의, 주문이 전부 부정하게 이루어졌기 때문이다. 그들은 일단 출범하자 꾸준히 상승세를 탔다. 사회화된 산업과 소비자를 중개하는 중간 상인으로 자리를 잡겠다는 의지도 단호했다. 그들로 인해 모든 것의 가격이 두 배로 뛰었다. 소련은 산업 기반이 취약했고, 우리의 거래 활동이 한 무리의 약탈자들에게는 사냥터나 다름없었다. 그들 가운데서 기략이 탁월하고 냉정할 미래의 자본가들을 또렷하게 알아볼 수 있었다. 그런 면에서 네프가 역행이자 퇴보라는 데에는 의심의 여지가 없었다. 크릴렌코 이래로 수많은 검사들이 투기 행위를 기소했지만 무소용이었다. 플랴츠키Plyatsky라는 추레한 사람은 머리칼이 붉었고, 수다스러웠다. 레닌그라드에서 자행되던 온갖 부패와 투기의 핵심에 그가 있었다. 발자크의 소설에 나올 법한 그 실무가는 회사를 십여 개나 띄웠다. 모든 부서의 관료가 그의 뇌물을 받았다. 그는 총살당하지도 않았다. 없어서는 안 될 존재였기 때문이다. 그 덕분에 모든 게 돌아갔다. 네프는 한 편의 거대한 신용 사기였다. 농촌도 상황이 똑같았다. 형태가 약간 다르기는 했지만 말이다. 남부에서 한 해 동안 양을 키우면, 정말이지 별나고 기이한 백만장자들이 탄생했다. 이런 식이다. 적군 빨치산 출신자들이, 딸은 크림 반도의 최고급 호텔에 살고, 아들은 카지노에서 큰돈을 걸고 도박을 하는 식이었던 것이다.

다른 분야도 살펴봐야 할 것 같다. 새로운 성골이 거대한 규모로 부상했고, 공식 문학 또는 관제 문학이 서서히 확대되었다. 두 극작가 쉬체골료프Shchegolev(역사가이기도 함)와 알렉세이 톨스토이[2]가 라스푸틴과 황후를 소재로 겉만 번드르르한 희곡을 썼고, 수십만 루블을 벌었다. 다수의 젊은 작가가 그들을 모방하려고만 했다. 그러려면 대중의 입맛과 중앙위원회 문화분과의 지시에 따라 써야 했다. 물론 그게 그렇게 쉬운 일은 또 아니었다. 소련의 청년 작가 대다수는 훌륭하게 저항했다. 그러나 우리가 잔뜩 보유하게 된 문학 작품이 순응주의적이고 타락했음은 분명한 사실이었다. 형편이 좋아지고 있었고, 삶은 다시금 활기를 띠었다. 하지만 도처에서 이해할 수 없는 과정이 징후적으로 목격됐다. 우리는 불안했고, 파멸할 운명인 듯했다.

난관의 해법을 제시한 사람은 콘스탄티노프Konstantinov였다. 우리는 직접 만난 적은 없지만 서로를 알았다. 나는 그가 혐오스러웠지만 서서히 이해하게 됐다. 누군가가 내게 이렇게 말해줬다. "그도 문인입니다. 원본 수고를 수집하거든요. 톨스토이, 안드레예프Andreyev, 체호프, 로자노프Rozanov도 좀 있답니다. 유물론자지만 신비주의자 집단에도 합류했어요. 약간 미쳤지만 똑똑한 사람이죠. 과거에는 체카 요원이었고요. 들리는 바에 의하면, 그가 당신을 아주 마음에 들어한답니다."

우안Right Bank의 어떤 집에서 열린 모임을 찾았다. 샹들리에가 달린 방에 사람이 몇 있었다. 한 노인이 우리에게 로자노프를 설명했다. 로자노프의 내면에는 니체와 톨스토이와 프로이트가 존재했다. 그들 모두는 스스로와 끊임없이 싸우는 육욕적 기독교에 속했던 인물이다. 로자노프는 강박적일 만큼 윤리 문제와 섹스를 철저하게 파고들었던 성자였다. 그는 자신을 윤리적 파충류라고 생각했다. 윤리적 파충류라니? 그가 그런 존재이기를 원했다는 말이 아니다. 그는 모두가 내면 깊은 곳에서는 그런 존재라고 인정했고,

해서 정말이지 자신도 약간 그랬다. 그는 《낙엽Fallen Leaves》과 《구세주Savior》를 썼다. 《낙엽》은 삶과 죽음, 위선, 음란함을 고찰한 책이고, 《구세주》는 화장실에서 사용하는 종이에 쓴 원고를 묶은 책이다. 그는 레닌과 비슷한 시기에 죽었다. 로자노프가 러시아 지식인들에게 끼친 영향은 깊고 컸다. 모인 사람들은 로자노프를 막 방에서 나간 사람처럼 추억했다.

젊은 여자가 몇 참가했고, 콧수염이 약간 노란 장신의 마른 남자도 한 명 보였다. 나는 즉시 그를 알아봤다. 1919년과 1920년에 체카의 행정 부서를 맡아 이끌던 오트Ott였다. 그는 에스토니아 출신 아니면 라트비아인이었다. 피도 눈물도 없는 냉혈한이었던 그가 체카의 모든 문서를 처리했다. 일체의 처형이 그의 승인하에 이루어졌다. 콘스탄티노프는 머리가 빠지는 중이었고, 코는 뼈가 다 드러났으며, 입술이 가무잡잡했고, 안경을 낀 모습이었다. 나는 그를 못 알아봤지만 그는 나를 오래전부터 알고 지낸 마냥 대했다. 그가 나를 한쪽으로 데려가 이렇게 말한 것은 얼마 후였다. "실상 당신은 나를 알고 있습니다. 바이라치 사건 때 내가 치안판사였으니까요. ……"

그랬다. 내가 어떻게 그를 잊을 수 있겠는가? 나는 1920년에 한 프랑스인 공산주의자와 함께 무고한 게 틀림없는 몇 사람의 목숨을 구하기 위해 그에 맞서 길고 긴 투쟁을 벌였다. 그는 무슨 수를 써서라도 그들을 총살하려고 했다. 그 사건의 내막을 시시콜콜 얘기하지는 않겠다. 피 묻은 셔츠가 감옥에서 내게로 전달되었다. 어떤 여자에게 그 사디스트 치안판사가 모멸적인 올가미임에 틀림없는 근사한 약속을 했다는 얘기도 들렸다. 그 외에도 다른 사건이 많았지만 아무튼 우리는 기소된 사람들을 구해내는 데 성공했다. 체카 내의 주요 집단인 제노폰토프Xenofontov를 찾아간 게 주효했으리라는 것이 나의 판단이다. 치안판사 콘스탄티노프에 대한 페트로그라드 체카 동지들의 세평은 모호했다. 가혹한 곤조통, 청렴결백하다(하지만 그는 기꺼이 관용을 베푸는 체했다), 사디스트가 맞다 등등. "하지만 알아야 합니다. 그건 다만 심리 상태의 문제란 걸요!" 나는 그를 안 보려고 했다. 그가 위험한 미치광이라고 생각한 탓이다. 그런데 7년이 흐른 후, 그가 우안의 어느 집에서 차를 권하며 나를 친구로 대접했다.

"당신이 구해준 사람들은 콘스탄티노플로 도주했습니다. 거기서 또 크게 한탕 하고 있겠죠. 당신의 노고는 애석하게도 부당했습니다. 내가 그놈들을 싹 다 없애버리는 걸 막아서는 안 됐어요. 물론 나도 알았어요. 공식으로는 그들이 무고하다는 걸요. 하지만 그들을 반박하는 파일이 많았습니다. 이제 와서 다 무슨 소용이겠어요. 그래도 다른 사건들에서는 방해받지 않고 혁명의 소임을 다 할 수 있었죠. 당신보다 훨씬 막강한 사람들도 나를 어쩌지 못했습니다. 내가……"

레닌과 제르진스키가 사형을 폐지하는 법령을 공포한 게 1920년 1월이다. 바로 그때, 그날 밤에 체카 요원들이 대규모로 사형을 집행했다. 신문들이 사형 폐지 법령을 인쇄 중이었음에도 막판에 용의자 수백 명을 살육했던 것이다. 콘스탄티노프도 그 가운데 한 명이었다.

"그래요, 당신이었죠. 또 뭡니까?"

콘스탄티노프는 당에서 이제 비주류 신세였다. 확실하게 출당당한 것은 아니었지만 명퇴 내지 묵인받는 처지였던 셈이다. 그는 가끔 모스크바 행 기차를 타고 중앙위원회에 갔다. 그러면 고위 비서가 그를 맞아주었다. 콘스탄티노프는 자신의 비밀 파일을 꺼내 놓고는 했다. 흥미로운 대목이 많았음은 물론이고, 덧붙여서 그가 기억하고 있는 사실들은 반박할 수 없는 혐의 내용이었다. 콘스탄티노프는 증거, 혐의, 고위급 인사의 이름을 흘리면서도 다 말하지는 않았다. 그랬다가는 그들이 그를 죽일 수도 있었다.

콘스탄티노프가 내게 다 말해주겠다고 제안했다. 그는 왜 나를 믿었던 것일까? "반대파잖아요? 당신은 진짜 문제를 전혀 모릅니다. 짐작되는 게 아무것도 없죠?" 그의 말은 처음에는 암시적이었다. 우리는 무슨 일이 벌어지고 있는지, 레닌이 뭘 예견했는지 얘기를 나눴다. 그의 말을 들어보자. "당신은 당신이 차를 몰고 있다고 생각하겠죠. 하지만 실은 차가 당신을 모는 겁니다. 그런데 운전대에 얹힌 게 당신 손이 아니라 다른 사람 손이란 걸 별안간 깨닫고 또 소스라치게 놀라는 거죠."

실업자 수가 하늘을 찌르고, 임금 격차 또한 엄청났다. 국내 시장을 지배하는 것은 "사기업이에요. 사기업은 또 국가를 약탈한 결과죠. 농촌은 비참한데, 농촌 부르주아지가 생겨나는 중입니다. 코민테른은 무능하고, 라팔로 조약에 따른 정책도 빼놓을 수 없죠. 도시는 곤궁하고, 벼락부자들은 오만하기 이를 데 없습니다. 당신은 이런 결과가 자연스럽습니까? 우리가 한 모든 게 정말 우리가 한 겁니까? 이런 결과를 말이에요?"

콘스탄티노프가 내게 속내를 솔직하게 털어놓았다. 비밀을 밝힌 것인데, 모든 게 배반당했다는 것이었다. 레닌이 살아 있을 때부터 중앙위원회에서 불충과 반역이 꿈틀거렸다. 그는 이름을 댈 수 있었고, 증거도 있었다. 콘스탄티노프가 내게 모든 얘기를 다 하지는 않았다. 너무 위험했기 때문이다. 그들도 그가 안다는 걸 알았던 것이다. 내가 그에게서 그 얘기를 들었다는 게 새어나가기라도 하면 나는 죽은 목숨이었다. 정말이지 간담이 서늘하고 끔찍했다. 그 음모를 폭로하려면 비상한 통찰력, 탁월한 조사 능력, 완벽한 판결 결정권이 필요했다. 콘스탄티노프는 목숨이 위험한데도 그 거대한 범죄를 다년간 분석했고, 그 결과를 중앙위원회에 제출 중이었다. 그는 외국인, 막강한 자본가, 자기가 볼 때 쉽게 감지되진 않지만 기타 중요한 인사들을 거명했다. 대서양 너머의 한 도시도 구체적으로 명시했다. 그의 추론은 어색하고 우려스러웠다. 미치광이 논리학자가 앞에서 떠든다고 한 번 생각해보라. 그의 얼굴은 미친 사람처럼 달뜬 채였다. 하지만 그가 하는 모든 얘기는 한 가지 기본적인 생각에서 출발했다. 그리고 그 생각은 미친 사람의 그것이 아니었다. "우리가 이러려고 혁명을 한 게 아닙니다."

우리는 헤어질 무렵에 서로를 신뢰하게 됐다. 백야였고, 전차는 운행을 중단한 상태였다. 나는 집회 장소를 나와 오트와 함께 걸었다. 찌푸린 하늘과 안개빛 물 사이로 다리가 놓여 있었고, 우리는 건넜다. 6년이 흘렀지만 오트가 하나도 바뀌지 않았음을 나는 깨달았다. 그는 계급장은 없었지만 여전히 긴 기병대 외투를 걸치고 있었다. 태도 역시 예전과 똑같이 무신경했고, 옅은 콧수염 아래로 반쯤 피어오른 미소도 그대로였다. 오트는 1920년의 어느 겨울밤에 체카 본부를 나서서 퇴근하는 듯했다. 그와 콘스탄티노프는 의견이 완벽하게 일치했다. 콘스탄티노프의 주장은 명료합니다. 안 그래요? 음모의 가닥이 여럿이었다. 그 음모는 사악한 반역 행위로, 파문과 영향력이 엄청났다. 최초의 사회주의 공화국을 무너뜨리려고 전 세계가 그 음모에 가담했다. …… 하지만 중앙위원회에 몇 명만이라도 남아 있다면 다 구해낼 수 있었다. 하지만 누가 있단 말인가?

아침의 도시는 창백했고, 인적이 드물었다. 레닌그라드는 차가운 석상처럼 비쳤고, 만감이 교차하는 속에 뭔가에 몰두하고 있는 듯했다. 우리 두 사람은 파란 지붕 모스크를 지나쳤다. 오른쪽으로 작은 언덕에서는 데카브리스트 영웅 다섯 명이 1825년 교수형을 당했다. 왼쪽은 니콜라이 2세의 총신이 소유했던 대저택으로, 1917년 볼셰비키가 거기서 봉기를 조직했다. 표트르-파벨 요새의 도금 첨탑이 하단의 포곽砲廓과 강 위로 우뚝 솟아 있었다. 네차예프가 거기서 사슬에 묶인 채 제국을 전복하려는 엄청난 음모를 꾸몄다. 나로드나야 볼랴(인민의 의지)의 투사들도 거기서 이승을 하직했다. 1881~1883년에 그들은 굶어 죽었다. 나로드나야 볼랴의 후배 투사 다수는 여전히 활동 중이었다. 그들이 담금질해낸 연속성은 계속해서 우리에게도 이어졌다. 우리는 마르스 광장에 조성된 묘지에 이르렀다. 우리와 함께했던 동지들의 묘석이 빨강색 화강암 벽돌로 둘러싸인 곳이었다. 맞은편은 파벨 1세가 휘하 장교들에게 살해당한 엔지니어스 캐슬Engineers' Castle이었다. 오트가 웃으면서 말했다. "정말이지 끊임없는 음모라니. 이 모든 게 애들 장난 같지 않아요? 작금의……"

이렇게 대꾸하고 싶은 강한 충동이 일었다. (그렇게 편집증 환자처럼 굴어봐야 아무런 소용이 없었다.) "작금의 사태는 그렇게 만만하지 않습니다. 완전히 다르다고요. 안됐지만 오트 씨, 당신들이 생각하는 음모는 상당히 장황합니다. ……"

내가 이 에피소드를 소개한 건 그때조차도 어떤 분위기가 감지되었음을 알 수 있기 때문이다. 나는 그들과 1926년에 대화를 나누었다. 희미하나마 정신병의 초기 단계가 드러났다. 훨씬 뒤에 소련 전체가 그런 정신병으로 옴짝달싹 못하며 엄청난 비극을 경험하는 것은 두말할 나위 없다. 소비에트 러시아가 겪은 그 수년간의 비극은 역사상 유례가 없는 심리 현상이었다. (콘스탄티노프는 중앙 시베리아로 유배당한 후, 30년대 초반에 실종됐다.)

노동자의 도시 레닌그라드는 평온했다. 추바로프 가에서 벌어진 극적인 사건으로 그 평온이 돌연 깨졌다. 조국의 청년들이 어떤 조건에 처해 있는지가 밝히 드러났고, 그것은 불길한 조짐이었다. 산-갈리 작업소들의 청년 노동자 열다섯 명 정도가 그들과 나이가 같은 여자 한 명을 강간했다. 그 불행한 사건은 10월 철도역 인근의 불모지에서 일어났다. 사건이 발생한 리고브카 구는 지하 범죄 조직과 노동 대중이 만나는 곳으로, 열악한 공동 주택 천지였다. 그렇지 않아도 추악한 윤리 범죄로 과부하가 걸렸던 당 통제위원회를 집단 강간 사건이 산더미처럼 몰아쳤다. 일단은, 성 생활과 성 취향이 오랫동안 억눌렸다. 차례로 혁명의 금욕주의, 빈곤과 기근이 원인으로 작용했다. 그러던 성 생활이 정신적 자양분을 전혀 제공받지 못하던 사회를 배경으로 분출하기 시작했다. 젤리아보바 가의 학생 주택에서도 비슷한 사건 둘이 조사를 받는 중이었다. 전에 베어 호텔이었던 그곳은 내가 사는 곳과도 가까웠다. 일단의 술에 취한 젊은이가 처녀 한 명을 윤간했다. 두 무리가 두 개의 각기 다른 방에서 같은 날 저녁 그 짓을 저질렀다. …… 나는 보건위원회와 함께 문제의 학생 주택을 찾아갔다. 방은 황량했고, 가구가 거의 없었다. 해진 천이 창문 걸쇠에 걸려 있었다. 마룻바닥에는 알코올램프와 양철 주발이, 구석에는 책과 다 떨어진 신발이 보였다. 철제 침대 틀은 용수철이 없었다. 대신 널판이 있었고, 널판 위에 매트리스가 깔렸다. 이불은 땟국이 심하게 타 회색이었다. 큰 방 하나에는 마루에 매트리스가 놓여 있었는데, 젊은이 세 명이 곤히 자는 중이었다. 남자 둘에, 여자가 한 명이었다. 난잡한 혼음은 이렇게 비참한 환경을 토대로 했다. 알렉산드라 콜론타이의 책 같은 것들로 인해 조악하게 단순화된 자유연애 이론이 퍼졌다. 유치한 형태의 유물론으로 인해 '성욕'이 순전히 동물적인 욕망으로 환원되었던 것이다. "사랑은 물을 마시는 것과 같다. 똥을 누는 것처럼 자신을 위무하는 일이다." 청년층에서 가장 교양 있고 세련되었다 할 대학생들이 미래의 공산사회에서는 도덕과 윤리가 사라질 것이라는 엔치멘Enchmen의 이론(부하린이 이를 반박했다)을 주워섬겼다.

추바로프 가 사건의 피고 열다섯은 공개 재판을 받았다. 노동자 클럽의 집회실에는 레닌의 초상화가 걸려 있었다.《레닌그라드 프라브다Leningrad Pravda》의 편집자 라파일Rafail이 재판을 주재했다. 그는 시키면 시키는 대로 다하는 말 잘 듣는 관리로, 대머리에 교활해 보였다. 비열한 인간성과 가난해서 발생하는 타락이 복잡하게 얽혀 있음을 그는 단 한순간도, 조금치도 이해해보려 하지 않았다. 노동계급의 대의 속에서 그것을 파악하는 것이 그의 임무였음에도 말이다. 남녀 노동자가 강당을 가득 메웠고, 반대 심문이 진행되었다. 분위기는 긴장감이 넘치면서도 지루했다. 열다섯 명의 얼굴은 전형적인 리고브카의 밑바닥 아이들이었다. 농민형과 프롤레타리아형이 섞여 있었고, 핵심적인 공통 특성으로 원시적 야만성이 보였다. 그들은 죄를 자백했고, 서로를 비난했다. 거리낌 없이 사건을 자세히 설명하기도 했다. 사건이 사실 관계에서 벗어나기라도 하면 그들은 알아듣지를 못했다. 전혀 문제없던 일을 놓고서 왜 야단법석을 떠느냐고도 생각했다. 불모지에서 섹스하는 것보다 더 당연한 일이 무엇입니까? 여자는 넷이나 다섯, 혹은 여섯과 상대하는 걸 개의치 않습니다. 딱 한 명뿐이었으면 여자는 임신을 하거나 병에 걸렸을 것입니다. 여자가 언짢았다면 '편견'을 가져서일 겁니다.

나는 특정 반대 심문 내용을 아직도 선명하게 기억한다. 피고들은 식견이랄 게 전혀 없었고, 자질과 특성 또한 미발달 상태로 야만적이었다. 치안판사 라파일은 선량한 정치인답게 거듭해서 기함氣陷을 했다. 그는 정말이지 바보 같기까지 해서 '새로운 문화'니,

'훌륭한 소비에트의 도덕'이니 하는 말을 떠벌였다. 단신의 금발 청년 한 명이 납작코를 벌름거리며 그에게 대꾸했다.

"들어본 적 없는데요."

라파일은 계속해서 이렇게 말했다. "피고는 외국의 부르주아 도덕을 더 좋아하겠군요."

말이 안 됐을 뿐만 아니라 터무니없는 상황이었다. 청년은 이렇게 대꾸했다. "그런 건 전혀 모릅니다. 외국은 가본 적도 없는 걸요. 한 번도."

"외국 신문을 읽으면 알 수 있습니다."

"전 소련 신문도 본 적이 없는 걸요. 니고브카 거리가 내가 아는 유일한 문화입니다."

다섯 명이 사형을 언도받았다. 당국이 사형을 선고하려면 법률 조항을 비틀어야 했고, 그들은 '강도질'로 기소되었다. 평결이 내려진 날 저녁 레닌그라드의 하늘은 보라색으로 빛났다. 나는 법정을 나와 터벅터벅 걸었다. 산-갈리 작업소 전역이 화염에 휩싸였다. 사형을 언도받은 청년 다섯 명은 다음날 처형됐다. 불을 지른 노동자들도 비밀리에 처형되었다는 소문이 돌았다. 하지만 그 얘기는 확인이 불가능했다.

러시아가 왜 그런 지옥 같은 사회로 전락했는지 불현듯 알고 싶어졌다. 화염이 치솟던 그 밤에 나는 싸구려 여인숙을 찾아가보았다. 거기 모인 여자들은 행정 명령에 따라 극북의 강제수용소로 보내지고 있었다. 도스토예프스키도 그런 꼴은 본 적이 없을 거라고 나는 자신 있게 말할 수 있다. 도스토예프스키가 살던 시절 이래로 우리 사회의 어두운 구석은 조금도 개선되지 않았다. 파리의 부랑자 친구들이여, 사회 변혁은 얼마나 어려운지!

레닌그라드 신문편집인협회Leningrad Press Institute는 폰탄카 제방에 있었다. 과거 파니나Panina 백작 부인이 거주하던 곳 말이다. 바실리 니키포로비치 차다예프Vassily Nikiforovich Chadayev가 거기서 나를 불러 세운 게 그즈음이었다.

"타라스Taras가 내게 당신 얘기를 해줬습니다." 타라스는 모스크바의 퍄타코프 서클이 내게 알려준 암호명이었고, 나는 그렇게 해서 레닌그라드의 반대파와 비밀리에 접촉할 수 있었다. 트로츠키주의자들은 집단으로 수행하는 정치 활동을 그만둔 상황이었다. 1923년 이후로 대기 전술을 쓰는 중이었던 것이다. 나는 레닌그라드 좌익 반대파에 기꺼이 합류했다. 우리는 아스토리아 호텔의 한 객실에서 만나고는 했다. 농학 교수로, 군대에서 인민위원을 역임한 N. I. 카르포프N. I. Karpov의 방에서 주로 만났다. 회합에 참여한 사람들의 면면을 보자. 노동계급 출신의 학생 두세 명, 과거 20년 동안 페트로그라드에서 일어난 모든 혁명에 참가한 고참 볼셰비키 노동자 두 명, X— —와 페오도로프Feodorov. 잘난 체를 모르는 X— —는 당의 인쇄 작업을 조직했었고, 성실함이 지나쳐 이런저런 한직에서마저 배제된 처지로, 권력을 장악한 지 10년이나 지났음에도 언제나처럼 여전히 가난했다. 납작 모자의 바랜 천 아래로 창백하고 앙상하게 여윈 얼굴이 아직도 생각난다. 페오도로프는 붉은 머리의 멋진 거한으로, 사심 없는 얼굴이 딱 야만인 전사의 그것이었다. 공장 노동자였던 그는 얼마 후 우리 그룹을 떠났고, 결국 죽음을 맞이했을 때 지노비에프 경향이었다. 진정으로 대단한 맑스주의 이론가 두 사람도 거기 보태야 할 것이다. 야코빈과 딩겔슈테트를 소개한다. 서른 살의 그리고리 야코블레비치 야코빈Grigory Yakovlevich Yakovin은 독일에서 귀환해, 막 탁월한 관련 저서를 써냈다. 잘생긴 용모로 자연스러운 매력이 일품이었던 그는 시종일관 예민한 지성으로 열렬하게 모험을 추구했다. 야코빈은 몇 년 동안 기발하고 대담하면서도 위험한 불법 활동에 가담했고, 여러 차례 투옥되었다가 결국 1937년 감옥에서 실종됐다.

페도르 딩겔슈테트Fedor Dingelstedt는 스무 살에 이미 볼셰비키 선동가로 활약한 인물이다. 엔사인 로샬Ensign Roshal, 일리인-게네프스키Ilyin-Genevsky, 라스콜니코프Raskolnikov와 함께 1917년 발트 함대의 폭동을 주도한 이가 바로 그다. 그는 삼림관리연구소Institute of Forestry를 이끌었고, '인도 농업'에 관한 책을 발표했다. 우리 중에서도 가장 극좌 성향이었던 그는 사프로노프 그룹Sapronov's group과 비슷했다. 요컨대, 그들은 정권의 퇴보와 타락이 완료되었다고 보았다. 딩겔슈테트는 영감이 넘치지만 볼품없고 무정한 얼굴이었으며, 그 누구도 꺾을 수 없는 집요한 끈기의 화신이었다. 나는 속으로 이렇게 생각하곤 했다. "그는 절대로 무너지지 않아." 내 판단은 틀리지 않았다. 그도 야코빈처럼 항복하거나 하는 일 없이 같은 길을 밟았다.

'바부쉬카', 그러니까 '할머니'가 통상 우리 모임을 주재했다. 알렉산드라 르보브나 브론슈타인Alexandra Lvovna Bronstein은 상식과 정직함의 결정판이었다. 백발에 통통한 얼굴에 친절한 그녀는 35년 성상을 투사로 살아왔다. 시베리아 유형 경력도 빼놓을 수 없겠다. 그녀는 최초 투쟁 연간에 트로츠키의 아내였고, 그와의 사이에서 두 딸 니나Nina와 지나Zina를 낳았다(둘 모두 죽고 만다). 그녀가 허용받은 유일한 일은 15세 이하 아이들에게 초급 사회학을 가르치는 것이었다. 물론 그마저도 곧 중단해야 했지만. 알렉산드라 르보브나는 기본 관점과 전망이 매우 자유로웠고, 그런 맑스주의자는 상당히 드물었다.

니콜라이 파블로비치 바스카코프Nikolai Pavlovich Baskakov는 체제가 개혁될 수 있을지 여부에 회의적이었다. 단신으로 건장했던 그는 M자형 이마가 높았고, 눈동자가 파란색이었다. 그는 투옥되었고, 나는 거기서 그에게 무슨 일이 일어났는지 알지 못한다. 차다예프와 나는 국제 문제에 몰두했다. 레닌그라드 중핵의 면면은 대충 이 정도였다. 내가 주장하는 역사적 입장은 하나다. 레닌그라드에 다른 좌익 반대파는 없었다.

차다예프와 나는 곧 친구가 되었다. 그는 우리 가운데서 가장 먼저 죽었다. 그는 당 지도부보다 훨씬 앞서서 농업 집산화 문제를 일련의 주목할 만한 테제로 제시했다. 우리 가운데서 비공식이나마 제2의 당이 필요하다는 걸 설파한 유일한 사람이 그였다. 기만적인 대규모 재판을 예견한 이도 차다예프뿐이었다. 1917년이 배출한 투사요, 석간신문 《크라스나야 가제타Krassnaya Gazeta》를 편집하던 그는 노동계급이 처한 상황을 잘 알았고, 제 정치 문제를 현실적으로 판단하고 평가할 수 있었다. 그가 목격한 직업소개소의 무질서와 혼란상은 참혹했다. 결국에 가서는 실업자들이 직업소개소를 때려 부숴 엉망으로 만들고 말았으니 말이다.

그는 이렇게 말했다. "그 폭동 과정에서 멋진 여성을 한 명 보았는데, 1917년이 생각나더군요. 그녀 덕택에 혼란한 가운데서도 질서가 있었고, 사건의 의의를 찾을 수 있었죠. 외모는 별로였지만 타고난 지도자라는 걸 바로 알 수 있었습니다. 그녀와 같은 노동계급 여성들이 우리를 반대하고 나서줘야 해요!" 우리는 직업소개소 관리들이 피고로 선 역겨운 재판을 방청했다. 그들은 안 예쁘고, 나아가 사근사근하게 굴지 않는 여성에게는 일자리를 알선해주지 않았다. 차다예프는 다양한 관찰 결과와 논평이 담긴 귀중한 소책자를 여러 권 남겼다. 하지만 그의 책도 다른 많은 문헌처럼 재생지 재료로 쓰이는 비운에 처했다.

당은 무기력한 침체 상태였다. 집회와 모임이 있어도 대중은 무관심으로 일관했다. 대학이 일소되면서 젊은이들은 내향적으로 고립되었다. 한편 모스크바에서는 트로츠키가 페트로브카의 간소한 집에서 우르콰트Urquart라는 사람의 제안을 숙고 중이었다. (글라브콘제스콤Glavkonzesskom, 다시 말해 면허심사위원회Concessions committee를 말한다.) 레나 금광 채굴권 협상이 진행되고 있었다. 미국인 해머Hammer가 러시아 최초의 연필 공장을 세웠고, 벌어들인 수익을 본국으로 송금해도 좋다는 허락을 받은 후 해외에서 부를 쌓고 있음을 트로츠키도 알았다. …… 트로츠키 주위로는 한 무리의 동지가 포진했다. 그들 모두는 젊었고, 다른 사안에 집중했다. 그의 집무실은 세계에서 유일무이했다. 사상과 기획이 끊임없이 샘솟는 실험실이었으니 말이다. 그곳의 업무는 정확하고 꼼꼼하게 시간이 엄수되었다. 10시로 예정된 회의는 정확히 10시에 열렸다. 게오르게스 안드레이친Georges Andreytchine도 그 무리에 속했다. 안드레이친은 활기 넘치는 발칸 인으로, 안와에 깊이 박힌 두 눈동자가 이글거렸고, 이마는 높고 창백했다. 미국에서 세계산업노동자동맹의 투사로 활약했던 그 청년은 미래를 내다보는 혜안이 있었다. "프티 부르주아지가 점점 더 부유해지면서, 사방에서 우리를 잠식해가고 있어요. 우리가 그들의 등을 부러뜨리지 못하면 머잖아 그들이 우리를 분쇄할 겁니다. ……" 안드레이친만 그런 견해를 가진 게 아니었다. (안드레이친은 이내 비참한 패배를 당하고, 아내의 와병을 구실로 우리를 떠났다. 그는 유배를 마치고 돌아와 우리에게 이렇게 말했다. "나는 이제 배신자예요." 그는 고위 상무관이 돼, 미국과의 무역을 담당하다가 죽는다.) 그럼에도 우리는 한동안 꽤나 낙관적이었다. 트로츠키가 발표한 일련의 논설에 따르면, 우리는 "자본주의가 아니라 사회주의로 가는" 도정에 있었기 때문이다. 트로츠키는 대부분의 공장이 국유화됐고, 민간 부문은 미미하므로 그대로 두는 것(득세해서 갖은 위기를 배태한다)을 지지했다. 나는 파리에서 발행되는 저널《노동자의 삶》에 트로츠키의 생각을 소개했다. 빅토르 엘친Victor Eltsin이 내게 선배Old Man(트로츠키)의 지시 사항을 전달했다. "지금 당장은 행동에 나서면 안 됩니다. 절대로 대중 앞에 나서지 마세요. 연락을 유지하면서 1923년의 간부단을 유지해야 합니다. 지노비에프가 제풀에 지칠 때까지 기다립시다." 우리는 좋은 책을 쓰고, 레온 다비도비치의《전집Collected Works》을 출판하면서 사기를 유지했다. 빅토르 엘친은 탁월한 전술가였다. 그는 내게 모스크바의 좌익 반대파가 최대 500명까지 동지를 모을 수 있다고도 했다. 세르묵스Sermuks는 금발에, 신사다웠으며, 품위 있고 신중했다. 포즈난스키Poznansky는 머리칼이 단정치 못한 장신의 유대인이었다. 그 세 사람이 트로츠키의 비서들로, 모두 나이가 30에서 35세 사이였다. 선배를 향한 그들의 믿음과 신뢰는 참혹한 죽음을 맞이할 때까지도 흔들림이 없었다.

맑은 하늘에 날벼락이 떨어졌다. 그 날벼락은 우리조차 기다린 게 아니었다. 지노비에프에 관한 특정 언급을 들었을 때 깨달았어야 했는데도, 나는 그 얘기가 따분하고 멍청한 내용이라고만 생각했다. …… 모스크바에 들렀던 1925년 봄 지노비에프와 카메네프가 다가오는 제14차 당 대회에서 권력을 빼앗기리라는 얘기가 돌았다. 스탈린이 트로츠키에게 산업부를 제안하리라고도 했다. 지노비에프와 카메네프는 어느 모로 봐도 여전히 막강했고, 레닌 사후 정치국에서 가장 중요한 두 인물이었다. …… 1923년 반대파는 누구와 동맹해야 하느냐고 자문했다. 우랄 산맥 전투의 영웅 므라치코프스키Mrachkovsky는 이렇게 단언했다. "우리는 누구하고도 동맹하지 않습니다. 지노비에프는 결국 우리를 저버릴 것이고, 스탈린은 우리를 속이려 들 겁니다." 구 노동자 반대파의 투사들은 태도가 애매했다. 우리가 너무나 약체인데다가, 그들 말마따나 트로츠키의 권위주의적 태도를 불신한 탓이다. 나의 경우, 지노비에프를 시발로 하는 관료체제가 더 이상 냉혹해지는 것은 불가능하다고 생각했다. 사실 그보다 더 나쁜 사태는 있을 수 없었다. 아무튼 뭐라도 바꿔서 숙정의 기회를 마련해야 했다. 결국 나는 크게 오판했고, 이는 지금이야 누가 봐도 다 아는 사실이다.

생디칼리스트 조직 골로스 트루다Golos Truda('노동자의 목소리')를 이끌던 그로스만-로스친Grossman-Roschin은 자신이 얼마나 불안한지를 내게 말해줬다. (그는 골로스 트루다에서 여전히 자유롭게 생각하고 행동하는 유일한 성원이기도 했다.) "스탈린은 코민테른의 광대놀음을 투덜대고 있습니다. 지노비에프만 잘라내면 예산을 끊어버릴 태세입니다. 일이 그렇게 돼 공산주의 인터내셔널이 피해를 입는 사태가 두렵지 않으세요?" 나는 이렇게 대꾸했다. "인터내셔널이야, 지원이 전부 끊기는 게 가장 나을 겁니다. 장사치들은 다른 데로 뿔뿔이 흩어질 테고, 인위적으로 세운 허깨비 정당들도 고사하겠죠. 그래야만 노동계급 운동이 건전한 활력을 되찾을 수 있습니다."

1925년 12월 열린 제14차 당 대회는 예행연습을 잘한 연극 공연과 다를 바가 없었다. 연출자가 여러 해 동안 준비한 것처럼 배우들의 연기가 착착 들어맞았다. 서기장이 임명한 지역 비서 전원이 대표를 파견했고, 그 대표들은 충성스럽게 스탈린의 진두지휘를 받았다. 스탈린-리코프-부하린 연합이 손쉽게 승리를 거두었고, 지노비에프 그룹은 요직에서 배제됐다. 그들에게 남은 거라곤 레닌그라드뿐이었다. 지노비에프, 예브도키모프Yevdokimov, 바카예프Bakayev가 이끌고, 카메네프가 지지한 레닌그라드 대표들 ― 네 명 모두 1936년 총살형 집행대 앞에 서게 된다 ― 은 표결 상황에 이르자 자기들이 고립되었음을 깨달았다. 지노비에프와 카메네프는 수년간 책임지는 자리에 있었지만 영광은 고사하고 아무런 성공도 거두지 못했고, 그 빚을 갚아야 했다. 독일과 불가리아 두 나라에서 혁명이 패배했다. 에스토니아의 유혈 사태는 거의 정박아 수준이었다. 국내에서는 계급 차별이 부활했다. 실업자가 약 200만 명이었고, 재화가 부족했으며, 농민과 독재 정부 사이에서는 갈등이 끊이지 않았고, 민주주의가 멸절 상태였다. 당 내부 상황을 볼작시면 숙청과 억압(아직 강도가 세지 않았지만 새로운 현상이라는 점에서 충격을 안겼다)이 자행되었고, 내전 승리를 조직한 트로츠키를 모략하고 중상하는 일이 폭증했다. 스탈린도 그 모든 결과에 책임의 일단이 있음은 틀림없는 사실이었다. 하지만 그는 삼두 정치의 동료들을 공격하는 방식으로 책임을 회피했다. 지노비에프와 카메네프는 말 그대로 자신들의 실정 때문에 추락했다. 하지만 그때조차 두 사람은 대체로 옳았다. 그들은 임시변통의 교의인 '일국 사회주의'를 반대했다. 국제사회주의라는 확고한 전통을 지지한 것이다. 카메네프는 노동자들의 비참한 생활상을 언급하면서 '국가자본주의'라는 표현을 썼고, 임금 노동자가 소속 공장의 수익을 나눠 가져야 한다고 주장했다. 지노비에프는 따로 보고를 하겠으니 연단을 내달라고 요구했다. 중앙위원회의 전체 논평에 따르면 이는 당의 통일성을 저해하는 해당 행위였다. 부하린은 범인들이 군림하는 사태에 신물이 났던지, 스탈린 뒤에서 '브레인' 역할을 자처했다. 인민위원협의회 의장 리코프, 노동조합 우두머리 톰스키Tomsky, 군대 수장 보로쉴로프Voroshilov, 중앙집행국 의장 칼리닌Kalinin이 전부 농민의 불만을 예의주시 중이었고, 국제 사회에서 모험을 하지 말라며 비난 대열에 합류했다. 대다수의 당료는 조용히 무탈하게 지내는 것 말고는 더 이상 아무것도 원하지 않았다.

지노비에프는 꽤나 진지하게 선동했다. 그는 레닌그라드의 노동계급 대중이 자신의 파벌을 열렬히 지지한다고 말했고, 그러면서 동원한 말을 고스란히 믿었다. "우리의 요새는 난공불락입니다." 나는 그가 이렇게 말하는 걸 들었다. 지노비에프는 부하들이 《레닌그라드 프라브다》를 통해 지어낸 의견을 진정한 여론으로 간주했다. 당이 관료들의 마음속에서 허수아비로 전락하고, 대중이 무관심하고 심드렁해졌을 때 그는 다시 한 번 당과 대중에 호소했다. 직접 목격한 바, 레닌그라드의 저항은 2주 만에 진압되었다. 몇몇 밤에는 지노비에프에 충성하는 노동자들이 강력한 반란을 기대하며 신문 인쇄소를 지켰음에도 불구하고 그랬다. 1917년 3월 이래로 유명세를 탄 프롤레타리아 지구 비보르크가 맨 처음으로 굴복했다. 1917년 혁명 때 사람들은 더 이상 거기 없었다. 유사한 투지는 말할 것도 없고 말이다. 지역위원회의 약삭빠른 당원들은 중앙위원회 지지 선언이 출세의 첫걸음임을 다 알았다. 더 양질인 당원들은 중앙위원회를 신뢰했고, 아니 물신처럼 숭배했고, 결국 그렇게 무장 해제되었다. 중앙위원회는 구세프Gusev와 스테츠키Stetsky를 우리에게 보내 새 위원회들을 세우게 했다. 서른다섯의 스테츠키는 부하린의 사도였다. 그의 행색과 태도는 '소련의 미국인'이었다. 스테츠키는 옷차림이 단정했고, 면도를 말끔히 했으며, 다정했고, 머리는 둥글었고, 둥근 안경을 꼈고, 지식인들에게 우호적이었고, '문제들'을 조사하는 활동에 그들을 합류시켰다. (후에 그는 부하린을 배신한다. 잠시 부하린을 대신해 스탈린 진영에서 이론가로 활약하며 노골적인 전체주의 국가 이론을 개발하다가, 이윽고 1938년경 투옥되었다.)

나는 구세프가 대규모 당 회합들에서 하는 연설을 들었다. 거구에 약간 대머리이며 체격이 좋았던 그는 청중을 계속 나무랐다. 최면을 걸면서 사람들을 모멸적으로 비하했는데, 거기에는 체계적인 폭력이 결부되었다. 하는 말이 그렇게 불쾌하면서 사나우려면, 먼저 바로 가까이에 쓸 수 있는 무력이 있음을 확신해야 하며,

둘째 어떤 것에도 굴하지 않겠다고 단단히 결심해야만 한다. 실제로 그것은 공포를 조장하는 기술이었다. 그의 얘기 가운데 설득력을 발휘해 동의를 얻은 말은 한마디도 없었다. 하지만 패배자들은 알아서 뜨거운 물속으로 뛰어들었다. 중앙위원회에 찬성표를 던지는 것 외에는 달리 도리가 없었다. …… 우리 반대파는 투표를 실시하기 전에 회의장을 걸어 나왔다. 모두가 잠자코 우리를 지켜봤다. 일부 청중은 교육 수준이 아주 낮았고, 참석자 전원은 실제로 당 위원회들의 승인에 크게 의존했다. 작전이 성공할 수 있었던 두 가지 이유다. 구세프가 망치를 휘둘렀고, 지노비에프가 1918년 이래 레닌그라드에서 누리던 형식적 다수는 일주일 만에 완전히 분쇄됐다.

'좌익 반대파의 지도 중핵'은 그 전투에서 기권했다. 우리는 트로츠키가 '레닌그라드 야당 세력'과 협력하기로 결심했다는 소식을 듣고서 깜짝 놀랐다. 우리를 사냥하고 비방하던 관료들과 어떻게 한 테이블에 앉을 수 있단 말인가? 그들은 당의 원칙과 사상을 말살한 자들이었다.

나는 레닌그라드 정당의 고참 지도자를 거의 다 알았다. 예브도키모프, 바카예프, 라셰비치Lashevich, 조린Zorin, 요노프Ionov, 마힘손Makhimson, 게르티크Gertik가 하룻밤 사이에 마음을 바꾼 것 같았다. 숨 막히게 난무하는 거짓말의 홍수에서 벗어나 우리와 악수해야 마음이 놓였을 것이라고, 나는 생각하지 않을 수 없었다. 그들은 트로츠키를 찬양했다. 헌데 트로츠키는 며칠 전까지만 해도 그들이 끔찍이도 혐오하던 인물이었다. 그들은 트로츠키와 지노비에프와 카메네프의 첫 회담 내용을 상세히 설명했다. 세 사람의 관계는 "과거 그 어느 때보다 더 좋다. 꼭 1918년 같다." 지노비에프와 카메네프가 트로츠키에게 일련의 문서를 공개한 것도 바로 그때였다. 두 사람이 스탈린, 부하린, 리코프와의 회담에서 '트로츠키주의'라는 교의를 날조해, 중상모략을 개시하기로 했음을 밝히는 내용이었다. 그들은 훨씬 심각한 폭로도 했는데, 그 내용은 나중에 다루겠다. 그들은 당의 내부 체제와 관련해 1923년 반대파(프레오브라젠스키, 트로츠키, 라코프스키, 안토노프-오브세옌코)가 자기들에 맞선 것이 올발랐다고 인정하는 성명서에 서명했다.

스무 명가량의 동조자들이 레닌그라드 본부로 모여들었다. 지노비에프 경향은 맹원을 은밀히 5~600명쯤 모을 수 있다고 장담했다. 우리는 그들이 밝힌 숫자를 안 믿었다. 아무튼 우리도 맹원 영입을 시작하기로 했다. 두 경향이 정면 대결할 때를 대비해 비슷한 규모로 조직을 키워야 했던 것이다. 지노비에프 그룹은 우리가 약하다는 걸 알았고, 당장에 두 조직을 합치자고 요구했다. 우리는 주요 맹원 명단을 그들에게 넘겨주고 싶지 않았다. 그들이 내일은 또 어떻게 나올지 무슨 수로 안단 말인가? 새로이 동맹하기로는 했지만 일부 명단은 알려주지 말자는 게 다수의 생각이었다. 우리는 그 안이 신의를 저버리는 것이라며 기각했다. 우리 편 선동가들이 활동에 돌입했다. 우리는 각 지구에서 반공개 반비밀 회합을 열었다. 중부 지구 조직자 차다예프가 밤마다 나를 찾아와, 주간 경과를 알려줬다. 주름진 얼굴에서 빛나던 눈동자가 생각난다. "조직을 통합하는 날에는 400명쯤 조직할 수 있을 것 같습니다!" 실제로 우리는 그 숫자를 돌파했다. 하지만 의혹과 불신이 사라지지 않았고, 우리는 통합을 계속 미루었다.

네차예프Nechayev와 차다예프가 우리가 느끼던 두려움을 트로츠키에게 알리려고 모스크바로 갔다. 내가 그들과 동행한 것은 레온 다비도비치에게 상황을 설명하고, 우리의 이견을 전달하기 위해서였다. 모스크바를 방문한 날 레온 다비도비치는 오한에 시달리고 있었다. 입술이 보라색이었다. 하지만 그의 어깨는 여전히 확고부동했고, 얼굴에서는 지성과 의지가 느껴졌다. 트로츠키는 레닌그라드와 모스크바라는 노동계급의 두 수도에서 정치 세력이 단결할 필요를 역설했고, 그 바탕 위에서 통합을 주문했다. "힘든 전투가 될 겁니다." 그의 어조는 차분했다. "하지만 우리한테는 좋은 기회예요. 이 기회를 활용해야 혁명을 구제할 수 있습니다." 그는 암호 전문들을 받고 있었다. 면허심사위원회의 대기실은 큼직했다. 나무껍질로 엮은 나막신과 양가죽을 걸치고 수염을 기른 농민 두 명이 트로츠키와의 면담을 기다리며 세르묵스와 이야기를 나누는 중이었다. 걱정 어린 표정의 두 사람은 머나먼 시골의 지역 당국과 끝도 없이 계속되는 법률적 마찰을 읍소하려고 모스크바까지 올라온 것이었다. 그들이 완강하게 되풀이하는 말은 내용이 다음과 같았다. "레닌 동지는 죽었고, 이제 우리에게 정의를 가져다줄 분은 트로츠키뿐입니다."

세르묵스는 침착한 어조로 이렇게 대꾸했다. 말쑥한 차림으로 미소를 지으면서. "틀림없이 두 분을 만나주실 겁니다. 하지만 트로츠키 동지는 현재 아무것도 할 수가 없습니다. 정부에서 쫓겨났으니까요." 두 농부는 고개를 절레절레 저었다. 누군가가 "트로츠키는 아무것도 할 수 없다"고 납득시키려 한다는 사실에 화가 난 표정이었다.

비서 중 한 명이 내게 이렇게 알려줬다. "나가면서는 코를 푸는 체하세요. 게페우가 맞은편 집에서 촬영을 하고 있습니다. 그 밖에는 동지들 가운데 몇 명이……"

모스크바 본부가 레닌그라드의 두 야당 세력 지도부를 통합하기 위해 우리에게 프레오브라젠스키와 스밀가를 보냈다. 프레오브라젠스키는 짧은 턱수염이 적갈색이었고, 이목구비가 평퍼짐한

게 딱 민중 정치인이었다. 그는 과로가 어찌나 심했던지, 회합 중에 매번 꾸벅꾸벅 조는 듯했다. 하지만 그의 두뇌는 계속해서 쌩쌩하게 돌아갔고, 농업 관련 통계 따위를 잔뜩 제시했다.

스밀가는 1917년 발트 함대에서 레닌의 비밀 임무를 수행했고, 군대를 이끌기도 한 경제 전문가였다. 40대에 접어든 그 금발의 지식인은 안경을 꼈고, 턱 끝에 수염을 길렀으며, 앞머리가 빠지는 중이었다. 평범한 외모의 그는 전형적인 안락의자 유형이었다. 그가 작은 방에서 저녁 내 연설을 했다. 쉰 명 정도가 모였는데, 워낙 다닥다닥 붙어 있어서 미동도 할 수 없을 지경이었다. 적갈색 머리칼에 무표정한 얼굴의 라트비아인 거한 한 명이 입장자 전원을 면밀히 검사했다. 스밀가가 방 한가운데 마련된 등받이 없는 의자에 앉았고, 생산, 실업, 곡물 상황, 예산 수치, 그리고 우리가 옹호하려는 계획에 관해 연설했다. 그는 전문가다운 말투였고, 선동하는 문구는 단 한마디도 사용하지 않았다. 당 지도부는 혁명 초창기 이래로 이렇게 단순 소박한 분위기 속에서 평당원 투사들과 서로 얼굴을 맞대고 토론한 적이 없었다.

차다예프와 나는 발행 부수가 꽤 많은 석간신문 《크라스나야 가제타》의 세포 조직원으로 활동했다. (물론 내 경우는, 중유럽에서 귀국한 후로 일체의 위원회나 '책임지는' 지위에서 면직된 상황이었다.) 우리 규모는 약 400명이었다. 인쇄공, 식자공, 라이노타이프linotype 식자공, 사무원, 편집부원들, 신문과 밀접한 관계를 맺던 정치 활동가들이 그 면면을 이루었다. 고참 볼셰비키 세 명이 그 수에 감동했고, 운영위원직을 맡았다. 내전에 참가한 동지가 열 명가량 됐다. 나머지 387명(대략 그쯤)은 레닌 사후 입당한 사람들이었다. 권력이 공고해지고, 네프가 극성기였다는 점을 잊어서는 안 된다. 우리 반대파는 다섯 명 가운데 한 명꼴로 미덥지 못했다. 우리는 다 내전 세대였고, 그런 상황은 당 전체도 마찬가지였다. 당연히 그 사실로부터 많은 것을 알 수 있었다.

세 가지 쟁점을 두고 사상 투쟁이 벌어졌다. 누구도 거론하려 들지 않아 침묵이 유지되던 세 사안은 농업, 당 내 민주주의, 중국 혁명이었다. 장카이섹(장제스)이 깜짝 놀랄 만한 승리를 구가하며 광둥에서 상하이로 진격 중이었다. 블뤼처 (갈렌Galen)과 나의 동지 올긴Olgin(부하라에서 승리를 거두기도 했다)이 그를 보좌하는 고문으로 활약했다. 중국 혁명이 욱일승천하고 있었다. 관료 기구의 명령 사항을 다루는 당 내 토론은 아예 처음부터 기대를 저버리고 어긋났다. 세포 조직은 지역위원회의 지시에 따라 2주마다 전체 집회를 소집했다. 의무적으로 출석해야 했고, 입구에서 일일이 참석자 이름을 확인했다. 연설원이 두 시간 동안 일국 사회주의 건설이 가능함을 주장했고, 반대파는 "신념이 없다"고 성토했다. 그들은 중앙위원회 선동 부서가 발표한 성명서를 바탕으로 장광설을 늘어놓는 것이 다였다. 그다음 연사는 이른바 '활동가'라는 사람들이었다. 면면이 항상 똑같았다. 그도 그럴 것이 위원회가 총애하는, 말이 장황한 노땅 노동자 아니면 출세주의자 청년이었기 때문이다. (후자는 자기들이 말단직에 적격임을 선전하는 것이나 진배없었다.) 젊은 병사 한 명이 연단에서 진땀을 흘려가며 상세한 설명을 개진하던 모습이 아직도 생각난다. 내용인즉슨 이랬다. 프랑스, 영국, 독일 같은 "서방의 나라들은 작다." 맑스와 엥겔스는 그런 나라가 자국 자원만으로 사회주의를 건설할 수 있다고 생각하지 않았음에 틀림없다. 하지만 러시아는 전 세계 면적의 6분의 1을 차지한다. ……

충성스런 노동자들로 구성된 운영진에는 연사들의 목록이 항시 길었다. 반대파들이 연설할 수 있는 시간을 제한하거나 대중이 당 활동에 적극 참여하고 있다는 걸 통계적으로 입증하려면 당연했다. 반대파는 세 명이 부복 중이었다. 하지만 차다예프와 나만 연단에 오를 수 있었다. 우리는 5분을 허락받았다. 단 1초도 허투루 써서는 안 되었고, 우리는 그에 맞춰 특별한 방법을 고안했다. 선언, 사실 진술, 질문 등 문장을 죄다 공평무사하고 초연하게 제시하는 게 우리의 방법이었다. 각각의 내용을 분명히 공개적으로 표명하는 게 중요했다. 비록 '활동가'라는 작자들의 함성 속에서 제시하는 견해가 안 들리게 된다고 할지라도 말이다. 우리가 발언을 시작하자마자 조롱 섞인 방해와 함성이 빗발쳤다. "반역자! 멘셰비키! 부르주아의 앞잡이!" 냉정을 유지한 채, 방해로 30초가 날아갔음을 의장에게 항의하고, 토막 난 문장을 다시 읽어나가야 했다. 운영진 성원일 누군가는 시위원회와 중앙위원회에 보고할 요량으로 급하게 연설 내용을 받아 적었다. 청중석의 다수는 그 싸움을 절대 침묵 속에서 지켜보았다. 구경꾼 스무 명이 집회장을 고성으로 가득 채웠을 뿐이었다. 그들은 우리로 인해 사태를 직시하지 않을 수 없었다. 다른 이들의 침묵으로 애를 먹었던 것이다.

우리는 중국 혁명에 모두 충격을 받았다. 나는 소련 사회 전체가 긍정적인 열망에 휩싸였음을 느꼈다. 아니 적어도 깨어 있는 일부는 고무받은 게 틀림없었다. 국민들은 비록 혼란스럽기는 했어도 중국이 공산화되면 소련이 구제받을 수 있을 거로 보았다. 그런데 공산당이 상하이에서 대패하고 만다. 나는 그 사태를 예견했다. 반대파 본부가 모스크바에 국제위원회International Commission를 세웠다. 나를 포함해 지노비에프의 대변인 하리토노프Kharitonov, 프리츠 볼프Fritz Wolf(이내 항복하지만 그럼에도 1937년 총살당하고 만다), 안드레스 닌, 불가리아인 레베데프Lebedev(스테파노프Stepanov이기도 하다. 우리를 배신한 가짜 반대파로, 이후로 에스파냐 혁명 때 코민테른 요원으로 활약했다), 이름이 생각 안 나는 그 밖의 투사 두세 명이 거기 참여했다. 중국에서 귀환한 동지들의 설명과 라덱(당시 모스크바 소재 중국 대학교의 학장), 지노비에프, 트로츠키의 자료가 내게 큰 도움이 되었다. 프랑스어 신문 《탕Temps》은 논조가 보수적이었지만 평판이 좋았다. (그들 말마따나 돈은 냄새가 안 난다.) 나는 소련에 반입된 그 유일한 프랑스어 신문을 통해 중요한 사실과 정보를 다수 확인할 수 있었다.

　장카이섹은 상하이를 목전에 두고서, 그 도시가 노동조합의 수중에 있음을 알았다. 노동조합들은 러시아 요원들의 지원을 받으며 완벽하게 반란을 조직했다. 우리는 하루하루 군사 쿠데타가 준비되고 있음을 깨달았다. 상하이 프롤레타리아트가 도륙되리라는 것이 뻔했다. 지노비에프와 트로츠키와 라덱은 중앙위원회가 당장 노선을 바꿔야 한다고 요구했다. 상하이 위원회에 전보를 보낼 시간도 충분했다. "필요하면 자위권을 행사하시오!" 그렇게만 했더라도 중국 혁명의 목이 잘리는 일은 없었을 것이다. 사단 지휘관 한 명이 휘하 부대를 내놓아, 공산당이 이를 활용해 노동자들의 무장 해제에 저항할 수 있도록 했다. 그러나 정치국은 공산당이 국민당에 계속 종속돼 있어야 한다고 고집했다. 중국 공산당의 지도자는 정직한 인물 천두슈陳獨秀였다. 그렇다고는 해도 허베이河北 성의 농민 봉기가 외면당했고, 산샤三峽의 농민 반란군 역시 고립되었다. 그 결과 수천 명이 학살당했다.

　상하이 학살이 자행되기 하루 전날 스탈린은 볼쇼이 극장에 나타나, 동원된 모스크바의 활동가들 앞에서 추진 중이던 정책을 설명했다. 그가 속사포처럼 내던진 말 가운데 하나에 당원 전체가 주목했다. "우리는 장카이섹이 다시금 우리를 공격할 준비를 하고 있다는 얘기를 들었습니다. 그자가 우리와 교활한 게임을 벌인다는 걸 압니다. 하지만 그는 분쇄될 것입니다. 우리는 그를 레몬처럼 쥐어짠 다음 제거할 겁니다."

상하이에서 참혹한 소식이 전해졌을 때 《프라브다》는 그 연설 내용을 인쇄 중이었다. 국민당 군대가 기병도와 기관총으로 상하이의 노동자 지구를 소탕했다. (앙드레 말로가 후에 그 비극을 조명한다.)

우리 모두는 절망했다. 중앙위원회에서 벌어진 논쟁이 반대파가 있는 모든 당 하부 조직에서 똑같이 격렬하게 반복되었다. 차다예프에 이어 내가 발언을 시작했다. 그때 나는 느꼈다. 증오가 폭발하고 있구나, 돌아가는 길에 흠씬 두들겨 맞겠구나 하는 생각 말이다. 나는 5분 발언을 마치면서 한마디를 던졌다. "스탈린에게는 서기장의 위신이 중국 프롤레타리아트의 낭자한 피보다 더 중요하겠죠!" 얼음장처럼 차가운 침묵이 감도는가 싶더니 이내 발작적 청중의 분노가 폭발했다. "당신은 공산당의 세작細作이다!"

며칠 후 우리는 처음으로 체포되었다. 우리 본부에 새로 가담한 네차예프는 과거 군대에서 인민위원을 역임한 사려 깊은 노동자였다. 체포 당시 마흔 살 정도였던 그는 거칠고 몹시 지친 얼굴에 금테 안경을 꼈다. 우리는 당 회합에서 체포 얘기를 꺼냈다. 운영진은 무관한 일이고 책임이 없다고 잡아뗐다. 우리는 분노했고, 두 번의 방해 행위를 시도했다. 차다예프는 연단에서, 나는 청중석에서 발언을 통해 분란을 일으켰다. 맨 앞줄의 광신자들을 상대하기에는 청중석이 더 나았다. 나는 이렇게 외쳤다. "당신들이 네차예프를 잡아갔소. 내일이면 또다시 우리 수천 명을 체포할 테지. 하지만 기억하시오. 우리는 노동계급에 헌신하고 있고, 감옥도, 추방도, 솔로프스키 제도도 우리를 막을 수는 없을 거요. 그 어떤 것도 우리 입에 재갈을 물릴 수는 없소. 반혁명이 당신들 뒤에서 움트고 있어요. 당이 교살당하고 있단 말이오!" 활동가들이 내지르는 야유와 함성은 율동적이기까지 했다. "훼방꾼! 반역자!" 고함과 맞고함, 함성과 야유가 강당에 난무했다. 그때 우리는 불현듯 깨달았다. 비록 같은 당원이지만 내 앞에 있는 것이 적이고, 감옥이 바로 가까이에 있음을 말이다. 충격이 너무 심했고, 나는 정신이 혼미할 지경이었다.

잠시였지만 우리가 우위를 점한 경우도 있었다. 그래봤자 음울한 상황이 개선되지는 않았지만 말이다. 내가 청중에게 아돌프 아브라모비치 요폐에게 경의를 표하자며 기립해달라고 요구했다. 나는 모스크바에 갔다가 사망한 그를 조문하고 돌아온 차였다. 그는 혁명을 구제하기 위해 스스로 목숨을 끊었다. 항상 비밀 안내문의 지령을 받던 운영비서는 격분해서 우리를 노려보았다. 하지만 어쩔 수 없는 일이었다. 비밀 회람장은 추모 행위를 금한다고 못을 박았고, 우리는 그 안건을 공식적으로 제출했다. ……

"요폐가 왜 죽었고, 어떻게 죽었는지 말해주십시오!"

운영비서는 이렇게 대꾸했다. "지역위원회로부터 관련해서 아무 얘기도 듣지 못했습니다." 그는 중앙위원회가 나서기 전에는 이와 관련해 아무에게도 발언권이 없다고도 했다. 위원회들로 전달되는 보고서에서는 이런 죽음이 감쪽같이 사라질 수 있었다. 신문들도 요폐의 죽음에 침묵으로 일관했다. 그의 희생은 산더미 같은 종잇장 속에서 아무것도 아닌 게 되었다.

우리는 그런 식으로 하급 조직에서 아무런 소득도 없이 벌이는 다툼에 점점 지쳐갔다. 비가 오는 날씨였고, 차다예프와 나는 걸어서 집회장을 향하고 있었다. 우리는 서로를 바라보았고, 눈빛을 통해 생각이 같다는 걸 알 수 있었다. "우리가 오늘 밤 잠자코 있으면 어떻게 될까?" 무슨 얘기를 했는지는 잊었다. 활동가라는 놈들이 장광설을 늘어놓았고, 의장이 난처한 목소리로 연사는 더 이상 없다고 선언했다. 바로 그때 처음으로 심드렁한 청중 사이에서 동요가 일어났다. 우리 주위에서 한바탕 소동이 일어났다. "이봐요, 당신들은 안 하는 거요?" 차다예프가 웃으면서 자리를 박차고 일어섰다. 그의 모습이 어찌나 커 보이던지! 그는 손을 들고 발언권을 신청했다.

그런데 놀라운 일이 벌어졌다. 표결 시에 반대표를 던지는 사람은 항상 우리뿐이었다. (우리는 250명에 맞서 매번 반대표를 던졌다.) 최종 표결에 부쳐졌을 때 우리와 함께 세 번째 손이 올라갔다. 청년 인쇄공 한 명이 이렇게 외쳤다. "두 사람이 옳아요! 나는 이 사람들과 함께합니다!" 그는 가두에서 우리와 합류했다. 우리는 마흔 명 정도의 노동자가 지지 선언을 준비했음을 알았다. 모두가 서로를 단단히 신뢰하는 사람들이었다. 다만 직장을 잃을 수도 있었기 때문에 규합 행위가 신중했던 것이다. 다시금 같은 수의 동조자가 그들 주위로 모였다. 우리는 어둠 속에서 집으로 향했다. 무척 긴장되었지만 뿌듯했다. 얼음이 깨지기 시작했다. 우리는 다른 정보원에게도 당 전체가 비슷한 상황임을 확인할 수 있었다.

차다예프가 내게 말했다. "대규모 해빙이 시작되기 전에 그들이 우리를 분쇄할 겁니다."

지노비예프는 레닌그라드 소비에트 의장직에서 쫓겨난 상태로, 여러 달째 그 도시를 떠나 있었다. 그가 트로츠키와 함께 중앙 소비에트 집행국 회의에 참석하기 위해 레닌그라드로 돌아왔다. (물론 형식적인 회합에 불과했다.) 가랑비가 우중충하게 내리는 가운데 행진 대열이 타우리데 궁을 지나갔다. 붉은 옥양목으로 장식된 스탠드 위로도 비가 떨어지고 있었다. 반대파 지도자들도 무대에 있기는 했지만 공인된 관헌 무리와는 저만치 떨어진 채였다. 군중은 전자에게만 눈길을 주었다. 행진 대오는 새로 선출된 소비에트 의장 코마로프Komarov 앞에서 명령에 따라 만세를 외친 후, 국가 기구에서 더 이상은 아무것도 아닌 그 전설적인 인물들과 자기네들이 동류임을 깨달았다. 그 순간 행진 대열은 잠자코 제자리에 멈춰버렸다. 수천 명이 손을 뻗었고, 그들은 손수건과 모자를 흔들었다. 그 소리 없는 아우성은 헛된 것이었지만 그래도 굉장했다.

지노비에프와 트로츠키는 그렇게 인사를 받았고, 행복하게 결의를 다졌다. 두 사람은 자기들이 무력시위를 보고 있다고 생각했을 것이다. "군중이 우리 편이었습니다!" 그들은 그날 밤 계속해서 이렇게 말했다. 그러나 실제의 대중은 순종적이고 고분고분해서, 그와 같은 자신들의 감정을 억눌렀다. 상황이 그러할진대 어떤 가능성을 찾을 수 있겠나? 실상 거기 모였던 군중 모두가 알고 있었다. 조금치라도 행동에 돌입했다가는 자신과 가족의 목숨과 생활이 위태로워질 수 있음을 말이다.

우리는 두 지도자와 함께 선동을 시작했다(아직 합법이었다). 당규는 중앙위원회 성원들이 투사들과 대화하는 것을 금하지 않았다. 작은 방에 쉰 명이 꽉꽉 들어찼다. 지노비에프는 얼굴이 통통하고 창백했으며, 곱슬머리에, 목소리가 저음이었다. 탁자 저쪽 편에는 트로츠키가 앉았다. 머리가 하얗게 센 게 나이가 들었음이 확연히 감지되었다. 하지만 체격은 여전히 건장했고, 이목구비가 또렷했으며, 언제라도 기민하게 대꾸할 준비가 돼 있었다. 여성 노동자 한 명이 다리를 꼬고 앉은 채 이렇게 물었다. "출당당하면 어쩌죠?" 트로츠키가 대꾸했다. "누구도, 무엇도 우리를 당에서 쫓아낼 수 없습니다." 지노비에프는 당료보다는 볼셰비키라는 이름이 더 적합한 당원들이 출당당하거나 반半출당 상태에서 투쟁하는 시기가 펼쳐질 것이라고 말했다. 자원자들이 앞마당과 주위에서 망을 봤다. 게페우가 언제고 방해할 수 있었기 때문이다. 단순 소박하면서도 안심이 되며 마음이 뿌듯한 광경이었다. 과거 한때 러시아에서 가장 잘나갔던 위대한 프롤레타리아트 독재자들이 이렇게 빈민 지구로 돌아와, 직접 대면 접촉을 하며 지지를 구하는 광경이라니!

　트로츠키는 금방이라도 무너질 듯한 아파트에서 그런 모임을 여러 차례 가졌다. 한번은 집회를 마치고 그와 동행했다. 레온 다비도비치가 보도로 나서면서 외투 칼라를 세우고, 모자챙을 잔뜩 눌러썼다. 사람들이 그를 알아봐서 좋을 게 없었기 때문이다. 트로츠키는 그 옛날 지하 활동을 하던 지식인 투사처럼 보였다. 몇 차례 눈부신 승리를 거두기는 했어도 20년 성상을 그렇게 보냈으니 당연한 일이었다. 우리는 택시 운전수에게 다가갔고, 내가 요금을 흥정했다. 수중에 돈이 거의 없었다. 그 옛날의 러시아에서 막 튀어나온 농부인 듯 수염이 텁수룩한 운전수가 이렇게 말했다. "당신들은 공짭니다. 타세요, 동지. 트로츠키 동지 맞죠?" 혁명의 수호자한테 모자는 변장 도구로 충분치 않았다. 선배는 살짝 미소를 지어 보였다. "우릴 태웠다는 얘기는 아무한테도 하지 마세요. 택시 운전수는 다들 프티 부르주아라고 생각합니다. 이 얘기가 퍼지면 우리 평판만 나빠질 거예요. ……"

　트로츠키는 어느 날 저녁 알렉산드라 브론슈타인의 집에서 마르킨Markin이라는 수병 얘기를 했다. 마르킨은 1918년 볼가 강 지역에서 산화한 영웅이었다. "마르킨 같은 사람들이 러시아혁명을 만든 겁니다. ……" 집행국이 법령으로 공표한 7시간 노동제를 토론하던 차였다. 7시간 노동제는 스탈린, 리코프, 부하린이 반대파의 요구를 제압하기 위해 던진 승부수였다. 우리는 7시간 노동제에 반대했다. 봉급을 8분의 1 인상하는 게 더 나은 조치라고 판단했던 것이다. 보드카와 저임금과 혼잡하기 그지없는 슬럼에서 여가 시간이 늘어나는 것을 결코 좋다고 할 수 없었다. 레닌의 평생 동지였던 올가 그리고리에브나 리브쉬츠Olga Grigorievna Livchitz는 가냘픈 여성으로, 안경을 꼈고, 엄청나게 박식하며 친절했다. 그녀가 중국 문제에 관한 반대파의 '기회주의적 오류'를 나열한 장문의 보고서를 가지고 들어왔다. "고마워요. 최선을 다해 대응하도록 하겠습니다. ……" 선배는 이렇게 말했다.

나는 가명을 쓰면서 외딴 지구들에서 연설을 했다. 내가 속한 그룹들 가운데 하나는 성원이 남녀 노동자 여섯 명이었다. 우리는 방치된 공동묘지의 낮게 드리운 전나무 그늘에서 모임을 가졌다. 나는 무덤들 위에 서서 중앙위원회의 비밀 보고서, 중국 발 소식, 마오쩌뚱의 논설들을 화제에 올렸다. (향후 소비에트 중국의 군사 지도자로 부상하는 마오는 사상이 우리와 상당히 비슷했다. 하지만 그는 무기와 군수품을 공급받아야 했고, 공산당 노선을 따랐다.)

나는 우리가 이길 거라는 자신이 전혀 없었다. 기실 우리가 패배하리라는 게 나의 진심이었다. 면허심사위원회의 커다란 집무실에서 트로츠키에게 그 말을 했던 게 생각난다. 옛 수도에서 우리가 의지할 수 있었던 거라고는 투사 2~300명이 고작이었다. 노동자 대중은 우리의 주장에 관심이 없었다. 사람들은 그저 무탈하게 살기를 원했다. 선배도 나랑 생각이 같다는 걸 알 수 있었다. 하지만 우리는 혁명가로서 책임을 다하지 않을 수 없었다. 패배가 불가피하다고 한들 감연히 맞서는 것 말고 다른 무엇을 하겠는가? 정면 돌파를 선택하고 굴복하지 않는 것. 미래를 위해서는 그래야만 했다. 레온 다비도비치는 두 손을 벌리며 이렇게 말했다. "언제나 위험을 무릅쓰지 않을 수 없는 법입니다. 리프크네히트처럼 될 수도 있고, 레닌처럼 될 수도 있겠죠." 나로서는 모든 게 하나로 요약됐다. 혁명과 노동자 민주주의가 부활할 가능성이 백에 하나뿐일지라도 기어코 그 기회와 가능성을 부여잡아야 한다. 나는 그런 판단과 감정을 그 누구에게도 터놓고 얘기할 수 없었다. 동지들은 공동묘지의 전나무 아래에서, 병원 근처의 버려진 땅에서, 누추한 가옥에서 내게 승리의 전망을 요구했다. 나는 그들에게 이렇게 대꾸하고는 했다. 투쟁은 혹독할 테고, 장기간 지속될 겁니다. 소수의 몇몇 사람과 직접 대화할 때 그런 식으로 말하면 비록 얼굴 표정이 굳어지기는 했어도 사람들은 알아듣는 눈치였다. 하지만 더 많은 청중을 상대로 그렇게 말하면 찬물을 끼얹는 효과가 나면서 흥이 깨져버렸다. 본부의 친구 한 명한테서 나는 이런 얘기를 들었다. "당신의 행태는 꼭 먹물 같아요." 다른 선동가들은 아낌없이 승리를 약속했다. 나는 그들 역시도 그런 희망을 투사한 것이라고 생각한다.

우리는 기습 전술을 동원해 노동자 궁전의 강당을 차지하기로 했다. 거기서 지노비에프가 참여하는 대형 집회를 열기로 한 것이었다. (카메네프도 모스크바에서 이미 그렇게 한 바 있었다. 중앙위원회가 전기를 끊어버리도록 지시해, 그는 촛불 몇 개에 의지해 연설을 해야 했다.) 지노비에프는 견책당할 것이 두려웠던지 막판에 못하겠다고 발을 뺐다. 라덱도 혼자서만은 연설하지 않겠다고 거절했다. 우리 백여남은 명이 마리인스키 극장에서 열리던 엔지니어 대회로 쳐들어간 이유다. 우리 가운데 한 명은 흠씬 두들겨 맞았다.

본부는 내 집에서 라덱과 회의를 열었다. 카를 베르나르도비치는 차 탁자를 앞에 두고 두꺼운 입술 사이로 담배 파이프를 씹어댔다. 그의 두 눈은 아주 피로해 보였다. 라덱은 여느 때처럼 대단히 지적이라는 인상을 줬다. 처음 만났을 때는 어떤 경박함 때문에 비위에 거슬리던 총명함이었다. 하지만 그는 끊임없이 빈정대고 비꼬았음에도 절조가 있었다. 누군가가 노동자 반대파 얘기를 꺼냈다. 그들이 1920~21년에 당의 관료화와 노동계급의 상태를 분석했다. 우리가 7년 후에도 감히 꺼내들지 못했던 용어가 그때 동원되었다. 그 옛날의 반대파가 옳게도 레닌에 반대했다는 관점을 라덱은 싫어했다. "그런 생각은 위험합니다. 당신이 그런 입장을 취한다면 우리랑은 끝입니다. 1920년에는 테르미도르가 전혀 감지되지 않았어요. 레닌은 살아 있었고, 유럽에서도 혁명이 부글거렸습니다. ……"

나는 라덱에게 제르진스키에 관해 물었다. 그는 중앙위원회에서 격렬한 논쟁을 마치고 나오는 길에 심장마비로 쓰러져, 막 사망한 참이었다. 제르진스키가 청렴결백하다는 걸 의심하는 사람은 아무도 없었다. 지도부에서 성행 중이던 상당한 속임수와 기만행위가 그를 와병시켰음에 틀림없었다. ……

라덱은 이렇게 대꾸했다. "펠릭스는 잘 죽은 거예요. 그는 독단적인 사람입니다. 우리 피로 자기 손이 붉게 젖어도 눈 하나 깜짝하지 않을 사람이죠." 자정에 전화벨이 울렸다. "피하세요. 조심하고 서둘러요! 다 체포될지도 몰라요. 메싱Messing이 명령을 내렸습니다!" 모두가 서두르지 않고 침착하게 흩어졌다. 라덱은 다시 파이프에 불을 붙였다. "다시 한 번 많은 일이 시작되겠군요. 어리석게 굴지 않는 것, 그게 중요하죠."

'활동가들'이 중앙위원회의 재가를 받아 무력으로 '불법 집회'를 해산했다. 지구별로 건장한 친구들을 끌어 모아 구성된 부대가 중앙위원회를 대신해 언제든, 누구고 흠씬 두들겨 팰 준비를 마쳤다. 그들은 트럭까지 제공받았다. 반대파는 위엄과 품위를 지키고 싶었고, 주먹다짐이 벌어질 것을 염려했다. 집회와 모임이 중단되거나 절대 비밀리에 열렸다.

그때까지 러시아 인민은 여러 해에 걸쳐 특정한 정치 공식들에 입각해 살고 있었다. 그 가운데 다수가 유명무실했고, 일부는 완전 사기라는 게 문제였다. 반대파는 강령을 제정하기로 했다. 그들은 집권 여당에는 강령이 없고, 있다고 한들 더 이상은 혁명과 아무런 관련이 없다고 주장했다. 지노비에프가 카메네프와 협력해 농업과 인터내셔널 부분을 작업했다. 산업화 장은 트로츠키가 맡았다. 스밀가와 퍄타코프가 젊은 동지 몇을 이끌고 초안을 작성했다. 각각의 초안은 나오는 족족 반대파 회합에 제출되었고, 가능한 곳에서는 노동자 조직들에도 배포되었다. 당이 집단 지성의 전통으로 복귀한 것은 그것이 마지막이었다. 작업장의 노동자와 상의하는 일도 빠지지 않았다. (하지만 그게 마지막이 될 줄 우리는 전혀 알지 못했다.) 크렘린이 아직 침범할 수 없던 가옥들에서 수많은 밤에 날이 새도록 타자기 소리가 빗발쳤다. 스위스에서 암살당한 대사 보로프스키의 딸은 그 작업을 하느라 완전히 탈진하고 말았다. (그녀는 결핵, 과로, 궁핍이 복합적으로 작용해 이내 죽고 만다.) 모스크바의 일부 동지는 작은 방에 타자기를 서너 대씩 가지고 있었다. 게페우 요원들이 그런 집을 공개적으로 침탈했다. 적군 사령관 가운데 한 명이었던 오호트니코프Okhotnikov가 칼라에 계급장을 잔뜩 붙이고 나타나, 그런 감시대를 철수시켰다. 우리는 자료와 비품 일부를 보전할 수 있었다. 신문은 다음날 '비밀 인쇄소' 하나가 발견되었다고 보도했다! 범죄는 그게 다가 아니었다. 백군 장교 출신자 한 명이 그 음모에 가담했다고 발표되었다. 어느 정도는 사실이었다. 그자가 게페우 요원이었으니 말이다. 경찰의 추잡한 공작이 사상 처음으로 당의 활동을 방해했다.

해외의 공산당 언론이 그 혐오스럽고 끔찍한 음모를 자동으로 공개했다. 바양-쿠튀리에가 공식 발표에 자기 이름을 빌려줬다. 며칠 후 나는 모스크바에서 그를 만났다. 국제 기자 대회에서였다. 나는 그가 악수를 청하며 내민 손을 거부했다. "당신이 중상모략 행위에 기명했다는 걸 잘 알 텐데요!" 그는 크고 통통한 얼굴이 창백해졌고, 말을 더듬었다. "오늘 저녁 우리 집으로 오세요. 해명하겠습니다. 공식 보고서를 받았어요. 그게 사실인지, 거짓인지 내가 무슨 수로 안단 말입니까?" 나는 그날 밤 그의 집 문을 두드렸지만 헛걸음일 뿐이었다. 부끄러움에 어찌할 바 모르던 그의 얼굴을 영원히 잊지 못할 것이다. 나는 진정으로 혁명가가 되기를 원하던 한 사내가 스스로 타락해버리는 것을 처음으로 목격했다. 더구나 그는 재능이 많았고, 연설을 잘했으며, 민활한 지성에, (적어도 육체적으로는) 용감했다. 사람들이 그를 구석으로 몰았다. "쓰시오, 바양. 집행국이 요구하고 있소!" 거부하면 무소불위의 코민테른과 결별해야 했다. 코민테른은 명성과 평판을 좌우할 수 있었다. 그런 기관과 결별하는 것은 신문이나 기타 자원이 없는 소수파에 합류해야 한다는 얘기였다. …… 그는 의회에서 출세하기보다는 바리케이드에서 산화하는 쪽을 더 원했다. 하지만 부끄러움과 수치심도 처음에만 영향을 미쳤을 따름이다.

우리는 합법적 표현 수단을 전부 빼앗기고 말았다. 아나키스트, 생디칼리스트, 맥시멀리스트가 발행하던 얼마 안 되는 마지막 신문들이 사라졌고, 중앙위원회는 1926년부터 인쇄물을 완전히 독점했다. 피셸레프Fishelev는 그 옛날 캐나다에서부터 트로츠키의 동료였고, 당시는 레닌그라드에서 인쇄소를 운영했다. 그가 우리의 《입장Platform》을 비밀리에 인쇄해줬다. 중앙위원 열일곱 명이 거기 서명했다(트로츠키, 지노비에프, 카메네프, 스밀가, 예브도키모프, 라코프스키, 퍄타코프, 바카예프 등등). 피셸레프는 종이와 공장 시설을 유용했다고 해서 유죄를 선고받고, 솔로베츠키 제도의 수용소로 유배되었다. 한편 우리는 《입장》에 서명해주겠다고 나서는 사람들을 끌어모았다. 지노비에프는 말했다. "서명자가 3만 명에 이르면 그들도 15차 대회에서 우리가 발언하는 것을 막을 수 없을 겁니다. ……" 우리는 갖은 어려움에도 5~6,000의 서명자를 확보했다. 허나 상황이 급격히 악화되었고, 중앙위원회에는 서명자 명단을 2~300명만 보냈다. 고참 볼셰비키로만 말이다. 결론은 하나였다. 그 모든 청원이 유치한 몸짓에 불과하리라는 것이었다.

100쪽 분량의 《입장》은 네프 체제하에서 성장 중이던 반사회주의 세력을 공격했다. 부농인 쿨락, 상인, 관료가 그들이었다. 간접 과세액이 증가했고, 대중이 지는 부담이 엄청났다. 실질 임금은 무려 1913년 수준으로 고정돼 있었다. 실업자가 200만 명이었다. 노동조합은 빠른 속도로 사용자-국가의 집행 기관으로 바뀌어갔다(우리는 파업권이 유지되어야 한다고 요구했다). 농민의 3~40퍼센트가 가난했고, 말과 농기구가 없었다. 부유한 농민 6퍼센트가 비축 곡물의 53퍼센트를 보유했다. 우리는 가난한 농민들에게 세금을 공제해 줘야 한다고 주장했다. 집단 경작(콜호즈)과 진보적인 세제도 우리의 요구 사항이었다. 우리는 강력한 기술 혁신과 신산업 창출을 주창했고, 한심하고 초라한 제1차 5개년 계획을 사정없이 비판했다. 산업화 기금은 사적 자본(1억 5,000만~2억 루블)과 쿨락이 보유한 자산(1억 5,000만~2억 루블?), 예금, 수출로 마련해야 한다고 요구했다. 우리는 국가의 주류 판매를 폐지해야 한다고도 요구했다(그게 상당한 세수의 원천이었다). 레닌은 이렇게 말했었다. "우리는 뭐든지 팔 수 있습니다. 하지만 성상聖像과 보드카는 안 됩니다."

정치 활동 측면에서는 반드시 소비에트를 갱생시켜야 했다. '진정으로' 민족 자결권을 지지 승인하는 일과, 무엇보다도 당과 노동조합의 재활성화가 사활적이었다. '프롤레타리아트 정당'인데, 노동계급이 3분의 1에 불과했다. 노동자가 43만 명, 관료가 46만 5,000명, 농민이 30만 3,000명(이 가운데 절반 이상이 농촌 관료였다), 농업 부문에 종사하는 날품팔이 노동자가 1만 5,000명이었다. 우리는 중앙위원회에 두 경향이 존재함을 폭로했다. 온건파는 부유한 농민 프티 부르주아지의 형성을 예견했다. 그 우파 경향으로 인

410

해 소련은 부지불식간에 자본주의로 치달았다. 대변자는 다음과 같았다. 리코프(노동조합 협의회 의장), 칼리닌(소련 집행국 의장), 추바르 Chubar(우크라이나 인민위원 협의회 의장), 페트로프스키(우크라이나 소비에트 집행국 의장), 노동조합 협의회의 멜리찬스키Melnichansky와 도가도프 Dogadov. (칼리닌과 보로쉴로프를 빼면 1937~38년에 다 죽는다.)

'중도파Centrist'는 스탈린 경향을 지정하면서 우리가 붙인 이름이다. 몰로토프Molotov, 카가노비치Kaganovich, 미코얀Mikoyan, 키로프[3], 우글라노프Uglanov가 중도파였다. 그들의 유일한 동기와 목표는 권력을 유지하는 것이었다. 중도파가 차례로 우파의 정책과 좌파의 정책을 오락가락한 이유다. 부하린은 동요했고, 둘 사이에서 표류했다. (실상 그는 우파였다.) 중앙위원회는 우리의《입장》이 '천박한 모략'이라고 대꾸했다. "레닌이 살아 있을 때도 만장일치인 적은 없었다"고 그들은 천명했다. (말 그대로를 인용하는 것이다.) 결국 반대파는 개혁을 위한 당 대회와, 1921년과 1923년 채택된 바 있는 탁월한 내부 민주주의 결의안을 실행할 것을 공개 요구했다.《입장》이 코민테른의 정책을 맹렬히 성토했음은 물론이다. 인터내셔널 때문에 중국에서 유혈 낭자한 재앙이 초래되었기 때문이다.

소련의 테르미도르는 1927년 11월 실현되었다. 권력을 장악한 지 꼭 10년 만이니 날짜가 참으로 기묘했다. 10년 동안 혁명은 탈진했고, 한 바퀴를 뺑 돌아 자신을 겨누었다. 1917년 11월 7일 페트로그라드 소비에트 의장 트로츠키가 봉기를 조직해 성공시켰다. 1927년 11월 2일《프라브다》는 트로츠키의 최근 연설 내용을 보도했다. 10월에 중앙위원회에서 한 것인데, 난리가 났다는 것이었다. 연단에 선 그를 인간 방패가 사방에서 보호했지만 끊임없이 야유가 터져 나왔다. 스크리프니크, 추바르, 운슐리히트Unschlicht, 골로쉐킨Goloschekin, 로모프Lomov 및 기타 인사들이 내뱉은 말을 보자.

"멘셰비크! 반역자! 악당! 자유주의자! 거짓말쟁이! 쓰레기! 비열하게 미사여구나 늘어놓는 놈! 변절자! 범죄자!"(절차에 따라 속기사들이 기록한 내용이다.) 그들은 살이 피둥피둥 올라 있었고, 자신들이 자살과 총살형 집행대의 희생자로 전락할 운명에 전전긍긍하게 되는 존재일 뿐임을 전혀 알지 못했다. 야로슬라프스키Yaroslavsky가 트로츠키의 머리를 겨냥해 묵직한 책을 한 권 던졌다. 예브도키모프가 노동자처럼 소매를 걷어붙이고, 일전을 불사하겠다는 각오를 비쳤다. 트로츠키의 냉소적인 연설이 계속 이어졌다. "당신 책은 요즘 안 읽히죠. 하지만 사람 때려잡는 데는 여전히 쓸 만하군요. ……" 야로슬라프스키로서는 참기 힘든 모욕이었을 것이다.

《프라브다》가 어떻게 보도했는지도 적어놓는다. "연사: 관료들 뒤에서 부르주아지가 부활하고 있습니다. …… (일동 소란. 됐다는 고함과 야유.) 보로쉴로프: 됐어요! 부끄러운 줄 아시오! (휘파람 소리. 소란. 더 이상 연사의 발언, 들리지 않음. 의장이 종을 흔들어 장내 정숙을 요구하다. 휘파람. 고성: 꺼져! 트로츠키 동지, 계속해서 연설문을 읽어 내려가다. 하지만 한마디도 알아들을 수 없음. 중앙위원들 자리를 뜸.)"

지노비에프는 이렇게 말했고, 야유를 받으며 연단을 떠났다. "우리가 연설할 수 있도록 해주거나, 아니면 다 감옥에 집어넣거나 하시오. …… (비웃음)." 우리를 매도했던 사람들은 자기들이 무슨 말을 한다고 생각했을까? 그들은 대체로 신실한 사람들이었다. 편협했지만 열성적이었다. 혁명이 승리하자, 건방진 어정뱅이들이 대거 출현했고, 그들은 사회주의에 헌신한다는 것을 빌미로 자신들의 교활한 행위와 특권을 정당화했다. 그들은 반대파의 행위에 격분했고, 이를 반역이라고 생각했다. 어떻게 보면 맞는 말이었다. 반대파 자신이 집권 관료 세력이었으니 말이다.

우리는 11월의 각종 시위에 자체 구호를 내걸고 참여하기로 했다. 레닌그라드에서는 노련한 진행 요원들이 한껏 기예를 발휘했다. 동궁 창문 아래로 공식 연단이 마련되었는데, 반대파가 거길 비껴서 행진하도록 허락한 다음, 에르미타주 박물관의 여인상들과 공문서 보관소 건물 사이로 밀어 넣은 것이었다. 나는 여러 장벽에 가로막혔고, 행진 대열에 합류할 수 없었다. 잠시 멈춰, 붉은 깃발을 들고 가는 가엾은 사람들을 살펴보았다. 대열 조직자가 따르는 집단 쪽으로 가끔 몸을 돌리고 만세를 선창하면, 내키지 않는 이 구동성이 메아리쳤다. 나는 대열 쪽으로 두세 걸음 더 다가가 똑같이 외쳤다. 말하자면, 나 혼자였고, 내 뒤로는 몇 걸음 떨어져 아이를 데리고 나온 여자 한 명뿐이었다. 나는 트로츠키와 지노비에프의 이름을 외쳐보았다. 사람들은 아무 대꾸도 하지 않았고, 고요와 정적이 흘렀다. 소스라치게 놀란 게 틀림없었다. 부진하고 나태하던 조직자가 반응했다. 독기를 품은 어조였다. "놈들은 쓰레기통에나 처박자!" 그의 말을 따라하는 사람은 아무도 없었다. 하지만 나는 그 순간 깨달았다. 린치를 당할 수도 있겠구나. 건장한 사내들이 불쑥 나타나 나를 위아래로 훑었다. 어쩌면 내가 고위직일지도 몰랐기 때문에 조금 주저하는 눈치였다. 주위로 사람들이 썰물처럼 빠져서 텅 빈 공간을 학생 한 명이 걸어와, 내 귀에 대고 속삭였다. "갑시다. 일이 악화되겠어요. 얻어맞지 않도록 함께 가주겠소." 나는 문명화된 도시의 광장이라면 선언과 주장만으로 충분하다고 생각했다. 요컨대 누구나 자유롭게 활보할 수 있어야 했다. 그런데 억눌린 폭력성이 분출해 희생자를 겨냥할 태세였다. 나는 빙 돌아서 동지들과 합류했다.

기마 경비대가 할투린 가(구 밀리오나야 거리)의 다리에서 구경꾼을 제지했다. 에르미타주의 현관 지붕을 받치는 화강암 소재의 회색 조각상 다리 주위에서 약간의 소동이 있었다. 반대파 수백 명이 거기서 민병대와 다투었다. 말들의 가슴팍이 계속해서 군중을 몰아붙였다. 하지만 인파도 끊임없이 돌아와, 그들과 대적했다. 지도자는 체카의 우두머리였던 바카예프였다. 그는 키가 컸고, 수염이 없었으며, 사심 없는 얼굴이었다. 군대 지휘관이었던 라셰비치 Lashevich도 보였다. 크고 튼튼한 몸집의 그가 다른 노동자 몇 명과 합세해 민병대에 달려들어, 그중 한 명을 말에서 끌어내린 다음, 때려눕혔다. 사람들이 놈을 세워주는 가운데 라셰비치가 훈계를 했다. "레닌그라드 노동자들을 상대로 기마 공격을 하다니 부끄럽지도 않은가?" 휘장이 없는 그의 군복 망토가 바람에 부풀어 올랐다. 프란츠 할스Franz Hals가 그린 술꾼처럼 그의 거친 얼굴도 진홍색을 띠었다. 싸움과 소동이 장시간 계속되었다. 나 역시 그 일부였던 격앙된 집단 사이에서 망연자실한 침묵이 감돌았다.

우리는 그날 저녁 바카예프와 라셰비치를 불러와 모임을 가졌다. 두 사람은 제복이 찢어진 상태였다. 흥분한 사람들이 이구동성으로 외쳤다. "단호하게 맞서 싸웁시다!" "그런데 누구랑 싸워야 합니까?" 다른 사람들도 열을 올리며 물었다. "우리 자신이랑 싸워요?" 귀가하자, 일곱 살 먹은 아들이 불안해하고 있었다. 싸움, 기마 돌격, 체포 소식을 들었던 것이다. "무슨 일이에요, 아빠? 자본가나 파시스트들이 들이닥친 거예요?" 기마대를 투입해 공산당원을 진압하는 것은 자본가나 파시스트 경찰뿐이라고 아들은 알고 있었던 것이다. 아들 녀석에게 내가 어떤 설명을 할 수 있었겠는가? 신문은 우리가 반란을 조장했다고 비난했다.

11월 16일 트로츠키와 지노비에프가 중앙위원회에서 추방되었다는 소식이 발표되었다. 그로써 두 사람이 다가오는 당 대회에서 연설을 할 수 없게 되었다. 지노비에프는 크렘린의 자기 방에서 평온을 가장했다. 그의 곁에는 유리를 씌운 데스마스크가 하나 있었다. 레닌의 두상이 쿠션 위에 아무렇게나 놓여 있었던 것이다. 나는 물었다. 이렇게 통렬한 마스크가 왜 널리 알려지지 않은 거죠? 얼굴 표정을 보세요. 비통함과 필멸의 운명이 너무나 강렬하잖아요. 선전 활동을 고려했고, 손을 든 자세의 동상을 선택했던 것이죠. 지노비에프는 이제 퇴거해야 한다고 내게 말했다. 중앙위원들만 크렘린에서 생활할 수 있었던 것이다. 그는 일리치 선배의 데스마스크를 챙겨 크렘린을 떠났다.

트로츠키는 미행에 나선 망원을 따돌리고, 조용히 방을 뺐다. 게페우와 정치국은 하루 종일 트로츠키가 무슨 일을 꾸민 거냐며 서로 묻고 난리를 쳤다. 놀라서 떠는 호들갑이 웃길 지경이었다. 트로츠키는 체레메티에프스키가 소비에트의 집에 있는 벨로보로도프Beloborodov의 거처로 들어갔다. 크렘린에서 라덱도 만났다. 그도 퇴거를 명령받은 상태로, 서류를 정리하거나 파기하는 중이었다. 카펫 위로 책 무더기가 어지럽게 쌓여 있었고, 그 한가운데 종이뭉치가 보였다. 그가 내게 이렇게 말했다. "단추 몇 개 주면 이걸 다 넘길 거요. 그런 다음에 떠나는 거지. 우리는 천치들이오! 무일푼이잖아요. 이겼을 때 전리품이라도 좀 챙겼어야 하는 건데! 이제 돈이 없으니 우리는 시들시들 죽어갈 겁니다. 우리 혁명가들은 정직했고, 칭찬을 받았죠. 아무렴, 우린 쪼잔한 지식인들일 뿐이에요." 라덱은 쉬지 않고 계속 지껄였다. 그게 흔해 빠진 일이라는 마냥 말이다. "요폐가 오늘 밤에 자살했습니다. 그가 남긴 정치적 유언장은 레온 다비도비치에게 하는 말이었어요. 물론 게페우 놈들이 순식간에 훔쳐가버렸지만. 다행히 이른 시간에 도착했고, 나는 놈들이 유언장을 돌려주지 않으면 해외에서 추문을 폭로하겠다고 못을 박았죠." (관료 집단은 최고위 당료의 경우 사망하면 일체의 서류가 중앙위원회 소유라고 주장했다.) 라덱은 우리가 트로츠키의 조언을 받아들여, 15

인위원회Group of Fifteen(사프로노프와 블라디미르 스미르노프가 이끎)와 결별한 것을 개탄했다. 15인위원회는 프롤레타리아트 독재가 관료 경찰 체제로 대체되었다고 판단했다. "과장이 좀 심하죠. 하지만 어쩌면 그렇게 틀린 것도 아닐 겁니다. 안 그래요?" "맞습니다." 카메네프와 소콜니코프가 잠깐 들렀다. 나는 그때 마지막으로 카메네프를 보았다. 턱수염이 하얗게 세서 어찌나 놀랐던지. 내 앞에는 밝은 눈동자의 잘생긴 노인이 버티고 서 있었다. 라덱이 내게 물었다. "책 좀 가져갈래요? 필요하면 챙기세요. 다 빼야 하니까." 나는 기념품 삼아서 붉은 가죽으로 장정된 괴테의 책 한 권을 집었다. 《서동 시집The West-Eastern Divan》은 독일의 문호 괴테가 1818년 발표한 작품집이다.

요폐는 그가 일하던 레온티에프스키 가 집무실의 큼직한 탁자 위에 누워 있었다. 실물보다 더 큰 크기의 레닌 초상화가 방을 압도했다. 단연 이마가 도드라진 그 초상화는 책상 바로 위에 걸려 있었고, 고인이 된 혁명가는 그 책상에 자신의 신념을 표현한 마지막 구절을 적어둔 채였다. 요폐는 두 손을 모은 자세였고, 대머리에, 회색 턱수염이 단정했다. 두 눈꺼풀에서 파란 기미가 느껴졌고, 입술은 검었다. 관자놀이에 작은 구멍이 검정색으로 나 있었는데, 누군가가 거기에 탈지면을 끼워뒀다. 47년 성상. 투옥, 1905년의 함대 반란, 시베리아 유형, 탈출, 망명, 각종 대회와 회의, 브레스트-리토프스크 강화 조약, 독일 혁명, 중국 혁명, 여러 대사관 업무, 도쿄, 빈, …… 아이들 장난감이 가득한 옆방에 마리아 미하일로브나 요폐Maria Mikhailovna Joffe가 있었다. 그녀는 낮은 목소리로 동지들과 대화했다. 건조한 표정이었지만 불타는 감정을 느낄 수 있었다. 《베를린 타게블라트Berliner Tageblatt》 통신원 파울 쉐퍼Paul Scheffer가 요폐가 정치적 유언장을 남겼음을 알렸고, 중앙위원회는 유서가 지정한 수령자 트로츠키에게 사본을 전달하지 않을 수 없었다.

요폐는 마음을 정한 상태였고, 장문의 유서를 작성했다. 먼저 그는 자결할 권리를 주장했다. "정치인이라면 적당한 시기에 떠날 책임이 있다는 게 내가 평생 간직해온 신념이다. …… 그렇다. 자신이 몸을 바친 대의에 더 이상 소용이 안 된다면 목숨을 버릴 권리가 있다고 나는 생각한다. …… 나는 30년 전에 인간의 삶이 영원한 그 무엇에 봉사하며 존재하지 않으면 의미가 없다는 세계관을 받아들였다. 우리한테는 그 영원한 것이 인도주의이다. 게다가 다른 일체의 것이 금지되고 말았다. 이제 삶에서 어떤 의미를 찾을 수 있단 말인가? ……" 요폐는 계속해서 자신의 신념을 논리적으로 재확인했다. 억지처럼, 바보처럼 유치해 보일 지경으로 말이다. "향후에 인도주의가 종말을 고한다 할지라도 그 종말은 먼 미래의 일일 것이기 때문에, 우리는 인도주의를 영원한 절대 원칙으로 삼아야 한다. 또한, 사람들이 나처럼 진보를 믿는다면 지구가 종말을 고한다 해도 인류가 새로이 거주할 행성을 찾을 수 있을 거라고 쉬이 짐작할 수 있다. …… 그렇게 우리 시대가 인류를 위해 갖은 과제와 사명을 완수하면, 미래 세대가 이를 되새길 것이다. ……" 요폐는 이렇게 쓰고서, 그 내용을 자신의 피로 봉인해버렸다. 이성과 비이성이 더는 중요하지 않은 고양된 신념 상태에서 감정적으로 굴었으리라. 모든 시대의 모든 인류와 교감하는 혁명가를 이보다 더 잘 표현한 내용은 없을 것이다.

"나는 항의의 몸짓으로 자살을 결행한다. 나는 당을 처참하게 전락시킨 사람들에 반대한다. 당은 그 수치와 불명예(트로츠키와 지노비에프를 중앙위원회에서 제명한 것)를 회복할 수도 없는 총체적 무능에 빠져 있다. …… 동시에 일어난 이 두 사태 ─ 큰 건은 두 사람의 중앙위원회 제명, 작은 사건은 요폐의 자살 ─ 에 자극받아, 부디 당이

깨어나기를! 당이 테르미도르 반동에서 벗어나기를! …… 그렇게
만 된다면 나는 무척 기쁠 것이다. 내 죽음이 결코 헛되지 않을 것
이므로. 당이 언젠가는 깨어날 것이라고 확신한다. 하지만 현재로
서는 그런 자각이 일어났다고 판단하지 못하겠다. 내가 죽는 것이
목숨을 부지하고 연장하는 것보다 낫다고 믿는다."

○ 트로츠키와 요페.

요페가 트로츠키에게 한 특정 비판은 우호적이었다. 그는 트로
츠키에게 정통 레닌주의와 비타협적으로 맞서라고 촉구했다. 요
페는 트로츠키가 유언장의 내용을 바꿔 공개해도 좋다고 했다. 마
지막으로 그는 트로츠키에게 아내와 아이를 돌봐달라고 부탁했
다. "당신을 힘껏 포옹하며. 잘 있어요. 1927년 11월 16일, 모스크
바. 아돌프 아브라모비치 요페."

서명이 들어간 유언장은 봉투에 담겨, 책상 위로 누구나 다 알
아볼 수 있게 놓여 있었다. 짧게 침묵이 흘렀다. 아내, 아이, 시민이

418

모두 그랬다. 영원한 우주도 잠시 그랬을 것이다. 나는 생각이 이리저리 부유했다. 과거 프랑스의 혁명가들은 이렇게 말했다. 죽음은 영원히 잠드는 것. …… 그러니 결정을 내렸으면 냉큼 해치워버리자구. 자동 권총을 편안하게 관자놀이에 갖다 대게. 타격은 가해져도 고통은 전혀 없지. 탕, 그러면 끝이야.

요페는 와병 중이었고, 선동을 할 수 없었다. 마지막으로 그 옛날의 신랄한 분위기 속에서 장례식이 치러졌다. 중앙위원회는 외무 인민위원부에서 노보데비치 공동묘지로 시신을 운반하는 행렬의 출발 시간을 2시로 못 박았다. 노동자들이 그렇게 이른 시간까지 현장에 올 수 없었음은 물론이다. 동지들이 운구를 최대한 늦추었다. 4시쯤 군중은 볼쇼이 극장 쪽으로 터벅터벅 걷기 시작했다. 눈이 내렸고, 사람들은 적기를 든 채 노래를 불렀다. 수천 명이 행진했다. 크로포트킨 거리가 나왔다. 그 옛날의 오스토젠카 가였다. 오래전 바로 이 길에서 크로포트킨을 똑같은 공동묘지로 전송했던 게 생각났다. 우리랑은 다른 박해 피해자들이 그를 운구했다. 이제는 우리가 박해를 받고 있었다. 참으로 비밀스런 정의라는 생각을 하지 않을 수 없었다.

트로츠키가 이반 니키티치 스미르노프 옆에서 걷고 있었다. 흐리스티안 라코프스키도 보였다. 모자를 쓴 트로츠키는 밝은 색깔 외투의 칼라를 세운 게 키가 커 보였고, 매부리코가 도드라졌으며, 체신 인민위원인 스미르노프는 금발에 여윈 모습이었다. 그루지야(조지아) 투사들이 그들을 호위했다. 그들은 파란색 외투를 혁대로 단단히 붙잡아 맨 모습이 군인처럼 당당했다. 장례 행렬은 화려하지 않았고, 초라한 잿빛이었다. 하지만 그들은 마음 깊이 동요하고 있었고, 투쟁의 구호가 울려 퍼졌다. 공동묘지 입구에서 사건이 발생했다. 사프로노프가 대열을 향해 이렇게 말했다. 마흔인데도 벌써 하얗게 센 갈기털이 쇠약하고 수척한 얼굴을 감싸고 있었다. "진정하십시오, 동지들. 흥분하지 맙시다. …… 우리는 저 장벽을 뚫고 들어갈 겁니다." 1917년 모스크바 봉기를 조직했던 사내가 공동묘지 입구에서 쓰디쓴 투쟁을 조직하고 있었다. 우리는 흙벽이 높이 솟은 입구에서 한동안 제자리걸음을 했다. 중앙위원회가 스무 명만 입장하도록 명령을 내렸던 것이다.

트로츠키와 사프로노프가 말했다. "좋습니다. 요폐의 관은 여기서 한 발짝도 움직이지 않을 겁니다. 여기 가두에서 즉석연설을 하며 결의를 다집시다." 잠시나마 폭력 사태가 벌어질 듯했다. 중앙위원회에서 파견된 사람들이 개입했고, 우리는 모두 공동묘지에 입장할 수 있었다. 요폐의 관이 마지막으로 사람들 머리 위로 들어 올려졌다. 차가운 침묵이 흘렀고, 관은 다시 내려져 파놓은 구덩이에 안치되었다. 이름을 잊었는데, 어떤 관리가 중앙위원회의 공식 조사를 낭독했다. 투덜거리는 소리가 들렸다. "됐어! 저 자식, 왜 안 쫓겨나는 거지?" 중앙위원회의 애도는 지루하고 답답하기만 했다. 라코프스키가 연단에 올랐다. 그는 풍채가 당당했고, 면도도 깔끔하게 한 얼굴이었다. 라코프스키가 내지르는 말이 멀리까지 울려 퍼졌다. "이 깃발을, 우린, 따를 겁니다. 당신처럼 말입니다. 끝까지, 당신 무덤에서, 우린 맹세합니다!"

고색창연한 러시아! 빨간색과 하얀색으로 화려하게 장식된 탑이 노보데비치 수도원 위로 높이 솟아 있었다. 위로 파란 하늘이 또렷했고, 탑 구조물은 마치 불길에 휩싸인 듯했다. 그곳에 위대한 신비주의자들과 체호프, 그리고 부하린과 에브게니아 보쉬Evgenia Bosch라는 이름의 부자 장사꾼이 잠들어 있었다. 자작나무 한 그루에는 "P. A. 크로포트킨, 여기 잠들다"라는 작은 명판도 보였다. 호화로운 무덤들은 화강암으로 장식돼 있었고, 다른 것들은 도금된 작은 돔들이 부속 예배당들에 얹혀 있었다. 하지만 이후로 산업화 시기에 다수가 철거돼 건설 자재로 사용된다.

러시아 국민은 거개가 요페의 권총 자살 소식을 알지 못했다. 당연히 그의 마지막 전언도 묻혀버렸다. 러시아 국민은 우리의 《입장》을 전혀 몰랐다. 불법 문서였으니. 우리는 그 문서를 유포 회람시켰고, 게페우도 밤에 우리 편 사람들에게 들이닥쳐 수색을 시도했다. 어느 것 하나라도 읽다가 발각되면 투옥이었다. 덧붙이자면, 합법적인 절차는 일체 무시되었다. 공식적으로 돌아가는 러시아는 대회와 연회 등등 10월 혁명 10주년 기념식을 조직 중이었다. 공산당, 소련의 우방국, 첩보기관이 엄선해 불러들인 외국 대표들이 모스크바에 넘쳤다. 한때 초현실주의자였던 프랑스 청년 두 명 피에르 나빌[4]과 제라르 로장탈[5]도 거기 포함돼 있었다. 두 사람은 심지가 대단히 곧았고, 지성 또한 상황에 위축되지 않고 예리했다. 그들은 나와 함께 요페의 시신을 지켰다. 삭스-글라드네프의 아파트에서 지노비에프와의 면담도 이루어졌다. 맑스주의를 연구하는 삭스-글라드네프는 내성적이고 까다로운 노학자로, 근시인데다가 두 눈 바로 아래까지 털이 나 있었다. 중국 자수 장식물도 보였는데, 황새의 비행이 하얀 비단실로 수놓아져 있었다. 레닌 저작 스물다섯 권이 책꽂이에서 빛났다. 두 명의 프랑스 동지는 인터내셔널에서 반대파의 입지와 전망이 어떠하냐고 지노비에프에게 물었다. 지노비에프는 대략 이렇게 말했다. "우리는 침머발트 운동을 처음부터 다시 시작해야 합니다. 한 줌도 안 되는 국제주의자가 스위스의 촌락에 모였을 때 유럽은 전쟁 중이었죠. 우리는 그때보다 세력이 더 큽니다. 거의 모든 곳에 기간 당원이 존재해요. 지금은 역사가 더 빠르게 움직이죠. ……"

나빌과 로장탈과 나는 면담을 마치고 나오면서 시선을 교환했

다. 지노비에프의 조악한 막가파식 분석과 접근법이 뜨악했던 것
이다. 지노비에프가 우리한테 한 말을 진심으로 믿었을까? 어쩌면
그랬을 것이다. 하지만 그는 두 번째, 세 번째 복심과 복안도 있었
다. 그리고 그는 그 생각은 얘기하지 않았다. 그날 우리에게 장소
를 제공했던 삭스-글라드네프는 불쌍하게도 1937년 실종됐다. 그
는 '테러리스트'로 지목되었다.

제15차 당 대회에 참가한 대표 1,600명 가운데 반대파는 한 명
도 없었다. 스탈린, 리코프, 부하린, 오르드조니키제는 모든 분야
에서 지속적으로 성공을 거두고 있다고 입발림 말을 늘어놓았다.
부하린은 트로츠키주의는 범죄라고 고발했다. 트로츠키주의자들
이 새로 당을 만들려고 한다는 것이었다. 그렇게 당을 만들면 정권
을 증오하는 온갖 부류가 결집할 테고, 국가가 분열하면 프롤레타
리아트 독재가 훼손될 것이므로, 반대파는 숨어 있는 반동적 '제3
세력'의 선봉에 불과하다는 논리는 그럴싸했다. 반대파도 그런 식
의 추론을 상당히 두려워했다. 부하린의 용의주도함을 인정하지
않을 수 없었다. 반대파가 갖은 탄압에도 여전히 당에 충성한다는
메시지를 대회에 보낸 이유다. 지배권을 행사하는 관료 집단의 핵
심부에 '제3세력'이 이미 똬리를 틀었다는 생각을 한 것은 무명의
청년 동지 오소프스키Ossovsky뿐이었다. 모두가 그를 배척했다.

중앙위원회는 반대파의 내부 사정을 잘 알았다. 레닌그라드 경
향, 그러니까 지노비에프, 카메네프, 예브도키모프, 바카예프는 조
건부 항복 쪽으로 기울었다. "그들은 당에서 우리를 쫓아내고 싶
어한다. 따라서 어떤 희생을 치르더라도 당에 남아 있는 게 중요하
다. 쫓겨나면 정치적으로 죽는 거다. 유배와 추방을 면할 수 없고,
향후에 정권의 위기가 발생해도 개입할 수 없게 된다. …… 당 밖
에서는 아무것도 못한다. 창피를 당하며 굴욕을 느끼는 것, 그것은

우리한테 별로 중요하지 않다."카메네프와 지노비에프 자신이 체제를 구축한 당사자였다. 두 사람은 관료 기구의 엄청난 위력을, 그것 바깥에서는 그 어떤 것도 버틸 수 없음을 잘 알았다. 하지만 그들은 관료 기구가 달성한 변형의 본질을 보지 못했다. 괴물로 화한 관료체제는 바깥은 물론이고 집권 여당에서도 활력과 자주성을 말살해버리는 것이다.

반대파 지도부는 대회 기간 내내 죽치고 앉아서 논쟁만 했다. 레닌그라드 파의 최종 제안은 이러했다. "당권파의 자비에 우리를 맡깁시다. 창피당하는 건 문제가 아니에요."지노비에프와 트로츠키는 계속해서 종이쪽지에 적은 필담으로 의사를 교환했다. 지노비에프: "레온 다비도비치. 용기를 가지고 굴복할 시간이 왔습니다. ……" 트로츠키: "그런 종류의 용기로 충분하다면 세계 혁명은 이미 완수됐겠죠. ……"

제15차 당 대회는 반대파 축출을 결의했다. 반대파는 멘셰비키 또는 탈선한 사회민주주의 세력으로 규정되었다. 카메네프는 연단에서 기죽은 목소리로 이렇게 말했다. "우리가 그동안 가졌던 신념을 단 하루 만에 내팽개쳐야 합니까?" 그는 다시금 이렇게 말하지 않을 수 없었다. "우리는 당 대회의 결정을 유보 없이 무조건 따르겠습니다. 비록 그게 우리한테 매우 고통스럽다고 할지라도 말입니다."그들은 트로츠키를 제거하는 데 성공했다. 얼마나 안도했을지! 지칠 줄 모르는 활력의 부하린이 내뱉은 조롱이 인상적이다. "역사의 철의 장막이 드리워지고 있었고, 우리는 트로츠키를 제때 끌어내렸다. ……"

철의 장막, 아니 단두대였을지도 모르겠다. 그러나 분명하고 확실한 것은 아직 그리 많지 않았다. 리코프는 당이 출당자들을 무자비하게 억압할 것임을 분명히 했다. 소련의 법률 체계가 일거에 청산되었다. 표현의 자유가 치명적 타격을 입었다. 우리는 지노비에프와 카메네프의 굴복을 정치적 자살 행위로 보았다. 그들의 가련하고 형편없는 입장 바꾸기를 목도하자니 더욱 그렇게 느껴졌다. 쫓겨났다가 당에 흔들림 없이 충성하겠다고 마지막으로 서약한 사람들은 라코프스키, 라덱, 무랄로프Muralov였다. 그렇게 충성 서약이 절정으로 치달으면서 분열 사태가 완성되었다.

거듭 얘기되었지만, 당에서 쫓겨나는 것은 '정치적으로 죽는 것'과 다름없었다. 신념과 사상과 헌신으로 충만한 살아 있는 존재들이 어떻게 정치적으로 시체가 될 수 있다는 말인가? 그렇게 될 수 있는 것은 한 가지 경우뿐이다. 전반적 분위기상 아직 혹독한 탄압이 이루어지지는 않았다. 중앙위원회는 가장 저명한 축출 인사와 협상을 시작했고, 지역위원회들도 덜 유명하지만 반대파 성원들과 협상을 했다. 그들은 모든 것에도 불구하고 당에 충성한다고 선언했고, 바쉬키리아, 카자흐스탄, 극동, 북극권의 직책을 제안받았다. 그렇게 해서 트로츠키가 '자신의 자유의사에 따라' 알마아타로 가게 된 것이다. 알마아타는 중국 쪽 투르키스탄과 접한 변경이다. 우호적 추방은 위선이었지만 그는 관련해서 할 수 있는 게 아무것도 없었다. 게페우는 형법 58조에 입각해 그를 행정 처벌했는데, 58조는 반혁명 음모와 관련된 조문이다. 트로츠키는 투쟁을 하기로 했다. 모스크바와 나라 전체에 얼마간이라도 그 사태의 실상을 알려야 했다.

트로츠키는 벨로보로도프와 살고 있었다. 벨로보로도프는 우랄 지방 출신의 볼셰비크로, 1918년 로마노프 왕가의 운명을 결정지었으며, 얼마 전까지도 내무 인민위원이었다. 그곳은 그라노프스키(구 체레메티에프스키 가)에 있는 소비에트의 집이었다. 트로츠키를 전별해야 했고, 집을 찾았다. 그가 강제 퇴거돼, 추방당하기 며칠 전이었다. 동지들이 낮이고 밤이고, 길에서 또 건물에서 바깥 동정을 살폈다. 게페우 요원들이 그들을 감시했음은 물론이다. 오 토바이를 운용하는 기동 경찰관들이 일체 차량의 들고남을 기록 했다. 나는 뒤 계단으로 올라갔다. 몇 층이었는지 모르겠는데, 출 입구에 보초들이 있었다. "여깁니다." 주방에서는 야코빈 동지가 방어와 보안 활동을 지휘 중이었고, 동시에 문서를 기안하고 있었 다. 선배가 안마당을 면한 작은 방에서 나를 맞았다. 간이침대뿐이 었고, 탁자 위에는 전 세계 여러 나라의 지도가 잔뜩 놓여 있었다. 그는 실내용 재킷을 입고 있었다. 많이 입어서 무척 낡은 상의였 다. 트로츠키는 머리가 거의 하얗게 셌고, 안색이 안 좋았으며, 거 친 숨을 내쉬고 있었다. 영락없이 사로잡힌 그는 바짝 경계 중이었 으나 여전히 위풍당당했다. 옆방에서는 막 구술한 전언이 활자화 되는 중이었다. 식당은 경향 각지에서 몰려오는 방문객을 맞이하 는 접견실로 쓰였다. 트로츠키는 걸려오는 전화를 받는 틈틈이 그 들과 급하게 대화를 했다. 언제고 우리가 다 체포될 수 있었다. 체 포 후에는 어떻게 될까? 우리는 알지 못했다. 하지만 우리는 그 마 지막 시간을 최대한 활용하기 위해 분주히 움직였다. 정말이지 마 지막이었기 때문이다.

나와 트로츠키는 주로 해외의 반대파 얘기를 했다. 그들의 활 동이 반드시 확대되고, 통합되어야 한다는 내용이었다. 선배는 《시류를 거슬러Contre le Courant》첫 호를 파리에서 막 받은 상황이었 다. 친구들인 마그들렌 파즈와 모리스 파즈[6]가《시류를 거슬러》를 냈고, 나도 도왔다. 트로츠키는 잡지의 논조와 경향을 마음에 들어 했고, 내게 필요하다면 불법으로라도 프랑스로 가라고 했다. 우리 는 잠시 그 가능성을 저울질해보았다. 트로츠키는 이렇게 말했다. "우리는 어떤 식으로든 결판이 날 싸움을 시작했습니다. 여러 해

동안 계속되면서 많은 희생이 필요할지도 모르죠. 나는 이제 중앙
아시아로 떠납니다. 당신은 유럽으로 가십시오. 행운을 빕니다!"
우리는 서로를 힘껏 껴안았다. 해가 지며 그림자가 길어진 덕분에
거리의 정보원들을 떨쳐낼 수 있었다. 다음날 군중이 역을 점거해
선배가 떠나는 걸 막았다(물론 계속 그러지는 못했지만). 게페우가 느닷없
이 들이닥쳐 선배를 데려갔다. 선배는 자신이 어떻게 떠났는지와
관련해 거짓 선전이 난무하는 사태를 막을 요량으로 정치 경찰이
문을 부수고 들어오게 했다. 그는 따라가지 않겠다고 버텼고, 강제
로 차에 실려 인적이 드문 작은 역으로 호송됐다. 나는 트로츠키가
고귀한 운명의 정점에 이르렀다는 생각을 했다. 우리 모두가 두려
움에 떠는 가운데 그가 의문의 암살을 당했다면 살해당한 혁명의
상징으로 남았을 것이다. 그는 죽지 않았고, 투쟁을 계속했다. 트
로츠키는 지하 감옥에 유폐되었다 할지라도 펜을 쥘 수 있고, 숨이
붙어 있는 한 문필 활동을 계속했을 것이다. …… 그의 경제 분석
과 정세 판단은 명료했다. 그는 활기찼고, 품격이 있었다. 도덕이
부식되고, 윤리가 파탄 난 시대에 그는 단호하고 결연했다. 트로츠
키는 입에 재갈이 물렸다 해도 존재 자체만으로 민중에게 인류에
대한 믿음을 선사하는 훌륭한 본보기였다. 그의 이름은 비방과 모
략에도 굳건했다. 중상과 모욕도 소용이 없었다. 예상 밖의 새로운
아우라만 보태졌을 뿐. 물론 트로츠키는 당을 만들어본 적이 없었
고, 도덕적 권위와 사상의 힘으로 변함없이 헌신하는 추종자가 수
천 명뿐이었다. 그가 지닌 이데올로그와 조직자로서의 능력은 당
비서들의 그것과는 완전히 달랐다.

트로츠키는 중앙아시아로 떠났고, 그렇게 사라졌다. 《이즈베
스티야Izvestia》는 단신으로 그의 추방 소식을 전했다. '반란 기도'
라는 근사한 비난이 가해졌다. 18개월 전에 지노비에프, 카메네프,

426

스탈린이 이끄는 정치국을 끌어내리는 쿠데타가 일어날 수도 있었다. 우리 반대파 서클들이 그 일을 진지하게 저울질했던 것이다. 군대는 물론이고 게페우조차 트로츠키가 원했다면 그쪽으로 기울었을 것이다. 그는 내내 그런 얘기를 듣고 있었다. 좌익 반대파 지도자들이 그 사안을 공식으로 숙의했는지 여부는 모른다. 하지만 (1925년 말과 1926년 초에) 얘기가 분명히 됐고, 당시 트로츠키가 권력 장악을 거부했다는 것은 확실히 안다. 요컨대, 그는 사회주의 체제에서는 군사 정변 따위에 절대로 기대지 않는다는 불문율을 존중하고, 따랐던 것이다. 아무리 숭고한 목적을 가졌다 할지라도 그렇게 쟁취한 권력은 결국 군사와 경찰 독재체제로 귀결될 가능성이 농후했다. 이는 정의상 반사회주의적이었다. 트로츠키는 나중인 1935년에 이렇게 썼다. "지노비에프-카메네프-스탈린 분파를 겨냥한 군사 쿠데타가 손쉬웠고, 심지어 유혈 사태도 전혀 일으키지 않았으리라는 데에는 의문의 여지가 없다. 그러나 쿠데타를 일으키고 성공했다면 관료체제와 보나파르티즘이 더 빠르게 승리하고 말았을 것이다. 그런데 좌익 반대파는 바로 그런 정권에 반대하는 입장이지 않은가!" 목표는 당연히 수단을 정당화해주지 못한다. 하지만 목표가 수단을 통어統御하는 것도 사실이다. 아무튼 이와 더불어, 민주적 사회주의 체제를 수립하는 데 무장 폭력이라는 낡은 수단이 부적절함을 이보다 더 명확하게 정식화한 사례도 드물 것이다.

마찬가지로 수십 명의 반대파 투사가 멀리 추방되었다. 하지만 해외의 소련 공식 통신사는 그 사실마저 부인했다. 그렇게 조악하고 노골적인 거짓말이 어떻게 대중을 호도할 수 있었는지 모르겠다. 라코프스키는 아스트라한으로 유배됐다. 프레오브라젠스키는 우랄 지방으로, 스밀가는 중앙시베리아의 미누신스크로, 라덱은 북부시베리아로, 무랄로프는 타라 삼림 지대로 떠났고, 세레브리아코프Serebriakov, 이반 스미르노프, 사프로노프, 블라디미르 스미르노프, 소스노프스키Sosnovsky, 보야 부요비치Voya Vuyovich도 각기 추방지가 정해졌다. 우리는 그들이 어디로 떠나는지 알 수 없었다. 모든 일이 비밀리에 진행되었기 때문이다. 파리 주재 대사관에서 귀국한 흐리스티안 라코프스키는 외교관용 호텔인 소피이스카야 나베레즈니아에 머물고 있었다. 그곳이라면 복도에서 크레스틴스키와 카라한[7]을 우연이라도 마주쳤을지 모르겠다. 이마가 미려한 상아빛인 크레스틴스키는 걸음조차 심각하고 신중했으며, 카라한의 경우 이목구비와 몸가짐이 고상해 아무리 부실하게 옷을 입었더라도 단연코 우아했기 때문이다.

라코프스키는 파리에서 돌아왔을 때 무일푼이었다. 54세의 그는 환상이 전혀 없었고, 쾌활했다. 그는 장기간의 투쟁을 참고 견뎌내야 하리라고 예상했다. 거대하게 균형 잡힌 그의 얼굴은 평상심과 미소를 보여줬다. 라코프스키의 아내는 남편 때문에 걱정이 이만저만 아니었다. 그는 유럽의 불안정이 해소되지 않을 것이며, 기다리면서 준비해야 한다고 내다봤다. 중앙위원회에 굴복하라는 누군가에게 라코프스키는 이렇게 대꾸했다. "나는 다 늙었어요. 뭐 하러 그동안의 이력을 망칩니까?"

체신 인민위원 이반 니키티치 스미르노프는 바르바르카에 있는 그의 집무실에서 가끔 만났다. 50줄을 넘어선 그는 키가 컸고, 허리가 꼿꼿했지만, 무척 수척했다. 두 눈은 소심한 듯했지만, 또 결의에 차 있었다. 그는 내성적이었지만, 코안경 너머로 보이는 회녹색 시선에서는 젊음과 열정이 가득했다. 하루는 그에게 물어봤다. 해외로 나가는 우편물을 다 뜯어보느냐고. (우편물 검열은 공식적으로는 이루어지지 않았다.) 그의 즉답인즉, "다 열어봅니다. 절대로 아무것도 믿지 마세요. 나 말고 게페우가 관리하는 곳이 있습니다. 그 일만 하는데, 나는 들어가볼 수도 없어요." 그는 각료직을 박탈당하자 상당히 좋아했다. "평당원들과 함께 지내는 것도 우리한테는 좋은 일이죠." 이반 니키티치는 무일푼이었고, 직업소개소에 가서 실업자 등록을 했다. (옛날 직업이 정밀 기사였다.) 그는 가까운 장래에 아무 공장이나 취직될 것으로 기대했는데, 참으로 순진한 생각이었다. 창구 직원은 꽤나 오만했다. 반백의 키 큰 아저씨가 눈을 반짝이며 창구 앞에서 허리를 구부린 채 서식을 작성했다. 아래쪽 기재 사항에 '가장 최근 직장'을 적어 넣어야 했다. 그는 '체신 인민위원'이라고 썼다. 직업소개소는 득달같이 중앙위원회에 연락했고, 게페우는 이반 니키티치를 카프카스 리비에라로 쫓아버렸다. 억압은 역겨웠지만 이렇듯 시작은 엄하지 않았다.

때는 바야흐로 스비아즈크 전투가 벌어지던 1918년. 트로츠키와 로젠골츠Rosengoltz, 특별 열차의 타자수와 공병들, 요리사와 전신 기사들은 카펠Kappel과 사빈코프Savinkov가 지휘하는 백군의 대대적 공세와 적군의 패주를 신속하게 중단시켰다. 이반 스미르노프도 그때 거기 있었다. 한 줌도 안 되는 장병이 그날 신생 공화국을 구해냈다. 이후로 1920~21년에 레닌은 스미르노프에게 시베리아의 질서를 회복하라고 명령했다. 스미르노프 덕택에 러시아의 아시아 지역이 소비에트의 통제를 받게 되었다. 그는 교언영색을 몰랐고, 청년 세대는 그가 당의 이상주의를 구현하고 있다고 생각했다.

추방과 유형이 신속하게 이루어졌고, 수백 명이 쫓겨났다. 1917년 10월을 경험한 혁명가들은 10년 동안 권좌를 유지했음에도 사기가 전혀 꺾이지 않은 듯했다. 그 10년의 후반 연간은 잘 알려진 혁명가들에게는 순조로운 세월이었다. 그들은 공사관에 파견되었고, 각료직을 수행했으며, 행정위원회를 맡았고, 지휘하고 명령했다. 사람들이 말쑥하게 차려입고 부르주아화한 것 같았다. 하지만 그것은 피상적인 관찰이었다. 그들은 정말이지 유쾌하게 중앙아시아와 시베리아의 황무지로 들어가 불편한 생활을 감수했던 것이다. 다 혁명을 구원하기 위한 활동이었다. 그들이 떠나는 것을 보면서 느낀 안도감은 너무나 강렬해서 이루 말로 다할 수 없었다. 공산당원 가운데 일정 수는 사리를 추구해 반대파에 합류했다. 반대파가 차기 정부를 구성할 수 있으리라고 본 것이다. 실제로 경험한 바에 따르면 그런 사람은 아주 소수였다. 그들은 몇 달 후 최초의 암흑기가 도래하면서 영원히 사라졌고, 속이 시원할 지경이었다. 1927년의 반대파는 당에 충성하기로 하면서 끝없이 굴욕당하는 쪽을 선택하거나 사회주의의 대의에 충성하기로 하면서 끝없이 저항하는 두 방향으로 갈라졌다. 어느 쪽을 선택했든 둘 모두는 비참하고 끔찍한 최후를 맞이했다는 점에서 똑같았다.

그들과, 혁명 10주년을 축하하기 위해 당시 모스크바에 체류 중이던 외국인들은 너무나 대비되었다. 저명한 작가, 외국 공산당 대표단, 유명한 자유주의자 손님들은 우리에게 지혜롭게 처신하는 게 무엇인지를 알려줬다! 프랑스 공산당 중앙위원 폴 마리옹 Paul Marion(페탱 정부에서 국무 차관을 한다)은 모스크바 전역에서 입발림 말과 진부한 아부를 늘어놨고, 러시아의 젊은 여성들과 즐겼다. 그는 내게 이런 말도 했다. 우리가 유토피아 낙원에 살고 있다. 공산주의 운동이 실패한 것은 분명하다. 하지만 나 같으면 여기 남겠다. 왜? "그래도 권력을 잡고 있으니까." 마리옹은 출세하는 데만 관심이 쏠린 우둔하고 범용한 프랑스인일 뿐이었다. 자크 사둘은 같은 얘기를 내게 이렇게 했다. '팔아먹는다'는 게 중요하죠! 우리 둘은 친구였고, 러시아와 독일에서 즐겁고 마음을 뒤흔드는 추

430

억도 함께했다. 그는 활달하면서도 냉소적인 지성에, 아랑곳하지 않고 향락을 즐겼으며, 정치적으로 노련했다. 그런 그를 나는 좋아했다. 프랑스 공산당은 그가 의회에서 일급의 지도자로 활약할 수 있었음에도 일체의 활동을 불허했다. 그의 마음밭은 온건파 사회주의자의 그것이었다. 하지만 그는 사치스럽게 살고 싶었고, 소련에 봉사했다. 칼리닌한테서 적기 훈장Order of the Red Flag을 수여받은 그는 내게 이렇게 말했다. 이 훈장의 중요성을 깎아내리고 싶은 바양-쿠튀리에가 그 옛날의 파리코뮌 지지자들한테도 훈장을 주자고 제안했습니다. 제대로 가려낼 수 있는 사람이야 있겠지만 일부는 사기꾼일 수도 있는 거 아닙니까?

그는 반대파에 관해 이렇게 말했다. "반대파 지도자들은 크림반도의 쾌적한 빌라에 유폐돼, 아무도 안 읽을 두꺼운 책이나 쓰게 될 겁니다. 하지만 세르주, 당신은 그래도 반대파와 함께하겠죠!" 우리는 외국 손님들을 접대하는 식탁에서 저녁을 먹는 중이었다. 비단 소재의 짙은 색깔 천을 걸친 인도 처자들이 우리 옆에 앉았고, 잠시 대화가 옆길로 샜다. 자크는 이렇게 말했다. "당신은 또 박해당하는 쪽을 택하겠죠. 하지만 인생은 아름다워요! 저 아가씨들을 좀 보십시오. 얼마나 매력적입니까. 생각해보세요. ……" 우리는 기분 좋게 서로를 염려하며 헤어졌다. 자크는 한직閑職을 부여받은 채 훈장을 달고 파리로 돌아갔다. 나는 처음부터 다시 시작하기로 하고, 각오를 다졌다. 옥고와 생활고 따위를 견뎌야 할 터였다.

사둘은 적어도 성인군자인 척하지는 않았다. 바르뷔스는 당시에 신비주의 저술인 《예수Jésus》와 《예수 배반자Les Judas de Jésus》를 쓰는 중이었는데, 다른 배반자들의 손님으로 모스크바에 머물렀다. 나는 그의 《포화Le feu》를 좋아했다. 《예수》에 나오는 서정시 몇 편은 내게 진정한 울림으로 다가왔다. 메트로폴 호텔에 숙박하던 바르뷔스를 남성 통역 및 비서 한 명(게페우)이 감시했고, 인형처럼 예쁜 여자 비서 한 명이 수행했다. 나는 사람들로 복작거리는 시외의 거주 지구에서 막 벗어난 상태였는데, 그곳에서는 매일 밤 동지들이 사라졌다. 실종자들의 아내는 눈이 벌겋게 충혈되었고, 근심과 걱정으로 잠을 이루지 못했다. 바르뷔스는 해외의 위대한 양심으로 알려져 있었고, 그가 마침 우리나라를 찾았다. 나는 그를 찾아가지 않을 수 없었다. 더구나 바르뷔스를 숙박시키기 위해 호텔에서 사람들까지 쫓겨난 마당이었다.

○　프랑스 소설가 앙리 바르뷔스.

바르뷔스는 몸이 크고, 가냘프며, 나긋나긋했다. 얼굴은 작고, 병색이 엿보이며, 퀭했다. 가는 입술은 고통을 아는 사람의 그것이었다. 그는 아주 다른 사람으로 바뀌어 있었다. 바르뷔스는 무엇보다 연루되는 것을 원하지 않았다. 자기 의지에 반하는 것은 전

432

혀 보려고 하지 않았던 것이다. 그는 견해를 숨겼고, 더는 공개적
으로 표명하지 않았다. 단도직입적으로 묻는 일도 삼갔고, 상상할
수 있는 모든 접점에서 총총히 철수했다. 두 눈은 흐리마리했고,
가느다란 손은 허공을 부유했다. 그는 그러면서 "위상," "심원한 문
제," "고양" 같은 이해하기 힘든 말을 내뱉었다. 이기는 쪽과 한패
가 되겠다는 것이 그의 진정한 목표였다! 투쟁이 아직 확실히 결
판나지는 않았기 때문에, 바르뷔스가 트로츠키에게 책을 한 권 헌
정하기는 했다. 하지만 그는 위태로워지는 걸 바라지 않았고, 해
서 찾아가지도 않았다. 내가 박해 사실을 알리자, 그는 두통을 앓
는 체했다. 안 들리는 체한 건지, 대가의 반열에 올라간 체한 건지
도 모를 일이다. "혁명은 비극적 운명을 겪지요. 광대하고, 심원한
문제입니다. 그래요…… 그래요…… 나의 친구여!" 나는 정면으로
위선과 대면했다는 생각에 턱이 부들부들 떨렸다. 헬레나 스타소
바Helena Stassova가 이끄는 국제 계급투쟁 수감자구호기금International
Class War Prisoners Aid이 바르뷔스가 프랑스에서 내는 문화 주간지에
거액을 기부 중이라는 걸 알게 된 것은 그로부터 며칠 후였다. 《몽
드Monde》라는 잡지였는데, 바르뷔스는 공동 후원자 목록에 나를
집어넣었다.

투쟁 과정에서 내가 채택한 활동 방향은 두 가지였다. 레닌그
라드 본부가 첫째요, 모스크바와 해외(주로는 프랑스)를 상대로 하는
글쓰기가 두 번째였다. 나는 파리에서 발행되던 《클라르테Clarté》의
편집진이었고, 그 평론지에 내 글을 실었다. 나는 개인 명의로 반
대파의 《입장》과 중국 혁명을 논했다. 그 글들은 몇 달 동안 상당히
정확하게 사태를 예측했는데, 당사자인 나도 압도당할 지경이었
다. 마지막 글은 나 대신 다른 동지가 서명했는데, 내용을 보면 누
가 썼는지 바로 알 수 있다. 1927년 12월 11일과 12일에 당 대회가

열렸고, 바로 그때 광둥 코뮌이 급작스럽게 성공을 거두었다. 반대파를 반박하기에 안성맞춤인 사건이 발생한 것인데, 왜냐하면 그들은 중국 혁명이 향후로 오랫동안 패배를 거듭할 거라고 판단했기 때문이다. 언론이 광분했다.《프라브다》가 중국 공산당의 독재자들이 공포했다며 게재한 법령은 러시아혁명의 그것과 거의 똑같았다. 물론 광둥 현장의 그들 뒤에는 소련 공산당 서기장의 특사들인 로미나제Lominadze와, 이제는 고인이 된 나의 동지 하인츠 노이만이 있었다. 그들은 제15차 당 대회에 승리를 타전하라는 압력을 받았다. 광둥의 횃불은 24시간 후 유혈 낭자한 탄압 속에 침몰했다. 중국의 노동자들은 사회 정의를 실현하기 위해 싸운다고 생각했지만, 실상은 공첩公牒 때문에 수천 명이 죽었다. 소련 영사관의 직원들도 남녀를 불문하고 죄다 살해당했다. 프레오브라젠스키는 내게 물었다. "광둥 기사 썼습니까?"

"예. 써서 보냈는데요."

"미쳤어요? 감옥에서 몇 년 동안 썩을 수도 있어요. 당장 출판되는 것을 막으세요. ……." 기명된 이름을 바꾸기는 했지만, 그래도 쫓겨나리라는 것은 충분히 예상할 수 있었다.[8]

결국 레닌그라드 중부지구위원회가 나를 소환했고, 나는 당 조사위원회에 출석했다. 위원장 카롤Karol은 기가 한풀 꺾인 노동자였다. 여성 노동자와 안경을 낀 청년 각 한 명, 그 외 두세 명이 빨강색 테이블보가 깔린 책상에 앉아 있었다(당 위원회는 세르게이 대공 소유였던 바로크 양식 궁전에 입주해 있었다). 카롤은 나를 쫓아내는 데 그리 열심이지 않았다. 곤경에서 빠져나올 수 있는 방법을 몇 가지 제안했을 정도였으니. 하지만 그도 위험하기 짝이 없는 결정적 질문을 하지 않을 수 없었다. "반대파를 축출하기로 한 당 대회의 결정은 어떻게 생각합니까?"

나는 이렇게 대답했다. "규율을 존중하고, 해서 당 대회의 결정을 따릅니다. 하지만 그 결정은 심각한 오류라고 생각해요. 신속하게 교정되지 않으면 치명적인 결과가 야기될 겁니다." 붉은색 두건을 한 여성 노동자가 벌떡 일어섰다. 충격을 받은 목소리로 그녀가 이렇게 말했다. "동지, 방금 오류라고 말씀하셨습니까? 당 대회가 잘못했다고, 오류를 저지를 수도 있다고 생각하는 거예요?"

나는 1914년 8월 2일 전쟁에 찬성한 독일 사회민주당의 예를 들었다. 카를 리프크네히트와 오토 룰레Otto Ruhle만이 반대표를 던졌다. 비교 자체가 불경스러웠고, 조사위원들은 대경실색했다. 나는 당장에 축출되었다. 바실리 니키포로비치 차다예프도 불려갔다. 마찬가지로 그도 몇 분 만에 쫓겨났다. 우리는 건물 밖으로 나왔다. "이제야말로 정치적 송장이 되었군. ……" "바로 그렇기 때문에 우리 외에는 다 죽은 거지."

며칠이 흘렀고, 자정쯤에 자택의 초인종이 울렸다. 나는 문을 열고서, 냉큼 상황 파악이 됐다(어려울 게 없었다). 밖에는 군인 한 명과 가죽옷을 걸친 유대인 청년 한 명이 버티고 서 있었다. 그들은 집을 수색했고, 레닌 번역물 몇 개에 주목했다. "그것도 가져갑니까?" 내가 빈정거리자, 한 명이 대꾸했다. "농담하지 마시오. 우리도 레닌주의자요." 맞는 말이었다. 우리 모두가 레닌주의자였던 것이다.

새벽의 레닌그라드는 깊은 바다처럼 파랬다. 나는 그 두 명의 동지와 함께 집을 나섰다. 그들은 차가 없어서 미안하다고 했다. "매일 밤 임무가 많아요. ……" "압니다." 떠나기 전에 블라디를 안아줬는데, 일곱 살 먹은 아들 녀석이 울면서 이렇게 말했다. "아빠, 무서워서 우는 게 아니라 화가 나서 우는 거예요." 나는 낡은 유치장으로 끌려갔다.

화재로 소실돼 새까맣게 변한 옛 법무 궁전의 외벽 구조를 보자 위대한 해방의 나날들이 생생하게 떠올랐다. 허나 주저앉은 석조 건물 내부는 50년이 지났는데도 바뀐 게 거의 없었다. 교도관 한 명이 내게 20년째 근무 중이라고 말했다. "1905년 혁명 때 내가 트로츠키를 내보냈지." 그는 여전히 오만했다. 대기 기간에 하루는 복도에서 어떤 젊은이 옆에 앉게 됐다. 잘생긴 친구였다. 그가 나를 알아보고는, 귀엣말을 속삭였다. "아르놀트Arnold는 비보르크 지구에서 반대파 활동을 했죠. B ― ― 와 C ― ― 는 체포되었습니다." 충분했다. 우리가 달리 무엇을 더 기대할 수 있었겠는가? 내내 우울했다. 나는 철제 계단을 기어올랐다. 먼 간격을 사이에 두고 구석에는 구역 담당자들의 책상이 있었고, 위로는 등이 밝혀졌다. 철창문이 열렸고, 나는 감방에 들어갔다. 어둡고, 두꺼운 돌 건물이었다. 아마 5층 아니면 6층이었을 것이다. 거무칙칙한 그곳을 이미 두 사람이 차지하고 있었다. 도시공학자 출신으로 전직 관리였던 사람은 네바 강에서 채취한 얼음을 소비에트에 공급하지 않고 사적으로 팔았다는 죄목이었다. 땟국물이 좔좔 흐르던 나머지 한 명은 끊임없이 횡설수설 지껄여댔는데, 호소하는 고통에 요점이 없었다. 뭐랄까, 떠돌이 미치광이였는데, 가톨릭 교회 공동묘지에서 부랑 생활을 하다가 체포되었다고 했다. 거기서 금속제 십자가를 팔았다는 것이었다. 그는 폴란드 출신이었고, 간첩죄로 기소되었다. 다 늙어서 쪼그라든 얼굴은 한 번도 씻은 적이 없었고, 끊임없이 웅얼거리는 기도 외에는 말도 전혀 하지 않았다. 그는 하루에도 몇 번씩 무릎을 꿇고 기도를 했다. 침대 한쪽에 머리를 부딪치면서 말이다. 밤이면 소스라치는 옹알이에 잠에서 깨기도 했다. 보면 그는 무릎을 꿇고, 두 손을 모은 자세였다. 얼마 후에는 부기 계원 한 명이 들어왔다. 콜차크 제독이 이끌던 백군에서 복무했다는 것이었다. 담당 치안판사는 그가 백군 장교였음을 인정했다고 판시했다. 모든 게 잔혹하고, 기괴했다.

감옥은 희생자들로 넘쳐났다. 관리들이 증오심을 폭발시켰고, 모두가 그들의 표적이 되었던 것이다. 그들은 강박관념에 사로잡혀 있었고, 미치광이에다, 사람 잡아다가 고문하는 일을 즐겼다. 깜박이며 꺼지지 않던 불빛 속에서 나는 도스토예프스키를 다시 읽었다. 도서관을 담당하던 기결수들이 친절하게도 책을 줬다. 당번 기결수들은 신이 났는지 고소해하는 것인지 알 수 없었지만 하루에 두 번 우리에게 죽을 배식했다. (사람들은 그걸 '똥국'이라고 불렀다.) 처음에는 당연히 먹지 못한다. 하지만 나흘째부터는 기다려지는 음식으로 돌변했다. 그들 중에 한 명이 어느 날 아침 보이지 않았다. (금발에 건장한 청년으로 미소가 창백했다.) 동료들도 시무룩한 표정이었다. 부재자가 간밤에 총살당했던 것이다. 그는 막판까지도 그 일을 알지 못했다. 선고는 이미 여러 달 전에 내려진 상황이었고, 그는 사면되었다고 생각했던 것이다. 동틀 무렵 직전에 사람들이 그를 잡아갔다. "동기들에게 작별 인사나 해. 말썽 피우지 말고." 그는 전방 출신이었고, 폴란드로 불법 월경을 했다가 돌아온 혐의였다. 총살 사실을 묻어버렸기 때문에 그의 죽음은 본보기도 되지 못했다.

사도바야의 셔츠 제조인이 탈세로 기소돼, 우리 옆 감방에 수감돼 있었다. 그는 복도의 난간으로 올라가 뛰어내려, 영원한 안식을 맞이했다. 옆방의 다른 누군가는 목을 매려고 했고, 동맥을 그은 사람도 있었다. …… 그런 비극은 희미한 소문으로만 들려왔다. 아무튼 우리는 평온하게 수감 생활을 했다. 역정을 낼 일도, 걱정거리도 없었다. 폴란드 출신자를 제외한 우리 둘은 평상심을 유지한 가운데 사회주의를 토론했다. 나는 소송 대리인에게 장광설을 늘어놓으면서 헌법과 소비에트 법률을 들먹였다. 생각해보면 코미디도 그런 코미디가 없었다.

○   1928년 감옥에서 나온 뒤 가족과 함께. 세르주, 블라디, 류바.

내가 체포되자, 파리에서 소동이 일어났다. 고위층에게는 꽤나 난처한 상황이었다. 나는 입장 철회는 절대로 없다고 결심한 상태였다. 그들은 '반소련 활동'은 일체 하지 않겠다는 나의 약속에 만족해야 했다. 하지만 그것은 역겨운 언어 농단이었다. 도대체가 우리는 반소련 활동이라는 것을 전혀 할 수 없었던 것이다.

7~8주가량의 수감 생활을 마치고 감옥 문을 나섰다. 백야였는데, 폰탄카 제방의 신록이 참으로 달콤하게 느껴졌다. 출소하던 그날은 결코 잊지 못할 것이다. 문지기의 설명이 아주 그럴싸했다. "옛날 체제랑 똑같은 거죠. 지식인들은 언제나 잡혀가요." 바양-쿠튀리에는 파리에서 《위마니테》에 이렇게 보도했다. 내가 감옥에서 최대한의 예우를 받았다는 것이었다. 바르뷔스는 내게 편지를 보내, 체포 소식을 접하고 《몽드》의 후원자 명단에서 내 이름을 뺐다

며 양해를 구했다. 참으로 당황스런 내용이었다.

차다예프는 파리의 어떤 관심도 끌지 못했고, 6개월 동안 옥살이를 했다. 다행히 정부 관리로 재직 중이던 친한 친구 한 명이 그를 꺼내줬다. 하지만 그는 반대파의 입장을 철회하지 않았다. 그의 레닌그라드 체류가 달갑지 않게 된 이유였다. 《크라스나야 가제타》는 콜호즈 취재 임무를 줘서, 그를 쿠반으로 보냈다. 차다예프는 새로운 출발에 들떴고, 처음부터 다시 시작하겠다고 생각했지만, 그의 삶은 종말을 맞이했다. 우리 두 사람은 디에츠코에 젤로 호수에서 여러 시간 동안 뱃놀이를 했다. 임페리얼 파크의 경관은 훌륭했다. 바실리 니키포로비치는 내게 감옥 칭찬을 늘어놨다. 사람들이 스스로를 되짚어보며 피정避靜할 수 있는 괜찮은 곳이라는 얘기였다. 그는 당이 갱생할 수 없을 것으로 보았다. 그의 판단은 당이 부활할 거라는 다수의 예상과 달랐다.

쿠반에 도착한 그는 편지지, 조사관의 눈, 예리한 질문으로 무장하고서, 갖은 부정 공모 행위를 고발했다. 투압세 항구 건설 비리, 해변 조성 비리, 도로 보수 비리, 농업 집산화 비리가 차다예프에 의해 폭로되었다!

조심성 없는 고발자들의 의욕을 꺾기 위해 비적이 동원되었다. 1928년 8월 26일. 매미가 울어대는 여느 여름 저녁이었다. 지역 당국은 차다예프에게 마차를 타고 이웃한 상업 도시로 떠날 것을 강권했다. 그들은 다른 승객이 많은데도 한사코 보내려고 했다. 스텝과 옥수수밭을 지나야 하는 야간 여행이었다. 민병대원 한 명이 대상 행렬을 수행했다. 어둠 속에서 흉한들의 거친 목소리가 들려오자 맨 처음 달아난 게 그 민병대원이었다. "멈춰!" 차다예프가 탄 마차만 노변으로 끌어내려졌다. 마부는 바실리가 비적들과 다투는 소리를 들었다. "뭐가 문제입니까? 우리 모두, 다 똑같은 사람입니다. 그러지 말아요." 내가 그의 유품으로 접한 것은 끔찍한 사진 몇 장뿐이었다. 총열을 톱으로 잘라낸 소총에서 발사된 덤덤탄이 차다예프의 얼굴과 가슴을 너덜너덜하게 만들어버렸다. 우리는 그가 사랑한 도시에서 장례를 치러주려고 했다. 그는 1917년의 투사가 아니었던가? 레닌그라드 위원회는 그 요구를 기각했다. 출당당한 자라는 것이었다. 바실리를 살해한 자들은 당연히 밝혀지지 않았다. 그가 사망한 자리에 세워진 비석은 부서져 사라졌다. ……

6

저항의 나날

1928~1933

이 장에서 서술할 5년 동안 나는 무자비하고, 강력한 전체주의 체제에 맞서 고독하게 싸웠다. 내가 가장이라는 상황이 거기 가세했다. 나날의 식량, 배급 카드, 주거, 혹독한 러시아의 겨울에 반드시 필요한 연료를 마련하려면 누구나 당-국가 전일체(일당 국가)에 의존해야 한다. 당-국가 전일체에 맞서는 사람은 집도 절도 없는 절해고도의 상태에 빠지고 만다. 견해 표명의 자유를 외치며 당-국가 전일체에 맞서는 사람은 어디를 가든 반역 '혐의자'라는 딱지가 붙는다. 물론 여전히 약간의 자유를 누릴 수는 있다. (미쳤다는 소리도 듣겠지만) 용기도 가상하다. 하지만 그런 사람은 경악의 대상이다. 사람들은 그들을 걱정하고, 염려한다.

반대파는 완패했고, 지도자들은 암암리에 조직을 꾸리겠다고 마음먹었다. 언론과 선전의 자유가 확보되는 향후의 미래에 당에서 명예를 회복한다는 복안이었다. 나는 그런 미망을 공유하지 않았다. 불법 방식이 두 가지 이유로 실패할 거라고 나는 예상했다. 첫째, 비밀경찰의 권력이 막강해 뭐든 분쇄할 태세였다. 둘째, 우리 자신이 이데올로기 및 정서적으로 당에 충성했는데, 그 때문에도 정치 공작과 경찰의 도발에 취약할 수밖에 없었다. 도매금으로 불법화되지 말고 공개적으로 우리의 권리를 방어해야 한다고 나는 역설했다. 독자적으로 존재하며, 사유하고, 글을 써서 발표할 수 있는 권리를 옹호해야 한다고 말이다. 나는 (어떤 조직도 없었기 때문에) 충성을 맹세하면서도 비타협적으로 투쟁하는 야당 세력을 역시 공개적으로 결성해야 한다고 주장했다. 물론 내 구상은 탁상공론이었다. 두 가지 전략 모두가 불가능했기 때문이다.

1928년 초에는 레닌그라드에서 여전히 자유를 누리던 반대파가 알려진 사람으로서는 알렉산드라 브론슈타인과 나뿐이었다. 모스크바에는 안드레스 닌이 있었다. 하지만 그도 적색노동조합 인터내셔널Red International of Labor Unions 서기직에서 물러나야 했다. 럭스 호텔에 거주하는 그를 경찰이 밀착 감시했다. 닌이 투옥을 면한 것은 외국인이라는 지위 때문이었다. 러시아인 가운데서는 보리스 미하일로비치 엘친Boris Mikhailovich Eltsin이 있었다. 1903년부터 볼셰비키였던 그는 창당 멤버로, 1917년 에카테린부르크(스베르들로프스크) 소비에트 의장을 지냈다. 엘친이 잡혀가지 않은 것도 다 이유가 있었다. 게페우는 잠시 그를 자유롭게 놔뒀다. 엘친은 늙고 병든 상태였고, 극소수 투사들의 연계와 내부 결속을 도모하는 과정에서 미하일 트베르스코이Mikhail Tverskoy라는 젊고 활달한 동료 활동가에게 비밀을 털어놨다. 트베르스코이가 게페우 요원이라는 것이 문제였다. 그가 비상식적인 전단을 만들었고, 그것들은 이내 '반소련' 문서로 지정되었다. 애당초 목표가 그것이었다. 모스크바의 공장들에 남은 마지막 반대파 동조자들이 체포되었다. 그가 레닌그라드의 우리를 찾아온 것도 명령에 따른 것이었다. 그는 "우리의 재편성을 도우러" 왔다고 했다. 알렉산드라 브론슈타인과 나는 그를 받아들이지 않았다. 아무렴, 우리는 그를 저지할 수 없었고, 그는 재빨리 노동자 쉰 명가량을 규합해 일종의 그림자 조직을 결성했다. 그들은 두 달 동안 '전반적 입장'에 따라 요란하게 결집했고, 그렇게 저항에 나선 사람들은 투옥됐다. 노동계급의 거점이라면 어디에서나 그런 경찰 공작이 거듭됐다. 공산당원들의 도덕과 윤리가 타락했기 때문에 그런 공작은 아주 쉬웠다. 반대파와 관리들은 당을 상대로 충성 경쟁을 벌였다. 하지만 결단코 신실했던 쪽은 반대파였다.

어느 누구도 각자의 지분이 악이라고 생각하지 않았다. 반혁명이 일어나 관료들이 권력을 장악했고, 바로 우리 손에서 새로운 전제 국가가 출현해 우리를 분쇄하고 있으며, 결국 온 나라가 끽 소리도 하지 못하는 침묵을 강요받고 있다는 생각에 관해서 말하자면, 어느 누구도, 우리 대오의 그 어느 누구도 그 사실을 인정하려 하지 않았다. 알마아타 유배지에서 침잠 중이던 트로츠키도 소련 체제가 여전히 우리의 것이라고 단언했다. 비록 병들기는 했어도 여전히 프롤레타리아적이고, 여전히 사회주의라는 것이었다. 당이 우리를 제명하고, 투옥하고, 살해했지만, 그 당은 여전히 우리의 당이었다. 우리의 모든 것이 당 덕택이었다. 우리는 당을 위해 살아야 했다. 왜냐하면 당을 통해서만 혁명에 봉사할 수 있었기 때문이다. 결국 우리는 당을 사랑하다가 침몰하고 말았다. 우리는 당을 사랑해서 반란에 나섰고, 그러다가 우리 자신의 손발을 묶어버렸다.

농담 하나가 유행했다. "이바노프, 자네가 반대파 동조자라는 게 사실인가?" "내가? 말도 안 돼. 처자식이 있는데 그럴 리가!" 외팔이 노동자 한 명이 나한테 조언을 구하러 왔고, 그와 면담한 시간 15분은 고통스럽기 이를 데 없었다. 그가 입장을 철회해야 했을까? 나이가 마흔인 그는 진지하고, 열정적이었다. 그는 감정이 복받쳐 올라 목이 메었다. "절대로 견해를 바꾸지 않을 겁니다. 우리가 옳다는 게 확실해요. 하지만 공장에서 쫓겨나면 나는 끝입니다. 팔 하나뿐인 내가 어디서 다시 일자리를 얻겠습니까?" 임무가 기계 담당이었던 그는 그들의 손아귀에 놓여 있었다. 그는 아르항겔스크, 폴란드, 야쿠티아에서 싸웠고, 결국 그런 처지에 놓이고 말았다. 그에게는 의수義手와 아이들과 양심뿐이었다. 내가 그를 위해 무엇을 할 수 있었겠는가? "영혼을 단단히 지키세요. 당신한테 남은 건 그것뿐입니다. ……" 입장을 천명한 사람이 영혼을 지키는 것은 쉬운 일이 아니다. 당이 연단으로 올라와, 과거의 입장이 과오였음을 규탄하고, 옛 동지들을 비난하도록 요구하기 때문이다. 그것도 한두 번이 아니라 열 번씩이나 거듭해서 말이다. 사람이 그렇게나 굴욕과 창피를 당할 수는 없는 일이다. 중앙위원회의 정치 노선이 바뀌었고, 그에 따라 이데올로기 혼란도 끝났다.

우리가 쫓겨나고 3개월 후, 예상대로 곡물 위기가 발생했다. 도시와 군대로 식량 공급이 안 됐다. 세금을 낸 농민은 가진 곡물을 국가에 내놓으려 하지 않았다. 제대로 보상을 받지 못했기 때문이다. 중앙위원회는 징발 명령을 내렸다. 은닉 행위에 형법 제107조를 적용한 것은 부당해도 너무 부당한 조치였다. 청년 공산당원으로 구성된 파견대가 농촌 지역을 샅샅이 훑었다. 농부들은 밭에서 곡물, 아마, 담배, 목화를 갈취당했다. 상황이 내전 연간과 똑같았다. 두개골이 쪼개진 공산당원들의 시신이 길가에 나뒹굴었다. 압수된 곡물더미에는 누군가가 불을 놓았다. 가축 사료가 남아 있질 않았다. 농민들은 도시의 빵집으로 몰려가, 흑빵을 통제 가격으로 구매해와, 가축에게 먹였다.

징발은 미봉책에 지나지 않았다. 실제 정책은 몰로토프Molotov가 제15차 당 대회에서 그 기조를 잡았다. 요컨대, 농업 경작을 집단으로 하고(콜호즈), 국가가 곡물 공장(소프즈)을 운영한다는 것이었다. 다년간에 걸쳐 천천히 느린 속도로 개발하자는 안이 구상되었다. 기계화 영농에 필요한 장비를 농장에 공급하는 과제가 여의치 않았고, 해서 집단 농업으로의 대체는 단계적으로 이루어질 수밖에 없었던 것이다. 그러나 그때의 사정으로는 이제 우리가 알고 있는 바, 농민을 상대로 징발 전쟁이 선포되었다. 국가가 곡물을 빼앗아가는데 뭐하러 농사를 짓나? 다음 해 봄 통계를 보면 밀 재배면적이 대폭 줄었음을 알 수 있다. 농민들의 파업이 일어난 것이었다. 그들을 강제할 수 있는 방법은 하나뿐이었다. 공산당은 억지로 만든 협동조합을 관리 운영하지 않을 수 없었다. 설득이 성공을 거두었을까? 선동(아니 강압)에 저항한 자작농이 협동조합으로 편입된 이웃보다 더 자유롭고, 소출도 더 좋았다. 정부는 집산화를 전격적, 전면적으로 실시하기로 결정했다. 하지만 농민들도 가만있지 않았다. 그들은 신랄하게 저항했다. 그들의 저항은 분쇄되었다. 어떻게 분쇄되었을까? 부농, 곧 쿨락이나, 대충 쿨락으로 뭉뚱그릴 수 있는 부류면 누구라도 몰수와 대량 퇴거 및 이송을 단행했다. 이른바, '쿨락 계급의 일소'라는 것이다.

그 결과로 농업이 얼마나 참혹하게 해체 분열했는지가 과연 알려질까? 농민들은 가축을 콜호즈로 넘기지 않았다. 그들은 차라리 가축을 도살해, 고기는 팔고 가죽으로는 부츠를 만드는 쪽을 택했다. 가축이 소멸하면서 기왕에 빈곤하던 농촌은 기아에 허덕였다. 도시에서는 배급표가 등장했고, 암시장이 성행했으며, 루블화와 실질 임금이 폭락했다. 국내에서마저 통행증이 발급되었다. 공장의 숙련 노동자를 어떻게든 유지해야 했던 것이다. 전면적 집산화는 재앙으로 치달았고, 결국 68퍼센트를 달성했을 때 완료가 선포되었다. 하지만 그때조차도 때가 너무 늦었다. 1930년 3월에 기근과 테러가 절정을 이루었다.

콜호즈가 가축을 빼앗으러 오자, 아녀자들은 짐승 주위로 인간 방패를 만들고 부르짖었다. "어디 한번 해봐라, 이 도둑놈들아! 차라리 우릴 죽여!" 그러니 반란자들이 왜 총에 맞지 않았겠는가? 백러시아(벨로루시)에서는 수출용으로 말갈기를 잘라가려는 시도가 이루어졌다. 그곳 여자들은 죽는 것은 아랑곳하지 않은 채 지역 정부 수장 골로디에트Golodied(1937년에 총살당하거나 자살했다)를 에워싸고 분노를 터뜨렸다. 여자들이 별안간 사라판sarafan(러시아의 여성용 민속 의상 - 옮긴이)을 들어 올렸는데, 그녀들은 속에 아무것도 안 입은 채였다. "덤벼봐, 도둑놈아! 우리 머리를 잘라갈 수는 있어도 말갈기는 안 돼!" 쿠반의 한 시장 도시는 주민 전체가 강제 추방되었다. 여자들은 나체로 집 안에 틀어박혔다. 발가벗긴 상태로 이동시킬 수는 없다고 예상한 것이다. 하지만 그들은 결국 나체 상태로 가축 운반용 트럭에 실렸다. 소총의 개머리판으로 구타를 당했음은 물론이다. 중앙위원회의 쉐볼다예프Sheboldayev가 그 지역의 대규모 강제 추방 작전을 책임졌다. 그는 아주 열심히 진두지휘했고, 해서 1937년에 자신이 총살당하리라고는 감히 꿈에도 생각하지 못했다. 작은 마을에서까지 공포가 메아리쳤다. 유라시아에서 거의 동시 발생한 농민 반란이 300건이 넘었다.

농민들은 기차에 실려, 북쪽의 동토로, 삼림 지대로, 스텝으로, 사막으로 추방당했다. 그들은 모든 것을 빼앗긴 채였다. 노인들은 이동 중에 굶어 죽었고, 갓난아기들은 길가의 둔덕에 매장되었다. 황무지들에 나뭇가지와 백목으로 만든 십자가가 가득했다. 다른 사람들은 수레에 변변찮은 가재도구를 몽땅 싣고, 폴란드, 루마니아, 중국의 국경 지대로 달아나, 월경을 감행했다. 기관총 부대가 그들을 기다리고 있었으니 무사할 수가 없었다. 아브하즈 자치 공화국Abkhazia 주민은 정부에 보내는 장문의 탄원서를 장려한 문체로 작성했고, 터키로 가서 살 수 있게 해달라고 호소했다. 그 참혹한 연간의 비극을 나는 수없이 보고 들었으며, 그걸 기록하려면 따로 책을 한 권 써야 할 것이다. 기아에 허덕이는 우크라이나와 그루지야를 몇 차례 여행하기도 했는데, 그곳에서는 배급이 이루어졌고, 나는 가슴이 미어졌다. 그 기근 때 나는 크림 반도에 머물렀다. 두 개의 수도, 모스크바와 레닌그라드에서는 물자가 엄청 부족한 가운데 고통을 견디며 불안에 떨지 않을 수 없었다. 전면적 집산화, 곧 근시안적 정책의 희생자는 그 수가 몇이나 될까? 총체적 무능과 전체주의적 폭력의 희생자는 그 수가 몇이나 될까?

러시아인 학자 프로코포비치Prokopovich가 소련의 공식 통계를 바탕으로 다음과 같은 계산 결과를 내놓았다. 통계 전문가들이 투옥되거나 총살당하던 시절이었음을 기억해야 한다. 농민 가구의 수는 1929년까지 계속 증가했다.

　　1928년: 2,450만 가구
　　1929년: 2,580만 가구

　집산화가 완료된 1936년에 소련의 농민 가구 수는 2,060만 가구에 불과했다. 7년 사이에 500만 개 이상의 가정이 사라져버린 것이다.

　운송 체계가 낙후되었다. 새로운 요구에 대응한다는 미명하에 공업화 계획 전반이 뒤집혔다. 보리스 수바린의 표현을 빌리면, "계획의 무정부 상태"였다. 농업 기술자와 전문가들이 용기를 내, 어리석은 실수와 월권 및 방종을 비판했다. 수천 명이 체포돼, 대규모 사보타주 재판을 받았다. 누군가에게 책임을 떠넘겨야 했던 것이다. 루블화가 퇴장했다. 은화 축장자들이 총살당했다(1930년). 석탄 산업에 위기가 발생하자, 샤흐티에서 사보타주 재판이 벌어졌고, 기술자 53명이 법정에 선 후 처형되었다. 육류 부족 사태가 발생하자(당연했다), 카라티긴Karatygin 교수와 공동 피고 47명이 육류 공급을 방해했다는 죄목으로 처형되었다. 그들은 재판도 받지 못했다. 그 48명이 비참하게 도륙당하던 날 모스크바는 라빈드라나트 타고르Rabindranath Tagore를 영접했다. 풍요로운 삶과 새롭게 부상한 인도주의에 관한 말들이 오갔고, 훌륭하고 멋진 공식 환영 행사가 열렸다. 1930년 11월 '산업당Industrial Party' 재판이 열렸다. 람진Ramzin은 공학자이자 간첩이었는데, 소련을 와해하려는 런던, 파리, 바르샤바의 군사 개입을 산업당 리더 자격으로 모의했다고 자백하고 사면을 받았다. 광기가 횡행한 그 사건으로 다섯 명이 총살 당했다.

같은 시기에 '농민당Peasant Party'이 쥐도 새도 모르게 일소되었 다. 일원이던 마카로프Makarov 교수와 콘드라티에프Kondratiev 교수 는 전면적 집산화에 반대했다. 계획위원회Planning Commission의 고참 사회주의자들(멘셰비키 성향)이 광기 어린 재판을 받았다. 그로만[1], 긴 즈버그Ginsberg, 역사가 수하노프Sukhanov, 루빈Rubin, 셰르Sher가 그 들이다. 재정인민위원회의 관료들인 유로프스키Yurovsky와 기타 인 사들도 비밀 재판을 받았다. 세균학자들도 비밀리에 재판을 받았 다. 그 가운데 일부는 옥사했다. 농업인민위원회의 주도적 인사 35 명이 처형되었다. 유명한 고참 공산당원 여러 명도 거기 포함돼 있 었다(코나르Konar, 볼페Wolfe, 부인민위원, 코바르스키Kovarsky). 물리학자들이 비밀 재판을 받았고, 아카데미 회원 라자레프Lazarev가 강제 추방당 했다. 역사가들인 타를레Tarle, 플라토노프Platonov, 카레예프Kareyev 도 비밀 재판에 회부되었다. ⋯⋯

이 회고록에서 그 사태와 끔찍한 분위기를 남김없이 설명하기 는 불가능하다. 나는 여러 분야의 갖은 지식인을 알았고, 기소돼 사라진 다수와도 친했다. 여기서는 몇 가지 사실만 소개한다.

1) 사보타주 재판은 수천, 아니 수만 명이 받았다. 기술자들에 대한 중상과 비방이 엄청났다. 경제 상황이 더 이상 감내할 수 없 는 수준에 이르자 희생자를 찾아야 했다. 갖은 사건을 자세히 들여 다보면 그 사실이 명백히 드러난다. 기술자들한테서 자백을 받아 낸 과정도 보면, 그들이 시종일관 애국적이었다는 사실도 분명하 다. 산업화의 전 과정이 그런 무지막지한 혼란 속에서 이루어졌다. 완고하고 경직된 권위주의 체제가 버티고 있었음은 물론이다. 언 제 어디에서도 '사보타주'를 조작해낼 수 있었다. 예는 얼마든지

있다. 고인이 된 동서同壻 카인Khayn은 벨기에의 리에주에서 공부한 건축 기사로, 레닌그라드에서 그리 멀지 않은 곳에서 대단위 소포즈를 세우고 있었다. 그가 내게 해준 말을 적어놓는다. "솔직히 말하면, 이건 애초부터 안 되는 거예요. 건축 자재가 없습니다. 지연 사태가 불가피하죠. 통탄스러울 만큼, 형편없어요. 그렇게 말이 안 되지만 작업을 거부하면 반혁명 분자로 지목돼 수용소로 보내버리겠죠. 할 수 있는 한 최선을 다하는 이유예요. 계획 자체가 몽땅 사이비이기 때문에 확보할 수 있는 자원이 대체로 불량합니다. 언제라도 사보타주 혐의로 기소될 수 있어요. 거기다가 예정을 못 맞추면, 또 사보타주 혐의자가 되겠죠. 감독관들에게 자세한 보고서를 제출했더니, 돌아온 답이라는 게 내가 불필요한 요식 행위를 통해 변명이나 일삼고 있다는 것이었습니다. 우리가 간단없는 투쟁의 시대에 살고 있다나요. 온갖 장애물을 극복하는 것이 우리의 임무랍니다!" 동서의 증언이 전형적인 사례이다. 내가 경험한 바에 의하면 기술자들이 사보타주를 즐기지도 않았다. 그들은 자신들의 전문 기술에 자부심을 가졌고, 임무를 완수하는 것에도 무척 신경을 썼다. 상황이 이렇게 지옥 같았음에도 소련의 기술 전문가들은 맡은 임무를 완수하겠다는 열정이 투철했고, 모든 것을 고려해볼 때 정말이지 경이로운 업적을 달성했다.

2) '산업당'도 선도적 농학자들로 구성되었다고 하는 '농민당'과 꼭 마찬가지로 경찰의 발명품에 지나지 않았다. 그 경찰 공작을 정치국이 승인했음은 물론이다. 이 사건에서 진실이라고는 '기술 관료들의 예상'이 만연해 있었다는 것뿐이었다. 공학자 친구들이 자신감에 차서 미래를 예상하는 소리가 자주 들려왔다. 요컨대 그들은 새롭게 산업화되는 소련에서 진정한 권력은 기술자들이 쥐게 될 것이 틀림없다고 주장했다. 새로운 경제 시스템을 전진시키

고, 그 전진을 최고로 담보할 수 있는 존재가 자신들이라는 믿음과 예상이었던 것이다. 기술자들은 스스로를 필수불가결한 존재로, 정부 인사들보다 당연히 우월한 존재로 보았다.

3) 그들 다수는 정부의 특정 정책 결정이 재앙을 낳을 거라고 예견해서, 처벌을 받았다. 역전의 사회주의자 그로만은 계획위원회에서 밀류틴Miliutin과 심하게 다툰 후 체포되었다. 인내심이 한계에 달한 그로만은 소련이 구렁텅이로 떨어지고 있다고 외쳤다.

4) 분명 외국 간첩들이 활동 중이었음에도 기술자들이 런던과 파리와 바르샤바의 정부들 및 사회주의 인터내녀설과 합세해 반역을 모의하고 있다고 몰아붙인 건 순전히 음모적 정신 상태와 정치적 기만을 위해서였다. 소위 '멘셰비키 본부' 재판에서 피고들은 당연히 자백을 했고, 새빨간 거짓말까지 용인했다. 가장 노골적인 거짓말은 멘셰비키 지도자 아브라모비치Abramovich가 소련을 여행했다는 것이었는바, 그것도 다 필요와 명령에 따른 것이었다. 역사가 수하노프는 후에 베르흐네-우랄스크의 격리소에 투옥되었고, 정치수들에게 다음의 문서를 회람시켰다. 게페우 요원들이 그와 동료 피고를 대신해 자백 내용을 어떻게 작성했는지, 그들의 애국심에 호소하면서 동시에 살해를 위협한 경위, 심문관들이 자기들에게 어떤 종류의 약속을 했는지를 문서는 폭로했다. (수하노프는 오랜 단식 투쟁 끝에 약속받은 자유를 쟁취했다. 하지만 1934년에 실종된다.) 나는 '멘셰비키 본부' 재판 때 매일 피고와 연관된 사람들을 만났고, 그들의 증언을 바탕으로 거짓말이 어떻게 이루어졌는지를 낱낱이 파악할 수 있었다.

5) 진실을 가장 잘 아는 것은 정치국이었다. 재판의 목적은 오직 하나였다. 국내와 해외의 여론을 조작하는 것. 정치국이 나서서 형량을 정했다. 게페우는 교정 노동 부서를 조직했고, 기결수로 전

락한 기술자들은 계속해서 공업화 작업에 투입되었다. 일부 기술자는 즉시 복권되었다. 유명한 에너지 전문가와 저녁식사를 할 기회가 있었다. 그는 20개월 동안 사형 선고를 받았고, 사면되었으며, 수용소로 보내졌다가, 복권 후 훈장을 받았다. 물리학자 라자레프도 비슷하게 복권되었다. 아카데미 회원이던 타를레는 소련의 유일한 비맑스주의 역사가로 명성이 드높았다. 그는 오랜 세월 투옥되었고, 알마아타로 유배되었다. 오늘날(1942년) 그는 소련 최고의 관제 역사가로 활약 중이다. 공학자 람진은 푸앵카레Poincaré 및 윈스턴 처칠Winston Churchill과 한패이자 종범(사실이라면)으로, '대소련 전쟁을 준비'하다가 최고 형벌에 처해졌으나 사면되었고, 계속해서 느슨한 감금 상태로 과학 연구를 수행했으며, 1936년 초에 복권되었다. 그와 함께 기소되었던 공동 피고들도 혁혁한 공업화 성과로 같이 복권되었다.

그러나 소위 '멘셰비키 본부'의 고참 사회주의자들은 사라지는 운명에 처했다.

6) 그런 재판의 그림자가 여러 해 드리웠다. 피고의 친구들과 가족이 얼마나 놀라고 절망하며, 궁금했겠는가? "도대체 그가 왜 그런 거짓말을 하는 거죠?" 그들은 자세히 검토하면 결국 허위로 들통 날 기소장을 낱낱이 토론했다. 소극笑劇과도 같은 그 재판을, 조금이라도 아는 사람은 전혀 믿지 않았다. 재판의 목적은 누가 봐도 뻔했다. 자백을 거부해, 재판도 못 받고 감옥에서 썩은 기술자들의 수가 순응주의자들보다 훨씬 많았다. 게페우는 반항자들을 끝장내는 법을 알고 있었다. 많은 사람이 20~30시간 동안 '중단 없이 계속된 심문'을 견뎠다. 그 정도 시간이면 신경이 완전히 고갈된다. 당장에 죽여버리겠다는 위협과 함께 심문을 받은 사람도 있었다. 기억나는 대로 몇 사람을 소개한다. 공학자 크레니코프

Krenikov는 '취조 중에' 죽었다. 번영하던 금, 백금 산업 분야에서 사보타주를 조직했다며 기소된 기술 전문가 팔친스키Paltchinski는 뺨을 때렸다고 치안판사의 권총에 횡사했다. 하지만 폰 메크von Mekk와 함께 총살되었다고 보도되었다. 고참 철도 행정가 폰 메크는 그 정직성이 인정돼, 인민위원협의회 의장 리코프가 석방을 약속하기까지 한 상황이었다.

나는 맑스-엥겔스 연구소에 근무하는 사람들과도 친했다. 다비드 보리소비치 리아자노프David Borisovich Riazanov의 지휘 아래 연구소는 주목할 만한 기관으로 거듭났다. 러시아 노동계급 운동의 창건자 가운데 한 명인 리아자노프는 당시 60세로, 경력의 절정에 이르렀는데, 그토록 잔혹했던 시절에 그가 거둔 성공과 출세는 꽤나 예외적으로 비치기까지 한다. 그는 오랜 세월 맑스의 생애와 저

○　맑스-엥겔스 연구의 권위자 다비드 리아자노프.

작을 꼼꼼하고 철저하게 연구 조사했다. 혁명이 일어났고, 그는 명예로워졌으며, 그의 독립적 전망은 당에서 존경을 받았다. 리아자노프는 혼자였음에도 계속해서 사형 반대를 외쳤다. 공안통치 시절에도 그랬다. 그는 체카와 그 후계 조직 게페우의 권한을 엄격하게 제한해야 한다고 간단없이 요구했다. 멘셰비키 사회주의자든, 좌우파 야당 세력이든 갖은 이단자들이 그의 연구소에서 안식과 일거리를 찾을 수 있었다. 지식과 지혜에 대한 사랑만 있으면 됐다. 리아자노프는 한 회의 참석자들에게 면전에서 여전히 이렇게 말할 수 있는 사람이었다. "나는 레닌이 20년 동안 멍청한 바보들이라고 얘기한, 그런 고참 볼셰비키가 아닙니다. ……"

나는 리아자노프를 여러 번 만났다. 통통한 체구, 또렷한 이목구비, 무성하고 하얀 턱수염과 콧수염, 배려하는 눈매, 위엄 있는 이마, 논쟁적인 기질, 얄궂은 발언…… 당연히 그의 이단적인 동료들은 빈번히 체포되었다. 그가 갖은 재량을 동원해 그들을 보호했음은 두말할 나위도 없고 말이다. 그는 온갖 사람을 만났고, 지도자들은 그의 솔직한 대화 방식을 저어했다. 리아자노프의 60세 생일과 평생의 연구 활동을 기념하고 축하하는 것을 지켜보노라면 그의 명성은 공식적으로 인정받고 있었다. 그즈음 멘셰비키 동조자 셰르가 체포되었고, 리아자노프는 불같이 화를 냈다. 전전긍긍하는 지식인 셰르는 받아쓰라는 내용을 전부 자백해줬다. 터무니없게 조작된 자백을 바탕으로 노장 사회주의자들에 대한 재판이 준비되고 있었다. 리아자노프는 제정신이 아니었고, 정치국 성원을 차례로 방문해 이렇게 말했다. 정권 망신이에요. 이 모든 광란은 조작된 것으로, 아무 효력도 없습니다. 셰르는 정신이 온전하지도 않아요.

아무튼 '멘셰비키 본부' 재판이 진행되었다. 리아자노프의 후배 루빈이 별안간 그의 이름을 언급했다. 사회주의 인터내셔널의 대소련 전쟁 관련 문서를 리아자노프가 연구소에 숨겼다고 고발한 것이다! 방청객이 들은 내용은 전부 사전에 공모한 것이었다. 그토록 선정적인 폭로는 명령에 따라 이루어졌다. 리아자노프는 그날 밤 정치국으로 소환되었고, 스탈린과 대판 싸웠다. 서기장이 외쳤다. "문서를 내놓으시오." 리아자노프의 대꾸도 격렬했다. "당신이 몰래 갖다놓지 않았다면 어디서도 못 찾을 거요!" 리아자노프는 체포, 투옥되었고, 볼가 강변의 어떤 도시로 추방되었다. 그는 극빈하게 생활하다, 결국 쓰러지고 만다. 사서들은 리아자노프의 맑스 관련 저술과 편집물을 빼버리도록 명령받았다. 사회주의 인터내셔널의 정책과, 지도자들인 프리츠 아들러, 반더벨드, 아브라모비치, 오토 바우어, 브라케Bracke를 아는 사람들은 기소 내용이 조작되었고, 가당치 않아 믿을 수 없음을 누구보다 잘 알았다. 만약 재판에서 그걸 사실로 인정했다면 리아자노프는 반역자로 사형을 당해 마땅했다. 하지만 그들은 그를 멀리 쫓아버렸을 뿐이다. 이 책을 쓰는 현재 그가 억류 상태에서 홀로 지내다가 2~3년 전쯤 죽었다(1940년?)는 소식을 전해 들었다. 장소를 아는 사람은 아무도 없다.

'멘셰비키 본부' 재판은 과연 100퍼센트 날조였을까? 니콜라이 니콜라예비치 수하노프는 1917년 태동부터 페트로그라드 소비에트 성원이었고, 공산당으로 넘어온 멘셰비크였다. 그는 혁명 초창기를 10권의 귀중한 노트로 기록했고, 이후에는 공동 피고 그로만, 긴즈버그, 루빈과 함께 계획위원회에서 일했다. 그는 일종의 살롱을 운영했는데, 거기서 절친한 친구들끼리 나누던 대화는 상당히 자유로웠다. 1930년 당시 러시아 상황을 그들은 완전한 재앙이라고 판단했다. 그 서클은 위기에서 벗어날 수 있는 방안을 이리저리 구상했다. 새로운 소비에트 정부가 필요하다는 인식이었던 것이다. 공산당 우파의 최고 브레인들(리코프, 톰스키, 그리고 아마도 부하린)과 러시아 혁명운동의 투사 약간 명, 전설적인 군 지휘관 블뤼허가 참여해야 할 터였다. 1930년부터 1934년까지 약 3년에 걸쳐 전체주의 체제가 새롭게 부상해 철권을 휘둘렀다는 사실을 강조해야겠다. 합리적 예상과 기대가 전부 배격되었고, 정말이지 한시라도 붕괴가 임박한 듯했던 것도 잊지 말아야 한다.

정치국은 1928~29년부터 축출된 반대파의 위대한 기본 발상들을 자기 것처럼 활용했다(물론, 노동계급 민주주의는 빠졌다!). 허나 그 실행에서 무자비한 폭력이 동원되었다. 우리는 부유한 농민에게 과세할 것을 제안했다. 하지만 그들은 일소되었다! 우리는 네프를 제한하고, 개혁해야 한다고 주장했다. 그들은 네프를 폐지해버렸다! 우리는 공업화를 주장했다. 이루어지기는 했다. 우리도 처음 주장을 제기했을 때 별명이 '슈퍼공업화론자'였다. 그런 우리조차 감히 생각해보지 못한 엄청난 규모로 그들은 공업화를 강행했다. 그 과정에서 국민은 이루 말할 수 없는 고통을 겪었다. 세계 경제 위기가 절정으로 치달았던 때 금 보유고를 늘리기 위해 식량이 최저가에 수출되었다. 러시아 전역이 굶주렸다.

그 연간의 초두에 대다수의 반대파가 당의 '전반적 노선'으로 복귀했고, 예전의 과오를 자아 비판했다. 그들은 이렇게 말했다. "결국 우리의 입장이 적용되고 있다." 공화국이 위험하기도 했다. 마지막으로, 감금당하거나 억류된 채 무위를 강요당하면서 고귀한 원칙들을 방어하기보다는, 그냥 굴복하고 공장을 짓는 것이 낫기도 했다. 퍄타코프는 여러 해 동안 비관적이었다. 그는 유럽과 러시아의 노동계급이 장기 침체를 겪고 있고, 상당 기간 어떤 것도 기대할 수 없다고 예상했다. 그가 반대파 편에 서서 싸운 것은 다만 원칙에 대한 감각과 트로츠키와의 개인적 친분 때문이었다. 그는 굴복했고, 금융 및 산업화 관련 임무에 배치됐다. 이반 니키티치 스미르노프는 내 친구 한 명에게 이렇게 말했다. "무기력하게 아무 것도 못하는 상황을 참을 수가 없군요. 나는 건설에 참여하고 싶습 니다! 중앙위원회는 야만적이고, 때로는 어리석지만 미래를 건설 하고 있습니다. 새롭게 산업을 구축하는 위대한 과업 앞에서 우리 의 이데올로기 차이는 별로 중요하지 않습니다." 그는 항복했고, 그건 스밀가도 마찬가지였다. 1928~29년 중앙위원회에 투항하는 움직임이 일었고, 체포된 반대파 가운데 상당 부분인 5,000명이 떨 어져 나갔다(체포된 수는 5~8,000명이다).

처음에는 감옥행과 추방이 기본적으로 우애적이었다. 유명한 투사들이 당도했고, 지역 당국은 그들이 언제 다시 권좌에 복귀할 지 모른다고 생각했다. 현재는 정치범이지만 어제까지만 하더라 도 권력자였으니 말이다. 라덱은 톰스크의 게페우 책임자들을 위 협했다. "내가 굴복할 때까지 그냥 기다리시오. 그러면 당신들이 어떤 종류의 사람을 다루게 될지 알게 될 테니!" 당 내 좌파, 곧 우 리가 쫓겨나고 6개월이 지나자, 정치국과 중앙위원회가 사나운 다 툼과 함께 분열했다. 우익 반대파인 리코프, 톰스키Tomsky, 부하린 이 스탈린에 반대했다. 그들은 스탈린의 강제 집산화 정책, 정상보 다 빠르게 추진한 공업화의 위험(물자가 전혀 없는 가운데 기근을 대가로 치 르고 이루어진), 전체주의적 방법을 물고 늘어졌다. 게페우 수장 헨리 그리고리에비치 야고다Henry Grigorievich Yagoda도 우파에 동조했다. 칼리닌과 보로쉴로프는 신조가 우파적이었지만 이해하기 힘든 동 기 속에서 스탈린과 몰로토프에게 붙어 다수파를 형성했다.

우익 야당 세력은 조직이라기보다는 정신 상태에 가까웠다. 우 파는 특정 단계에서 관료의 압도 대다수를 차지했고, 전 국민의 동의를 얻기도 했다. 하지만 이데올로그들이 온건 성향 인사였고, 그들이 몇몇 경우에 단호함을 보여주지 못했으며, 결국 계속해서 술책에 말려들어 허를 찔렸고, 중상과 비방을 당하다가, 최종적으로 완패했다. 트로츠키는 1928년 말에 유배지 알마아타에서 다음과 같은 취지의 편지를 써 보냈다. 우파는 자본주의로 경도될 위험을 대변하는 세력입니다. 따라서 우리는 스탈린의 '중도파'를 지지해야 합니다. 스탈린은 수감 중인 좌익 반대파 지도자들의 의사를 타진했다. "복권시켜주면 우파에 맞서 나를 지지해주겠습니까?" 우리는 그 문제를 토의했지만 반신반의했다. 수즈달의 격리소에 갇힌 보리스 미하일로비치 엘친은 전제 조건으로 축출된 반대파 성원들이 회합을 갖게 해줄 것이며, 트로츠키의 수도 귀환을 요구했다. 협상은 더 이상 진척되지 못했다.

반대파 중핵은 1929년 즈음 다음으로 쪼그라들었다. 트로츠키, 타라 삼림의 이르티시 강변에 유배 중이던 무랄로프, 중앙시베리아 바르나울의 보잘것없는 계획 관리로 좌천된 라코프스키, 중앙시베리아의 어떤 시장 도시로 추방된 표도르 딩겔슈테트, 중앙아시아의 마리아 미하일로브나 요페Maria Mikhailovna Joffe, 감옥에 수감 중이던 일단의 청년(예컨대, 엘레아자르 솔른체프Eleazar Solntsev, 바실리 판크라토프Vassily Pankratov, 고리고리 야코빈Grigory Yakovin). 모스크바에서는 아직 안드레스 닌이 자유로웠고, 레닌그라드에는 알렉산드라 브론슈타인과 내가 있었다. 레온 소스노프스키Leon Sosnovsky는 투옥 중이었다. 감옥에서는 2~300명의 동지가 단식 투쟁을 벌였다. 예상할 수 있듯이, 그런 투쟁은 유혈낭자해지기 일쑤였다. 유배지에서는 또 다른 수백 명이 감옥행을 기다렸다. 우리의 지적 활동은 엄청났다. 하지만 우리는 정치 활동을 전혀 하지 못했다. 좌익 반대파는 다 합해서 1,000명 미만이었다. '항복하고 투항한 사람들'과 우리는 교류가 전혀 없었다. 날카로운 적대 행위가 서서히 늘어났다.

비타협적 투사 두 명도 보태놓자. 티모페이 블라디미로비치 사프로노프는 와병으로 인해 크림 반도로 유배되었다. 블라디미르 미하일로비치 스미르노프는 격리소로 보내졌고, 그는 거기서 서서히 장님이 되어갔다.

우리는 가까스로 연락을 유지했다. 파나이트 이스트라티²가 묵고 있던 모스크바의 호텔 방에서 어느 날 저녁 호리호리한 노부인을 한 명 만났다. 나는 루마니아의 유명한 투사 아르보리-랄레 Arbory-Rallé와 트로츠키 얘기를 나누었다. 그가 알마아타에서 퇴거 당한 후 사라져버렸고, 우리는 걱정이 이만저만 아니었다. 아르보리-랄레는 트로츠키가 야심이 끝없고, 아마도 중앙위원회에서 여권을 받아 해외로 나갔을 것이라고 말했다. …… 나는 기분이 상했고, 대놓고 이렇게 물었다. "거짓이라는 걸 뻔히 알면서 어떻게 그런 얘기를 하고 다닐 수 있습니까?" 노부인은 악의적인 시선을 던지며 이렇게 대꾸했다. "당신은 이제 공산당원도 아니잖아요!" 그녀가 자리를 뜨자, 파나이트 이스트라티가 울분을 터뜨렸다. "사람들이 이렇게나 타락할 수 있다니…… 믿을 수가 없군요. 혁명이 일어난 나라에서 어떻게 이런 일이 일어날 수 있죠?" 체포의 물결이 모스크바의 노동계급 지구를 휩쓸었다. '트로츠키주의자' 150명이 투옥되었다는 소문이 돌았다. 파나이트 이스트라티와 나는 소비에트 중앙집행위원회 의장 미하일 이바노비치 칼리닌을 찾아갔다. 범죄적 행태가 나의 친지를 겨냥했고, 우리는 그를 만나고자 했다. 칼리닌의 집무실은 조그마했지만 조명이 밝았다. 가구는 수수했고, 위치는 크렘린 근처로 입주 건물 역시 소박했다. 그는 피부가 자글자글했지만, 두 눈은 활기가 넘쳤고, 염소수염은 쭉 뻗은 형태로 단장을 잘하고 있었다. 요컨대, 그는 교활한 농촌 출신 지식인이었다. 우리는 꽤나 자유롭게 대화했다. 그에게 반대파를 대거 체포한 이유를 물었다. 그것은 헌법에 반하는 조치였다. 칼리닌은 우리를 조용히 응시했다. 그가 동정적인 태도를 가장하고는 이렇게 말했다. "사실이 아닙니다. …… 소문이 난무하고 있어요! 우리는 반소련 음모 행위 가담자들을 체포했을 뿐이오. 규모도 수십 명에 불과해요. ……" 우리가 국가의 수장을 거짓말쟁이라고 몰아세워야 했을까? 그는 우리에게 다른 할 말이 있었을까? 파나이트는 밖으로 나와 이렇게 말했다. "젠장, 얼굴은 좋네. 교활한 늙은이 같으니라고……"

그즈음 모스크바의 한 감옥에서 게오르기 발렌티노비치 부토프Georgi Valentinovich Butov가 오랜 단식 투쟁 끝에 사망했다. 전하는 바에 따르면 54일을 했다고도 하고, 30일을 굶었다고도 했다. 그는 트로츠키의 비서 가운데 한 명이었다. 부토프에게서 자백을 받아내, 선배를 옭아매려는 공작이 이루어졌다. 청하노니, 부디 이 사건은 그냥 지나가자. 개인들의 불행을 슬퍼하지도 말자. 다만 정치에 집중하자. 1929년 10월과 11월에 나는 또 다른 비극을 밝혀내고자 했다. 이번에는 레닌그라드였다. 하지만 성과는 없었다. 알베르트 하인리히존Albert Heinrichsohn이 10월 21일 체포되었다. 레드 트라이앵글 공장의 평범한 노동자인 그는 1905년의 투사이자, 내전 때 공산당에 가입하기도 했다. 열흘 후 아내가 구치소로 불려갔다. 그녀가 인계받은 건 훼손된 시체였다. 입이 찢어져 있었다. 소장이 미망인에게 한다는 소리는, 죄수가 자살을 했다는 것이었다. 그는 100루블 지폐를 한 장 쥐어줬다. …… 당 위원회는 조사를 약속했지만 정보를 은폐했다. 우리가 나서서 따로 조사를 시도했다. 나는 상트페테르부르크 구시가의 한 공동 주택을 찾았다. 6층짜리 아파트가 여럿이었는데, 사람들이 바글바글했다. 아이는 아빠가 어떻게 잡혀갔는지 자세히 얘기해줬다. 아빠가 '친구들'을 만나러 간 방들도 자세히 설명해줬다. 그 '동무들'이 아빠의 활동과 발언을 자세히 조사했어요. 게페우였을까? 아니면, 그저 피해망상인가? 우리는 더 이상 알아내지 못했다.

몇 달 후에는 수수께끼 같은 블룸킨 사건이 발생했다. 야코프 그리고리에비치 블룸킨Yakov Grigorievich Blumkin은 1919년부터 알고 지냈는데, 꽤나 좋아한 친구다. 장신의 그는 뼈가 앙상했고, 얼굴은 강단이 있었으며, 검은 턱수염이 무성했고, 짙은 두 눈은 단호했다. 블룸킨은 당시에 메트로폴 호텔의 치체린 옆방에서 생활했다. 땡땡 언 방이었다. 병에서 회복한 그는 동방에서 비밀 임무를 수행할 준비를 했다. 한 해 전 외무부 관리들이 이미 총살했다고 독일 사람들을 설득했을 때조차, 그는 중앙위원회의 임무를 띠고 우크라이나에서 아주 위험한 작전을 지휘하고 있었다.

블룸킨은 1918년 6월 6일 — 당시 열아홉 살이었다 — 사회혁명당 좌파의 명령을 받고 모스크바 주재 독일 대사 미르바흐 백작을 살해했다. 체카가 블룸킨과, 그의 동지 안드레예프Andreyev를 독일 장교가 연루된 어떤 사건을 조사하라면서 파견했다. 대사가 두 사람을 작은 응접실에서 맞이했다. "그자와 이야기를 했지. 두 눈을 보면서 속으로 생각했어. 이놈을 죽여야 한다. …… 서류 가방에는 문서 말고도 연발 권총이 있었어. '잠깐만요. 관련 서류를 드리죠.' 바로 대고 쏴버렸지. 미르바흐 놈이 부상을 입은 채로 큼직한 응접실을 가로질러 달아나더군. 비서는 안락의자 뒤로 숨어버리고. 놈이 쓰러진 거실로 쫓아갔지. 그러고는 대리석 바닥에 갖고 간 수류탄을 던져버렸어. ……"

사회혁명당 좌파가 그날 볼셰비키와 브레스트-리토프스크 강화 조약에 반대해 봉기했다. 반란자들은 혁명 전쟁을 재개하고자

○ 야코프 블룸킨. 그는 누구도
배반하지 않았다.

했다. 연합국과 편을 먹고 싸우고자 했던 것이다. 그들은 패배했
고, 블룸킨은 내게 이렇게 말했다. "독일은 와해 상태였고, 러시아
를 상대로 전쟁을 계속할 수 없었어. 우리는 그 사실을 알았고, 놈
들에게 모욕을 안겨주고자 했던 거야. 우리의 행동이 독일 내에서
효과를 발휘하는 사태를 기대하기도 했고." 그는 이런 말도 했다.
"우리는 독일 혁명가들과도 협의를 진행했지. 자기들이 카이저의
목숨을 노리는 시도를 조직하는 걸, 우리더러 도와달라더군. 암살
기도는 실현되지 못했어. 핵심 당사자가 독일인이어야 한다고 우
리가 주장했거든. 나서는 사람이 아무도 없었나봐."

얼마 후, 그러니까 본스코이Bonskoy가 우크라이나에서 아이히
호른Eichhorn 육군 원수를 암살하기 직전에 블룸킨은 볼셰비키에
가담했다. 그가 소속되었던 정당은 불법화되었고, 과거의 동지들
이 그의 몸에 총탄을 박아 넣었다. 그가 입원한 병동에 수류탄이
투척되기도 했다. 블룸킨은 투척된 수류탄을 창문 밖으로 되던졌
다. 그는 1920~21년에 혁명을 촉발하는 임무를 띠고, 페르시아로

파견되었다. 그는 쿠치크 칸Kuchik Khan과 함께 카스피 해 연안의 길란 지방에서 활동했다. 그를 다시 만난 건 모스크바에서였다. 장교 양성 학교 제복을 걸친 그는 과거 그 어느 때보다 침착하고, 정력이 넘쳤다. 수염을 말끔히 깎은 탄탄한 얼굴은 고대의 히브리인 전사처럼 오만해 보였다. 블룸킨은 피르두시Firdousi의 노선을 비난했고,《프라브다》에 포흐Foch 관련 논설을 발표했다. "페르시아 얘기? 러시아인이 수백 명 정도였는데, 다 거지꼴이었지. 하루는 중앙위원회에서 전보를 받았어. 당장 손을 떼시오. 이란 혁명은 물 건너갔소. …… 하지만 우리는 아랑곳하지 않고 테헤란으로 들어갔지." 나는 후에 울란바토르에서 돌아온 그를 다시 만났다. 그는 거기서 몽골인민공화국 군대를 조직하고 돌아오는 길이었다. 적군 첩보부는 인도와 이집트 임무를 블룸킨에게 맡겼다. 그는 아르바트 거리의 작은 아파트에 묵었다. 양탄자와 멋진 안장 하나씩을 제외하고는 썰렁하기 이를 데 없는 방이었다. 몽골 왕자인가 하는 사람한테서 받은 선물이라고 했다. 그가 수집한 훌륭한 포도주병들 위로 기병도도 몇 개 걸려 있었다.

블룸킨은 반대파였다. 자신이 반대파에 공감함을 널리 공표한 적은 한 번도 없었지만 말이다. 게페우 해외 첩보부 수장 트릴리세르Trilisser, 야고다, 멘진스키Menzhinsky는 블룸킨의 견해를 잘 알았다. 그들은 그럼에도 트로츠키를 정탐하라며 그를 콘스탄티노플로 보냈다. 어쩌면 모종의 선배 와해 음모도 꾸미게 했을 것이다. 블룸킨이 트로츠키를 감시하라는 명령을 받아들였을까? 아무튼 그는 콘스탄티노플로 가서 선배를 만났고, 선배의 전언을 우리에게 전해주었다. 사실 별 내용은 없었다. 모스크바에 당도한 그는 별안간 자신이 언제 어디서고 감시를 받고 있음을 깨달았다. 그 감시가 어찌나 철저한지, 블룸킨은 가망이 없다는 걸 알았고 어찌할 줄을 몰랐다. 로젠츠바이크Rosenzweig라는 게페우의 여성 요원이 그를 배신했다고 볼 이유는 많다. 블룸킨이 로젠츠바이크와 친하게 지내며 비밀을 털어놓았던 것이다. 체포가 임박하자, 그는 라덱을 찾아갔다. 첩보기관의 관례와 규정상 그에게 빠져나갈 기회와 운이라는 게 전혀 없었기 때문이다. 라덱은 그에게 당장 중앙통제위원회 의장 오르드조니키제한테 가보라고 조언했다. 오르드조니키제는 냉혹하지만 그래도 양심적이며 철저했고, 블룸킨의 목숨을 구해줄 수 있는 유일한 사람이었다. 라덱이 만남을 주선해줬다. 하지만 너무 늦고 말았다. 블룸킨은 노상에서 체포되었다. 그는 누구도 배반하지 않았다. 게페우 비밀협의회는 그에게 사형을 언도했다. 블룸킨이 회고록을 쓰겠다며 2주간의 형 집행 유예를 요청해, 받아들여졌음을 알게 됐다. 그가 남긴 회고록은 1급의 저술이다. …… 블룸킨은 처형 장소로 끌려가면서 사망 소식이 신문에 실리느냐고 물었다. 그들은 그러마고 약속했다. 물론 그 약속은 지켜지지 않았다. 블룸킨이 처형됐다는 소식은 독일에서나 들을 수 있었다. 레온 세도프Leon Sedov가 후에 내게 블룸킨의 비서 얘기를 해줬다. 부르주아 출신의 열정적인 프랑스계 청년 공산당원이었는데, 오데사에서 총살당했다고 했다. 세도프는 그 젊은이를 따뜻하게 기억했다. 하지만 아쉽게도 그는 기억해야 할 내용이 너무 많았고, 청년의 이름을 떠올리지 못했다.

우리 편은 살아남은 사람이 거의 없었다. 블룸킨이 이승을 하직할 무렵, 우리는 맑스-엥겔스 연구소의 정원에서 여러 자료를 들고 한 여성 동지와 만났다. 우리는 서로에게 물었다. 지노비에프와 카메네프의 편지를 공개해야 합니까? 서기장이 1924년 두 사람에게 '피렌체식 방법으로Florentine technique'(근접 타격 무기로 정적을 암살하는 것 및 기타의 제거 방법 – 옮긴이) 트로츠키를 제거해야 한다고 제안했다는 내용이 이 편지에 담겨 있었다. 그 사실을 해외에 알려 정권의 신임을 떨어뜨려야 하는가? 다른 건 몰라도 서방의 우리 동지들에게 '피렌체식 방법'이 동원될 것임을 알려야 한다는 것이 나의 의견이었다. 그게 이행되었는지 여부는 모르겠다.

표리부동이 당을 지배하기 시작했다. 압제로 자유로운 의견 개진이 억눌린 결과였다. 물론 '굴복한' 동지들도 각자 사상을 간직했고, 만났다. 하지만 정치 활동에 참여하는 것이 전면 금지되었고, 결국 정치국의 의심을 받는 서클에 지나지 않았다. 나는 우연히 스밀가를 만났고, 항복한 반대파의 심리 상태와 사고방식을 알 수 있었다. (1929년이었다.) 그는 트로츠키가 《나의 생애》에서 지적한 소소한 사실들에 감정이 상한 상태였고, 스탈린이 신격화되던 사태에 충격을 받았다. 하지만 그는 이렇게도 말했다. "반대파는 길을 잃고 헤매고 있습니다. 발안發案하는 능력도 없고, 억울하기만 하죠. 문제는 당에서, 당과 함께 일해야 한다는 겁니다. 이 투쟁에서 뭐가 중요한지 한 번 생각해봐요. 1억 6,000만 명의 영혼이 고통받고 있습니다. 사회주의 혁명은 앞서의 부르주아 혁명을 넘어 전진하고 있습니다. 당통Danton, 에베르Hébert, 로베스피에르Robespierre, 바라Barras와 함께 모든 토론은 단두대에서 끝났죠. 나는 미누신스크에서 돌아오는 길입니다. 우리가 당한 하찮은 추방과 좌천이 뭐 그리 중요합니까? 우리 모두가 고개나 푹 숙이고 다녀야겠습니까? …… 우리가 노동계급의 탈진을 막으면서 한물간 농민을 상대로 승리를 거둘 수만 있다면(집산화) 정말 대단할 겁니다. ……"

진실을 말하자면, 그는 자기가 한 말에 회의적이었다. (스밀가는 1932년 투옥되었고, 1937년에 틀림없이 고문을 받다가 죽었을 것이다.) 우리 강경 반대파가 기안한 강령 — 노동자 민주주의로 복귀해 소련을 개혁한

466

다 ─ 은 1937년까지 바뀌지 않고 그대로 고수된다. 강경한 소수만이 비타협적인 태도를 유지하며 이중적인 태도를 멀리할 수 있었다. 하지만 우리는 '정치적으로 송장'에 불과했다.

우파는 당에서 축출에 저항했다. 복권되었지만 행색이 말이 아니었던 지노비에프 경향은 세력을 그대로 유지했다. 우리의 모스크바 '본부'가 행한 마지막 활동은 1928년에 팸플릿 몇 종을 발간한 것이었다. 소책자는 부하린과 카메네프의 은밀한 논의를 폭로했다. 부하린은 여전히 정치국 위원이었고, 당의 공식 이론가였다. 그는 이렇게 말했다. "이런 유형의 적 앞에서 뭘 할 수 있을까요? 중앙위원회에 칭기즈칸처럼 형편없는 놈이 똬리를 틀고 있어요. 농촌이 망하면 우리[당]도 다 죽습니다. 농촌이 살아나도 그가 사태를 주무르면서 우리는 죽겠죠." 부하린은 카메네프에게 이렇게도 말했다. "우리의 대화 내용을 아는 사람이 있어서는 절대 안 됩니다. 전화하지 마세요. 도청되고 있으니까요. 나는 미행을 당하고 있습니다. 그건 당신도 마찬가지고요." 우리 '본부'(엘친)는 그 문서를 출간했고, 당연히 져야 할 책임이 아주 크다. 아무튼 그 순간부터 부하린, 리코프, 톰스키의 우파는 사실상 권력에서 배제됐다.

음모와 책략이 그 결정적 연간에 꼬리에 꼬리를 물고 일어났다. 당에서 국익을 생각하는 사람이면 누구라도 얼굴이 두 개 필요했다. 공식적인 얼굴과 다른 용도의 얼굴, 이렇게 둘 말이다. 예를 들어보겠다. 1930년 말에 러시아소비에트사회주의공화국연방Russian Federated Soviet Socialist Republic, RFSSR 인민위원협의회 의장 세르게이 이바노비치 시르초프Sergei Ivanovich Syrtsov와 지도자 전원이 적대 행위로 피소돼 사라졌다. (시르초프의 후임 다닐 예고로비치 술리모프Danil Yegorovich Sulimov도 후에 똑같은 운명에 처한다.) 로미나제Lominadze, 샤츠킨Shatskin, 얀 스텐Yan Sten('청년스탈린좌파Young Stalinist Left'라고도 불리던)이 시르초프와 함께 투옥되었다. (로미나제는 1935년경에 자살한다. 얀 스텐은 '테러리스트'로 지목돼, 1937년경에 총살당한다.)

1932년 말에는 '류틴 그룹Riutin Group'이 투옥되었다. 모스크바위원회 비서였던 류틴은 우리를 폭행한 흉한들을 조직했고, 부하린 경향의 지식인 몇과도 친했다. 슬레프코프Slepkov, 마레츠Maretsky, 아스트로프Astrov, 아이헨발트Eichenwald가 그런 사람들이다. (전부 '빨갱이 교수들'이었고, 고참 볼셰비크 노동자 카유로프Kayurov도 빼놓아서는 안 되겠다.) 그들이 국가와 당의 개혁 강령을 작성해, 모스크바의 일부 공장에 배포했다. 지노비에프, 카메네프, 그리고 우리 몇에게도 그 내용이 전달됐다. 그들의 강령은 서기장의 정책을 가차 없이 고발했다. 결론적으로, 그들은 새롭게 출발해야 한다고 요구했다. 트로츠키를 포함해 쫓겨난 모든 당원을 복귀시켜야 한다고도 주장했다. 끝에 다음과 같은 말이 나올 정도로 그들은 정권의 상황을 과감하게 그렸다. "우리가 무슨 대단하고 의식적인 견해를 표명하는 게 아니다. ……" 서기장은 그 옛날의 경찰 첩자 아조프에 비유되었다. 류틴은 비밀협의회에 의해 사형을 언도받았고, 잠시 사면되었다. …… 지노비에프는 문서를 읽고도 작성자를 신고하지 않았다는 이유로 또다시 당에서 쫓겨났다(얀 스텐이 배신했다). 야로슬라프스키Yaroslavsky가 심판 내용을 알려주자, 지노비에프는 숨이 막혔는지 목을 움켜쥐고는 이렇게 내뱉었다. "이젠 죽었군!" 그는 거의 실신 상태였다고 한다.

1932년 말 농업 인민위원부 소속의 고참 볼셰비크 두 명이 카프카스에서 귀환했다. 그들은 친한 무리 사이에서 집산화를 비판했고, 결국 발각돼, 체포되어 사라졌다. 이것이 아이스몬트Eismont와 톨마쵸프Tolmachev 사건이다. 1933년부터는 공화국 연방에서 소위 '민족주의적 일탈' 사건이 개시되었다. 우크라이나에서 슘스키

Shumsky와 막시모프Maximov가 투옥되었다. 가장 확고하게 스탈린을 지지하고 신봉했던 스크리프니크가 자살했다. 중앙아시아 정부들에서 대대적인 숙청이 벌어졌다. 시베리아 오지로 추방됐다가 돌아온 한 공학자는 내게 이런 말을 들려줬다. "내가 탄 호송 열차에는 세 종류의 객차가 있었습니다. 이가 들끓고 냉골인 게 하나였는데, 거기서는 죽어간 시체들이 나왔죠. 잡범들과 버려진 아이들이 탔습니다. 두 번째는 그럭저럭 괜찮았어요. 기술자들과 '화폐 축장자'들 몫이었습니다. 케렌스키의 각료였던 자유주의자 니콜라이 비사리오노비치 네크라소프Nikolai Vissarionovich Nekrassov가 그 객차에서 죽었어요. 세 번째는 특권층 객차였는데, 중앙아시아의 인민위원들이 탔습니다. ……"

우리는 트로츠키와 거의 연락을 하지 못했다. 우리끼리의 소통과 교신도 대단히 어려웠다. 라코프스키가 사망한 것으로 여러 달 동안 지레짐작했을 정도였으니(그는 와병 중이었고, 연락이 여의치 않았다). 기억하기로는 베르흐네-우랄스크 감옥에서 반출된 상당량의 편지를 내가 1929년에 트로츠키에게 보낸 것 같다. 가느다란 종잇조각에 깨알 같은 글씨로 쓴 편지였다. 그게 트로츠키가 박해받던 동지들에게 받은 마지막 전언이었다. 트로츠키가 발행한 《반대파 회보Bulletin of the Opposition》는 아주 가끔씩만, 그것도 단편적으로 손에 넣을 수 있었다. 그러던 것이 그 즈음에 완전히 차단되고 말았다. 나는 철두철미한 경찰력에 경악을 금치 못했다. 경찰이 마음만 먹으면 아무리 큰 나라라도 국경을 밀봉하는 게 가능했던 것이다. 우리는 귀국해서 투옥당한 관료들을 통해서만 트로츠키의 생각을 접할 수 있었다. 형무소 마당이 사회주의를 자유롭게 토론할 수 있는 소련의 마지막 무대였던 것이다. 트로츠키는 몇몇 심각한 사안에서 크게 오판했고, 우리는 그 사실에 무척 속이 상했다. 당에 충성해야 한다는 태도가 불행하게도 판단을 그르친 것이다. 블룸킨처형은 게페우의 통상적 범죄였다. 그런데도 트로츠키는 그 조사와 심리를 그저 변호했다. 그는 이후로도 기술자들과 멘셰비키가 사보타주와 '음모'를 획책했다는 이야기를 사실로 받아들였다. 소련의 경찰 기구가 선보인 비인도적 행위, 무자비함, 광기가 어떠했는지를 가늠할 수 없었던 것이다. 우리는 트로츠키에게 실상을 제대로 알려줄 수단이 없었다. 물론 당대의 사회주의 언론이 그 가공할 사기詐欺를 예리하게 비판했지만 말이다.

우리는 트로츠키와 더불어 물불 가리지 않는 산업화를 반대했다. 강제적인 집산화, 계획을 과장하는 것, 관료 전체주의가 국민에게 가하는 희생과 끝없는 긴장 상태에도 반대했다. 우리는 문제의 산업화 전략이 갖은 희생 속에서 거둔 성과도 인정했다. 그것은 사회주의 혁명의 엄청난 도덕적 자본이었다. 사회주의 혁명으로 구축된, 단호하고 지적인 민중의 에너지가 무궁무진하다는 게드러났다. 계획은 비록 어설프고 압제적이기까지 했지만 없는 것과 비교할 때 단연코 우월했다. 우리도 그 사실을 분명하게 인지했다. 하지만 우리는 순진하게 권력을 추종하는 외국인 여행자나 부르주아 기자들과는 달랐다. 산업화의 비용이 폭압으로 인해 백배는 커졌음을 똑똑히 알았던 것이다. 우리는 민주 사회주의 시스템을 달성해야 한다고 여전히 확신했다. 그래야만 비용과 희생을 줄이고, 기근과 공포와 사상 통제를 없앨 수 있었다. 민주주의적 사회주의가 100만 배는 더 좋고, 위대했다.

나는 1928년 석방되고 나서 며칠 후 견딜 수 없는 복통으로 쓰러졌다. 스물네 시간 동안 사경을 헤맸다. 운이 좋아서 살아남기는했다. 마침 의사 친구가 한 명 와줬고, 멘셰비크였던 또 다른 친구가 마리인스키 병원의 내 침상을 지켜줬다. 덕분에 위기를 넘길 수 있었다. 장 폐색이었다. 그 병동의 어둑한 야간 조명이 아직도 떠오른다. 나는 발작적으로 몸을 떨었고, 얼마 후 섬망 상태에서 벗어났다. 내면에 고요가 찾아들면서 매우 명징한 정신 상태를 회복했다.

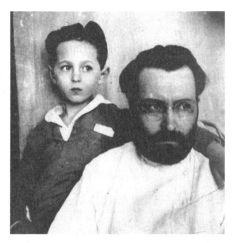

○   세르주와 블라디. 석방 다음날로, 수감 중이라 면도를 하지 못했다.

간호사에게 이렇게 말했다. "죽으려나 봅니다. 담당 의사를 불러주세요." 바로 그때 이런 생각이 들었다. 분골쇄신, 국궁진력鞠躬盡力했지만 무언가 가치 있고 영원한 것은 아무것도 남기지 못했구나. "운이 좋아 살아남으면 시작한 책들을 서둘러 마무리해야겠다. 그래 써야 한다, 쓰자." 나는 뭘 써야 할지 생각했고, 잊을 수 없는 이 시대를 일련의 다큐멘터리로 그리는 소설을 구상했다. 위로 몸을 숙인 러시아인 간호사의 널따란 볼과 귀여운 얼굴이 눈에 들어왔다. 의사는 내게 주사를 놓고 있었다. 나는 완전히 초연한 기분을 느꼈다. 여덟 살 된 아들 녀석이 나를 잊지 않을 만큼은 나이를 먹었음도 생각났다. 의사가 손으로 이상한 동작을 취하는 게 눈에 들어왔다. 나는 힘겹게 일어나 앉았다. 의사는 피둥피둥 살이 오른 큼지막한 이들을 털어내고 있었다. "살 수 있을까요?" 내가 묻자, 그가 이렇게 대꾸했다. "네. 그럴 겁니다." 진심 어린 말투였다. "감사합니다." 그가 다음날 아침 이제는 안전하다고 얘기해줬다. 내가 작가가 되기로 결심한 경위는 이렇다.

나는 러시아혁명에 가담하면서 쓰는 일을 단념했다. 그와 같은 시대에 문학은 부차적인 사안으로 여겨졌다. 적어도 내게는 그랬다. 나는 역사의 명령에 따라 책무를 다했다. 이유가 또 있었다. 뭘 써봐도 나의 문학적 감수성과 논리적 견해가 크게 어긋났다. 해서 도무지 가치 있는 글을 전혀 쓸 수가 없었다. 10년 세월이 흘렀고, 이제는 글을 쓸 수 있을 만큼 충분히 성숙했다는 느낌이 들었다. 우리가 보내던 반동의 시기가 장기화될지도 모른다는 생각을 나는 하고 있었다. 서방 또한 향후 여러 해 동안 안정을 구가할 듯했다. 마지막으로 나는 산업화 과업에 참여할 수 있는 권리를 거부당한 상태였다. 그러려면 견해 표명의 자유를 내놔야 했다. 결국 나는 (타협을 거부하다가 활동 정지를 강요받은 반대파로서) 이 시대를 기록했고, 그 증언이 쓸모 있기를 바랄 뿐이다. 나는 역사를 좋아했고, 혁명 관련 기록과 문서를 많이 모았다. 그렇게 해서 《러시아혁명 첫 해L'An I de la Révolution russe》(한국어판은 《러시아혁명의 진실》이라는 제목으로 출간됨 - 옮긴이) 집필과 《러시아혁명 두 번째 해》 자료를 모으는 일에 착수했다. 《감옥에 간힌 사람들》도 완성했다.

역사서 저술로는 갈증이 채워지지 않았다. 역사서를 쓰려면 자료가 풍부해야 할 뿐만 아니라 한가하고 느긋한 시간도 많아야 한다. 둘 다 내가 결코 누릴 수 없는 것이었다. 거기에 더해, 역사서는 사람들에게 있는 그대로의 삶을 보여주고, 그들의 내면세계를 뒤흔들어 영혼 깊숙한 곳까지 침투할 기회와 여지가 많지 않았다. 내 생각에, 역사는 조명하는 게 어느 정도까지만 가능하다. 반면 문학 창작은 자유롭고, 사심이 없다는 점에서 객관적이다. 물론 시장을 염두에 두는 일이 전혀 없어야 한다는 점을 전제로 깔아야 할 것이다. 나는 문학 행위를 존숭尊崇했고, 그 점은 지금도 마찬가지이다. 당연히 '문학'을 엄청나게 경멸하기도 했다. 재미가 목표인 작가가 많다. 그렇게 해서 돈을 많이 번 부유한 작가들이 재미를 추구하는 글을 잘 쓰기도 할 것이다. 생활비를 벌고, 명성을 얻기 위해 의식적 직업으로서 문학을 하는 사람들도 많다. 그중 전달하고자 하는 메시지가 있는 작가들은 이 과정에서 할 말을 하고, 그들의 기여는 인간적으로 소중한 가치를 지닌다. 물론 그저 출판업계에 몸빵하는 사람들도 있다. 쓰는 일에는 훨씬 더 강력한 정당화가 필요하다는 게 문학 행위를 대하는 나의 생각이다. 과거에도 그랬고, 그런 태도는 지금도 여전하다. 대다수의 사람은 내면적 삶을 표현하지 못한다. 문학 활동은 그들을 대신해, 그들을 위해서 표현하는 것이어야 한다. 문학은 교감의 수단으로 기능해야 하며, 우리를 관류하는 유장한 삶의 흐름을 증언해야 한다. 우리는 후세를 위해 우리 삶의 극히 중요하고도 본질적인 측면과 요소들을 붙들어 고정해두어야만 한다. 그런 점에서 나는 러시아 문학의 전통에 속했다.

나는 내 작품을 절차탁마할 시간이 없을 것임을 잘 알았다. 하지만 퇴고를 하지 못해도 그만한 가치가 있을 것임도 알았다. 전투 현장에서 멀리 떨어진 다른 작가들이라면 문체를 완벽하게 다듬는 데 배전의 노력을 기할 터였다. 하지만 내가 할 수 있는 얘기를 그들은 할 수 없었다. 각자에게는 다 그들 나름의 과제와 임무가 주어지는 법이다. 나는 가족의 생계를 위해 불철주야 투쟁했다. 나를 둘러싼 모든 문이 닫힌 사회였다. 사람들은 길에서 만나도 나와 악수조차 하지 않으려고 했다. 스스로에게 매일 자문했다. 한밤에 사람들이 들이닥쳐 나를 끌고 가지는 않을까 하고 말이다. 무슨 특별한 감정을 갖고 자시고 할 게 없었다. 집세, 아내의 건강, 아들 녀석 교육 문제가 나를 옭아맸으니. 쓴 책에 관해 말하자면, 적절한 방식을 취했던 것 같다. 나는 원고를 전부 분리된 형태로 썼다. 개별 원고는 그렇게 따로따로 완성돼, 급행으로 국외로 보냈다. 해서 정말 필요할 경우 미완성 단편으로 출간하는 것도 가능했다. 생각해보면, 다른 어떤 방식도 불가능했을 것이다.

나는 개인의 삶에는 흥미가 전혀 없었다. 나 자신은 말할 것도 없고 말이다. 하지만 삶은 위대한 총체였고, 그 조각들에는 의식이 투영되었으며, 결국 우리가 존재하는 모든 것이었다. 고전소설 방식은 내게 빈곤한 구식으로 비쳤다. 부자연한 방식으로 세상과 담을 쌓고 지내는 몇몇 개인들에 집중했기 때문이다. 기존의 프랑스 소설은 사랑과 사리사욕의 드라마가 기껏해야 가족 하나 정도에 집중되었고, 나는 어떻게 해서든 그 전범을 피해야겠다고 다짐했다. 나의 첫 번째 소설에는 중심인물이 없다. 주인공은 나나, 이 사람, 또는 저 사람이 아니었으며, 수인들과 감옥이었다. 다음으로 쓴 《우리 권력의 탄생》은 완전히 파괴된 1917~18년의 유럽을 휩쓴 혁명적 이상주의를 그렸다. 다음 작품 《정복당한 도시》는 1919년 당시의 페트로그라드를 엄정하게 기록했다. 나한테 영향을 미친 사람이 있다면 존 더스 패서스John Dos Passos일 것이다. 그렇다고 내가 그의 인상주의 문학에 대단한 매력을 느낀 것은 아니지만 말이다. 내가 미래 소설이 지향해야 할 새로운 길을 선보였다는 확신이 강렬했다. 러시아 작가들 중에는 보리스 필냐크가 나와 비슷한 길을 개척 중이었다.

나는 그렇게 해서 1928년부터 1933년에 걸쳐 역사서 한 권과 소설 세 권을 마무리했다. 네 권 모두 프랑스와 에스파냐에서 출간되었다. 파리에서는 자크 메스닐, 마그들렌 파즈, 탁월한 시인 마르셀 마르티네[3], 조르주 뒤아멜[4], 레옹 베르트[5], 또 평론지《유럽 Europe》의 격려도 받았다. 어느 정도는 그런 칭찬이 필요했다. 거의 전적으로 혼자서 작업했기 때문이다. 나는 먼데 프랑스의 친구들에게 편지를 쓸 때 박해를 받는 중이었고, '몹시 지친' 상태였다. 파리에서는 두 부류가 내 책을 적대했다. 부르주아 비평가들은 그 네 권을 혁명 작품으로 보았고, 침묵으로 외면했다. (게다가 작가는 이역만리 먼 땅의 악마였다. 왜 아니겠는가?) 좌익 비평가들은 소련의 지배를 받거나, 영향력 아래 있거나, 매수된 상황이었다. 그들은 부르주아 비평가들보다 훨씬 철저하게 나를 무시했다. 내 책은 그 모든 악재에도 불구하고 집요하고 완강하게 살아남았다. 하지만 내가 손에 넣을 수 있는 수입은 거의 없었다.

러시아에서 내 상황은 결정적 국면을 맞이했다. 오랜 친구 일리야 요노프가 국영 출판사의 문학 발행 부서 책임자였다. 옥살이 경력이 있는데다 지노비에프 경향의 반대파이기도 했던 그가 내 첫 번째 소설의 인쇄를 중단시켰다. 번역과 교정과 조판이 이미 끝난 상황이었다. 요노프를 만나러 갔다. "내가 들은 얘기가 사실인가?" "그렇다네. 자네라면 매년 걸작을 한 편씩 써낼 수 있지. 하지만 자네가 당 노선으로 복귀하지 않는 한 단 한 줄도 빛을 보지 못할 걸세!"

나는 인사를 하고, 밖으로 나왔다.

그즈음 두 번째 소설이 파리에서 출간되었고, 나는 레오폴드 아베르바흐Leopold Averbach 동지에게 이 문제를 제기했다. 아베르바흐는 프롤레타리아작가협회Association of Proletarian Authors 사무총장이었다. 우리는 오랫동안 알고 지낸 사이였다. 아베르바흐는 관료들의 요구가 뭔지를 파악하는, 비상한 재주를 타고난 젊은 출세주의자였다. 그는 서른 살이 아직 안 됐는데도 고위 관리라도 되는 것마냥 머리가 벗겨졌고, 부르주아 의회 의원처럼 달변가였으며, 진정성을 가장하는 우월한 눈빛으로 회의 참석자들을 쥐고 흔들었다.

"오, 빅토르 르보비치! 알아보겠습니다. 무슨 말씀인지 알아요. 하지만, 당신 책을 거부한다니…… 아닙니다! 그 정도는 아니에요!" 일이 그렇게 전개되는 와중에 레닌그라드작가출판조합Leningrad Writers' Publishing Cooperative이 지역당위원회문화분과Regional Party Committee's Cultural Section와 충돌했다. 작가조합이 나와 계약을 하려 했는데, 당문화분과가 막아섰던 것이다. 내가 아베르바흐와 뒤에 줄선 지식인들을 도발하자, 정치 영역이 나서서 앙갚음을 했음이 분명하다. 나는 파리에서《문학과 혁명Littérature et révolution》이라는 소책자를 출간했고, 거기서 소위 '프롤레타리아 문학'이라는 것의 순응주의를 통렬하게 비판했다.

그 책이 인쇄를 마치기 무섭게 레오폴드 아베르바흐는 소련 신문을 통해 중앙위원회가 프롤레타리아작가협회를 해산했고, 자기는 더 이상 그 무엇의 사무총장도 아님을 알게 됐다! 하지만 그는 보안 기구의 우두머리인 야고다의 조카였고, 탁월한 관료이기까지 했다. 아베르바흐는 과거에 자신이 개진했던 '문화 정책'을 수많은 연설로 비판했다. 사람들은 웃으면서 서로에게 이렇게 말했다. "아베르바흐가 예전의 자기를 비판한 글, 봤어?" 아베르바흐는 중앙위원회로부터 마그니토고르스크의 공산당 조직을 관리하라는 임무를 부여받았다. 그는 거기 가서 사보타주 재판을 개시했다. 관련 기술자들을 직접 기소하는 기염까지 토했다. 절차에 따라 그들은 사형을 언도받았다. 아베르바흐의 이후 행적은 모르겠다. (그는 야고다가 몰락한 1937년 소련 언론에서 반역자, 사보타주 행위자, 테러리스트, 트로츠키주의자로 몰려 총살당했다.) 내 책《문학과 혁명》은 중앙위원회의 결정

사항을 예상했고, 역시나 소련에서 금서로 지정됐다.

그즈음에 당대의 소련 작가들을 상세히 다루었어야 했다. 창작의 자유가 질식당했고, 그들은 소심하면서도 완강하게 저항했다. 물론 창피를 당하고 찌그러진 작가, 자살한 작가들도 있었다. 주목할 만한 인물들의 초상을 대강이라도 그렸어야 했다. 내게는 그럴 만한 여유가 없었다. 그들 작가 가운데 일부는 여전히 생존해 있다. 이 책에서 자세히 언급하면 그들이 위험해질 수도 있다. 하지만 간략하게나마 얘기하려고 한다. 전체주의가 영적 자원이 풍부한 문학을 교살해버렸다. 탁월한 창조력을 재능으로 물려받은 시인과 소설가들이 그 비극에 어떻게 반응했는지 살펴보자.

시인과 소설가는 정치적 존재가 아니다. 그들은 기본적으로 이성적이지 않기 때문이다. 혁명가의 경우 심오한 이상주의에 뿌리를 박고 있기는 하지만, 그들의 정치적 지능은 과학적이고 실용적으로 무장하는 게 필수다. 그들은 엄격하게 정의된 사회적 목표를 추구하는 과업에 자신의 지력을 종속시킨다. 예술가는 다르다. 그들은 잠재의식, 전의식, 직관, 내면의 서정에 존재하는 원재료를 찾아 헤맨다. 당연히 딱 부러지게 얘기하는 게 쉽지 않다. 그들은 자신이 어디로 가는지, 또 뭘 창조하는지 결코 자신하지 못한다. 소설가가 창조한 등장인물들이 진정으로 살아 있다면 그들은 말 그대로 혼자 힘으로 살아 움직인다. 살아 움직이는 등장인물들은 결국 어느 시점에 창조자인 작가를 불시에 덮쳐버린다. 작가는 그가 창조한 등장인물들을 도덕과 윤리, 또 사회적 유용성의 관점에서 분류 정의해달라고 요청받을 때 당황하는 경우도 잦다. 도스토예프스키, 고리키, 발자크는 정치인이라면 증오하면서 쏴 죽였을 범죄자들을 온 애정을 가득 담아 사랑스런 존재로 활기차게 그려냈다. 작가가 사회적 투쟁에 적극 나서면 신념이 확고해지고, 견해도 풍요로워진다. 기량이 늘고, 설득력이 높아지는 것은 당연하다. 작가는 자신을 부상하는 계급과 일치시키고, 이를 바탕으로 귀중한 잠재력을 내포하고 있는 수많은 대중과 소통하고 교감할 수 있게 되는 것이다. 하지만 그렇다고 해도 이런 것들은 내가 전술한 단순한 심리적 진실을 절대로 대체할 수 없다. 위대한 정치가와 위대한 소설가를 한 사람이 동시에 구현할 수 있을까? 요컨대, 한 사람이 티에르Thiers이면서 빅토르 위고Victor Hugo, 레닌이면서 고리키일 수 있을까? 나는 회의적이다. 두 개의 상이한 기질이 결코 양립할 수 없기 때문이다. 아무튼 역사를 보더라도 아직까지는 그런 성공 사례가 없다. 작가들은 온갖 체제에서 지배계급의 정신적 요구에 자신을 맞추고 적응했다. 하지만 그들은 역사적 상황에 따라 다양하게 반응했고, 위대해지거나 범속한 존재로 전락했다. 내면의 정신문화가 저절로 일어나 위대했던 시기에 그들의 적응 양상은 어떻게 나타났을까? 모순이 가득했고, 고뇌가 넘실거렸다. 새롭게 부상한 전체주의 국가는 작가들에게 편협한 이데올로기를 강요했고, 절대적 복종을 요구했다. 그리고 결국 그들 내면의 창조 능력을 말살하는 데 성공했다. 1921년부터 1928년 사이에 소련 문학은 만개했고, 영광스러웠다. 그러던 것이 1928년부터는 쇠락하다가 죽고 말았다. 그들이 계속해서 책을 낸 건 사실이다. 하지만 뭐가 인쇄되었을까?

막스 이스트먼Max Eastman이 소련의 상황을 적절하게 표현했다. "제복을 걸친 작가들." 러시아 작가들을 징발해 제복을 입힌 것처럼 한결같이 만드는 데에는 여러 해가 걸렸다. 창작의 자유가 견해 표명의 자유와 나란히 사라졌다. 당연하다. 둘은 불가분으로 결합돼 있으니. 1928년 아니면 1929년에 레닌그라드 작가들은 검열에 공개적으로 항의하기 직전 단계까지 갔다. 언론의 중상과 위협, 당

478

국의 통제를 그들은 성토했다. 사람들이 나를 찾아왔고, 나도 우리가 행동에 돌입해야 한다고 생각했다. 고리키는 다음과 같은 질문을 받았고, 이렇게 대답했다. "우리가 추방당할 것 같습니까?" "예, 때가 그렇습니다." 그가 이런 농담도 했다고 한다. "옛날에는 러시아에서 작가를 하려면 경찰과 주교만 신경 쓰면 됐죠. 요즘은 공산당 관리가 그 둘의 역할을 다 합니다. 그들이 사람들의 영혼에 추잡한 발톱을 겨누고 있습니다." 아무 일도 일어나지 않았다. 물론 고위 인사들하고 면담은 했다. (그들은 작가들을 안심시켰다.) 옹졸한 비겁함이 발휘된 빤한 시나리오였다. 언론이 자먀틴Zamyatin과 필냐크를 공공의 적이라며 비난을 퍼부었다. 자먀틴은 전체주의를 통렬하게 풍자했고, 필냐크는 〈마호가니Mahogany〉라는, 고통이 난무하는 단편소설을 통해 탁월한 리얼리즘을 선보였다. 나의 작가 친구들은 당국의 모든 요구에 응했고, 그 두 사람을 거부했다. 사적으로 찾아가 두 사람의 사면을 요청한 게 그들이 보인 동정의 전부다. 기술자들을 재판하던 시절이었고, 당이 죄수들의 사형 집행을 지지하는 시위와 사형 제도에 대한 만장일치 찬성을 조직하자 작가들도 다른 모든 이처럼 시위하고 동의를 표했다. 물론 무슨 일이 벌어지는지 알고서 괴로워하던 작가들도 일부 있었다. 콘스탄틴 표딘, 보리스 필냐크, 알렉세이 톨스토이, 브세볼로드 이바노프, 보리스 파스테르나크[6]가 그들이다.

람진 재판 때 레닌그라드작가연맹Leningrad Writers' Union이 중요한 회합에 나를 불렀다. 나는 그 회합에서 처형을 요구하는 사안을 다룬다는 걸 알고, 가지 않았다. 사무국원 한 명이 찾아왔다.

"빅토르 르보비치, 아프셨던 거겠죠?"

"아니요. 나는 현 시기 우리 조국에서 사형 제도가 실행되는 것에 원칙적으로 반대합니다. 연발 권총을 과다하게 오용한다고 보고, 따라서 다시금 사람의 목숨을 귀중히 여기려면 1917년 강령에 따라 사형을 폐지해야 한다고 생각합니다. 제 말을 잊지 말아주시길 부탁합니다."

"물론입니다. 당연하죠. 그건 그렇고 당신도 산업당 재판과 관련해 만장일치로 통과된 우리의 결의안에 주목해주신다면 무척 고맙겠습니다. 하면, 사형 제도에 대한 의구심 속에서도 기꺼이 동의를 해주시겠지요?"

"아니요. 재판은 법원 문제이지 연맹의 일이 아닙니다."

그랬는데도 나한테는 아무 일도 일어나지 않았다. 하지만 나와 같은 입장을 취한 여교사 두 명(나는 그들을 몰랐다)은 이내 노조에서 쫓겨났고, 직업을 잃었으며, 반혁명 분자로 체포돼 추방당했다. 그 모든 것 가운데서도 최악이었던 것은 중앙위원회가 갖은 무리수를 둬가며 유혈 사태를 선동하더니, 그렇게 유죄를 선고받은 사람들의 형 집행을 취소했다는 것이다.

그런 투표가 이루어질 때마다 작가들은 점점 더 길들여졌다. 작가들이 친목 간담회를 하면 판이한 시간대 둘로 나뉘었다. 밤 8시부터 10시까지의 대화는 극히 평범하고, 인습적이었다. 신문 사설들이 우리를 고취하는 시간대였다. 관헌을 찬양하고, 공식적 허례 속에서 열정을 뽐내는. 보드카를 두세 잔 걸치게 되는 10시부터 자정까지는 일종의 히스테리가 피어올랐다. 180도 다른 대화가 이어졌고, 가끔은 울분이 토로되기도 했다. 서로 얼굴을 맞대고 하는 대화였으니 더는 공식적인 찬양 따위가 없었다. 기민하고 비판적인 지성이 불을 뿜었고, 비극을 애도했으며, 산 채로 가죽이 벗겨지고 있던 영혼들은 소비에트 애국주의를 절규했다.

안드레이 소볼Andrei Sobol은 탁월한 소설가이자 뛰어난 혁명가(감옥 경력이 있었다)로, 1926년 세르게이 예세닌과 같은 시기에 자살

○ 1917년의 마야코프스키. 그는 아무도 모르는 이데올로기를 찾아 헤매며 지쳐갔고, 최고의 재능을 낭비했다.

했다. 젊은 작가도 여러 명 자살했다. 빅토르 드미트리에프Victor Dmitriev와 그의 아내가 떠오른다. 1930년 4월 14일에는 블라디미르 마야코프스키가 자신의 심장에 총탄을 박아 넣었다. 나는 그 사건을 이렇게 썼다(파리에서 익명으로 출판되었다). "그는 18개월 동안 작품을 쓰지 못했고, 무기력한 상태에서 자살했다. 정말이지 단 한 작품도 못 썼다! 그 와중에 이 작가, 저 작가를 겨냥한 선동이 폭주했다. 크고 작은 파문과 제명이 횡행했다. 이단을 철회하라는 압력이 비등했음은 물론이다. 우리는 그를 잃을 수밖에 없었다. 명약관화한, 어쩔 수 없는 진실이다. 엄청난 명성, 당국의 인정, 재정적 보상도 그를 잠재울 수는 없었다. 그것은 거짓말의 운명이기도 했다. 그는 거짓말을 하면서 너무나 공허했다. 그는 경이로운 '공산당 지지자'였다. 마야코프스키는 아무도 모르는 이데올로기를 찾아 헤매며 지쳐갔고, 최고의 재능을 낭비했다. 그걸로 생계를 유지하는 시시한 공론가들이 그를 다그쳤다. 마야코프스키는 저질 저널리즘이 애호하는 삼류 시인으로 전락했고, 나날의 고역 속에 개성과 인격이 말살되었다. 그는 자신이 개가 되어간다고 느꼈다. 마야코프스키는 끊임없이 자신의 행위를 변명했다. 권력에 굴복할 수밖에 없었다고 주장한 것이다." 마야코프스키는 레오폴드 아베르바흐가 이끄는 프롤레타리아작가협회에 합류했다. 그의 마지막 시를 보자. "나는 목청껏 외친다! / 현실은 돌처럼 굳어버린 똥 덩어리."

마야코프스키는 전날 밤에 음주를 하면서, 심한 말을 하던 친구들에게 자신을 격렬하게 변호했다. 친구들은 이렇게 말했다고 한다. "너는 이제 끝났어. 네가 뭘 해왔는지 봐. 마구 싸질러놓은 조잡한 글 나부랭이뿐이야." 나는 그와 의미 있는 대화를 딱 한 번 정도 했다. 그는 내가《클라르테》에 기고한 장문의 논설에 단단히 화가 나 있었다. 서방 사람들이 그를 모르던 시절이었다. "내가 제창한 미래주의를 왜 퇴영적이라고 한 겁니까?"

"당신의 과장법과 수선스런 외침 때문입니다. 이미지들을 대담하게 구현하는 방식도 문제예요. 참으로 고루한 과거로 점철되어 있죠. 당신은 이렇게 썼습니다. '인간의 영혼은/ 증기와 전기다.' 정말로 그렇다고, 그걸로 충분히 괜찮다고 생각합니까? 그건 한물간 기이한 변종 유물론입니다. 안 그래요?"

마야코프스키는 대중을 앞에 두고 열변을 토하는 법은 잘 알았지만 논쟁은 아니었다. "나는 유물론자요! 미래주의는 유물론이에요!" 우리는 화기애애한 상태로 헤어졌지만, 그는 곧 주류로 부상했고, 나는 다시는 그를 만나지 못했다. 그와 동배인 청년 세대 친구 대다수가 그를 배척했다.

고리키는 더 이상 어떤 활동도 하지 않았다. 그는 소련으로 돌아왔을 때 이미 엄청나게 변해 있었다. 젊었을 때부터 고리키를 알고 지낸 가까운 친척들은 더 이상 그와 왕래하지 않았다. 샤흐티 재판에서 사형을 선고받은 다섯 명을 구제하기 위해 개입해달라는 요청을 고리키가 거부하면서부터였다. 그는 극도로 불쾌한 글을 썼다. 무자비하고 인정사정없어지기까지 했다. 궤변이 난무했다. 고리키는 최악의 재판들을 변호하며 소련의 인도주의를 들먹였다! 도대체 그의 내면에서 무슨 일이 벌어졌던 것일까? 우리는 고리키가 여전히 투덜거린다는 걸 알았다. 그는 심기가 불편했고, 그의 냉혹함에는 거꾸로인 의미에서 항의와 비탄이 담겨 있었다. 우리는 모이면 이렇게 얘기했다. "이러다가는 견디지 못하고 결국 죽고 말 겁니다!" 정말 그랬다. 얼마 후 고리키는 사망했다. 죽음으로써 스탈린과 결별한 셈이었다. 하지만 1917년의 《노바야 지즌Novaya Zhizn》('새로운 삶, 신생활'이란 뜻)에서 그와 협력했던 사람들은 전부 감옥행이었고, 고리키는 아무 말도 하지 않았다. 문학이 죽어가고 있었지만 그는 침묵했다.

길에서 우연히 그를 본 적이 있다. 링컨 사의 대형 자가용 뒷좌석에 홀로 몸을 기댄 모습이었다. 고리키는 가두라는 현실의 삶에서 퇴각해, 자아라는 대수 암호에 몰두 중인 듯했다. 늙은 모습은 아니었지만, 꽤나 홀쭉하고 척박해 보였다. 머리는 뼈가 앙상했고, 터키식 베레모 아래로는 머리숱이 짧았다. 코와 광대뼈가 튀어나왔고, 안와眼窩는 해골처럼 퀭했다. 수척한 금욕주의자가 거기 있었다. 존재하며 사유하려는 의지를 제외하면 거기에는 살아 있는 게 아무것도 없었다. 나는 생각했다. 그의 내면이 메말라버린 것일까? 뻣뻣하게 경화되어, 괴상한 노년으로 오그라드는 것인가? 나이가 60 정도면 그렇게 되는 건가? 생각이 거기까지 달음질치면서 소스라치게 놀랐다. 나는 여러 해 후 파리에서도 비슷한 경험을 했다. 당시 로맹 롤랑이 65세였는데, 늙어버린 고리키와 정확히 동일한 심리적 행보를 보였던 것이다. 나는 앙드레 지드André Gide가 보여준 인간애와 명료함에 큰 위로를 받았다. 존 듀이John Dewey의 정직함과 명민함도 정말 고마웠다.

그일 이후 나는 알렉세이 막시모비치를 직접 만나려고 시도했다. 하지만 출입문을 비서가 지키고 있었다. 코안경을 낀 그는 투지 넘치는 게페우 요원이어서, 사람들이 경멸했다. 크리우치코프Kriuchkov, 그러니까 갈고리라고 불린 걸 보면 이름도 아주 잘 지었다.

○　소설가 보리스 필냐크.
그는 소련 문학을 새롭게
창조해낸 두세 명의 천재 가운데
한 명이었다.

보리스 안드레예비치 필냐크는《볼가 강은 카스피 해로 흘러든다The Volga Falls to the Caspian Sea》를 쓰고 있었다. 나는 그의 작업실에서 수정 중이던 원고를 보았다. 소련 문학판에서 추방당하지 않으려면 〈마호가니〉를 중앙위원회가 납득할 수 있는 소설로 개작해야 할 거라는 얘기를 그는 듣고 있었다. 〈마호가니〉는 '반혁명적'이라는 평을 받았다. 문화분과가 그에게 공동 집필자를 배정했다. 필냐크에게 이건 빼고, 저건 보태라고 요구하는 것이 파견된 공동 집필자의 임무였다. 예조프Yezhov가 그 '협력자'였다. 그는 크게 출세했고, 급격하게 추락해 사망했다. 예조프는 야고다의 뒤를 이어 게페우의 수장이 되었지만, 역시나 야고다처럼 1938년 또는 1939년에 총살당했던 것이다.

필냐크의 위대한 입이 틀어 막혔다. "예조프가 싹 고치라며 50쪽 분량의 목록을 내게 제시했습니다!" 그는 이렇게도 한탄했다. "자유롭게 쓸 수만 있다면! …… 아, 아무것도 하고 싶지 않아요!" 그는 우울증으로 심한 고통을 받았다. "결국 나는 투옥되고 말 겁니다. …… 안 그래요?" 나는 유럽과 미국에서 명성이 자자하고, 안전할 거라며 그에게 용기를 줬다. 한동안은 내 말이 맞았다. 그는 이렇게 말했다. "이 나라에는 스스로 생각하는 사람이 단 한 명도 없습니다. 러시아 국민은 자기가 총살당할 수도 있음을 보지 못하죠. ……" 필냐크는 얼근히 취한 사형 집행인들과 대화하다가 들은 얘기를 내게 자세히 해주기도 했다. 그는 《프라브다》에 가련하고 형편없는 논설을 썼다. 기술자들이 받던 재판에 관해서였다. 그는 그 보답으로 여권을 발급받았고, 파리, 뉴욕, 도쿄를 방문했다. 스탈린이 몸소 허가한 여행이기도 했다. 필냐크는 우리에게 돌아왔을 때 영국산 트위드 재킷을 입고 있었고, 개인 소유의 차도 가졌다. 그는 미국을 입에 침이 마르도록 칭찬했다. "당신들은 이제 끝났어요! 혁명적 낭만주의는 시효가 다했습니다! 때는 바야흐로 소련의 미국화 시대입니다. 기술과 건전한 실용이 대세죠!" 그는 누리게 된 명성과 물질적 안락을 유치하게도 기뻐했다. …… 서른다섯의 나이에 그는 이미 다음과 같은 책을 써냈다. 《벌거벗은 해》,

《이반과 마리아Ivan and Maria》, 《기계와 늑대Machines and Wolves》. 필냐크는 러시아의 대지를 사랑했고, 또 거기에 익숙했다. 이제는 권력자들에게 호의까지 보였다. …… 그는 키가 컸고, 머리가 계란형이었으며, 이목구비가 뚜렷했고, 독일 사람 같았고, 독선적이고 또 인간적이었다. 필냐크는 맑스주의자가 아니라며 비판받았다. "전형적인 지식인", 혁명을 민족적, 농민적 관점에서만 사유함, 이성보다 본능을 우위에 둔다는 것도 그를 겨냥한 비판 내용이었다. ……

내가 체포되기 직전쯤에 우리 두 사람은 장거리 자동차 여행을 했다. 우리는 햇살과 순백의 설원을 만끽했다. 그가 별안간 속도를 줄이더니 고개를 돌려 나를 바라보았다. 두 눈이 침울했다. "빅토르 르보비치, 언젠가는 나도 머리에 총탄을 박아 넣을 겁니다. 그래요, 어쩌면 그게 내가 해야 할 일이죠. 나는 자먀틴과 달라요. 러시아를 떠나서는 살 수 없습니다. 사실 어디를 가더라도 흉한들이 내 뒤에서 총을 겨누고 있다는 느낌이 들어요. ……"

내가 체포되자, 그가 용기를 내, 게페우를 찾아가 항의해줬다. (필냐크는 1937년 재판 없이 사라졌다. 이것은 상당한 미스터리이다. 그는 소련 문학을 새롭게 창조해낸 두세 명의 천재 가운데 한 명이기 때문이다. 그 위대한 작가의 작품은 열 개 언어로 번역되었다. 그런데도 구세계와 신세계 모두에서 그의 운명과 최후를 궁금해하는 사람이 아무도 없었다! 오직 나뿐이었지만 내 목소리는 아무런 반향도 얻지 못했다.) 한 비평가는 그가 예조프와 쓴 작품이 "거짓말 속에서도 진실을 속삭인다"고 평했다.

서서히 절정을 향해 부상하던 알렉세이 니콜라예비치 톨스토이 백작은 그야말로 스타였다. 나는 그를 1922년 베를린에서 만났다. 당시에 그는 진짜 반혁명 망명자였고, 미래의 특권을 가늠하며 러시아 귀환 문제를 협상 중이었다. 신중하고 조심스러운 자유주의자에 정직한 애국자였던 톨스토이는 백군 세력과 함께 혁명 러시아를 탈출했다. 차르 체제하에서 성장한 지식계급은 그를 대단히 존경했다. 톨스토이는 품위가 있었고, 남의 심리 상태를 예리하게 통찰하기도 했으며, 대중의 취향을 반영할 만큼 능란하고 교묘했다. 그의 소설과 희곡은 당대의 주목을 받으며 성공을 구가했다. 톨스토이의 성격, 태도, 윤리는 정말이지 그 옛날 러시아 귀족의 그것이었다. 그는 아름다운 것, 사치스런 생활, 순문학, 신중하게 표명된 자유주의적 견해, 권력의 기미, 그리고 러시아 대중을 사랑했다. 그는 이렇게 말했다. "러시아의 무지렁이 농민은 영원한 존재입니다."

톨스토이가 디에츠코에 셀로에 있는 자기 빌라로 나를 초대했다. 거기 비치된 가구들은 그 출처가 제국 궁전이었다. 그가 《표트르 대제Peter the Great》의 1장을 읽어줬다. 당시에 그는 대접을 잘 받지 못하고 있었다. 파괴된 농촌을 보고는 무척 심란하던 차이기도 했다. 톨스토이는 자신의 대작 역사소설을 폭압에 맞서 농민을 방어하는 행위로, 또 과거와 대비되는 현재의 압제라는 관점으로 구상했다. 요컨대 그는 표트르 대제와 서기장의 공통점을 폭군이라는 점에서 찾았다. 어찌된 일인지 스탈린이 《표트르 대제》를 마음에 들어했다. 알렉세이 톨스토이가 술에 취한 건지, 그마저 소리 내어 항의하기 시작했다. 분위기가 이렇게 억압적이면 글을 쓸 수 없다고 말이다. 그는 작가들이 초대된 만찬에서 서기장에게 같은 항의를 반복했다. 서기장이 톨스토이를 자기 차로 집까지 바래다 주면서 안심시켰고, 우정을 맹세했다. …… 언론은 다음날 톨스토이 공격을 중단했다. 알렉세이 톨스토이는 원고를 수정하던 차였다. 오늘날 그는 소련이 공식으로 미는 '위대한 작가'다. 그가 보리스 필냐크와, 친구이기도 했던 다른 많은 작가들의 운명을 한 번이라도 문의하거나 알아보았을까? 그가 써낸 글의 품질은 믿을 수 없을 만큼 추락했다. 역사 변조까지 엄청난 규모로 발견된다. (나는 내전을 다룬 그의 소설을 얘기하고 있다.)

공식 명사와는 거리가 한참 먼 세 작가도 소개한다. 그들은 디에츠코에의 낡은 오두막에서 만났고, 나는 그들을 통해 다른 가치를 접했다. 러시아에서 1905~1917년은 위대한 시기이다. 그 위대했던 시대를 대표하는 지식인이 그들이다. 오두막의 오래돼서 허름한 내부는 무척이나 적요했다. 안드레이 벨르이와 표도르 솔로구프Feodor Sologub는 체스를 두곤 했다. 솔로구프는 소설《작은 악마The Petty Demon》의 저자로, 생의 마지막 해를 보내는 중이었다(향년 64세). 그는 키가 작았고, 안색이 믿기 어려울 만큼 창백했으며, 계란형의 얼굴은 균형과 비례가 좋았고, 이마는 높았고, 반짝이는 눈에, 소심하고, 내성적이었다. 솔로구프는 아내가 죽자 추상적 불멸을 입증하겠다며 수학을 팠다. 그의 작품은 초자연적 신비, 감각과 관능의 세계, 혁명을 다양하게 다루었다. 솔로구프의 표현은 유치하지만 독창적이었다. 그에 관해서는 평생에 걸쳐 "내면의 커다란 비밀"을 온몸으로 살며 탐색했다고 말할 수 있을 것이다. 안드레이 벨르이는 두 눈이 미래를 꿰뚫어보는 듯했고, 목소리가 열정적이었다. 그러나 소멸할 수 없을 것 같던 그의 불꽃도 끝내 말살되고 말았다. 그는 투옥된 아내를 꺼내려고 싸우면서 자서전《두 시대의 경계At the Frontier of Two Epochs》를 쓰는 중이었다. 벨르이는 지적으로 동요하고 있었지만 그래도 꿋꿋하게 살아나갔다. 이바노프-라줌니크Ivanov-Razumnik는 이제 기대에 못 미쳤지만, 그래도 가끔 신랄한 비판을 했다. 그는 얼굴이 죽은 사람 같았고, 나달나달해진 양복을 입었으며, 문학을 학문적으로만 다루도록 허용받았다. 그렇게 해서 나온 게 슈체드린Shchedrin 연구서다. 그러다가 그는 사라졌다.

검열이 여러 형태로 이루어졌고, 책들은 훼손되고 망가졌다.

작가들은 발행인에게 원고를 보내기 전에, 친구들을 모아놓고 작품을 읽어준 다음, 어떤 부분이 그냥 '통과'될지 여부를 합평했다. 출판사의 우두머리는 글라블리트Glavlit, 곧 문학 담당관과 상의했고, 문학 담당관은 원고와 교정쇄를 검열하여 삭제했다. 그렇게 책이 나오면 관의 비평가들이 의견을 내놨다. 도서관 판매량이 그걸로 좌우됐다. 공식 비평가들이 봐줄 만한지, 발행을 중단하고 회수해야 할지를 정한 것이다. 레닌그라드의 지식인들이 수년간 고생해 제작한 《백과사전Encyclopaedic Dictionary》 제1권이 그렇게 폐기 처분되었다. 낙점을 받은 작품은 대량 복제되었다. 수만 부씩 인쇄돼, 전국의 모든 도서관에 비치되는 영예를 누리는 것이다. 외국어 출판사Foreign Languages Publishing House가 그런 작품을 여러 언어로 번역했다. 칭송을 받으며 돈까지 거머쥔 작가는 일정 기간 '문호'로 불렸다. 물론 어느 누구도 거기에 현혹되지 않았다. 마리아 샤기난Maria Shaginyan과 그녀의 소설 《하이드로센트럴Hydrocentral》이 대표적이다. 아르템 베시올리Artem Vesioly는 인민 속에서 새롭게 부상한 공산주의 문학의 거장이다. 같은 시기에 검열과 '비평'이 그를 잠재우는 데 성공했다. 그의 걸출한 소설 제목은 《러시아에 피의 강물이 흐른다Russia Washed in Blood》이다!

중앙위원회 문화분과는 연극의 주제도 시기별로 결정했다. 농작물 수확이나 강제수용소 노동을 통해 반혁명 분자들을 교화하는 등 해당 주제와 함께 이데올로기도 제시되었다. 그렇게 해서 아피노제노프Afinogenov의 《귀족The Aristocrats》이 격찬을 받으며 상연되었다. 성직자, 사보타주에 나선 기술자, 비적, 소매치기, 매춘부가 나오는데, 북부 삼림 지대에서 강제 노동을 하며 교화된다는 내용이다. 그들은 작품의 말미에 말쑥하게 차려입고, 기쁘게 행진한다. 강제수용소가 목가적 생활을 영위하는 전원으로 제시됨은 두말할 것도 없다. 연극은 선전물이나 다름없었고, 작가는 유명세와 함께 부자가 되었으며, 소련령 유라시아 전역의 극장이 그 작품을 상연했고,《인터내셔널 리터러처》가 이를 번역했고, 해외에서 논평이 나왔다. …… 그렇다면 파벨 바실레프Pavel Vassilev 같은 천재적인 청년 시인들은 어땠을까? 사람들이 각자의 집에서 그들의 시를 열렬히 낭송하는 듯한 분위기가 감지되자마자 감옥행이었다. ……

작가들은 복종을 강요당했고, 열광자로 돌아섰다. 그들의 회합을 둘러싼 터무니없는 부조리가 너무나 압도적이어서, 나는 역겹고 병이 날 지경이었다. 어느 날 헤르첸 하우스의 작고 어두운 방에서 모임이 있었다. 프롤레타리아트의 정신, 집단농장, 문학의 볼셰비즘에 관한 아베르바흐의 보고서가 낭독되었다. 루나차르스키는 지루하고 따분해했고, 계속해서 내게 반어적인 얘기를 해댔다. 하지만 잘 들어보면 그건 준공식적인 발언일 뿐이었다. 요컨대, 공식 연사보다 더 지적인 용어가 동원되었던 것이다. 에른스트 톨러 Ernst Toller는 바바리아의 감옥에서 막 풀려났고, 우리 두 사람 사이에 자리를 잡고 앉았다. 김새는 연설이 통역되어감에 따라 일종의 혼란이 피어올랐다. 온화하면서도 단호한 얼굴과 검은 두 눈에서 그 점이 또렷하게 감지되었다. 톨러는 모반의 시인으로서 여러 해 동안 투옥되었으며, 소련인들의 문학을 완전히 다르게 상상했음에 틀림없었다. 레닌그라드작가연맹 회합도 떠오른다. 청년 문인 일부 — 글을 못 읽는 일자무식이었다 — 가 거기서 '소탕' 부대를 꾸리자고 제안했다. 헌 책방에 가서, 지도자 동지가 비판한 역사서들을 없애자는 것이었다. 방에 모인 사람들은 껄끄러워하면서도 아무도 그들을 제지하지 못했다.

그렇게 아첨하는 문학판에서 내가 있을 곳은 없었다. 그런 작가들과 나의 관계가 수월하고 편할 리 없었다. 나는 순응을 거부했고, 그들은 창피를 느꼈다. 내가 있는 것만으로도 그들은 위태로웠다. 내가 우정을 유지한 사람은 용감한 작가들뿐이었다. 이 책에서 그들을 명시적으로 언급할 수는 없을 것 같다. 나는 뭘 먹고, 어떻게 살았나? 비록 당에서 쫓겨나기는 했어도 한동안 레닌연구소Lenin Institute에서 그의 저작을 계속 번역할 수 있었다. 물론 출간된 책에서 내 이름은 빠졌다. 전문가들이 배치되었고, 그들은 내가 세미콜론을 빼먹지나 않을까 하고 한 줄 한 줄 일일이 점검했다. 나데즈다 콘스탄티노브나 크루프스카야Nadezhda Konstantinovna Krupskaya도 비슷한 여건에서 레닌 회고록을 쓰고 있었다. 위원회가 그녀가 쓰는 내용을 전부 점검했다. 고리키도 중앙위원회의 요청을 받아들여 자신의 회고록을 고쳤다. 인터내셔널 소셜 출판International Social Publishing의 우두머리 크렙스Kreps가 손을 비비며 내게 이렇게 말했다. (눈이 약간 빨간 타타르인이었다.) "필리핀에 서점을 세웠습니다!" 그의 목소리는 우호적이었다. 내가 해외의 친구들과 서신 왕래를 했기 때문에 반역죄로 기소될 위험이 크다는 것을 알리려는 의도였다. 그는 내가 당으로 복귀하면 영광스런 미래가 보장될 것임을 암시하기도 했다. "언젠가는 당신이 파리의 레닌연구소를 이끌고 있겠죠!" (가엾은 크렙스는 1937년 사라졌다.)

이윽고 수년간 기아가 횡행했고, 배급이 실시되었으며, 암시장이 성행했다. 생각이 '올바른' 작가들은 게페우 협동조합에서 남몰래 굉장한 양의 배급을 받았다. 거기에는 버터와 치즈와 초콜릿도 포함돼 있었다! 친구 한 명이 내게 이렇게 청했다. "이 그뤼에르Gruyère 치즈 한 번 맛보세요. 구하기 힘든 겁니다." 애매한 작가들, 그러니까 서정적이거나 신비주의를 지향하거나 정치에 관심이 없는 작가도 썩 좋지는 않지만 공식으로 배급을 받았다. 나는 아무것도 받지 못했다. 어쩌다가 생선 한 토막을 배급받는 게 다였다. 몇

몇 동지가 내게 와서 알려줬다. 내 이름을 목록에서 삭제하지 못하도록 자기들이 위원회에서 대판 싸워야만 했다고.

나는 아내, 아들과 레닌그라드 중심지인 젤랴보바 19번가의 작은 아파트에 살았다. 방이 열두 개인 '공용 아파트'였는데, 평균 서른 명 정도가 거기 거주했다. 몇몇 경우는 일가족 전체가 방 하나를 쓰기도 했다. 젊은 게페우 장교와 아내, 아이, 할머니 일가도 작은 방을 차지했다. 그들이 사는 방에서는 마당이 내려다보였다. 기술자 한 명이 투옥되면서 방이 비었고, 게페우 장교는 사실 나를 밀착 감시하라며 투입된 것이었다. 베사라비아(몰도바와 우크라이나에 걸친 지역 - 옮긴이) 출신의 학생 한 명도 나를 염탐했다. 내가 들고나는 것을 감시했고, 나의 전화 대화를 엿들었다(전화가 복도에 있었다). 단신의 게페우 요원 한 명이 화장실 옆 쪽방에 살았다. 그는 내게 자신은 악의가 없다고 알려줬다. 자신이 항상 내 정보를 질문받는다는 사실도 숨기지 않았다. 그는 붙임성 있는 유형의 밀고자였다. 그렇게 해서 나는 집에서까지 요원 세 명의 감시를 끊임없이 받았다. 맡은 역할에 짜증이 났음이 분명한 가짜 반대파 한 명이 일주일에 한두 번씩 나를 찾아왔다. 비밀 정치 회합을 알려준다는 명목이었다. 우리 대화가 말 그대로 다음날이면 내 서류에 기록 보관될 것임은 명약관화했다. 하루는 처가 쪽 친척 한 명이 밤에 집 문을 두드렸다. 그는 신혼이었고, 가난한데다 심약한 청년이었다. "게페우에 불려갔어요. 누가 찾아오는지, 저더러 자세히 보고하랍니다. 거부하면 일자리가 날아가요. 어쩌면 좋죠?"

"걱정하지 말아요." 나는 계속해서 이렇게 대꾸했다. "갖고 갈 보고서를 함께 써봅시다. ……" 이런 일도 있었다. 역시 밤이었는데, 꽤 나이가 많은 지식인이 찾아왔다. 안경을 꼈고, 천식을 앓았는데, 자신의 대담함에 살 떨려 했다. 제공한 안락의자에 앉아 한 동안 쉬면서 숨을 돌린 그가 이윽고 용기를 내 이렇게 말했다. "빅토르 르보비치, 당신은 나를 모르시겠지요? 하지만 나는 당신을 압니다. 나는 당신을 높이 평가합니다. …… 나는 첩보기관의 검열관이에요. 신중하셔야 합니다. 부디 조심하세요. 당신은 계속해서 감시받고 있습니다."

"나는 숨길 게 없어요. 나는 생각하는 대로 생각하고, 존재하는 그대로 존재합니다." 그가 되풀이 말했다. "알아요, 알아요. 하지만 아주 위험한 상황이에요. ……"

나는 모스크바를 방문해 단기 체류하는 일이 잦았다. 그리고 회를 거듭할수록 내가 쫓긴다는 느낌을 강하게 받았다. 호텔에 투숙하는 것? 불가능했다. 호텔은 관료들 차지였다. 재워주던 친척들은 나의 방문과 유숙으로 처지가 위태로워지자, 오지 말아달라고 간청했다. 나는 게페우의 체포 투옥으로 비게 된 집에서 가장 많은 밤을 보냈다. 사람들은 그런 집이라면 나를 들여도 추가로 처지가 위태로워질 염려가 없었다. 지인들은 길에서 만나도 나를 피했다. 럭스 호텔 밖에서 우연히 부하린을 마주쳤는데, 그는 은밀히 인사를 건네면서도 그냥 스쳐 지나갔다. 그는 좌우를 살피더니 이내 시선을 거두고 가던 길을 갔다. 피에르 파스칼의 작은 집도 지독한 정탐 대상이었다. 그의 집은 레온티에프스키 가에 있었는데, 원래는 호텔 건물이었다. 그래도 그곳은 분위기가 자유로웠다. 여전히 코민테른 집행국원으로 활약 중이던 이탈리아인 로시(안젤로 타스카)가 파스칼의 집을 찾아, 긴 의자에 몸을 뻗고 누웠다. 그의 이마는 몽상가의 그것으로, 넓고 육중했다. 로시는 여전히 인터내셔널을 건전하게 되돌려놓을 수 있기를 희망했다! 그는 에르콜리(톨리아티)와 합세할 계획도 세웠다. 이탈리아 공산당 중앙위원회에서 다수파를 획득한다는 복안이었다. 그런 다음에는 부하린을 지원할 요량이었지만, (에르콜리가 그를 배신했다. 로시는 당에서 쫓겨났다). 그가 내게 이렇게 말했다. "장담하는데, 세르주, 당신네들이 세 명 모이면 그중 한 명은 프락치예요." "우리는 두 명뿐인데요." 나는 안드레스 닌을 떠올리며 이렇게 대꾸했다. 닌은 언제나 기분이 좋았다. 바람에 나부끼던 그의 긴 머리도 생각난다. 나는 그와 미행을 단 채 모스크바를 산책했다.

나는 운이 좋았다. 어느 날 밤 영하 20도의 기온을 뚫고 몇몇 동지들이 기거하는 집으로 돌아갔다. 붙잡혀간 친구의 침대에서 눈을 붙일 요량이었다. 여자 한 명이 문을 반쯤 열고는, 겁먹은 어조로 내게 이렇게 말했다. "얼른 가요. 아파트를 샅샅이 뒤지고 있어요. ……" 어디로 가야 할지 몰랐지만, 나는 장소를 떴다. 은밀한 회합에 초대된 적도 있었다. 그런데 재차 확인해주는 전화를 놓쳐버렸다. 그날 저녁 초대된 손님은 전부 체포되었다. 물론 내가 체포 현장에 나타났을 것으로, 저들이 예상했을 수도 있다. 나는 마리아 미하일로브나 요페의 집에서 도망치기도 했다. 경찰이 집을 포위했다. 놈들이 나를 쫓았음은 물론이다. 나는 뒤도 돌아보지 않은 채 급히 코민테른 건물 앞을 지나 모퉁이를 돌았고, 전 속력으로 달리던 전차를 곡예하듯 잡아탔다. …… 이런 일이 끝없이 계속됐다. …… (우리의 위대한 동지 요페의 젊은 미망인은 영원히 사라졌다. 그녀는 아들과 중앙아시아로 추방되었고, 그러고도 여러 차례 투옥되었다. 아들은 중앙아시아에서 죽었다. 그녀는 1936년 영어의 몸으로 생을 마감한다. 정확히 어디서, 어떻게 죽었는지 아는 사람이 아무도 없다. 그녀는 금발이었고, 자존심이 강했으며, 요염했다. 다시 만난 그녀는 여전히 매력적이었고, 진지했으며, 쾌활하기까지 했다. 단 이번에는 러시아 농촌 아낙의 방식으로였다. 그녀의 품행과 태도는 끈질기고 정력적이었다. 반대파가 추방된 투르케스탄 유배지에서 그녀가 보여준 자세는 유익하게 작용했다. 그녀는 무력해지거나 낙담하지 않은 채로 무려 8년간 투쟁했다.)

그들은 이후로도 계속해서 음모와 결탁을 적발해냈다. 그런 상황에서 누가 어떻게 모의할 수 있겠는가? 숨 쉬는 것조차 불가능하고, 우리는 뭐든지 속속들이 다 들여다보이는 유리로 만든 집에서 살았다. 우리는 최소한의 몸짓과 말조차 감시를 당했다.

우리 반대파는 존재하는 것 자체가 범죄였다. 과거의 신념을 버리지 않는 게 범죄였다. 우정을 유지하고, 서로 자유롭게 대화하는 것이 범죄였다. 두 수도 모스크바와 레닌그라드에서 내가 자유롭게 사고하는 개인들과 맺은 관계는 스무 명에 불과했다. 그들 모두는 개성과 사상이 제각각이었다. 이탈리아 생디칼리스트 프란체스코 게치는 수즈달의 감옥에서 나오더니, 공업화 정책이 승리했다고 우리에게 열변을 토했다. 그는 마른 체구였지만 꽤나 억셌고, 실제로 그랬지만 진짜 프롤레타리아처럼 옷을 입었다. 그는 얼굴이 움푹 들어갔지만, 두 눈은 밝게 빛나며 열광했다. 하지만 공장을 둘러보고 돌아오는 길은 난처함 때문에 이맛살을 찌푸린 채였다. "노동자들이 기계 아래 처박혀 자고 있더군요. 내가 수감 중인 2년 동안 실질 임금이 20분의 1로 추락한 거 아십니까?" (게치는 1937년에 사라졌다.)

가스통 불리Gaston Bouley는 프랑스로 돌아갈 계획을 세웠다. 하지만 감히 여권을 신청하지 못했다. "당장에 나를 가둬버릴 겁니다!" 그는 파리 시내의 경험 많은 부랑아처럼 기발한 생각이 많았고, 외무 인민위원회에서 근무 중이었다. (그는 1937년에 캄차카 반도로 유배당했다.) 원숙한 인격의 아나키스트 헤르만 산도미르스키Herman Sandomirsky도 외무 인민위원부에서 일했다. 그는 이탈리아 파시즘을 분석한 유력한 논설을 발표했고, 게페우와 우리의 중재역이기도 했다. 그는 크로포트킨 박물관을 지키기 위해 암암리에 투쟁했다. (산도미르스키는 1937년에 사라졌다. 예니세이스크로 추방돼, 아마도 총살당했을 것이다.) 트로츠키의 막내딸 지나이다 르보브나 브론슈타인Zinaida Lvovna Bronstein은 와병했다. 그녀는 가까스로 해외로 빠져나갈 수 있었고, 곧 자살하고 만다. 그녀의 성격은 하나하나가 아버지와 닮았다. 활달한 지성과 섬세하고도 굳센 영혼이 특히 그랬다. 남편 볼코프Volkov는 투옥 중이었고, 결코 석방되지 못했다. 안드레스 닌은 이 희생자들에게 꾸러미를 보냈고, 맑스 관련 자료를 모았으며, 필냐크의 작품을 카탈루냐어로 번역했다. 그즈음 에스파냐는 혁명이 한창이었다. 닌이 에스파냐로 떠나려면 허가를 받아야 했고, 그는 중앙위원회에 단호하게 최후통첩을 했다. 그렇게 그는 떠날 수 있었다. 닌의 끔찍한 최후는 나중에 다시 이야기하겠다. 우리는 가끔씩 멋대로 공상을 했다. 이렇게 말했던 게 생각난다. "미치광이가 나타나 윗대가리를 이놈 저놈 쏴버리면 일주일이 가기 전에 우리 모두가 총살당하고 말 거야." 당시에 내 말이 과연 얼마나 진심이었는지는 모르겠다.

박해가 여러 해 동안 지속됐다. 피할 수 없었고, 고통스러웠으며, 사람들은 미쳐갔다. 체제가 몇 달마다 새롭게 희생자를 찾아내게걸스럽게 집어삼켰다. 트로츠키주의자들이 소탕되자 부농富農을 겨냥했고, 그다음 순서는 기술자였다. 그런 식으로 부르주아 출신자, 상인, 장교가 쓸모도 없는 투표권을 빼앗겼다. 성직자와 신앙인이 다음 표적이었고, 우익 반대파도 솎아내졌다. …… 게페우는 계속해서 금과 보석을 갈취했다. 고문도 거리낌 없이 활용했다. 나는 보았다. 참혹한 빈곤 때문에도 그런 정치적 심리적 견제가 불가피했다. 궁핍함이 추진력으로 작용했다. 잔혹한 반종교 캠페인은 기독교 축일을 금지하면서 시작되었다. 신성한 날들에는 전통적으로 잘 먹었는데, 당국이 버터와 설탕은 고사하고 밀가루조차 배급할 수 없었기 때문이다. 탈기독교화 과정이 전개되면서 교회와 역사 유적이 대거 파괴되었다. 모스크바 중심부의 수하레바 타워가 대표적이다. 그들은 건축 자재가 필요했(고, 분별력을 잃은 채 허둥댔다.)

그런 분위기 속에서 아내가 정신줄을 놓아버렸다. 어느 날 저녁 침대의 류바가 손에 의학 사전을 쥐고 있었다. 차분하고 조용했지만 피폐해진 것이었다. "정신이상에 관한 내용을 읽었어요. 미쳐가고 있다는 걸 알겠어요. 죽는 게 차라리 더 낫지 않을까요?" 보리스 필냐크의 집을 방문했을 때 아내의 첫 번째 위기가 감지되었다. 사람들이 기술자들 재판을 화제 삼아 얘기 중이었는데, 아내가 찻잔을 물리치면서 반발했다. "독극물을 탔어요. 마시면 안 돼요!" 나는 아내를 데리고 정신과 의사들을 찾아다녔다. 의사들은 대개 훌륭한 자질을 갖춘 사람들이었고, 아내는 병원에서 다소나마 진정되었다. 그런데 병원에 게페우 요원이 가득했다. 비밀을 털어놓으면서 자기들의 신경증과 고통을 치료 중이었던 것이다. 아내는 조금 차도를 보였고, 다시 한동안 집에 머물렀다. 그러자 뻔한 이야기가 다시 시작되었다. 배급 카드가 안 나왔고, 비난이 빗발쳤으며, 체포가 횡행했고, 길모퉁이마다 설치된 확성기는 각종의 사형 선고를 요구했다. ……

처가 쪽 식구들이 박해에 시달리자, 류바의 고통은 커졌다. 절대 자유주의자들인데다, 내가 사위여서였다. 사실 언제나 그렇듯, 문제의 근원은 '살려고 발버둥치는 투쟁'이 핍진해졌기 때문이다. 장인인 루사코프는 1905년 혁명 때 로스토프에서 싸웠고, 마르세유 소재 러시아선원조합의 서기로 활약하다가, 백군을 지원하는 군수품이 선적되자 파업을 조직한 혐의로 1918년 프랑스에서 추방당했다. 이제 그는 평범한 노동자였고, 우리와 같은 공용 아파트에서 살았다. 그가 영락零落하자마자 가족을 풍비박산 내려는 계획이 가동되었다. 당과 게페우 사람들이 집을 찾아와, 장인을 모욕했고 내 아내의 얼굴을 때렸다. 놈들은 장인을 반혁명 분자, 자본가 출신, 반유대주의자, 테러리스트라고 비난하고 고발했다! 바로 그 날 소속 직장과 노조가 장인을 쫓아냈다. 그는 기소되었다. 선동가들이 나섰고, 공장 전체가 장인에게 사형을 선고하라고 요구했다. 그들은 목표 달성 일보직전까지 갔다. 내가 모스크바에 체류 중일 때 이 일이 벌어졌다. 레닌그라드에서 나를 감시하던 밀정들은 내가 체포된 것으로 알았다. 내가 그들 시야에서 사라졌던 것이다. 나는 파나이트 이스트라티와 함께 있었다. 비코보 숲에 작은 집이 한 채 버려져 있었고, 우리는 거기 있었다. 이스트라티, N — — 박사, 나는 신문으로 그 소식을 접하고서 냉큼 기차를 잡아탔다. 레닌그라드에 도착한 우리는 《프라브다》 편집국으로 달려갔다. "어쩜 이렇게 무분별한 일을 벌일 수 있습니까?" 우리는 편집장에게 화를 냈다. 라파일Rafail은 머리를 박박 민, 영혼 없는 관리로, 둔감하고 냉담했다. "이 모든 것은 다 거짓부렁이에요. 백 번, 천 번 증명할 수 있소. 기껏해야 복도에서 실랑이가 오갔고, 여자가 맞았으며, 노인이 모욕당했다는 사실뿐이란 말입니다!"

기관원 나리께서는 이렇게 대꾸했다. "나는 노동계급의 민주주의를 존중합니다. 각급 공장에서 답지한 결의안이 열 장이나 돼요. 다 사형을 요구하고 있습니다! 하지만 당신도 있고 하니, 조사가 완료될 때까지 상황을 유예시켜보지요!"

당료들은 라파일과 달리, 이해심을 드러냈고 온정적이었다. 조사는 당연히 흐지부지되었다. 대중의 여론 재판이 잠잠해졌고, 아내와 처가 부모는 무죄가 선고되었다. 사람들이 환호했다. 하지만 같은 날 공산당 세포 조직이 집회를 열었다. 그들은 "이 재판이 무효"라며 법원 결정을 파기하라고 요구했다. 지방 검사는 내게 어쩔 수 없다며, "대중의 요구"에 굴복했다. 두 번째 재판이 시작되었고, 이번에는 치안판사를 제대로 골랐다. 장인의 인생 역정을 증빙하는 서류 일체가 제출되었다. 어르신께서 뉴욕(20년 전 식당에서 설거지 담당자로 일했다)과 부에노스아이레스(다른 이민자들과 함께 배의 짐칸에서 생활했다) 생활을 언급하자, 치안판사는 이렇게 냉소를 퍼부었다. "프롤레타리아 행세를 하시겠다? 내가 보기에는 해외여행을 한 것 같은데!"

○   작가 파나이트 이스트라티. 그는 루마니아에서 죽었다. 아무도 관심을 두지 않았고, 가난한 상태였다.

두 번째 재판은 실상 문제의 여성 게페우 밀정이 용의주도하게 도발한 것이었다. 결국 범죄의 희생자들을 불신임하고 견책하는 판결이 내려졌다. 이 추악한 사건이 무려 1년을 끌었고, 처가 쪽 식구들은 배급 카드를 내내 받지 못했다. '자본가 출신'이라는 것이 이유로 제시되었다. 루사코프는 일거리를 찾을 수가 없었다. 노동자농민감찰단Workers' and Peasants' Inspectorate이 별도로 재판을 열고 장인을 복귀시켰지만, 그는 여전히 직장을 구하지 못했다. …… 감찰단의 조사관은 장신의 홀쭉한 젊은이로, 머리가 부스스하고 눈동자가 회색이었다. 그가 선보인 정직성은 매우 인상적이었다. 이름이 니콜라예프Nikolayev였는데, 게페우와 감찰단 요원으로 활약하다 1934년 키로프Kirov를 살해한 니콜라예프와 동일인인지를 나는 후에 궁금히 여겼다.

이스트라티는 이 사건에 크게 상심했고, 프랑스로 돌아갔다. 그를 떠올리면 감정이 북받친다. 이스트라티는 젊었고, 발칸 반도의 고지인처럼 말랐으며, 큰 코가 도드라져 다소 못생겼지만, 그래도 결핵을 이겨내고 활달함을 선보였으며, 삶에 대한 열정이 가득했다! 그는 술고래 어부, 선원, 밀수꾼, 방랑자, 벽돌공 보조를 전전하며 지중해의 온갖 항구를 드나들었다. 그러다가 그는 쓰기 시작했고, 목을 그어 자살을 결행했다. 그를 구한 것이 로맹 롤랑이었다. 하이둑Haiduk(발칸 반도 슬라브인 거주 지역의 애국적인 산적. 터키의 지배에 저항했다 - 옮긴이) 이야기가 출판되면서 이스트라티는 난데없이 문단의 명사로 떠올랐다. 인세 수입은 달콤했다. 그는 문법도, 문체도 전혀 알지 못했다. 모험, 우정, 반란, 피와 살을 지닌 평범한 인간처럼 단순명료한 것들을 미치도록 사랑한 타고난 시인이었던 것이다. 이스트라티는 이론을 사유할 수 없었고, 당연히 속편한 궤변의 함정으로 추락하지 않았다. 내 재판 때, 사람들은 그에게 이렇게 말했다. "파나이트, 달걀을 깨지 않고는 오믈렛을 만들 수 없어요. 우리 혁명은……" 그는 맞받아서 이렇게 외쳤다. "좋아요. 달걀 깨진 건 나도 보입니다. 그런데 당신들의 오믈렛은 어디 있는 겁니까?"

볼셰보는 시범적 범죄자 유배지였다. 상습범들이 거기서 자체

관할 아래 자유롭게 노동했다. 이스트라티가 내뱉은 말은 이것뿐이었다. "대단한 노동 교화 체계로군요! 하지만 어쩌죠? 이 모든 낙을 누리려면 적어도 세 명은 죽여야 하잖아요." 문예지들이 이스트라티에게 글 하나당 100루블을 줬다. 그가 잡지 편집자들에게 던진 질문은 예리했다. "여기 집배원은 한 달에 50루블을 번다는데, 사실입니까?" 그는 계속해서 분노를 터뜨렸다. 이스트라티는 황소고집을 타고 났고, 자신에게 이루어지는 부정직한 접근법을 거부했다. 그는 소련을 떠나면서 이렇게 말했다. "책을 한 권 쓰겠어요. 열정과 고통이 가득 담긴 책을요. 진실을 낱낱이 밝히겠습니다." 공산당 언론은 즉시로 이스트라티를 비난하기 시작했다. 그가 루마니아의 비밀경찰 시구란타Siguranta 요원이라는 것이었다. …… 이스트라티는 루마니아에서 죽었다. 아무도 관심을 두지 않았고, 가난했으며, 그 자신 완전히 혼란한 상태였다. 내가 여태 살아 있는 것은 어느 정도 그의 도움 덕택이다.

베라 니콜라예브나 피그네르Vera Nikolayevna Figner도 정말이지 대단한 인물이었다. 직후로 그녀와 일할 수 있어서 얼마나 큰 위로가 되었는지 모른다. 베라의 회고록을 번역했는데, 그녀는 확고부동한 어조로 내용을 바로잡았고 나는 완전히 압도당했다. 베라는 그즈음 단신의 일흔일곱 살 노파였다. 숄을 둘러 추위를 견뎌야 했지만, 이목구비가 균형 잡힌 얼굴은 고전적 미인 티가 여전했다. 지력이 완벽에 가깝게 명료했고, 영혼이 흠잡을 데 없이 고귀했음을 보태야 하리라. 베라가 위대했던 그 옛날 혁명 세대의 살아 있는 상징으로서 자부심을 가졌다는 것은 틀림없는 사실이다. 그들은 순수함과 자기희생을 상징했다. 베라 피그네르는 1879년부터 1883년까지 나로드나야 볼랴(인민의 의지 당)의 중앙위원으로 활약하며, 동지들과 함께 최후의 수단으로 테러를 사용하자는 결정을 내렸다. 차르 알렉산드르 2세를 겨냥한 10여 차례의 암살 기도를 조직했고, 1881년 3월 1일 드디어 성공한 마지막 거사를 기획했으며, 다른 지도자들이 체포돼 교수형을 당한 후로도 거의 2년 동안 조직을 유지한 게 바로 그녀다. 베라는 그 후 20년 동안 슐뤼셀부르크 요새 감옥에 수감되었고, 6년을 시베리아에서 보냈다. 그녀는 이 모든 투쟁에서 올곧고 용감했다. 이는 스스로에게 강제한 것인 만큼 남들도 예외가 없었다. 베라의 도덕적 지위는 엄청났다. 1931년 그녀가 투옥을 면한 것은 거기에 고령이라는 점이 참작되었다. 하지만 그럼에도 베라는 반대 의사를 전혀 숨기지 않았다. 그녀는 얼마 전에 죽었다(1942년). 감시를 받았지만 그래도 영어의 몸은 아니었다.

1928년부터는 하루가 멀다 하고 분위기가 무자비해져갔다. 사람살이의 가치가 지속적으로 하락했고, 사회적 교류의 밑바닥에서조차 야비한 거짓말이 난무했으며, 억압이 강도를 더해갔다. 그런 상황 속에서 1935년 경제가 이완되었고, 결국 테러가 폭증한다. 나는 여권을 신청했다. 서기장에게 해외를 둘러보고 싶다고 솔직담백하면서도 단호하게 편지를 써 보냈다. 그가 편지를 받았음을 나는 안다. 하지만 답장은 오지 않았다. 나는 다만 군대에서 좌천을 당했다(뭐 조치가 우호적이기는 했다). 내가 전선정보부 부사령관이었는데, 그 계급은 대령이나 장군쯤에 해당한다. 나는 반대파가 거의 전원 투옥되던 마당에 그 지위가 유지되었다는 사실이 놀라웠다. 사관학교 교장이 웃으면서 내게 이렇게 말했다. "전쟁 때는 반대파도 본분을 다하리라는 걸 우리는 잘 압니다. 우리는 실질을 숭상하는 사람들이죠." 나는 그런 사고방식과 논리 전개에 놀랐다. 그런 식이라면 여권을 받기가 쉬웠을지도 모른다. 아무튼 군 당국은 나를 사병으로 강등시켜 쫓아냈다. 군 복무 연령 제한을 넘겼다는 것이 이유로 제시되었다.

1932년 말에 경제 사정과 정치 상황이 급격하게 훨씬 안 좋아졌다. 농촌 지역의 4분의 3이 기근에 점령당했다. 카프카스 북부의 스타브로폴 지역에 전염병이 돈다는 소문이 퍼졌다. 11월 8일 스탈린의 젊은 아내 나데즈다 알릴루예바Nadezhda Alliluyeva가 크렘린에서 자살했다. 권총으로 가슴을 쐈다. 알릴루예바는 학생이었고, 남편의 초상화가 연도의 온갖 건물을 덮고 있는 걸 봤다. 그녀는 권력의 정점에서 살았지만 모스크바의 단순명료한 실상을 외면할 수 없었다. 공인된 거짓말이 알릴루예바를 에워쌌고, 그녀의 양심은 비극에 직면했다. 카메네프의 며느리인 젊은 여의사가 알릴루예바의 응급 처치를 시도했고, 며칠 동안 구금되었다. 해외로는 맹장염이 사망 원인이라는 헛소문도 퍼졌다.

'전반적 입장'을 지지했던 반대파 출신자들이 비밀리에 체포되기 시작했다. 나는 시간 간격을 길게 두고 세심하게 주의하면서 알렉산드라 브론슈타인을 방문했다. 그녀는 같은 레닌그라드라도 네바 강의 저쪽 편인 비보르크 지구에 살았다. 알렉산드라는 성성한 백발에 고요한 얼굴을 하고서 선배 소식을 내게 직접 전해줬다. 선배는 당시에 골든 혼Golden Horn(터키 이스탄불의 내항 – 옮긴이)의 프린키포에 머물고 있었다. 알렉산드라는 선배와 공개적으로 서신을 주고받았고, 그 용기는 후에 목숨으로 대가를 치러야 했다(그녀는 1936년 실종되었다). 알렉산드라는 지나이다 르보브나 브론슈타인 Zinaida Lvovna Bronstein이 베를린에서 자살했다고 알려줬고, 트로츠키의 편지 한 통을 보여줬다. 편지에는 밖을 나갈 수 없을 정도로 위험 요소가 많다고 적혀 있었다. 맑은 공기를 정원에서만 아주 조심스럽게 마실 수 있다는 것이었다. 선배가 머물던 집은 얼마 후 불이 났다. 그게 단순한 사고였을까?

스밀가, 테르-바가니안Ter-Vaganian, 이반 스미르노프, 므라치코프스키Mrachkovsky가 체포되었다. 므라치코프스키는 중앙위원회에 굴복했으나 결코 뉘우치지 않았고, 당시에 바이칼 호수 북쪽으로 연결되는 철도 노선을 구축하고 있었다. 스탈린은 얼마 전까지만 해도 그를 따뜻하게 환대했다. 지도자 동무께서는 다들 바보 천치뿐이라고 불평했다. "멍청이들뿐입니다! 당신 같은 사람이 필요하오. ……" 에브게니 알렉세예비치 프레오브라젠스키를 만났다. 우리는 나목 아래 작고 어두운 안뜰에서 잠시나마 흉금을 털어놓았다. 그가 말했다. "우리나라가 어디로 가는 건지 모르겠습니다. 너무 답답하고, 숨을 쉴 수도 없을 지경이에요. 어떤 일이 일어날지 모릅니다. ……" 세계 경제 위기를 분석한 그의 저작에서 저들은 불충의 징후를 읽어냈다. 밤바람이 찼고, 그는 주머니에 손을 찔러 넣은 채로 잔뜩 웅크리고 있었다. 구슬픈 모습이었다. 꼬집어 얘기할 수는 없지만 그의 운이 다했음을 느꼈다.

나 또한 더욱 철저하게 감시받았다. 체포가 임박했음이 빤히 보였다. 공용 아파트로 들어온 게페우 장교의 어머니와 아내가 나를 보는 시선은 기분 나쁘고 이상했다. 항상 즐겁고 꼼꼼한 성격의 그 젊은 장교조차 나를 대하는 태도가 기묘했다. 노파는 내가 안 보이면 용기를 내서 찾았다. 그녀는 이렇게 말했다. "일이 어찌나 힘든지요! 밤에 출근할 때면 항상 아들 녀석을 도와달라고 빈답니다. ……" 그녀는 의미심장한 미소를 띠면서 내게 이런 말도 보탰다. "다른 사람들도 도와달라고 하느님께 빌어요. ……"

나는 근미래에 내가 쥐도 새도 모르게 사라질 확률이 70퍼센트라고 판단했다. 파리의 친구들에게 전갈을 보낼 수 있었던 것은 진정 행운이었다. 나는 편지를 한 통 작성해, 마그들렌 파즈와 모리스 파즈, 자크 메스닐, 마르셀 마르티네에게 보냈다. 그것은 일종의 유서로, 나는 내가 없어지거들랑 편지의 주요 내용을 공개해달라고 부탁했다. 그렇게라도 내 마지막 저항이 허공으로 흩어져 사라져버리는 걸 막아야 했다.

아마도 내가 (그 문서에서) 처음으로 소련을 전체주의 국가로 규정했을 것이다.

러시아혁명은 벌써 여러 해째 반동기에 처해 있다. …… 다음의 사실을 외면해서는 안 될 것이다. 사회주의에도 반동의 씨앗이 있음을. 그 씨앗이 러시아 땅에서 발아해 번성 중이다. 전체주의 카스트 국가가 우리를 집어삼켰다. 무소불위의 국가는 스스로의 권력에 취해 맛이 가버렸다. 인민은 전혀 중요하지가 않은 것이다. 이 가공할 체제를 두 가지가 뒷받침하고 있다. 전능한 국가 보안 기구가 첫 번째요, 두 번째는 관료제다. 18세기 후반의 탄압 전통이 부활했다. 관료제는 특권 간부들의 교단教團과 다름이 없다. 경제 권력과 정치 권력이 집중되었고, 그로 인해 사람들은 의衣와 식食, 직장의 지배를 받는다. 체제가 사람들을 마음대로 다룬다. 전체주의 국가는 사람들을 무시하기 일쑤이고, 통계 수치와 장기 관점에만 신경을 쓴다. 이 체제는 혁명기에 천명되고, 선포되고, 의도되고, 사유된 모든 것과 충돌하고 있다.

나는 계속해서 이렇게 썼다.

나는 반체제 인사임을 자인했고, 이 언명은 절대적이다. 앞으로 어떤 희생을 치르더라도 나는 반체제 인사로 남을 것이다. 세 가지가 가장 중요하다. 이것과 비교하면 기타 일체의 전술적 고려는 부차적이다. 나를 침묵시킬 수 있는 것은 다음의 세 가지뿐임을 밝힌다.

1) 인간. 인간 존중. 사람은 권리를 부여받고, 안전을 제공받으며, 존엄하게 취급되어야 한다. 이게 없으면 사회주의가 아니다. 이게 없으면, 다 거짓이고 쓸모없는 짓이며 망한 것이다. 사람은 누구라도 수단으로 여겨서는 안 된다. 그가 계급의 적이나 부르주아의 자손이라도 말이다. 인간이 인간임을 절대로 잊어서는 안 된다. 나는 이 사실이 잊혔음을 매일 도처에서 확인하고 있다. 가장 혐오스럽고 반사회주의적인 일이 일어나고 만 것이다.

혁명이 고사 위기에 처했을 때 테러가 불가피하다고 나는 썼다. 그 내용을 단 한 줄 철회하지 않고도, 전술한 문단의 원칙에 기초해 나는 천명한다. 은밀한 행정 집행 수단으로 계속 사형 제도를 유지한 것은 가증스러운 짓이라고 말이다. (평화가 찾아왔다! 국가가 다른 무엇보다 가장 강력하다!) 정말이지 말이 안 되고, 반동적이며, 역겹고, 타락한 것이다.

1920년 초에 내전이 끝났고, 제르진스키는 정치범 사형을 폐지했다. (레닌이 적극 동의했다.) 비상위원회들(체카와 게페우)의 조사 및 심문 권한을 제한하고 줄여야 한다고 여러 해에 걸쳐 주장한 공산당원들도 존재한다. 사람 목숨이 똥값으로 떨어졌고, 이는 비극이다. 현 체제에서 이루어지는 모든 사형은 비난의 대상이다.

노동계급 운동 내에 존재하는 갖은 반대 세력이 추방당하거나 유배되거나, 거의 평생을 감옥에서 썩고 있다. 이런 억압도 역시 가증스럽고, 정당성이 없다.

2) 진실. 개인과 대중은 진실을 추구해야 한다. 이는 권리이

자 의무이다. 역사를 조직적으로 위조 변조하는 것, 언론이 보도하는 진지한 소식을 탄압하는 것, 나는 어느 것에도 동의하지 않는다. (우리 언론은 순전히 선동하는 역할만을 수행 중이다.) 진실은 건전한 지성과 도덕 판단의 전제 조건이다. 진실은 곧 정직이다. 이 둘은 인간의 권리이자 의무이다.

3) 사상. 모든 분야에서 진지한 지적 탐구가 금지되고 말았다. 인용만 난무하는 결의決疑, casuistry와 궤변뿐이다. …… 사람들이 이단을 두려워한다. 물론 덧붙여서 사리私利도 추구한다. 기형적 편견과 독단이 유행하고 있다. 사상이 경쟁하지 않고, 철저하게 검토되지 않으며, 투쟁하지 않는 지적 환경에서 사회주의가 꽃필 수 없다. 실수와 오류를 두려워해서는 안 된다. 잘못은 살면서 시간을 두고 고치면 된다. 정말 두려운 것은 정체와 반동이다. 인간 존엄은 앎의 권리이자 사상의 자유이다. 사회주의는 사상의 자유를, 인간을 반대하거나 억압하지 않는다. 자유로운 사상을 통해서만 인간의 조건을 개선해야 사회주의가 승리할 수 있다.

1933년 2월 1일, 모스크바에서 작성.

나는 편지를 꼼꼼히 읽으면서 틀린 부분과 내용을 확인할 시간조차 내지 못했다. 친구들이 출발해야 했고, 사실 그들은 언제 체포될지 알 수 없었다. ……

편지가 파리에 도착한 날 내 예감이 실현되었다. 나한테 무슨 일이 일어났는지 아무도 몰랐다. 나 자신도 내가 어떻게 될지 알 수 없었다.

8

유배

1933~1936

불쌍한 아내. 아내의 얼굴에는 극도의 고통이 어려 있었다. ……
차가운 아침이었고, 나는 진정제라도 사오려고 밖으로 나갔다. 정
신병원에 전화도 할 참이었다. 카잔 성당 옆에 게시되는 신문도 보
고 싶었다. 베를린에서 텔만이 체포되었다는 얘기를 들었던 것이
다. 누가 미행한다는 것을 나는 알았다. 당연했다. 하지만 이번에
는 그들이 바짝 따라붙고 있었고, 걱정이 되었다. 약국을 나오는
데, 놈들이 나를 세웠다. 10월 25일 대로와 면한 보도에서였고, 가
담자 전원이 나를 순식간에 에워쌌다.

"범죄 조사국입니다. 신원을 확인해야겠으니 따라오십시오."
그들은 공무원증을 제시하면서 낮게 말했고, 내 양쪽을 잡았다. 나
는 어깨를 으쓱했다.

"나는 범죄 조사 따위를 받을 일이 없습니다. 소련작가연맹에
서 발급한 내 신분증이오. 아내가 아프고, 약을 사가는 길입니다.
한시가 급해요. 저기가 내가 사는 집입니다. 가서, 관리인을 만나
봅시다. 신원을 확인해줄 겁니다."

그들은 안 된다고 했다. 내가 동행해 10분 정도 조사를 받아야
하고, 그러면 즉시 오해가 풀릴 거라고 했다. …… 좋소. 그들은 자
기들끼리 상의했다. 어떤 차를 쓰지? 근처에 서 있는 차들을 보더
니, 가장 안락한 것을 고르고, 내게 문까지 열어준다. "타십시오."
그들은 말없는 운전수에게 퉁명스럽게 지시했다.

"게페우 본부로. 어서!"

"안 됩니다." "가!" 그렇게 우리는 새 게페우 본부로 직행했다.
레닌그라드에서 가장 멋들어진 그 새 건물은 15층 높이에, 매끈한
화강암으로 정면을 장식했고, 위치는 네바 강과 구 리테이나야 대
로가 만드는 귀퉁이였다. 우리는 옆문으로 갔고, 거기에는 들여다
보는 작은 구멍이 설치돼 있었다. "범인입니다." (범인은 나였다.) "자,

들어가시오." 나는 커다란 대기실로 들어갔고, 마음을 단단히 먹었다. 젊은 장교 한 명이 다가와 악수를 청했다. "안녕하십니까? 빅토르 르보비치! 오시는 데 불편함은 없으셨는지요?"

글쎄……

"내 신원을 의심하는 겁니까?" 그는 알겠다는 미소를 지어 보였다.

게페우 본부는 널찍하고 엄격하고 장엄했다. 레닌 동상이 나를 맞았다. 다른 이도 모두 그랬을 것이다. 5분쯤 후에 나는 당 관련 사건을 담당하는 치안판사 카르포비치Karpovich의 큼직한 사무실로 이동했다. 카르포비치는 연한 적갈색 머리의 거한으로, 냉담하고 다정했으며, 음흉하고 조심스러웠다.

"이야기가 길어지겠죠? 빅토르 르보비치. ……"

"틀림없이요. 하지만 먼저 당신이 내 요구를 몇 가지 들어줘야만 할 거요. 오늘 당장 아내를 적군 정신병원으로 옮겨 치료를 받게 해주시오. 열두 살 아들이 하교하는 즉시 통화도 해야겠소."

"좋습니다." 카르포비치는 내 앞에서 수화기를 들고, 병원에 지시 사항을 하달했다. 그는 아내가 이송되는 중에 집으로 전화해 확인해보라고 할 정도로 호의적이었다. 이윽고 심문이 시작되었다. "빅토르 르보비치, 당 노선에 대해 어떻게 생각하십니까?"

"뭐요? 이렇게 난리를 쳐놓고 그런 걸 묻는 게 말이나 된다고 보시오?" 카르포비치가 대꾸했다. "우리 두 사람이 같은 당원 동지 사이임을 꼭 상기해드려야 하겠습니까?"

"그렇다면 내가 먼저 묻겠습니다. 텔만이 베를린에서 체포되었다는 게 사실입니까?" 카르포비치는 그 정보를 신중히 다뤄야 한다고 생각했지만 이렇게 대꾸했다. 베를린 "상황이 안 좋습니다". 나의 두 번째 질문에는 그도 확실히 짜증을 냈다. "흐리스티안 라코프스키가 죽었습니까?" 카르포비치는 망설였다. 그가 내 눈을 들여다보더니, 이윽고 이렇게 말하고는 머리를 가로저었다. "아무 것도 말해줄 수 없습니다."

그렇게 시작된 면담 조사는 정오에서 자정 너머까지 계속되었다. 중간에 식사를 제공받았고, 휴식도 취했다. 긴장을 풀어야 했고, 나는 바깥의 큰 복도를 따라 걸었다. 4층 아니면 5층이었을 것이다. 큰 유리창을 통해 부산한 시내 모습이 눈에 들어왔고, 그 위로 땅거미가 지며 밤이 찾아오는 광경도 보였다. 내가 사랑하는 이도시를 다시 볼 수 있을까 하는 생각이 떠올랐다. 온갖 이야기가 나왔다. 농업 문제, 산업화, 코민테른, 당 내부 구조 등등을 차례로 하나하나 점검했다. 나는 당 노선 전반에 이의를 제기했다. 그 이의 제기는 맑스주의에 입각한 반대였다. 그들이 집에서 압수한 갖은 문건을 가져왔다. 여러 트렁크 분량이었다. 주제를 정하고 이론적으로 다루지는 않았다! 차를 마셨다. 자정이었다. "빅토르 르보비치, 당신을 유치장으로 보내야 해서 유감천만입니다. 그래도 정중히 대우하라고 명령하겠습니다."

"고맙소." 끝이 보였다. 젊은 사복 경찰 한 명이 나를 호송했다. 면도를 깨끗이 했는데, 정직하다는 인상이었다. 내가 부탁했고, 우리는 잠시 멈춰 강둑에서 네바 강의 검은 강물을 내려다보았다. 바닷바람이 상쾌했다. 네바 강의 격류는 어떤 러시아 노래처럼 항상 나의 내면을 휘젓고 동요시킨다는 생각이 들었다.

낡은 구치소 건물은 1928년 이래로 전혀 바뀌지 않고 그대로였다. 아니 지난 50년 동안도 여전히 그랬을 것이다. 감옥이란 것은 제국을 붕괴시킨 혁명도 아랑곳하지 않을 만큼 그렇게 대단하단 말인가? 입소 절차를 밟았다. 등록 사무소를 거쳤고, 일련의 구획을 통과했다. 복잡한 제분기를 통과하는 곡식의 낟알 같다는 생각을 했다. 그 과정에서 장신의 우아한 노신사를 지나쳤다. 백발인

머리가 귀족 같은 느낌이었다. 그는 과학아카데미 출신이라고 자신을 소개했다. 방금 안경을 빼앗겼는데, 최악이라는 말도 보탰다. …… 위로 솟은 철제 계단은 어두웠다. 이윽고 두껍디두꺼운 석조 감방이 나를 맞이했다. 문이 열리고 닫혔다. 비좁은 감방을 초라한 전구 하나가 희미하게 비추고 있었다. 꼭 지하도 같았다. 누군가가 침대에서 일어나더니 내게 인사를 건네며 자기소개를 했다. 그는 비참한 몰골이었고, 처음에는 그의 말을 알아듣는 게 쉽지 않았다.

"페트로프스키Petrovsky라고 합니다. 작가연맹 시인분과 소속이죠. ……"

"나는 산문을 씁니다."

정신 소모가 심했고, 나는 묵직한 가죽 외투를 걸쳤음에도 오한을 느꼈다. 감방 동기가 될 시인도 추위와 신체 쇠약으로 몸을 떨고 있었다. 안에 양가죽을 댄 망토를 걸쳤지만 한눈에 봐도 무척 낡은 옷이었다. 청년 시인은 말랐고 힘이 없었다. 엉성하게 난 턱수염은 변색되어 있었다. 우리는 곧 친해졌다. 그는 쉬지 않고 말을 했다. 나의 출현이 그에게는 사건이었던 것이다. 안 그럴 수가 없었겠지. 그 고독한 지하 감방에서 여러 달을 혼자 생활해왔을 것을 한 번 생각해보라. 과연 총살당할지 여부를 불안한 마음으로 궁금해하며 말이다. 우리는 일가친척이 걱정할 것을 떠올리며 오랜 시간 불면의 밤을 보냈다. 그러면서 우리는 가까워졌고, 각인임에도 동일한 감정을 확인하고는 낯선 감동을 느꼈다. 물론 서로에게 해줄 수 있는 일은 아무것도 없었지만 말이다. 아, 물론 딱 한 가지는 해줄 수 있었다. 그의 얘기를 들어주고, 위로하는 것. 그가 총살당하지 않을 것이고, 그를 위협한 치안판사는 술수를 부린 악당이라고 말해줬다. 체포 사실은 그것이 아무리 경미한 것이라도 영향과 파급 효과를 가늠하는 비밀협의회에 제출되었다. 나는 차분하게 사리를 따져보았고, 감방 동기인 시인이 기를 좀 펴도 될 거라고 판단했다. 그는 자신감을 얻었다.

그는 어렸을 때부터 굶주림 때문에 길로 나앉아 부랑자로 떠돌았다고 했다. 독학으로 학교 선생이 되었고, 짧은 시를 썼다고도 했다(매력적이고 멋진 시편들이었다). 그는 바스락거리는 밀밭, 휘달리는 구름과 전원 풍경, 관목숲, 달빛이 교교하게 빛나는 길을 사랑했다. "농민 시인이었던 거죠." 그는 디에츠코에 젤로에서 친구 두세 명과 합세해 손으로 써서 발행하는 잡지를 냈다. 사람들이 그에게 물었다고 한다. 당신 시는 왜 집산화를 전혀 언급하지 않는가? 집산화를 반대하기 때문인가? 그가 철학자 이바노프-라줌니크가 이끄는 문학 동아리 회원이라는 것이 사태를 최악으로 몰고 갔다. 은밀한 조직이 전혀 아니었음에도 이바노프-라줌니크가 사회혁명당 좌파 출신이라는 것이 불리하게 작용했다. 그렇게 해서 이바노프-라줌니크도 투옥 중임을 나는 알게 됐다. 사상을 갈구하는 위대한 몽상가 라줌니크는 나의 친구이기도 했다. "당신 시를 들려주세요, 시인 동지. 정말이지 아름답군요. ……" 그가 조용한 소리로 자신의 시편을 낭송해줬다. 두 눈이 환해졌고, 몸이 열을 띠었지만 어깨는 옹송그렸고, 목이 수척했다. 우리는 동틀 녘에야 눈을 붙였다. 그 밤을 결코 잊지 못할 것이다.

나는 다음날 모스크바로 이감되었다. 게페우 요원 두 명이 동행했는데, 일반 객실을 써야 해서 조심하지 않을 수 없었다. 한 명은 사복을, 나머지 한 명은 제복이라 해도 눈에 잘 안 띄는 것을 입었고, 둘 모두 동지적이고 공손했다. 이감으로 볼 때, 내 건이 심각하게 다루어지고 있음을 알 수 있었다. 그런데 도대체 어떤 내용으로 기소가 이루어지는 것일까? 내가 지닌 견해가 범죄라는 것을 빼면 그 무엇도 나를 겨냥하지 못했고, 겨냥할 수 없었다. 그런데 내가 이단적 견해를 지녔다는 것은 여러 해 동안 주지의 사실이었으며, 따라서 레닌그라드 현지에서 그냥 다루면 되었다. 물론 사실들이 부재하면 자유롭게 뻥을 치기 마련이다. 나는 정부 공작원이 찾아왔음을 떠올렸다. 파리의 친구들에게 보낸 전언을 그들이 가로챘을 수도 있었다. 그거라면 무척 심각할 터였다. 그들이 어떤 문구를 들먹이며 날 중범죄인으로 취급하게 되는 것일까? 해외로 서신을 교환하는 사람들은 빈번하게 간첩 행위자로 기소되었다(그것은 죽을 죄였다). 나는 이렇게 썼다. "결국에 가서는 우리가 어떻게 죽을지 궁금해지기도 합니다. 일을 진행하는 방법은 많기 때문이죠. ……"

이 말이야말로 정권의 신뢰를 추락시키는 가장 범죄적인 규정 아니었을까? 그러나 그때는 내가 사라진 다음에라야 편지를 공개하기로 한 터였다. 내가 이렇게 쓴 것도 생각났다. "거짓말이 사람들이 숨 쉬는 공기처럼 두루 존재한다! 며칠 전까지만 해도 5개년 계획이 완료되어 임금이 68퍼센트 인상되었다는 얘기로 전 언론이 도배되었다. …… 그러나 명목 임금이 그만큼 상승했지만 루블화의 가치가 약 30분의 1로 추락했다. ……" 비밀협의회는 그 진술을 바탕으로 '경제 스파이' 혐의를 씌울 수 있었다. 간단히 말해, 나는 모스크바로 가면서 상당히 복잡한 심사에 휘둘렸다. 그러나 불안해하고만 있을 수는 없었고, 결연하게 저항하기로 단단히 마음을 먹었다.

나는 곧바로 루뱐카로 끌려갔다. 제르진스키 광장의 그 대형 빌딩은 지난 세기에 지어진 기업 건물로, 감옥이자 비밀경찰 본부로 용도가 변환되어 있었다. 한 시간이 채 안 돼 나는 작은 감방에 처박혔다. 아마 지하실이었을 것이다. 창문이 없었지만 조명이 환했고, 뚱뚱한 체구의 노동자가 한 명 있었다. 턱이 단단해 뵈는 그 노동자는 게페우 소속 차량 운전수였다고 자신을 소개했다. 친구들이 반혁명적 내용의 전단을 낭독하는데도 고발하지 않아 체포 되었다는 것이었다. 가로 세로가 2미터씩에 불과한 감방은 질식할 것만 같았고, 그 친구는 서서히 착란 상태를 보였다. 그는 사형 선고를 받은 죄수들이 여기 있다가 끌려가 처형된다고 내게 말했다. …… 새벽 3시쯤에는 그 감옥에 10명쯤 들어찼고, 공간은 우리가 내쉬는 숨으로 답답하고 견디기 힘들 만큼 더웠다. 일부는 두 개의 철제 침대에, 다른 일부는 타일이 깔린 바닥에, 또 다른 일부는 문 쪽 후미진 곳에 자리를 잡았다. 나는 두통에 시달렸고, 심장이 벌렁거렸다. 우리 모두는 서로에게 깍듯했다. 정말이지 장의사 일을 하는 사람들처럼 상냥했다. 한 유대 노인의 얘기에 다 함께 얼마나 환호했는지가 아직도 기억에 생생하다. 그는 1년 전에도 같은 날 체포된 적이 있다고 회상했다. 이제는 이른바 수수료를 공제하면서 사무실들에 타자기를 판매했다는 혐의로 기소될 것이라는 게 그의 얘기였다. 그는 소박하게 말했다. "증거는 없어요. 사실도 아니고요. 하지만 장부 두 개가 다르단 말입니다. 이걸 어떻게 잘 해명할 수 있을까요?" 듣고 있던 죄수들은 고개를 저으면서 사람 좋게 웃었다.

맨 마지막에 입방한 사람이 가장 호감이 갔다. 그는 시베리아에서 잡혀온 지식인이었다. 나이가 예순 정도였고, 원기 왕성했으며, 긴장했지만 쾌활했다. 대화를 시작했는데 내가 반대파임을 알고는 그가 빙그레 웃었다. 그는 자기가 어쩌다가 이르쿠츠크에서 모스크바로 압송되었는지 자초지종을 들려줬다. 자기는 낙관적이라고도 했다. 구제역과 기근이 이르쿠츠크를 강타했고, 농학자 수의사 공학자들이 반혁명 사보타주를 벌였다며, 그들에 대한 형사 고발이 난무했다고 했다. 그들은 양식良識에 반하는 자백을 하도록 강요받았다는 것이었다. 그는 여러 달 동안 저항했다. 굶주림, 추위, 독방 감금이 그를 옥죄었다. 결국 그도 처우 개선을 약속받고 굴복했다. 그들이 바라고 원하는 내용을 전부 자백해주었다. 그는 난방이 되는 감방을 배정받았고, 사식私食이 허용되었으며, 아내도 면회할 수 있었다. 비밀 재판소는 그에게 관용을 약속했다. "하지만 그게 발목을 잡았어요! 우리의 자백은 말이 안 되는 게 너무 많았고, 모스크바는 오히려 그로 인해 사태를 수용할 수가 없었던 거죠. 모스크바가 사건 파일을 내놓으라고 다그친 이유예요. 그들은 내용이 터무니없다면서 우리까지 모스크바로 압송하라는 명령을 내렸습니다. 주요 피의자 두 명과 치안판사가 불려왔고, 사건을 여기서 조사하겠다고 하네요! 이르쿠츠크에서 여기까지 오는 데 한 달이 걸렸습니다. 어지간히 우리가 두려웠나 봐요. 우리의 협조가 필요했던 치안판사는 끊임없는 친절로 우리를 감동시키려 했죠. ……"

몇 시간이 지나 아침이 찾아왔고, 나는 1층의 더 널찍한 막사로 끌려갔다. 그 방은 난파한 선원들의 수용소 같았다. 열다섯 명가량이 뭐랄까, 집처럼 생활하고 있었다. 거기서 몇 주, 아니 여러 달째 머무는 중인 듯했다. 그들 앞에 무슨 일이 펼쳐질지는 아무도 몰랐다. 몇 명은 매트리스가 있었지만, 나머지는 시멘트 바닥이 잠자리였다. 무겁고 긴장된 분위기였다. 사람들이 내보이는 쾌활한 기분은 억지였다. 창문 옆에 선 젊은 병사 하나가 쉬지 않고 큰 소리로 중얼거렸다. 그가 막무가내로 되풀이하던 한 문장은 꽤 또렷했다. "별수 없지! 나는 총살당할 거야!" 그러고는 욕설을 내뱉었다. 나는 자리를 잡고서, 이렇게 물었다. "배낭이나 여행용 가방이나 뭐 좀 빌려줄 사람 있습니까? 눈 좀 붙입시다." 시베리아풍 옷을 걸친 거한 한 명이 서류 가방을 수건으로 싸서 내게 건넸다. 얼굴이 천연두 자국으로 얽은 그가 옆으로 누우면서 자기소개를 했다. "N— —이라고 합니다. 이르쿠츠크에서 농학을 가르쳤죠. ……"

농학자가 또 있었다. 모스크바 출신인 그는 옷차림이 훨씬 세련되었고, 괴로운 표정이 역력했다. 그가 끼어들었고, 우리 셋은 함께 대화를 나누었다. 그는 바로 전날 밤 체포되었고, 그 충격에서 벗어나지 못하고 있었다. 농업인민위원부의 주요 인사 전원이 게페우에 의해 제거된 상황이었다. 더구나 그 '비당원 기술자'가 가장 큰 충격을 받은 사실은 모시던 공산당 소속의 상관들이 이렇게 자기랑 똑같은 감옥에 갇혀버렸다는 것이었다. 사실이 그러했다. 부인민위원 볼페Wolfe, 코나르Konar, 코바르스키조차 붙들려갔으니 더 말해 무엇 하겠는가! 그가 아는 세상은 지진이 난 것처럼 흔들리고 있었다.

나는 그날 위층 감옥으로 끌려 올라갔다. 짤막하게 건강 진단을 받았다. 그리고 다섯 번째 수색이 이루어졌다. 사람들이 흔히 휴대하는 사소한 소지품을 전부 빼앗겼다. 그 최종 수색이 어찌나 철저했던지, 상의 안감 속에 숨겼던 연필 한 자루까지 발각되었다. 내가 만일에 대비해 옷깃에 숨긴 면도날도 그들은 찾아냈다. 다음으로 내가 들어간 감방은 감옥 중의 감옥이었다. 요인이나 중범죄 혐의자들 용이 분명했다. 과거 한때 보험 회사가 쓰던 구역에 지어진 감옥은 비밀스럽게 감방이 분할되었고, 방음 처리까지 되어 있었다. 건물은 각층이 모두 독자적인 감옥이었다. 다른 층들과 완전히 차단 밀봉되었다는 말인데, 출입구도 접수처도 다 따로 운영되었던 것이다. 그들은 층계참과 복도에 설치해 운용하던 색깔 전구를 신호로 썼다. 요컨대, 인원이 들고나는 정황을 표시하는 수단으로 사용했는데, 그렇게 해서 죄수들이 서로 마주칠 수 없도록 조치한 것이다. 빨간 융단을 깔아 발자국 소리마저 집어삼키는 복도는 마치 불가사의한 호텔 같았다. 그다음은 텅 빈 감방. 상감 세공된 바닥으로 그런대로 괜찮은 침대가 하나, 책상과 의자가 놓여 있었다. 아주 깔끔했다. 큰 창문이 하나 있고, 거기에는 쇠창살이 설치돼 있었다. 밖에서 가릴 수 있는 차단막이 있었음은 물론이다. 벽은 페인트를 갓 칠한 듯했다. 낙서나 긁힌 자국이 하나도 없었다. 그곳은 텅 빈 공간이었고, 나를 휘감은 것은 믿기 힘든 침묵이었다. 그래도 멀리서나마 철물이 쨍그랑거리는 소리와 벨소리는 들렸다. 미아스니츠카야 가를 전차가 지나갔던 것이다. 그곳은 낮 시간 내내 사람들로 붐볐다. …… 특수 병과 군인들은 제복이 근사했고, 맡은 바 임무도 세련되게 수행했다(기계 같았다). 그들이 나를 뒤로 하고 조심스럽게 감방 문을 닫았다. 나는 부사관에게 책과 메모 용지를 달라고 요구했다. "그 얘기는 담당 치안판사에게 하십시오."

루뱐카는 절대 비밀이 보장되는 곳이었다. 어느 누구와도 교신할 수 없었다. 읽을거리가 전무했다. 신문도 없었고, 종잇조각 하나도 구경할 수 없었다. 소일할 심심풀이가 전혀 제공되지 않았다. 바깥 운동장에서 운동을 할 수도 없었다. 나는 그렇게 약 80일을 보냈다. 신경을 옥죄는 엄혹한 시련이었지만 나는 그럭저럭 잘 버텨냈다. 수년간 날카로운 긴장 상태로 살아온 나는 무척이나 지쳐 있었고, 몸 좀 쉬어야겠다는 욕구가 엄청났다. 나는 꽤 잘 잤다. 적어도 하루에 열두 시간은 잤을 것이다. 나머지 시간에는 열심히 연구했다. 역사, 정치경제학, 심지어 자연과학까지 공부했다! 머릿속으로 희곡과 단편소설과 시를 썼다. 나는 실용적인 관점과 태도를 제외한다면 내 '건'을 복기하고, 예상해보는 따위의 일은 거의 하지 않았다. 그 일에 강박적으로 매달려서는 안 됐고, 사실 많은 노력이 필요했다. 내면생활이 깊고 풍요로워졌다. 구애받거나 성가신 일도 전혀 없었다. 하루에 몇 번씩 운동도 했다. 정말이지 운동이 무척이나 유용했다. 식사로는 흑빵, 밀이나 기장으로 만든 파스타, 생선 수프가 나왔다. 그럭저럭 괜찮았지만 양이 부족했고, 나는 저녁마다 공복통에 시달렸다. (전 세계 노동자들의 축제일인!) 5월 1일 노동절에는 특식을 제공받았다. 잘게 썬 고기로 만든 커틀릿, 감자 요리, 과일을 집어넣은 스튜가 나왔다! 담배와 성냥은 하루 열세 개비와 열세 개였다. 나는 빵부스러기로 주사위와 달력 같은 것도 만들었다.

조사가 개시되면서 그렇게 단조롭던 생활이 끝났다. 여섯 번 정도 조사를 받았는데, 일정한 간격을 두고서였다. 보긴Bogin 판사 (이목구비가 날카로웠고, 안경을 끼었으며, 제복도 갖춰 입었다)가 테이프를 끊었다. 틀림없이 게페우 요원 양성 학교를 나왔을 것이다(그것도 당연히 상급 과정을). 보긴은 말이 청산유수였다. 심리 전술을 적용해보겠다는 의도가 분명했고, 나는 내버려두었다. 그런 상황에서는 가급적 말을 아끼면서 하는 얘기를 주의 깊게 듣는 것이 최선임을 나는 잘 알았다. 놈들은 자정에 사람을 깨웠다. "조사 시간입니다!" 나는 승강기를 타고, 지하로 내려가, 복도를 걸었다. 그 층에는 업무를 처리하는 사무실들이 가득했다. 그곳이 루뱐카로 처음 끌려왔을 때 머물렀던 비좁은 감방 바로 옆이라는 걸 나는 깨달았다. 끝없는 복도와 연한 모든 방을 심문관들이 사용했다. 내가 들어간 방은 380호 아니면 390호였을 것이다. 이동 중에 만난 사람은 한 명뿐이었다. 주교 같았는데, 상당히 이목을 끌었다. 그가 지팡이를 짚고 어떤 사무실에서 나왔고, 나는 큰 소리로 이렇게 말했다. 교도관들이 경악하는 재미를 좀 누려야 했다. "안녕하세요, 신부님!" 그는 손을 흔드는 방식으로 근엄하게 반응했다. 나 때문에 보고서가 틀림없이 꽤 많이 작성되었을 것이다.

나는 공격적으로 첫 번째 심문에 임했다. "그래! 밤에 불러서 조사하는 전통이 재개되었군요! 최악의 차르 지배 시절이나 다름 없네요. 축하합니다!" 보긴은 화를 내지 않았다. "말씀이 심하십니다그려! 당신을 밤에 모신 건 우리가 밤낮으로 일하기 때문입니다. 아무렴요! 우린 사생활도 없다고요!"

우리 두 사람은 비위를 맞춰주며 웃었다. 보긴은 다 안다고 말했다. "다요. 당신 동지들은 사기가 꽉 꺾였습니다. 이게 그들의 진술 녹취록입니다. 못 믿겠죠? 당신이 적인지, 의견 차이에도 불구하고 진정한 공산주의자인지 알아야겠소. 안 내키면 질문에 답하지 않아도 돼요. 조사 심문은 오늘부로 종료될 거고, 우리는 당신을 공개 정적政敵으로 판단 평가하겠습니다." 그것은 함정이었다! 내가 백지 위임장을 줘, 당신 일을 편하게 해주길 바라지요? 전달받은 비밀 보고서로 나를 탄핵하는 온갖 사실을 꾸며내고 싶은 거죠? 나는 여러 해 동안 감옥에서 썩어야 할 테고요. 나는 목소리를 높였다. "아니요. 기꺼이 조사에 응하겠습니다. 시작해볼까요."

"그러시다면야. 우리 둘 다 공산당원이라는 것에서부터 시작해보죠. 나는 당이 부여한 직책을 수행합니다. 당신도 당에 봉사하고 싶을 겁니다. 그래요, 잘 압니다. 중앙위원회의 권위와 지휘권을 인정합니까?"

함정이었다! 내가 중앙위원회의 권위를 인정하면 놈의 게임에 말려드는 것이었다. 그들은 헌신이라는 미명하에 나로 하여금 바라고 원하는 내용을 실토케 할 수 있었다. "잠깐만요. 나는 당에서 쫓겨났습니다. 재입당을 요청하지도 않았고요. 당 규율에 얽매인 몸이 아니란 말입니다. ……"

보긴: "무지 형식주의적이군요!"

나: "뭘로 기소되었는지 알고 싶군요. 그래야 반박이든 뭐든 할 게 아니겠소. 소비에트의 어떤 법률에도 저촉되지 않았다고 생각하오만."

보긴: "형식주의에 찌들었군요! 내 카드를 꺼내 보이라는 얘기

죠?"

나: "지금 우리가 카드를 치고 있는 건가요?"

보긴은 출처가 트로츠키인 문서들이 내 집에서 발견되었다고 말했다. "사실이 아닙니다." 내가 알렉산드라 브론슈타인을 자주 만났다고도 얘기했다. 그 여러 차례 방문에 관해 우리 두 사람은 얘기를 나눴다.

"브론슈타인 여사와 반대파 사안을 협의했죠? 그렇지요?"

"아니요. 각자의 건강 상태와 문학이 화제였을 뿐이오!"

"반혁명 분자 안드레스 닌과 접촉했죠?"

"그래요. 우편물과 엽서를 주고받았죠. 닌은 뛰어난 혁명가이고, 알헤시라스(에스파냐 남부 지브롤터 해협에 면한 항구 도시 - 옮긴이)에서 옥살이 중입니다. 아시잖아요?"

보긴이 내게 담배를 건넸다. 그는 나의 전망이 뻔뻔스런 반혁명 분자의 그것으로, 나한테마저 매우 위험하다고 말했다. 내가 그의 말을 잘랐다. "사형이라도 받는 겁니까?" 그의 항변이 이어졌다. "아니요! 하지만 그럼에도 당신은 스스로를 파괴 중이오. 태도를 바꾸고, 다 불어야 안전할 겁니다. 잘 생각해봐요." 새벽 네 시가 돼서야 나는 감방으로 돌아갈 수 있었다.

이런 야간 면담 조사가 여러 차례 거듭되었다. 하지만 둘 모두 성과와 소득은 없는 빈손이었다. 그들이 나를 솔로반Solovian이라는 사람과 엮으려 한다는 걸 알았다(금시초문인 사람이었다). 나는 어리둥절했고, 걱정이 되기 시작했다. 모종의 음모가 추진 중임을 알 수 있었기 때문이다.

조사실로 끌려갈 때마다 이동 경로상에서 전기 신호가 작동했다. 담당 교도관을 제외하고 다른 어떤 간수도 못 볼 만큼 효율적인 신호 체계였다. 어느 날 밤 취조실로 가는데, 교도관 여러 명이 나를 예의주시하고 있음을 눈치 챘다. 다시 동틀 무렵 감방으로 돌아오는데, 그들이 접수처 주위에 몰려 있는 게 눈에 들어왔다. 나를 바라보는 그들의 시선이 호의적임을 느낄 수 있었다. 나를 수색했던 간수 한 명의 경우는 농담을 던질 만큼 우호적이었다. 나중에 안 사실이지만, 바로 그날 밤 코나르, 볼페, 코바르스키 — 모두가 중요한 관료였다 — 기타 유력 공산당원 몇과 더불어 농업 전문가 35명이 처형되었다. 그들은 그렇게 사라졌다. "조사 시간입니다"라며 내가 불려간 그 복도를 똑같이 걸었던 것이다. 그들이 루뱐카의 지하 감방 어딘가에서 총살당했다는 것 말고는 교도관들도 더 이상 아는 것이 없었다. 그들은 내 운명도 그들과 마찬가지일 것으로 가정했음에 틀림없다. 나를 주목한 것은 인간애의 발로였던 것이다. 내가 감방으로 복귀하자, 간수들은 놀라면서도 다행스러워했다. 누군가가 마지막 '취조'에서 살아남은 것을 확인해서였으리라. 취조실을 드나들면서 아가리를 크게 벌리고 있는, 1층 복도 앞을 지나치곤 했다. 그 복도는 조명이 엄청나게 밝았다. 희생자들이 그 복도를 지나 최후의 순간을 맞이했던 것일까?

나에 대한 조사는 느닷없이 끝났다. 위험에 처했다는 예감이 강하게 들었다. 한낮에 소환되었는데, 나를 맞이한 것은 상당한 고위 인사였다. 여윈 몸에, 머리칼이 셌고, 주름이 자글자글했다. 목이 새처럼 가냘팠는데, 표정이 차가웠고, 입술은 일자로 얇았다. 주요 반대파 범죄를 취급해온 루트코프스키Rutkovsky였다. 그는 부서장 몰차노프Molchanov의 심복이자 비밀협의회 성원이기도 했다. (몰차노프는 야고다 재판 때 총살당한다.) 루트코프스키는 사무적이고 악랄했다.

"당신은 확고부동한 적이오. 자신을 파괴하고 있어요. 감옥에서 몇 년 썩어야 할 겁니다. 당신은 트로츠키주의자들의 우두머리

524

요. 다 알고 있소. 하지만 당신을 도와주고 싶소. 마지막 제안이라는 걸 명심해요."

나는 얼어붙었다. 시간이 좀 필요하다고 생각했고, 말했다. "갈증이 심해요. 물 한 잔 주시겠소?" 취조실에는 아무도 없었다. 루트코프스키가 일어나 사람을 불렀다. 나는 생각할 시간을 벌었고, 정신을 차렸다. 그가 다시 시작했다.

"이게 마지막이요. 기대를 많이 하는 건 아니지만. 당신을 잘 압니다. 처제 아니타 루사코바[1]의 진술을 보여드리지. 사실임을 인정하고, 서명해요. 더 이상 묻지 않겠소. 조사는 종결될 거고, 당신 지위도 향상될 거요. 협의회가 선처하도록 최선을 다해주겠소." 아니타가 체포되었던 것이다! 처제는 별거 아닌 내 구술 내용을 번역해주곤 했다. 그녀는 정치에는 관심이 없었고, 음악에 몰두했다. 아기처럼 순진무구한 처자였다.

"그렇군요." 내가 대꾸했다.

루트코프스키가 진술 조서를 읽어줬고, 나는 깜짝 놀랐다. 정말이지 대경실색할 내용이었다. 전혀 모르는 주소들로, 전혀 모르는 사람들에게 내가 처제를 시켜 꾸러미와 메시지를 전달했다는 것이었다. 적군 주둔지에 사는 솔로뱐Solovian이라는 사람도 그중 하나였다. 한 무더기의 거짓 사실과 '적군 주둔지'의 주소를 섞은 걸 보면서 나는 깨달았다. 총살시킬 계획이로군! 아니타가 고문 끝에 거짓 자백을 했음에 틀림없어! 그렇다면 처제와 나의 운명은!

나는 버럭 소리를 질렀다. "그만둬요! 집어치우시오! 정말이지 가증스러운 내용이군요. 다 거짓입니다. 그런 거짓 진술을 받아내겠다고 처제한테 무슨 짓을 한 거요?" 나는 몹시 화를 냈고, 그래야겠다고 판단했다. 조심스럽게 대해서는 얻을 게 더 이상 없었다. 내가 총살당하는 편이 나았고, 상황을 그렇게 몰아가려 했다.

심문관도 맞받아서 화를 내는 척했다. 아니면 정말로 화가 났을지도. "날 모욕하는 거요? 모욕적 언동도 중범죄라는 걸 아시오?"

"잠깐만요. 좀 진정하고 답하도록 하지요. 나 자신과 당신, 그리고 당신의 직책을 고려하고 존중해, 그 진술 녹취록은 더 이상 듣지 않겠소. 다 거짓말이오. 아니타 루사코바와 대질시켜주시오."

"자멸하는 거요."

실상 나는 사건 전체를 무너뜨리고 있었다. 나는 물론이고 아니타까지 목숨을 부지할 수 있었던 이유다. 용기를 잃고 단 한순간만 비겁하게 굴었더라도 거짓이 승리할 뻔했다. 그들이 우리를 총살할 수도 있었다. 게페우 조사관들은 상이한 위원회들의 관리 감독을 받으며 일했다. 대표적인 곳이 중앙위원회 관리위원회였다. 그들은 원하는 판결을 얻기 위해 규정에 따라 사전에 사건 적요서도 작성했다.

나는 루트코프스키에게 매일 편지를 써서 아니타와 대질해줄 것을 요구했다. 거짓말의 실체를 까발려야 했다. "처제가 갔다고 하는 곳들을 설명해보게 하시오!" 나는 그들이 진퇴양난의 처지에 빠졌음을 깨달았다. 나를 취조한 조사관들은 명백한 날조를 시도했고, 내가 그들의 약점을 잡았다는 것이 분명했다. 나는 게페우를 몰아붙였다. 그러고도 과연 내가 살아남을 수 있을까? 석방이 된다 한들 말이다. 나는 감옥행이었고, 붙잡혀온 다른 동지들에게 거기서 사건의 전말을 알리고, 또 정부 당국에 탄원이라도 할 수 있었을까? 루트코프스키는 나를 무너뜨리지 못할 경우 적어도 경력에 흠집이 생길 판이었다(나는 그가 1938년에 상관들인 몰차노프 및 야고다와 함께 죽었을 거라고 확신한다). 나는 최악의 경우에 대비했다. 예상하기로는 아무리 잘 풀려도 야로슬라프의 비밀 감옥에서 몇 년은 썩을 터였다. 그곳은 죄수들을 독방에 감금했다. 물론 최악은 총살이었다. 프랑스 사람들이 나를 작가이자 투사로 인식해줬고, 소련 당국이 해외 무대에 아무튼 모종의 해명을 해야만 할 것이라는 사정이 유일하게 떠올릴 수 있는 희망이었다. 하지만 그들이 거짓이라도 뭔가를 조작해내면, 그걸로 상황 끝이었다! 심문한답시고 데려가지만 엄청 밝던 그 1층 복도로 끌고 가 처형해버릴지도 모른다는 생각에 몇 날 며칠을 시달렸다. 나는 삶과 죽음의 문제를 숙고했다. 개인의 삶이 집단의 위대한 삶에서 부상했다가 사라지는 듯하고, 어쩌면 정말로 사라지는 것이 불가사의하다고 느꼈다. 그래도 삶은 계속된다. 부단히 갱신되면서 어쩌면 영원히 말이다. 이런 생각들은 철학 술어로도 제대로 표현할 수 없지만 아무튼 옳고 굉장하며 고무적이라는 느낌이 들었고, 그건 지금도 여전하다.

루트코프스키가 두 번째 심문을 했다. 약간 기가 꺾였는지 살짝 웃기까지 했다. 형식상 잠깐 경고를 하기도 했는데, "장담하건대, 태도를 누그러뜨리고 우리를 적대시하는 걸 중단하는 게 훨씬 좋을 거요. 그게 당신한테도 좋을 거라고 말해두오. ……" 나는 정중하게 그의 말을 끝까지 들었고, 고개를 가로저었다.

"그렇다면 좋소. 더 이상은 진행할 수 없겠군요. 조사를 종결하겠소. 안됐군요."

"좋으실 대로."

조사를 받으면서 그때까지 단 한 글자도 기록이 작성되지 않았다. 어쩌면 속기사가 내가 안 보는 데서 작업을 했을 것이다. 루트코프스키가 양식이 인쇄되어 있는 큰 종이 몇 장을 꺼내더니, 질문과 내 대답을 옮겨 적었다. 대수롭지 않은 질문 여섯 개와 시시한 대답 여섯 개였다. 이러이러한 사람들을 아는가? 당신과 그들은 강제 추방자들의 상황에 관심이 있는가? 당연히 있다. 우리는 공개적으로 만났고, 편지와 소포 역시 공개적으로 보냈다. 그들과 체제 전복에 관한 대화를 나누었나? 아니다. 그렇다면 됐다. 여기 서명하라.

"처제와의 대질 건은 어떻게 됐습니까? 나는 아니타가 무고하다는 걸 입증하고 싶소. 처제가 나를 두고 거짓말을 했다면 자기도 속인 겁니다. 아니타 머릿속에는 반대파의 신념이 없어요. 그냥 애일 뿐이란 말입니다." 루트코프스키는 그윽한 회색 눈동자에 의미심장한 미소를 띠며 나를 바라보았다.

"우리가 루사코바의 증언을 중히 여기지 않는다고 내 입으로 직접 말해줘야 만족하겠소? 당신 처제는 별일 없을 거요."

"당연하죠."

"좋습니다! 이제 됐지요? 조사는 끝났소." 나는 아내와 아들 소식을 물었다.

"잘 지냅니다." 나는 책도 요구했다. "뭐라고요? 여태 한 권도 못 받았단 말이오? 용서할 수 없는 과실이로군!"

"아니요." 나는 조용히 대꾸했다. "그건 부주의나 태만이 아니었습니다."

"당장에 조치하겠소."

"한 시간씩 걸었으면 합니다만? 문명 세계의 감옥처럼 말입니다." 루트코프스키는 깜짝 놀라는 체했다.

"뭐라고요? 운동 시간이 없었다는 말이오?"

간수 한 명이 저녁에 책을 한 무더기 가져다주었다. 《무슬림 세계사History of the Moslem World》, 《요점 경제사Economic History of the Directory》, 노긴Nogin의 《시베리아 회고록Siberian Memoirs》, 정말이지 부자가 된 듯했다! 적십자가 양파, 버터 조금, 흰 빵, 비누를 보내왔다. 내가 사라졌다는 사실을 파리에서 인지했음을 알 수 있었다.

놈들은 나한테서 어떤 진술도 받아낼 수 없었고, 유쾌하지 못할 법석을 피하고 싶어했다. 내가 프랑스 작가이기도 한 게 아니라 그저 러시아인 투사였을 뿐이라면 사태는 아주 달랐을 것이다.

그즈음 정확히 언제였는지 기억할 수는 없지만 식은땀을 흘리며 잠에서 깬 적이 있었다. 복부 아래쪽이 몹시 아팠다. 이전에도, 이후로도 느껴본 적이 없는 엄청난 통증이었다. 통증은 내부로 퍼져나갔고, 꽤나 오랫동안 계속되다가, 서서히 사라졌다. 완전히 지쳐서 혼절할 지경이었다. 신음소리가 컸음에 틀림없다. 경비원이 들어올 정도였으니 말이다. 나는 의사를 불러달라고 부탁했다. 치료라 할 만한 조치는 다음날 아침에야 받았다. 간호사 비스무리한 사람은 얘기만 듣고서, 하얀 알약 세 개를 주고 가버렸다. 탁자 위에 놓인 알약 때문인지 감방이 환해진 듯했다. 쓸데없는 생각을 피해야 했다. 의기소침과 사기 저하를 어떻게든 차단하는 것이 급선무였다. 하지만 1938년 야고다 재판 때 다시 그때 일이 떠올랐다. 게페우에 특별 화학 연구소가 있다는 풍문이 돌았던 사실을 말이다. 몸이 경고를 발하면 피수감자의 사기가 약화될 수도 있다. 가능한 일이다. 변호사도, 법률 구조도 없을 때는 무슨 일이든 일어날 수 있다.

한 주 정도는 괜찮았다. 분명히 뭔가 착오가 있었을 테고, 감방 동료가 생겼던 것이다. 그는 옅은 쥐색 튜닉을 입었는데, 목을 풀어 헤친 게 상당한 호남이었다. 나이는 서른다섯 정도였고, 대大러시아인 혈통의 농부로, 이목구비가 또렷했고, 헝클어진 갈색 머리 때문에 반항적인 성격이 도드라져 보였으며, 곁눈질하는 두 눈동자는 회색이었다. 인민위원협의회 의장 알렉시스 리코프Alexis Rykov가 당시 우랄 지방 계획위원회에 참여했는데, 그의 총참모로 활약하던 네스테로프Nesterov라고 했다. 처음에는 서로 의심했지만, 우리는 곧 친구가 되었다. 그는 우익 반대파였고, 도대체 왜 체포되었는지 가늠하지 못했으며, 아무튼 놈들이 리코프에 불리한 진술을 받아내려 공작할 것이라고 판단했다. 리코프가 여전히 중앙위원이었기 때문에 이 우려는 타당했다. 그는 리코프를 마음속으로 깊이 존경한다고 말했다. "놈들이 날 가만 놔두지 않겠지만, 그는 위대한 혁명가예요!" 우리는 며칠씩 맑스주의, 소련의 미래, 당의 위기, 톨스토이를 화두로 즐겁게 토론을 했다. 그는 톨스토이의 작품을 다 외웠다. 그는 웃통을 벗고 농사꾼처럼 왔다 갔다 하면서 설교를 늘어놨다. 마치 들판에 나온 듯한 착각이 들 정도로 말이다. 네스테로프는 이렇게 말했다. "빅토르 르보비치, 소비에트인류연구소Soviet Institute for Man는 언제쯤 세워질까요? 인간을 어떻게 향상시킬 수 있을지 과학적으로 연구해야 합니다. 신체와 정신 모두에서 말이죠. 현 시점에서 그걸 할 수 있는 것은 우리뿐이잖아요. 이 얘기는 리코프랑도 하던 것입니다. ……" 네스테로프는 감옥 밖으로 걸어 나오지 못했다. 그는 1937~38년쯤에 총살되었다.

내가 받은 조사 얘기를 길게 쓴 까닭은 나중에 큰 도움이 되었기 때문이다. 나는 다른 자료도 접했지만 직접 한 경험 덕택에 대숙청 재판이 어떻게 날조되었는지를 더 선명하게 이해할 수 있었다.

나는 밤에 나만 혼자 죄수 호송차에 실려 부티르키 교도소로 이감되었다. 감방은 텅 비어 있었고, 조명이 무척 밝았다. 부티르키 교도소는 도시 안의 도시였다. 거기에서는 2~3일 머물렀다. 책도 줬고, 나는 침착했다. 거쳐야 할 감옥이 무척 많을 것으로 생각했다. 둘째 날인가 셋째 날에 놈들이 나를 아래로 끌고 가, 어떤 감방에 가두었다. 벽에 초록색 타일이 붙어 있는 게 마치 목욕탕 같았고, 옆으로 널찍한 복도가 있었다. 모스크바 시내를 떠돌던 부랑자 청년 한 명과 잠깐이었지만 방을 함께 썼다. 그가 아버지와 형이 총살되었고, 자신은 살아남게 된 얘기를 해주었다. 확실히 복잡한 사건이었다. …… 사람들이 복도에서 왔다 갔다 하는 소리가 들렸다. 게페우 장교 한 명이 서류를 손에 쥔 채 부리나케 들어왔다. "읽고 서명해요!" 읽어보았다. "반혁명 음모. 특별협의회는 오렌부르크 3년 유배를 선고함. ……" 서명하는 내 기분은 화가 나면서도 기뻤다. 아무것도 할 수 없다는 무력감에 화가 났고, 기뻤던 것은 아무튼 유배지에 가면 푸른 하늘을 머리에 이고 생활할 수 있을 터였기 때문이다.

추방형을 언도받은 사람들이 로비에 모여 있었다. 꼭 장례 행렬 같았다. 여자 한 명이 눈에 들어왔고, 생김새가 굵직한 지식인 청년도 한 명 보였다. 그는 사람들과 악수를 하면서 자기를 거듭 "슬로뱐"이라고 소개했다. "나는 반대파가 아닙니다. 총노선을 지지해요. ……" 그에게 이렇게 대꾸해줬다. "당신의 총노선에 행운이 함께하기를 바랍니다." 사람들은 나를 무개차無蓋車에 태웠다. 아까 말한 여자, 제복 차림의 군인 몇 명과 함께 우리는 역으로 출발했다. 모스크바여, 잘 있거라! 봄 햇살이 도시를 비추었고, 눈이 부셨다. 여자는 모스크바 출신의 노동자로, 남편이 투옥당한 반대파였고, 그 자신이 좌익 반대파였다. 그녀의 유배지는 볼가 강 지역이었다. 그녀가 여성 감옥에 수감된 동지 몇 명의 소식을 알려줬다. 그러고는 가진 것을 좀 나눠줬다. 입방체로 짜부라뜨린 차와 20루블. "당신이군요, 세르고Sergo. 우리가 얼마나 걱정했던지요! 다들 당신이 여러 해 동안 감금될 거라고 생각했습니다!" 우리는 타타르 공화국의 작은 역에서 뜨거운 포옹을 나누고 헤어졌다.

게페우 요원 여러 명이 객실을 경비했다. 멍청한 장교 한 명이 지독히도 멋을 부렸다. 손잡이가 달린 구식의 근사한 안경을 뽐냈는데, 렌즈들이 최신 유행에 따라 직각으로 배열돼 있었다. 그는 다양한 포즈로 맞은편에 앉아서 나와 정치적 대화를 시도하려 했고, 나는 화제를 바꾸면서 이를 회피했다. 기차가 러시아의 대지를 총알처럼 뚫고 나아갔다. 하룻밤은 비록 찰나였지만 경이로움에 몸을 떨기도 했다. 볼가 강 유역의 삼림 지대였고, 나이팅게일들이 합창을 하고 있었다. 나는 걸어서 사마라(퀴비세프)를 가로질렀다. 사람들은 잠든 상태였고, 거리는 장밋빛이었으며, 군인 한 명이 소총을 휴대한 채 나를 따랐다. 내가 도망치는 기미라도 보이면 언제든 발포할 태세였다. 게페우 지역 본부에서는 샤워를 할 수 있었는데, 그것은 정말이지 축복이었다. 수염을 못 깎은 수척한 검은 형체가 뜨거운 물세례 속에서 민첩하게 왔다 갔다 하는 모습이 눈에 들어왔다.

"이봐요, 지식인 양반! 당신은 뭐요?" 그는 쾌활하게 물었고, 계속해서 이렇게 말했다. "난 공산당 우파고, 스탈린그라드 지역 ——지구 비서요. 내전의 용사이기도 하죠. 이반 예고로비치 보브로프Ivan Yegorovich Bobrov입니다." 나도 소개를 했다. 보브로프는 지옥이나 다름없는 감방 생활을 거치며 아사 일보 직전 상태였고, 같은 재소자 서른 명 가운데 열 명이 사경을 헤매는 중이었다. 비서로 일하던 지역의 집산화 과정을 적나라하게 보고한 것이 문제가 됐고, 그도 이제 나처럼 오렌부르크 행이었다. 우리 둘은 밀짚을 넣어준 쾌적한 감방에서 우정을 나누기 시작했고, 그 우정은 오래 참으며 지속된다.

다음날 게페우 특수 기마대 소속 군인 여남은 명이 우리를 기차역으로 데려갔다. 사람들이 오갔고, 그들은 우리를 에워쌌다. 포석에 부딪히던 박차 소음이 아직도 떠오른다. 유리문에 비친 내 몰골이 무척 웃겼다. 짧고 뻣뻣한 털이 텁수룩했고, 모피를 걸쳤는데 그때는 한여름이었다. 보브로프는 완벽한 부랑자였다. 상의는 팔꿈치 부분에 구멍이 났고, 바지는 넝마로 변해 무릎 아랫부분이 없었으며, 허수아비처럼 마른 몰골이었던 것이다. 그래도 우리는 즐겁고 자랑스러웠다. 사람들은 우리를 동정 어린 시선으로 바라보았다. 한 농부 아낙은 호위대에 부탁해, 밀가루 핫케이크를 나눠주려고도 했다. 맛있었다. 부사관 호송 책임자는 우리에게 속마음을 털어놓았다. 죄수 이감을 담당한 그는 이렇게 말했다. "한도 끝도 없이 전쟁을 하는 것 같습니다. 결혼은 꿈도 못 꾸죠. 사할린에서 왔는데, 다른 사람들을 이끌고 또 캄차카 반도까지 갑니다. 매사가 그런 식이죠. 고된 일은 또 좀 많아요? 하룻밤은 시베리아의 어떤 역에서 차량 문을 잠가버렸습니다. 동료들에게 이렇게 말했죠. '마을로 가서 여자들이나 찾아보자고.' 그런데 명령이 기다리고 있었어요. 아무개를 쏴버리라는 거였죠! 세 시간 만에 그 명령을 수행해야 했습니다! 생각해보세요. 적당한 곳을 찾아내고, 아무도 몰라야 했죠. 그 친구를 데리고 숲으로 갔습니다. 낌새를 알아챈 눈치였어요. 그를 엎드리게 했고, 최대한 빨리 머리에 총탄을 박아 넣었죠. 어둠 속에서 그를 묻었습니다. 아무도 모르게. ……" 그 젊은 공산당원 부사관은 우리한테 배급된 설탕과 청어를 착복했다.

우랄 강 연안의 오렌부르크는 스텝 지대의 메트로폴리스이다. 도시는 고즈넉하고, 하늘은 찬연했다. 위치를 좀 더 정확히 얘기하면, 오렌부르크는 퀴비세프와 타슈켄트를 잇는 교통로 상에 있다. 유럽과 아시아의 경계에 있지만, 굳이 따지면 아시아에 속한다. 오렌부르크는 1925년까지 카자흐(또는 키르기스) 자치공화국의 수도였다. 중앙아시아의 유목민인 카자흐족은 그 기원이 투르크족이며 수니파 무슬림으로, 여전히 세 개의 커다란 무리로 분열돼 있었다. 아무튼 1925년 이후로 카자흐스탄이 소련을 구성하는 열한 개의 공화국 가운데 하나가 되었고, 수도가 알마아타로 지정된다. 오렌부르크는 차르 치하에서 스텝 지대의 방대한 가축이 거래되는 중심지였고, 이를 바탕으로 상당한 부를 구가했다. 동방 정교회의 교당이 열다섯 개가량, 대형 모스크가 대여섯 개 세워진 것만 봐도 이는 확연히 드러난다. 여기에서도 내전이 일어났고, 노동계급은 코사크(카자흐) 기병대 우두머리 두토프Dutov 장군을 영웅적으로 무찔렀다. 그가 흉포하게 가난한 노동자를 도살한 과거는 오렌부르크 인들의 뇌리에 여전히 선연했다. 오렌부르크는 네프 기에 회복했고, 크게 약진했다. 다 스텝이라는 자연 지세 상의 위치 덕이었다. 하지만 우리가 도착한 1933년 6월에는 그곳에서도 흉측한 기근이 맹위를 떨치고 있었다. 오렌부르크는 다시 파괴되었고, 쇠퇴했다.

맞은편 우랄 강 둑으로 잎사귀들이 점점이 은빛으로 빛나며 그늘을 드리운 수목을 제외하면 초목이 거의 없었다. 오렌부르크는 발달이 미미한 도시였다. 연도로는 나름으로 예쁜 집들이 농촌 양식으로 지어져 있었다. 큰 키에 빼빼 마른 낙타들이 무거운 짐을 이고서 터덜터덜 걷는 게 침울해 보였다. 주요 간선 도로 두 개는 유럽 양식이었다(소비에트스카야와 코페라티브나야). 제국 양식의 젠체하는 건물도 많았다. 육중한 하얀 기둥이 대표적인데, 그 옛날의 총독들이 세운 것이었다. 보르슈타트(오렌포사드)라고 하는 인근 소읍에 있는 것 하나를 제외하면 교회당 건물은 최근에 모두 파괴된 상황이었다. 성당 잔해가 광장 한가운데 섬처럼 떠 있는 게 별스럽게 흥미를 끌었다. 강 건너 언덕 위로 오래된 하얀 교회가 하나 있었다. 푸가쵸프Pugachev의 1774년 반란과 관계가 있는 유적이었다. 물론 그 교회당조차 파괴를 피할 수는 없었지만. 사제와 주교들은 전부 북쪽으로 추방되었다. 종교는 불법 상황하에서 암약했다. 유대교 회당인 시너고그synagogue도 폐쇄되거나 파괴되었다. 유대교 율법을 준수하며 도살하는 푸주한이 없어졌고, 유대인들은 고기를 못 먹고 있었다. 반면 모스크는 파괴되는 화를 면했다. 무슬림 군중을 자극할 염려가 있어서였다. 당국이 그전부터 그들과 상당한 갈등을 겪고 있었다는 사실을 보태야 하리라. 가장 세련된 모스크는 키르기스족 고등학교로 용도가 변경된 상태였다. 기독교 회당 한두 개는 협동조합이 창고로 사용했다. 지붕이 뚫린 상태였고 십자가도 없애버렸는데, 정작 문제는 용도 전환된 그 창고에 물건이 없었다는 점이다. 얼마 전까지만 해도 물건이 넘쳐났던 대상隊商들의 바자가 휑뎅그렁했다. 여행자 숙소도 텅 비어 있었다. 그 폐허를 곁에 두고, 병영과 군사학교를 중심으로 신도시가 성장하고 있었다. 기병대, 전차 부대, 공군이 주둔 배치되었고, 잘 먹고 잘 입은 젊은이들이 도시를 활보했다. 비행장이 스텝의 초지로 뻗어나갔고, 빨간 벽돌로 새로 올라간 건물에는 비행 학교가 입주했다. 양볼이 토실하고 화려한 실크 드레스를 걸친 노상의 여자들은 대개가 항공병의 아내였다. 국가가 관리 운영하는 소매 거래는 정지 상태나 다름없었다. 의복, 종이, 신발, 식량 따위를 가게에서 전혀 입수할 수 없었다. 내 유배 생활 3년 동안 오렌부르크로는 단 한 켤레의 신발도 공급되지 않았다. 물론 당원과 게페우 요원들이 이용하던 협동조합은 예외였다. 농학자, 수의사, 교사를 양성하는 기술학교 몇 개, 의류 공장 하나, 철도 보선 작업소 하나, 수도 없이 많은 감옥(죄수들이 빼곡했다), 규모가 작은 강제노동수용소 하나. 이것들이 오렌부르크의 나머지 풍경을 구성했다. 살게 된 집 창문에서 보면, 사람들이 마치 가축처럼 지나가는 일이 잦았다. 넝마투성이에 대개가 맨발이었다. 소총을 휴대한 경비병들과 군견이 그들을 감시했음은 물론이다. 그들은 교도소 노역 부대였다. 우리는 비꼬아서 그들을 '열정 여단'이라고 불렀다. 실제로도 일부는 그 이름으로 불리면서, '사회주의적 노력 경쟁'을 벌였다. 벼룩이 날뛰는 어마어마한 시장은 도시에서 사라진 대신, 스텝의 초지에 나타났다. 무슬림 공동묘지(고아들과 노상강도 차지였다), 음울하기 짝이 없는 의류 공장, 기병 학교, 산부인과 병원 근처였는데, 끝도 없이 모래바람이 불었다.

우리는 월초부터 쓸 수 있는 빵 배급표를 받았는데, 게페우가 그런 짓을 하다니 믿을 수가 없었다. 아무튼 그들은 이렇게 지시했다. "도시를 떠날 수 없음. 숲을 산책하는 것은 제외. 앞으로는 알아서 일자리와 머물 곳을 찾기 바람. 하지만 반드시 우리의 승인을 받을 것."

하늘에서 쏟아지는 빛이 그 어느 곳보다 풍요롭고 투명했다. 도시의 인상도 나열해보자. 불볕더위에 타들어감, 신나고 흥미진진함, 풍부한 개성, 허나 열기와 가난과 모래가 이 도시를 뒤덮어버림. 우리는 이발소로 갔고, 겨우 거지꼴을 면했다. 까무잡잡한 부랑아 녀석이 수중에 있던 마지막 3루블을 훔쳐 달아났다. 나는 모피 외투를 전당포에 맡기고 80루블을 받았다. 그리고 우리의 굶주림이 시작되었다. 농민여관의 방은 하룻밤에 2루블이었다. 이불이 무척 더러웠다. 나는 성냥불을 그어 살펴본 후, 그냥 옷만 입은 채 자기로 했다. 여관 건물은 네 면이 다 마당이었고, 수레 말 낙타가 어지럽게 널려 있었다. 유목민들은 거기다 매트를 깔고 일가족 전원이 동물 및 짐과 함께 잤다. 이른 아침은 시원했고, 기분이 좋았다. 뭐랄까, 감동적인 장관이었다. 그 시간에 키르기스인들이 자리를 털고 일어났다. 그들은 조용히 쪼그리고 앉아 있거나 바삐 아침 볼일을 보았다. 성서에서 읽은 고대인들이 떠올랐다. 눈매가 전형적인 몽골인인 여인들이 아기에게 젖을 물렸고, 어린이들은 벼룩 잡는 일에 몰두했다. 아이들 다수가 이빨로 이를 오독오독 씹어 먹었다. 이렇게 말하는 듯했다. "네가 나를 먹었으니, 나도 너를 먹겠다." 사람들이 한 줄로 웅크리고 앉아서 변을 보았다. 일부는 피똥을 싸기도 했다. 넝마 천지였다. 군중 속에서도 날씬한 여자 몇은 단연 두드러졌다. 그녀들의 미모는 이스라엘이나 페르시아의 공주 같았다.

길에서 고함이 들리는가 싶더니, 누군가가 득달같이 문을 두드렸다. "문 열어. 빅토르 르보비치. 어서!" 보브로프가 빵집에서 오는 길이었다. 어깨에 큼직한 흑빵덩이 두 개를 지고 있었다. 4킬로그램은 족히 돼 보였다. 그를 에워싼 것은 한 무리의 주린 아이들이었다. 빵을 좇아 뛰어오르는 모습이 마치 참새 같았다. 보브로프의 옷에 매달린 아이들도 있었다. 아이들은 이렇게 애원했다. "조금만요, 아저씨, 조금만요!" 벌거숭이나 다름없는 상태. 우리가 빵을 조금 떼어주자, 한바탕 다툼이 가열되었다. 여관의 하녀가 청하지도 않았는데 끓는 물을 가져왔다. 그녀 역시 맨발이었다. 우리는 차를 마실 수 있었다. 잠깐 동안 하녀와 나 단둘만 있었는데, 그녀가 눈웃음을 띠며 이렇게 말하는 것이었다. "빵 1파운드만 주세요. 그럼 1분 있다가 신호를 보낼게요. …… 매독 따위는 앓고 있지 않다고 확실히 말씀드릴 수 있어요. 아무렴요, 저는 아니죠. ……" 보브로프와 나는 당번을 정해놓고, 외출해야만 했다. 빵을 지키지 않을 수 없었으니.

우리는 머물 곳을 정했다. 한때 잘나가던 농민의 집이었는데, 여전히 깨끗했다. 1918년 인근의 유명한 전투에서 승리를 거둔 한 프롤레타리아 포병여단 사령관의 미망인이 안주인이었다. …… 두 아이는 각각 일곱 살과 아홉 살로, 부끄러움을 몰랐다. 마당에서 놀고 있었는데, 그중 작은 아이에게 내가 설탕을 한 조각 건넸다. 그는 받아 쥔 물건을 찬찬히 들여다보았고, 이렇게 말했다. "소금 아니에요? 정말 먹어도 돼요?" 나는 보증했고, 아이는 맛을 보았다. 다음 순간 그는 퉤퉤거리고는 얼굴을 찡그렸다. "으, 뜨거워. 퉤, 퉤!" 아이는 설탕을 한 번도 맛본 적이 없었던 것이다. 우리는 먹고 남은 빵을 보존하기 위해 말렸다. 하지만 그 버릇없는 녀석들은 원숭이처럼 민첩했고, 우리가 외출한 틈을 타 지붕으로 기어 올라간 다음, 고미다락의 뚜껑문으로 침입했다. 우리가 얼마나 영악하게 숨겼느냐는 문제가 전혀 안 됐다. 놈들은 말린 빵을 끝장내버렸다. 미망인에게 그 일을 따진 건 실수였다. 맞으면서 내지르는 아이들의 비명에 가슴이 미어졌다. 매질하는 어머니도 상당히 격앙돼 있었다. 우리가 끼어들자 그녀는 이렇게 말했다. "집에서도 매양 똑같아요. 가게에 가서도 훔칠지 모른다고요!" 며칠 후에는 동생이 형한테 얻어맞는 게 보였다. 또 훔쳤던 것이다.

보브로프와 나는 시내와 숲을 이리저리 거닐었다. 그 아이들처럼 배고픈 상태로 말이다. 식당에 가서 1루블을 주면 기름투성이 수프를 한 사발 먹을 수 있었다. 거기 가면 소녀들이 식사가 끝나기만을 기다렸다. 접시를 핥아먹을 기회를 차지하고, 빵부스러기도 그러모아야 했던 것이다. 우리는 식량 수급을 철저히 조절했다. 일자리를 구하는 데 시간이 얼마나 걸릴지 알 수 없었기 때문이다. 나는 레닌그라드나 파리에서 도착하는 구호품도 기대했다. 우리는 일주일에 두 번 시장에서 설익은 양파와 양 뼈다귀를 사와, 수프를 만들었다. 마당에서 장작불을 피우고 끓였는데, 냄새가 좋았다. 먹으면 드러누워 소화되기를 기다렸다. 그야말로 지복의 순간이었다. 한번은 그렇게 거나하게 먹고 배탈이 나기도 했다. 마른 빵과, 사모바르로 끓이고 설탕을 넣어 달게 한 차가 식사의 대종이었다. 부티르키 교도소의 여성 동지가 쥐어준 압축된 차가 우리의 마지막 생명줄이었다. 마침내 우리도 몇 가지 소식을 접했다. 보브로프의 아버지가 아사했고, 내 아내는 병세가 호전되어 생활 방편이 되는 꾸러미를 챙겨 보내주겠다고 했다. …… 우리는 투지를 잃지 않고 버텼다. 계속해서 여러 사안을 토론했고, 혁명에 관한 기억을 더듬었다. 우리의 대화는 매번 이렇게 끝났고, 즐거웠다. "빅토르 르보비치(또는 이반 예고로비치), 양배추 수프 어때?" 우리는 한 개에 1루블 20코펙인 삶은 달걀을 파는 좌판 앞을 서성거리곤 했다. 군인들이나 사먹을 수 있는 가격이었던 것이다. 우리한테는 삶은 달걀이 진정 사색의 대상이었다.

굶어 죽은 키르기스인들이 도처에서 작은 산을 이루었다. 폐허가 된 교회, 버려진 집 앞 현관, 스텝 초지의 변경, 우랄 강 인근의 바위 아래서 우리는 그들의 시체를 보았다. 어느 날 저녁 폐허로 변한 시장터를 지나는데, 열병으로 쓰러진 아이를 발견했다. 아이가 신음했지만 사람들은 감염이 두려워 건드리려고도 하지 않았다. 예후를 살폈더니 그저 굶주린 것으로, 나는 아이를 의용군 기지로 옮겼다. 연약한 손목이 불덩이처럼 뜨거웠다. 아이에게 물을 한 잔 마시게 하고, 집에서 빵도 한 조각 갖다 먹였다. 변변찮은 조치였지만 당장에 기적 같은 효과가 일어났다.

"우리한테 어떻게 하라는 거요?" 군인들이 물었다. "보육원으로 데려가시오." "하지만 거기 데려다줘도 아이들은 달아납니다. 굶어 죽는다는 걸 뻔히 안단 말입니다!" 귀가했더니, 며칠 분량의 빵이 사라지고 없었다. 그사이에 누가 훔쳐간 것이다.

키르기스인들은 황무지의 불볕 아래 방치되고 있었다. 일부는 살았는지 죽었는지 분간이 안 됐다. 사람들은 염치를 잊고 말았다. 가난한 사람들은 허둥지둥 터무니없었고, 공무원 군인 부르주아 행색을 한 그네들의 아내는 또 그들 나름으로 그랬다. 후자는 다 합해야 8퍼센트 정도로, 우리는 그들을 '불평 없이 만족하는 집단'으로 칭했다. 하늘과 땅의 경계로, 모래의 침입이 끊이지 않던 시장은 어울리지 않게 사람으로 가득했다. 거기서 이리저리 거래가 이루어졌고, 대개는 저질 골동품이었다. 백 번쯤 수선해, 불을 안 켰는데도 검댕이 나오는 남포등, 비싼지 모르겠지만 크기가 안 맞는 등피lamp chimney, 고장 난 난로, 유목민의 복식, 5분밖에 안 가는 훔친 시계(시계 세 개와 잡동사니로 네 개를 만들 수 있는 전문가들이 있었다), 가축이 대상 품목이었다. 제왕처럼 당당한 흰 낙타 한 마리를 두고 키르기스인들은 오랫동안 논쟁을 벌였다. 혈거穴居 생활을 하는 노파들이 손금을 봐줬다. 여인들의 갈색 피부가 검게 빛났다. 터번을 두른 기묘한 투르크멘 사람도 만났다. 그는 볼테르 시절에 암스테르담에서 프랑스어로 출판된 음서淫書의 판화에 염소의 척추뼈를 던지면서 점을 쳤다. 거기서는 상황이 최악일 때조차 빵과 버터와 고기를 입수할 수 있었다. 물론 가격은 터무니없었고, 위생 규제와도 백만 광년쯤 떨어져 있었지만 말이다. 경향각지에서 온 갖은 연령대의 인간 군상이 주린 배를 부여잡고 도둑질을 일삼았다. 투르키스탄은 물론 파미르 고원이 고향인 사람까지 있었으니. 그들은 사람들에게서 당근이나 양파를 낚아채 즉석에서 삼켜버렸다. 아내는 이런 도둑질도 목격했다. 어떤 주부가 15루블을 주고 버터 1파운드를 샀다고 한다(숙련 노동자의 3일치 임금이다). 구매가 완료되던 순간 도둑이 버터를 잽싸게 잡아채 달아났다. 그는 금방 잡혔다. 하지만 주먹질과 돌팔매에도 불구하고 바닥에 몸을 옹그린 채 버터를 먹어버렸다. 사람들은 버려둔 채 떠났지만, 그는 피투성이였음에도 포만감을 느꼈다.

오렌부르크도 그 밖에는 관리 운영 상태가 양호했다. 영화관이 세 개였고, 여름에는 유랑 극단도 찾아왔는데 수준이 상당했다. 토폴리Topoli(참피나무라는 뜻)라고 하는 관상 정원까지 있었다. 주민이 16만 명이었는데, 게페우가 거기 풀어놓은 인원이 10분의 1이었다. 건강에 좋은 기후였다. 5개월 동안은 기온이 영하 42도까지 떨어지는 혹독한 겨울이었다. 나머지 5개월은 뜨거운 여름으로, 이번에는 기온이 40도까지 치솟았다. 1년 내내 스텝에서 사나운 바람이 불어왔다. 일명 부란buran이라는 것이다. 그 흉포한 바람이 겨울에는 눈을 말아 올려 광장들에 백색 사구를 만들어놨고, 여름에는 뜨끈한 모래를 비처럼 퍼부었다. 빈민 가운데 최소 70퍼센트가 말라리아를 앓았다. 물론 키니네는 전혀 공급되지 않았다. 여든 먹은 할머니와 젖먹이 아기가 학질에 시달리는 것도 보았다. 다행히 그들은 죽지 않았다.

평균 임금이 80~150루블이었다. 의류 공장에서 일하는 여자들이 저녁에 비행사들을 유혹하려던 것은 그런 이유에서였다. 도시 빈민의 적어도 절반이 알코올 중독자였다. 학생에서 노파에 이르기까지 다양하기도 했다. 혁명 기념일에는 도시민 전체가 술에 취해 비틀거렸다. 밤에는 사람들이 집에 처박혀 쇠막대와 나무로 바리케이드를 치고 안전을 도모했다. 밤에 어두운 골목에서 살해당하는 당료가 해마다 꽤 나왔다. …… 아무튼 사람들은 열심히 일했다. 청소년들은 학구적이었다. 사람들이 대체로 괜찮았다. 그들은 결코 희망을 버리지 않았으며, 공식 법령의 숨의 의미도 선뜻 이해했다. 오스트리아, 에스파냐, 에티오피아에서 벌어지는 흥미로운 사건들도 놓치지 않았다. 그들은 정말이지 매일이다시피 완강한 생존 능력을 보여줬다.

처음 도착했을 때는 추방당한 정치범이 열다섯 명 정도였다. 사회혁명당원, 시온주의자, 아나키스트, 반대파였다가 항복한 사람들. 오렌부르크는 특권적 유배지로 받아들여졌다. 게페우는 다른 곳에서 이미 투옥되었거나 추방형을 산 기결수와 주요 인사들에게만 오렌부르크를 배정했다. 실상 추방형에도 등급이 많았다.

북극권으로 들어가 가옥이 다섯 채뿐인 정착지에서 산 사람을 나는 알고 있다. 카자흐스탄 사막의 투르가이는 또 어떤가? 연중 5개월 동안 물을 전혀 구경할 수 없는 그곳에서 카자흐족은 진흙으로 가축우리 같은 집을 짓고 생활했다. 오렌부르크 유형수들도 소개해본다. 사회혁명당 중앙위원 L. 게르슈타인L. Gerstein이 마지막 나날을 보내고 있었다. 아무도 그를 건드리지 못했다. 사실 게페우가 비타협적이라고 알려진 트로츠키주의 유력 인사들을 오렌부르크로 모으는 중이었다. 우리는 그들의 목적을 알 수 없었고, 상당히 불안했다. 아무튼 얼마 안 가서 형제애를 나누는 무리가 형성되었다. 모두가 탁월한 지성들이었다. 그루지야 출신의 고참 멘셰비크 라미시빌리Ramishvili가 도착했다. 그는 수감 생활이 14년째로 접어들고 있었다. 게오르기 디미트리에비치 쿠친Georgi Dimitrievich Kuchin도 멘셰비크였다. 그는 멘셰비키 중앙위원회의 말년 성원이었다. 당의 총노선 지지로 돌아서 엊그제까지만 해도 요직을 차지했던 우익 반대파 출신자들도 몇 있었다. 우리는 우익 반대파 출신자들과는 한마디도 섞지 않았다.

유배 생활의 최대 특징은 불안정이었다. 게페우는 유형지를 동질성이 높게 편성했다. 지적 활동을 제한해야 했고, 분열과 배신을 조장한 다음, 구실과 핑계를 들이대 비타협적 분자들을 감옥에 처넣거나 더 황폐한 오지로 이송하려던 것이었다. 유배자들은 친지들이 보내오는 편지, 일자리, 의료 측면에서 의존적일 수밖에 없었고, 문자 그대로 소수 관리의 재량에 맡겨졌다. 죄수들은 게페우에 매일 보고해야 했다. 경우에 따라 3일, 5일, 7일에 한 번씩 보고하기도 했다. 그들은 삶을 조직하고자 했지만, 조금 안정되는가 싶으면 실업과 투옥과 이송이 개입해 일거에 망가지기 일쑤였다. 고양이와 쥐의 게임이 끝없이 이어졌다. 유배자들 중에 중앙위원회에 뉘우치는 편지를 보내거나 공손히 사과한 사람 몇은 (반드시는 아니어도) 대우가 나아지거나 경제 전문가나 사서 같은 편한 일자리를 얻기도 했다. 하지만 그런 사람들은 나머지 유배자들의 외면을 받았다. 예컨대 트로츠키주의자였고, 항복했지만 남편이 여전히 옥살이를 하던 한 여성은 공공도서관 소탕 업무를 부여받았다. 수시로 발부되는 목록에 따라 트로츠키, 리아자노프, 프레오브라젠스키 및 기타 일군의 저작을 없애는 일이었다는 얘기다. 그 책들은 나치의 소행을 좇아 불태워지지는 않았고, 펄프 공장으로 보내져 재생되었다.

게페우의 선처를 구하지 않으면 일자리를 구하지 못하리라는 것이 너무나 명백했다. 우랄 골드 트러스트라는 광업 회사에서 일자리를 구할 가능성이 약간 보였고, 나는 비밀경찰의 지역 총수와 짤막하게 대화를 나누었다.

"재입당할 생각이 있습니까?"

"아니요."

"특별협의회에 선고를 항소할 생각입니까?"

"아니요."

그 후로는 어떤 일자리도 불가능했다. 나는 맞서 싸우기로 결심했다. 파리에서 내가 쓴 역사서 한 권, 소설 세 종, 기타 이런저런 출판물이 팔리고 있었다. 오렌부르크에는 토르그신[2] 가게가 하나 있었다. 기근 사태가 최악으로 치달을 때조차 식량과 공산품을 구매할 수 있었다는 얘기다. 물건 가격은 세계 수준에 미달할 때도 있었고, 도시민들은 탐욕과 선망의 시선으로 가게를 바라보았다. 가게의 제품은 금과 은과 외국 통화로만 살 수 있었다. 키르기스인과 농민들은 카운터에 페르시아 주화로 만든 고대의 목걸이와 돋을새김이 된 은제 성화 틀을 내려놓았다. 그 예술품과 희귀 주화는 그저 무게를 다는 방식으로 취급되었고, 밀가루 옷 가죽과 바뀌었다. 부르주아 출신 유배자들은 의치를 넘겼다. 나는 15달러쯤 하는 한 달 300프랑의 돈으로 나 자신과 막 출옥한 몇몇 동지들의 생계를 돌보았다. 물물교환으로 난방용 땔감과 유제품도 입수했다. 시장에서는 1토르그신루블이 35에서 40루블 사이였다. 임금을 80루블 받는다면 세계 시장에서 통용되는 가격으로 2루블, 다시 말해 약 1달러 가치가 된다는 말이다. ……

나는 초지가 끝없이 펼쳐지는 교외 지구 보르슈타트의 주택 절반을 임대했다. 그 집은 과거 한때 쾌적했겠으나 이제는 폐허나 다름없었다. 주인 아주머니의 남편은 투옥 중이었다. 다리아 티모페에브나Daria Timofeevna는 키가 컸고, 말랐으며, 뼈가 앙상했다. 한스 홀바인의 연작 〈죽음의 춤Dance of Death〉에 나오는 등장인물처럼 얼굴 표정이 냉정한 여자였다. 그녀는 손금을 봐주면서 근근이 살았다. 할머니 한 분이 주기적으로 말라리아를 앓았고, 그녀는 그때마다 복도 마루에 드러누워 파리의 자비를 기대하며 오한에 떨었다. 그녀는 밤에 초크 볼을 만들어 시장에 내다팔았다. 열두 살짜리 소년도 있었는데, 역시 말라리아에 시달렸지만 똑똑하고 탄탄한 구석도 있었다. 녀석은 집이든 다른 어디든 손에 닿는 거면 뭐든 훔쳐먹었다. 다리아 티모페에브나는 3루블이 생기면 밀가루 조금과 보드카 한 병을 사서, 섬망 상태 내지 인사불성이 될 때까지 마셨다. 이웃들의 삶도 극단적인 상황에 내몰려 있었다. 하지만 그들은 언제나 기적처럼 버텨냈다. 내가 유형을 산 3년 동안 스러지거나 굴복한 사람이 단 한 명도 없었다. 여자 셋이 차가운 지하실에서 끈질기게 살아나갔다. 그녀들은 엄청 추운 날이면 약간의 온기라도 얻으려고 소똥을 뗐다. 여자 둘은 늙었지만 다른 한 명은 젊었다. 젊은 여자는 예쁘장하지만 신경과민이었는데, 남편이 그녀와 두 아이를 버렸다고 했다. 그녀는 있을지 없을지 모르는 약간의 소득을 기대하며 시장에 갈 때면 아이들을 안에 가두고 밖에서 문을 잠갔다. 콧물 범벅인 아이들이 문짝 널판 사이로 얼굴을 내밀며 애처롭게 말하던 게 아직도 뇌리를 떠나지 않는다. 골로드노Golodno('배고프다'는 뜻)! 내가 아이들에게 먹을 것을 좀 주자, 다른 엄마들 사이에서 난리가 났다. 두 아이한테만 음식을 줬다며 쫓아와 비난을 퍼부은 것이다. "우리 새끼들도 굶고 있어요!" 내가 해줄 수 있는 것은 아무것도 없었다.

○　블라디가 그린 오렌부르크의 거처.

아내가 레닌그라드에서 책을 몇 권 갖고 도착했다. 나는 게페우에게서 원고와 미완성 작업물, 그리고 타자기를 돌려받았다. 나는 미래가 있기라도 한 것마냥 작업을 계속하기로 했다. 아무튼 가능하기는 했으니 말이다. 살아남을 가능성과 감옥에서 사라질 가능성은 반반이었다. 어떤 희생을 치르더라도 폭정에 맞서 싸워야했고, 그러려면 곤두박질 친 나의 권리와 존엄을 지켜야 했다. 그것은 자유롭게 사색할 권리였다. 나는 동시에 두 권의 책을 쓰기 시작했다. 하나는 젊었을 때 파리에서 벌인 투쟁을 회고하는 작품이었고, 나머지 하나는 자료를 모아 1918~20년의 역사를 쓰는 것이었다. 오렌부르크는 차파예프³가 이끌던 파르티잔들의 영역이었고, 나는 내전기에 살아남은 생존자 몇 명과 면담을 했다. 소비에트 영화계가 그들의 영광을 찬양하고 있었지만 정작 당사자들의 삶은 근근僅僅했다. 알코올에 중독된 사람들, 꺾여버린 사기. 하지만 그럼에도 그들은 경이로웠다. 나는 그 특별한 내전 시기를 연구했다. 내 주변의 서민과 그들의 세계는 비록 원시적이기는 했지만 인간적 가치가 물씬했다.

내가 자세히 관찰한 강도 사건 하나를 예로 들어보자. 그 일은 젊은이들이 즉흥적으로 벌인 흔히 있을 수 있는 폭력 사건에 지나지 않았다. 술기운에 의협심이 발동해 죽기 살기로 싸우는 일이 있지 않은가. 그런 젊은이들 가운데서도 가장 사나운 녀석이 노동자 클럽에서 재판을 받았다. 그는 이미 여러 차례 자신의 양심을 외면했고, 뭣 때문에 재판을 받는지도 알지 못했다. 이름은 수다코프 Sudakov였고, 그는 총살을 당했다. 그런데 관련해서 전설이 만들어졌다. 나는 평결이 내려지기 한 시간 전에 법정을 나왔다. 숨이 턱턱 막히는 8월의 밤이었다. 다음날 몇 사람이 수다코프가 탈출했다고 내게 말하는 것이었다. 그들은 몹시 흥분했고, 자초지종도 자세했다. 그가 고래의 러시아식 인사법인 네 방위에 절하는 것으로 방청객에게 경의를 표한 후, 창문을 뛰어넘어 바깥 공원으로 사라졌다는 것이었다. 도시민 전체가 직접 보기라도 한 것처럼 그 일을 주워섬겼다. 하지만 그 어느 것도 사실이 아니었다. 사람들은 제정신이 들자, 이번에는 수다코프가 사면되었다고 떠들었다. 게페우는 수다코프의 옷을 가족에게 보냈다. ……

건조한 여름은 모든 걸 태워버릴 듯했다. 겨울 역시 가차 없었다. 매순간이 투쟁의 연속이었다. 나무를 확보하는 것이 가장 중요했다. 소련의 규제는 멍청하기 이를 데 없었다. 게페우는 쾌적한 가옥의 경우 이런저런 구실을 대면서 상습적으로 징발했다. 사람들은 크고 좋은 집을 외면하고, 새로 집을 지었다. 한 세대가 겨우 살까 말까 한 집이었으니 군대도 전혀 흥미를 보이지 않았음은 물론이다. 대형 가옥은 버려졌고, 썩어갔다. 다음 순서는 철거해도 좋다는 허가였다. (상태가 형편없었으니 당연했다.) 폐허가 된 가옥에서 들어낸 목재는 땔감으로 팔렸다. 참으로 기가 막힌 처리 과정이었다. 나는 전문가 나리들의 똑똑한 조치를 따라, 그 방법으로 온기를 유지했다. 그런 식으로 주택 지구가 서서히 사라졌다. 도시의 인구가 증가하고 있었음에도 말이다. 아들과 나는 눈보라를 헤치며 썰매를 끌고는 했다. 썰매에는 흔히 감자 부대가 실렸고, 암시장에서 구매한 등유도 있었다. 아침에 일어나보면, 눈이 집을 거의 덮어버릴 정도로 내린 경우도 종종 있었다. 문을 열고, 창문으로 햇빛을 조금이라도 들이려면 삽을 들고 사투를 벌여야 했다. 나무를 톱질하고 패는 일도 빠뜨릴 수 없었다. 훔쳐갈 수도 있었으므로 그렇게 만든 땔감을 숨기는 것도 필수였다. 우리는 앞문에 나무 바리케이드를 쌓았다. 빵을 구하기 위해 도시 저쪽으로 다녀오기도 해야 했다. 고생은 고생대로 하고 이런 고지문만을 접하기도 여러 번이었다. 10일자 빵 배급은 취소되었음. 배급소에는 다음과 같은 포스터도 붙어 있었다. "할머니 할아버지는 식권에 포함 안 됨." 하지만 사람들은 그 군식구들을 살리기 위해 갖은 노력을 다했다.

우리는 자주 장거리 스키 여행을 했다. 얼어붙은 우랄 강과 숲을 쏘다녔다. 눈밭에는 자주 야생 동물이 지나간 흔적이 남아 있었고, 우리는 놈들을 추적하고는 했다. 열세 살짜리 아들은 1급의 스키 선수가 돼 있었다. 물론 제대로 얘기하자면, 아들한테는 스키 장비가 없었지만 말이다. 아들 녀석은 발에 단단히 묶은 나무 널판이 고작이었다. 블라디는 학교도 다녔다. 교과서가 학생 세 명당 한 권, 공책은 한 학기에 학생 한 명당 세 권이었다. 카자흐 아이들은 여기서도 서로 칼을 갖고 싸웠고, 방과 후에는 시장을 털었다. 아들은 프랑스 녀석으로 통했고, 처신을 잘했다. 칼이 없어도, 모두가 아들을 존중했다. 블라디는 유배자의 아들이었고, 공산당 고위급 간부는 걱정이 이만저만 아니었던 모양이다. 아들 녀석은 아버지와의 관계를 청산하지 않는다고 질책과 비난을 받았다. 블라디는 사회과학 수업 시간에 프랑스에서는 노동조합이 자유롭게 활동한다고 발표하는 바람에 한동안 학교에서 쫓겨나기도 했다. 교장은 나를 책망했다. 내가 블라디의 '반소련 활동'을 조장 고무한다는 것이었다. 나는 그에게 이렇게 대꾸했다. "하지만 프랑스에 노동조합 결성의 자유, 나아가 정치 견해 표명의 자유가 존재한다는 것은 사실입니다. 그 얘기가 어떻게 반소련적이라는 겁니까?"

교장의 대꾸는 이러했다. "당신 말은 믿기 힘들군요. 어쨌든 이곳 소련에 진정한 자유가 존재하고, 소위 민주적 국가라는 자본주의 독재체제는 그렇지 않다는 것을 우리 아이들에게 가르치는 것이 학교의 임무입니다."

게페우는 오렌부르크에 좌익 반대파를 대여섯 명 모아놨다(언젠가 사건을 조작하겠다는 의도가 분명했다). 젊은 동조자가 두세 명 더 있었다. 우리는 가족처럼 단단히 결속했다. 참말이지 경이로운 사람들이었다. 나는 소설 《세기의 한밤중S'il est minuit dans le siècle》에서 그런 유배자들의 분위기와 투지를 드러내려고 심혈을 기울였다. 그 동지들은 여러 해 동안 감옥과 감옥을, 유형지와 유형지를 전전했고, 궁핍으로 고통당했다. 그러나 그 가운데서도 혁명적 신념과 올바른 정신 상태와 의기양양함을 잃지 않았다. 그들의 정치적 지성은 여전히 반짝반짝 빛을 발했다. 파냐 웁스타인Fanya Upstein은 오데사 출신의 지식인으로, 서른이 채 안 된 나이였다. 얼마나 헌신적인 학생이었던지. 리디아 스발로바Lydia Svalova는 폐름 출신의 노동자로, 한 회합에서 임금 문제로 언성을 높였다며 백해White Sea(구소련 북서부에 있는 바렌츠 해의 일부 - 옮긴이) 해안으로 추방당한 전력이 있었다. 여전히 젊었던 그녀는 그 극북 지방에서 마부로 일했다고 했다. 다정하고 한결같았던 리사 세나츠카야Lisa Senatskaya는 최후의 5년 동안 옥살이를 한 반대파 바실리 판크라토프Vassily Pankratov의 아내로, 남편과의 이혼을 거부하고 유형을 택했다("그녀가 남편과 연대하고 있음을 알 수 있다"). 두 사람은 오렌부르크에서의 재회를 기대했다.

○   블라디가 그린 보리스 엘친, 1936년.

남자들은 전부 내전의 투사들이었다. 보리스 미하일로비치 엘친은 1903년부터 볼셰비크였고, 반대파 지도부의 성원이었으며, 단신에 심장병과 류머티즘을 앓았다. 검은 머리칼이 반항적이리만치 무성한 그는 막강한 지성을 뿜냈다. 턱수염과 콧수염이 검었고, 피부도 까무잡잡했으며, 주름은 깊었고, 두 눈은 활기찼고, 말하는 투는 사려 깊으면서도 냉소적이었다. 그가 수즈달의 감옥에서 오렌부르크로 왔을 때는 쉰다섯이 넘었다(엘친은 거기서 스탈린과 거래를 했다).

엘친의 최초 유배지는 크림 반도의 페오도시아였다. 동행한 아들이 결핵으로 죽어가고 있었다. 아무튼 그곳 기후가 고집불통 반항자에게 너무 편한 환경이라고 당국은 판단했다. 엘친은 헤겔의 《선집》을 항상 가까이했다. 그의 집을 찾아가면, 밥을 먹고 있는 경우가 종종 있었다. 감자 몇 알과 청어 반 마리였다. 그는 내게 차를 대접했다. 마치 나이를 많이 먹은 학생 같았다. 그가 갈색 눈동자에 미소를 머금고 말했다. "오늘 밤에는 헤겔을 다시 읽으려고요. 아주 자극적이고, 격려가 됩니다!" 그는 이렇게도 말했다. "우리가 한데 모인 것은 게페우 때문입니다. 사실 우리는 투사의 수만큼이나 경향이 많죠. 못마땅한 일도 전혀 아니고요." 엘친의 아들 빅토르 보리소비치Victor Borisovich는 5년 옥살이를 마치고, 아르항겔스크로 유배를 갔다.

바실리 표도로비치 판크라토프Vassily Feodorovich Pankratov는 (내 생각에 수즈달에서) 5년을 살고 오렌부르크로 왔다. 나이 마흔의 그는 어깨와 머리의 균형이 잘 잡혀 있었고, 성격이 활달했으며, 운동선수 같은 이목구비 역시 성격만큼이나 딱 부러졌다. 함대의 수병이었던 그는 1917년 크론시타트의 혁명운동을 이끌었다. 이후로는 내전에도 참가했고, 블라디카프카스(카프카스 북부)에서 게페우 수장으로 활약했다. 그러다가 1928년 투옥되어 3년간 옥살이를 했다. 3년의 형기를 마치자, 게페우가 판크라토프에게 생각이 바뀌었느냐고 물었다. 판크라토프가 아니라고 하자, 그들은 2년을 더 살도록 조치했다. 재소자들이 단식 투쟁을 하겠다고 위협하고서야 비밀 협의회는 이런 식의 형량 강화를 중단했다. 결국 판크라토프는 자유를 회복했다. 물론 유배를 피할 수는 없었다. 아내 리사가 그를 기다렸다. 두 사람은 해후했고, 잠깐이었지만 행복을 만끽했다.

차나안 마르코비치 페브즈네르Chanaan Markovich Pevzner는 재정인민위원부 소속의 경제학자로, 만주 전장에서 불구가 된 사람이었다. 그가 4년만 옥살이를 한 것은 왼쪽 팔의 처참한 상황 덕택이었다. 총탄이 일곱 발이나 박혔던 그의 왼팔은 꼭 넝마 같았다. 게페우가 지방 재정 사무소에 일자리를 주선해줬고, 그는 초기 단계의 괴혈병을 이겨낼 수 있었다. 양껏 먹는 방식이 주효했거나 그 비슷한 상황이었을 것이다. 페브즈네르는 젊었고, 활기찼으며, 수영을 즐긴 비관주의자였다. 그는 계속해서 이렇게 말했다. "벌써 몇 년째에요. 테러가 끝날 것 같지 않습니다. 경제 상황을 보더라도 알 수 있죠." 그는 그 옛날 이스라엘 전사의 예리하고 대담한 용모였다.

바실리 미하일로비치 체르니흐Vassily Mikhailovich Chernykh는 우랄 지방의 게페우 고위 관리였지만 갓 쫓겨난 상황이었다. 그 옛날 그는 광원, 선원, 학생으로 소규모 군대를 조직해 로스토프를 함락시킨 바 있었다. 그는 베르흐네-우랄스크의 감옥에서 오렌부르크로 왔다. 장신에, 탄탄한 두 팔, 강인한 얼굴, 황금색의 갈기 같은 머리털, 조롱하는 듯한 두 눈을 보고 있노라면 북유럽 국가의 삼림에서 일하는 전형적인 벌목공이 연상되었다. 그는 생각이 깊고, 가슴이 따뜻한 전사였다. 전제 정치가 무너진 1917년 2~3월에 페트로그라드 소비에트는 단호하고 총명한 지도부가 없었고 혁명의 기회를 날려버렸다는 것이 체르니흐의 주장이었다. 그때 권력을 장악해 반半부르주아 정부 케렌스키의 한 해 가까운 통치를 생략했어야 한다는 것이었다. 체르니흐도 (나처럼) 최근의 역사 일체와 모든 사상을 철저하게 재검토해야 한다고 주장한 수정주의자였다. 이와 관련해 반대파는 대충 두 부류로 나뉘었다. 수정주의자들이 한 무리라면, 교조파가 있었다. 물론 교조파는 다시금 정통파, 극좌파, 소련이 국가자본주의를 수립 중이라는 이론의 추종자들로 세분되었다.

이반 비크Ivan Byk는 솔로비에츠키 제도의 강제수용소에서 오렌부르크로 왔다. 청년 시절의 그는 우크라이나에서 싸웠고, 노동자 반대파였으며, 베르흐네-우랄스크에서 수감 생활을 견뎠다. 당국이 형량을 두 배로 늘리겠다는 결정을 내리자, 그에 맞서 광범위한 단식 투쟁을 조직한 투사가 바로 그였다. 단식 투쟁자들은 물은 마셨고, 더 오래 버틸 수 있었다. 18일째도 여느 때처럼 투쟁이 계속되었다. 정치범 사동을 관할하던 무시무시한 책임자 안드레예바Andreyeva가 단식투쟁위원회와 협상에 나섰다. 그녀는 강제노동수용소로 보내버리겠다며 그들을 위협했다. 비크의 대답이 걸작이었다. "당신은 노동이 두렵겠지만 난 아니오. 난 노동자란 말이외다." 안드레예바가 자리를 떴고, 투쟁위원 세 명이 담요에 싸였다. 그들은 꽁꽁 묶여 어딘지도 모르는 곳으로 이송되었고, 결박이 풀렸을 때는 솔로비에츠키 제도로 향하는 객차 안이었다. "마음에 안 들겠지만 이제 단식 투쟁은 끝났소. 그러니 우유랑 치즈를 좀 드시오." 호송대원이 말했다. 세 사람은 생각할 시간을 달라고 요청했고, 기차가 우랄 지방에 머무르는 동안은 여전히 단식 투쟁 대열에 동참해야 한다고 결정했다. …… 세 명은 다음날에야 비로소 음식을 좀 먹었다.

비크는 강제수용소에서 신문에 발표된 짤막한 단신 형태로 흐리스티안 라코프스키가 중앙위원회 지지로 돌아섰다는 소식을 접했다. 라코프스키는 이렇게 발표했다. "전쟁 위험에 맞서 당과 함께하겠다." 천성적으로 남의 처지를 잘 살피는 비크는 그 전향이 사리에 맞다고 생각했고, 라코프스키가 '통일전선'을 형성한 것으로 인정했다. 비크는 계속해서 모스크바의 부티르키 교도소로 이감되었다. "반대파와 중앙위원회의 통일전선을 지지하는가?" "그렇소." "라코프스키는 그보다 더 나아갔소. …… 그가 작성한 이 글을 보시오. 당신도 서명하면 석방해주겠소." 비크는 그 글을 읽고, 다시 강제수용소로 보내달라고 요청했다. 그가 형기를 마치자, 게페우는 그를 오렌부르크로 보냈다.

모스크바 출신의 노동자 보리스 일리치 라코비츠키Boris Ilyich Lakovitsky는 일자무식이었지만 파르티잔 군대의 참모 출신으로, 역시 잘생긴 이스라엘 전사 같았다. 흉터가 여럿인 그는 고집불통으로, 항상 게페우와 말썽을 빚었다. 게페우가 공작을 벌였고, 그는 계속해서 일자리를 잃다가 어처구니없는 일을 하게 되었다. 상황과 조건이 너무 어이가 없자, 그는 어느 날 비밀경찰의 우두머리를 찾아가 이렇게 말했다. "동지 양반, 당신이 뭘 하려는 건지는 알겠소. 나를 사보타주 재판에 세우고 싶은 거죠? 상황이 그렇게 어수룩하지 않아요! 가서, 의류 공장의 문제점을 직접 확인해보시오. 모든 게 결함투성이란 말이오!" 빈곤이 끝도 없이 계속되었고, 우리는 시종일관 최선을 다해 그를 도왔다. 하지만 그를 지켜내려는 우리의 노력에도 한계가 있었다. 그는 성격이 너무나 충동적이었고, 말라리아에 여러 차례 쓰러지기도 했다. 얼어붙을 듯한 날씨에 눈이 오는 날이었다. 그와 폐허로 변한 어떤 건물을 지나는데, 어두운 지하실에서 아이들이 튀어나왔다. 우랄 지방의 코사크 기병대가 군기와 전리품을 보관하던 건물이었는데, 지하실이 아가리를 벌리고 있었다. "안에 죽은 사람이 있어요!" 우리는 지하실로 들어갔고, 성냥을 켰다. 두개골이 함몰된 키르기스인 청년 한 명과, 구석으로 칠흑 같은 어둠 속에 처박힌 채 신음하는 병자까지 두 명이 있었다. 벼룩 때문에 가까이 갈 수가 없었다. 아무튼 우리는 두 사람이 구조되도록 조치했다. "이제 감자라도 좀 먹입시다." 라고 비츠키는 명랑한 어조로 이렇게 덧붙였다. "사회주의 조국의 인민들이니, 당연히 열심히 일해야 하는 것은 물론이고 잘 먹어야 하지 않겠소?" 그는 추방형의 형기를 거의 마쳐가고 있었지만 비밀경찰과 몇 차례 더 다투고는 중앙아시아에 있는 '노동 재교육 캠프'로 보내졌다.

알렉세이 세묘노비치 산탈로프Alexei Semionovich Santalov는 푸틸로프 공장 출신의 프롤레타리아로, 20년 넘는 세월 동안 페트로그라드의 온갖 혁명에 참여한 백전의 용사였다. 그는 교양이 풍부하고 사려 깊었는데, 겉으로 보기에는 활발하지 못하고 나태한 듯했다. 산탈로프는 어떤 작업장에서든 노동조합의 권리와 공장 입법을 옹호했다. 심각한 침해 행위였기 때문이다. 그는 이렇게 말하고는 했다. "줏대 없는 젊은이들이 너무 많아요! 요즘 노동계급이 그렇다니까요. …… 이 친구들은 전구라는 물건을 본 적이 없어요. 그들이 제대로 된 화장실 시설을 요구하게 되기까지는 10년도 더 걸릴 겁니다!" 그는, 처음에는 사이가 괜찮았지만 결국 게페우와 마찰을 빚게 됐다. 혁명을 기념하는 축제일이었을 것이다. 산탈로프는 좀 취했고, 한 노동자 클럽에 들어갔다. 스탈린의 초상화가 보이자, 그는 멈춰 섰다. 그러고는 이렇게 떠들었다. "당신은 인정해야 해. 젠장, 얼굴은 반반하군. 혁명의 무덤을 판 주제에!" 산탈로프는 체포되었고, 우리는 다시 그를 보지 못했다.

내가 이들의 면면을 자세히 소개한 것은 그들 덕택에 살아남았기 때문이다. 그들은 한 시대를 구현한 사람들이었다. 아마도 이들 모두가 비명에 스러졌을 것이다.

모스크바의 역사학 교수 Ch ― ―가 체포되었다. 이유가 가관인데, 프랑스혁명에 관한 강의 중에 학생들이 어떤 암시를 받았다는 것이 이유였다. 테르미도르 말이다! 그는 중병을 앓는 중이었고, 우리는 게페우에 모스크바의 병원으로 보내 그를 치료받게 해달라고 요구했다. 다행히 요구가 받아들여졌다. 그가 많이 회복된 상태로 우리에게 돌아왔고, 새로운 소식을 알려주었다. 트로츠키의 동정이었다! 우리는 오랫동안 거의 아무 소식도 접하지 못하고 있었다. 트로츠키가 제4인터내셔널을 수립 중이라고 했다. 도대체 어떤 세력으로? 어떤 정당들이 참여하는 거지? 우리는 궁금했다. Ch ― ―는 비밀스런 동지들이 몇 있다고 했고, 입원 중일 때 가까스로 접촉할 수 있었으며, 엘친과 내가 나서서 반대파 위원회를 결성해달라고 주문했다. "우리한테는 브레인이 필요해요!" 그와 나는 우리 집 계단에 앉아 아스라이 펼쳐진 스텝의 초지를 바라보았다. 나는 모스크바에 있다는 동지들과 관련해 이런저런 질문을 던졌다. 그들의 정체를 알아야 했다. 그의 두 눈을 똑바로 쳐다보았다. 그러고는 말했다. "친구여, 당신은 정부 공작원입니다!" 우리 반대파는 감옥에 유폐돼 있을 때도 생명과 자유라는 기본 원칙을 구현하고, 따라서 은밀한 조직 따위는 결성하지 않는다고 했다. 그의 시도는 실패로 끝났다. 하지만 얼마 후 그에게 사면령이 내려졌다. 내 판단이 옳았던 것이다. 만약 내가 그의 말을 들었더라면 바로 그 순간에 송장이 되고 말았을 것이다. 목덜미에 총구멍이 난 채로 말이다.

1934~35년의 겨울은 정말이지 끔찍했다. 새해를 앞두고 기근

사태가 누그러졌음에도 말이다. 빵 배급이 폐지되었고, 루블화가 흑빵 1킬로그램과 등량으로 재평가되었다. 아내는 정신병에 스러진 후 레닌그라드에서 치료를 받았고, 별거 상태가 꽤나 오래 지속되었다.

○　블라디가 그린 류바. 1935년경 오렌부르크.

나는 아들과 단둘이 생활했는데, 게페우가 별안간 나의 물자를 끊어버렸다. 토르그신에서 쓰라며 파리에서 보내온 돈이 중간에서 사라졌다. 나는 게페우에 일자리를 요구했다. 비밀경찰이 내게 야간 경비원 일을 주선했다는 것은 얄궂다. 그들은 나한테 무기를 휴대해도 좋다는 허가가 날지는 확실치 않다고 말했다. (그것은 규정에 어긋났다.) 내가 죽을 때까지 몰아붙이라는 명령이 내려졌음이 분명했다. 프랑스에서 항의 캠페인이 벌어졌고, 짜증이 난 모스크바가 나를 와해하려 시도 중이었을 수도 있다. 와해 공작이 거듭되었지만 우리의 사기는 꺾이지 않았다. 1934년 10월 아스투리아스(에스파냐 서북부 지방 - 옮긴이)에서 벌어진 전투에 우리는 열광했다. 우리는 우랄 강 유역의 숲에서 집회를 열었고, 나는 에스파냐에서 혁명이 일어났다고 동지들에게 주장했다. 그리고 내 말은 틀리지 않았다. 서방에서 민중이 거대한 승리를 거두면, 소련에도 새로운 공기가 주입돼, 우리 역시 살 수 있었다. 그 소식과 함께, 정치범이 사면될 거라는 소문이 돌았다. 게페우 관리들이 우리에게 말하기로는, 트로츠키가 중앙위원회의 명령에 따르겠다면서 고국 귀환을 구걸 중이라고 했다. 나는 로조프스키가 파리의 동지들에게 비슷한 얘기를 하고 있었음을 나중에 알게 됐다. 내가 곧 굴복할 것이라는 얘기를 퍼뜨린 것인데, 그렇다면 '빅토르 세르주 사건'은 끝이었다. 라코프스키가 막 항복했지만, 우리는 그 일에 크게 동요하지 않았다. 우리는 서로를 이렇게 격려했다. "그는 나이가 많습니다. 놈들이 뻔한 속임수를 쓰기도 했고요. 전쟁이 임박했다는 비밀문서를 보여줬으니 달리 도리가 없었던 겁니다. ……" 이 과정에서 게페우는 대다수의 동지를 직장에서 쫓아냈다.

아들과 나는 식사량을 극단적으로 줄였다. 우리가 먹을 수 있는 것이라고는 약간의 흑빵과 '계란탕'뿐이었다. 괭이밥 조금과 달걀 하나로 만든 계란탕으로 우리는 이틀을 버텼다. 그나마 숲이 있어서 천만다행이었다. 부스럼이 나를 괴롭혔다. 집이 없는 페브즈네르가 주린 배를 안고 우리 집에 자러 왔는데, 이상한 학질로 드러누워버렸다. 그게 성홍열이라는 것은 나중에야 알았다. 나도 왼쪽 가슴에 커다란 탄저병 종양이 생겨 쓰러졌다. 농양膿瘍이 나를 집어삼켰다. 게페우는 진찰을 받을 수 있도록 조치해주지 않았다. 보르슈타트 진료소의 의사는 젊은 여자로 단신이었는데, 일이 너무 많았다. 건넬 수 있는 약이 전무했지만, 그래도 그녀는 최선을 다해 우리를 보살폈다. 페브즈네르가 죽어가고 있었으며(그는 고열로 의식이 혼미했다), 나는 이미 죽었다는 소문이 나돌았다. 게페우가 움직였던 것은 중앙협의회에 우리를 책임져야만 했기 때문이다. 어느 날 아침이었다. 오렌부르크에서 가장 탁월한 명의가 집으로 들이닥쳤다. (대단한 재능이었지만 신경증에 시달렸고, 쉬는 법이 없었다.) 그가 고개를 절레절레 흔들더니, 이렇게 말했다. "걱정 말아요. 살 수 있습니다." 나는 즉시 병원으로 후송되었다. 페브즈네르도 이미 병원에 와 있었다. 그는 전염병 환자 병동에 머물렀다. 우리가 병원으로 후송된 것은 키로프가 암살되고 얼마 안 돼서였다.

나는 짚을 깐 썰매에 실려 병원으로 갔다. 햇빛이 눈에 반사돼 엄청 눈이 부신 날이었다. 수염을 기르고 주름이 자글자글한 농부가 가끔씩 고개를 돌리고 나를 확인했다. 너무 심하게 덜컥거려 내가 만신창이가 되는 건 아닌지 걱정이 되었던 모양이다. 아들 블라디가 썰매 옆에서 함께 걸어갔다. 나는 조금도 움직일 수 없었다. 눈에 보이는 거라고는 너무나 깨끗하고 선명한 파란 하늘뿐이었다. 바실리 판크라토프가 그즈음에 없어졌다. 쥐도 새도 모르게 체포되었고, 임신한 젊은 아내는 고립무원의 상태로 버려졌다. 동지들은 내가 병세 때문에 체포는 면할 것으로 보았다. 하지만 퇴원하자마자 투옥되리라고 예상했다. 페브즈네르의 운명이 그랬고, 우리는 결코 다시는 그를 보지 못했다. 경찰은 전염병동 밖에서 대기했고, 회복한 그를 게페우 지하실로 끌고 갔다.

유명 유배자 다수가 감옥에서 풀려났다가 다시 체포되었고, 페브즈네르와 판크라토프도 그 운명을 피할 수 없었다. 키로프가 암살당했고, 갑작스럽게 극심한 공포가 비등했으며, '감옥에서 음모'가 꾸며졌다고 조작되어, 싹 쓸어가버린 것이었다. 우리는 더 이상 아무런 소식도 듣지 못했다. 몇 달 후 판크라토프가 베르흐네-우랄스크 감옥에 도착했다는 것이 다였다. 거기에는 지노비에프와 카메네프도 수감 중이었다. 판크라토프가 우리에게 전해온 메시지는 딱 하나였다. "가공할 조사가 이루어지고 있습니다. 여태까지와는 차원이 달라요. 단단히 준비하십시오!" 우리는 마음의 준비를 했다.

오렌부르크 외과 병원의 '괴저壞疽'과에서 몇 주나 입원했는지를 알 수가 없었다. 아무튼 최악의 겨울이었다. 병원은 전반적 결핍으로 인해 운영의 효율을 기대할 수 없었다. 아무튼 병원이 가장 중요하게 다룬 것은 빈곤과 궁핍이었다. 병자와 사고 환자가 바글바글했다. 허나 뜯어보면 진짜 병과 사고는 만성영양실조였다. 거기에 술이 가세해 상황을 악화시켰고 말이다. 지방이 하나도 없는 시디신 양배추 수프로 연명하는 노동자는 단순 타박상만으로도 종기가 생긴다. 패혈성 염증이 뒤따르고, 입원 환자는 먹는 게 여전히 부실하므로 그 증상은 한없이 이어진다. 아이들은 입가가 온통 발진투성이였다. 전 병동이 주린 배를 부여잡은 동상 환자들로 가득했다. 헤진 옷, 올이 성긴 옷이 추위를 막아줄 리 없었다.

살균제, 마취약, 진통제, 거즈, 붕대, 요오드가 전부 부족했다. 상처의 붕대를 매일 갈아줘야 했지만 고작 3일에 한 번 교체되었다. 나는 간호사들이 다투고 무마하는 얘기도 들었다. "그저께 빌려준 거즈 3야드 돌려줘. 이 환자는 더 이상 기다릴 수 없다고!" "하지만 너도 알잖아. 약속된 인도 물품이 도착하지 않았다는 걸 말이야. ……" 같은 붕대를 세탁해, 거듭거듭 사용했다. 집게발로 동상을 입은 사지에서 괴저를 그냥 떼어냈다. 그런 처치로 남게 되는 흉터는 말로 다 표현할 수 없을 지경이다. 나를 치료하던 의사들은 물자가 풍부한 유일한 곳인 게페우 특별 병원에 백신과 의약품을 요청했다. 나는 병원에서 빈민들과 어울렸다. 그 옛날 차파예프의 파르티잔들과 교류한 것이다. 공무원, 기술 관료, 군 요원들은 별도의 특수 병원을 이용했다. 의료진과 보조 인력은 전반적으로 처우가 미흡했음에도, 매우 성실했다.

회복기의 환자들은 복도의 큰 난로 주변에 모여 긴긴 겨울밤을 보냈다. 그들은 사랑과 약탈을 주제로 한 애절한 발라드를 은밀하게 불렀다. 후렴구를 보자.

그래 돈이지, 언제나 돈이야.
돈이 없으면 살 수 없으니.

병세가 호전되었다. 내게 발송된 돈 꾸러미를 게페우가 허용했기 때문일 것이라는 게 나의 판단이다. 나는 그 돈으로 토르그신에서 버터와 설탕과 쌀을 살 수 있었다. 내가 그 음식을 받았을 때 동료 환자들이 던지던 시선, 또 각자의 몫으로 떼어주자 그들이 보였던 경의는 결코 잊지 못한다. 비참하고 참혹한 나날이었고, 다 함께 라디오 방송을 들었던 일도 생각난다. 콜호즈 노동자들의 지역 회합을 취재한 내용이었다. '우리의 풍요로운 삶'이 지도자 동지의 덕이라며 감사하는 열정적 발언이 끝없이 계속되었다. 스무 명가량의 환자가 굶주림으로 실려와 있었고, 그 가운데 절반은 콜호즈 노동자였다. 우리는 그들과 함께 말없이 그 모든 얘기를 들었다.

우리의 예측과는 달리 나는 실종을 모면했다. 집으로 돌아갈 수 있었던 것이다. 아마도 프랑스 친구들이 끈질기고 완강하게 싸워줬기 때문일 것이다. 투사들과 지식인들이 나를 석방하든지, 아니면 왜 추방형을 내린 것인지 설명해보라고 줄기차게 요구했다. 그들은 내가 정당한 재판을 받을 거라는 답변을 들었다. 하지만 재판은 없었다. 그들은 사건을 적시한 자세한 서류 기록의 제공도 약

○　블라디가 그린 오렌부르크 시절의 세르주.

속받았다. 하지만 서류는 마련된 적이 없고, 제공되지도 않았다. 친구들은 내가 곧 석방될 것이라는 말을 들었지만 나는 여전히 꽁 꽁 묶인 몸이었다. 소련이 프랑스 내 좌익 서클의 지지를 구하던 시 절이었고, 내 사건과 그 모든 사태는 국면이 꽤나 난처했다.

　눈이 오고 기온이 영하로 떨어진 어느 날 아침이었다. 1935년 봄이었다. 누군가가 우리 집 문을 두드렸다. 문을 열자, 여자 두 명 이 서 있는 것이 아닌가! 두건을 쓴 두 여자가 애원하는 표정으로 나 를 바라보았다. "레닌그라드에서 왔습니다. 당신 주소를 받았어요." "들어오십시오, 동지들!" 젊은 여자가 웃으면서 대꾸했다. "동지는 아니에요. 우리는 부르주아 출신입니다." "아무튼 환영합니다." 두 사람은 몸을 녹였고, 우리 집에 자리를 잡았다. 레닌그라드에서 대 규모 추방과 유형이 자행되고 있다는 소식을 접했다. 5~10만 명이 유배되었다는 것인데, 이는 과거에 부르주아지였던 사람 전원이 다. 그들이 볼가 강 유역 지방, 중앙아시아, 극북 지역으로 쫓겨 갔다. 여자, 아이, 노인, 기술자, 예술가를 가리지 않았다. 임신한 여성은 이송 중에 아이를 낳았고, 노인들은 낯선 철도역에 묻혔다. 모든 것이 파괴되었다. 소지품과 재산을 황급히 팔아야 했고, 일자리를 잃었음은 두말할 나위도 없다. 이 모든 것이 키로프 암살 사건 때문이었다. 스탈린이 레닌그라드에서 과거 제국 시대의 부르주아지를 척결하지 않았다며 지역위원회를 질책했다. 당장에 '청소'가 시작되었다. 남자들은 대부분 강제수용소로 보내졌다. 내가 받아들인 젊은 여자는 유명 건축가의 아내였다. 내가 알기로, 그 젊고 성공한 건축가는 스탈린그라드의 게페우 건물을 지은 사람이었다. 그런 그도 강제수용소 행이었다. 건축가의 어머니도 추방되었다. 그의 어머니라는 것이 제시된 이유였다. …… 3~400 가족이 오렌부르크로 왔으니, 약 1천 명이었다. 우리는 자주 역으로 나가 보았다. 레닌그라드 발 열차가 오렌부르크를 경유해 중앙아시아로 가는 걸 지켜보기 위함이었다. 게페우는 노인들에게 한 달에 30 루블의 수당을 주었다. 하지만 줄곧 지급한 것은 아니다. 어처구니없는 사례도 많았다. 예컨대, 남편이 공산당원이었는데도 아내가 추방된 경우가 있었다. 10년 전에 장교 출신자와 결혼한 전력이 있다는 것이었다! 레닌그라드에서 추방된 사람들은 우리보다 유복했다. 그들은 일자리가 허용되었고, 대다수가 곧 정착한다. 비극이 끝도 없었다. 하지만 러시아는 광대했고, 멈추지 않았다. 삶은 계속되었다.

그렇게 추방된 사람 가운데 케렌스카야Kerenskaya가 있었다. 임시정부 수장이었던 알렉산드르 케렌스키의 누이 말이다. 사람들은 화들짝 놀랐다. "뭐요! 그 이름을 지금도 쓴단 말이오? 죽으려고 환장했군요!" 그녀는 평생 동안 병자를 돌봤고, 여기든 다른 어디든 자신이 쓸모가 있을 것이라고 대꾸했다. 실제로 유배된 의사들이 넘쳐나는 바람에 지역의 의료 인력이 두 배로 늘어났다.

키로프가 암살된 1934년 말에 정치국이 정상화 및 유화 정책을 시작하고 있었다는 것이 나의 판단이다. 콜호즈 시스템이 콜호즈 자체에서조차 농민들의 사유재산 유지를 허용할 만큼 대폭 완화되었다. 정부는 국제연맹에 소련이 민주적이라는 인상을 심어주고자 했고, 기타 국가의 개화된 부르주아지와 프티 부르주아지의 지지를 받으려고 부심했다. 그런데 니콜라예프의 총격으로 이 모든 게 종말을 고했다. 공황 상태 속에서 야만의 시대가 도래했다. 당장에 114명이 처형당했다. 니콜라예프와, 다 합해 열네 명의 친구도 처형을 면하지 못했다. 지노비에프와 카메네프 경향 전원이 체포 투옥되었다. 내가 알아본 바로 3,000명에 육박했다. 레닌그라드 시민 수만 명이 유형에 처해졌다. 이미 추방된 사람 수백 명이 다시 체포되었고, 감옥들에서 비밀 재판이 새롭게 개시되었다.

당 최고위 지도부에서 일어난 몇몇 불가사의가 밝혀졌다. 예누키드제 사건을 예로 들어보자. 아벨리 예누키드제는 이 회고록에서 여러 차례 언급했다. 그는 카프카스 출신의 고참 볼셰비크로, 스탈린의 젊었을 적 친구이며, 스탈린과 마찬가지로 그루지야인이다. 소련이 세워졌을 때부터 소비에트중앙집행위원회 서기로도 활약했다. 그가 그런 고위직들에서 물러났을 때 사려 깊은 인물이라는 사실이 밝히 드러났다. 나이를 그렇게 먹었음에도 민주적이고 관대하기까지 했다. 그의 정직함이 시급한 정치적 거래에 장애가 되었음이 틀림없다. 예누키드제는 맡은 직무들에서 해임돼 한직으로 밀려나는 식으로 해서 점점 더 시야에서 사라져갔다(최종적으로 1937년 총살당한다. '자백'이나 재판도 없었다).

니콜라예프의 범행 후 수많은 얘기가 출판되었다. 그 모든 시나리오가 확률 면에서 터무니없었다. 그렇다고 무슨 원본 서류가 있는 것도 아니었다. 테러리스트 자신이 작성한 성명서도 없었고, 조사 보고서도 전혀 공개되지 않았던 것이다. 격분한 공산당원 청년이 개인적으로 저지른 범행이라는 게 거의 틀림없는 사실이다. 좌파, 그러니까 트로츠키주의 반대파는 당시 레닌그라드에 십중 팔구 알렉산드라 브론슈타인뿐이었다. 좌익 반대파 성원, 그들의 사상, 전반적 상황을 나는 잘 알았고, 그들이 암살과 무관하다는 것을 전적으로 확신한다. 우리는 여전히 소련 개혁을 지지했는데, 그런 개혁적 태도는 일체의 폭력을 배제했다. 나는 지노비에프 경향 추종자들과 우익 반대파도 잘 알았는데, 단 한순간도 그들을 의심할 수는 없었다. 우익 반대파는 매우 신중하고, 충성스러운 사람들이었다. 키로프 살해는 즉흥적인 행위였다. 하지만 정치국은 대경실색했다. 수년간의 암흑기는 그들 자신의 책임이었다. 그렇게 탄압을 했는데도 반대파 놈들이 '그림자 정부'로 존재했다. 뭘 좀 안다는 사람들은 국가 지도자들보다 반대파를 더 높이 쳤다. 한 관리는 겁에 질려 내게 이렇게 말했다. "생각해보시오. 당 지도자 한 명이 젊은 당원에게 잔인하게 살해당했어요. 그런데 그놈은 야당 세력도 아니었단 말이오!"

아무도 몰랐지만 정치국은 1935년 내내 상반된 경향으로 심각하게 분열했다. 정상화 분파와 테러 분파가 갈등했던 것이다. 정상화 경향이 승리하는 듯했다. 처형, 투옥, 추방은 더 이상 대중의 관심을 받지 못했다. 반면 빵 배급 폐지는 모두가 반겼다. 소련은 번영으로의 한 걸음을 위해서라면 시체가 아무리 많이 쌓여도 모른 체하고 넘어갈 태세였다. 나는 이렇게 예측했다. 스탈린도 실질 임금을 조금은 올려야 할 것이다. 집단 농장의 농민들에게 숨 쉴 여유를 줘야 했다. 강제수용소도 폐쇄해야 했고, 야당 세력도 사면해줘야 했다. 반대자들은 무능력자로 전락했거나, 체면만 깎이지 않으면 기꺼이 그를 지지할 태세였다. 스탈린은 이런 조치들을 바탕으로 단번에 불멸의 인기를 구가할 수도 있었다. 나는 부하린이 분주하게 기안 중이던 신헌법을 바탕으로 스탈린이 방금 말한 진로를 따를 것으로 보았다.

우리 추방자들에게 그 해가 순탄하고 평온했지만 동시에 기만적이었던 이유다. 수많은 공산당원 유배자들이 도착했는데, 그들 모두는 '총노선'에 충성할 것을 선언했다. 우리는 몇 명을 빼고는 그들과 어울리지 않았다.

나는 상황이 불확실한 가운데서도 책을 마무리해갔다. 내 새끼들과 내 운명은 어떻게 될까? 나는 제1차 세계대전 직전의 프랑스 아나키즘 운동을 자전적으로 회고했고(《패배자들Les Hommes perdus》), 기간행된 소설들의 후속편이라 할 《혁명La Tourmente》도 있었다. 《혁명》에서는 1920년의 분위기를 그렸다. 1920년은 러시아혁명이 절정에 이른 해였다. 《저항Résistance》이라는 짧은 시선집도 완성했고, 전시 공산주의에 관한 역사서를 집필하기 위한 기초 자료도 광범위하게 축적했다. 그 작업은 2년 반 동안 이루어졌는데, 내가 여유를 가지고 퇴고할 수 있었던 유일한 작품들이다. 나는 프랑스어로 글을 썼는데, 오렌부르크에는 프랑스어를 읽고 쓰는 사람이 아무도 없었다. 나는 아들 말고는 프랑스어로 그 누구와도 대화할 수 없었다. 나는 의지력을 높이 치기는 하지만, 성격이 둔감해졌고 이를 바탕으로 버텨냈음을 인정하지 않을 수 없다. 잠시도 쉬지 않고 일하는 것은 쉽지 않다. 더구나 관헌이 마구 들이닥쳐서 쓴 걸 몽땅 가져가 파기해버릴지도 모른다는 걱정에 시달리면 말이다. 그런 얄궂은 사태가 러시아에서는 너무나도 빈번하다. 예를 하나 들어보면, 소련 언론은 당시에 우크라이나 국민 시인 타라스 셰브첸코Taras Shevchenko의 탄생일을 기념하고 있었다. 그것은 매우 적절한 일이었지만, 다음도 잊어서는 안 될 것이다. 셰브첸코는 1847년 오렌부르크로 추방당해 10년 동안 유배 생활을 했다. "쓰는 것과 그리는 것 모두를 금지당했"음은 물론이다. 셰브첸코는 그럼에도 남몰래 시를 써서, 신발에 숨겼다. 러시아는 한 세기 동안 개혁과 진보를 거듭했고, 혁명까지 겪었다. 그러나 지식인 모반자를 인정사정없이 쓸어버리겠다는 확고한 의지가 여전함을, 나는 셰브첸코의 사례를 통해 알 수 있었다. 나는 다짐했다. 걱정하지 말자. 인내심을 가져라. 끈질기게 작업하자. 상황이 납처럼 짓누른다 할지라도.

나는 원고를 여러 벌 만들었고, 로맹 롤랑에게 원고를 보내겠다고 편지로 알렸다. 롤랑은 파리의 출판업자들에게 그 원고를 기꺼이 전달해주마고 했다. 롤랑은 나를 전혀 좋아하지 않았다. 내가 오래전에 그의 비폭력 신조를 신랄하게 공격했던 탓이다. 롤랑의 비폭력주의가 간디 사상에 영감을 제공했다. 아무튼 롤랑은 소련 정부의 억압에 걱정이 이만저만이 아니었다. 그가 내게 우호적 어조로 편지를 써 보낸 이유이다. 나는 등기 봉투 네 개에 첫 번째 원고를 담아 롤랑에게 보냈다. 게페우에게 그렇게 했음을 알리는 것도 잊지 않았다. 그 봉투 네 개는 전부 분실되었다. 내가 비밀경찰 우두머리를 찾아가 따지자, 그가 대꾸했다. "우체국 운영이 얼마나 개탄스러운지 모릅니까? 그러면서도 사보타주를 적발하면 우리가 사태를 과장한다고 당신들은 말하지! 내가 아내한테 보낸 편지들도 없어졌단 말이오! 조사가 이루어질 거고, 우체국 또한 지체 없이 규정에 따라 보상할 거요!"

그는 친절하게도 로맹 롤랑에게 보내는 또 다른 원고의 전달을 지휘해주겠다고까지 제안했다. (게페우는 곧 문학 검열관들을 투입한다.) 나는 원고를 그에게 맡겼다. 물론 최종 목적지에 도착한 원고는 하나도 없었다.

사태가 그렇게 전개되는 가운데 나의 해외 연락이 두절되고 말았다. 비밀경찰 우두머리가 고개를 절레절레 흔들었다. "맙소사! 체신 행정을 바로잡기 위해 우리가 무얼 했으면 좋겠소?" 우체국이 내게 정기적으로 수백 루블을 지급했다. 내가 매달 다섯 번가량 등기 우편을 발송했는데, 그게 몽땅 사라졌던 것이다. 나는 그 덕분에 급료가 좋은 기술자의 소득을 보전받았다.

한편 프랑스에서는 일명 '빅토르 세르주 사건'이 노동계급과 지식인 사회에서 골치 아픈 문제로 부상했다. 교사동맹United Teachers' Federation이 연례 대회 때마다 나의 석방을 요구했다. 물론 일부는 나의 구금을 정당화하기도 했다. 그 기구의 1934년 연차 총회에서 소련 대표단은 내가 적법하게 구성된 법정에서 재판을 받을 거라고 확약했다. 1935년 랭스 Rheims 총회에서는 러시아 대표단이 "빅토르 세르주!"를 연호하는 함성을 들어야 했고, 내가 키로프 사건 연루자라고 선포해버렸다! 장내 인원 전부가 우우 하는 야유를 보냈다. 인권연맹League for the Rights of Man이 마그들렌 파즈가 취합한 자세한 서류 기록을 공개했다. 《프롤레타리아 혁명Révolution Prolétarienne》, 《해방 교육École Emancipée》, 《맑스주의 투쟁Combat Marxiste》, 《서민Humbles》(모리스 윌랑[4]이 이끌던)이 석방 캠페인을 벌였다. 조르주 뒤아멜, 레온 베르트, 샤를 빌드락Charles Vildrac, 마르셀 마르티네, 자크 메스닐, 모리스 파리자닌[5], 보리스 수바린, 《유럽》의 우유부단한 편집진이 나름의 방식으로 내 사건에 관심을 보였다. 네덜란드에서는 헨리에트 롤랑-홀스트, 스위스에서는 프리츠 브루프바허[6], 벨기에에서는 샤를 플리스니에[7]가 항의 행동을 지지해주었다. 모스크바 소재 국제계급투쟁수감자지원기구International Class War Prisoners Aid in Moscow 비서 헬레나 스타소바Helena Stassova는 브루프바허에게 대놓고 이렇게 말했다. "세르주는 절대 못 나와요."

1935년 6월 '국제문화수호작가대회International Congress of Writers for the Defense of Culture'가 파리에서 열렸다. 공식적으로는 알랭Alain, 바르뷔스, 로맹 롤랑, 엘리 포르, 앙드레 지드, 앙드레 말로André Malraux, 빅토르 마르그리트Victor Marguerite 같은 좌익 인사들이 그 대회를 기안했다. 허나 실상을 보면, 이런 종류의 대회를 전문으로 조직하는 공산당의 막후 참모들이 행사를 주도했다. 그들의 목표는 두 가지였다. 프랑스 지식인 사회가 스탈린을 지지하도록 유도하기, 양식 있는 유명 인사 다수를 매수하기. 친구들이 나서주었다. 그들은 대회에 참석하기로 결의하고, 자신들의 탄원을 들어달라고 요구했다. 일부는 진행 요원들에 의해 쫓겨나기도 했다. 아라공Aragon과 에렌부르크가 비밀 지령에 따라 대회를 조종했다. 바르뷔스, 말로, 지드는 회의를 주재하면서도 당황하지 않을 수 없었다. 하인리히 만[8]과 구스타브 레글러[9]가 독일에서 박해받는 지식인들에 관해 보고했고, 가에타노 살베미니[10]가 이탈리아의 피억압 작가들과 사상의 전반적 자유에 관해 발언했다. 살베미니는 '모든 억압'을 비난하면서 내 이름을 언급했고, 한바탕 소동이 벌어졌다. 지드는 분란을 무마 은폐하려는 노력이 맹렬히 진행되는 사태에 깜짝 놀랐고, 사안을 공개 토론하자고 주장했다. 말로가 그 회차를 주재했는데, 결국 마그들렌 파즈의 발언을 허용했다. 마그들렌이 소련을 격렬하게 성토했다. 소설가이자 신비주의 시인이며, 얼마 전까지만 해도 공산당 투사였던 샤를 플리스니에가 그녀의 발언을 지지했다. 《대지의 저주받은 자들Damnés de la terre》을 쓴 앙리 풀레Henry Poulaille가 대회장에서 시위를 벌였다. 그는 진짜배기 노동자로 까놓고 얘기했다.

소련 작가 대표단에는 내가 잘 아는 사람 둘, 곧 보리스 파스테르나크와 니콜라이 티호노프, 그리고 당의 신뢰를 한껏 받던 내부자로 미하일 콜초프Mikhail Koltsov라는 공인 저널리스트가 있었다. 모스크바에서 만난 적이 있는 그는 재능이 뛰어났을 뿐만 아니라 알아서 기는 능력도 발군이었다. 물론 그들 말고 성공한 극작가 키르숀Kirshon과 다작의 선동가이자 소설가 에렌부르크도 있었다. 러시아 시단의 말라르메, 또는 아폴리네르라 할 파스테르나크는 진정 위대한 작가로, 박해에 준하는 탄압을 받았다. 그는 나서지 않고 잠자코 있었다. 다른 네 명은 지시를 따랐고, 빅토르 세르주라는 작가는 전혀 모른다고 잡아뗐다. 나와 함께 소련작가동맹에 소속된 훌륭하신 동료들이 바로 그들이었다! 그들이 나에 대해 아는 거라고는 다음뿐이었다. "소련 시민, 반혁명 분자임을 자백, 키로프 암살 음모 가담자." 콜초프는 연단에서 이런 내용을 들먹이며 열변을 토했다. 허나 자신이 1939년 게페우의 감옥에서 쥐도 새도 모르게 사라지리라고는 전혀 예상하지 못했으리라. 키르숀 역시 2년 후 자신이 사라지리라는 것을 예상하지 못하고, 나를 "트로츠키주의 테러리스트"라고 규정했다. 그의 펜은 사실 시종일관 순응주의적이었다. 에렌부르크는 자신이 러시아를 탈출했다는 것, 쓴 소설이 금지되었다는 것, "러시아를 십자가에 매달아 죽였다"며 볼셰비키를 성토했던 것을 몽땅 잊었다. 티호노프는 내가 프랑스어로 번역해준 장대한 서사시의 작가였지만, 거기서 노래한 용기를 잊었음에 틀림없었다. 대회에 참석한 러시아 작가 가운데 모스크바 재판이라는 음산하기 짝이 없는 사형수 호송차를 내다본 사람은 없었다. 하지만 그들은 무고한 사람 127명이 처형당했음은 알고 있었다. 그 소식은 니콜라예프의 행위가 있은 다음날 공표되었고, 소련 언론에 따르면 장-리샤르 블로크Jean-Richard Bloch와 로맹 롤랑 같은 인도주의자들도 결연하게 승인했다. 내가 체포되고 나서 2년이 지난 시점에 벌어진 살인 사건을 빌미로 나의 체포를 정당황하다니, 모골이 송연할 지경이었다. 참으로 파렴치한 일이었다. 앙드레 지드가 소련 대사를 찾아갔지만, 대사는 지드에게 어떤 해명도 할 수 없었다.

거의 같은 시기에 로맹 롤랑이 스탈린의 초청으로 모스크바를 방문했고, '빅토르 세르주 사건'을 언급했다. 정치 경찰 우두머리 야고다가 호출되었고, 그의 파일에는 아무것도 없었다(만약 내가 공모 사실을 조금이라도 자백하고 서명한 게 있었다면, 나는 끝장이었을 것이다). 스탈린은 나와 가족이 소련을 떠날 수 있도록 조치해주겠다고 약속했다.

그런데 어디로 간단 말인가? 우선 당장에도 비자를 받을 가망이 없어 보였다. 친구들이 간청했지만, 총리 라발Laval은 우리 가족의 프랑스 입국을 불허했다. 런던에서도 접근이 이루어졌지만 소득이 없었다. 네덜란드도 마찬가지였다. 코펜하겐이 호의를 보였다. 벨기에 정부에 입각 중이던 에밀 반더벨드가 3년 동안 체류할 수 있는 허가증을 받아주었다. 그 협상이 몇 주만 더 끌었더라도 난 러시아를 떠나지 못했을 것이다. 나는 보석을 허가받았지만 죽은 목숨이나 다름없었을 것이다.

나는 연대와 우정을 바탕으로 일어난 투쟁을 사실 거의 몰랐다. 내가 얼마나 심각한 위험에 처했는지도, 해외에서 내가 얼마나 격렬한 비난에 직면했는지도 알지 못했다. 내가 확실히 알았던 것이라고는 정치범 추방의 경우 유죄가 확정되면 사전에 지정된 최소 실효 형량을 반드시 살아야 한다는 것뿐이었다. 사람들은 그저 장소만을 바꿨다. 별일 없이 '정상적으로' 유배 생활을 한다면 10년 정도 걸릴 터였고, 나는 다른 데로 끌려가 또 형을 살 것으로 예상했다. 그런데 나는 형기를 다 채웠고, 게페우는 내게 아무 말도 해주지 않았다. 복역 기간을 마친 동지 한 명은 새로 2년을 더 받기까지 했다. 별안간 3일의 여유를 주겠으니 모스크바로 떠날 준비를 하라는 말을 들었다. 그다음에는 게페우 협의회가 결정하는 모처로 또 갈 거라는 거였다. 적십자사가 벨기에 비자를 신청하는 서식을 보내주었을 때에야 비로소 상황 파악이 되었다. 짐작하기로는 무엇보다 프랑스에서 지지와 항의가 비등했고, 러시아 당국도 나의 구금 상태를 더 이상은 연장할 수 없었을 것이라고 판단했다. 보브로프와 엘친, 감옥에서 막 도착한 다른 동지들, 곧 레오니드 기르체크Leonid Girchek, 야코프 벨렌키Yakov Belenky는 내가 불행한 착각을 하고 있는 것이라고 생각했다. "근사한 암실이나 카자흐스탄의 어떤 사막에서 놈들이 마구 깨우겠지. ……"

나는 대꾸했다. "내가 소련 체제를 관찰할 수 있도록 계속 내버려두는 것이 게페우한테 유리할 게 전혀 없어요. 그들은 내가 항복하지 않으리라는 것, 나를 결국 석방해야만 할 것이라는 점, 내가 이 모든 사태를 쓸 수 있다는 걸 잘 압니다. …… 프랑스에서 파시즘이 승리하면 죽은 목숨이겠죠. 헌데 1934년 2월 6일 쿠데타가 실패했어요." 류머티즘으로 불구가 돼버린 엘친 선배는 화장실도 없는 집의 작은 냉방에서 생활했다. 그에게 물었다. "해외 언론을 통해 선배 석방 캠페인을 시작할까요?" "그럴 필요 없네. 내 집은 여기야"라는 대답이 돌아왔다.

나는 쓰던 가재도구를 나눠줬다. 물론 다음의 조건을 달았다. 줬으니까 한 달 동안은 마음대로 써도 좋지만, 내가 시베리아나 다른 어딘가에서 돌려달라고 요구하면 바로 보내라. 내가 가지고 떠난 것이라고는 종이 자료, 책, 개인 기념품뿐이었다. 기온이 영하로 떨어진 4월 어느 날에 아들과 함께 출발했다. 평원과 도시는 눈에 덮여 있었다. 체르니흐는 늘 활기가 넘쳤다. 그의 흐트러진 머리는 러시아 평원인의 그것이었다. 작별 인사를 건네는 그는 침울했다. "우리가 아직 살아 있기는 하지만, 러시아에 새로운 자유가 부상할 때면 늙고 잊혀서 더 이상은 쓸모가 없을 겁니다. 1917년 3월의 나날들에 30년의 추방형을 끝내고 상트페테르부르크로 돌아온 그 노 혁명가처럼 될 거예요. 혼란이 극에 달했고, 그는 아는 사람이 한 명도 없었죠. 그가 호텔 방에서 죽었지만 아무도 몰랐어요. 사람들이 그를 떠올린 것은 다 끝나고 나서였습니다!"

떠나는 나는 가슴이 미어졌다. 특별한 애착의 대상들과 헤어지고 있었으니 당연했다. 결코 다시는 만나지 못할 소중한 얼굴들을 잊고 싶지 않았다. 눈 덮인 전원 풍경도 기억해야 했다. 용감한 민중은 투지를 잃지 않았고, 인내심을 발휘하며 비참한 러시아를 끝끝내 살아냈다. 내가 아무 소득 없는 무익한 투쟁으로 말소되지 않으리라는 걸 조금이라도 기대할 수 있었다면 비록 거기가 북극권 한계선 안의 몽골족 어촌이라 할지라도 나는 기꺼이 남았을 것이다. 하지만 우리는 우리를 위해서 살지 않는다. 우리는 투쟁하려고 사는 것이다.

차창 밖으로 설원이 끝없이 이어졌다. 인상이 더러운 경관 두 명이 멀지 않은 곳에 자리를 잡았다. 퀴비세프에 도착했다. 볼가 강은 여전히 얼어 있었다. 타타르 공화국이었다. 작은 역들이 붐볐고, 젊은 여자들은 형형색색의 두건을 했으며, 농가들은 자작나무와 울타리가 쳐진 작은 방목장으로 둘러싸여 있었다. …… 시즈란 역에서 철물 부딪치는 소리가 크게 났고, 승객들은 깜짝 놀랐다. 화물 열차 한 대가 휘어져 춤추는 철로 위에서 앞뒤로 미끄러지는 것이 아닌가. 믿기 어려운 광경이었다. 사실 그것은 흔히 있는 탈선 사고일 뿐이었다. 깔아놓은 자갈돌이 사라지자, 해빙기와 더불어 토양이 유실되었고, 철로가 망가졌던 것이다. 철도원들은 쓴웃음을 지었다. "이게 다 스타하노프 운동 때문입니다! 물건도 사람처럼 닳고 지친다는 걸 알아야 해요!" 기차는 초원 한가운데 또 다른 지점에서 속도를 줄였다. 보선원들이 쇠막대를 들고서 망가진 철로를 지지했고, 우리가 탄 기차가 그 위를 조심조심 이동했다. 기차는 계속해서 노선을 바꿨고, 목적지에 몇 시간 늦게 도착했다. 예정 노선에 심각한 사고가 발생한 탓이다.

모스크바. 거리가 부산했고, 기억이 활발하게 꿈틀거렸다! 호화로운 지하철이 눈에 들어왔다. 화강암 포장재가 돋보였고, 벽은 우랄 산맥에서 채석된 돌을 썼다. 그 장려한 출입구며, 지하에 구축된 거대한 길이라니! 하지만 여행객이 쉴 수 있는 벤치는 없었다. 비용이 많이 들기 때문이었을 것이다. 우리는 지하 궁전 만드는 법을 알고 있었다. 하지만 퇴근하는 노동계급 여성이 그 부티 나는 석재 아래 잠시 앉아 쉬고 싶어한다는 사실은 잊어버렸다.

쿠즈네츠키 다리의 적십자사에 도착했다. 지척으로 게페우 건물의 높다란 방형 탑이 보였다. 우리는 사람들로 붐비는 작은 사무실에서 에카테리나 파블로브나 페시코바Ekaterina Pavlovna Peshkova와 그녀의 동료이자 과거 자유당 소속의 변호사인 비나베르Vinaver를 만났다. 에카테리나 파블로브나는 고리키라는 이름을 여전히 쓰고 있었다. 한때 고리키의 아내였고, 여전히 헌신적인 친구였던 것이다. 그녀는 적색 테러 시기에 레닌의 신뢰를 바탕으로 구호 단체를 세울 수 있었다. 각종 정치 수감자들이 이 조직의 지원을 받았다. 체카도, 게페우도 어쩔 수 없었다. 그녀의 조직은 존경, 신뢰, 적의의 대상이었다. 페시코바는 피박해자와 조사관 모두의 신뢰를 얻어내는 놀라운 능력을 발휘했다! 각종 테러 희생자들이 끊임없이 양산되었고, 그 애처롭고 가냘픈 여성은 해를 거듭할수록 중재와 알선과 구호를 맹렬히 전개했다. 지칠 줄 모르는 작은 규모의 일꾼이 그녀를 도왔다. 사랑스런 회색 눈동자와 소박한 드레스가 우아했던 게 기억난다. 이 세기에 전 세계에서 그렇게 많은 재난과 죽음과 잔학 행위와 비극을 지근거리에서 지켜본 사람이 또 누가 있을까? 물론 나도 일부는 불가피했으며, 일부는 무분별했음을 잘 안다. 페시코바 개인의 삶은 지옥이었다. 그녀는 무수한 비밀을 껴안아야 했고, 그것들은 치명적인 독이었다. 페시코바는 시대가 암울했지만 결코 지치는 법이 없었고, 낙담하지도 않았다. 사실 그녀에게는 혁명의 모든 시기가 암울했다. 페시코바는 은둔과 무명 상태를 맹세했고, 바깥세상은 아무도 그녀를 몰랐다. 나는 장 하나를 따로 할애할 만큼 그녀의 끈질긴 활동 사례를 무수히 알고 있지만 여기에 쓰지는 않겠다. 그래도 딱 하나만 소개해둔다. 그녀의 적십자가 백해의 솔로비에츠키 제도 강제수용소에 억류 중이던 한 장교 건을 다루고 있었다. 그는 사면을 받고, 귀환할 예정이었다. 아내는 남편을 학수고대했고, 페시코바에게도 소식을 물었다. 남편은 자유의 몸이 돼 모스크바로 떠나기 직전에 숙사 동료 전원과 함께 총살당하고 말았다. 수감자 중 한 명이 탈출해버렸던 것이다. ……"미망인에게 대신 말 좀 해주세요. ……"

에카테리나 파블로브나는 아내가 자닌[11]과 함께 나를 기다리고 있다고 했다. 1년 조금 더 전에 내가 오렌부르크에서 병원 신세를 지고 있을 때 자닌이 태어났다. 처제 아니타 루사코바는 만나지 못할 거라는 얘기도 들었다. 막 체포돼, 뱌트카로 이송되어 5년형을 살기 시작했다는 것이었다. 이유는 뻔했다. 처제가 왜 거짓 자백을 했는지 내가 못 알아내게 하려는 조치였다. 우리는 그날 저녁에 바르샤바로 떠나야 했다. 에카테리나 파블로브나에게 체류 기간을 24시간 연장해달라고 요청해주도록 부탁했다. 검열 당국한테는 원고를(나는 다음날 가져가도 좋다는 약속을 받았다), 세관한테는 짐을 가져가도 좋다는 허가를 받아야 했다. 페시코바가 돌아와서는 내게 이렇게 말했다. "오늘 저녁에 떠나야 해요. 더 이상은 안 돼요.

비밀경찰 장교가 아직도 안 떠났냐며, 야고다에게 직보를 하겠답니다. ……" 더 이상 버틸 방도가 없었다. 문예 검열국 글라블리트 Glavlit가 원고 반출을 허가했지만 나는 그것을 하나도 챙기지 못했다. 우리는 서류 가방에 글 몇 개만 겨우 집어넣었다. 나머지는 전부 게페우가 가져갔다. 아니 훔쳤다고 해야 옳을 것이다.

수척해졌지만 꼿꼿한 성정의 프란체스코 게치는 모스크바의 한 공장에서 노동자로 일하고 있었고, 러시아에서 아직 자유를 누리던 유일한 생디칼리스트였다. 그가 우리를 기차역까지 배웅해 주었다. 3등칸을 타고 출발했다. 객차에는 우리뿐이었다. 우리 네 식구의 수중에는 몇 루블과 10달러가 고작이었다. 네고렐로예 역은 깔끔했지만 텅 비어 있었다. 제복 입은 군인들이 우리를 에워쌌고, 정밀 수색을 했다. 우리는 옷을 벗어야 했고, 나는 신발 밑창까지 보여줬다. 기차가 국경의 무인 지대로 진입했다. 집단농장의 회색 대지가 뒤로 끝없이 펼쳐졌다. 우리가 지나는 땅은 머잖아 전쟁으로 인해 황무지가 될 터였다. 우리가 그 황무지의 유일한 여행자라는 느낌이 강렬하게 다가왔다. 고통으로 몸부림치는 러시아여, 위대한 그대와 헤어지는 것이 얼마나 괴로운지!

그렇게 나는 승리한 혁명 17년의 경험을 마무리했다.

9

서방에서도 패배하다

1936~1941

폴란드 국경을 넘어서자 예쁜 집들이 보였다. 파리, 베를린, 런던, 뉴욕에서 발행된 신문과 잡지가 가판대에서 팔리고 있었고, 철도원들의 복장이 말쑥했으며, 사람들의 표정은 느긋하고 여유가 있었다. 밤이 깃들자 조명이 켜졌고, 바르샤바는 장대한 위용을 뽐냈다. 간간이 박힌 파랑색 전등이 아취를 더했다. 마르잘코프스카 가를 걷는 사람들이 걸친 옷은 우아해 보였다. 번화가의 분주함에서는 무심함과 번영이 느껴졌다. 상점에는 사람들이 꿈꾸는 모든 게 있었다. 무엇보다 우리의 변변찮은 협동조합과 비교해, 단연 돋보였다. 가슴이 터질 것 같았고, 마음이 아팠다. 나치가 장악한 독일을 횡단할 때는 기차 밖으로 나올 수 없었다. 나만 한 돌출 교각에서 어떤 광장을 잠깐 볼 수 있었다. 베를린의 슐레지엔 역 인근이었던 그 광장을 나는 알고 있었다. 독일은 하나도 변한 것 같지 않았다. 모든 곳이 효율적으로 운영되었으며 깔끔했다. 건물들은 사생활을 지향하거나 순전히 크기에 몰두했고, 정원은 공들여 조성돼 있었다. 나는 유대인 여행자 몇과 대화를 나누었고, 그들은 삶이 두렵다고 대꾸했다. 독일에서는 테러가 아주 비밀스럽게 행해졌고, 나라도 아주 컸다. 그런 나라에서 자신의 운을 시험 중이던 사람들이었으니, 체제의 어두운 면을 거의 모른다는 게 내가 받은 인상이었다. 아무튼 내가 러시아인이었고, 그래서인지 그 별것 없는 내용조차도 그들은 나와 나누는 걸 저어했다. 그럼에도 그들은 소련을 영광스런 나라로 인식했다.

우리는 브뤼셀에 도착했고, 니콜라스 라제레비치[1]의 집에 임시 거처를 마련했다. 라제레비치는 부모가 러시아인인 생디칼리스트 투사로, 수즈달에 투옥되었다가 소련에서 쫓겨난 친구였다. 그는 실업수당으로 먹고살았다. 시청에 가서 실업자들에게 최소 가격으로 제공되는 식사를 받아먹었다. 그가 내게 나눠준 식사는 진한 수프, 스튜, 감자였고, 나는 탄성을 내질렀다. "러시아에선 당고위 관료들만 이렇게 먹을 수 있는데!" 그의 집은 방이 세 개였고, 자전거와 축음기도 있었다. 그 벨기에인 실업자는 소련에서 보수가 괜찮은 기술자만큼 쾌적하게 살고 있었다.

○　1936년 브뤼셀. 류바, 자닌, 세르주, 블라디.

도착한 다음날 나는 잠자리에서 일어나자마자 시골 지방을 살펴보러 나섰다. 페인트를 새로 칠한 가옥들은 그 옛날 플랑드르 읍내의 모습 그대로였다. 세심하게 디자인된 현대적 주택들에서는 개인의 취향도 느낄 수 있었다. 광장의 포석이 말끔하게 세척된 상태였다. 아들과 나는 가게들 앞에서 수시로 멈추었다. 그 감동은 형언할 수 없는 것이었다. 진열장들에 햄, 초콜릿, 생강 쿠키, 쌀이 차고 넘쳤다. 오렌지, 귤, 바나나 같은 과일을 보고 있자니, 현실이 아닌 것 같았다! 노동계급 거주 지구에 사는 실업자도 그런 것들을 입수할 수 있었다. 거기에 사회주의나 계획 따위는 없었다! 당황스러웠다. 당연하게도 나는 이런 사실을 알고 있었다. 하지만 새삼스러운 그 현실은 마치 처음 겪는 것처럼 무척이나 충격적이었다. 여러 번의 혁명을 거친 우리 러시아를 떠올리면 굴욕감과 슬픔에 눈물이 핑 돌 사태였다.

"아! 타티아나Tatiana가 이걸 볼 수만 있다면! 페트카Petka가 잠깐만이라도 이 호화로운 가게를 둘러볼 수 있다면! 아이들에게 단것과 문구류를 조금이라도 제공할 수 있다면! 아!" 우리가 고통 속에 시시각각 멀어지고 있던 러시아의 인민들은 자신의 눈을 믿지 못했을 것이다. 그들의 얼굴에 기쁨으로 화색이 돌 수 있다면! 블라디가 내뱉은 말은 쓰디썼다. "사람들이 비명을 질러댈 거예요. 진정한 사회주의 체제는 여기라고 말이에요!" 스물을 갓 넘긴 근로 인민 여성 한 명이 떠올랐다. 우리가 토르그신에서 구한 초콜릿을 줄 때까지, 그녀는 초콜릿이라는 물건을 구경해본 적이 없었다. 물론 그녀는 오렌지를 맛본 적이 있기는 했다. …… 메이데이에는 이곳 벨기에의 가두도 노동자들로 가득 찼다. 그들은 나들이옷을 걸치고 가족과 함께 밖으로 나섰다. 젊은 여자들은 머리에 붉은색 리본을 했고, 남자들은 단추 구멍에 적색 배지를 달았다. 다 잘 먹은 얼굴들이었다. 30대의 여성들은 뚱뚱했고, 40대 이상의 남성들은 살집이 잔뜩 올라 있었다. 그런 사람들이 사회당의 데모에 참가했다. 러시아 인민이라면 영화 때문에 부르주아지로 상상할 외모였다. 사람들은 평화적이었고, 자신들의 운명에 만족했다. 서방의 이 노동자들은 사회주의를 위해 그 어떤 투쟁도 할 생각이 없다는 느낌이 들었다. 다른 어떤 것도 말이다.

도심부는 상가들이 화려했고, 간판들이 밝게 빛났다. 시 중심가의 증권거래소는 옹골져 보였다. 블라디는 깜짝 놀랐다. 열여섯 살짜리 소련 소년이었으니 당연한 일이었다. 아들의 질문에 내가 이렇게 저렇게 대답을 했지만, 믿기지 않았을 것이다. 블라디는 혼란스럽기만 했다.

"그러니까 이 커다란 건물이, 상점들이 이렇게 많고, 지붕에서 간판의 불이 폭포처럼 떨어지는 이 건물이 한 사람 소유라고요? 그 사람은 이걸로 원하는 것은 뭐든 할 수 있는 건가요? 이 가게를 보세요. 오렌부르크 사람 모두를 신길 수 있을 만큼 신발이 많아요. 그런 가게를 단 한 명이 소유한다고요?"

"그렇단다, 블라디. 그 사람 이름이 저기 간판에 쓰여 있구나. 저 신사한테는 공장도, 시골 저택도, 차도 몇 대 있겠지. ……"

"다 그 사람 거라고요?"

"그래, 그렇단다."

소련에서 건너온 청소년한테는 이 모든 게 미친 것 같았다. 블라디가 말했다.

"그 사람은 뭘 위해 살아요? 인생의 목표는 뭐죠?" 내가 대꾸했다. "대충 얘기해보면, 자신과 아이들이 부자가 되는 것이 목표겠지. ……"

"하지만 이미 부자잖아요! 왜 더 부자가 되려는 걸까요? 우선은 부당해요. 또, 그저 부자가 되기 위해 산다는 것은 멍청한 짓이에요! 이런 상점 주인들은 다 그래요?"

"그렇단다. 그 사람들이 네 얘기를 들으면 아마도 네가 미쳤다고 생각할 거야. 위험한 미치광이라고 말이야. ……" 나는 그 대화를 잊을 수가 없다. 나는 그 대화에서 아들이 배운 것보다 더 많은 것을 배웠다.

나는 유년기를 보낸 도시를 보고 싶었고, 익셀을 방문했다. 거기는 변한 게 아무것도 없었다. 정말이다. 코뮈날 광장에는 티머만 빵집이 그대로 있었다. 최고로 맛있는 타르트가 똑같은 가게 진열장에 여전했다. 설탕을 뿌린 그 파이는 열두 살 먹은 소년에게는 엄청 비쌌다. 아메리카 원주민 얘기를 사 읽던 가게의 서적상은 사업이 번창한 게 틀림없었다. 그는 일부러 반항하는 의미로 아무렇게나 넥타이를 하고 다니던 아나키스트였다. 이제 공산당 동조자가 된 그는 백발이었고, 근사한 남성용 스카프 크라바트cravat를 매고 있었다. 뚱뚱해졌음은 물론이다. …… 눈부시게 빛나던 그 모든 사상, 그 모든 투쟁, 온갖 유형 사태, 전쟁, 혁명, 내전, 감옥에 갇힌 우리의 온갖 순교자에도 불구하고 서방의 이곳은 바뀐 게 아무것도 없었다. 빵집 창문 너머로 맛있어 보이는 쌀 타르트는 나른한 사태가 영원히 계속될 것임을 알려줬다.

나는 슬럼 지구도 돌아보았고, 꽤나 다른 상념에 젖었다. 빈민가는 바뀌어 있었다. 마롤, 오트 가, 블라에 가와 비참하고 진절머리 나던 인근의 골목들이 건전하고 말쑥하며 휘황찬란해졌다. 익셀은 극빈자들의 도시였고, 넝마와 오물의 도시였다. 그런 익셀에서 행복이 감지되었다. 돼지고기를 파는 가게들이 놀라웠고, 신식 병원은 훌륭했으며, 가축우리 같던 집들을 대신해 들어선 노동계급의 아파트들은 발코니에 꽃이 장식돼 있었다. 그것은 개량주의 사회당의 작품으로, 빈만큼이나 인상적인 업적이었다.

거기서 반더벨드를 만났다. 내가 '배신자'라고 불렀던 반더벨드를 말이다. 그는 시위를 마치고 돌아오는 중이었다. 사회당 지도자 몇이 그와 함께 있었다. 길에서는 사람들이 소곤거렸다. 일종의 사랑스런 환호이자 갈채였다. "은인이야! 우리를 지켜주는 분이지!" 자택으로 가, 그를 만났다. 몸무게에서 70년 성상을 느낄 수 있었다. 목소리는 힘이 없었고, 그는 보청기를 끼고 들어야만 했다. 고개를 숙이고, 두 눈은 집중해야 하기도 했다. 뾰족한 느낌의 작은 턱수염은 여전히 검었고, 안경 너머로 두 눈의 활기차지만 모호하고 슬픈 표정도 그대로였다. 반더벨드는 고개를 흔들면서 러시아의 감옥 상황, 트로츠키의 사정을 물었다. 그는 트로츠키의 '공격적인 태도'를 이해하지 못했다. 내가 그 모든 것을 그에게 어떻게 설명할 수 있었겠는가? 반더벨드가 내게 말했다. "벨기에 사람들은 이렇듯 만족하고 삽니다. 보시다시피요. 위험한 세계, 참혹한 위험의 한가운데에 떠 있는 오아시스 같지요."

모스크바에서 16인 처형이 자행된 후였다. 반더벨드는 무척이나 상심한 듯했다. 그는 사태를 이해할 수 없었고, 희망이 꺾여버린 듯했다. "카메네프의 자술서를 읽어봤습니다. 광기가 횡행하고 있더군요. …… 당신은 내게 무슨 말을 해줄 수 있나요? 나는 카메네프를 압니다. 지금도 떠올릴 수 있어요. 하얀 머리칼과 당당한 두상을요. 그렇게 광증을 폭발시키며 그를 죽일 수 있다니요? ……" 내가 그 범죄를 어떻게 설명할 수 있었겠는가? 죽음을 눈앞에 둔 반더벨드는 반세기 동안 사회주의 휴머니즘을 구현한 노인이었다. 나는 말문이 막혔다. 아들 녀석이 질문을 던졌을 때보다 더 말이다.

파리에서 나를 찾아온 친구들은 말했다. "러시아에 관해서는 한 줄도 쓰지 말게. 그랬다가는 괴롭고 고달파질 거야. …… 바야흐로 대중의 열망이 활화산처럼 분출하고 있어. 오, 자네가 파리를, 각종 집회를, 시위를 봐야 하는 건데! 희망이 들끓고 있다네. 우리는 공산당과 연대했고, 경이로운 수의 대중이 공산당 주위로 결집 중이야. 그들에게 러시아는 여전히 신성한 별이라네. …… 아무도 자네 말을 믿지 않을 걸세. ……" 보리스 수바린만 생각이 달랐다. "진실은 노골적이지! 물 타기를 해서는 안 돼. 인정사정 볼 것 없다고! 이건 매우 위험하고 어리석은 유행병이야!"

1936년 5월과 6월 프랑스와 벨기에에서 별안간 파업이 솟구쳤다. 그들은 누구도 계획하지 않은 새로운 투쟁 방식을 썼다. 바로 공장 점거였다. 앤트워프(안트베르펜)와 보리나주에서 운동이 자연 발생적으로 시작되었다. 노동자들이 프랑스 사태 기사를 읽으면서 행동에 돌입한 것이다. 나의 사회당 친구들은 깜짝 놀랐다. 일부는 노조를 이끌고 있었는데, 기뻐서 어쩔 줄 몰랐는가 하면 당황하기도 했다. 레옹 블룸이 집권해, 사회 개혁을 선포했다. 유급 휴가, 전쟁 산업의 국유화는 이전까지만 해도 꿈도 꿀 수 없던 개혁 내용이었다. 사용자 계급은 극심한 공포에 휩싸였다.

벨기에 경찰청이 나를 부르더니 비난을 퍼부었다. "보리나주 광부들을 선동"하는 기사를 몇 편 썼던 까닭이다. 내가 "쥐메(보리나주와 거리가 가깝다 – 옮긴이)에서 목격되었다!"는 것이었다. 천만 다행하게도 나는 브뤼셀을 벗어나지 않았다. 하지만 밤마다 사회당 유력 인사들과 어울렸다. 나는 이렇게 말했다. "게페우는 날 잊지 않았어요. 확실합니다."

그 후로 나는 비난을 달고 살았다. 공개적이기도 했고, 은밀하기도 했다. 벨기에의 공산당 언론은 "망명권을 존중한다는 미명하에" 나를 추방해버리라고 요구했다. 서방의 경찰 당국들은 나를 비난하는 내용을 불가사의한 형태로 전달받았다. 트로츠키가 오슬로에서 보낸 환영 전보가 사라졌다. 중간에서 누가 가로챈 것인데, 그 방법을 아무도 몰랐다. 트로츠키의 아들이 정부 공작원 소볼레비키우스 (세닌)Sobolevicius (Sénine)을 언급한 편지도 받지 못했다. 내가 사는 집의 경우, 낯선 사람들이 1층을 임대했는데, 그들은 대놓고 나의 출입을 감시했다. 에스파냐 내전이 일어나자, 경찰 감독관이 수색 영장을 들고 찾아왔다. 그는 공화주의자들에게 건네질 무기를 찾겠다면서 딸아이의 요람까지 뒤졌다. 그가 사과했다. "물론 심각하지 않다는 것은 압니다. 하지만 신고가 들어왔어요."

벨기에에 도착하고 이틀 후, 한 신사가 어떤 카페에서 나에게 접근했다. 피부가 가무잡잡했고, 옷을 지나치게 차려입었으며, 보이는 성의가 지나쳤다. "친애하는 빅토르 세르주! 만나서 반갑습니다!" 발칸 동맹의 바스타지치였다. 그는 자기가 제네바에 살고 있다고 했다. 그러고는 자기와 한 번 만나자고 요구했다. "제네바에서요? 그렇다면 당신은 비밀요원이로군요." 나는 이렇게 말하고 약속을 잡지 않았다. 나중에 알고 봤더니, 그는 게페우가 보낸 게 맞았다. 그는 이냐체 라이스Ignace Reiss 암살 작전을 도왔다.

러시아에 남은 일가친척은 모두 체포되었다. 그중에 여자 둘과 남자 둘은 정치하고는 아무 관련이 없는 사람들이었다. 그 처남과 처제들 소식을 다시는 듣지 못했다. 지식인으로 역시 정치에 무관심했던 큰누나도 사라졌다. 장모님은 홀로 유배를 당하며 자식들과 생이별을 했다. 유배지는 또 어디란 말인가. …… 후에 나는 파리에서 슬라브족 언어와 학문연구소Institute of Slavonic Languages and Studies의 학생 한 명을 알게 돼 교분을 나누었다. 그녀가 지도 교수들, 다른 학생들과 함께 폴란드로 휴가를 보내러 갔다. 그러자 내가 고발당했다. 여자를 바르샤바로 보낸 게 나라는 것이었다. 그녀는 나도 모르는 밀사였다. 그녀가 얼마 후 모스크바로 초청돼 몇 주를 보냈고, 게페우 요원들과 면담을 했다. 그들은 앙드레 지드와 나에 관해 이것저것 물었다. 그녀가 돌아와 내게 이렇게 말했다. "그들이 내 급소를 쥐고 있어요. 그만 만나요. ……"

나는 1938년에 파리 외곽에 살고 있었다. 레오폴드 3세Leopold III가 파리를 방문했다. 수행단 속에는 사회당 소속의 내 친구도 몇 끼어 있었다. 방불 일정을 조율하는 과정에서 내가 고발당했다. "벨기에 국왕 암살을 준비"했다는 혐의였다. 파리 경찰청의 고위 관리한 명이 내게 이렇게 말했다. "누가 그 얘기를 퍼뜨렸는지 알 수 있겠죠? 그자들은 당신을 괴롭힐 뿐만 아니라 나까지 비웃고 있소!"

그러나 나를 '테러 용의자'로 분류 지정한 카드가 전 유럽의 모든 경찰에 뿌려졌다. 관련 서류가 증가해 불룩해지자, 내가 살던 현청의 관리들은 대경실색했다. 나의 고난과 역경은 물론 계속되었다.

나는 제1차 모스크바 재판을 비통한 심정으로 항의했고, 브뤼셀 주재 소련 공사관은 우리의 여권을 취소했다. 제1서기 안토노프Antonov가 우리의 '소련 국적 박탈' 사실을 통보했다.

"딸 자닌도요? 18개월도 안 된 애인데 말입니다." 내 질문은 얄궂게 들렸을 것이다.

"그렇습니다." 안토노프는 그 사실을 확인해주는 일체의 서류도 거부했다. 벨기에 외무부 역시 그에게 구두 확인만을 받았다. 그것도 거듭 따지고 나서야 말이다.

○　세르주의 벨기에 신문 기자증.

공산주의 계열 언론이 나를 모략하고 중상하는 비방 캠페인을 벌였다. 오랫동안 우정을 쌓아온 사람이 그 일을 주도했고, 나는 나중에야 그 사실을 알게 됐다. 그 모든 사태가 충격이었고, 혐오스러웠다. 나는 한동안 전 세계에서 비방을 가장 많이 당하는 사람으로 등극했다. 모종의 지령에 따라 추문으로 점철된 갖은 내용이 온갖 언어로 번역되었던 것이다. 통신사들은 개당 1프랑 20상팀을 내면 기사를 전부 오려내 보내주겠다고 제안했다. 언론과 프랑스 평단의 공산당 세포 조직은 훌륭하고 완벽했다. 내가 기고하던 평론지《유럽》은 그들에게 발목이 잡혀 있었다.《누벨 러뷔 프랑세즈Nouvelle Revue Française》의 경우 그들은 말로와 친했다. 좌익 지식인들의 주간지《방드르디Vendredi》는 러시아에서 돈벌이를 하는 기업가들이 후원했고, 당연히 "노선이 같았다". 레옹 블룸의《인민Populaire》에서 일하며 보수를 많이 받았는데, 편집진이 압력을 받았고, 결국 그만둬야 했다. 내 소설을 내준 리더Rieder 출판사는 진열장에서 작품을 수거했고, 목록에서도 지워버렸다. 총체적 보이콧이 나를 덮쳤다. 글을 써서 먹고사는 게 불가능해졌다. 내게 남은 활동 무대는 리에주에서 간행되는 사회주의 일간지《발로니Wallonie》와 발행 부수가 얼마 안 되는 극좌파 간행물뿐이었다.

젊었을 때 하던 일 가운데 하나를 하기로 했다. 그렇게 해서 나는 교정을 보았다. 하지만 공산당원이 일하는 인쇄소의 경우 일자리를 잡을 수 없었기 때문에 그것도 결코 쉬운 일이 아니었다. 천만다행으로, 해당 노동조합이 공산당의 영향권 밖에 존재했다. 나는 크루아상 인쇄소에서 일했다. 인쇄소가 들어선 구식의 19세기 건물이 마음에 들었다. 기계의 소음 하며, 잉크와 날리는 먼지의 냄새, 주변 동네의 식당들, 음식과 서비스로 남녀 노동자들의 연애를 지원하던 소규모 호텔들, 파리 구시가의 주택, 조레스가 살해당한 식당까지. 자전거를 탄 배달원들이 물을 마시며 최종 정판을 기다렸다. 작업이 끝나면 사람들은 긴장을 풀고 이런저런 농담을 주고받았다. 나는 반동적 신문들은 물론이고, 나를 필자로 고용하기를 거부한 좌익 간행물도 교정했다. 가령 CGT 주간지《메시도르

Messidor》는 명목상의 경영자가 주오Jouhaux였지만, 실상 모스크바에 가 지령을 하달받은 사람들이 운영했다. 그들이 비밀요원이나 준비 밀요원의 지시를 받지 않았다 할지라도 이는 명백한 진실이다.

베르나르 그라세Bernard Grasset가 내 책을 출판해주었다. 러시 아를 다룬 에세이와 소설 각 한 권씩이었다. 《한 혁명의 운명Destin d'une révolution》과 《세기의 한밤중》이 그렇게 해서 나왔다. 그라세는 뭐랄까, 반동이었지만, 그래도 열린 마음의 소유자였다. 그와 동료 들은 좋기만 하다면 어떤 책이라도 기꺼이 낼 용의가 있었다. 작가 들에게 그런 출판업자가 있다는 것은 행운이었다. 대규모 출판 산 업의 외면을 받는다고 하더라도, 그런 작가들에게 책은 전 인격을 대변하는 결집체나 마찬가지이기 때문이다. 그라세의 편집자들은 작가들에게 원고 수정을 요구하는 법이 없었다.

인민전선 정부가 들어섰고, 미래에 대한 확신과 자신감이 싹텄 으며, 이를 인상적으로 요약하고자 하는 표현이 프랑스에서 널리 사용되었다. 행복감과 희열을 뜻하는 '유포리아euphoria'가 바로 그 말이었다. 트로츠키가 노르웨이에서 프랑스는 재앙으로 직진하고 있다고 써 보냈고, 나는 동의하지 않았다. 내 판단은 틀렸다. 트로 츠키는 그즈음에 멀리 내다봤고, 옳았다. 잠시 동안 나는 레옹 블 룸의 친구들과 어울렸다. 블룸은 뛰어났고, 성실했으며, 고결했고, 민중 사이에서 환대를 받았다. 그런 대단한 명망 때문에 측근들은 우익이 그를 암살할 수도 있다고 두려워했다. 나는 이렇게 말했다. "그가 권위자가 된다면 좋을 겁니다. 위대한 국회의원보다는 투사 대중의 지도자로서요." 사람들은 그가 그렇다고 장담했다. 블룸은 당시에 언론을 조종하고, 자당을 후원하는 데 비밀 자금을 쓰려고 하지 않았다. 하지만 내가 지근거리에서 지켜본 상황은 달랐다. 공 보실 수장과 대형 일간신문이 벌인 협상은 상당히 의미심장했다.

무솔리니의 영향권하에 있던 그 신문은 돈을 요구했고, 결국 받았으며, 인민전선 정부 지지로 돌아섰다. 관례적으로 비자금을 투입했는데도 사회당 당적의 내무부 장관 살랑그로Salengro의 목숨을 구할 수 없었는지가 궁금해졌다. 그 반동적 신문이 비방 캠페인을 전개했고, 그는 자살로 내몰렸다. (사실 그는 강인한 종류의 인간은 아니었다!) 문제의 일간지는 이제 매수를 당했고, 살랑그로의 장례식을 아름답게 보도했다. …… 우익들의 음모가 공공연하게 융성했고, 공산당은 국내와 국외를 막론하고 사회당을 조종했다. 블룸에게 '무조건적 지지'를 약속하면서 동시에 그를 겨냥한 불만을 조성하는 전술을 썼다. 블룸도, 브라케Bracke도 전체주의적으로 움직이는 노동자 당을 상대하면서는 사회당의 단결 통일 교리가 우스꽝스러워질 뿐임을 알지 못했다. 그 당들이 해외 절대주의 정부의 지령과 자금을 받는다는 사실을 보태야 하리라. 브라케는 나이가 일흔이었음에도 여전히 정력이 넘쳤다. 니체 같은 옆얼굴과 공격적이라는 느낌이 드는 안경을 낀 브라케는 벨기에 정치인이다. 몇 번은 그 사기적 단결 통일이 실현될 것 같기도 했다. 그랬다가는 각종 범죄와 위험 가득한 모험이 활개를 쳤을 것이다.

몇몇 극좌파는 신경마비로 인해 1936년 6월 혁명의 기회가 유실되고 말았다며 목소리를 높였다. 나는 그 견해에 동의하지 않는다. 프랑스 노동계급이 다시 부상하며 일련의 파업이 성공을 거두었다. 제1차 세계대전으로 무력화된 그들이 힘과 기세를 회복 중이었다. 내가 볼 때는, 노동계급이 새로이 원숙해지려면 몇 년이 더 필요했다. 학살이 끝나고 20년가량이 흐른 시점이었음을 상기해야 한다. 나는 동일한 이유로 에스파냐 노동계급 운동을 크게 신뢰했다. 에스파냐 대중은 전쟁에 연루되지 않았고, 자신들에게 에너지가 넘친다는 확신이 있었다.

역사적으로 연관이 있는 두 사건으로 '유포리아'가 느닷없이 실종돼버렸다. 1936년 7월 18일 에스파냐에서 군사 반란이 일어났다. 나의 동지 호아킨 마우린이 의회 조사위원회에서 쿠데타가 일어날 것임을 날카롭게 예측했다. 소련 전역에서는 체포가 자행되고 있었다. 공식 보도에 따르면 유명한 공산당 관리들이었다. 트로츠키가 《프라브다》 기사를 오려서 보내주었다. "괴물들, 인민의 적들을 강력한 철퇴로 전멸시킬 것"이라고 선포하는 내용은 가증스런 언어도단이었다. 선배는 이렇게 썼다. "이 사태가 대학살의 전주곡일 듯해서, 두렵소. ……" 트로츠키는 여러 달 동안, 아니 어쩌면 여러 해 동안 러시아 소식을 직접 전해 듣지 못하고 있었다. 그가 내 편지에 큰 충격을 받은 이유다. 정말이지 러시아에 남은 사람들이 살 떨리게 걱정됐다. 8월 14일 16인 재판 소식이 발표되었다. 청천벽력 같았다. 열하루 후인 25일 판결이 났다. 지노비에프, 카메네프, 이반 스미르노프, 동료 피고 전원이 처형당했다. 나는 정신을 차리고 당장에 글을 썼다. 고참 혁명가 세대 전부가 몰살될 거라고. 일부만 죽이고, 나머지는 살려둔다는 건 불가능했다. 어쩌면 그들의 형제와 무력한 목격자들도 예외일 수 없었다. 무슨 일이 일어나는지 다 알 것이기 때문이다. "도대체가 왜 이런 대살육이 일어났는가?" 《프롤레타리아 혁명》에 투고한 기사 제목이다. 전쟁이 임박했고, 그전에 대안으로 부상할 수도 있는 지도부를 쓸어내버리자는 충동 이외에 다른 설명을 찾을 길이 없었다. 나는 스탈린이 재판을 구체적으로 기획하지는 않았다고 확신했다. 하지만 그는 에스파냐 내전을 목도하면서 유럽에서 전쟁이 시작될 것임을 내다봤다.

나는 첫 번째 재판이 사전에 기획되지 않았음을 입증하는 살아 있는 증거가 나라고 생각한다. 그 모든 재판에서 제기된 혐의 내용이 터무니없는 거짓이었다. 내가 소련을 떠난 것은 4월 중순이었다. 그때에는 거의 모든 피고가 이미 수감 중이었다. 나는 지노비에프, 트로츠키와 협력했고, 공식 무대에서 사라져 총살당하는 수십 명과도 잘 알았다. 나는 레닌그라드 좌익 반대파의 리더 가운데한 명이었고, 해외에서도 그 대변자 중 한 명이었다. 나는 항복하지도 않았다. 몰살을 의도한 재판이 계획 중이었다고 가정해보자. 나는 작가였고, 목격한 내용을 확고하게 증언하면 반박할 수 없었다. 내가 어떻게 러시아를 빠져나올 수 있었겠는가? 또 있다. 일련의 재판 전 과정에서 나를 기소하는 짓은 한 번도 이루어지지 않았다. 이 또한 스스로를 변호할 수단이 전혀 없는 사람들만 때려잡았음을 증명한다. 물론 트로츠키 사건은 달랐다. 그는 단연 돋보이는우두머리였고, 어떤 희생을 치르더라도 제거해야 했다.

우리는 파리에서 긴 이름의 다음 조직을 세웠다. '모스크바재판조사 및 혁명자유언론 방어위원회Committee for Inquiry into the Moscow Trials and the Defense of Free Speech in the Revolution'에는 초현실주의자 시인 앙드레 브르통André Breton, 평화주의자 펠리시앙 샬라에Félicien Challaye, 시인 마르셀 마르티네, 마그들렌 파즈와 앙드레 필립André Philip 같은 사회당원들, 작가 앙리 풀레, 장 골티에-부아시에르Jean Galtier-Boissière, 노동자 투사 피에르 모나트, 알프레드 로스메르, 좌파 저널리스트 조르주 피오시Georges Pioch, 모리스 뷜랑과 에메리뷜랑Emery Wullens, 역사가 조르주 미숑Georges Michon과 도망제 미숑Dommanget Michon이 가담했다. 나는 강력하게 주장해 위원회의 긴이름을 관철시켰다. 우리는 1936년 여름부터 에스파냐 혁명의 투사들을 방어하는 임무도 떠맡았다. 소련이 거짓말과 살인이라는동일한 수단을 써서 마드리드와 바르셀로나의 혁명 투사들을 제거하려고 했던 것이다. 우리는 카페의 뒷방에서 모임을 열었다. 처음은 레퓌블리크 광장에서, 그다음은 오데옹에서였다. 우리는 돈이 한 푼도 없었고, 인민전선 정부의 언론도 우리를 외면했다.《인민》은 소련 재판 보도량을 최소로 줄였고, 우리가 발표하는 문서도 소개하거나 실어주는 법이 없었다. 진실이 총체적으로 압살당했고, 양심적인 한 줌의 개인들만 수년 동안 이런 투쟁을 하게 된다. 우리는 소련의 목을 베어버리고, 머잖아 에스파냐 공화국을 몰락시킬 범죄들과 속절없이 싸웠다. 황야의 울부짖음 같다는 생각을 자주 했다. 고무적인 일도 있었다. 비슷한 조사위원회가 미국에서도 결성되었다. 존 듀이, 수잔 라폴레트Suzanne LaFollette, 오토 륄Otto Rühle이 위원회를 이끌었다. (원고의 이 부분을 작성 중인 현 시점에서조차 불가사의한 살인 사건이 뉴욕에서 벌어졌다. 그 위원회에서 일하던 위대한 사상가 카를로 트레스카가 의문의 죽음을 당한 것이다. 그는 이탈리아 출신의 고참 아나키스트였다.)

생각할 수도 없는 가장 부끄러운 거짓말이 바로 우리 눈앞에서 난무했다. 하지만 우리에게는 재갈이 물려 있었다.《프라브다》의 재판 보도를 읽었는데, 전부 엉망이었다. 나는 문자 그대로 수백 건의 허위, 모순, 총체적 왜곡 사례를 뽑아냈다. 완전히 말이 안 되는 내용이었다. 하지만 헛소리들이 쇄도했다. 내가 노골적인 속임수 하나를 잡아내면 더 지독한 놈이 튀어나왔고, 내 노력은 도로 아미타불이 되었다. 자신의 입장을 인식하고, 정세를 파악한다는 것이 불가능할 만큼 압도적인 격류였다. 영국 정보기관이 게슈타포와 유착했다. 철도 사고는 정치 범죄가 되었다. 일본이 무대에 등장했다. 집산화로 야기된 대기근은 '트로츠키주의자들'이 조직한 것이었다(다 감옥에 갇혀 있었는데도 말이다). 재판 대기 중이던 수많은 피고가 어둠 속으로 영원히 사라져버렸다. 재판 없이 처형된 사람이 수천 명에 이르렀다. 문명 세계의 국가라면 그런 절차를 옳고 납득할 수 있다고 생각할 '진보적' 법률가가 과연 있을까? 현대 세계의 양심 전체가 비극적 탈선으로 치닫고 있었다. 프랑스의 인권연맹은 그 명성이 드레퓌스 사건으로까지 거슬러 올라가는 유서 깊은 조직이다. 거기에 그런 법률 전문가가 나타나고 말았다. 연맹 집행부가 다수파와 소수파로 쪼개졌다. 다수파는 일체의 조사를 반대했고, 격분한 소수파는 결국 사임했다. 일반으로 제시된 명제는 다음과 같았다. "러시아는 우리의 동맹 세력이다. ……" 참으로 어리석은 논리였지만 효과는 강력했다. (국제동맹을 들먹이다가 윤리적 정치적 노예 상태로 전락하고 마는, 자살의 조짐이 하나 이상 감지되었다.) 빅토르 바슈Victor Basch가 인권연맹을 이끌었다. 그는 그 옛날 드레퓌스 사건 때 육군참모본부와 싸운 불굴의 영웅이었다. 나는 면담 기회를 허락받았고, 대여섯 시간 동안 보고했다. 그는 면담 막바지에 슬픔을 느꼈던지 조사위원회를 소집하겠다고 약속했다. 약속된 위원회는 결코 소집되지 않았다.

자원도 없었고, 지원도 없었다. 나는 그런 가운데서도 엄청난 기망이 이루어진 세 건의 재판 내용을 출판했다. 내가 분석한 내용은 반박이 불가능했다. 나는 사실을 바탕으로 모든 내용을, 특정한 대목까지 일일이 입증해 보였다. 10년 금고를 선고받은 라덱은 그 전에 죽을 거라고, 나는 선언했다. 그는 감옥에서 살해되었다. 이 문제를 재검토하는 데 100쪽을 할애해야 했다. 물론 내가 할 수 있는 거라고는 기본적인 사실들을 정리 서술하는 것뿐이었다. 나는 러시아 땅과 그곳 사람들을 잘 알았고, 고참 볼셰비키가 당 우선주의와 애국주의로 충만한 나머지 배신 따위는 생각도 못하고 최악의 고난을 그저 감내하는 것이라고 되풀이 말하지 않을 수 없었다. 그들은 순순히 자백을 해버렸는데, 정말이지 그것이야말로 그들이 결백하다는 걸 증명했다. 전체주의 국가는 감시 및 내부 간첩 색출망이 완벽했고, 일체의 음모가 불가능했다. 하지만 구당원 전체가 체제를 혐오했고, 서기장은 재앙을 우려했다. 그런 상황에서 사적인 밀담이 무성했고, 서기장 반대 기류가 부상했다. 서기장이 지칠 줄 모르고 요구한 복종과 경배에도 불구하고 말이다. 대다수의 볼셰비키가 한밤중에 총살되었다. 그들은 정치 공모를 했다고 자백하는 부정직하고 지저분한 게임을 거부했다. 소수는 당에 복무한다는 대의가 너무도 소중했고, 양심이 훼손되는 걸 감내하면서 죽어갔다. 예외가 한둘은 있겠지만, '트로츠키주의자들'이라고 인정한 사람들은 사실 트로츠키주의자가 아니었다. 그랬던 적도 없고, 심지어 트로츠키와 견해를 달리했다. 그들은 여러 해 동안 트로츠키를 격렬하게 비판했다. 여기저기에서 음모가 획책되었다고 해도, 사실 그것은 게페우가 잉태한 것이었다. 게페우는 이런 도발 책략을 써서, 마지막 백군 세력(군주제 지지자)을 청산했고, 카프카스의 멘셰비키를 소탕했으며, 내가 언급한 것처럼 최종적으로 우리 반대파를 일소했다. 외교관, 기술자, 군 요원, 기자, 비밀 공작원들의 경우 외국과 접촉할 때 항상 지령을 따라야 했고, 매 단계에서 관리 감독을 받았다. (그마저도 곧 범죄가 되었다.) 나 자신도 이런 사례를 몇 알고 있다. 기괴한 논리가 소련의 유혈 사태를 지배했다. 전쟁 전야였고, 권력자들은 지도자로 떠오를 수 있는 사람은 다 진압했을 뿐만 아니라 희생양을 벌했고, 기근 사태, 마비된 운송 체계, 빈곤의 책임을 떠넘겼다. 최초의 볼셰비키가 암살되었으므로, 나머지도 그래야 했다. 그들은 목격자였고, 사태를 용서할 수 없을 터였기 때문이다. 1차 재판을 조직하며 이면의 진상을 깨달은 사람들도 제거 대상이었다. 허위를 믿게 하려면 당연했다.

몰살 메커니즘은 아주 간단했고, 누구라도 그 작동 방식을 예상할 수 있었다. 나는 여러 달 전에 리코프, 부하린, 크레스틴스키, 스밀가, 라코프스키, 부브노프의 최후를 예견했다. 1917년 겨울 궁전을 앞장서 공격했던 혁명가로, 바르셀로나에서 내 친구 안드레스 닌과 아나키즘 철학자 카미요 베르네리Camillo Berneri를 처형시킨 몹쓸 인간 안토노프-오브세옌코Antonov-Ovseyenko가 에스파냐 임지에서 소환돼, 법무 인민위원 자리를 떠맡았다. 크릴렌코가 사라졌고, 그는 공허한 거짓말을 내뱉었다. 나는 그 역시 죽음을 피하지 못하리라고 예견했다. 실제로 그렇게 됐다. 게페우 수장 야고다가 지노비에프 재판을 조직했고, 이어서 체신 인민위원 직에 임명되었다. 나는 그도 죽을 것으로 내다봤다. 역시나 그랬다. 사실 예지력과 선견지명이라는 게 무용했다. 무시무시한 기계가 굴러가는 듯했다. 지식인과 정치인은 우리를 무시했다. 좌파의 여론은, 그들은 입 다물고 눈을 감았다. 공산당 소속의 한 노동자가 집회장 한켠에서 나를 향해 고함을 쳤다. "배반자! 파시스트! 당신은 소련이 피억압자들의 조국임을 부정할 수 없어!" 나는 가능한 곳이면 어디에서나 발언했다. 사회당 지부, 노동조합 회합, 인권연맹, 프리메이슨 집회소,《에스프리》그룹이 연 연회 등등. 모임 참가자들의 마음을 사로잡는 것은 쉬웠다. 반박을 당한 적은 한 번도 없었다. 오히려 모욕과 위협이 훨씬 많았다. 파리 경찰 관리들은 내게 거처를 바꾸고, 예방 조치를 강구하라고 조언했다. 하지만 나는 돈이 없었고, 지시에 따를 수 없었다.

선의를 지닌 사람들은 마음속 깊이 괴로웠던지 도처에서 내게 물었다. "재판 얘기를 해주세요." 그러면 나는 피고를 선택하고, 그가 당에 헌신했으며, 테러의 실상이 어떠했는지를 통해 러시아를 세 측면에서 설명했다. 사람들은 고개를 절레절레 흔들었고, '개인의 양심'을 언급하고는 했다. 그들은 혁명과 전체주의 속에서 개인의 양심이 아주 상이할 수 있음을 이해하지 못했다. 우리는 인간의 양심이 물구나무 세워지는 시대에 살고 있다. 가끔은 나 자신이 화를 내기도 했다. 격정 속에 그들에게 이렇게 말했던 것이다. "그렇다면 댁들이 내게 설명해보십시오. 유명 지식인과 서방 정당의 지도자들이 꿀 먹은 벙어리가 돼 보여주는 양심에 대해서요. 어떻게 살인, 허튼수작, 지도자 숭배, 민주주의 헌법을 기안한 사람들이 총살되는 체제를 외면할 수 있습니까?" 로맹 롤랑이 나의 요구에 응해, 사형 선고의 조짐이 하나라도 보이면 개입하기로 했다. 나는 그에게 이렇게 썼다. "오늘 모스크바에서 또 재판이 열립니다. …… 더 이상 피를 보는 일은 안 됩니다. 혁명은 이미 도살되고 말았어요. 그런데 또 피라니요! 막아야 합니다. 당신은 소련에서 도덕적 권위를 지닙니다. 당신이 개입할 수 있다는 얘기예요. 당신이 그래줘야만 합니다. ……" 로맹 롤랑은 잠자코 있었고, 열세 명이 다시 처형되었다.

조르주 뒤아멜이 내게 말했다. "나는 이 사태를 이해합니다. 밝힐 수 없는 어떤 일을 경험했는데, 상황을 알게 됐습니다. 하지만 나로서는 아무것도 할 수가 없군요. 아무것도……" 그는 리에주 가에 살면서 조용히 연구했다. 아들들이 있었는데, 전부 군대에 가게 되고, 그는 사멸하는 문명을 바라보며 칩거했다. "나는 부르주아입니다, 세르주. 이 세계가 나한테 소중한 것은, 당신이 어떻게 생각하든, 인류에게 엄청난 성취이기 때문이죠. 하지만 이제 침몰할 것 같군요. ……"

사회당 소속의 보건부 장관 앙리 셀리에Henri Sellier는 노동계급의 주거를 개선한 노력으로 신망이 드높았다. 그는 인민전선 정부가 공산당의 비위를 맞춰줄 수밖에 없다고 내게 말했다. 평론지 《에스프리》에는 좌익 가톨릭 인사들이 있었다. 예컨대, 자크 르프랑Jacques Lefranc과 에마뉘엘 무니에Emmanuel Mounier는 섬세하고 정직한 지성의 진정한 기독교도였다. 그들은 한 시대가 끝나가고 있음을 예리하게 인식했다. 그들은 모든 거짓말을 혐오했다. 살인을 변명하는 것이면 특히 더. 그들의 발언이 매우 직설적이었던 이유다. 그들은 "인간을 경외해야 한다"고 간명하게 가르쳤고, 나는 곧바로 그들과 하나가 되었다. 문명 자체가 분출하는 화산 속의 바위 신세처럼 망가지는 시대에 그 어떤 가르침이 이보다 더 온전할 수 있었을까?

나는 앙드레 지드의 러시아 여행을 앞두고 공개 서한을 보냈다. "우리는 파시즘에 맞서 공동 전선을 구축 중입니다. 헌데 우리 뒤로 강제수용소가 너무 많습니다. 상황이 그러할진대 우리가 어떻게 파시스트들을 차단할 수 있단 말입니까? 당신에게 이것만은 말해야 할 것 같습니다. 눈 부릅뜨고 똑똑히 지켜보는 것만이 노동계급과 소련을 위한 길입니다. 거기서 갖은 용기를 발휘하며 버티고 있는 사람들을 대신해서도 부탁합니다. 용기를 내서 똑바로 쳐다보십시오."

지드와는 브뤼셀과 파리에서 몇 차례 만났다. 그는 예순이 한참 지났지만 태도와 사고방식이 놀랍도록 젊었다. 머리칼이 없는 얼굴은 이마가 높고 드넓었으며, 근엄한 인상이었다. 그 윤곽은 마치 줄기차게 내면을 갈고닦아 만들어진 듯했다. 처음 만났을 때는 무척 소심하다는 인상을 받았다. 하지만 잘 뜯어보면 정도를 지키려는 정신적 용기가 대단했다. 그는 소련에 관해 쓰는 자기 글의 모든 단어를 주의 깊게 저울질했다. 지드는 상당히 주저했지만 그런 태도는 출판과 관련해서만이었다. 그의 영혼은 망설임을 몰랐다. 하지만 그때조차 표명된 태도는 희망이 없지 않다는 것이었다. 인쇄소로 넘기면서 비밀을 엄수하라는 지시가 내려졌지만 에렌부르크가 그의 원고를 읽었다. "그들에게는 그들의 길과 방법이 있다. ……" 마드리드 전선의 의용군은 지드에게 전보를 보내, 그들이

'치명적 타격'을 입을 수도 있으므로, 책을 출판하지 말아달라고 간청했다(그들은 또 어떻게 이 사실을 알았을까?). 지드는 일체의 음모를 싫어했다. 하지만 그에게는 마드리드의 의용군이 소중했고, 마음에서 떠나지 않았다. 지드는 침울하게 말했다.

"모스크바에 가면 많은 일을 할 수 있으리라고 생각했습니다. 희생자들을 구할 수 있을 거라고요. ······ 아무것도 할 수 없음을 단박에 깨달았습니다. 연회로 나를 제압해버리더군요. 마치 내가 파티를 하러 거기 간 것처럼요! 부하린이 나한테 두 번 접근을 시도했지만 제지당했습니다. 그렇지만 책에 비관적인 말을 쓰고 싶지는 않아요. ······ 이제 얼마나 많은 비난에 직면하게 될까요! 에스파냐의 의용군들은 내가 배신했다고 생각할 겁니다!"그는 비통해하면서 이렇게 묻고 있었던 것이다. "과연 앞으로 내가 무슨 쓸모가 있을까요?"

내가 예상했던 일이 일어났다. 1937년 3월(중요한 날짜다) 브뤼셀에 있는 한 친구의 집을 방문 중이었는데, 어떤 젊은 처자를 만났다. 공포에 질려 눈이 휘둥그레져 있었다. 여자가 말했다. "방금 들은 소식이 도저히 안 믿깁니다. 에스파냐의 유명 공산당원이 남편을 보고 갔는데요. 그가 바르셀로나에서 아나키스트와 품 투사 수천 명을 없애버릴 준비를 하고 있다고 했습니다. 착착 진행 중이랍니다. ······"

나는 품 동지들에게 당장 알렸다. 불굴의 혁명가들이 소수 결집한 맑스주의 통일노동자당에는 전선의 자원병 1개 사단과 4만 명가량의 당원이 있었다. 마우린(프랑코가 접수한 영역에서 당시 실종), 후안 안드라데[2], 안드레스 닌, 훌리안 고르킨[3], 히로네야[4], 호르디 아르케르[5], 로비라Rovira가 품을 이끌었다. 공산당 내에서 이런저런 야당 경력을 조금씩 가졌던 그들은 모스크바 재판에 대해서도 옳은 판단을 내렸다. 그들의 삼가는 태도에 비추어볼 때 정말이지 선명한 언어였다. 그들은 트로츠키와 심각하게 불화했지만, 아무튼 그를 동지로서 존경했다. 그들은 내 글과, '16인의 사형수Seize Fusillés'라는 팸플릿을 내줬다. 그들은 코민테른의 수법을 속속들이 알았고, 노동계급의 민주주의를 비타협적으로 방어했다. 공산당이 품을 분쇄하지 못하면 에스파냐 공화국에 행사되던 그들의 잠재적 권위를 억누를 수 없었던 것이다.

훌리안 고르킨이 브뤼셀을 경유했고, 우리 둘은 사회주의 인터내셔널의 지도자들인 프리츠 아들러Fritz Adler와 오스카르 폴라크[6]를 찾아갔다. 아들러가 모스크바의 '마녀 재판'을 파헤친 감동적인 팸플릿을 낸 상황이었다. 그는 절망과 체념의 화신이었다. 폴라크는 우리에게 이렇게 대꾸했다. "우리가 뭘 해주면 좋겠습니까? 러시아가 에스파냐로 무기를 보내고 있어요. 상황을 주도하는 건 그들입니다!"

나는 4월 내내 파리에서 공산당의 준비 과정을 주시했다. 5월에 바르셀로나에서 유혈 사태가 벌어진다. 좌파 사회주의 언론들에 경고를 발했다. 미국에까지도 말이다. 하지만 헛수고였다. 군대가 우세한 화력을 바탕으로 사라고사를 함락할 수 있었지만 알 수 없는 이유로 바르셀로나에 그대로 머물렀다. 카탈루냐는 러시아가 약속한 무기를 받지도 못했다. 프랑코가 1937년 봄에 카탈루냐를 공격했다면 접수했을 가능성이 꽤 높다. 공산당은 지정된 날짜인 5월 4일 도발했다. 가두에서 전투가 벌어졌다. 후방에서 내전이 일어난 셈이었다. CNT가 굴복했다. 며칠 후에는 품이 불법화되었다. 지도자들이 체포되었고, 비밀 장소로 이송되었다. 그런데 공화국의 정규 경찰이 아니라 공산당의 경찰 세력이었다. 안드레스 닌이 러시아의 손아귀에 떨어졌고, 나는 그가 살아나오지 못할 것임을 직감했다. 그는 모스크바의 생리를 너무나 잘 알았다. 와병으로 쇠약했지만, 그는 두려워하지 않았고, 낙천적이었다. 닌은 숨지 않았다. 파리의 방어위원회는 지체하지 않고, 에스파냐 대사관으로 대표를 보냈다. 마그들렌 파즈, 펠리시앙 샬라에, 조르주 피오시는 냉대를 받았다. 대사관의 서기관은 수감자 전원이 공정하게 재판을 받을 것이라고 약속했다. 그러고는 몸짓으로 약간의 체념을 표시하며 이렇게 덧붙였다. "하지만 닌은……"

"무슨 소리요? 닌을 어떻게 할 겁니까?"

"아니, 아니에요. 난 아무것도 모릅니다. 아무 말도 해드릴 수가 없습니다."

위대한 비행가로 신실한 사회당원에 에어 프랑스Air France를 이끌던 에두아르 세르Edouard Serre가 수리츠7를 찾아갔다. 에스파냐 공화국과 러시아를 알차게 도왔던 그가 파리 주재 소련 대사와 마주했다. 그가 수리츠에게 닌을 구해달라고 간청했다. 닌이 죽으면 에스파냐 공화국의 대의가 훼손될 터였다. 수리츠는 이렇게 말했다. "방문해주셔서 감사합니다. 그 문제에 관해 짧게라도 제안서를 작성해주십시오. 바로 전달하겠습니다." 세르가 돌아와서 그 얘기를 전했다.

우리가 에스파냐로 파견한 대표단은 각고의 노력 끝에 어둠의 변경까지 닌의 경로를 추적해냈다. 하지만 더 이상의 행방은 묘연했다. 닌은 마드리드 외곽 알칼라 데 에나레스의 외딴 저택에 감금되었다. 그곳은 소련 항공기들이 뜨고 내리는 비행장과 가까웠다. 제복을 걸친 자들이 닌을 납치했고, 그는 영원히 사라졌다. 마드리드 정치경찰 소속 사회당 관리와 치안판사가 조사를 개시하자, 그 즉시로 주요 공산당 관료들이 줄줄이 엮여 나왔다. 해당 경찰 관리 가브리엘 모론Gabriel Moron은 사임해야 했고, 치안판사는 결국 손을 떴다. 정부 수반 라르고 카바예로Largo Caballero도 사임했고, 그 자리는 네그린Negrín이 차지했다. 우리는 카바예로가 품을 불법화하기를 거부했음을 알았다. 공산당이 압력을 가했고, 더 고분고분한 정부가 설치되었던 것이다. 우리가 할 수 있는 말은 이것뿐이었다. "에스파냐 혁명은 운이 다했다!" 공화국이 건재하면 뭐하나? 강제 수용소를 만들고, 강력하고 믿음직스러운 반파시스트 세력을 도륙하는 마당에 저들을 패퇴시키는 것은 정말이지 불가능했다. 그 과정에서 민주주의의 도덕적 정당성이 파괴되었다.

멘셰비키 지도자 아브라모비치의 아들로 사회주의자에 공학자이기도 했던 마르크 랭Marc Rhein이 닌에 앞서 사라졌다. 오스트리아 사회주의자 쿠르트 란다우Kurt Landau도 마찬가지였다. 에르빈 볼프Erwin Wolf는 체코계 독일 국적 학생으로 부르주아 출신이었다. 노르웨이에서 트로츠키의 비서로 일하던 그가 브뤼셀로 나를 찾아왔다. 그는 혁명이 생존 투쟁을 벌이고 있고, 자기가 조용히 살면서 맑스주의를 연구할 수는 없다고 내게 말했다. 그는 에스파냐로 떠났다. 나는 그에게 말했다. "당신은 지옥에 들어가는 겁니다." 하지만 그는 젊은이 특유의 호전적 자신감이 넘쳤다. 그 젊은 이론가는 이마가 훤칠했고, 이목구비가 섬세했으며, 고지식했다. 한 가지에만 집중해 일로매진하는 그 정신이라니! 그는 노르웨이 아가씨와 갓 결혼한 상태였다. 여자는 사회주의자 크누드센Knudsen의 딸이었다. 그는 행복했고, 자신감이 넘쳤다. 바르셀로나에 도착한 그는 당연히 체포되었다. 체코슬로바키아와 노르웨이 영사관이 나섰고, 그는 석방되었다. 며칠 후 그는 노상에서 납치되었고, 영원히 사라졌다.

공산당 언론이 퍼뜨린 연막은 짙고 두터웠다. 그 질식할 것 같은 구름 속에서 온갖 범죄가 묻혀버렸다. 품, 납치·암살·총살형 집행대(메나Mena의 경우처럼)의 희생자들, 투옥된 혁명가들, 이들 모두에게 갖은 비난이 끊임없이 퍼부어졌다. 모스크바 재판 때와 다름없는 말들, "트로츠키주의자, 스파이, 프랑코-히틀러-무솔리니의 간첩, 인민의 적". 신문과 라디오, 집회, 심지어 책에서까지 제정신이 아니다 싶을 정도로 간단없이 터져 나오던 그 비난의 사태를 응시해보자. "유대인-프리메이슨 금권 정치, 맑스주의자, 볼셰비키", 가끔은 "예수회 놈들"이라며 나치가 하던 선동과 심리적으로 정확히 동급임을 우리는 또렷하게 알 수 있다! 우리는 중세와 비슷한 집단적 정신 착락 증세가 부상하는 것을 지켜보고 있었다. 현대 세계가 그토록 힘겹게 쟁취한 비판적 사유를 마비시키는 기술이 태동 중이었다. 히틀러의 저서 《나의 투쟁Mein Kampf》 어딘가를 보면 폭력과 더불어 비방 전술이 쓸모 있다는 냉소적인 대목이 스무 줄가량 나온다. 대중의 정신 상태를 장악하겠다는 전체주의의 새로운 방법들에는 주류 상업 광고가 들어가며, 거기에 폭력과 비합리적 광란이 결합되었다. 이성이 저항해야만 전체주의에 굴욕을 안기고, 또 패배시킬 수 있다.

비난과 혐의 제기가 거칠고, 또 그 규모가 커지면 보통 사람은 놀라기 마련이다. 그런 규모로 거짓말을 할 수 있다는 게 도저히 안 믿기기 때문이다. 터무니없고 충격적인 언어는 사람을 위협하고, 사기 행각마저 돕는다. 충격을 받고 동요하는 개인은 분명 뭔가가 있을 거라고 생각하도록 유도된다. 자기가 모르는 뭔가 더 높은 수준의 얘기가 있을 거라고 보는 것이다. 혼란한 시대에는 확실히 이런 기술이 성공을 거두는 것 같다. 비판적 지성을 겸비한 용감한 소수가 재갈이 물리거나, 국가의 간계 또는 스스로의 역량 부족으로 무기력해질 때 그런 사태는 필연이다.

그게 설득의 문제가 아니라 살인의 문제였다는 것이 중요했다.

모스크바 재판과 함께 개시된 캠페인의 목표는 여러 가지였다. 공산당 관료들과 야당 세력의 토론 일체를 불허하는 것도 그 가운데 하나였음은 물론이다. 전체주의에는 비판 정신보다 더 위험한 적이 없다. 전체주의가 비판 정신을 말살하기 위해 갖은 노력을 다 기울이는 이유다. 아무리 합리적이어도 반대는 전부 고성과 함께 배척된다. 반대자 자신도 계속 고집을 피웠다가는 영안실 신세다. 나역시 집회 때마다 공격자들과 대면했다. 나는 뭘 물어도 기꺼이 답해주겠다고 했다. 하지만 그들은 언제나 모욕적 언사를 퍼부으며 내 얘기를 집어삼키는 데 골몰했다. 내 책들은 내용이 엄정했고, 진실을 밝힌다는 열정 하나로만 씌었다. 폴란드, 영국, 미국, 아르헨티나, 칠레, 에스파냐에서 내 책이 번역 출간됐다. 단 한 줄이라도 이의가 제기된 나라는 없다. 답변 겸 논쟁이 벌어진 적도 전혀 없다. 욕설, 비난, 위협만이 난무했다. 파리와 멕시코 두 곳에서는 카페에 모인 사람들이 나의 암살이 임박했다고 얘기를 나눴다.

○　안드레스 닌은 학구적인 사회주의자였다. 그를 아는 사람은 모두 그를 존경했다.

과거를 모르는 독자들을 위해 한 가지를 명토 박아둔다. 안드레스 닌은 젊은 시절 러시아에 체류했다. 처음에는 충성스런 공산당원이었지만, 이어서 좌익 반대파의 투사로 활약한다. 에스파냐로 돌아온 그는 반동적인 공화국에 의해 투옥되었고, 도스토예프스키와 필냐크를 번역했으며, 부상하는 파시즘 세력을 공격했고, 혁명적 맑스주의 정당 설립에 기여했다. 닌은 1936년 7월 혁명 과정에서 카탈루냐 자치 정부의 법무부 장관을 맡았다. 그는 인민재판소를 세웠고, 무책임한 분자들의 테러를 근절했으며, 결혼 법령을 새로 제정했다. 닌은 학구적인 사회주의자이자 일급의 두뇌였다. 그를 아는 사람은 모두 그를 존경했고, 그는 카탈루냐 정부 수반 콤파니스Companys와도 절친했다. 공산당은 부끄러움도 모른 채 닌을 "프랑코-히틀러-무솔리니의 첩자"라고 비난했다. 제 정당이 '중상 금지 협약'을 제안했지만 공산당은 서명을 거부했다. 그들은 제 정당이 차분하게 증거를 요구하는 회담장을 뻔뻔스럽게 박차고 나갔다. 공산당은 휘하 언론을 통해 모스크바 재판 소식을 지속적으로 소개했다. 하지만 거기에 닌의 이름은 단 한 번도 거론된 적이 없다. 그러나 닌의 인기가 치솟자(당연했다), 그를 죽여버렸던 것이다.

에스파냐에서 기소된 사회주의자들을 방어하는 국제 캠페인은 상당한 성공을 거두었다. 영국에서는 독립노동당Independent Labour Party(페너 브로크웨이Fenner Brockway, 맥스턴Maxton, 맥거번McGovern, 맥네어MacNair)이, 네덜란드에서는 스네플리트Sneevliet의 혁명사회당Revolutionary Socialist Party이 간단없이 우리를 지지해주었다. 프랑스에서는 사회당 내의 혁명적 좌파가 가장 적극적이었다. 마르소 피베르[8], 콜리네[9], 에두아르 세르, 폴 슈미러[10]가 그들이다. 하지만 소수 좌파 정당들과 개인들도 여전히 양심을 보여줬다. 장님이나 다름없는 '정치적 현실주의'와 야비한 정치학으로 인해 대규모 조직들은 완전히 무기력했다.《인민》의 편집자이자 파시즘 역사가인 로시Rossi는 내게 이렇게 말했다. "대중의 양심? 친구, 그런 건 존재하지 않아! 마르셀 카생 같은 자의 더러운 속임수를 한 번 생각해 봐. 그자는 1915년에 무솔리니에게 돈을 댔고, 1917년에는 레닌을 비방했고, 1920년에는 레닌을 숭배했지. 사석에서는 모스크바를 끊임없이 비방하면서도 공식으로는 그 모든 총살형에 박수를 보냈어. 어제는 레옹 블룸을 사회 파시스트라고 부르더니 오늘은 그에게 우정을 맹세한다네. 그런데도 붉은 물이 든 교외의 노동자들은 그를 우상으로 받들어! 우리의 이상은 더 이상 쓸모가 없고, 우리 역시 앞뒤가 꽉 막힌 셈이지!" 그 모든 얘기가 사회당이 간행하는 신문에 품 재판 소식을 단신으로라도 집어넣는 게 힘들다는 취지를 내게 설명하기 위해서였다.

독립노동당의 맥스턴과 네덜란드 혁명사회당의 스네플리트가 우리의 에스파냐 사절단을 이끌기로 했다. 우리는 대표단에게 단단히 주의를 주었다. "그 사람들 말은 절대 믿으면 안 돼요. 형무소 마당에서 당신들한테 아무나 가리키면서 저게 닌이라고 말하면 그와 직접 만나 이야기를 하겠다고 요구하십시오! 저들이 고르킨은 요양원에 수감되어 있다고 하면 직접 가보겠다고 하세요. 그것도 그날 즉시요! 그들이 산더미 같은 '증거'를 들이밀면 단 한쪽의 문서라도 전문가의 견해를 들어보고 싶다고 하세요. 그 자리에서요!" 사절단은 질문 공세와 항의로 공화국 각료들을 괴롭혔고, 계속해서 공산당의 비밀 감옥까지 치고 들어갔다. 침착하고 쉽게 동요하지 않는 성격의 맥스턴은 각 진 얼굴에 입에는 파이프를 물었고, 회색 눈동자가 견실했다. 에스파냐 각료들인 이루호Irujo와 수가사고이티아Zugazagoitia가 맥스턴에게 답했다. "그 끔찍한 일들은 우리의 의지와 무관합니다. 당신들은 우리가 안전할 거라고 생각합니까? 러시아가 우리에게 무기를 주고 있다는 사실을 명심해주세요!"(두 사람은 전력을 다해 희생자들을 구한 정직한 공화주의자들이었다.) 우리는 품 집행위원들이 모처의 공산당 감옥에서 약식으로 처형되었다는 발표가 나올 것으로 스무 번쯤이나 예상했다. 천만다행이었다. 우리의 캠페인이 그들의 목숨을 구했다. 공화국이 단말마의 고통에 진입 중이던 때 재판이 열렸음을 감안하면, 진정으로 도덕이 승리한 사건이라 아니 할 수 없을 것이다.

1937년 봄은 암울했다. 바르셀로나의 비극이 마무리되고, 살해당한 자들이 매장되거나 비밀스럽게 소각되자마자, 사실 쉽게 예상할 수 있었는바, 러시아의 비극이 한 차례 더 전 세계에 타전됐다. 사람들은 사태의 기이함에 망연자실했다. 한 세대의 혁명가 전부가 끊임없이 도륙되었지만 이를 비통해하는 사람은 거의 없었다. 반동들만 살판이 났다. 그들은 혁명의 최고 분자들이 몰살당하고 혁명 자체가 스스로를 배반하는 사태를 지켜보며 쾌재를 불렀다. 이탈리아의 한 파시즘 잡지는 볼셰비즘이 마침내 파시즘적 국가 형성으로 귀결되는 중이라고 썼다. 앙숙이었던 사회당은 볼셰비키가 거역할 수 없는 역사의 침로를 밟아가고 있다고 목소리를 높였다.

소련의 군 수뇌가 전멸했다. 투하체프스키 원수와 동료들이 숙청당했다. 정말이지 엄청난 일이었다. 프랑스의 한 저널리스트가 내게 이렇게 말했다. "생각해보세요. 전 세계의 모든 장군이 충격을 받았습니다! 참모와 원수들을 총살하다니! 그런 일은 절대로 안 하는 법이에요!" 유럽은 전쟁을 목전에 두고 있었고, 적군 사령부 해체는 심각한 결과를 야기할 것임도 인지되었다. 이들 사태를 추동한 논리에 불가사의 따위는 없었다. 군 수뇌부를 건드리지 않고서는 혁명 정권의 핵심을 파괴할 수 없다. 군대는 그 사실을 잘 알았고, 어쩌면 고참 지도자들은 반격을 가하고 싶었을 것이다. 6월 11일 적군 지도자들이 처형되었다.

투하체프스키 사건이 신문 1면에서 내려가자마자 바뇰-쉬르-오른Bagnoles-sur-Orne 범죄가 보도되었다. 노르망디의 한 시골 도로에서 두 남자가 차에 탄 채 칼에 찔려 사망한 사건이었다. 나는 사진을 보고서 두 사람 가운데 한 명을 냉큼 알아보았다.《정의와 자유Giustizia e Libertà》를 편집하며 파시즘에 반대하던 이탈리아인 동지 카를로 로셀리[11]였다. 우리는 얼마 전에 만나기까지 했다. 다정하고 세심했던 그는 체격이 좋았고, 얼굴이 둥글었으며, 안색이 불그레했고, 연한 갈색 머리칼에, 두 눈동자는 파랬다. 그는 내게 조용한 어조로 이렇게 말했다. "알다시피, 나는 자유주의자입니다. ……" 우리는 에스파냐 전쟁의 국제적 함의에 대해 토론했고, 그는 깊은 식견을 보여줬다. …… 카를로 로셀리는 우에스카 전선의 참호에서 막 돌아왔던 것이다. 그는 에스파냐 내전이 유럽 전쟁의 서막이 될 거라고 확신했다. 그는 희망과 원대한 계획으로 가득 차 있었다. 마테오티 사건처럼 무솔리니 자신이 살해 명령을 내렸다. 함께 스러진 역사가 넬로 로셀리도 이런 식으로 제거하기 위해 이탈리아를 떠나는 것이 허락되었다(형제는 휴가를 보내러 프랑스로 왔던 것이다!). 당시에 유럽과 미국에서 올바른 생각을 지녔다는 사람들 대부분은 무솔리니를 '라틴 문명의 계몽적 독재자'라고 인식했다. 우리는 동시에 두 방향에서 칼을 맞고 있다고 느꼈다.

러시아에서는 작가들이 사라지고 있었다. 보리스 필냐크가 대표적이었다. 펜클럽들은 침묵을 지켰다. …… 투하체프스키 재판관들도 사라졌다(아마도 거짓 재판조차 못 받고 처형되었을 것이다). 제독들과 비행기 설계자들이 장군들과 전쟁 산업 지도자들의 뒤를 따랐다.

그런 비극을 까발리는 나의 작업은 끝없는 악몽이었다.

1937년 9월. …… 나는 헨드리쿠스 스네플리트Hendricus Sneevliet
와 각별한 교분을 유지했다. 우리 두 사람은 전년도에 암스테르담
과 로테르담에서 같은 연단에 올랐다. 에스파냐 공화주의자들과
의 연대를 호소했던 것이다. 우리의 청중은 노동계급이었고, 매우
현명했다. 나는 그가 이끄는 당이 매우 뛰어나다는 걸 잘 알았다.
그가 내게 놀라운 소식을 알려왔다. 네덜란드에 체류 중인 게페우
고위 관리가 지노비에프 재판에 억장이 무너졌던지 반대파로 넘
어왔다는 것이었다. 이냐체 라이스가 위험을 경고하며, 우리를 만
나고 싶다고 요청해왔다.

○   블라디가 그린 스네플리트.

라이스는 스위스에 숨어 있었고, 우리는 1937년 9월 5일 랭스
에서 그와 만나기로 했다. 우리는 역의 간이식당과 우체국에서 라
이스를 기다렸다. 하지만 그는 나타나지 않았다. 우리는 난감해하

면서 시내를 배회했다. 포격으로 산산조각 난 채 방치된 대성당은
감탄스러웠다. 우리는 작은 카페에서 샴페인을 마셨고, 신산한 경
험을 수도 없이 하면서 다져진 사내들의 신뢰를 나누었다. 스네플
리트의 두 아들은 자살했다. 둘째는 절망감에서 스스로 목숨을 끊
었다. 나치를 피해 암스테르담으로 건너온 난민들에게 해줄 수 있
는 것이 아무것도 없었던 것이다. 그들이 국경에서 돌려보내지는
것을 막아야 했지만 취할 수 있는 방도가 없었다. 젊은 당원 여러
명이 에스파냐에서 죽기까지 했다. 그들의 희생이 무슨 쓸모가 있
었던 것일까? 스네플리트는 오래전에 네덜란드 동인도 제도로 추
방당했고, 거기서도 정당을 창건했다.[12] 젊었을 적 친구들은 무기
징역형에 처해졌고, 이후로 계속된 그의 탄원은 아무 소득이 없었
다. 네덜란드에서도 파시즘 세력은 공공연하게 성장하고 있었다.
물론 인구의 다수는 그들을 반대했지만 말이다. 스네플리트는 전
쟁이 임박했음을 느꼈다. 네덜란드, 네덜란드의 노동계급, 네덜란
드의 선진 문화가 그 속에서 분쇄되는 것은 필연이었다. 물론 처음
에만 그럴 테고, 결국 다시 재생되기는 할 터다. 하지만 언제, 어떻
게? "우리가 피바다와 처절한 암흑을 꼭 겪어야 합니까? 도대체가
뭘 할 수 있을까요?"

그는 이 모든 근심걱정으로 얼마간 나이가 들어 보였다. 스네
플리트는 항상 얼굴을 찌푸렸다. 하지만 그는 결코 낙담하지 않았
다. 스네플리트가 이렇게 말했다. "라이스가 오지 않다니 이상합니
다. 그는 시간을 엄수하는 사람입니다. ……" 우리는 파리로 돌아
가는 기차에 몸을 실었고, 다음의 신문 기사를 접했다. 전날 총탄
으로 벌집이 된 외국인 한 명이 로잔 인근 샹블랑드의 거리에서 발
견돼, 수습되었다. 그 남자의 주머니에서 랭스 행 기차표가 나왔다
고 했다.

사흘 후 미망인 엘자 라이스Elsa Reiss가 그것이 함정이었다고 알려왔다. 게르트루드 쉴드바흐Gertrude Schildbach라는 여성 동지가 찾아왔다고 한다. 그녀 역시 모스크바의 각종 처형 소식에 격분하며 울었다고 했다. 게르트루드는 라이스를 안 지가 15년째였고, 그의 조언을 듣고자 했다는 것이었다. 두 사람이 함께 나갔는데, 여자가 아내와 아이를 주라며 초콜릿을 남겨두고 떠났다고 했다. 거기에는 독물이 들어 있었다. 살해당한 남편의 손가락에서는 회색 머리칼이 한 줌 발견되었다. …… 스위스의 공산당 언론은 게슈타포 요원이 동료들에 의해 제거되었다고 썼다. 우리가 사태를 자세히 폭로했지만 파리에서 그 내용을 실어준 신문은 하나도 없었다.

나는 《플레슈Flèche》 사무실로 가스통 베르제리Gaston Bergery를 찾아갔다. 베르제리는 프롱티즘Frontisme이라는 좌익 운동을 이끌고 있었다. 프롱티즘은 독점과 공산주의 모두를 겨냥했다. 그는 우아하면서도 호전적이었다. 솔직했지만 감지하기가 쉽지 않았다. 대중 동원 능력이 탁월했으며, 정부에서 한자리를 담당하기에도 손색이 없어 보였다. 그는 부유한 삶을 좋아했고, 노골적으로 야망을 드러냈다. 우리 모두는 그가 어느 날 갑자기 파시스트 우익으로 돌아서거나 또는 혁명의 편에 가담할 수도 있음을 알았다. 그는 인민전선 안에서 독립적 행보를 보였다. 그가 내게 말했다. "우리가 공개하겠습니다!" 그렇게 해서 침묵이 깨졌다. 라이스 암살 사건이 우리의 조사로 백일하에 드러났다. 외교관의 면책특권 보호를 받던 러시아 고위 관리들이 사흘 안에 짐을 싸서 출국하도록 요청받았다. 조사가 개시되었고, 레온 세도프Leon Sedov를 납치하는 계획이 면밀히 준비되고 있었음이 발각되었다. 세도프는 트로츠키의 아들이다. 소련 통상 사절단 소속의 리디아 그로조프스카야Lydia Grozovskaya가 기소되었다가 상당한 보석금을 내고 석방되었다. 그녀는 행방을 면밀하게 추적당했지만, 끝끝내 몸을 감추는 데 성공했다. 조사 활동이 여러 차례 난관에 봉착하는 듯했다. 우리가 정보를 제공한 내무부 장관 막스 도르무아Marx Dormoy는 사회당의 성실한 고참 우파로, 사건을 은폐하지 않을 것이라고 약속했고, 실제로 그 약속을 지켰다.

자신이 살해될 것으로 확신한 어떤 사람이 전화를 걸어와, 우리를 만나고 싶다고 했다. 레온 세도프, 스네플리트, 나 이렇게 셋이 변호사 제라르 로장탈의 파리 사무실에서 그와 만났다. 그는 약간 말랐고, 나이에 걸맞지 않게 주름이 있었으며, 두 눈은 무척 긴장돼 보였다. 발터 크리비츠키Walter Krivitsky로, 러시아에서 몇 번 본 인물이었다. 그는 라이스와 브룬Brunn, 또는 일크Ilk와 함께 비밀 첩보기관을 지휘했고, 에스파냐에 무기 보내는 일을 조직 중이었다. 친구를 죽이는 것은 그의 의지에 반하는 일이었다. 그는 라이스의 아내까지 마저 죽이고, 모스크바로 귀환하라는 명령을 받았다.

대화의 초반부는 비통하기 이를 데 없었다. 그가 스네플리트에게 말했다. "당신의 당에도 스파이가 있습니다. 하지만 난 그의 이름을 모릅니다." 정직한 스네플리트가 격분했다. "비열한 악당 같으니!" 그는 우리 둘 다 아는 친구 브룬이 러시아에서 총살당했다고 내게 알려줬다. 혁명의 첫 시기에 비밀요원으로 활약한 사람들은 대부분 그랬다. 그가 보탠 말은 다음과 같았다. 이 모든 사태에도 불구하고 자기는 우리와 생각이 다르다고 느끼며, 혁명으로 탄생한 국가에 계속 충성할 것이라고. 그 국가의 역사적 사명이 자잘한 범죄보다 훨씬 중요했다. 더구나 그는 어떤 반대도 성공할 수 없다고 믿었다. 어느 날 밤 우리는 긴 대화를 나누었다. 상테 감옥의 불길한 벽 옆으로 난, 어둡고 인적이 드문 대로에서였다. 크리비츠키는 밝은 길을 두려워했다. 그가 담배를 꺼내려고 외투 주머니에 손을 집어넣을 때마다 나도 바짝 긴장한 채 내 손을 주머니에 넣었다.

"나는 언제라도 암살될 위험에 놓여 있습니다." 그가 언짢은 미소와 함께 힘없는 목소리로 말했다. "당신은 아직도 내 말을 안 믿죠?"

"아니요."

"우리 둘 다 같은 대의를 위해 죽겠다고 맹세했겠죠? 그런가요?"

"아마도요. 하지만 그 대의가 뭔지 살펴보는 일도 못지않게 중요할 겁니다."

1938년 2월 트로츠키의 장남 레온 세도프가 모호한 상황에서 급사했다. 그는 젊고 활력이 넘쳤으며, 온화하면서도 단호했다. 세도프의 삶은 지옥 그 자체였다. 그는 아버지에게서 열렬한 지성, 혁명에 대한 확고한 신념, 이젠 사라져가던 볼셰비키의 실용적이면서도 비타협적인 정치 사고방식을 물려받았다. 우리 둘은 몽파르나스 거리에서 시간을 보내다 여명을 맞이한 게 한 번 이상이었다. 광기 어린 모스크바 재판의 얽히고설킨 실타래를 푸는 자리였다. 가끔 가로등 아래서 멈추었는데, 그 아니면 내가 이렇게 외쳤을 것이다. "참으로 지독한 광기의 미로로구나!" 세도프는 혹사했고, 무일푼이었으며, 아버지를 무척 염려했다. 그의 전 생애가 그런 미로 속에 놓였다. 1936년 11월 트로츠키 문서고Trotsky's archives의 한 과가 간밤에 털렸다. 미슐레 가 7번지의 사회사연구소Institute of Social History에 그 며칠 전 비밀리에 마련된 장소였다. 범죄자들은 아세틸렌 토치로 문을 따버렸다. 나는 세도프를 도와 요령부득의 조사 활동에 참여했다. 이런 절도 행각보다 더 속이 빤히 들여다보이는 일이 또 뭐가 있겠는가?

세도프는 휴식이 필요했다. 그가 지중해로 떠나면서 주소를 알려주지 못하게 된 점을 사과했다. "주소는 우리 접선자한테만 줄 겁니다. 최대한 조심하고, 지각없는 행동을 최소화해야 해요. ……" 우리는 라이스를 죽인 두 놈이 앙티브(프랑스 동남부, 니스 서남쪽의 항구 도시─옮긴이)로 가, 세도프 주변에 머물렀음을 확인했다. 또 한 명은 사실상 세도프의 옆집에 살았다. 언제 어디서나 그는 감시를 받았고, 매일 밤 걱정에 앓아누울 지경이었다. 세도프는 미심쩍은 러시아인들이 운영하는 한 병원에서 맹장염 수술을 받았다. 병원에도 신원을 가장하고 입원했다. 그는 그 병원에서 죽었고, 아마도 부주의나 태만의 과실 때문이었을 것이다. 사인死因을 밝히기 위한 조사가 이루어졌지만 결정적인 사실은 아무것도 안 나왔다. …… 우리는 백색 목재로 만든 관을 지고, 페르 라셰즈 공동묘지로 갔다. 관에는 소련 적기를 씌웠다. 세도프는 내가 죽는 걸 지켜본 트로츠키의 세 번째 자녀였다. 그의 형제 한 명도 동시베리아에서 막 종적을 감춘 상황이었다.

장례식 현장에 장신의 깡마르고 창백한 젊은이가 나타나 내게 악수를 청했다. 조의를 표하는지라 표정은 풀이 죽어 있었지만, 조심하는 회색 눈동자가 날카로웠다. 입은 옷은 추레했다. 나는 브뤼셀의 그 청년 교조주의자를 알았다. 사실 우리는 함께 잘 지낸 적이 없었다. 루돌프 클레멘트Rudolf Klement는 제4인터내셔널의 서기였다. 그는 그 허약한 조직을 키우겠다고 광적으로 일에 몰두했다. 그 과정에서 정치적 대실책을 자주 범했고, 내가 화를 내기도 여러 번이었다. 1938년 7월 13일 나는 급보를 받았다. "루돌프가 파리에서 납치됨. …… 그의 집은 모든 게 정상. 탁자에는 식사가 준비된 채였음. ……" 그가 보낸 걸로 가장한 위조 편지 ─ 총을 겨누고 받아쓰게 했으므로 진짜인가? ─ 가 에스파냐 국경에서 도착했다. 이윽고 머리가 달아난 시신을 센 강의 묄랑 지구에서 낚시꾼이 끌어

올렸다. 클레멘트와 닮은 시체였다. 물론 인민전선 정부의 언론은 입도 벙긋하지 않았다. 친구들이 몸통과 손의 특징을 지목하며 참수된 시체의 신원을 확인했다. 공산당 일간지《위마니테》와《세 수아Ce Soir》가 논쟁에 가담했다. 에스파냐 장교 한 명도 끼어들어, 실종 당일 페르피냥에서 클레멘트를 보았다고 주장했다. (그는 사실 러시아인이었고, 이후로 어디에서도 볼 수가 없었다.) 클레멘트의 흔적이 오리무중인 가운데 사건이 마무리되었다.

그 직후 크리비츠키가 미국으로 떠났다. 그는 거기서《나는 스탈린의 공작원이었다I Was Stalin's Agent》라는 책을 출간했다. 1941년 2월 워싱턴의 한 호텔 방에서 시신이 발견되었다. 머리에 총탄이 박힌 채였다.

만국박람회가 열린 1937년의 파리는 자신만만하고, 화려했다. 파리의 세계 시민들은 태평성대에 취했다. 불을 밝힌 에펠탑은 빛의 로켓이었다. 하지만 그런 파리의 영광은 이제 과거가 되어가고 있었다. 위대한 파업이 평화롭게 단행되었다. 민중의 행진은 단결을 상징했다. 노동자와 프티 부르주아가 위대한 변호사, 위대한 유대 지식인, 사회주의자, 혁명가, 온건파 지도자 따위를 연호하던 파리가 기억에서 떠올랐다. …… "우리가 얼마나 강력했던가! 기억 나?" 교외의 노동계급 거주 지구가 바짝 긴장했다. 좌익 살롱들이 융성했다. 변변치 않지만 에스파냐의 공화주의자들 및 빨갱이들과의 연대라는 불가결한 과제를 수행하는 위원회들이 우후죽순 생겨났다. 회의와 의혹의 한가운데서 천천히 빛을 뿜어내는 파리라니! 부르주아가 승리한 파리, 진부하고 속된 파리는 무대 뒤로 사라지고 있었다. 강경하던 베르사유도 어쩔 수 없었다. 재향군인들이 평화주의자로 돌아섰고, 러시아혁명은 더 이상 충격적이지 않았다. 번창하던 파리는 이제 과거지사였다.

우리는 1937년 중반부터 에스파냐 공화국이 사실상 죽어가고 있다는 판단을 강하게 했다. 물론 네그린은 '승리'했다고 선언했지만 말이다. 그런 인식이 땅거미가 지듯 대중 사이에 퍼져나갔다. 모호한 무력감이 떠올랐다. 막스 도르무아가 '카굴라르Cagoulard'의 음모(프랑스에서 1937~38년에 우익들이 벌인 반혁명 활동. cagoule이란 복면 내지 두건을 착용한 데서 유래했다-옮긴이)를 적발했고, 우리는 장군들과 경찰 고위 관리들 ─ 페탱과 프랑세 데스페리Franchet d'Espèrey ─ 의 공모 사안을 각료 회의가 토의했음을 알게 됐다. 한 교수는 내게 이렇게 말했다. "그들은 못 건드려요. 그랬다가는 프랑스를 해하는 범죄로 몰릴 걸요. 이곳 프랑스에서 투하체프스키 사건이 벌어지기를 원치는 않는 겁니다!" 우익 파시스트들이 설치한 폭탄이 여기저기서 터졌다. 에투알에서, 빌레쥐프에서 가난한 사람들의 사지가 찢겨 나가는 가운데, 고용자총연맹General Confederation of Employers은 좌익과 외국 난민과 '사기꾼 전선Frente crapular'(에스파냐 공화국을 가리킴-옮긴이) 놈들의 극단주의를 격렬하게 비난했다. (그들이 폭탄 값을 댔다.) …… 프랑스에서는 내전이 발생하지 않았다. 레옹 블룸과 막스 도르무아 같은 인사들 때문일 것이다. 물론 그들은 많은 과오를 저지르기도 했다. 이탈리아제 무기를 어디서나 볼 수 있었다. 기자, 국회의원, 외교관들조차 나치의 영향을 받고 있었다. 군부는 프랑코를 존경했다. 영국의 보수파는 대륙의 상황을 외면했다. 프랑스는 홀로 남아 전체주의 열강 둘과 맞상대해야 했고, 민중은 사실상 내전에서 지고 말았다. 국민의 압도 대다수가 급진적 정신 상태에서 사회주의에 호의를 보였지만 모호한 패배감을 느꼈다. 사람들은 이렇게 말했다. "인민전선은 속임수예요. 카굴라르 놈들은 무장을 했지만 우리는 아니잖아요. 군 수뇌의 3분의 2, 도지사의 절반, 경찰서장의 최소 절반이 카굴라르입니다. ……" 이 추정치가 정확한 것인지는 모르겠다. 하지만 크게 틀리지는 않을 거라는 게 나의 판단이다.

노동계급과 좌편향의 중간 계급은 대개가 겹쳤다. 다시 말해, 참정권자의 대다수라는 얘기다. 에스파냐의 패배와 러시아 대학살이 그들의 사기를 꺾어버렸다. 물론 사기가 꺾이는 일은 그것 말고도 더 있었다. 일부가 맹목적 신념을 고집하고 나섰다. 눈을 감아버린 신념은 동요하고 머뭇거렸으며, 절망적이었다. 스탈린주의 반대를 표방하는 사람들도 새롭게 나타났다. 나는 노동계급 투사들이 그렇다면 나치가 더 좋은 것은 아닌지, 또 반유대주의를 '과장해' 꼭 히틀러를 비방해야만 하는 것인지 궁금해하는 소리까지 들었다. 막다른 골목인 평화주의로 투항하는 사람들도 있었다. 전쟁이 아니라면 뭐든 상관없다는 것이었다! 한 투사가 어떤 노동조합 대회에서 이렇게 주장하기도 했다. "죽는 것보다는 노예 상태가 낫습니다!" 한 초등학교 교사가 패배에 관한 이런 입장을 방어했고, 나는 이렇게 대꾸했다. "물론 저항도 죽음을 각오해야 하지만 노예 상태로 사는 것도 죽음이나 마찬가지입니다." 나는 그런 온갖 경향을 지지하는 사람들을 잘 알았다. 그들은 정직하고 지적이며 존중을 받을 만했다. 18개월 전이라면 혁명 에스파냐나 새로운 민주주의를 위해 용맹하고 단호하게 싸웠을 그런 사람들이었다.

에스파냐가 붕괴했고, 프랑스의 사기 와해는 재앙적 수준이었다. 피상적인 관찰자들에게는 안 보였을지도 모르겠지만 주시자의 눈에는 명확했다. 뿌리 깊이 박혀 있던 사회주의 정서가 몇 달 만에 말소되고 말았다. 보편적 인류의 고귀한 정서라고 할 만한 것이 그렇게 사라졌다. 난민 수천 명이 피레네 산맥을 넘어왔다. 하지만 그들을 맞이한 것은 프랑스의 경찰대였다. 난민들은 물건을 빼앗기고, 위협을 받았으며, 열악한 수용소에 억류되었다. 당시 상당히 융성했던 CGT는 기금을 풀어 이들 영웅과 희생자들을 지원하지는 않았다. 정부는 정쟁을 거듭하며 우파 이데올로기로 방향을 틀었다. 수상직이 레옹 블룸에서 에두아르 달라디에Edouard Daladier에게로 넘어갔다. 달라디에는 계속해서 폴 레노Paul Reynaud를 곁에 두었다. 난민을 겨냥한 무자비한 입법이 서서히 제정되고 가동되었다. (정확히 얘기하면, 너무나 무자비해서 엄격하게 적용된 적이 없었다.) 대중은 에스파냐 내전의 패배자들을 저버렸다. 난민들이 말없이 제기한 쟁점들을 외면했음은 물론이다. 그들을 받아들여 정상적인 생활을 영위할 수 있도록 도왔다면 얼마나 좋았을까! 인구가 쪼그라드는 지역들에 정착시키고, 아이와 청소년들의 입양을 주선하며, 나아가 정예 사단을 한두 개 구성해 프랑스 방위에 동원할 수 있었다면? (프랑스가 공격 위협을 받고 있었다.) 하지만 이런 생각을 하는 사람은 아무도 없었다.

억압이 작동하는 심리 기제가 빤히 보였다. 사람들은 번영이 좋았고, 고통을 외면했다. 많은 위험이 그림자를 드리웠음에도 그들은 수많은 패배를 외면했다. 그토록 지난한 투쟁 끝에 패배한 것임도 보태야 하리라. 사람들은 패배한 에스파냐 사람들에게 화를 냈다. 처음에는 그들을 환영했던 동지들마저 거리를 두기 시작했다. 그것은 일종의 분노였다. 후에 프랑스가 함락되었고, 나는 고속도로에서 어떤 훌륭하신 분이 에스파냐 난민을 경멸하며 내뱉는 소리를 들었다. 그 내용을 낱낱이 적시할 수도 있다. 하지만 그래봐야 무슨 소용이 있겠는가? 우리 교정원 노조에도 탈출 난민들이 있었다. 그들은 굶주렸고, 우리는 일주일에 하루 또는 이틀 정도 일할 수 있도록 허락했다. 그 변변찮은 양보 조치는 끝없는 애원 끝에 겨우 허락된 것이었다. 사실 우리 노조원 대다수는 부족한 게 아무것도 없었다. 나는 여러 달을 싸웠고, 70세의 한 노인에게 300

프랑만이라도 지원하자고 하는 결정을 받아냈다. CNT의 창립자 중 한 명인 호세 네그레José Negre가 수용소의 비루한 침상에서 죽어 가고 있었다. CGT의 원로들을 찾아다녔고 주오Jouhaux와는 면담도 했지만, 다 허사였다. 관대하고 열의가 넘친다고 알고 있던 옛 친구 몇 명은 이해가 불가한 상태로 변해 있었다. 우리는 관계를 청산했다. 더 이상 무슨 얘기를 할 수 있었겠는가?

고위 정치, 즉 군사와 외교 분야에서 그런 정신 상태를 확인할 수 있는 사건이 바로 뮌헨 조약이었다. 서방 국가들은 나치에 굴복했고, 동맹 세력인 체코슬로바키아를 배신했으며, 소련을 배반했다. 프랑스의 정치인들 — 내가 볼 때, 성실했을지는 모르지만 반동분자들이다 — 은 베를린에서 돌아와 노동계급 투사들에게 훈계를 늘어놨다. 요컨대 독일이 프랑스를 무척 두려워한다는 것이었다. 우리는 어떤 희생을 치르더라도 평화를 유지할 겁니다. 그렇지 않으면 파멸하고 말 겁니다. 압도 대다수의 국민이 형언할 수 없이 안도하며 그 수치스런 거래를 환영했다는 것은 사실이다. 체임벌레인Chamberlain, 히틀러, 무솔리니와 협상을 마치고 돌아온 달라디에의 얼굴은 여느 때처럼 침울했다. (당시에 찍힌 어떤 사진을 보더라도 그는 힘겨워하며 풀이 죽은 모습이다. 그는 한 정치 체제의 장례식을 집전하고 있었다.) 그런데 대중이 귀국하는 그에게 환호를 보냈다. 야유와 꾸짖음을 예상한 그로서는 놀랄밖에!

나 또한 뮌헨 조약에서 안도감을 느꼈음을 고백해야겠다. 당시의 프랑스가 전쟁을 수행할 수 없다는 사실이 내게는 명약관화했다. 불황이 대단했다. 그들은 공화국을 구해내기 위해 싸우지 않았다. 외교상의 불간섭주의가 빌어먹을 소극笑劇이 되는 걸 막을 수도 없었다. 그렇게 실망을 안겨줬는데, 누가 그들에게 체코슬로바키아를 지원하는 전쟁을 벌이라고 요구할 수 있었겠는가? 그들은 그때부터 시간을 요구했다. 도덕적 청렴함을 내세우려면 새로운 활력과 에너지가 필요했다.

노동계급 운동에서는 불황이 분열로 표출되었고, 확연하게 도드라지기까지 했다. 모든 가치가 의문시되자, 소수파는 편협하게 경직되었고 다수파는 방향 감각을 상실했다. 로얀 대회Royan Congress에서 사회당이 분열했다. 폴 포르[13]가 어리석게도 규율을 강제하며 괴롭히자, 혁명적 좌파가 떨어져 나가 사회주의노동자 농민정당Socialist Workers' and Peasants' Party, PSOP을 결성해버렸다. 혁명 좌파는 그로 인해 잠재적 청중을 잃고 말았다. (사회당은 당원 수가 30만 명이 넘었다.) 수천 명의 추종자는 고립되었고, 그들은 그 상태에서 혁명운동을 시작했다. 노동계급이 의기소침해져 퇴각 중이던 바로 그 시점에 말이다. 로얀 대회의 분열로 사회당도 약화되었다. 대안 정당으로서 쓸모가 없어져버린 것이다.

노동조합이 적극적 조합원들을 털어냈다. 평화주의와 반스탈린주의가 호전주의와 공산당에 대한 맹종을 반대했지만, 둘 다 소극적 이데올로기에 불과했다. 나는 한 소규모 극좌 평론지와 관계를 청산했다. 편집자인 모리스 빌랑은 참전군인 출신으로 자유지상주의자이며, 대개는 아주 현명했다. 그런 그가 자유 토론의 원리를 들먹이며, 나치를 옹호하는 내용을 출판하겠다는 것이었다!

내가 트로츠키와 깨진 것도 그즈음이었다. 나는 트로츠키주의 운동과 거리를 두고 있었다. 러시아의 좌익 반대파가 그들한테서는 희망을 발견할 수 없다는 것이 내 판단이었다. 트로츠키주의 운동 세력이 사회주의의 이데올로기, 윤리, 제도를 갱신하리라는 전망은 요령부득이었다. 내가 직접 접해서 잘 아는 나라들, 곧 벨기에, 네덜란드, 프랑스, 에스파냐에서는 '제4인터내셔널' 소속의 꼬마 정당들이 무시로 분열했다. 파리에서는 개탄스러운 불화와 반목이 계속되었다. 허약한 종파 운동에 지나지 않았다는 얘기이다. 새로운 사고방식이 전혀 출현할 수 없었다. 이 그룹들이 그나마 명맥을 유지할 수 있었던 것은 선배의 명성과 지칠 줄 모르는 활동 덕택이었다. 하지만 그러면 뭐하나? 선배의 위신과 탁월한 활동 모두가 이 과정에서 추락해버렸다. 국제사회주의 경향의 조직 일체가 사멸 중이었다. 반동이 맹위를 떨쳤다. 그런 시점에 지지 세력이 전무한 가운데서 인터내셔널을 새로 만들겠다는 생각이 내게는 무의미해 보였다. 레온 다비도비치에게 그런 내용으로 편지를 써 보냈다. 나는 러시아혁명 역사의 특정 쟁점과 관련해서도 그와 의견을 달리했다. 트로츠키는 다음 사실을 인정하려 들지 않았다. 1921년 크론시타트 반란이 일어난 것은 볼셰비키 중앙위원회의 책임이 무척 컸다. 후속의 진압 사태는 불필요했고, 야만적이었다. 체카(이후 게페우로 바뀜) 설립과 그들이 채택한 비밀 심문 기술은 혁명 지도부의 통탄스런 과오였다. 그런 억압 기구 자체가 사회주의 사상과 양립할 수 없다.

나는 러시아의 당면 과제와 관련해 트로츠키의 놀라운 비전과 통찰을 인정했다. 그가 《배반당한 혁명》을 쓰고 있을 때 나는 반대파 강령에 소비에트를 인정하는 정당이면 모두 자유롭게 활동할 수 있다는 선언을 꼭 집어넣으라고 주문했다. 번개가 번쩍이는 듯한 최고의 지성이 그 옛날 볼셰비즘의 도식 체계와 섞여 있었다. 트로츠키는 모든 나라에서 볼셰비즘이 반드시 부활할 것이라고 믿었다. 나는 그가 보인 고집불통의 태도를 이해할 수 있었다. 요컨대, 그는 한 세대의 거인 중 마지막 생존자였다. 하지만 나는 역사의 전통이 아무리 위대해도 갱신을 통해서만 연장될 수 있다고 생각했다. 사회주의 사상도 당대 세계에 걸맞게 새로워져야만 했다. 그리고 그런 일은 다음을 통해서만 가능했다. 세기의 전환기에 활약한 러시아 맑스주의의 권위주의적이고 너그럽지 못한 전통은 이제 버려야 했다. 나는 트로츠키의 견해를 반박할 요량으로 그가 직접 작성한 문장을 하나 끄집어냈다. 놀라운 비전을 보여주는 그 문장은, 내 기억으로 1914년에 씌었을 것이다. "권력을 장악하는 데는 볼셰비즘이 정말이지 탁월한 수단일 것이다. 하지만 권력 장악 이후는? 그때 볼셰비즘은 반혁명적 요소들을 노출하게 된다."

혁명 러시아가 1917~1923년에 철저하게 사고하지 못한 문제가 자유의 문제였다. 혁명 러시아는 인권선언을 새로 제출해야 했지만 그러지 못했다. 나는 파리에서 발표한, 〈맑스주의의 장점과 약점Puissances et limites du marxisme〉이라는 제목의 글에서 그 생각을 자세히 밝혔다. 그 논설이 뉴욕에서는 《파르티잔 리뷰Partisan Review》에 〈우리 시대의 맑스주의Marxism of Our Time〉라는 제목으로 실렸다. 선배는 습관적으로 정형화된 이미지를 부여하는 사람답게, 다음의 문구를 제외하고는 아무것도 보려고 하지 않았다. "프티 부르주아적 혼란을 확인할 수 있다. ……" 수행 비서들의 그릇된 보고는 통탄스러웠다. 트로츠키가 장문의 에세이로 나를 격렬하게 성토했다. 그는 내가 쓰지 않았을뿐더러 내가 빈번하게 표출한 견해와도 완전히 다른 글 한 편의 저자로 나를 지목했다. 트로츠키주의 저널들은 내 반론과 정정 요구를 받아들이지 않았다. 핍박을 당하는 사람들의 심리 상태가 박해자들의 태도와 똑같았다. 싸우면서 닮는다는 것은 자연의 이치다. 러시아혁명은 폭정을 뒤엎고 탄생했지만 과거의 특정 전통들을 답습했다. 트로츠키주의자들은 비방받고, 처형당하고, 살해되었다. 그런데도 트로츠키주의는 스탈린주의와 비슷한 관점과 전망을 징후적으로 보여주고 있었다. 그들이 스탈린주의에 반대하다 가루가 되고 있었다는 사실을 상기하면 얄궂다고 하지 않을 수 없다. …… 트로츠키주의 투사들은 정직했고, 그런 트로츠키주의에 불만이 많았다. 하지만 파장이 엄청날 그런 사회 심리적 사실을 까버리고도 무사할 수는 없었다. 과거의 권위주의적 교의를 고수하면서 대가를 치르지 않을 수는 없었다. 나는 이 모든 사태에 가슴이 미어졌다. 온갖 악조건에도 불구하고 소수가 결연한 의지로 단호하게 활동하면, 질식당하던 전통과 결별하고, 닳으면서 죽어가는 사태를 뚫고 솟아날 수 있다는 것이 나의 확고한 신념이었기 때문이다. 그런 불요불굴의 자세는 고통스럽고 힘겨웠지만 시도되었어야만 했다. 나 역시 반비판을 수행하지 않았다.

나는 러시아의 좌익 반대파가 기본적으로 사상의 자유, 비판의 자유, 노동자의 권리를 방어하는 운동 세력이라는 생각을 견지했다. 러시아에서 우리의 운동은 트로츠키주의적이지 않았다. 우리는 반대파 활동을 특별한 개인과 연결하지 않았다. 우리는 저항 세력이었고, 스탈린 숭배를 반대했다. 우리는 선배를 위대한 동지 가운데 한 명으로 여겼을 뿐이다. 동아리의 연장자로서 존경하지만, 그의 사상도 자유롭게 토론되어야 한다는 태도였던 것이다. 10년이 흐른 후의 상황을 보자. 벨기에에서 발터 도주 Walter Dauge가 이끄는 정당은 보리나주 지역 당원이 수백 명에 불과했다. 이런 꼬마 정당들이 트로츠키를 '우리의 영예로운 지도자'라고 했다. 제4인터내셔널의 서클들에서는 트로츠키의 입장에 반대하면 누구든 쫓겨났다. 소련의 관료들이 우리를 겨냥해 사용하던 것과 동일한 언어로 비난이 퍼부어졌음은 물론이다. 사실 그 모든 사태는 별로 안 중요했다. 그런 악순환의 고리가 형성되었다는 사실이 진짜로 중요한 것이다. 트로츠키주의 운동이 내부에서 붕괴할 조짐을 보여주는 소름끼치는 심리적 단서였기 때문이다.

반대파 운동에서 중요한 입장 둘이 서로 충돌하고 있었다는 게 내 결론이다. 압도 대다수의 성원은 혁명 초기에 표출된 민주주의라는 이상 속에 전체주의에 저항하는 세력이 반대파라고 생각했다. 반면 우리가 따르던 다수의 고참 볼셰비키에게는 특정 민주주의를 배제하는 것은 아니지만 철두철미하게 권위주의적인 정통 교의를 방어하는 게 반대파였다. 1923년부터 1928년까지는, 엄청나게 강력한 인격을 중심으로 하는 트로츠키라는 아우라가 이 두 조류에 섞여 있었다. 트로츠키가 소련에서 추방당하고 다음처럼 했다면 아마도 새로운 위대성을 획득했을 것이다. 사회주의 사상을 갱신하고, 비판적 견해를 개진하며, 다양성보다는 독단을 더 경계하는 이데올로그가 되었다면 말이다. 하지만 그는 자신의 정설에 사로잡혔다. 소위 말하는 정도에서 벗어나 비정통으로 일탈하는 것이 반역으로 비난받았기 때문에 더욱 그랬다는 것은 참말이지 비극이다. 트로츠키는 러시아적이지만 러시아에 더 이상 존재하지 않는 운동을 전 세계에 확산시키는 것이 자신의 임무라고 생각했다. 사형 집행인들의 탄환과 인간 심리의 변화가 그 운동을 두 번 죽였다.

전쟁이 빠른 속도로 다가오고 있었다. 에스파냐 공화국이 비록 몇 주 또는 수개월에 불과했지만 확실하게 승리를 거둘 수 있었던 기회가 있었다. 군사 반란이 일어났지만 근거지가 여전히 모로코이던 짧은 나날에 모로코 민족주의자들Moroccan Nationalists은 에스파냐 공화국에 포괄적으로 합의해주면 프랑코와 싸우겠다고 제안했다. 내 친구 여럿이 참여한 그 협상은 실패했다. 아마도 유럽의 여러 정부 수반이 그런 대담한 개혁에 적대감을 드러내서였을 것이다. 뒤이어 벌어진 일체의 사태는 다음의 추정을 확인해준다. 소련은 공산당이 헤게모니를 쥐지 못한 공화국에서 승리를 원하지 않았고, 그저 시간만 벌겠다는 생각으로 반파시즘 투쟁을 끌었다. 그렇게 사기가 땅에 떨어지자, 프랑코가 1939년 1월 어떤 저항에도 직면하지 않고 바르셀로나에 입성했다. 나치가 3월 중순 프라하를 접수했다.

그 3월에 나는 《프라브다》 기사로 스탈린의 18차 당 대회 연설문을 읽었다. 지도자 동지께서는 영국과 프랑스가 "소련과 독일의 다툼을 조장"하고 있다며 비난을 퍼부었다. 보로쉴로프의 연설을 통해 나치의 한 군대 잡지에 공개된 소련 군사력이 사실임도 확인할 수 있었다. 라이스와 크리비츠키는 소련 요원들이 나치 지배자들과 계속 접촉 중이라고 우리에게 알려줬다. 국제연맹에서 '집단 안보'와 정치국의 '평화 정책'을 대변하던 리트비노프가 5월 5일 별안간 사임했다. 이런 단서들을 통해 소련의 정책이 제3제국과의 협력으로 바뀔 것임이 명백해졌다. 하지만 공산당이 조종하는 일부 프랑스 언론은 그런 사실을 파악할 능력도, 의사도 없었다. 내가 좌파 저널들에 보낸 논설은 거절당했다. 평론지 《에스프리》만 유일하게 내 글을 실어줬다. 소련 정치국이 프랑스를 전쟁에 돌입하기도 전에 이미 패배한 것으로 본다는 사실이 내게는 아주 분명했다. 가장 강력한 놈과 화해하자는 게 그들의 전략이었던 것이다.

그럭저럭 읽을 만했던 《독일 군대의 역사 History of the German Army》를 쓴 브누아-메생Benoist-Méchin이라는 무명의 저널리스트가 한 번 만났으면 한다고 연락을 해왔다. 한 좌익 출판인에게 그에 관한 정보를 좀 달라고 요청했더니, 이런 대답이 돌아왔다. "작곡가 출신인데, 독창성은 없지만 오려 붙이기는 기막히게 잘합니다. 특별한 정치적 입장은 없고요." 우리는 생 미셸 대로의 한 카페에서 만났다. 그는 (서른다섯 살가량으로) 젊었고, 평범한 얼굴에, 안경을 썼으며, 말은 짧고 주로 귀를 기울였다. 10분쯤 지나자 확신이 섰다. 그는 프랑스 정보국Deuxième Bureau과 모종의 조직, 어쩌면 독일 쪽

둘 다에서 일하고 있었다. 그는 우크라이나 내전사를 쓸 계획이라고 내게 말했다.

"러시아어 할 줄 압니까?" 내가 물었다.

"아니요."

"우크라이나는 가봤습니까?"

"아직요."

"러시아혁명을 연구했나요?"

"특별히는 아니고요. ……"

우리는 두서없이 시사 얘기를 했다. 그는 전쟁이 나면 우크라이나 농민이 어떻게 나올지에 관심이 있었다. 나는 대화를 일단락하고, 이렇게 말했다. "우크라이나는 불만이 많을 거요. 하지만 누가 침략해도 방어 전쟁은 격렬할 겁니다. 게다가 요즘 화두는 독소 전쟁이 아니라 폴란드 분할 아니던가요?" 이중 간첩 브루아-메생과의 자리를 작파한 나는 무척 당혹스러웠다. 유관 기관 가운데서 그런 추측을 하는 사람이 아무도 없다니! (우리는 다시 만난 일이 없다. 브누아-메생은 1942년 비시 정권에서 주도적으로 활약한다.)

런던과 파리는 다 늦게 모스크바와 협상에 매달렸다. 모스크바는 엄포를 놓다가 지연 술책을 쓰더니, 결국 합의를 가장했다. 몰로토프와 리벤트로프Ribbentrop가 1939년 8월 22일 크렘린에서 만나 폴란드 공격과 관련된 약조에 서명했다. 근처 건물에서는 영국과 프랑스의 군사 사절단이 보로쉴로프와 협의 중이었다. 달라디에가 공산당 언론의 발표를 유예하는 실수를 저질렀다. 그들이 하루 만에 겨냥 대상을 바꾸는 것을 지켜볼 수 있었다면 대중이 많은 것을 느꼈을 것이다. 공산당 언론은 "야만적 파시스트"를 비난하다가 "금권적 제국주의자들"을 고발했다. 그들은 불법으로 몰렸고, 잽싸게 이 언어를 채택했다. 갑작스럽게 노선이 바뀌자, 노동계급과 좌익 일반의 사기가 땅에 떨어졌다. 반스탈린주의자들에게 그 일은 이루 말할 수 없는 배신이었다. 하지만 공산주의자들에게는 무엇이든 자유롭게 할 수 있는 탁월한 묘책이었다. 누가 뭐라 해도 그건 폴란드 인민을 나치에 넘겨준 것이었다. 폴란드 유대인은 말할 것도 없었다. 전체주의의 위협을 받는 민주 정체들을 포기한 것이었고, 소련은 사실상 개전을 묵인했다. 사회당 세력한테 그 일은 어리석은 배신으로 다가왔다. 러시아한테는 어땠을까? 바보천치 같은 배신이었다. 중서 유럽을 장악한 나치가 가만있을까? 조만간에 막강한 화력을 돌려 고립된 러시아를 치리라는 것은 불을 보듯 뻔했다. 더구나 소련은 이미 모든 민주 국가를 배신하지 않았던가. 시간을 벌었을지는 모르지만, 러시아 침공은 결국 시간 문제였다.

전쟁이 발발했을 때, 인민 대중의 정서와 사고는 최악으로 혼란했다. 나는 몸이 아팠고, 절해고도의 상태였다. 내가 사는 프레-생 제르배는 노동계급 거주 지구였다. 인근에 살던 동지 대다수가 동원령이 내려지자마자 지방으로 도주했다. 폭격이 두려웠던 것이다. 아무도 만날 수가 없었다. 모두가 각자 망명도생의 길을 찾아 나섰다. 그게 다였다. 한가하게 빈둥거릴 시간이 없었다. 간행물도 자연히 발행이 중단되었다. 총동원령이 내려지던 날 사회당 본부를 찾았다. 피갈 광장에서 사람들이 술을 마시며 춤을 추고 있었다. 고색창연한 부르주아적 거리는 인적이 드물었고, 건물 자체도 텅 비어 있었다. 오후에 당사를 찾은 사람은 나뿐이었다. 창백한 얼굴의 세브락[14]이 체념한 채 일상 업무를 보고 있었다. 모리스 파즈가 내게 앙리 드 망[15]이 했다며 놀라운 성명을 알려줬다. "독일은 전면전을 원하지 않는다. 동원이 계속되고 있지만 합의에 도달할 수도 있다. ……" 사회주의노동자농민정당은 파리 지역에서 영향력이 없었고, 사기와 의욕이 심각하게 추락한 상황이었다. 주요 지도자들이 당을 저버렸던 것이다. 《파시즘과 대자본Fascisme et grand capital》을 쓰고 혁명적 지도자로 부각되던 다니엘 게랭Daniel Guérin[16] 이 미친 듯이 오슬로로 떠날 준비를 했다. (몽마르트르의 인쇄소에서 그를 만난 적이 있었다.) 그 안에서 조금이나마 생명력을 보여줬던 조직 가운데 지금 남아 있는 동아리는 하나도 없다.

동부 역에서 징집병들이 출발했다. 〈마르세예즈Marseillaise〉는 들리지 않았다. 무거운 침묵이 흘렀고, 불안감 때문에도 용기를 기대하는 것이 난망이었다. 여자들은 별로 눈물을 흘리지 않았다. 늙은 노동자가 지하철 계단을 힘겹게 오르며 내뱉은 말을 잊을 수가 없다. "제기랄! 빌어먹을! 망할! 평생에 전쟁을 두 번씩이나!" 한 평화주의 신문의 만화에는 동원령 포스터를 붙이며 주정뱅이에게 이렇게 말하는 사람이 나왔다. "전쟁이 났어요." "무슨 전쟁?" 술 취한 사람의 대꾸는 무표정했다.

아무도 전쟁에 열의를 보이지 않았다. 부자들은 파시스트와 맞서 싸울 생각이 없었다. 인민전선보다 파시스트를 더 좋아한 계급이었으니 당연하다. 인텔리겐치아는, 프랑스처럼 출산율이 낮고 1914~18년의 참화에서 막 벗어나기 시작한 나라는 유혈 사태를 전혀 반기지 않는다고 판단했다. 좌익 평화주의자들도 생각이 비슷했다. 노동자와 중간 계급은 배신당했음을 모호하게 의식했고, 정부와 군 수뇌를 전혀 믿지 않았으며, 폴란드를 위해 어떻게 싸워야 할지도 몰랐다. 사회주의 오스트리아, 사회주의 에스파냐, 동맹국 체코슬로바키아를 저버린 마당에야! 교외의 노동계급 거주 지구에서 가장 강력한 분파이던 공산당이 하룻밤 사이에 평화주의로 돌아섰다. 그들은 '반제국주의'를 외치며, '소련의 평화 정책'을 지지하고 나섰다. 공산당 지도자 모리스 토레즈Maurice Thorez가 내각에서 물러났다. 하원 부의장 뒤클로Duclos가 모스크바로 떠났다. 국회의원 몇 명이 당적을 버렸다. 나머지는 감옥행이었다. 교전은 별로 없을 거고, 마지노선은 난공불락이므로 모두 안전할 거라는 게 일반적인 생각이었다.

되 마고 카페에서 아르멜Harmel을 만났다. 레옹 주오Léon Jouhaux라는 필명으로《메시도르》에 사설을 쓰는 걸로 아는 선배였다. 우리는 인쇄소에서 조용히 목례를 나누곤 했다. 이번에는 그가 내게 적극적으로 다가왔다. "세르주, 당신 말이 항상 옳았죠! 우리는 이번에도 완전히 속았습니다! 모스크바 조약 전날 소련 대사 수리츠를 만났고, 우리는 여느 때처럼 담소를 나누었습니다. 다음날 나는 다시 그를 찾아갔어요. 단단히 화가 났고, 그럴 만한 이유도 있었죠! 그 사람이 그러더군요. 자기도 깜짝 놀랐다고요. 나만큼이나 어안이 벙벙하다고 말입니다. ……"

파리 시민들은 침착하게 폭격에 대비했다. 밤에는 등화관제가 이루어졌고, 사이렌이 길게 울부짖었다. 물론 가끔씩 대낮처럼 밝아지기도 했다. 고사포가 작렬하면 사람들은 지하실로 피했다. 공원에 참호를 파는 터무니없는 짓도 했다. 부자들은 지중해로 도망쳤다. 전투가 없는 전쟁이었다.

벽들이 포스터로 도배되었다. "우리는 강하고, 승리한다! ……" 우익 작가 티에리 몰니에Thierry Maulnier는 반동적 정당들을 휘감았던 승리하지 못할 것이라는 두려움을 비난했다. 하지만 그들은 프랑스가 패배할 가능성이 매우 많다는 걸 잘 알았다. "독일이 지면 권위주의 정권들이 붕괴한다. 그런데 권위주의 정권들이야말로 공산주의 혁명을 막아주는 가장 중요한 방어벽이다. 재수가 없으면 유럽이 볼셰비키의 손아귀에 떨어질 수 있다. ……" 프랑스 왕당파는 계속해서 이탈리아를 지지했다.

소설《세기의 한밤중》이 성공을 거두었고, 나는 억류 상태에서 벗어날 수 있었다. 조르주 뒤아멜을 찾아갔다. 그는 뇌졸중을 일으키고 10년이 지난 상태였다. 눈꺼풀에는 염증이 있었고, 목소리는 쇠약했다. 그는 재앙이 얼마나 심각할지를 알고 있었다. 장 지로두Jean Giraudoux도 만났다. 가식 없이 우아한 그는 낙심천만인 상태였다. 그가 쓴 〈프랑스 노동자들에게 고함Appeal to the Workers of France〉이 검열을 당했던 것이다. 그가 공보부의 고위 직책자였는데도 말이다. 위대한 작가이자 내각 성원이었던 그가 '노동자들에게' 할 말이 있다니, 참으로 기이했다! 같은 시기에 나의 동지 한 명은 프랑스 군대에 자원입대했고, 다음과 같은 편지를 써 보냈다. "자유와 민주주의를 위해 싸울 수 있게 돼 행복"하다. 편지가 검열을 당했던지, 그는 그 때문에 부대장한테 크게 질책을 당했다. "우리는 프랑스를 위해 싸운다. 다른 건 없어!" 《자바 사람들Javanais》의 저자인 장 말라케[17]가 마지노선에서 복무 중이었고, 전선의 부대원들이 대단히 소극적이라고 내게 알려왔다. 아무 생각이 없으며, 여자와 술 얘기뿐이라는 것이었다. 그해를 가장 자세히 논한 사람은 장-폴 사르트르Jean-Paul Sartre였다. 그는 소설 형식을 빌려 이 신경증을 분석했다. 《구토Nausea》라니, 얼마나 적절한 제목인가!(사르트르의《구토》는 1938년에 발표됐다 – 옮긴이)

갈리마르Gallimard 출판사가 젊은 작가 한 명의 소설을 인쇄 중이었다. 에스파냐 내전을 다룬 내용이었고, 출판사는 그 책을 내지 않기로 최종 결정했다. 주제가 너무 뜨거웠다. 이탈리아가 자극받을 수도 있었다. 베르나르 그라세가 나의 《러시아혁명 첫 해》를 새로이 준비 중이었다. 공보부가 그들에게 출판을 적당한 시기로 미뤄달라고 요구했다. 내 책 역시 꽤나 뜨거운 주제였기 때문이다. 내가 쓴 《스탈린의 초상Portrait de Staline》이 갓 나왔는데, 관련해서 홍보를 너무 많이 하지 말라는 금지령도 내려졌다. ⋯⋯ 출판업자들은 히틀러를 반대하는 작품이면 뭐든 거절했다. 자유가 억압당했고, 지적 노력은 말할 것도 없었다. 이놈의 전쟁은 이데올로기조차 없었다.

나는 몇 편의 논설을 써서 발트 해 국가들이 점령당한 사태와 소련의 핀란드 공격을 또 다른 전쟁이라고 분석했다. 스탈린과 히틀러가 협력했고, 스탈린은 그 협력을 '봉인된 피'라고 불렀다. 러시아 정부 인사들은 환상이 전혀 없었고, 동맹국들을 경계했다. 달라디에의 협력자 가운데 한 명이 보자면서 나를 마티뇽 호텔로 불렀다.

"스탈린과 히틀러의 협정에 대해 어떻게 생각하십니까?"

"서로를 못 죽여서 안달인 적들이 맺은 기회주의적 협약이죠. 둘 다 서로를 엄청나게 두려워합니다. 하지만 당분간은 협력하는 것도 당연합니다. 그러나 제3제국이 전쟁에서 패할 거라고 정치국이 확신하게 될 때까지만이겠죠. 이미 그런 방향으로 선전을 하고 있습니다."

나치의 공업이 기갑사단을 꾸리는 동안 괴링Goering(나치의 돌격대장 - 옮긴이)은 이를 위장하기 위해 지그프리트 선Siegfried Line(제2차 세계대전 전에 만든 독일 서부 일대의 요새선 - 옮긴이)에 장미를 심었다. 1940년 1월 케도르세Quai d'Orsay(프랑스 외무성 - 옮긴이)의 한 공무원이 내게 말하기를, 제3제국은 동부전선에 집중하고 있다는 것이었다. 의심의 여지없이 맞는 말이었다. 하지만 나치는 서부전선에서도 마찬가지로 엄청난 준비를 했다. 《피가로Figaro》는 5월 8일과 9일자에서 저지대 3국 국경으로 병력을 집결시키는 독일의 활동이 허세일 뿐이라고 말했다. 나는 9일 저녁 레옹 베르트의 집을 방문했다. 그는 1차 대전의 여파를 인도주의에 입각해 예리하면서도 낭만주의적으로 기록했지만, 더 이상은 아무것도 쓰지 않고 있었다. 그의 삶은 불확실했다. 소중한 가치들이 사라져버렸고, 끊임없이 자문하고 있었던 것이다. 제복을 입은 생텍쥐페리Saint-Exupéry가 보였다. 거구의 몸을 긴 의자에 쭉 펴고 늘어져 있었다. 생텍쥐페리는 적진을 정찰 중이었고, 새로운 비행장 방어 체계를 구상했다. 그는 자신이 좌파인지 우파인지 분명히 하지 않았다. 제 정당을 불신했지만 입장 정하기를 주저했다. 가족과 친척이 나서서 말리기도 했다. 그는 에스파냐의 비극에 환멸을 느꼈다. 생텍쥐페리는 전력을 다해 한 세상의 끝을 살아갔다. 비록 자신의 지력으로 그 세상의 주요 특징을 온전히 이해할 수는 없었지만 말이다. 그는 그날 밤 말을 거의 안 했지만 어딘가로 떠나고 싶어 안절부절못했다. 생텍쥐페리에게 이렇게 물었다. 연합군의 공군력이 상당 기간 동안 적에 비해 열세일 것이라는 게 사실인가? 절망적이라는 말 몇 마디와 몸짓이 내가 들은 대답의 전부였다. 두 사람을 뒤로 하고 사랑스런 파리의 밤거리로 걸어 나갔다. 도시는 말 그대로 불안이 가득했다. 10일 아침 신문들이 벨기에와 네덜란드가 침공당했음을 알렸다.

팬저 부대가 엿새 만에 스당에 도달했다. 벨기에인들이 달아나면서 아르덴 숲에서 프랑스 기병대가 대패했음을 알려줬다. 말을 탄 부대가 탱크와 항공기를 대적하다니! 공보들에 '소개 작전'이라는 새로운 문구가 튀어나왔다. 지도를 보면 적이 프랑스의 심장부를 겨냥하고 있음을 바로 알 수 있었다. 파리가 위험했다. 6월 3일 정오. 여름 하늘이 엔진 음으로 가득 찼다. 공군부대 같았지만 하늘에서는 아무것도 안 보였다. 이윽고 둔탁한 폭발음이 들렸고, 방공포가 불을 뿜었다. 아내 로레트 세주르네[18]와 나는 창유리가 떨리는 발코니에서 그 보이지 않는 전투를 이해해보려고 애썼다. 무고한 사람들이 피를 흘리고 있었다. 생각이 거기에 미치자 혐오감이 엄습했고, 우리는 다른 건 떠올릴 수조차 없었다. 하지만 파리는 전혀 침울하지 않았다. 축제 분위기였고, 태양이 언제나처럼 밝게 빛났다.

○ 로레트 세주르네는 1938년 파리에서 세르주의 반려자가 된다.

정부에서 두 분파가 충돌했다. 그것도 노골적으로. 즉시 강화를 주장하는 분파는 페탱에게 권력을 넘기자고 요구했다. 반동분자들로, 조만간에 항복하는 패거리이다. 그때까지는 무명이었던 폴 보두앵Paul Baudouin이란 은행가의 이름이 회담 때마다 튀어나왔다. 다른 분파는 저항을 지지했다. 면면을 보면, 리노Reynaud, 달라디에, 만델Mandel, 레옹 블룸이었다. 사회당이 분열했다. 폴 포레 파는 평화를 고수했다. 그들이 어떤 데서는 체포해가라며 명단을 작성했다는 얘기도 들려왔다. 내무부 장관 만델이 파리를 숙청하기 시작했다. 철모를 쓴 기동방위대가 소총에 탄약을 장전하고, 생 미셀 대로의 학생들이 출입하는 카페를 에워쌌다. 서류가 엉성한 외국인은 트럭에 실려 경찰서로 끌려갔다. 그들 다수가 나치의 박해를 피해 도망쳐온 난민들이었다. 생각해보라. 다른 외국인들이야 서류에 무슨 문제가 있겠는가. 관공서의 형식주의가 사람들을 들볶았다. 좌파, 우파, 기타 이상한 세력들이 이래라 저래라 말이 많았다. 난민들이 어떻게 제정신 속에 절차를 밟을 수 있었겠는가? 난민들은 자신들의 경험 때문에, 더 구체적으로 투옥당한 경험 때문에 나치에 반대하고, 파시스트를 반대했다. 프랑스는 유럽 대륙에서 그들의 마지막 피난처였다. 그런데 또 감옥행이라니! 프랑스는 단말마의 고통 속에서 제정신이 아니었다. 파시스트들을 마드리드 외곽으로 격퇴한 에스파냐인들과 국제의용군이 역병 보균자로 취급되었다. 그러나 에스파냐의 팔란지스트Falangist(에스파냐의 파시스트 정당 – 옮긴이), 이탈리아 파시스트(아직 중립이었다), 백계 러시아인White Russian(그렇게 뻔한 위장 속에 실제 나치가 얼마나 많았겠는가?)들은 서류가 완벽했고, 지갑까지 두둑했다. 그들은 프랑스를 자유롭게 활보했다. "나라를 지키는 일"은 소극笑劇에 불과했다. 그것도 끔찍한 상징적 소극 말이다.

벨기에 국경에서 나한테 도움을 요청하는 호소가 당도했다. 경찰이 벨기에 피난민의 피를 뿌리고 있었다. 요컨대 벨기에의 반나치 피난민과 에스파냐 망명자들을 붙잡아두었다는 얘기다. 게슈타포가 탱크와 함께 진격 중이었지만, 프랑스의 대답은 "비자가 없으니 넘어올 수 없다"는 것이었다. 경찰 병력이 다 도망쳐 그 수가 줄어들면서 소수가 월경을 할 수 있었다. 에스파냐인 일부는 경찰이 버리고 간 무기를 집어 들고, 나치 탱크에 맞서 싸웠다. …… 스네플리트가 내게 비자를 부탁해왔다. 하지만 사람들이 우르르 몰려 경쟁이 치열했고, 부탁할 사람이 없었다. (스네플리트는 1942년 4월 15

일 암스테르담에서 동지 여덟 명과 함께 총살당한다.)

언론이 내뱉는 안심하라는 호소가 여전했다. "베강 선Weygand Line은 확고하다!" 그러나 독일군은 이미 솜 강까지 침투해 들어온 상황이었다. …… 샹젤리제 거리는 6월의 태양 아래 여전히 밝은 미소를 짓고 있었다. 나는 최후의 열차가 떠날 때까지 탈출을 미루기로 마음먹었다. 모호하게나마 상황이 개선되리라는 희망을 여전히 견지했기 때문이고, 사실 돈도 없었다. 파리가 끝나면 세상이 끝난다. 사태를 직시하는 것이 무의미한 마당에 누가 인정하려 들었겠는가? 9일 일요일, 내각이 짐을 쌌다. 트렁크를 가득 싣고 담요로 덮은 차들이 황급히 파리 남문을 빠져나갔다. 상가가 철시했다. 파리는 그 마지막 밤들이 찬란했다. 텅 빈 대로들에 밤이 깃들자, 고귀한 장관이 연출되었다. 어두운 광장들은 분위기가 고요했고, 활동을 중단했다는 느낌이 막강한 위력으로 전해졌다. 사람들도 차분했다. 재난 속에서도 그들은 이전보다 더 꿋꿋했다. 패배를 받아들일 생각이 없다는 분위기가 솟아올랐다. 역사가 그들에게서 이미 등을 돌린 상태였고, 정부 또한 민중과는 생각이 많이 달랐지만 말이다. 프랑스 금속업계는 투자를 외면했고, 속수무책으로 무너졌다. 가두의 사람들이 뭘 할 수 있었겠는가? 그들은 자본가들에게 아무 힘도 행사할 수 없었다.

6월 10일 오전 지하철을 탔는데, 사람들이 눈물을 글썽였다. 사람들은 비통했고, 분노했다. "개자식들!" 꽉 쥔 주먹 안에 구겨진 신문들은 이탈리아의 참전을 전하고 있었다. 그건 쓰러진 사람의 등에 비수를 꽂는 행위였다. 내 옆의 남자가 이렇게 말했다. "좌파조차 우리를 배신했어요. 그래요, 그렇고말고요."

파리의 마지막 풍경은? 포르트 데 릴라의 고지에서 내려다본 교외는 푸르스름한 안개가 자욱했다. 이상했다. 수상쩍어 보이는 기체, 아니 연기가 벨빌과 몽마르트르 쪽으로 흘러갔다. 사람들은 루앙의 석유 탱크가 불타고 있다고 했다. 북부 역은 저녁이 되자 텅 비어 활기를 잃었다. 가게들은 철제 덧문을 내린 채였다. 사람들은 문간으로 나와, 멀리서 울리는 포격 소리에 귀를 기울였다. 상인들이 느끼는 불안감은 정말이지 대단했다. 과연 종말의 시작이란 말인가? 세바스토폴 대로가 완벽한 어둠에 휩싸였고, 사실상 인적이 아무도 없었다. 그 아래 지하철 레오뮈르-세바스토폴 역은 동물적 절망감에 시달리는 사람들이 뒤범벅돼 움직였다. 기차들이 연착했다. …… 파리여 안녕. 할 수 있다면 걸어서라도 탈출하자. 리용 역의 밤. 폭력의 기운이 느껴졌다. 기차가 더는 없다는 말이 흘러나왔던 것이다. 아무려면 어떤가? 역은 이미 발 디딜 틈이 없었다. …… 천우신조로 택시를 잡아탈 수 있었다. 애꾸눈 운전사가 우리를 퐁텐블로 숲까지 데려다주었다. 포탄이 떨어졌고, 도로는 차량으로 미어터졌다. "제발, 불 끄세요! 경계 태세가 발효 중이란 말입니다!" 철모를 쓴 병사들이 어둠 속에서 외쳤지만, 그들의 말을 듣는 사람은 아무도 없었다. 아내, 아들, 막판에 합류한 에스파냐인 친구 나르시소 몰린스 이 파브레가[19], 나 이렇게 넷이서 여행을 시작했다. 나는 탈출에 대비해 4,000프랑을 긁어모았다 (한 100달러쯤 될 것이다).

우리는 탈출하면서 흥겨움에 가까운 해방감을 느끼기도 했다. 가진 것 전부를 몇 개의 여행용 가방으로 줄여야 했다. 요전까지만 해도 나는 간단하게라도 기록할 수 없다는 사실에 무척 약이 올랐다. 그런데 피난에 임해서는 책, 개인 물품, 문서, 원고, 이 모든 것을 아무런 동요 없이 단박에 없애버렸다. (사실 나는 그런 일에 익숙했다.) 낡은 유럽 전체가 함몰 중이었다. 사건들의 운명이 정해져 있는 듯했다. 우리는 질식할 것만 같은 막다른 골목에서 살았다. 나는 여러 해 동안 "우리는 버티지 못할 거"라는 정서가 프랑스, 아니 어쩌면 서방 전체를 뒤덮고 있다고 생각했다. 무산된 한 주간지의 제호로 나와 앙리 풀레가 결정한 이름이 '말로Last Days'였다. "버틸 수 없는" 게 무엇이었을까? 다였다. 국경, 단치히(1919년 베르사유 조약으로 단치히 자유 도시가 만들어졌다. 국제연맹의 보호를 받았지만, 폴란드가 상당한 권리를 누렸고, 문제는 주민의 약 95퍼센트가 독일인이라는 사실이었다. 1933년 나치 조직이 시정을 장악했다. 반유대주의 억압으로 다수의 유대인이 도시를 떠났다 – 옮긴이), 파시즘, 무능하고 무기력한 의회, 악취가 나는 문학과 언론, 이것이 노동자 운동을 약화시켰다. 불법과 부조리가 엄청났다. 그것은 패배주의가 아니었다. 가능했다면 혁명가들은 프랑스의 전 인민과 함께 파시즘에 맞서 기쁘게 싸웠을 것이다. 단단히 결의한 제3공화국의 생존을 위해서는 말할 것도 없었다. 그러나 살아 숨 쉬는 사회만이 수호될 수 있다. 유럽 사회는 해체 수순을 밟고 있었던 것이다. 누구도 더 이상 아무것도 믿지 않았다. 사실을 말하자면, 더 이상 가능한 게 아무것도 없었기 때문이다. 분명히 혁명은 아니었다. 노동계급은 신선한 카망베르 치즈와 유쾌한 와인을 잔뜩 먹었다. 그 옛날의 사상은 입발림 말에 불과했다. 더구나 노동계급은 사방으로 포위되어 있었다. 나치 독일, 파시즘의 이탈리아, 프랑코의 에스파냐, 보수주의 일색의 섬나라 영국. 반혁명이 아니라는 것도 분명했다. 부르주아지는 감히 행동에 나서지도, 독자적으로 생각할 수도 없었다. 노동자들이 공장을 점거한 이후로는 기절초풍할 지경으로 전전긍긍하기도 했다. 모든 게 끝난 상황이었다. 썩은 이가 뽑혔다. 그러고는 미지의 세계로 뛰어들었다. 결과는 암울하고 끔찍할 것이다. 하지만 살아남은 사람들은 새로운 세상이 태어나는 것을 볼 것이다. 이렇게 생각하는 사람은 극소수다. 현대인들은 고통스럽게 이런 역사 인식을 체득할 것이다. 패배가 시작되었고, 고속도로와 마지막 열차에는 피난민이 넘쳐났다. 사람들은 그럼에도 "일어날 일이었고 일어나야만 했음"을 깨달았다.

별안간 유년 시절의 기억이 떠오르면서 기운이 났다. 그 시절의 경험이 내면 깊숙한 곳에 각인되어 있다는 생각이 들었다. 부모님은 러시아를 탈출한 혁명가였다. 부모님은 미래의 혁명이 엄연하다는 걸 아셨다. 두 분은 내게 인류를 믿으라고 가르치셨다. 대재앙은 불가피하므로, 한결 같은 마음으로 기다리라고도 주문하셨다. 두 분은 박해 속에서도 반세기를 기다렸다. 에스파냐 친구가 함께 피난 중이었고, 우리는 만신창이가 된 정권들 얘기를 나누었다. 널따란 대지에서 새벽에 일어났다. 햇살이 비치는 가운데 가는 비가 얼굴을 때렸다. 이번에야말로 유럽 혁명으로 가는 길이 밝다는 생각이 들었다. 우리는 우리를 정복한 나치보다 단연 우월하다고 느꼈다. 우리는 나치가 필패의 운명임을 알았다.

와해가 계속되었다. 그 사태가 우리까지 덮쳤다. 괴악한 소극에 쓴웃음이 났다. 사태의 비극적 측면이 가려지기도 했다. 10만 명이 죽었다는 것이 비극적 측면이었다. 아미앵이 반파되었다. 뚜렷한 이유도 없이 다리를 지키겠다고 필사적으로 싸우다 피를 보았다. 난민 대열에 무차별 폭격이 가해졌다. 아이들은 기차역에서 부모를 잃고 경기하듯 울어댔다. …… 우리는 그 모든 걸 뒤로 하고 떠났다. 루아르 강을 건넜다. 느베르에서 배낭을 멘 채 걸어서 도강했는데, 모래주머니로 다리에 방어 공사를 해놓은 게 보였다. 낮은 방진형 초소 두 개였는데, 전부 하얀색이었고, 새로 깔끔하게 만든 것이 아주 깨끗했다. 지방 수비병들이 거기 앉아 파이프 담배를 피우고 있었다. 그 지역 장교들은 다리를 강화해 요새화하는 법을 모른단 말인가? 싸구려 극장의 조악한 무대만큼이나 터무니가 없었다. 참모들이 전부 도주 중이었고, 비행장과 비행기, 신형 전차, 기계화 부대가 죄다 버려졌다. …… 교차로에서 파리에서 운행되던 버스 몇 대와 마주쳤다. 운전수들이 가족을 피레네 산맥 지역으로 데려가는 중이라고 얘기했다. 회사가 그들에게 이렇게 말했다고 했다. "아끼고 살살 다루시오. 하지만 뭐, 당신들이 휘발유 값을 댄다면야!" "회사는 우리 가족 따위는 걱정하지 않죠!" 카페 주인들이 커피 가격을 올렸다. 피난민 물결로 엄청나게 붐비던 한 소읍에서였다. 계산대를 지키던 주인 노파가 내게 노끈 한 조각도 주려 하지 않았다. …… 군인 한 명이 여자에게 명랑하게 소리쳤다. "다 껴안고 있다가 독일 놈들한테나 줘, 이 수전노 할망구야!" 모든 게 와해되고 있었지만 소상업 활동은 계속 명맥을 유지한다.

군대가 도주했고, 각지에서 피난민이 이동했다. 파리, 알자스, 로렌, 샹파뉴, 벨기에, 네덜란드, 기타 수십 곳에서 말이다. 우리가 매력적이고, 경건하며, 부유한 소도시들을 접수해버렸다. 잠은 교회나, 지역 지주의 근사한 주택 주변에서 잤다. 그곳 사람들은 어두컴컴한 옛집에서 살았다. 절약이 몸에 배서 전기도 안 썼고, 책을 사는 법도 없었다. 하지만 그들은 끈기가 대단한 사람들이었다. 태곳적부터 모양말에 현금을 쑤셔넣고, 변변찮은 재산이라도 끌어안고 버티는 탁월한 재주라니! 불평불만이 속출했다. "정말 그렇게 될까?" "도대체가 무슨 일이 벌어지고 있는 거야? 선생님은 뭐라도 아세요?" 군인들의 대답은 이구동성이었다. "우리는 망했습니다. 배신당했다고요. 달리 뭐겠습니까? 정부情婦들 챙겨서 토낀 장교들, 군 수뇌부, 인민전선 정부를 전복하려던 카굴라르가 배신자입니다. 확실해요. ……" 군 수뇌, 군국주의, 반동 세력, 대부르주아지, 이 모든 것이 단박에 신임을 잃었다. 군인 한 명이 잔뜩 흥분해서 내게 이렇게 말했다. "연대 깃발을 지켜야 한다"며 장교들이 자동차를 타고 도주했죠. 내가 반응했다. "라디오로 발표된 성명을 잠깐 생각해보세요. 참모본부는 이제 존재하지 않습니다. 장교들도 모두 흩어져버렸죠! 병사들이 나서서 프랑스를 지키는 수밖에요. 최대한 버텨야 합니다!" 그가 이렇게 대꾸했다. "그렇다면야 사태가 이렇게까지 되지는 않았겠죠!" 사태는 명약관화했다.

우리는 보호 수단이 다 떨어졌고, 피할 데를 찾았다. 몇 가지 언질과 약속을 받아둔 상태였다. 사람들이 파리에 오면 한 번 방문해줄 것을 요청하곤 했던 것이다. "파리가 더 이상 내키지 않아, 도르도뉴나 지롱드에 오시면 함께 지내도 좋습니다! 변변치 않지만 포도주도 대접해드리죠!" 하지만 아내는 아무리 정중했다고 해도 한 성에서 쫓겨났다. 거기에는 부유한 아나키스트가 살았다. 호우가 쏟아지던 날 그 일을 당했다. 점판암 소재의 앙증맞은 탑들, 인공 개울, 낭만적 바위 정원에 비가 퍼부었다. 우리는 숲속의 버려진 농가로 들어갔다. 사회당 기자인 친구가 그 집은 자기 거라고 밝히며, 당장 떠나달라고 간청했다. "내 차를 쓰세요. 독일군이 이리로 오고 있으니 빨리 가세요!" 우리는 서둘러 자리를 떴다. 그 사회당 출신자가 내게 한 설명은, 자기는 이제 히틀러한테 협력하기로 했다는 것이었다. 군사 통치가 철권을 휘두를 터였다. 프랑스의 권력은 완전히 파산했다. 평화주의 작가 한 사람이 더 남아 있었다. 화초로 둘러싸인 예쁜 집이 보였다. 하지만 문은 굳게 닫혀 있었다. 장 지오노Jean Giono는 묵상을 위해 산에 갔다고 했다. 경찰이 우리를 체포했다가, 떠나도록 풀어줬다. 그들도 못지않게 명상을 좋아했던 것 같다. 그 일들은 절대로 재수 없어서 겪은 불행이 아니다. 거의 모든 경우에 일이 그렇게 흘러갔다. 잘사는 동네 주민들은 피난민들을 적으로 간주했다. 그들은 가격을 올렸고, 식량을 몰래 감춰놨으며, 자전거를 훔쳤다. 거기에 에스파냐 악당까지 설쳤다고 한 번 생각해보라. 신이여, 우리를 도우소서! 비가 세차게 쏟아지던 날 커피와 쉴 곳을 제공해준 농부 아낙을 만난 것은 진정 행운이었다. 여자는 부유하지 않았음에도 우리가 건네는 약소한 돈을 받지 않았다.

수중의 현금과 추악한 번영으로 인해 도덕이 심각하게 타락했음이 명백했다. 어떤 도시의 경우 생디칼리스트 투사들이었는데도 아끼는 회관이라며 결코 내주려 하지 않았다. 그들의 환대는 난망이었다. 여러 시청이 반동적이지 않았음에도 에스파냐인에게는 난민 수당을 주지 않았다. 사람들이 두 번씩이나 난민이 되는 것은 확실히 지나쳤다.

노동계급 조직, 사회당, CGT가 없어졌다. 구닥다리 사회당원들은 지방자치 정부들의 직책을 유지하는 것에만 몰두했다. 극좌 분파들도 보자. 초등학교 교사들, 아나키스트 성향의 장인들, 프리메이슨, 사회주의자들은 생각을 멈추지 않았고, 연대가 유지되었다. 낙오병들이 난입한 아장이라는 소도시에서 우리 일행은 아나키스트들을 몇 만났다. 나와 30년째 아는 사이였으니 백전의 용사라 할 만했다. 내가 프롤레타리아트 독재 편에 가담하자, 그들은 나를 출세주의자로 보았다. 자신들의 판단이 틀렸음을 알고서 그들은 기꺼워했다. 우리는 강기슭의 후미진 곳에서 만났다. 모로코인 소총수들이 강을 따라 왔다 갔다 하는 게 보였다. 뚱한 표정으로 빈둥거리던 그들, 제국의 영광을 생각 중이었을까? ……

가스코뉴의 고속도로는 피난민 트럭으로 아수라장이었다. 한 카페의 발코니에서 식사를 즐기던 벨기에인 판사들이 내게 이렇게 말했다. "프랑스에는 새 정부가 들어설 겁니다. 히틀러의 생각이죠." 확성기에서 휴전 소식이 발표되었고, 사람들은 울었다. 나는 보르도로 피신한 정부의 음모를 추적하기 위해 애썼다. 아장의 사회주의자 몇 명이 최신 정보를 가지고 돌아왔다. "프랑스는 짓밟혔고, 히틀러는 의회를 없애버리려고 합니다. 정부가 파시즘화하는 거죠. 휴전협정에 명문화되지는 않았어요. 라발과 보두앵이 영국도 3개월 안에 굴복할 거라고 했습니다. 머잖아 영국도 침공할 겁니다."

사람은 비가 새는 판잣집에서도 굴하지 않고 살 수 있다. 아들과 나르시소가 그랬다. 사람은 도살장 옆의 악취가 나는 가축우리 같은 비싼 방에서도 잘 수 있다. 그것도 잘. 우리가 그랬다. 사람은 학교 건물에서 요리를 할 수도, 카페에서 일을 할 수도 있다. 바야흐로 기다림의 시기가 시작되었다. …… 나는 일을 구했다. 내일과 다음 주의 식량을 확보하는 게 중요했다. 스위스와 대서양 건너편으로 긴급 구조 메시지도 보냈다. 마지막 우표를 소진했을 무렵에는 실망과 배신감이 무척 심했다. 불현듯 냉혹한 계시 같은 걸 깨달았다. 이제 우리는 정치 난민에 불과했다. 완전히 박살나 구석으로 몰린 혁명가였을 뿐인 것이다. 일부 동지는 이제 더 이상 동지가 아니었다. 그들은 완전히 패배해 사기가 땅에 떨어졌다. 우리 사이에서 지저분하고 추잡한 싸움이 벌어졌다. 가라앉는 배의 마지막 구명정 자리를 차지해야 했다. 그런데 스위스와 미국에서 깜짝 놀랄 만한 소식이 도착했다. 시인 J.-P. 상송[20]과 드와이트 맥도널드[21]가 편지를 보내온 것이다. 나는 두 사람을 만나본 적도 없었다. 그들의 편지가 어둠 속에서 내 손을 와락 움켜쥐는 듯했다. 도대체가 믿기지 않았다. 그래 버티는 거다.

남부 해안의 작은 도시들은 아무 일도 일어나지 않았다는 듯이 평화롭기만 했다. 그곳은 지진의 충격파가 아직 닿지 않고 있었다. 우리는 마르세유에 무려 3주나 늦게 도착했다. 구조선의 자리는 이미 물 건너 간 상황이었다. 미국과 프랑스에서 먼저 망명한 정당의 주요 인사들은 비자를 내줄 인사 목록을 작성할 때 극좌파 투사들을 배제하기로 작정한 듯했다. 그런 사람들 이름이 눈에 보이면 각료들이 의심할지도 모른다고 지레 걱정한 것이다. 모두가 각자의 정치적 연줄을 동원해 망명도생을 시도했다. 이합집산이 활발했는데, 오직 그런 목적을 달성하기 위해서였다. 무당파로 광의의 사회주의 사상만을 감히 사유하던 사람한테는 상황이 그만큼 더 안 좋았다. 내가 가담한 당에 소속된 사람들은 전부 총살당하거나 살해되었다. 나는 혼자였고, 게다가 몹시 불온한 놈이었다. 사람들은 만났고, 악수를 나누었다. 하지만 다 자기 생각만 했다. 비자와 구호 업무를 처리하는 미국인의 주소는 숨긴 것이다. 과거 모스크바와 빈과 베를린에서 나를 감동시켰던 인사들은 얼굴을 일그러뜨리며 히스테리를 부렸다. 그러고 보면 나 역시 20년 동안 네 번째 망명에, 일곱 번째 탈출이었다!

마르세유의 술집은 인파가 넘쳤고, 사람들은 발갛게 상기돼 근심 걱정이 없었다. 구항구의 골목길은 매춘부 소굴이었다. 오래된 부르주아지 거리는 격자창이 돋보였다. 정방기精紡機의 플라이휠은 멈춰 있었다. 마르세유의 풍광은 멋지고 훌륭했다. 마르세유는 다른 무엇보다도 '빨갱이들의 도시'였다. 하지만 그곳의 음영을 자세히 들여다보는 게 중요하다. 마르세유는 빨갱이 도시가 아니었고, 부정하고 추잡한 빨갱이 도시였으며, 소음이 가득한 시끄러운 빨갱이들의 소굴이었다. 비시 정권은 사회당위원회를 해산했고, 새로 구성된 정부의 핵심 인물은 사비아니Sabiani였다. 그는 도리오Doriot가 이끄는 인민당 소속의 진짜 깡패였다. 거리 출신의 그자는 뭐가 뭔지를 정말 잘 알았다. "나치 점령이 지속되는 한은 아무것도 할 수 없다. 점령이 끝난 후라야 그 자식들 문제를 해결할 수 있다. 바로 그거다. 흥미진진한 시간이 될 테고, 몇 놈은 얼굴을 작살 내줄 거다!"

이런저런 호텔에 처박혀 지내던 망명자들이 얼마나 됐을까?

독일인, 오스트리아인, 체코인, 네덜란드인, 벨기에인, 이탈리아인, 에스파냐인 이주민이 있었고, 러시아인도 두세 명 됐다. 루마니아인, 유고슬라비아인, 그리스인, 불가리아인도 일부 있었다는 사실을 보태야 하리라. 아, 그리고 파리에서 도망 온 사람들도 빠뜨리지 말자! 그들은 인내심과 능력이 한계에 달한 상황이었다. 각국의 부유한 유대인들은 서류와 비자와 화폐와 그럴싸한 정보를 팔고, 사고, 되팔았다. 몇몇 전문가들이 암거래소에서 완벽하게 위조된 달러화를 그들에게 제공했다. 가난한 유대인들이 겪는 각종 위협과, 거기에 굴하지 않는 용기는 끝이 없었다. 그들은 앞으로 펼쳐질, 상상할 수 있는 모든 운명을 가늠해보아야 했다.

우리 도망자 그룹에는 1급의 두뇌들이 포진해 있었다. 분야도 다양했다. 물론 전체주의적 억압에 감히 '노!'라고 말함으로써(그

○ 블라디가 그린 세르주, 1940년 마르세유.

대부분은 조용히 그렇게 했다) 보잘것없는 존재로 전락한 상태였지만. 의사, 심리학자, 공학자, 교육학자, 시인, 화가, 작가, 음악가, 경제학자, 공인들이 많았고, 그들은 나라 전체에 생기를 불어넣을 수 있는 존재였다. 우리의 상태는 형편없고 비참했지만, 전성기의 파리에서나 볼 수 있는 역량과 전문지식이 집결돼 있었다. 쫓겨 온 사람들은 긴장과 불안이 극에 달했고, 지쳐 있었다. 비록 지스러기나마 거기에 혁명과 민주주의와 지성이 모였다. 우리는 이렇게 버림받은 사람 100명당 다섯 명만이라도 대서양을 건너가, 투쟁의 불씨를 살릴 수 있으면 굉장할 거라고 말하기도 했다. 배리언 프라이[22]의 미국구호위원회American Relief Committee가 없었더라면 많은 난민이 탈출구를 찾지 못해, 결국 운반運搬교transporter bridge에 올라 바다로 뛰어들고 말았을 것이다.

상처가 가장 많은 사람들이 충격을 가장 잘 견뎠다. 감옥과 강제수용소를 무수히 경험한 혁명적 청년 노동자와 준지식인이 그들이었다. 그들은 구조가 쉽지 않았다. 그들을 아는 사람이 아무도 없는데다, 낡은 순응주의 정당들이 그들을 전혀 동정하지 않았고, 신세계의 정부들이 (체제 전복적이라며) 그들을 두려워했기 때문이다. 그들은 가진 게 아무것도 없었고, 더구나 그들을 잡기 위해 모든 경찰력이 동원되었다. 우리가 자주 모이던 골목은 먹잇감을 찾는 경찰이 득시글댔다. 프랑스의 파리 경찰청, 호텔과 간이 숙박업소 순찰대, 게슈타포, 이탈리아의 반파시스트 단속 비밀경찰 OVRA, 팔랑헤Falange 당(1933년에 창당한 에스파냐의 파시즘 정당 – 옮긴이) 경찰이 넘쳐났다. 한 주가 멀다하고 사람들이 사라졌다. 굶주림도 무시할 수 없는 존재였다. 하지만 우리는 겁에 질리지 않았다. 사기가 충천한 사람이 많지는 않았어도, 사람들은 여전히 삶의 불꽃이 남아 있다는 듯 커피를 마시러 나왔다.

프랑스인들은, 지식인이든 투사든, 당분간은 해외로 탈출할 생각이 없었다. 그들은 습관의 노예였고, 재앙의 규모를 깨닫지 못했다. 그럭저럭 견딜 만한 방법으로 탈출할 수 있겠거니 하는 막연한 기대를 가진 것이다. 지식인들의 경우 그냥 순응하려는 경향이 일반적이었다. 여러 투사가 내게 그저 이렇게 말했다. "우리가 있어야 할 곳은 여기죠." 물론 그들 말이 옳다. 유명한 작가 가운데서는 초현실주의자 앙드레 브르통, 화가 중에서는 앙드레 마송André Masson만이 대서양을 건너는 일에 열심이었다. 혼란의 첫 파고가 지나자 많은 이가 '국민 혁명'에 속았음이 명백해졌다. 1차 세계대전 때 프랑스를 지키던 베르됭 전선의 군인 이미지는 무척이나 매력적이었다. 하지만 여든 살이 넘은 그 노병은 매일 아침 패배의 쓰디쓴 잔을 마셨다. 죽도록 싫지만 복종하고 아첨해야 했던 것이다. 겨울로 접어들자 그 안개조차 사라졌다. 현실은 너무나 또렷했다. 사회당 언론이 탄압을 받았다. 루소, 아나톨 프랑스, 장 조레스, 피에르 퀴리 등속으로 명명되었던 거리들에 얼토당토않은 이름이 붙었다. 공식으로 반유대주의가 횡행했고, 배급제도 역시 가차 없이 시행되었다. 그 모든 것이 시사하는 바는 명확했다. 마르세유에서는 사람들이 생 프레올 가의 구이집 앞에 운집해 닭 한 마리 굽는 걸 지켜보았다. 그게 굉장한 광경이었던 것이다! 항구의 갈매기들은 굶주렸고, 너그러운 사람들의 집 창문 주위를 선회했다. 번영하던 나라가 빈사 상태에 빠지자, 사람들도 품위가 떨어졌고 면목을 잃었다. 사람들은 그 어떤 선전 활동보다 바로 그 빈곤 사태에서 상황을 더 직시하게 됐다.

연합국의 선전은 나치의 선동보다 열세였다. 그들의 선전에는 사회적 내용이 결여돼 있었던 반면, 나치는 새로운 질서와 '유럽 혁명'을 줄창 얘기해댔던 것이다. 다행스럽게도 웨이벌Wavell이

아프리카에서 거둔 승전보가 런던 라디오 방송의 부족함을 메워 주었다. 자동으로 드골주의가 부상했고, 이는 상당히 일반적인 현상이었다. 도처에서 사회주의 사상도 마구잡이로 솟아올랐다. 사회당이 붕괴해 아무 목소리도 내지 못하고 있었지만 말이다. 사회당 국회의원들은 비시 정권에 찬성표를 던졌지만, 블룸은 감옥에 갔고 도르무아는 가택 연금되었다. 당에서 가장 유능한 두뇌 가운데 하나였던 로시 앙즐로 타스카Rossi Angelo Tasca는 무솔리니의 숙적으로 레옹 블룸과 협력했으며, 파리 함락 한 달 전에는 내가 연공청회에서 자유에 기반을 둔 교리를 열렬히 옹호하기도 했다. 그런 그가 스피나스Spinasse와 합세해 '국민 혁명'을 지지하고 나섰다. 그 사회당 아첨꾼들의 기관지 《에포르Effort》는 나치 공작원 마르셀 데아Marcel Déat의 장황한 수사를 실었다. 나는 로시는 잘 알았지만, 스피나스는 잘 몰랐다. 상황을 이해해보려고 노력했다. 스피나스는 장신에, 뼈가 앙상했고, 얼굴에 각이 졌지만, 그래도 산지 농민처럼 잘생긴 외모였다. 그는 자본주의가 새롭게 시도하는 조직화 방식을 이상화하는 경향이 있었다. 그가 이론가로서 국가자본주의의 독특한 기능을 발견했다는 것은 사실이다. 아무튼 스피나스는, 사회당이 볼품없이 와해되자 사기가 크게 떨어졌다. 로시의 경우는 사기가 꺾이면서 새로운 상황과 타협한 것이라고 볼 수밖에 없다. 어쩌면 광대한 규모로 수집한 노동운동 자료를 지키고 싶기도 했을 것이다. 폴 포르 경향도 협조하는 방향을 택했다. 내 생각에는, 무슨 환상이 있어서는 아니고, 그저 탄압과 박해를 피하기 위해서였다. 좌익 공무원과 교사 수만 명의 대량 해고를 막아야 했다. 그런 관점에서라면 협상과 타협은 성공적이었다. 내 친구 뤼시앙 로라[23]는 사회당에서 가장 박학한 맑스주의자 가운데 한 명이었다. 그가 무의미하게 실종되었다. …… 나이 마흔에 지독한 근시인 그가 대공 방어 부대에 징집돼, 쓸모도 없는 기관총 한 정으로 무장한 후방에 배치되었다. 부대원이 세 명이었는데, 의심되는 비행기를 관측할 수 있는 쌍안경조차 없었다고 한다. 엄청난 궤멸의 아수라 속에서 그들은 도보로 후퇴하라는 명령을 받았다. 뒤에서는 탱크로 무장한 적군이 전속력으로 진격해왔다. 로라는 다른 150만 명과 함께 포로로 붙잡혔다.

내가 만난 드골주의자, 좌파 가톨릭교도, 샹티에 드 라 죄네스 Chantiers de la Jeunesse(1940년부터 1944년까지 활약한 항독 준군사 조직 - 옮긴이)의 청년들은 결연했다. 그들은 앞에 놓인 과제가 힘겹다는 걸 알았고, 협력을 시작하고 있었다. 우리의 대화는 단호했고, 신뢰에 바탕을 두었다. 일부는 과거 한때 자신들이 파시스트라고도 생각했지만, 대오각성한 상태였다. 그들과 헤어지면서는 존경과 신뢰를 보냈다. 내 말이 그들에게 허투루 이해되지 않았음을 확신할 수 있었다. 비밀 회합에서 그들에게 이렇게 물었다. "해방이 되면 거두가 별안간 붉은 깃발로 가득 찰 텐데, 어떻게 할 겁니까?" 한 젊은이가 불쑥 이렇게 말했다. "다 쏴 죽이지 뭐!" 하지만 다른 이들, 아니 전부가 찬성하지 않았다. 반감이 어찌나 심했는지, 며칠 후 다시 만났을 때 그는 태도가 완전히 바뀌어 있었다. 좌익 가톨릭교도는 도덕적이고 지적인 측면에서 매우 건전했다. 신부들은 가장 박해받는 난민들을 도왔다. 그들 가운데 한 명은 내게 이렇게 말했다. "우리가 기독교 신앙으로 개종시킬 수 없는 유일한 사람이 누군지 아십니까? 부르주아 기독교도입니다. ……"

우리의 생존 자체가 가느다란 실에 매달려 대롱거리고 있었다. 요컨대, 언제 그 실이 끊어질지 모른다는 얘기다. 머잖아 프랑스가 완전히 함락될 것이라는 소문이 여러 번 돌았다. 비자는 장시간 기다렸지만 여전히 도착하지 않고 있었다! 이 말만은 해둬야겠다. 그들은 반동적이거나 관료주의적이었다. 미국형 공화국 대다수의 이민 정책은 인도주의적이지도 않았고, 분별력도 없었다. 비자 발급이 졸졸 흐를 뿐인 작은 시내처럼 이루어졌다. 범죄적이라 할 만큼 쩨쩨했고, 모두가 선량한 시민인 수천수만의 희생자가 나치의 손아귀에 떨어졌다. 일반으로 얘기해, 돈이 많고 정치 참여 경력이 없는 사람들이 가장 수월하게 비자를 받았다. 반파시스트 투사 상당수가 비자를 받지 못했다. 거의 모든 미주 국가 비자가 으레 팔렸다. 당연히 가격이 엄청났다. 비시 정부 관리들도 출국 허가를 거래했다. 파괴된 대륙에서 구명대를 팔아먹는 이 황당한 거래라니! 나는 미국의 친구들 덕택에 멕시코 행 비자를 받을 수 있었다. 에스파냐인 수만 명이 목숨을 부지할 수 있었던 건 라사로 카르데나스 Lázaro Cárdenas 대통령 덕분이었다. ……

친구 몇 명과 다 허물어져가는 성에서 얼마간 지내야 했다. 저택에는 '에스페르비자 Espervisa (굳이 한국어로 조어하면, '비자바라기'라는 뜻이다 – 옮긴이)'라는 별명을 붙였다. 앙드레 브르통은 그곳 온실에서 11월의 태양을 받으며 시를 썼다. 나도 소설을 몇 쪽 썼다. 물론 문학을 사랑해서 그런 것은 아니었다. 시대를 증언해야만 했다. 목격자는 죽어 없어지겠지만, 그의 기록과 증언은 지속되어야 했다. 그리고 다른 이들의 삶이 계속될 것이다. 다른 이들은 직업을 구조자로 바꾼 사람들이었다. (거기에는 됭케르크에서 온 군인 두 명도 포함돼 있었다.) 그들이 주야로 미국구호위원회 활동을 벌였다. 업무가 엄청났다. 강제수용소에서 구조 요청이 빗발쳤다. 더구나 구조 요원들 자신이 끊임없이 위험에 노출되었다. 저택은 난파선이었고, 조난자가 너무 많았다.

나는 성에 머물다가 한 번 체포된 다음 풀려났고, 노상의 일제 검거에서도 두 번 체포되었다. 한 번은 수용소 행이 언급되었고, 나

머지 한 번은 화물선에 며칠 동안 억류되었다. 이때는 미국구호위
원회 일꾼들과 함께였다. 유명한 작가라는 사실이 운으로 작용했
다. 꽤나 유력한 지원을 받은 것이다. 나는 로마 호텔에서도 생활했
다. 유명한 피난민 몇 명이 거기서 적요寂寥를 즐겼다. 물론 상대적
일 뿐이었지만 말이다. 게슈타포 요원들이 드나들었고, 프랑스 경
찰도 계속해서 특별 감시를 했다. 도청과 경찰 둘 다에서 적어도 공
무원의 절반가량은 영국을 지지했고, 암암리에 나치를 반대했다.
그나마 일이 진척될 수 있었던 것은 이 때문이다. 그즈음에 시인 발
터 하젠클레버[24]와 발터 벤야민[25]이 자살했다. 루돌프 힐퍼딩[26]과
브라이트샤이트[27]가 우리 편에서 솎아내져 나치에게 넘겨졌다. 아
펠Apfel 변호사가 배리언 프라이의 사무실에서 심장 마비로 사망했
다. 워싱턴에서 크리비츠키가 자살했거나 살해되었다는 소식이
보도되었다. 트로츠키가 멕시코에서 피살되었다. 어쩌면 그때가
선배가 죽기에 가장 알맞은 시기였는지도 모르겠다. 노동계급에

○   빅토르 세르주, 방자망 프레, 그의 아내 레메디오스 바로, 앙드레 브르통. 1940년
마르세유.

게는 칠흑과도 같은 암흑의 시간이었다. 노동계급이 가장 열정적일 때 그도 가장 높이 솟아올랐다. (러시아가 전쟁 돌입 직전이었다. ……)

이탈리아인 친구들의 사기가 단연 돋보였다. 두려움을 모르는 청년 맑스주의자, 라틴어 격언으로 무장한 가리발디주의자, 명민한 지성의 정직한 개혁주의 지도자 모딜리아니Modigliani가 그들이었다. 그들은 이탈리아라는 구성물 전체가 우지끈 뚝딱하고 부러지며 내는 파열음을 들을 수 있었다. 파시즘 체제에서 부당 이득과 폭리를 취하던 자들이 지체 없이 반역자가 돼야만 자신들이 안전할 것임을 깨닫기 시작한 것을 보면 이를 명징하게 알 수 있다는 것이었다. 이탈리아의 한 상원의원은 정권이 위기에 봉착했고, 자기 동아리가 입헌군주제를 고려 중이라고 썼다. 시계를 거꾸로 4반세기 돌려놓음으로써 구원을 도모하다니, 참으로 속편한 생각이었다. 모딜리아니는 풍채가 당당했고, 턱수염이 인상적이었으며, 태도가 매우 귀족적이었다. 파란 두 눈은 부릅떴음에도 슬픈 기색이었고, 말은 신중하고 사려 깊었으며 원숙한 경험이 묻어났다. 예순 셋의 모딜리아니는 언젠가 다시금 정부에 봉직할 수 있으면 하는 내밀한 희망을 간직했다. 하지만 여전히 곁을 지키던 아내 베라Vera는 남편의 안위를 걱정했다. 흠잡을 데 없고 품위가 넘쳤던 부부는 과거가 돼버린 한 시대의 진지하고 고귀한 사회주의를 육화한 사람들이었다. (그들은 지금 어떻게 지내고 있을까? 나치가 미점령 지역을 침공했을 때까지 그들은 여전히 프랑스에 머물렀다. ……)

생존을 위협받던 우리 가운데 일부는 그래도 결국 탈출에 성공했다. 비자를 받아내기 위해 친구들이 벌인 전투는 좀 설명할 필요가 있겠다. 단 한 명의 탈출 건만으로도 발자크 소설 한 권의 제재가 될 만했다. 예기치 못한 사건들이 가득했고, 막후의 천변만화는 기차 찰 노릇이었다. 나는 마르티니크로 향하는 마지막 배에 올랐

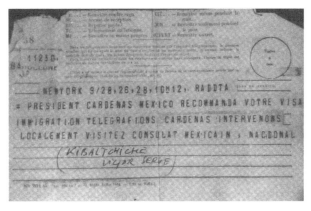

○ 멕시코 대통령 카르데나스가 세르주에게 비자를 발급했음을 알리는 드와이트 맥도널드의 전보.

다. 모로코와 프랑스령 서인도 제도를 경유하는 여행 허가가 나오지 않다가, 불과 두 시간 만에 느닷없이 도청에서 마르티니크 통과비자를 내주었다. …… 그렇게 해서 블라디와 나 둘이 승선했다. 카피텐 폴-르메를Capitaine Paul-Lemerle 호라는 화물선이었는데, 바다위의 수용소라 할 만했다. 프랑스를 떠나는 일은 전혀 즐겁지 않았다. 가능했다면 나는 차라리 머물렀을 것이다. 그러나 모종의 해방이 있기 전에는 추악한 감옥에서 죽을 가능성이 99퍼센트였다. 러시아는 만신창이였고, 독일은 짓밟혀 뭉개진 상태였으며, 프랑스는 처참했고, 각국이 침략을 당했다. 그런 유럽을 고수하기는 불가능했다! 우리는 일단 떠난 후 돌아와야만 할 터였다.

승선한 난민 300명 가운데서 동지들이 마흔 명가량 됐다. 나머지는 도망 이외에는 아무 생각이 없었다. 정치에 관심이 없거나, 많은 경우 반동적이었다. 사하라 사막 인근 해안을 지나 대서양으로 나가자, 머리 위로 별들이 요동쳤다. 우리는 굴뚝과 구명정 사이의 상갑판에서 모임을 열었다. 많은 사건을 토론하고 평가했다.

652

새로운 소식도 많이 접했다. 독일과 오스트리아와 에스파냐와 이탈리아 얘기였는데, 신문에는 실리지 않은 내용이었다. 히틀러와 스탈린의 밀약이 종말을 향해 가고 있었다. 나치가 거둔 군사적 승리와, 프랑스에서 조장한 반혁명도 실패로 치달았다. 도처에서 새로운 생각의 흐름이 출현했고, 투쟁의 열의가 갱신되었으며, 거대한 변화가 불가피하다는 인식이 모호하지만 강력하게 부상했다. 에스파냐 영해에서는 자그마한 범선의 어부들이 꽉 쥔 주먹을 들어 올려 우리에게 경의를 표했다. 카사블랑카 항구에서는 어떤 친구들이 나를 찾아와, 자신들도 미래를 도모하고 있다고 말해줬다.

하늘과 바다에 황혼이 깃들면 별들이 떴고, 사람들은 갑판에 모였다. 그 마흔 명에게 정말로 중요한 것은 무엇이었을까? 미약하나마 나는 뭐가 중요한지 알았다. 요컨대, 우리가 지지 않았다는 것, 패배는 일시적일 뿐이라는 것. 우리는 엄청난 의지를 바탕으로 사회를 쟁취하기 위한 투쟁에 의식적으로 매달렸다. 우리의 능력을 크게 벗어나는 대단한 과업임에 틀림없다. 우리 모두가 수도 없이 실수하고 실패했다. 그러나 주저하고 넘어지는 발걸음을 통해서만 뭔가를 창조할 수 있었다. …… 우리는 그러한 자격 요건을 갖추었고, 따라서 반성하고 자기비판을 해야 한다. 놀랍게도 우리가 옳았다. 우리한테는 별 볼일 없는 저널뿐이지만 정치가들이 어디서 터무니없이 허둥대며 형편없는 바보짓을 하는지 똑똑히 봐왔다. 우리는 결연한 의지로 역사를 만들어가는 인간을 얼핏 보았다. 우리는 승리하는 법을 깨쳤고, 그걸 잊어서는 안 된다. 함께 배를 탄 러시아인과 에스파냐인들은 세상을 손아귀에 쥔다는 게 무엇인지 알고 있었다. 그들은 철로를 부설해 기차를 달리게 하고, 공장을 가동시키는 법을 알았다. 그들은 포위 공격당하는 도시를 사수하는 법을 알았고, 생산 계획을 수립하는 법을 알았으며, 강력했던 지배자들에게 응분의 처벌을 내리는 법을 알았다. 우리가 강제수용소에 처박힐 운명이 예정되어 있었던 건 아니다. 감옥의 고문자들에 관해서라면, 놈들에게 엿 먹이는 법을 우리만큼 잘 아는 사람이 또 있을까! 우리의 실험은 결코 헛되지 않을 것이다. 우리의 얘기를 듣지 못한 수백만 명이 우리를 좇아 같은 일을 반복할 것이다. 강제수용소에 그런 부대가 존재한다. 감옥에 갇힌 사람들, 테러에 떠는 사람들이 모두 그렇다. 우리가 비록 졌지만, 사기는 충천하다. 우리는 열렬히 미래를 내다보고 있었다.

서반구의 경관은 경이로웠다. 모든 물체와 대상에 햇빛이 타고 흘렀다. 이물 앞으로 하늘빛 날치들이 쏜살같이 지나갔다. 놈들은 바다의 잠자리 같았다. 초록으로 펼쳐진 마르티니크의 산들은 눈부시게 풍요로웠다. 바다의 가장자리는 다채로운 무지개색이었고, 거기에 코코야자 나무가 높이 솟아 있었다. 거기에 다시금 강제수용소가 있었다. 모든 걸 태워버릴 듯이 더웠고, 마실 물도 없었다. 장신의 흑인들이 마치 어린 아이들처럼 경비를 섰고, 캠프 운영 주체인 경찰 자체가 도둑놈들이었다. 비시 정부의 일부 관리는 뼛속까지 나치였다. (서인도 제도의 정치 경제에서 교훈을 이끌어내보자. 제도의 소유자는, 비록 약화되었지만 노예 제도를 바탕으로 대규모 럼 증류소와 사탕수수 플랜테이션을 운영하는 소수의 최상위 부자 가문들이었다. 우리는 그 체제가 굉장히 오래 지속될 것임을 알았다. 적어도 상당 기간은 그럴 것이었다. 서인도 제도 민중이 아직 유아기에 머물고 있다는 난관이 도사리고 있는 것이다.)

시우다드 트루히요(오늘날의 산토도밍고 – 옮긴이)에서는 이상하게도 자유로움을 느꼈다. 도미니카공화국의 그 수도는 작고 조촐했다. 도시는 수수한 단장에, 깃발이 많았고, 아가씨들도 예뻤다. 아프리카계와 유럽계라고 여겨지는 온갖 혼혈인들을 다 볼 수 있었다. 우리는 동지라고 할 수 있는 에스파냐 난민들이 어쩜 그렇게 잘살고 있는지가 궁금할 지경이었다. 별안간 새로운 전쟁이 천둥처럼 내리쳤고, 우리가 머물던 열대의 하늘에도 그 반향이 크고 길게 울려 퍼졌다. 나치 제국이 러시아 인민을 상대로 가장 사악하고 결정적인 전쟁을 선포했다. 흑인들이 근심 어린 표정으로 신문 게시판 앞에 모였다. 그들도 무의식적이나마 자기들이 인터내셔널의 시민임을 느꼈을까? 나는 러시아 체제를 잘 알았고, 처참한 패배는 없을 것으로 예상했다. 갖은 희생과 불의로 건설된 모든 게 나치의 무력 앞에서 사멸할 터였다. …… 소련의 최선진 분자인 혁명가 세대가 대학살을 당했고, 이제 우리가 참혹한 진격과 맞닥뜨리리라는

○   블라디가 그린 세르주. 1941년 7월 22일 시우다드 트루히요.

것은 불을 보듯 뻔했다. 몇 주 동안은 러시아를 덮칠 끔찍한 악몽 외에는 아무것도 생각나지 않았다. 러시아 감옥에서 마지막 남은 동지들이 총살을 당하고 있을 터였다. 그들은 혜안이 있었고, 머잖아 영향력이 급속히 커질 수도 있었기 때문이다. (내 추측이 맞았음이 후에 밝혀졌다.) 나는 작업을 멈추지 않았다. 참조할 수 있는 서류, 기록, 문서 따위가 전혀 없는 채였다. 열대의 무더위를 견뎌야 했고, 프랑스에 남은 아내 걱정도 이만저만 아니었다. 비자를 받기 위한 고통스런 투쟁이 여전히 진행 중이었다. 나는 이렇게 썼다.

"반대파가 박해에도 불구하고 여전히 살아 있다면 러시아 인민을 위해 투쟁할 수 있을 것이다. 러시아 민중이 피와 땀으로 건설한 공장을 지켜야 한다. 우랄 산맥의 파르티잔과 페트로그라드 노동자들의 적기는 영원하다. 그들은 비록 10년 이상 사슬에 묶여 있었지만 자신의 전 존재를 걸고 싸울 것이다. 이 글을 쓰는 나도 똑같은 감옥 출신자다. 나는 그들 편이다. 오늘날 세계를 구출하려면 러시아 인민과 혁명의 성취를 반드시 구출해야 한다."

나는 공업 국가 독일과 비교해 러시아가 취약하고, 해서 여러 해 동안 실로 엄청난 고통을 겪게 될 것이라고 썼다. (러시아는 대규모로 산업화를 달성했지만 여전히 농업 국가였다.) 하지만, "결국에 가서는 러시아가 손쉽게 승리할 것이다. 러시아는 결국 아무런 제지도 받지 않고 적을 잔인하게 학살할 것이다. 미래의 학살자들이 지금 현물로 대가를 치르고 있는 중이다. 전리품이 즉각적이던 정복 활동은 이제 종말을 고했다. 진정한 난경難境이 시작될 것이다. 근 미래에 더 이상은 평화를 기대할 수 없다는 얘기이다. 투쟁이 언제 끝날지 아는 사람은 이제 더 이상 존재하지 않는다. 육체와 정신을 모두 마멸하는 요소들이 아주 많다. …… 나치 제국은 사실상 이미 진격을 중단당했다."

나는 파르티잔과, 정복할 수 없는 러시아의 동장군으로 인해 전쟁이 끊임없이 갱신돼 끈덕지게 계속되리라고 예측했다. 나는 1941년 7월에 이렇게 단언했다. "전략 요충지인 스탈린그라드가 공격받겠지만 맹렬한 방어전이 수행될 것이다. 또, 소련이 완전히 와해되지 않으면", 일본은 "아마도 블라디보스토크를 공격하지 않을 것이다. …… 하지만 우리는 패배조차도 와해가 아니라 복원임을 알게 될 것이다. ……"

2년 동안 전쟁이 계속되고 있고, 내 책 《히틀러 대 스탈린》에 적힌 내용은 여전히 올바르다. 이 책은 1941년 9월 멕시코에서 출판되었다. 뉴욕에서는 어떤 출판사도 관심을 보이지 않았다. 나는 그 책 2부에서 감연히 미래를 예견했다. 요컨대, 러시아에서 전체주의라는 올가미를 벗어던지고 민주주의가 부활할 가능성이 대단히 높다고 본 것이다. 그렇게 위대한 민족이 그냥 죽지는 않는다. 러시아는 시련을 뚫고 살아남아, 자유를 소생시키고 마침내 테러를 이겨낼 것이다. 그리고 과거의 정치적 책임을 묻는 질문도 엄중히 던질 것이다.

도중에 사소한 사건이 몇 있었지만, 그럼에도 나는 계속해서 멕시코로 갔다. 내가 시우다드 트루히요에서 발표한 글들에 도시의 공산주의자들이 흥분했다. 그곳 공산당 세포 조직이 아메리카 대륙의 더 강력한 조직들과 연계하고 있음에 틀림없었다. 언제나처럼 고약한 비난이 빗발쳤다. 아이티 경찰은 우리 서류를 보고 대경실색했다. 유럽에서 왔다고? 비시 정부 프랑스에서? 마르티니크 경유? 난민이야? 정치범? 거기다 무국적자? 그런데 러시아인이었어? 멕시코로 간다고? 프랑스 작가는 또 뭐야? 필명이 진짜 이름보다 더 유명한가? 하나는 작가고, 다른 하나는 화가? 한 명은 글을 쓰고, 나머지는 그림을 그리는 거야? 우리가 소지한 아이티 비자는 적법했다. (영사관이 전날 도장을 찍어줬다.) 우리가 원한 것은 다음 날 출발 예정인 비행기를 기다릴 수 있게 허가해달라는 것뿐이었다. 우리한테는 대통령 아들에게 전달할 친서도 있었다. (불행하게도 없어졌다.) 그럼에도 아이티 경찰은 뭐에 씌웠는지 우리를 구금해버렸다. 우리가 침착하게 사태에 대응하지 않았으면 경찰서와 공항 모두에서 흠씬 두들겨 맞았을 것이다. 그들이 팔랑헤 당 신사한테 선한 미소를 지어보인 걸 보면 얼마간 평정을 찾은 것 같기도 했다. 놈은 프랑코 치하 에스파냐 주재 영사들이 도장을 찍어줬을 예쁜 여권을 소지하고 있었다. 도미니카공화국과 쿠바에서도 우리는 짐을 수색당했고, 심문을 받았다. 하지만 찾아도 나올 게 없었다. 그들은 화가 잔뜩 나서 욕을 해댔지만 달리 수가 없었다. 며칠이 지났고, 모든 게 말끔히 정리되었다.

아바나는 멋지고 사랑스러웠다. 밤에 불이 들어오자 관능적 즐거움이 배가되었다. 우리는 측은하고 짙은 어둠에 잠긴 유럽의 도시들을 뒤로 하고 떠나온 방랑자였다. 그동안 못 본 친구들하고도 만났다. 자유로운 나라에 있다고 생각하니 무척 흥분되었다. 그러나 우리가 아바나에 도착했을 때 레닌그라드 전투가 시작되었고, 그곳에서 벌어질 투쟁 생각이 머릿속을 떠나지 않았다.

비행기라는 물건은 처음이었고, 우리는 세상을 새롭게 바라볼 수 있었다. 풍요로운 서정이 가능할 테고, 시나 회화 따위의 예술이 갱신돼 번창할 터였다. 하지만 문명이 반쯤 파산한 상황에서 비행기는 살육 기계로 전환되었다. 여행에 비행기를 이용할 수 있는 것은 아무런 열정도 없는 부자들뿐이었다. 그들은 더글러스 항공기의 편안한 좌석에서 꾸벅꾸벅 졸고 있었다. 비행기는 카리브 해, 폭풍이 몰아치는 유카탄 반도, 짙은 구름에 휩싸인 멕시코 고원을 날아갔다. 햇살이 창처럼 구름을 꿰뚫고 있었다. 덤덤한 평원 위로 별안간 피라미드가 보였다. 테나유카의 태양 피라미드는 거대하고 장밋빛이었으며 견고해 보였다.

멕시코 공항에서 맨 처음 만난 사람은 에스파냐인 친구였다. 안경을 썼으며, 수심 어린 표정에, 활달해 보였는데, 수척했다. 훌리안 고르킨. 그가 에스파냐의 감옥에 수감 중일 때 우리는 그를 살리기 위해 18개월 동안 싸웠다. 이번에는 뉴욕과 멕시코의 그와 다른 동지들이 나의 탈출과 여행을 돕기 위해 14개월 동안 분투한 것이었다. 그들이 아니었다면 나는 희망이 없었고 죽을 운명이었다. 내 운명은 영광스럽게도 특전을 입었다. 6년 동안 그런 행운이 두 번이나 찾아왔다. 합리적 행위자들의 두 번째 연대 행위는 기적이었다. 지구상 한켠에서 다른 곳으로 흘러들었지만 우리는 그렇게 만났다. 그 수는 비록 적었지만 우리는 서로를 믿었다. 우리는 역사의 전진도 믿었다.

○ 세르주, 아내 로레트, 화가 아틀 박사가 파라쿠틴 화산 앞에 서 있다. 멕시코 1943년.

멕시코의 거리에서 맛본 감각은 특별했다. 나는 더 이상 불법

신분이 아니었고, 쫓기지도 않았다. 언제고 억류되거나 실종될 처지에서 벗어난 것이다. 하지만 이런 얘기도 들었다. "총 가진 사람을 조심해야 합니다. ……" 그야 말할 나위도 없는 일이었다. 나는 아무데서나 살기에는 너무 오래 산 사람이다. 허나 어쩌랴, 당면한 현실을 버텨야 했다. 멕시코는 우아하고 자애로웠다. 먼데 도시들 생각이 겹쳤다. 충격 속에서 잠 못 이루는 유럽의 도시들은 등화관제까지 이루어졌다. 거기서 길을 걷고 있을 사람들이 떠올랐다. 쫓기는 사람들, 나는 그들을 뒤로 하고 떠나온 것이었다. 그들이 다 탈출할 필요는 없다는 걸 안다. 머무를 수 있는 사람들이라면 머물 책임도 있다. (기실 그들이 이 단순한 임무를 대단히 잘 수행 중이라는 데에는 의문의 여지가 없다.) 그들 가운데 일부는 죽을 수밖에 없을 것이다. 그것은 통계의 잔인함이다. 하지만 남으면 살해당할 수밖에 없는 사람도 일부 있다. 그들은 경험, 견인불발의 태도, 이상주의, 지식 때문에도 내일의 유럽을 건설하는 데 꼭 필요한 사람들이다. 전통의 유럽 사회주의와 조기에 살해된 민주주의의 등뼈를 이루는 사람들을 구출하지 못하면 향후의 혁명은 어쩔 수 없이 나치 출신자들, 파시

○　세르주에게 발급된 멕시코 체류 허가증.

스트 출신자들, 전체주의적 공산당 출신자들이 이끌고 말 것이다. 사상과 인도주의가 없는 모험가들, 선의가 있다고는 하나 방향 감각을 상실한 사람들이라면! 정치적 계산은 간단명료하면서도 긴급하다. 도대체 미주 대륙은 문호를 조금이라도 개방해 이 전사들을 소수나마 받아들이는 것이 왜 그토록 어려운가?

10

미래를 전망함

나는 멕시코의 문턱에서 이 회고록을 마무리했다.[1] 허나 삶은 계속되고, 투쟁도 계속된다. 내가 쓴 내용이 너무 단편적이고, 또 너무 농축돼 있다는 것을 안다. 나는 일일이 다 기록하기에는 너무 많은 경험을 했다. 지면 부족으로 많은 이야기와 세부 사항을 뺀 채 필수 내용만 제시해야 했고, 그 점이 아쉽다. 집필 조건이 상당히 열악했다. 이런 종류의 글을 쓰기에는 말이다. 생활고에 시달렸고, 파악하기 힘든 위협이 끊이지 않았으며, 결과물을 언제 어디서 출판할 수 있을지도 모른다. 하지만 내 회고록이 언젠가는 유용하게 쓰일 것임을 확신한다. 부차적인 내용 몇몇에서 착각을 했을 수도 있지만, 나는 진실만을 말했고 최선을 다했다.

나 자신에 관해서는 별 얘기가 없음을 알 것이다. 사회 과정과 사상과 활동에서 나라는 개인을 떼어내는 것이 나로서는 쉽지 않다. 사회 과정과 사상과 활동이 나 자신보다 더 중요하고, 나는 거기 관여하면서 의미를 갖기 때문이다. 나는 개인주의자individualist가 아니다. 다른 의미에서 개인주의자personalist라고는 할 수 있겠다. 사람의 인격과 개성을 최고의 가치로 본다는 점에서 말이다. 하지만 그 개인이 사회와 역사에 통합되어야 한다는 것이 전제다. 사람의 경험과 생각은 이런 의미에서가 아니라면 유지 보존할 만한 가치가 전혀 없다. 하지만 이 말에서 자아를 지우는 열망 따위를 읽어내려는 사람이 있어서는 안 된다. 나는 개인이 독립된 자아로서 존재해야만 한다고 확신한다. 간명하면서도 전폭적인 진리이다. 책무를 거부해서도, 남을 해하려 해서도 안 된다. 요약해보자. 인류의 공영에 함께하기를 진심으로 바라지 않는다면 우리의 어떤 것도 진정한 자아일 수 없다.

쉰 넘게 살아오면서 다양한 감옥 생활을 10년 했다. 영어圄圄의 조건은 혹독했다. 나는 그 얽매임을 통해 니체의 역설적 금언이 진실임을 배웠다. "나를 죽이지 못하는 것은 뭐든 나를 강하게 단련시킨다." 나는 부자였던 적이 없다. 안온하게 살아본 적도 거의 없다. 소중하게 간직하던 물건을 다 잃어버린 적도 여러 번이다. 책, 원고, 추억이 가득한 기념물 등등. 나는 브뤼셀에서, 파리에서, 바르셀로나에서, 베를린에서, 레닌그라드에서, 소련 국경에서, 다시 파리에서 거의 모든 것을 뒤에 남기거나 버려야 했다. 아니 그 모든 것을 빼앗긴 것이다. 나는 그 경험 때문에 유형 재화에 초연해졌다. 물론 좌절하지도 않았다.

나는 항상 지적 활동에 끌렸다. 무언가를 이해하고 표현하는 일보다 더 만족스러운 활동이 거의 없었다. 아마도 나는 내가 쓴 책을 가장 사랑할 것이다. 하지만 바라고 원한 것보다는 쓴 양이 매우 적다. 더구나 급박하게 쓰기까지 했다. 투쟁이 화급했고, 수정 변경할 기회를 누리지 못한 탓이다. 내 책들은 모두 동일한 운명을 맞이했다. 나는 거짓말 따위는 하지 않고 조국에 보탬이 되기만을 바랐다. 그런 러시아에서 내 책은 단 한 권 빼지 않고 출판도 되기 전에 탄압을 받았다. 정치 경찰이 완성한 작품 여러 개도 원고를 압수해갔다. 수년에 걸쳐 노력한 결실을 말이다. 그 가운데는 내 생각에 혁명의 장엄함을 최고 수준으로 형상화했다고 보는 소설도 있다. 내가 쓴 역사서 《러시아혁명의 진실》은 파리와 마드리드에서 출판되었다. 책이 다루는 시기는 문서가 파기되고, 관련 기억들이 위변조되었으며, 목격자들이 총살을 당하고 말았다. 그 시기를 정직하고, 상대적으로 완벽에 가깝게 진술한 작품 서너 권 가운데 한 권이 바로 《러시아혁명의 진실》이다. 프랑스와 에스파냐에서는 내 책이 융숭한 대접을 받기도 했다. 그러나 그것도 한 시절. 에스파냐에서는 분서焚書되었고, 프랑스에서는 어떻게 되었는지 사정을 모른다. 미국에서는 보수적 출판사들이 내 작품을 너무 혁명적이라고 판단했고, 좌익 출판사들은 너무 반전체주의적, 다시 말해 스탈린 체제를 너무 혹독하게 비판한다고 규정했다. (예외는 딱 두 번뿐이었다.) 최근 소설《툴라예프 사건》은 마지막 망명 중에 썼다. 동기는 단 하나였다. 여태껏 관련해서 거의 아무것도 쓰지 못한 인간에 천착하겠다는 열정이 그것이다. 이 작품 역시 다음의 두 가지 이유로 여태 출간되지 못했다. 내 책은 일반으로 높은 평가를 받았지만 나 자신만큼이나 신산한 운명이었다. 해체 중인 현대 사회는 작가의 지평을 강제로 제한하고, 나아가 그의 성실함을 훼손하는 데 자기이해를 건다. 작가가 그런 사정과 타협하고 굴종하지 않고서 존재할 수는 없는 것이다.

○   멕시코 시절의 세르주.

나는 용기백배한 세 세대의 투사를 직접 경험했다. 그들이 잘못과 실수, 오류를 범했을지도 모르지만 나는 그들에게 깊이 끌렸다. 나는 여전히 그들을 사랑스럽게 추억한다. 이곳 멕시코에서도 거듭 느끼는 것이지만, 옳다고 믿는 대의에 전적으로 삶을 바치는 것은 거의 불가능하다. 사람들은 나날의 행동과 생각을 분리하지 않기 때문이다. 내가 20대 때 어울린 프랑스와 벨기에의 젊은 반란자들은 모두 죽었다. 1917년 바르셀로나에서 사귄 생디칼리스트 동지들도 거의 모두 학살당했다. 러시아혁명의 친구들과 동지들도 아마 다 죽었을 것이다. 뭐라도 예외가 있다면 그건 기적이다. 모두가 용감했다. 그들은 부르주아적 질서에 복종하기보다는 더 고귀하고 정의로운 삶의 원리를 추구했다. 의식이 확고하게 서기 전에 환멸을 느끼거나 으스러져버린 일부 젊은이를 제외하면 모두가 진보 운동에 간여했다. 내 뒤로 수많은 이의 무덤이 자리하고 있다. 그들 다수가 활력, 재능, 역사적 중요성 면에서 나보다 나은 인물들이다. 나는 고백하지 않을 수 없다. 그런 그들이 떠오르면 나는 마음이 한없이 무거워진다. 이게 맞는 말인지는 모르겠지만 아울러서 어떤 용기도 샘솟는다.

나는 나면서부터 정치적 망명자 신세였고, 그래서 뿌리 뽑힌 자가 억압당하면서 받는 간난艱難과, 거꾸로 누리는 진정한 이득 모두를 잘 안다. 그런 급전직하는 세계와 인간에 대한 사람의 인식과 이해를 확장한다. 그런 처지의 사람은 막연한 순응주의와, 고루하고 답답한 자기중심적 개별성을 날려버린다. 평범한 자기만족에 불과한 애국주의 사슬도 깨뜨릴 수 있다. 하지만 그런 처지가 생존 투쟁의 관점에서는 엄청난 장애다. 나는 '무국적자'가 대규모로 출현하는 사태를 지켜보았다. 독재자들은 그들에게 국적조차 부여하려고 하지 않는다. 생존권의 관점에서 볼 때, 나라 없는 사람들이 겪는 곤경은 중세의 '존재를 거부당한 사람들'과 비슷하다. 그들에게는 영주도 군주도 없고, 따라서 권리도 보호 수단도 없으며, 이름 자체가 일종의 모욕인 것이다. (사실 현대의 무국적자야말로 자신의 조국은 물론 인류 전체의 조국을 가장 사랑하는 사람들이다.) 때는 바야흐로 변화하지 않으면 어떤 것도 보존될 수 없는 시대다. 그런데도 현대의 대다수 국가가 보수적 기질과 관성적 법률 속에서 이들 자유의 수호자를 박해하는 공범으로 전락했다. 결국 앞으로 우리 같은 무국적자가 수백만을 헤아릴 테고, 그러면 어쩌면 사태가 바뀌리라. 나 자신은 이런 무거운 짐을 짊어진 경험이 전혀 후회스럽지 않다. 나는 나 자신이 러시아인이면서 프랑스인, 유럽인이면서 유라시아인이라고 느낀다. 나는 법률 따위와는 상관없이 낯선 나라가 없다. 장소와 사람이 무척 다양하지만 어디에서도 세계와 인류의 단일성을 인식한다. 멕시코는 건조한 화산이 무척이나 독특하다. 그런 멕시코 땅에서조차 러시아와 에스파냐의 냄새를 맡을 수 있었다. 이 땅의 인디오들은 찢어지게 고생하는 중앙아시아인들과 형제이다.

나는 러시아의 인텔리겐치아한테서 일찌감치 다음을 배웠다. 역사를 만드는 과정에 의식적으로 참여함으로써만 인생의 의미를 찾을 수 있다는 것이 바로 그 내용이다. 생각하면 생각할수록 깊고 명징한 진리인 것 같다. 인간의 가치를 격하하는 모든 것과 적극적으로 맞서 싸워야 한다. 인간을 해방하고 확장해주는 모든 투쟁에 가담해야 한다. 그렇게 참여하면 오류도 범하지 않을 수 없다. 그렇다고 이 정언 명령의 가치가 줄어드는 것은 결코 아니다. 일신의 영달을 위해 사는 것이 더 큰 과오이기 때문이다. 비인도적 행위가 상례常例처럼 그를 포박해버린다. 나도 다른 사람들처럼 이런 확신과 더불어 운명이 특별해졌다. 요컨대 우리는 역사의 발전과 연결돼 있었고, 지금도 그러하다. 앞으로도 수백만의 개인이 우리가 밟왔던 길을 따를 것이다. 유럽과 아시아와 아메리카에서 모든 세대와 개인의 삶이 송두리째 뒤흔들리고 있으며, 집단적 투쟁에 연루 중이다. 폭력 사태와 심각한 위험에 노출된 그들은 각종의 구속을 견디며, '각자만의 이익을 도모하는 만인의' 투쟁이 끝났음을 실감하고 있다. 혼자만 부자가 되는 것은 삶의 목표로서 적당하지 않다, 어제의 보수주의로 인해 대재앙이 일어났다는 인식! 그들은 세계를 재조직할 새로운 전망이 필요하다고 느끼고 있다.

나는 중요한 역사적 사건 다수를 또렷하게 목격했고, 이를 명예롭게 생각한다. 이것은 그 자체로는 대단한 일도, 어려운 일도 아니다. 하지만 꽤나 특별한 경험이랄 수는 있겠다. 나는 환경의 압력과, 사실들에 눈을 감아버리는 자연스런 성향 둘 모두를 뚫고 솟구치는 능력과 판단이 재빠르거나 탁월한 지성의 문제라기보다는 양식과 분별, 친선과 호의, 또 일종의 용기라고 생각한다. 우리는 즉물적 이해관계에 따라, 또 각종의 문제들이 야기하는 두려움 때문에 사실을 외면해버린다. 프랑스의 한 에세이스트가 말한 것처럼, "당신이 진실을 추구할 때 문제가 되는 것은 진실을 찾았을 때"인 것이다. 진실을 발견한 사람은 주변 동아리의 편견을 더 이상 따를 수 없게 된다. 상투적 유행을 받아들일 수 없음은 물론이다. 나는 러시아혁명에 심각한 악덕의 씨앗이 존재함을 즉시 알아차렸다. 불관용과 반대 의견 제기자를 박해하고자 하는 충동이 바로 그것이었다. 그 악덕은 진리를 전유하고 있다는 확고한 믿음에서 비롯했다. 거기에는 교조적 경직성이 결합돼 있었다. 주장과 삶의 방식이 다른 사람에 대한 경멸과 멸시가 뒤따랐다. 확실히 우리가 실천의 영역에서 풀어야 하는 가장 커다란 문제 가운데 하나는, 비타협적으로 꾸준히 신념을 고수하면서도 그 신념을 비판하고, 또 다른 신념을 존중해야 함을 깨닫고 수용하는 태도이다. 투쟁에서는 그게 가장 효율적인 실천과 적에 대한 존중을 결합하는 사안이 된다. 한마디로 말해, 증오하지 말고 싸워야 한다는 얘기이다. 강직하고 지적인 사람들이 러시아혁명을 이끌었다. 하지만 러시아혁명은 이 문제를 풀지 못했다. 대중이 폭정의 희생자였을 뿐만 아니라 그 잔혹한 인장이 지도자들에게도 각인돼 있었던 것이다. 내가 이렇게 판단했다고 해서 경제적 요소와 역사적 요인이 중요하게 작용했음을 부인하는 것은 아니다. 당연히 경제와 역사가 광범위한 토대로 작용했다. 하지만 그렇다고 그걸로 끝인 것은 아니다. 인간이라는 요소가 개입함을 잊어서는 안 되는 것이다.

나는 사유와 지성이 사회에서 수행하는 역할과 관련해 여러 번 비관적 견해를 갖는 쪽으로 기울기도 했다. 1920년쯤 러시아혁명이 안정화되고 약 25년 동안 계속해서 통찰력 있는 사유가 전반적으로 탄압을 받았다. 그전에는 너무 어려서 1차 세계대전 전의 유럽 사회를 온전하게 판단할 수 없었다. 하지만 다음의 인상은 또렷하다. 그 시기에도 가장 감연한 사고방식이 더 환대를 받았고, 결과적으로 살아남을 기회가 많았던 것이다.

나는 이 문제를 차분히 궁구했고, 결국에 가서는 맑스주의의 과학적 방법과 태도에 어떠한 의구심도 품지 않게 됐다. 맑스주의는 합리성과 이상주의를 결합해, 우리 시대의 의식에 엄청난 기여를 했다. 하지만 이 말을 하지 않을 수 없다. 사회가 격렬하게 변형되던 한 위대한 나라에서 정통 맑스주의가 국가 기구를 장악해버렸고, 이것이 상당한 재앙으로 작용했음을 말이다. 어떤 교의가 과학적으로 대단한 가치를 지닌다고 할지라도 정부의 이데올로기가 되는 순간 국가의 이해관계로 인해 더 이상은 공정한 탐구를 할 수 없게 된다. 자신의 과학성을 확신한 나머지 교육 분야로 침투하고, 이어서 사상을 교도한다며 비판을 면제받는 게 다음 수순이다.

그런데 이데올로기 교도는 사실상 사상 탄압이다. 오류와 참된 이해의 관계를 생각해보자. 둘의 관계는 너무나 복잡하고, 그 누구도 권위를 바탕으로 규제해야 한다고 생각할 수 없는 사안이다. 사람들은 달리 방법이 없다. 가설, 실수, 기략을 담은 추측 등으로 긴 시간 동안 우회하는 수밖에는. 물론 그런 활동도 더 정확한 결론을 바탕으로 전진에 성공하는 한에서이다. 하물며 그 결론이 잠정적임은 말할 필요도 없겠다. 완벽하게 올바른 경우는 거의 없다. 이런 이유로 나는 사상의 자유가 모든 가치 중에서도 가장 필수적이라고 생각한다.

사람들이 이의를 제기하며 가장 싫어한 것 중 하나가 사상의 자유다. 어느 시대 어느 장소를 보더라도 사람들은 사상을 두려워하고, 탄압했다. 사상이 자유롭게 분출하며 들썩이는 상태를 피하거나 잠재우려는 욕망이 보편적인 것이다. 프롤레타리아트 독재 때 나붙은 포스터들은 이렇게 선포했다. "노동자들이 영원히 지배할 것이다." 고립무원의 포위 상태에서 형성된 예외적인 정권이 끝까지 버텨줄 것임을 의심하는 사람은 아무도 없었다. 과학으로 무장한 러시아의 위대한 맑스주의자들은 자연의 변증법을 전혀 의심하지 않았다. 하지만 변증법직 자연 개념은 가실일 뿐인데다가 당시에 뒷받침되기도 힘든 상황이었다. 하지만 공산주의 인터내셔널의 지도부는 미래의 승리를 조금만 회의해도 일탈 내지 범죄로 치부했다. 이후 등장한 좌익 반대파도 이상은 진실하고 숭고했다. 하지만 거기도 핵심 권부에서 트로츠키는 일체의 이견을 용인하려 들지 않았다. 물론 나는 다른 부류의 사람들 얘기는 아직 하나도 안 했다. 군중 심리의 희생자라든지, 맹목적으로 사적 이해를 추구하는 사람이라든지, 전통과 관습의 관성이라든지 말이다. 나는 1918년 브레스트-리토프스크 강화조약 당시 러시아혁명을 옹호하다가 프랑스인 직장 동료들에게 난타를 당했다. 20년 후에는 혁명에서 기형적으로 탄생한 전체주의 정권을 비난했다는 이유로 같은 노동자들에게 십자포화를 얻어맞았다.

유명 잡지와 저널을 편집하던 좌파 지식인들은 진실을 알리려 하지 않았다. 절대적으로 분명한 사실이었고, 자신들도 이의를 제기하지 못했다. 하지만 그들은 고통스러웠던지 진실을 외면했다. 사실 그들의 도덕적, 물질적 이해관계와도 충돌하는 일이었다(둘은 일반으로 함께 간다). 나는 정확한 정치 예측이 끔찍하게도 현실에서 아무 일도 못하는 사태를 지켜봐왔다. 예측하는 사람은 보이콧, 비방, 박해를 받았다. 나한테는 비판적 지성이 위험하고, 무용하다 싶을 지경이었다. 내가 경도된 가장 비판적인 결론이 그거였다. 나는 이 결론을 천명하지 않으려고 바짝 조심했다. 내가 나약해서 그런 것이라고 생각했다. 아무튼 나는 비판과 통찰이 절대적으로 필요하다고 생각한다. 그 지상 명령을 외면하면 스스로가 파괴될뿐더러 사회도 피해를 입는다. 비판적 사유와 통찰력은 대단히 자기 충족적인 활동이기도 하다. 더 나은 시대가 올 것이다. 어쩌면 조만간일 수도 있다. 그때까지 신념을 굳게 유지하기 위해서도 비판과 통찰이 필요하다.

우리 시대의 사건들에 참여하고, 또 증언하는 일이 반드시 필요하다. 역사의 숙명론에 맞서기 위해서도 그렇다. 가장 포괄적인 의미에서 역사 과정은 확실히 우리의 이해와 통제를 벗어난 요인들의 산물이다. 우리는 불완전하고 단편적인 방식으로만 그 요인들을 파악한다. 하지만 역사적 사실들의 성격과 방향이 구체적 개인들의 역량과 자질에 상당한 정도로 좌우된다는 것 역시 분명한 사실이다. 볼셰비키 중앙위원회는 1918년 12월 국내의 반혁명 세력을 깨부수는 방법을 고심했고, 새 정권에 독이 될 수도 있는 무기를 의식적으로 선택했다. 그들은 공중이 참여하는 혁명재판소를 설립할 수도 있었다(구체적으로 명시된 경우라면 비밀 재판도 가능했을 것이다). 그런 재판소에서 항변권을 허용했어야 했다. 그러면서도 엄격한 재판을 충분히 할 수 있었다. 그러나 그들은 체카를 수립해버렸다. 비밀 절차가 판을 치는 종교재판소 같은 것이었다. 그 기구에서는 일체의 항변권이 배제되었고, 여론의 통제를 전혀 기대할 수 없었다. 중앙위원회가 그렇게 결정한 것은 그게 가장 편했기 때문이다. 이것은 러시아사를 배우는 학생이면 누구나 다 아는 심리 상태이기도 하다. 하지만 일을 편하고 손쉽게 처리하고자 하는 그런 충동은 사회주의의 원리와 공통점이 전혀 없다.

1926년과 1927년의 러시아를 보자. 공업은 낙후했고, 농업이 약간 소생한 상황이었다. 거기서 비롯할 난관을 예견할 수 없었을까? 우리는 예견했고, 어느 정도까지는 사태를 바로잡을 수도 있었다. 그러나 권좌에 있는 사람들은 다시 한 번 편리한 길을 선택했다. 그 길이 가장 근시안적인 길이었음은 말할 나위도 없다. 권력자들은 심각한 위기를 넘겼다는 환상에 사로잡혔다. 겁에 질린 환자가 수술을 미루는 격이었다. 하지만 외면했다고 해서 곤경이 사라지지는 않았다. 오히려 더욱 커졌고, 일종의 공황 상태와 판단 마비 사태가 빚어졌다. 폭력적일 뿐만 아니라 매우 잔혹하고 힘겨운 해결책이 필요해졌다. 전면 집산화와 전체주의적 산업화가 그것이었다. 나는 《한 혁명의 운명Destin d'une révolution》(1937년)에 이렇게 썼다. "관료체제가 일반으로 더 문민적이고 사회주의적인 태도를 보여줬다면, 그 자체로는 무난하고 덜 형편없을 수도 있었다고 본다. 하지만 그들은 관리 행정과 군사적 방법들에 몰두했고, 결정적 시기에는 공황 상태에 빠져 허둥지둥했다. 진정한 방법과 수단은 떠올릴 엄두를 못 낸 것이다. 독재체제에서는 너무 많은 사안을 독재자가 좌지우지한다. …… 소련에서 수행된 과제 전반은 소비에트 민주주의에서라면 훨씬 더 선하게 수행되었을 것이다. ……"

독재자의 개성으로 인해 정치적 갈등이 대재앙으로 비화했다. 정치국은 기만적이고 유혈낭자한 재판을 연출하기로 마음먹었다. 그들은 형을 선고하고, 처형을 명령했다. 열 명에 불과한 개인이 투쟁 정신이 충만한 시민 수천 명의 학살 여부를 결정했다는 얘기이다. 그들은 정적들의 정치적 권리를 박탈하고, 투옥할 수도 있었다. 하지만 그들은 가장 잔혹하고, 그래서 사기를 최대한 꺾어버리는 수단을 사용했다. 엄청나게 중대한 기로였던 또 다른 상황에서 정치국은 즉각적인 위험을 모면하는 해법을 택했다. 히틀러와 협력하거나 민주주의 국가들과 협력하는 것 중에서 선택해야 했는데 — 두 해법 모두 전쟁과 침략이라는 심각한 위험을 내포했다 — 이제 우리가 알듯이 전자를 택했고, 얼마 안 돼 커다란 난관에 봉착했다. 이 모든 사태에서 정치국 성원들의 지능과 개성이 가장 중대한 역할을 했다. 그들의 도덕 — 포괄적 고등 신조에 대한 인간의 감정과 충성에 의해 규정되는 — 과 합리성에 책임을 물어야 한다는 평가가 따르는 것도 당연하다.

이 이야기는 다 사실이고, 그것도 내가 잘 아는 사람들 이야기이다. 우리 시대의 가장 끔찍하고 비극적인 범죄에 대해서도 똑같은 얘기를 할 수 있다. 나치가 유럽을 정복하고 유대인을 몰살 중이다. 그 범죄의 정치적, 사회적, 심리적 결과를 현재로서는 도무지 판단하고 평가할 도리가 없다. 문명이 계속된 수천 년에 걸쳐 온 축蘊蓄된 인간이라는 관념조차 의문시되고 있다. 이 사실이 인간의 영혼에 각인될 것이다. 몇 사람이 안출한 법령으로 인해 그 모든 조건이 갖추어졌다. 전체주의 기계가 공장처럼 가동 중이다.

운명을 피할 수 없다는 생각에 맞서 싸워야 한다. 인간의 거대한 힘과 책임을 강조해야 함은 물론이다. 나는 비관적이지 않다. 광포한 권력을 소수의 손에 집중시키는 체제는 비난받아야 한다. 비정상을 선택하도록 강요하는 체제, 보통 사람의 불완전한 권력 견제조차 무너뜨리는 체제, 공중의 양심을 마비시키는 체제를 우리는 비난해야 한다.

1890년을 전후로 해서 태어난 내 세대, 구체적으로 유럽 출신 자들은 도리 없이, 한 세계가 끝나고 새로운 세계가 시작되는 결절점을 살았다고 느낀다. 한 세기에서 다른 세기로의 이행은 그야말로 아찔했다. 어린 시절 '말 없는 마차horseless carriage'를 처음 보았을 때 깜짝 놀랐던 게 아직도 생생하다. 자동차가 태어나고 있었다. 비행 경기가 프랑스에서 처음 열렸을 때 나는 신문팔이였다. 그때가 아마 1909년쯤이었을 것이다. 블레리오Blériot가 비행기로 영불해협을 횡단하는 위업을 세웠을 때 사람들은 열광했다. 내가 어렸을 때는 등유로 집을 밝혔다. 그러다가 가스를 썼다. 전기는 부잣집에만 들어갔다. 나는 밖에 나가 가로등 점등원이 지나가기만을 기다렸다. 나한테는 점등원이 마법을 부리는 존재였다. …… 그 당시의 신문과 잡지에는 국왕과 황제의 사진이 가득했다. 러시아 황제, 독일 황제, 오스트리아-헝가리 황제, 중국의 여제, 터키의 술탄, ……. 초창기 영화관의 은막에서는 군대가 행진하곤 했다. 들쭉날쭉한 걸음이 꽤나 빨랐던 것 같다. 그런 활동사진들에 우리는 아연했다. 사람의 몸속을 볼 수 있게 해주는 엑스선 얘기도 들었다.

열다섯 살 때는 에너지 분야에서 발견된 사실들을 접하고서 몹시 불안했다. 어떤 지식 소매상이 원자의 분열을 소개하면서 이렇게 썼던 것이다. "창조되는 것은 없다. 모든 게 파괴된다. ……" 나는 스펜서를 추종하던 실증주의자인 아버지에게 수심 가득한 표

676

정으로 물었다. 아버지는 미소와 함께 이렇게 대답해주었다. "무한한 시간을 상상해보렴. 어떻게 그 말이 사실일 수 있겠니? 수십억년 전에 이미 모든 것이 사라졌겠지!" 나는 안도했다. 에너지에 관한 마흐Mach의 책을 나는 침대 머리맡에 두고 읽었다. 그 과정에서 물질이라는 견고한 관념과 실재를 날려버릴 수 있었다. 계속해서 1차 세계대전은 세계의 안정성이라는 관념에 종지부를 찍었다. 제국들이 카드로 만든 집처럼 무너져 내렸고, 황제들이 별안간 줄행랑치는 가엾은 악마들로 전락했다. 총살당한 황제도 있었다. 부적이나 다름없는 은행권은 휴지조각에 지나지 않았다. 우리 모두가백만장자였다. 백만 달러로 성냥통 하나 살 수 없다는 사실을 제외하면 말이다. 상대성 이론이 시간과 공간을 새롭고, 난해하게 정의했다.

유럽은 그 얼굴을 여러 차례 바꾸었다. 1차 세계대전이 발발하기 전의 유럽은 활황이어서 낙천적이고, 자유주의적이며, 돈이 노골적으로 위세를 떨쳤다. 우리는 20대 때 이상주의를 품은 청년 노동자들이었다. 가끔은 우리를 막고 선 거대한 장벽 때문에 화가 나 발악하기도 했다. 영원할 것 같은 부르주아 세계 이외에는 아무것도 보이지 않았던 것이다. 그들은 부정과 불법을 일삼았고, 자기만족에 빠져 있었다.

대포가 불을 뿜었고, 유럽이 전쟁에 휩싸였다. 히스테리가 맞붙었고, 유럽은 그 희생양이었다. 온데사방에서 피가 철철 흘렀다. 하지만 살육전이 한창이었어도 사람들은 풍족했다. 후방에서는 사업이 번창했고, 세계는 여전히 견고했다! 파리는, 밤에는 불길하기도 했지만, 주간에는 명랑하고 즐거웠다. 바르셀로나에 갔다. 새, 무희舞姬, 아나키스트 천지였다. 기차에서는 녹초가 돼 고단한 군인들을 만났다. …… 세계는 소리 소문 없이 대혼란으로 치닫고 있었다.

혁명 유럽이 느닷없이 페트로그라드에서 탄생했다. 우리의 적군 병사들이 유럽 전역과 시베리아 일대에서 장군들의 군대를 추격했다. 중유럽에서 봉기가 잇따랐고, 즉결 처형이 이루어졌다. 전승국들에서는 사람들이 다시금 돈벌이로 복귀할 거라는 어리석고 우쭐한 자만심이 만연했다. "사태가 진정될 것이니, 기다려보라!" 신체의 영양 상태는 탁월하지만 정신생활은 덜 그런 유능한 신사들이 사업체, 대사관, 정부, 언론, 국제 연맹 등을 대규모로 차지했다. 하지만 그 얘기를 하는 것은 그리 점잖지 못했다. 전후의 '호시절'은 승자들의 평화일 뿐이었다. …… 우리는 아가리를 벌리고 있는 지상의 거대한 균열을 보았다. 우리가 이 얘기를 하자, 사람들은 우리를 선지자라 불렀다.

전체주의 유럽이 암암리에 성장했다. 사실 우리는 캄캄 무소식이었다. 우리 혁명가들은 '가장 광범위한 노동자 민주주의'를 천명하고 새로운 사회를 만드는 데 몰두했다. 하지만 자신도 모르는 채 생각해낼 수 있는 가장 끔찍한 국가를 만들고 말았다. 우리는 사태의 진실을 깨닫고 충격을 받았다. 우리의 친구들과 동지들이 작동시키는 그 기계가 우리에게 달려들었고, 우리를 깔아뭉갰다. 러시아혁명은 무자비한 폭정으로 변모했고, 최고의 자원과 힘을 제공해달라며 독일 대중을 호출하는 일은 더 이상 없었다. 권좌에 오른 나치가 그토록 혐오하던 맑스주의를 흉내 냈다. 유럽에 강제수용소가 폭증했다. 책을 불살랐고, 파쇄해버렸다. 강압 수단이 동원돼, 이성을 억눌렀다. 사람을 도취시켜 열중케 하는 거짓말이 전 세계로 퍼져나갔다.

사람들은 혼란스런 와중에도 희망을 꿈꾸었다. 인민전선 정부들과 모스크바의 연출 재판을 보고 있노라니, 마치 유럽이 죽기 전에 요양을 하는 듯했다. 혁명과 반동, 파시즘 경향의 민주주의와 위장한 파시즘, 비밀 내전과 민주주의, 노골적 내전과 국가 간 전쟁, 개입과 불간섭, 적대하면서도 일시적으로 동맹한 전체주의들, 범죄적인 사기 및 협잡과 단순한 진실을 또렷이 구분하는 게 점점 더 어려워졌다. 사람들은 대재앙에 휘말렸고 무기력했으며, 거기서 이런 혼란이 비롯했다. 유럽은 혼란에 빠졌고, 무능해졌다.

그다음은 대규모 붕괴였다. 인도주의라는 가치가 도무지 살아남을 수 있을 것 같지 않다. 거대한 전쟁 기계가 작동 중이고, 노예제가 수립될 듯하다.

우리는 전쟁의 악몽과 함께하는 중이다. 평화는 요원하고, 인간 해방을 꿈꿀 수 없으며, 1차 세계대전의 종지부를 찍었던 위대한 희망을 모호하게조차 환기할 수 없는 처지다. 마치 포박당한 것 같다. 사회주의 혁명이 승리하고 탄생한 전체주의 체제는 대단히 치명적이다. 낡은 사회는 일상으로 변화를 도모하지만 그 사실을 인정하지 않는다. 양측 모두에서 초보자들은 조잡하고 편협하며, 탐욕스럽고 부정직한데다, 개화된 사람들을 적대시한다.

유럽을 탈출한 이후로 사태가 계속 변모했다. 전체주의 국가의 위신과 세력이 감소했다. 비록 그들이 승리를 거두고는 있지만 미래에는 패배할 듯하다. 안개가 걷히면서 시야가 확보되기 시작했다. 대차 계정이 작성되는 중이다. 30년 전부터 과학의 개가가 쏟아지면서 인간의 기술력이 엄청나게 발전했고(인간의 의식이 그에 비례해서 향상되지는 않았다), 세계가 변형되는 새로운 주기가 시작되었다. 하지만 우리는 낡은 사회 제도에 포박당한 채 그 주기를 맞이했다. 체제가 더 이상은 버틸 수 없는 지경에 이르렀다. 내 세대의 가장 명석하다는 선진 투사들조차 시대의 격랑 속에서 반半장님인 것으로 드러나기 일쑤였다(저물어간 시대의 피조물이었다). 이 충격 앞에서는 어떤 교의도 설 자리를 잃었다. 사실 놀랄 일도 아니다. 그게 인간과 교의의 한계이니까. 하지만 이것은 악순환이 아니다. 혼란스럽지만 각성의 과정을 통해 광범위한 윤곽이나마 사태를 보고 있는 것이다. 거대한 세계 혁명을 준비하는 혁명가는 더 이상 존재하지 않는다. 무분별한 폭정이 세계 혁명을 말살해버렸다. 현대의 산업과 과학기술은 과거를 철저하게 불식 중이다. 전 세계인은 새로운 토대에서 삶을 시작하지 않을 수 없는 처지다. 사회 정의, 합리적 제도, 개인과 자유에 대한 존중을 그런 토대로 삼아야 한다. 작금의 현실은 비인도주의가 만연한 상황이지만 방금 말한 토대가 명확한 사실로써 서서히 떠오르리라고 나는 확신한다. 수평선에는 먹구름이 보이지만 미래는 우리가 과거에 얼핏 보았던 것보다 훨씬 더 광대한 가능성들로 가득하다는 것이 나의 생각이다. 내가 함께 투쟁한 세대의 열정과 경험, 어쩌면 오류까지도 앞으로 나아갈 길을 밝혀줄 수 있을 것이다. 하지만 정언 명령으로 삼아야 할 조건이 하나 있다. 개인을 짓밟으려는 체제에 맞서 인간을 방어하는 활동을 결코 포기해서는 안 된다.

멕시코, 1942년~1943년 2월

세르주의 죽음

아버지가 1947년 11월 어느 날 멕시코시티의 내가 사는 집으로 시를 한 편 들고 오셨다. 내가 마침 외출 중이었고, 아버지는 좀 걷기로 하신 듯하다. 중앙우체국에서 내게 그 시를 부친 아버지는 얼마 후 택시에서 숨을 거두었다. 그날 밤 친구가 내게 부음을 전해왔다. 아버지의 시신이 경찰서의 수술대에 놓여 있었다. 불길한 느낌의 방을 노란 전등이 비추고 있었다. 맨 처음 눈에 띈 것은 아버지의 신발이었다. 구멍투성이인 신발이라니! 충격이었다. 항상 옷에 신경을 쓰시는 분이었기 때문이다. 물론 옷은 언제나 싸구려였다. 다음날 아버지의 얼굴을 그려두려고 했으나 그럴 수 없었다. 데스 마스크를 뜨기 위해 얼굴에 석고를 바른 상태였던 것이다. 하는 수 없이 손만 그렸다. 아름다운 손이었다. 며칠 후 아버지가 보낸 시가 도착했다. 제목이 〈손Hands〉이었다.

블라디미르 세르주

멕시코, 1989년 2월

○ 블라디가 그린 세르주의 손. 멕시코, 1947년.

한 혁명가의 열정적인 삶

피터 세지윅

빅토르 세르주는 1890년 태어나 1947년에 죽었다. 그는 아나키스트, 볼셰비크, 트로츠키주의자, 개혁적 맑스주의자, 그리고 자신이 인정한 바에 따르면 '개인주의자personalist'였다. 세르주는 벨기에에서 나고 자랐고, 언어생활과 문필 활동은 프랑스어로 했으며, 태생은 러시아계였고 후에 러시아 시민권을 받았다. 하지만 결국 무국적자가 되었고, 사망 신고서에는 에스파냐 국적자로 기입된다. 세르주는 저널리스트, 시인, 팸플릿 저술가, 역사가, 정치운동가, 소설가였다. 그는 대개의 경우 한꺼번에 여러 존재였다. 세르주는 살면서 최소 두세 가지의 국적, 이데올로기, 직업을 겸하지 않은 때가 거의 없다. 불일치와 부정합을 줄줄이 나열하지 않고 세르주를 간단하게 설명할 수는 없지만, 그래도 그는 대단히 시종일관한 정합적 인물이었다. 세르주가 회고하는 내용을 읽어보면 강인한 성격이 한결같다는 인상을 받게 된다. 삶과 정치에 접근하는 태도가 복잡하지만 통일적임을 알 수 있다. 분열적일 수 있음에도 마음 역시 그러한데, 이는 성실성이 분명치 않아서가 아니라 실재의 사태가 세르주의 마음을 산산이 찢어놓았기 때문이다. 빅토르 세르주는 다양한 정치 경향을 흡수했다. 이는 특정한 진퇴양난의 궁

피터 세지윅(Peter Sedgwick, 1934~1983) ● 《한 혁명가의 회고록》과 《러시아혁명의 진실》을 영역하고, 서문을 썼다. 영국 신좌파(New Left)의 창립 멤버로 평생에 걸쳐 투사로 활약한 세지윅은 세르주를 소개하는 중요한 에세이도 다수 집필했다. 기자로 활동하면서 정치 저술 외에도 《심리-정치Psycho-Politics》라는 책을 썼다.

지들에 그가 지속적으로 민감하게 반응했기 때문이다. 세르주는 폭력을 혐오했다. 하지만 그는 때때로 폭력이 덜 사악한 악이라고 보았다. 세르주는 정치가 불가피한 상황이 때로 끔찍할지도 모르지만, 역시 필요하다고 보았다. 물론 그는 정치를 추호도 미화하지 않았다. 그는 국가를 신뢰하지 않았지만 사회 진보의 불가피한 수단으로 인식했다. 정치적 곤경과 궁지를 포괄적으로 서술하는 행위는 물론 진부하다. 그러나 자신의 최종 선택이 이쪽 아니면 저쪽을 명확하게 지향하면서도 똑같이 예민하게 진퇴양난의 양 극단을 숨기지 않고 솔직하게 기록하는 공인(혁명적 공인은 말할 것도 없고)은 매우 드물다.

복잡한 정치적 선택을 냉철하게 평가해도 좌파의 이론이나 지도력이 개선되지는 않을 것이다. 사회의 혁명적 변화를 추구하며 불비한 여건에서 분투하는 정치인이라면 거의 필연적으로 사회적 실재의 다른 것들은 무시한 채 일부 특징을 지나치게 강조하기 마련이다. 하지만 세르주는 원인과 이유가 다양한 혁명가였고, 당대의 엄청난 격변을 탁월하게 목격하고 증언했다. 세르주는 여러 급진적 사상을 흡수했고, 제 정당의 강령, 실천, 사상을 나름 객관적으로 평가할 수 있었다. 하지만 그의 객관성은, 일련의 폭력사태로서 말고는 혁명을 전혀 설명하지 못하는 종류의 몰상식하고 애매한 공평성은 아니다. 사회혁명당 당원이었다가 멘셰비키를 거쳐 볼셰비키 동조자가 된 N. N. 수하노프도 빠뜨릴 수 없다. 그는 혁명의 해인 1917년의 역사를 독보적이고, 탁월하게 서술했다.[1] 세르주는 혁명의 영웅적 행위와 타락을 경험하면서 단련되었고, 원숙한 지성으로 러시아혁명의 후속 연간, 곧 대규모 폭력과 공포와 퇴보가 개막해 지속되는 국면을 관찰했다. 세르주는 스물여덟 살에 혁명 과업에 뛰어들었다. 여러 해 동안 벨기에 사회민주당의 저질 통속화에 넌더리를 냈고, 3년에 걸쳐 아나키즘의 테러 활동에 점점 더 환멸을 느꼈으며, 특급 정치범으로 5년간 이루 말할 수 없는 수감 생활을 견뎌낸 후였다. 세르주는 과거에 절대 자유주의를 추구했고, '개인주의적' 성향이 강했다. 그가 다방면의 인간 동기를 경계할 수 있었던 이유다. 세르주는 위대한 시도와 더불어 야수적으로 퇴행할 수도 있는 인간의 잠재력 둘 모두를 치열하게 인식했다.

세르주의 저술을 보면 특정한 정치 경향들이 읽힌다. 그것들은 한 사람의 내면에 존재하는 도덕과 심리가 표출된 것이다. 그것은 맑스주의나 개량주의reformism, 스탈린주의나 자유주의가 아니었다. 의지, 두려움, 감성, 부정직, 용기, 굳센 정신, 활달함, 그리고 이것들의 반대 상태 또는 결여가 일차적으로 가장 중요한 것이다. 세르주는 말한다. 특정한 개인은 강박 관념에 사로잡혀 있을 수도 있고, 역성을 들기도 한다고. 실상 이 말은 수많은 사안에서 자신이 당을 지지한 사실을 염두에 둔 발언이다. 확실히 정치적 성격은 보다 개인적인 성격에 좌우되는 것 같다. 세르주는 자주 인상학적 physiognomic 세부 사실을 통해 사람들의 특성을 환기한다. 부은 얼굴, 다부진 외모, 점잖거나 매섭거나 단호한 눈은 그런 예들이다. 세르주는 1936년 다시 서유럽으로 돌아가면서 단 하나의 해부학적 관찰 결과에서 출발해 기다란 정치적 결론을 끌어낸다. 벨기에 인들은 이제 비계덩이 돼지가 되었다는 게 해부학적 관찰의 내용이었다. (그의 정치적 결론은 동지들의 재앙적인 예상과 기대보다 시간의 검증을 훨씬 더 단단하게 견뎌냈다.)

세르주는 사람들의 외관이 드러내는 표현력에 매료되었고, 집중했다.《한 혁명가의 회고록》(이하《회고록》)에는 혁명가들, 작가들, 평범한 대중에 관한 간략한 묘사가 많이 나온다. 세르주는 전위적 정치인, 문학가들과 폭넓게 교류했고, 여러 기록을 남겼다. 한 문단 전체인 경우도 있고, 그런 문장이 여기저기 흩어져 있기도 한데, 그 각각을 읽다보면 인물이 요약돼 생생하게 각인되는 듯한 느낌을 받게 된다. 그람시, 톨러, 루카치, 예세닌, 발라바노바, 지드, 트로츠키, 반더벨드, 필냐크, 바르뷔스…… 이 별난 목록을 끝없이 확대할 수 있다. 하지만 그런 짓은 별 의미가 없을 것이다. 세르주에게서 느낄 수 있는 매력의 많은 부분은 그의 가장 모호한 성격 특성에서 기인하기 때문이다. 세르주의 인물 묘사는 간명하고 호방하지만 일반적인 관점에서 볼 때 캐리커처, 곧 풍자적 희화는 아니다. 그는 세심하고 공정하게 기억을 소환한다. 세르주는 독일 사회민주당 3인조, 코민테른 사무국원들, 법률은 안중에 없는 사회의 낙오자들을 환기한다. 이들의 존재와 삶을 그린 내용은 기묘하고 뜻밖이다. 세르주는 그들에게 완전히 공감하면서도 자신의 관점에 충실하며, 또 솔직하다. 그는《툴라예프 사건》이라는 소설의 한 구절에서 스탈린을 우리에게 이렇게 제시한다. 숙청이 절정이던 시기의 스탈린이 사디스트나 악한이 아니라 절망하여 은둔해버린 고독한 인간이라는 것이다. 세르주는 연민의 감정 속에서 스탈린을 동정했다. 하지만 인간에 대한 세르주의 관심은 비정치적이거나 탈정치적인 작가들이 흔히 보이는 종류의 관심과 사뭇 다르다. 세르주의 정치인 묘사는 여러 가지를 균형 있게 아우르고, 미묘한 차이를 드러내며, 인간적이다. 하지만 그럼에도 불구하고 그는 항상 명확하게 혁명의 견지에서 그들의 특성을 관찰, 선별해냈다. 세르주는 기본적으로 이렇게 자문하는 것이다. "이 사람이 혁명에 보탬이 되는가? 혁명을 타락시킬까?" 세르주는《회고록》의 끝부분은 물론이고 일기에도 이렇게 적었다. 비타협적 태도는 모든 가치 있는 신념 체계에서 절대로 없어서는 안 되는 요소다. 비판적으로 사상을 대하고, 인간을 존중하는 자세 역시 필수적 원리이다. 이 둘을 조화시키는 일이 정치 활동에서 가장 중요하다. "비타협적 태도는 꿋꿋하게 살아가는 것이다. …… '진리를 보유하는 것possession of the truth'을 지배하겠다는 의지와 결부한 니체는 정말이지 옳았다." 빅토르 세르주는 혁명을 탁월하게 관찰하고, 기록했다. 그는 비타협적 태도를 견지하면서도 애정 속에서 사태를 통찰했다. 요컨대 그는 문제를 인식했을 뿐만 아니라 두 가지 자세를 아우르는 속에서 자주 사태를 해결하기까지 했다. 세르주의 훌륭함이 빛을 발하는 지점이다.

세르주의 미래상vision은 남들과 현저하게 달랐고, 이는 볼셰비크로 활동한 초창기부터 감지된다. 그는 1921년 5월 페트로그라드에서 프랑스의 한 아나키스트 동지에게 써 보낸 편지에서 이렇게 얘기했다. "현행 러시아 정권의 가장 커다란 과오는 생산 활동을 유지 관리하겠답시고 거대한 관료기구를 구축한 것입니다. 조직된 산업 노동자들에게 생산을 맡기지 않고 말이죠(생디칼리즘). 중앙집권적 규율과 군사적 억압이 동원되었고, 개인의 주도력과 반대, 비판(형제애적, 혁명적 비판마저)이 모두 금지당하면서 생산 활동의 거개가 망가진 것이에요. 자유에 대한 염원도 전부 공격당했습니다. 요컨대, 러시아 정부가 아나키즘과는 정반대의 정신을 따르고 있는 겁니다." (트로츠키, 지노비에프, 카메네프를 위시한) 공산당 지도부의 일부 세력이 정권의 관료화에 반대 목소리를 내기 한참 전에 세르주가 절대 자유주의와 생디칼리즘에 기초해 항의한 것을 보면 아나키즘에 대한 그의 오랜 충성심이 부활한 듯하다.

정확히 말해 우리한테 필요한 것은 새로운 아나키즘입니다. 강령이 실질적이고, 프롤레타리아 혁명의 갖은 경험을 온전히 흡수하며, 각종 대중운동을 이끌 수 있어야겠죠. 생

산을 재조직하는 활동처럼 새로운 아나키즘의 원리 역시
생디칼리즘 안에서만 찾을 수 있습니다.

1921년 3월 소련 공산당 제10차 당 대회가 열렸고, 당원 자격을
보유한 자가 이런 유의 견해를 선전 보급하는 행위는 금지된 상황
이었다. 세르주가 편지를 써 보내고 얼마 안 돼 열린 코민테른 제3
차 대회 — 세르주 자신이 사무국원이었다 — 에서는 그런 행위가
국제적으로도 이단 선고를 받는다. 세르주가 편지를 받는 동지에
게 "이 편지를 파기하거나, 좌우지간 아무렇게나 방치 유포해서는
안 된다"고 요청한 것은 놀랄 일이 아니다.[2]
　세르주는 공개 저술의 경우 더 조심했지만, 위험하다고 주의를
받을 만한 허용 한계까지 나아갔다. 프랑스의 한 사회주의 출판사
가 1921년 8월 그의 소책자《아나키스트와 러시아혁명Les Anarchistes
et l'experience de la revolution russe》을 냈다. 이 소책자는 자신과 입장이 가
장 비슷한 당내 분파들이 금지당하기 전인 1920년 여름에 썼다. 세
르주가 후에 공산당의 독재와 전체주의 경도 사태를 분석하면서
사용하는 온갖 기본 개념이 그 작은 책자에 나온다. 초보적인 것들
도 있지만 많은 경우 꽤나 진전된 형태라고 세르주 자신이《회고
록》에서 직접 언급하기도 했다. 세르주의 비판에서 가장 중요한 것
은 막을 수 있었던 혁명의 타락과 불가피하게 퇴보한 측면을 구분
해내는 것이었다. 세르주는 다른 대다수의 볼셰비즘 지지자와 달
리 엄격한 통제를 이상화하지도 않았고, 그렇다고 부인하지도 않
았다. "프롤레타리아 독재는 러시아에서 점점 더 권위적 중앙집권
주의로 변해갔다. 이 사태를 개탄하는 사람이 있을지도 모르겠다.
불행한 일이지만, 나는 그런 사태를 피할 수 없었다고 본다."(29쪽)
하지만 갖은 압제 조치를 허가하는 핑계거리로 필연을 들먹여서

는 안 됐다. "그렇다고 자코뱅 파벌의 부상과 배타적 독재가 필연은 아니다. 현하의 시점에서는 당에 생기를 불어넣는 사상, 그 사상을 실행에 옮기는 일꾼, 마지막으로 대중의 실질적 통제에 모든 게 달려 있다."(31쪽) 게다가 "모든 혁명 정부는 본질적으로 보수적이고, 퇴행적이다. 권력은 권력을 쥔 사람들을 불안하게 만든다. 직업 혁명가들이 타락하는, 흔히 볼 수 있는 개탄스런 사태는 권력의 이런 해악적 속성 때문이다."(34쪽, 《회고록》도 참조)

독립적으로 사유하는 혁명가들의 책임이 그래서 더욱 막중했다. "어떤 희생을 치르더라도 노동자 국가가 형해화形骸化되는 것을 막겠다고 비판과 실천으로 분명히 보여주는 것이 자유주의적 공산주의자들의 과제가 돼야 한다."(34쪽) 포괄적 국가 소유라는 문제를 해결하려면 "생산자들이 생산을 해야 한다. 요컨대, 노동조합이 생산 활동을 담당해야 하는 것이다."(39쪽) 이 정책으로 인해 노조가 새로운 국가 관료기구로 변질될 위험이 있다 할지라도 그렇다. 소책자 《아나키스트와 러시아혁명》은 "권위에는 엄청난 위험이 상존하고, 국가 통제와 권위주의적 중앙집권주의는 해롭다"고 선언하며 아나키즘을 옹호한다.(39쪽) 기실 혁명이 성공하는 과정에서 "권위는 별다른 역할을 하지 못한다. 많은 것이 권위에도 불구하고 성취되었다."(41쪽) 세르주는 후에 스탈린주의가 야기한 경제 손실을 강조하는데, 마치 여기서 그 작업이 예비되었다는 인상이다.(《회고록》참조) 그럼에도 아나키스트들은 '혁명과 함께'해야 한다. "혁명을 외면하면 아무 쓸모없는 존재로 전락하고 말 것이다. 아나키스트들은 확고한 자세로 도처에 똬리를 틀어야 한다."(43쪽) 아나키스트들은 공산주의자가 돼야 한다. 하지만 "다른 많은 사람들과는 달리 자유를 지키기 위해 분투해야 한다. 그러면 궁극적 목표를 더 예리하게 인식하고, 거기에 더 비판적으로 접근할 수 있다. 아나키스트들이 이런 명석함을 유지한다면 그 어떤 공산주의 운동 내에서도 출세주의자들, 신예 정치인과 정치위원들, 형식주의자들, 권위자연하는 비평가들, 음모자들이 결코 무시 못할 적으로 자리매김할 수 있다.”

빅토르 세르주의 기록은 이처럼 근본적으로 비정통적이라는 사실을 거듭 확인할 수 있는바 한때 공산주의자였던 다른 대다수의 자서전과 확연히 구별된다. 세르주는 집요했을 뿐만 아니라 지적 관심사가 다양했다. 그가 정치 행위의 갖가지 위험을 균형 잡힌 시각으로 비교 평가할 수 있었던 이유다. 다른 사람들의 경우 기대나 예상이 전부 아니면 전무 식의 양자택일적 도박 양상을 띠었다면 세르주는 섣부른 예단을 경계했고, 맹목적 헌신이나 환멸 둘 모두에서 벗어날 수 있었다. 세르주는 엉망진창이라 할 만큼 요동을 쳤던 젊은 시절을 돌아보면서 나 때문에 유감스러운 것은 하나도 없다고 말했다. 그는 자신의 볼셰비키 활동을 점검하면서도 후회하거나 자책하지 않는다. 세르주의 회고는 생생하고, 직접적이다. 뒷궁리에 의해 인위적으로 꾸며졌다는 인상이 전혀 없다. 실제로 러시아 사태와 관련해 그가 내린 평가들이 수십 년을 사이에 둔 저술 속에서 동일하게 반복된다. 날카로운 통찰력이 덧없다는 느낌마저 들 정도다.

지난 25년 동안 다음의 문제를 놓고 상당한 논쟁이 벌어졌다. 스탈린주의는 볼셰비즘의 논리적이고, 유기적이며, 필연적인 연장인가? 서방의 대다수 논평가들은 간단한 긍정으로 이에 대꾸했다. 소련 세력권 내의 정치학자들도 아주 최근까지 비슷한 등식을 제출했다. 온갖 징후가 부정에서 긍정으로 뒤바뀌기는 하지만 말이다. 물론 다른 입장도 있다. 맑스주의 진영 내의 트로츠키주의자들은 오래전부터 스탈린주의가 볼셰비즘과는 ‘정반대’라고 주장했다. 1956년 이후 전개된 소련의 관변 이론이 적어도 스탈린 시절에 횡행했던 일부 '월권, 남용, 죄악'은 '표준 레닌주의'와 정반대라는 상당히 비슷한 종류의 얘기를 하는 경향이 있기는 하지만 말이다. 이 사안에 대한 빅토르 세르주의 대답은 시종일관 양면적이었다. 그는 트로츠키와 추종자들에게 이의를 제기하면서 레닌주의와 맑스주의 교리가 모호하고, 치명적일 만큼 융통성이 없다고 지적하고, 소련 탄생 초기에 체카Cheka 같은 기관들이 타락한 이유를 강조한다. 세르주는 볼셰비즘과 스탈린주의를 결부하는 것에도 반대한다. 그는 자신의 경험을 바탕으로 볼셰비키와 스탈린주의자들이 무엇이 비슷했는지 적는다. 하지만 소비에트 사회주의가 자유롭게 발전하는 데 내전과 이후의 대파괴가 심각한 제약으로 작용했음도 상세히 열거한다. 세르주는 역사적 숙명론을 들먹이는 일체의 관념을 의심했다. 그는 이런 입장이었기 때문에 레닌주의자들과 스탈린주의자들이 학살을 옹호하면서 속편하게 필연에 호소한 것을 반대했다. 그는 혁명이 압제로 타락하는 사태를 역사가 관철되는 철의 법칙이라고 보는 서방의 저속한 관행에도 반대했다. 이와 관련해서는 세르주의 논쟁적인 저술 가운데서도 특별히 하나를 언급해야겠다.[3] 트로츠키주의와 자유주의 서클들은 1938년과 1939년에 1921년 발생한 크론시타트 봉기의 성격을 놓고 격렬한 논쟁을 벌였다. 볼셰비키는 봉기를 무자비하게 진압했고, 크론시타트 반란은 이후의 대숙청과 빤히 연결되었다. 세르주는 트로츠키와 한때 트로츠키주의자였던 유고슬라비아의 안톤 칠리가Anton Ciliga와 논전을 벌였다. 트로츠키는 볼셰비키가 반란자들을 다룬 방식에서 양심의 가책을 전혀 느끼지 않았다. 안톤 칠리가는 크론시타트 봉기를 관료체제에 항거한 프롤레타리아 혁명으로, 그 진압 행위를 레닌의 당이 스탈린의 당으로 서서히 퇴보하는

690

증거로 보았다. 트로츠키는 세르주가 더 이른 시기에 크론시타트 학살을 언급했을 때도 이를 일축한 바 있었다. "불필요한 희생자가 있었는지는 모르겠다. 나는 이 점에 관한 한 뒤늦게 비판에 나선 사람들보다 제르진스키의 말을 더 신뢰한다. …… 빅토르 세르주의 평가는 제3자적 견해로, 내가 볼 때 완전히 무가치하다." 세르주는 이렇게 반박했다. 나는 봉기 직후 투옥된 아나키스트 목격자들을 면담했고, 크론시타트 사태를 파악했다. 반면 제르진스키의 견해는 '일곱 다리 내지 아홉 다리'를 거친 것이다. 하물며 체카의 수장은 당시 페트로그라드에 있지도 않았다. "트로츠키가 모르는 한 가지 사실을 평당원들은 다 알았다. 프롤레타리아트와 농민을 상대로 불필요한 범죄가 저질러졌다. 그건 비인도적 행위였고, 거듭 말하지만 이 사실은 매우 중요하다."

세르주는 칠리가의 입장에도 반대했다. 크론시타트 반란 당시 공산당 밖 대중의 사회 정치적 구성을 보면, 진보적인 것과는 한참 거리가 멀었다는 것이다. "1921년에는 사회주의를 열망하는 사람이면 누구나 다 공산당 안에 있었다. …… 그 시기에 당 밖에 있던 노동자들은 레닌이 죽고 나서야 입당했다. 그래서 1924년에 당원 수가 200만 명에 이르는 것이다. 당의 관료체제가 확실하게 승리했다." 반란의 지도부를 구성한 의식적 혁명가들이 "엘리트라는 걸 부인할 수는 없다. 그들은 나름의 열정에 도취되었고, 의도한 것은 아니지만 가공할 반혁명에 문을 열어주었다." 이 사안에 대한 세르주의 종합 논평을 그가 평생 간직한 혁명에 대한 태도를 요약하는 것으로 보아도 좋을 것이다. "스탈린주의라는 병원균이 처음부터 볼셰비즘에 내재해 있었다'고들 흔히 얘기한다. 좋다, 굳이 반대하지 않겠다. 하지만 볼셰비즘에는 다른 많은 싹도 함께 있었다. 승리를 거둔 첫 번째 혁명의 최초 연간을 열정적으로 산 사람들은 이 사실을 잊어서는 안 된다. 사후 부검으로 드러나는 사망 원인 균 ― 처음부터 내재해 있었을 수도 있다 ― 으로 산 사람을 판단하는 게 과연 사리에 맞는 일인가?"

어떻게 보면 빅토르 세르주의 정치 활동은 1940년 프랑스가 함락되고 유럽의 좌파가 몰락하면서 끝났다.[4] 사회운동에 참가하면서 공적인 사건들에 의미 있는 영향력을 결코 다시는 행사하지 못하는 것이다. 세르주는 생애의 마지막 6~7년을 정치적으로 고독하게 보냈다. 그는 망명자 신세였고, 멕시코 사태에 일체 개입할 수 없었다. 국제사회의 관심 있는 청중이 자기 얘기에 귀 기울이도록 할 수도 없었다. 세르주는 그럼에도 그 어떤 단계와 무대에서든 자신의 소명을 저버리지 않았다. 혁명적 작가로서의 소명 말이다. 세르주는 계속해서 대숙청에 관한 탁월한 소설을 썼다. 프랑스가 궤멸하는 과정에서도, 마르세유의 탈주자 수용소에서도, 최종 망명지 멕시코로 이동하던 신산한 항해 중에도 그는 이 과업을 손에서 놓지 않았다. 멕시코에 도착한 세르주는 쉬지 않고 글을 썼다. 소설, 에세이, 시, 논설, 평전, 자서전 등등이 그렇게 해서 탄생했다. 중요한 사회 문화의 시류에 뒤떨어지지 않을 필요가 있었고, 그는 러시아어, 프랑스어, 에스파냐어, 독일어, 영어로 된 각종의 주요 도서, 정기간행물, 학술지를 엄청난 관심과 열의로 걸리는 족족 걸신들린 듯이 읽었다. 세르주는 아주 길고 상세한 일기를 썼고, 멕시코의 역사와 문화 관련 자료를 모았으며, 장문의 정치 서신을 보내기도 했다. 해외의 친구들과, 비판해야겠다고 판단한 외국의 저명한 정치 평론가들이 그 대상이었다. 세르주가 한 소규모 사회주의자 망명 집단에 보고하기로 하고 수행한 길고 상세한 연구는 한줌 소수파의 시각을 지지하긴 했지만 출판을 의도한 그의 다른 작업물만큼이나 밀도 있고, 판단도 탁월하다. 세르주는 싸구려 종이에 수백만 단어를 행간 여백도 없이 우겨넣듯 타이핑했고, 그렇게 작성된 원고는 삭제되거나 수정된 부분이 거의 없다. 그는 한 원고를 마치면 거들떠보지도 않고 곧바로 다음 원고에 매달렸다. 친구 훌리안 고르킨은《회고록》내용을 훑어본 후 이렇게 말했다. "문체가 전보처럼 간결하군. 요약적이고, 지나치리만큼 할 말만 했다는 인상이야." 그토록 풍요로운 내용이 설마 더 확장되어야 했을까? 세르주는 회의적인 미소를 짓고 나서 이렇게 답했다. "뭐라도 쓸모가 있을까? 내 글을 출판해줄 사람이 있을까? 나는 시간에도 쫓기고 있네. 다른 책도 써야 하거든." 세르주는 멈추지 않고 작업했다. 활동과 개입이 전무해, 멍하고 둔해지고 있을지도 모른다는 생각에 시달리기도 했던 것이다. 그는 이렇게 쓰고 있다. "진공 상태에서 창조하는 것은 끔찍하게도 어렵다. 지원은 최소이고, 진정한 환경은 없는 것이나 다름없다." 그는 이렇게도 말한다. "써도 출판은 못하고 다 책상 서랍 행이다. 나이가 쉰을 넘긴다면? 압제가 여생보다 더 오래 계속될 것이라는 판단을 배제할 수 없다." "내 이름 때문에 소설 출판을 못하는 것은 아닐지 궁금해지기 시작했다."

이런 답답한 열패감은 근거가 없지 않았다. 세르주는 멕시코에 도착하자마자 비상한 통찰력의 대가를 치러야 했고, 이는 그에게 낯선 일이 아니었다. 나치의 러시아 침공을 다룬 세르주의 책《히틀러 대 스탈린》은 대중이 받아들이기에는 내용이 너무 솔직했다. 독소 개전 초기 단계에 소련이 재앙적인 패배를 당할 것이고, 농민들이 히틀러 침략군을 환영할 것이라고 예견했던 것이다.《히틀러 대 스탈린》을 낸 소규모 출판사는 습격을 받고 폐허가 됐다. 세르주의 암울한 예측은 정확한 것으로 드러났다. 세르주와 고르킨, 그리고 그 외 친구들이 속한 동아리가 연 강연회는 공산주의 단체의 잔인한 공격에 시달렸다. 한번은 무장한 깡패의 규모가 200명에 이르기도 했다. 세르주와 친구들은 여러 차례 은신해야 했다. 세르주는 가급적이면 숙소를 벗어나지 않았고, 출입문에는 밖을 내다보는 작은 구멍이 설치되어 있었다. 물론 문을 열어주기 전에 방문객을 확인하려는 조치였다. 노골적으로 물리적인 위험만 존재했던 것도 아니다. 공산당과 강력한 동맹 세력(가령 노동조합 지도자 롬바르도 톨레다노Lombardo Toledano)의 영향력하에 있던 멕시코의 여러 언론기관이 세르주와 그의 동아리를 지속적으로 중상하고 비방했다. 독일에서 건너온 막강한 스탈린주의 세력이 이 캠페인에 가세했다. 앙드레 시모네 (카츠) Andre Simone (Katz)와 파울 메르커Paul Merker 같은 선전 전문가들이《프라이에스 도이칠란트Freies Deutschland》를 창간해 독설을 퍼부었다.[5] 세르주의 친구들은 역전의 사회주의 투사였다. 마르소 피베르Marceau Pivert는 전쟁 전에 프랑스 사회주의 좌파를 이끌었고, 귀스타브 레글러Gustav Regler는 에스파냐 국제 여단의 정치위원이었으며, 훌리안 고르킨은 독자적 맑스주의 정당 품의 국제 서기 출신이었다. 계열이 비슷한 에스파냐 동지들을 여기에 더할 수 있겠다. 사정이 이러한데도 그들(과 세르주와 고르킨은 특히 더)은 끊임없는 비난에 시달렸다. 그 목록을 보자. 나치, 국제연합의 적, 시나르키스타sinarquista 곧 지역 파시스트의 동맹 세력, 새로운 트로츠키주의 인터내셔널의 창설자, 철도 파업 선동자. 멕시코 언론은 하나둘씩 차례로 이 무명의 성가신 외국인 집단에게서 주었던 지면을 회수했다. 고르킨이 해외면 편집자로, 세르주가 기고자로 여전히 활동하던 한 주간지의 편집장은 불려가서 미구엘 알레만Miguel Aleman과 면담을 해야 했다. 알레만이라면 내무부 장관이자 미래의 멕시코 대통령이다. 면담에 불려간 편집장은 소련과 영국 대사들이 멕시코 정부에 압력을 넣고 있다는 얘기를 들었다.

요컨대, 세르주와 고르킨에게서 모든 공적 표현 수단을 회수하라는 압력이었다. 편집장은 내무부 장관의 요청에 응하지 않았다. 그러나 소련 대사관의 후원을 받기는 새로운 경영진이 그 뒤에 잡지를 접수한다. 편집장과 세르주와 고르킨은 인정사정없이 쫓겨났다. 배척 운동이 전면화됐고, 세르주는 간신히 연명하는 것도 점점더 힘들어졌다. 세르주의 책은 살아생전 딱 한 권 더 출간되었다. 캐나다에서 발행된 소설을 말하며, 미국에서는 (번역본으로) 출판되었다. 세르주는 미국에서 《회고록》을 출간하려고 했지만 수포로 돌아갔다. 그의 토로는 비통하기만 하다. "모든 출판사에는 적어도 보수주의자가 한 명, 스탈린주의자가 두 명이다. 유럽인 투사의 삶을 조금이라도 아는 사람이 단 한 명도 없다." 세르주는 무일푼으로 죽었고, 친구들은 장례식 비용을 갹출하지 않을 수 없었다.

망명 정치 집단은 대체로 소외와 불화가 끊이지 않는다. 세르주 역시 그런 상황에서 자유롭지 못했다. 독자적 사회주의자 집단 내부에서 볼셰비크 활동 경력을 지닌 사람은 세르주가 유일했다. 세르주는 다른 전통의 사회주의자들과 적극적으로 활수滑手하게 협력했다. 하지만 그가 1944년 1월 중순 일기에 적은 내용을 보면 모종의 고립감을 느꼈다는 인상을 받게 된다. 트로츠키의 미망인 나탈리아와 우호적인 관계를 재개했고, 기쁘다는 내용이 보이는 것이다. "이곳 멕시코, 어쩌면 지구상 어디를 둘러봐도 러시아 혁명의 유일한 생존자들인 우리는 그간 파벌주의 때문에 완전히 갈라서 있었다. 이런 태도는 진정한 볼셰비키의 자세와 맞지 않았다." 세르주는 친구들과의 공동 작업으로 막 나온 책에 트로츠키를 비판하는 내용이 담겨 있어 나탈리아가 괴로워할 것이라고 염려한다. "나탈리아는 이 공동 작업 과정에서 내가 얼마나 외로웠는지 알지 못할 것이다." 그의 일기 내용은 처량하게도 이렇게 끝난다.

"러시아혁명이 진정 어떠했는지, 볼셰비키가 진정으로 어떤 사람들이었는지 아는 사람은 이제 아무도 안 남았다. 사람들은 아무것도 모른 채 이러쿵저러쿵 말한다. 속이 쓰리지만 이게 엄연한 현실이다."

하지만 세르주는 다른 전통적 맑스주의자들과 비교해 훨씬 혁신적이었다. 그들 다수는 전쟁이 끝나면 유럽 혁명의 물결이 고조돼 구세계로 돌아갈 수 있으리라는 희망을 품었다. 세르주는 전혀 그렇게 생각하지 않았다. 그가 볼 때 제2차 세계대전은 '사회를 바꾸는 전쟁', 거의 모든 동지가 생각하던 것과 달리 고전적인 제국주의 전쟁이 전혀 아니었다. 요컨대, 세르주는 계획 통제 경제의 시대가 도래하리라고 보았다. 전후 재건이 요구될 테고, 프롤레타리아 혁명이라는 격변이 없어도 자본가들의 사적 재산권에 족쇄가 채워지리라고 판단한 것이다. "유럽의 대자본은 자기들이 초래한 대전쟁으로 인해 약화된데다 망신살까지 뻗쳤다. 그들은 생산 증대와 공익 및 공유 재산에 반대할 것이다. 현실은 이를 명백히 입증한다."[6] 세르주는 이런 집산주의적 사회 변화가 불가피할 뿐만 아니라 매우 전체주의적일 것으로 보았다. 정치적 계급투쟁이 뒤따르리라는 것도 당연했다. 대중의 이런 저항 행동이 의회, 지방자치체, 노동조합, 노동자회의 등으로 모일 수 있었다. 세르주는 종전 후에도 이런 관점을 유지했다. "수백 년에 걸쳐 획득된 인권을 보장해주는, 계몽적이지만 유사 전체주의적인 모종의 집산주의가 수립돼 구대륙을 재건할까? 이런 체제를 기술 전문가들이 이끌고, 대중이 효과적으로 통제한다면 수용할 수도 있다는 생각이다."[7]

세르주의 전망은 의심할 여지없이 통찰력이 대단했지만 경제를 철저하게 분석하고 내린 결론이 아니라 인상에 기초해 추측한 것으로, 매우 비관적이었다. 그의 동지 대다수가 분개한 것은 당연했다. 세르주는 '기술관료주의technocratism'라는 동지들의 비난이 짜증스러웠다(그는 이를 두고, "내 생애에서 한 번 더 작은 '일탈'을 시도한 것뿐"이라고 언급했다). 그는 유럽에서 전후에 반란이 일어나리라는 동지들의 허황된 생각을 진지하게 받아들일 수 없었다. 유럽이 점령당한 상황이었고, 대중적 혁명 정당이 성장할 수 있는 토대가 전무했다. 게다가 요즘은 "민중 혁명이 일어나도 비행기가 없으면 패배는 필연이다." 특정한 프롤레타리아 헤게모니는 더 이상 존재할 수 없었다. 성장하는 사회 계층, 곧 기술 전문가와 화이트칼라 노동자들 사이에서 '전위'를 구축하는 게 중요하다. "노동계급을 새롭게 다시 교육해야 한다."

세르주가 사유한 서구사회 체제의 내용은 시사적이지만 많은 경우 매우 모호하다. 소련의 전망에 관해서라면 그는 더 확실히 알고, 논평할 수 있었다. 세르주는 소련의 미래가 유럽의 모든 정치, 특히 사회주의 정치의 향방에 결정적일 것으로 보았다. 그는 처칠과 루스벨트와 스탈린이 대동단결했지만 독일과의 전쟁이 끝난 후에도 동맹이 유지되리라고는 생각하지 않았다(당대의 많은 이가 그런 환상을 가졌다). 세르주가 다음과 같이 언급한 것이 무려 1944년 1월이었다. "스탈린주의가 유럽에서 주도력을 발휘하는 상황은 해방이 아니라 새로운 악몽일 것이다." "그로 인해 제3차 세계대전이 시작될 수도 있다." 세르주는 말년에 점점 더 이런 '항구적 전쟁 상태'(이 말은 1944년 10월에 쓴 일기에 나온다)를 내다보는 쪽으로 기울었다. 서방의 정치인들이 스탈린의 의중과 관련해 정말이지 기괴할 만큼 빈번하게 순진한 태도를 취하던 당시에 '항구적 전쟁'을 예측한 것이다. 세르주는 "[자신의] 정확한 예측이 끔찍하리만큼 무력하다"는 사실이 몹시 괴로웠다. 하지만 예견한 악몽이 실제로 펼쳐지는 것을 지켜보는 일은 훨씬 힘겨웠을 테다. 스탈린이 동유럽을 정복하자, 서방은 극단적으로 예방적 핵전쟁을 요구하고 나섰다. 이 시기의 편지와 공책을 보면 세르주가 스탈린주의와 전쟁의 위험 사이에서 갈팡질팡 두려워했음을 알 수 있다. 이들 자료에서 구미에 맞게 단편들을 뽑아내 세르주를 친서방 인사로 제시할 수도 있고, 절대 자유주의에 기초해 자본주의와 공산주의 진영 모두를 배격한 '신좌파New Left'의 원형으로 삼을 수도 있을 테다. 진실은 무엇인가? 나는 이렇게 생각한다. 세르주는 성실한 사람이었고, 냉전을 지켜보며 모순된 감정에 휩싸였다는 것이 그것이다. 그는 이 상황을 표현할 수 있었을 뿐 극복하지는 못했다.[8]

세르주는 소련이 껍데기는 전체주의적이지만 사회 내부가 대단히 취약하기 때문에 팽창을 시도한다고 확신했다. 그는 영어로 쓴 미발표 에세이[9]에서 이렇게 말한다. "민중 혁명이 최악의 역경을 거치며 살아남았고, 그 과정에서 정부 기구들에 다음의 정신 상태(기풍)가 형성되었다. 공격적 허세, 과감하게 위험을 무릅쓰는 태도, 악착같은 사리私利 추구와 편의주의, 힘과 사실만을 믿으려는 자세가 그것들이다. 소련 정권은 엄청난 위험에 직면하더라도 후퇴하거나 선회하거나 타협하지 않을 것이다. 그들은 오히려 공세로 나설 것이며, 이 과정에서 형편에 따라 타협을 할 것이다. 이는 명약관화하다." 세르주는 전후의 세계가 세 가지 경로 가운데 하나를 따라 전개될 것으로 보았다. 소련 체제가 내부 또는 외부의 압력에 굴복하지 않으면 전쟁이 일어날 것이다. 둘째, 소련 정권이 국내에서 아무런 양보 조치도 취하지 않은 채 국제무대에서는 후퇴할 수도 있다. "그럴 경우 전쟁은 미뤄지겠지만 그렇다고 그 가능성이 또 완전히 사라지는 것은 아니다." 셋째, "국내적으로는 대중의 압력과 국제 사회의 갈등이 다양한 방식으로 발생 결합하면 소련 정권이 민주화될 수도 있다. 전체주의적 공포가 조금만 완화돼도 엄청난 가능성이 열릴 테고, 러시아에서 사회주의 경향의 또는 사회주의적 민주주의가 출현할 수 있는 것이다. 그렇게 되면 외부 세계와 협력해 평화를 안출할 수 있고, 전쟁의 악몽이 사라질 것이다."[10]

실제로 세르주가 가장 관심을 기울인 것이 이 세 번째 시나리오다. 그가 남긴 문서와 편지들을 보면 뭔가 뜻밖의 이상한 사태가 러시아에서 일어나고 있을 거라는 생각이 반복해서 나온다. 그로 인해 상황이 러시아 민중과 전 세계인에게 좋은 쪽으로 바뀔 거라는 식이다. 세르주는 이런 변화가 도대체 무엇인지 모호하게 군다. 그게 트로츠키가 옹호한 종류의 반스탈린주의 혁명이 아니라는 것은 분명하다. 세르주는 이런 등속으로 예상했다. '내부 위기',[11] '러시아의 체제 변화',[12] '소련의 대대적 개혁'.[13] 1944년 3월의 한 에피소드를 통해 세르주가 이와 관련해 강한 확신을 품었음을 알 수 있다. 일기의 기록에 따르면, 세르주는 트로츠키의 손자 쇼바 볼코프Siova Volkov를 버스에서 만났다. 쇼바는 당시 열일곱 살가량이었고, 당연하게도 러시아 상황을 몹시 억울해했다. 유년 시절에 어머니는 베를린에서 자살로 내몰렸고, 아버지는 러시아에서 영원히 사라졌던 것이다. 소년 쇼바는 할아버지와 함께 멕시코로 피난한 후에도 고생이 끊이지 않았다. 화가 시케이로스Siqueiros가 거처로 기관총을 난사해 침대 아래로 피신하다 발을 다치기까지 했다. 소년은 가족 모두의 환심을 산 자객이 트로츠키를 살해할 때도 한 집에 살고 있었다. 쇼바는 버스에서 세르주에게 러시아어를 다 잊어먹었다고 말했다. "그렇다면 배우도록 해." 세르주가 대꾸했다. "왜죠?" 쇼바의 반응은 거칠었다. "옛 정 때문에요? 아서라, 사양하겠어요!" 세르주는 이렇게 답변했다. "머잖아 러시아에 커다란 변화가 닥칠 거야. 희망을 버리지 않고 계속 충직할 필요가 있어."

세르주의 낙관주의는 이처럼 장기적이었던바 그의 암울한 예감이 당면한 목전의 사태였던 것과 원인 작용이 동일하며, 지금 생각해보면 무시무시해서 기분이 나쁠 정도로 선견지명이다. 무슨 말인가? 세르주는 오랜 러시아 체류 경험을 바탕으로 스탈린주의라는 공포 체제가 지탱될 수 없는 사회적 긴장을 발생시킬 뿐만 아니라 제2차 세계대전의 참화로 말미암아 더욱 가중되었다고 확신했다. 그는 여러 해 동안 유혈 사태와 거짓이 난무하기는 했어도 '사회주의 혁명의 도덕적 자본moral capital'이 아직 다 고갈되지는 않았다고 여전히 믿었을 것이다. 세르주는 소련 국가를 두고 '전체주의totalitarian'라는 낱말을 쓴 첫 세대 평자 가운데 한 명이다(그는 자신이 다른 누구보다 앞섰다고 생각했다). 하지만 그는 서구 사상가들처럼 확고하고 안정된 구조가 완성된 상태에서 최고 권력자가 순전히 권력의 관점에서 절대적으로 지배하는 체제를 가리키면서 이 말을 쓴 게 아니다. 세르주가 예측한 세부 사항들이 공상적이고, 비현실적일지도 모르겠다. 그는 죽기 며칠 전에 아들 블라디Vlady에게 이렇게 말했다. "나는 살아서 못 보겠지만 넌 가능하겠지. 러시아 도시들의 공공 광장에 설치된 트로츠키와 스탈린 기념물들을 말이야."[14] 세르주가 현하의 러시아 정권을 자신의 희망을 투사해 '사회주의 경향 또는 사회주의적 민주주의'로 간주했을 것이라고 볼 이유는 없다. 그럼에도 소련의 실상과 과거와 미래 둘 다의 양면성에 대한 세르주의 판단은 포괄적 개설 수준이긴 해도 차례대로 일어난 사건들에 의해 올바름이 입증되었고, 이는 상당히 놀랍다.

세르주를 신탁을 전하는 사제, 20세기 혁명운동의 노스트라다무스쯤으로 치켜세우려고 이렇게 말을 많이 한 것은 아니다. 세르주의 경험과 경력은 압도적으로 러시아에 바탕을 두었고, 소련 국경을 넘어서는 특정 정치 분야의 경우 그리 유용한 안내자가 아니기도 하다. 그는 다른 곳은 물론이고 《회고록》에서도 식민지의 민족 운동을 언급했지만 거의 언제나 쌀쌀맞고 얕잡아보는 어투다. 세르주는 만년에 러시아 이외의 모든 공산당을 크렘린과 N.K.V.D의 연장일 뿐이라고 보았다(그는 볼셰비키 이외의 공산당 조직을 단 한 번도 높이 평가한 적이 없다). 1944년 말에 공산당 주도의 저항 운동이 모스크바의 통제를 받지 않고 자율적으로 전개될지도 모른다는 전망이 부상하자 세르주의 반응은 경멸로 일관했다. "마오쩌둥이나 티토식의 전체주의적 공산당 용병들일 뿐이다. 그들은 철저하게 자기이익만 챙긴다. 내려오는 명령에 따라 누구는 '혁명가'가 되고, 누구는 '반혁명주의자'가 되며 동시에 둘 다일 수도 있다. 그들은 어느 날 이랬다가 그 다음날 태도를 180도 바꾼다."[15] 세르주가 유고슬라비아와 중국 공산당의 분립을 예견하지 못했다고 비난한다면 물론 분별없는 짓일 테다. 세르주가 주되게 볼셰비키 운동에 참여했고, 비상한 감수성을 바탕으로 날카로운 통찰력을 보여줬음은 이미 충분히 이야기했다.

빅토르 세르주는 살아서는 물론이고 죽을 때도 소외 속에서 외면당했다. 그는 이미 여러 해 동안 건강 상태가 형편없었다. 프랑스에서 형을 살 때는 심장마비를 일으켰다는 기록도 있다. 멕시코시티는 고지대에 있고, 세르주의 건강 상태에 결코 보탬이 되지 못했다. 그는 오랫동안 멕시코 곳곳을 두루 살펴보는 일에도 아주 열심이었다. 하지만 다년간 필수적인 것을 박탈당하고, 박해를 받았던지라 회복은 미미하기만 했다. 세르주는 1947년 중반에 두 차례 협심증 발작을 일으켰다. 그는 몹시 늙고 지쳐 보였다. 하지만 낙관적이었고, 계획이 많았다. 캐나다와 프랑스와 미국에서 출판 제안이 들어왔고(《툴라예프 사건》), 멕시코 평론 잡지들과의 협력 얘기가 오갔으며, 미국 행 비자의 가능성까지 기대해볼 수 있었다. 11월 17일 월요일 심야에 세르주는 막 쓴 시편 하나를 아내에게 읽어주었다.

오래된 르네상스기의 소상塑像을 명상하는 내용이었는데, 두 손의 핏줄이 울퉁불퉁한 인물상으로 여겨진다. 세르주는 그 시편을 읽어주면서 눈물을 글썽였다. 소상의 손은 수세대에 걸친 인류의 고통과 저항을 상징했고, 울퉁불퉁한 마디는 자신의 그것과 아주 비슷했다. 세르주는 읽어준 시를 타이핑하고 잠자리에 들었으며, 오전 열 시경에 아침식사를 하면서 아내와 인류학 내용을 토론했다. 금의 신비로운 위력에 관해서였다. 아내는 출근을 했고, 세르주가 저녁 여덟 시까지 뭘 했는지에 관한 기록은 찾을 수 없다. 여덟 시에 그는 아들 블라디를 보러 나갔다. 블라디와 그림 얘기를 할 생각이었지만 아들은 집에 없었다. 세르주는 길에서 친구 훌리안 고르킨을 만났다. 두 사람은 잠시 이야기를 나누었고, 악수를 한 후 헤어졌다. 그때가 밤 열 시경이었다. 그로부터 얼마 안 돼 세르주가 불편을 느낀 게 틀림없다. 그는 손을 들어 택시를 잡았고, 좌석에 몸을 깊이 파묻었다. 운전수에게 행선지를 알리지 못한 채 그는 사망했다. 가족이 경찰서를 찾았다. 세르주의 시신은 더러운 방의 낡은 수술대 위에 놓여 있었다. 고르킨은 수술대 위의 세르주를 이렇게 회고한다.

발바닥이 보였는데, 양말에 구멍이 나 있었다. 양복은 닳아서 올이 다 드러나 보였다. 셔츠 역시 나달나달해서 꼭 누더기 같았다. 정말이지 객사한 무숙자나 나그네의 시체를 운반해온 같았을지도 모를 일이다. 경직된 세르주의 얼굴이 항의하는 표정이었으니 참으로 얄궂다. 이로써 국가는 마침내 세르주의 입을 막을 수 있었다.

리버풀, 1963년 1월

702

미주*

1. 탈출이 불가능한 세상

1 나로드나야 볼랴(Narodnaya Volya, Peoples' Will 또는 Peoples' Freedom Party): 차르 타도를 천명한 러시아의 혁명 조직. 인민주의자들이었다. 귀족, 성직자, 노동 계급 출신의 급진적 지식인 이상주의자들로, 사회주의를 신봉했다. 전제정치에 격렬하게 반대함. 집행부가 차르 알렉산드르 2세의 사형을 선고하고(1881년 3월 1일 암살되었다), 암살은 자신들의 소행이라고 밝힌다. 교수형을 당한 사람들은 다음과 같다. 젤랴보프(Zhelyabov), 뤼사코프(Ryssakov), 소피아 페로프스카야(Sophia Perovskaya, 세르주의 서술에서 손수건을 흔든 여인으로, 암살조를 이끌었다), 과학자 니콜라이 이바노비치 키발치치(Nikolai Ivanovich Kibalchich, 세르주가 어린 시절 몽상을 거듭했던 먼 친척). 레닌도 세르주처럼 교수대에서 사라진 인민주의자들의 그늘에서 자유롭지 못했다. 형 알렉산드르(Alexander)가 차르 암살을 모의하다가 1887년 교수형을 당한 것이다. 세르주는 인민주의자들의 희생정신이 자신이 속한 러시아 혁명가 세대 전반의 "고유한 기풍으로 자리를 잡았다"고 썼다.

2 레오니드 아비노비치 키발치치(Leonid Ivanovich Kibalchich, 레온Léon, 1861~1935): 세르주의 아버지. 차르에 반대하다 망명한 러시아의 영락한 지식인. 공문서 기록을 조사한 최근의 연구에 따르면, 키발치치도 이름이 같은 유명인이자 먼 친척인 니콜라이 이바노비치 키발치치(일곱 살 연상인)와 같이 체르니고프 지역의 사제 집안 출신이다. 그도 과학을 배웠고, 신앙을 버렸으며, 혁명 문헌을 소지했다는 이유로 쫓겨났고, 나로드나야 볼랴를 지지했다. 그가 상트페테르부르크 근위기병대 소속이었다는 것, 남부의 나로드나야 볼랴 투쟁 조직에 몸담았다는 것을 문서로 입증할 수는 없

---

* 인물 소개와 각주는 모두 리처드 그리먼(Richard Greeman)이 붙였다.
리처드 그리먼은 세르주의 소설 다섯 권을 번역하고 서문을 썼다. 백전의 사회주의자로, 모스크바 소재 빅토르 세르주 도서관 겸 실천 센터Praxis Center and Victor Serge Library(www.praxiscenter.ru)의 공동 설립자이다. 《"채식주의자"라고 뻥치는 상어를 조심하라: 급진적 국제주의자의 외침Beware of "Vegetarian" Sharks: Radical Rants And Internationalist Essays》을 썼다.

다(세르주와 블라디미르 키발치치가 그렇게 얘기하기는 하지만). 경찰 기록은 그가 도망자 신세로 키에프를 탈출했고, 스위스로 망명했음을 확인해준다. 그는 스위스에서 의학과 과학을 공부했고, 1888~89년에 러시아의 급진주의자 학생 베라 미하일로브나 포데레프스카야-프롤로바와 혼인한다. 포데레프스카야-프롤로바가 (1890년 12월 30일) 브뤼셀에서 빅토르 키발치치를 낳고, (1893년) 동생 라울이 태어난다. 브뤼셀 경찰이 기록한 당대의 정보 보고서를 보면, 그는 궁색하고 처지가 비참했다고 나온다. 레오니드는 1904년경 브뤼셀에서 다른 여자와 살림을 합쳤다(중혼을 한 것이다). 그는 새 아내와의 사이에서 자녀를 여럿 둔다. (빅토르가 혼자 살기로 한 이유다.) 레오니드는 그 뒤 선박 의사로 취직해(무자격), 브라질로 가 정착한다. 여러 해에 걸쳐 세르주와 서신을 교환했는데, 거개가 과학을 주제로 한 토론이었다. 레오니드가 러시아의 아들에게 보낸 한 사진은 시골 의사로 말에 올라타 왕진을 가는 모습이다. 그는 히우 그란데 델 수르(Rio Grande del Sur)에서 홀몸으로 죽었다. 아마도 부랑자였을 것이다(Richard Greeman, "The Kibalchich Legend," *Massachusetts Review*, Spring 2012를 보라).

3 니콜라이 아바노비치 키발치치(Nikolai Ivanovich Kibalchich, 1854~1881): 러시아의 혁명가이자 과학자. 차르 알렉산드르 2세를 암살한 혐의로 교수형을 당한 "1881년 3월 1일 순교자" 가운데 한 명. 세르주와 아버지 둘 모두의 먼 친척이자, 신화적 역할 모델. 반체제 성향의 러시아 남부(우크라이나) 체르니고프 지방에서 동방정교회 사제인 키발치치 일족으로 태어남. 과학과 의학을 공부하면서 신앙을 버림. 혁명 문헌을 소지했다는 이유로 체포, 추방됨. 수형 생활을 마친 후 완전히 다른 사람으로 변신. 나로드나야 볼랴의 인민주의 저널에 중대한 글을 발표함(맑스주의와 인민주의를 종합하는 내용). 조직의 집행부원이 돼, 황제에게 사형 선고를 내리고 실행에 옮김. 알렉산드르 2세를 폭살한 폭탄을 제작함. 수감된 사형수 감방에서 로켓으로 추진되는 '비행 기계'를 설계함. 소련 과학계는 후에 이를 두고 스푸트니크의 선구라고 주장했다. 달의 한 분화구는 그의 이름을 좇아 명명되기도 했다. 키발치치는 사형을 앞두고 "유일한 관심사는 구상 중인 프로젝트의 운명뿐"이라고 했다고 전한다. "아르키메데스가 직접 고안한 양수기에 몰두했듯이."

4 베라 미하일로브나 포데레프스카야-프롤로바(Vera Mikhailovna Poderevskaya-Frolova, 1856~1907?): 세르주의 어머니. 차르에 반대한 러시아 페미니스트 지식인. 고래로부터 교역 도시였던 니즈니-노브고로드(나중에 고리키 시가 됨)에서 폴란드 혈통의 교양 있는 하급 귀족으로 태어나 자유주의 성향을

보임. 박식한 아버지는 청년 페시코프(미래의 막심 고리키)와 연고가 있었다. 상트페테르부르크의 촉망받던 은행 관리 블라디미르 프롤로프와 결혼해(1878년), 사회주의와 페미니즘 활동이 융성하던 급진적 지성의 수도로 이주함. 공문서 기록에는 교사이자 사회주의 활동을 한 것으로 나옴. 두 딸 엘레나 프롤로바와 베라 프롤로바를 낳아 키움. 1881년 일어난 차르 암살 사건으로 반동 억압의 분위기가 상트페테르부르크를 덮치자, 부유하고 개화된 남편(미술품을 수집했다)의 허락을 받아 위로 두 딸을 데리고 스위스로 감(결핵 치료와 공부가 명목이었다). 제네바는 러시아에서 건너온 급진적 학생 서클들의 본거지였다. 포데레프스카야는 거기서 레오니드 키발치치와 어울린다. 레오니드는 "늠름한"(키에프 경찰의 공문서 기록) 혁명가이자 전직 군인으로, 명성이 자자한 학자였다. 포데레프스카야는 남편을 저버리고, 두 딸도 보내지 않기로 한다. 그렇게 해서 방랑하는 가족생활이 시작된다(브뤼셀, 리에주, 런던, 캔터베리, 브뤼셀). 15년 후 (중혼으로) 키발치치와 헤어짐. 결핵이 악화돼, 1906년경 리에주를 떠났고, 1년쯤 후 (조지아의) 티플리스에서 사망. 세르주는 문학에 대한 열정과 귀족적 태도를 어머니한테서 물려받았다. 그는 멕시코에서 어머니의 처녀 적 성(姓)인 포데레프스키를 썼다.

5 라울-알베르 키발치치(Raoul-Albert Kibalchich, 1893~1902?): 세르주의 동생. 리에주에서 영양실조로 죽는다. 세르주는 독일에서 동생의 이름 라울 알베르(R. Albert)를 가명으로 사용했다.

6 세르주는 흥미로운 사실이 적혀 있는 이 문단 전체를 검정 연필로 표시한 다음, 원고의 여백에 "보류"라고 적어놓았다.

7 레이몽 칼르망(Raymond Callemin, 과학자la Science, 1889?~1913): 세르주의 소년 시절 친구이자 1913년 재판의 공동 피고인. 앳된 얼굴의 "눈 넷인(four-eyed)" 21세의 레이몽은 악명 높은 보노 갱의 브레인이었던 것 같다. 여러 달 동안 도피했지만 사랑에 빠진 여자한테 속아 경찰에 넘겨진다. 그는 재판에서 판사들을 조롱하고, 무죄를 항변했다. 디외도네가 무죄라는 증언을 그는 너무 늦게 한다. 레이몽은 사형수동에서 평정을 유지했고, 체조를 익혔으며, 냉정한 자세로 죽음을 맞이했다. 단두대에서는 얼빠진 듯 바라보는 기자들에게 독설을 퍼부었다.

8 살바(Salvat): 에밀 졸라의 소설 《파리》에 나오는 등장인물. 아나키스트 폭탄 투척자 베이양을 형상화했다.

9 표트르 크로포트킨(Peter Kropotkin, 1842~1921): 러시아의 귀족, 지리학자, 저명한 무정부주의적 공산주의 저술가(《상호부조론》, 《양식 획득》). 제국 사관

학교에서 교육받았고, 이어서 근위 기병 장교로 복무함. 수학과 지리학을 연구했고, 탐험가이기도 했다. 스위스에서 아나키즘 경향의 국제 노동자 협회(International Workers Association)에 가입함. 러시아에서 선동 혐의로 투옥 (1874). 감옥에서 탈출, 영국 스위스(《반란》 출판) 프랑스(5년간 투옥당함)로 도피. 영국에 정착해 《한 혁명가의 회고록》과 《프랑스 혁명사》 집필. 제1차 세계대전 때 3국 협상 가맹국을 지지함. 2월혁명 후 러시아로 귀환. 세르주가 그의 장례식에 참가했다. 소비에트 러시아에서 아나키스트들이 모여 공개 발언할 수 있었던 마지막 행사였다. 크로포트킨의 미망인이 사망한 1938년 이후 크로포트킨 박물관은 탄압을 받았고, 소장품도 유실되었다.

10 장 드 보에(Jean de Boë, 식자공the Printer, 1889~1974): 벨기에의 인쇄공이자 노동조합 지도자. 1906년 세르주, 칼르망과 함께 브뤼셀 혁명 조직이라는 십대들의 집단을 주도함. 1913년 보노 갱 재판에서 부당하게 유죄 판결을 받음. 악마의 섬(Devil's Island)으로 유배되었으나 살아남. 벨기에 인쇄공들의 지도자로 부상. 1936년 벨기에에서 세르주와 재회함.

11 사회당 청년근위대(Jeunes Gardes Socialistes, Socialist Young Guards): 1890년 창립되었고, 오늘날에도 여전히 활동한다. 사회주의 청년 조직들의 연대체. 벨기에 노동자당 산하 조직.

12 카미유 위스망(Camille Huysmans, 1871~1968): 벨기에의 저명한 사회주의자. 제1차 세계대전이 발발하기 전까지 제2인터내셔널 총서기 역임. 후에 주요 국회의원으로 활약. 1936~39년과 1954~58년 하원 의장, 1925~27년과 1947~49년 교육부 장관, 1946~47년 수상 역임.

13 귀스타브 에르베가 창간했다. 에르베는 군국주의에 반대한 변호사이자 교수. 1914년 애국주의자가 되었고, 더 나아가 보수주의자로 전향했다. 그의 잡지 《승리(Victoire)》는 클레망소를 지지했다. 1934년에는 페탱 편에 가담함.

14 조르주 클레망소(Georges Clemenceau, 1841~1929): 프랑스의 급진적 공화주의자, 강경 애국주의자, 1906~09년과 1917~20년 정부 수반 역임. 파리 제18구(몽마르트르) 의원으로 프랑스의 대 프러시아 항복에 반대함, 1870년 제3공화국 수립에 일조, 1871년 혁명으로 부상한 파리코뮌을 회유하려고 시도, 이후 패배한 파리코뮌 지지자들의 사면을 위해 싸움. 드레퓌스 대위를 방어했고, 인권연맹을 설립했으며, 교권 개입에 반대함. 1906년 내무부 장관에 취임해 노동자 파업을 잔혹하게 진압해 '호랑이'라는 별명을 얻음. 1917년 다시 총리로 취임해, 무자비한 방법으로 프랑스를 승리로 이끌었고, 베르사유 평화협정을 주도함.

15 에밀 파토(Émile Pataud): 전기공 노동조합을 이끎. (푸제와 함께) 생디칼리즘 적 유토피아에 관한 책을 썼다.

16 에밀 푸제(Émile Pouget, 1860~1932): 탁월한 저널리스트로 격정적인 아나키 스트 저널《페르 페나르(Père Peinard)》와, 이어서 CGT의 기관지《부아 뒤 푀 플(Voix du Peuple)》을 편집함. 조직가이자 팸플릿 저자로 8시간 노동을 옹호 함. 이브토, 그리퓌엘과 함께 1905년경 프랑스 노동조합 운동을 주도함.

17 브누아 브루트슈(Benoît Broutchoux, 1879~1944): 아나코-생디칼리스트이자 저널리스트. 광원 노조를 이끎.

18 조르주 이브토(Georges Yvetôt, 1868~1942): 1901년부터 노동조합의 노동회관 (Labor Exchanges) 간사로 활약. 군국주의에 반대했고《노동조합 운동의 기초 (L'ABC Syndicaliste)》를 씀. 그리퓌엘, 푸제와 함께 1905년경 프랑스 노동조 합 운동을 이끎.

19 빅토르 그리퓌엘(Victor Griffuelhes, 1874~1923): 프랑스의 노동조합 운동 지 도자. 1902년부터 1909년까지 CGT의 서기로 활약. 그다지 이론적이진 않 았지만 유능하게 조직을 이끌었다.

20 위베르 라가르델(Hubert Lagardelle, 1874~1958): 평론지《사회주의 운동 (Mouvement Socialiste)》(1898)을 창간. 1904년 사회당에 가입했고, 소렐식 생 디칼리즘(Sorelian syndicalism)을 옹호함. 파시즘이 발흥한 후로는 이탈리아 로 건너가 무솔리니의 경제 고문 겸 친구가 되었다. 페탱(Pétain) 밑에서 노 동부 장관(1942~43)도 역임함.

21 아우구스트 베벨(August Bebel, 1840~1913): 사회주의 노동자, 국회의원,《여 성의 과거, 현재, 미래(Woman in the Past, Present, and Future)》,《여성과 사회주 의(Woman Under Socialism)》를 지은 저술가. (빌헬름 리프크네히트와 함께) 독 일 사회민주당을 창설하고(1869년) 이끎. 1870년 보불 전쟁과 알자스-로렌 합병에 반대하다가 2년간 투옥됨. 석방 후 국회의원에 재선. 1889년 제2인 터내셔널 설립.

22 에밀 반더벨드(Émile Vandervelde, 1866~1938): 벨기에 사회당 지도자. 제2인 터내셔널의 유력 정치인. 제1차 세계대전 때 입각함. 외무부 장관 역임 (1925~27). 1936년 그가 영향력을 발휘해 세르주의 가족이 벨기에 비자를 받을 수 있었음.

23 막심 고리키(Maxim Gorky, 알렉세이 막시모비치 페시코프Alexei Maximovich Peshkov, 1868~1936): 러시아 작가. 니즈니-노브고로드 태생(세르주의 외가 포데레프스키 집안과 연고가 있다는 것은 틀림없는 사실이다)으로 열두 살에 고아가 됨. 사회를 떠돌면서 하류 인생들의 이야기를 사실적으로 기술함.

1899년 사회민주노동당 가입. 레닌과 기타 인물들과 친교. 문학아카데미 회원으로 선출되었으나 차르 니콜라이 2세가 무효화하자, 항의하다가 체포됨. 체호프와 코롤렌코가 고리키에 동조해 아카데미에서 사임(1902년). 정치 희곡 〈밑바닥〉(1902)이 선풍을 불러일으킴. 1905년 혁명 가담, 감옥에서 《태양의 아이들》 집필. 1906~13년 카프리로 이주. 건강상의 이유(결핵)도 어느 정도 있었음. 보그다노프와 함께 노동자 학교를 세워, 이단적 사상을 설파함. 기금 마련 차 미국을 방문했는데, 아내가 아닌 여자와 여행해 추문 발생. 1913년 러시아로 돌아왔고, 1917년 볼셰비키와 긴밀해짐. 그러나 볼셰비키가 정치와 문화를 탄압하고, 주관하던 잡지 《노바야 지즌(Novaya Zhizn, 신생활)》을 검열하자 이에 반발. 세르주가 1919년 러시아에 오자 《노바야 지즌》 합류를 권유. 세르주는 고리키가 체카의 희생자들을 위해 "동분서주한 중재자요 알선자"였다고 얘기한다. 1921년 다시 이탈리아로 이주, 하지만 파시스트들이 이탈리아를 장악하고 스탈린이 귀환을 요청하자 1932년 영구 귀국한다. 레닌 훈장, 대저택과 별장 따위를 제공받음. 스탈린의 강제노동수용소를 호도하는 글들을 발표함. 1934년부터 분위기가 악화되었고, 그의 사망은 여전히 의혹에 휩싸여 있음. 사후에 사회주의 리얼리즘의 전범으로 시성(諡聖)됨.

24 쥘 게드(Jules Guesde, 1845~1922): 프랑스 사회당 지도자. 제2제정기에 혁명적 공화주의자로 활약, 보불 전쟁에 반대해 투옥됨. 1871년 파리코뮌이 진압당한 후 스위스로 망명. 프랑스로 복귀해, 노동당 창건. 바쿠닌주의를 옹호하다가 국가 집산주의(state collectivism)로 전향. 게드의 맑스주의와 관련해 맑스가 한 말이 유명함("내가 아는 게 한 가지 있다면 그것은 내가 맑스주의자가 아니라는 사실이다"). 개혁주의와 사회주의자들의 내각 참여를 거부하는 등으로 노동당을 교조적으로 이끎(1880년). 1914년 애국주의로 전향, 전쟁 발발과 더불어 국가 방위 내각(Cabinet of National Defence)에 합류함.

25 아나톨 프랑스의 두 소설, 곧 《파리의 M. 베르제레(M. Bergeret à Paris)》와 《혁명(Sur la pierre blanche)》을 말하는 것이다.

26 에밀 샤플리에(Émile Chapelier, 1870~1933): 벨기에의 아나키스트, 석탄 광부 출신, 싸움과 소동을 일삼던 말썽꾼에서 상호부조와 교육 활동으로 전향. 잠깐 동안의 수감 생활을 마치고 아나키스트 공동체를 조직함. 슈토켈의 엑스페리앙스(Expérience)가 첫 번째요, 부아츠포르가 그다음 실험이었다. 1908년 《레볼테(Révolté)》를 발행하는데, 여기에 세르주, 칼르망, 보에가 가담함. 세르주는 샤플리에와 관련해 이렇게 썼다. "그의 그림자가 그 자신보다 내게 여전히 큰 영향을 미치고 있다."

27 에밀 앙리(Emile Henry, 1872~1894): 프랑스의 아나키스트, 테르미뉘스 카페
(Café Terminus)에 폭탄을 던짐. (그는 이를 별로 의도하지 않았지만) 부상자가
약간 발생했고, 1894년 5월 처형당함.

28 CGT(Confédération générale du Travail): 프랑스의 주요 노동조합 연맹. CGT는
1895년 설립되었고, 여러 차례 바뀌었다. 1905년경부터 에밀 푸제의 지도
하에 혁명적 생디칼리즘의 경향을 강하게 띤다. 당대 미국의 세계산업노동
자동맹(IWW), 에스파냐의 CNT와 비슷했다. 하지만 1914년 레옹 주오가
실권을 장악하면서 다수가 애국주의로 돌아서고, 프랑스의 전쟁 수행을 지
지한다. CGT는 제1차 세계대전 후 대체로 1917년 러시아혁명에 동조하며,
굵직한 파업들을 벌인다. 그러나 CGT는 1920년 다시금 CGT와 CGTU로
분열한다. CGTU는 레닌의 '21개 조항'을 지지하며, 모스크바의 적색노동
조합인터내셔널에 가입한다. 두 분파는 1936년 인민전선과 연좌 파업이 봇
물처럼 번지던 시기에 재통합한다. 하지만 1939년 스탈린-히틀러 밀약 후
공산주의자들이 축출당한다. CGT는 독일 점령과 비시 정부 치하에서 불
법화되고, 레지스탕스와 연결되면서 점점 더 공산당 세력에게 장악된다.
공산당 친화적인 CGT가 계속해서 전후 시기에 프랑스 노동운동을 주도했
다. CIA의 사주를 받은 노동자의 힘(Force Ouvrière)이 만들어져 경쟁했지만
영향력은 미미했다. CGT는 1968년 노동자-학생 봉기 때 사회적 폭발력이
분출하는 것을 억눌렀다.

29 신원 미상. 1909년부터 1912년까지 상트페테르부르크 오흐라나 수장이었
던 게라시모프 장군과 혼동하지 말 것.

30 루이지 베르토니(Luigi Bertoni, 1872~1947): 스위스의 인쇄 출판업자로,
아나키스트 문헌을 출판함. 2개 국어 저널《레베(Réveil)》,《리스벨리오
(Risveglio)》(각각 프랑스어와 이탈리어어로 '부활', '각성' 정도의 의미이다 – 옮긴
이)를 1900년에서 1940년까지 발행했고, 그 외 여러 소책자도 출간. 두 차례
의 세계 전쟁에 모두 반대함. 크로포트킨, 말라테스타(Malatesta), 그 외 아나
키스트 저술가들의 저서를 출판.

31 타티아나 레온티에바(Tatiana Leontieva, 1883~1922): 러시아의 혁명 투사. 야
쿠츠크 부지사의 딸. 1906년 9월 1일 파리 출신의 금리 생활자 샤를 뮐러를
살해함. 1907년 3월 28일 유죄가 인정돼 징역 4년을 언도받음.

32 미하일 립스(Mikhail Rips): 러시아 맥시멀리즘(최대한주의) 파 조직원. 1910
년 6월 파리 재판에서 무죄를 선고받음.

33 알렉산드르 소콜로프(Alexander Sokolov): 아나키스트 투사로, 옥사. 세르주
는 아나키즘 언론을 통해 그를 변호했다.

34 메티비에(L. Métivier, 1884~?): 향신료 케이크와 빵 노동조합 서기. CGT 연합 위원회 성원. 1908년부터 1911년까지 경찰 첩자로 활약. 1911년 7월 26일《게르 소시알》이 그의 정체를 폭로함.

35 몬주익(Montjuich): 1896년 아나키스트들이 고문당한 바르셀로나의 감옥. 알칼라 델 바예(Alcala del Valle): 안달루시아의 마을. 1915년 총파업이 벌어지자 광포한 탄압이 뒤따름.

36 에두아르 카루이(Edouard Carouy): 1883년 벨기에 출생. 보노 무리의 일원. 1913년 영구 강제노역형을 선고받음.

37 엘리제 르클뤼(Elisée Reclus, 1830~1905): 프랑스의 지리학자(《인간과 지구L' Homme et la Terre》)이자 아나키즘 이론가. 제1인터내셔널 성원. 파리코뮌 진압 후 벨기에로 추방당함.

38 제앙 릭튀스(Jehan Rictus, 1867~1933): 프랑스의 시인. 민중의 언어로 작품을 썼고, 유명세를 떨쳤다. 그의 작품《가난한 자의 독백(Soliloques du pauvre)》은 부랑자가 등장해 말하는 형식이다. 청년 세르주는 1908년 릭튀스의 작품을 칭찬하는 글을 발표한다.

39 블라디미르 일리치 (울랴노프) 레닌(Vladimir Ilich Ulyanov Lenin, 1870~1924): 소련의 주요 창건자. 맑스주의 경제학자로《러시아 자본주의 발전》(1899),《제국주의》(1916)를 지음. 혁명적 이론가로《무엇을 할 것인가?》(1906),《국가와 혁명》(1917)을 저술. 철학자로《유물론과 경험 비판론》(1912),《철학 노트》(사후 출판)를 지음.

40 사회혁명당(Social-Revolutionary Party, SRs): 1890년대는 물론 1905년 혁명과 1917년 혁명 때까지도 영향력이 막강했다. 사회혁명당은 더 이른 시기의 인민주의 전통을 물려받았고, 러시아에서 큰 비중을 차지한 농민계급의 열망과 신흥 산업 프롤레타리아의 바람을 결합하려고 애썼다. 그들은 자신들의 대의를 실현하기 위해 테러도 활용했다. 테러리즘은 1906년과 1908년 논쟁에 휩싸인다. 1906년에는 테러를 선호하는 맥시멀리스트가 분열해 나왔고, 1908년에는 사회혁명당 투쟁국 지도자 아조프가 오흐라나의 요원으로 밝혀졌던 것이다. 제1차 세계대전이 발발하면서 사회혁명당은 애국주의 세력과 전쟁에 반대하는 국제주의 세력으로 또 한 번 갈라졌다. 1917년 2월 (우파인) 사회혁명당 다수파는 연합국을 지지하는 케렌스키 임시정부에 참여했고, 10월에는 사회혁명당 좌파가 볼셰비키와 함께 최초의 소비에트 정부를 구성했다(소비에트 정부는 농민에게 토지를 분배함으로써 사실상 사회혁명당의 강령을 실행함). 사회혁명당은 제헌의회에서 다수파로 선출되었으나, 1918년 1월 볼셰비키가 제헌의회를 해산함. 사회혁명당 좌파의 다수

는 독일과의 브레스트-리토프스크 강화 조약안을 놓고 1918년 후반부터 볼셰비키와 사이가 틀어졌고, 다시 정치 활동 수단으로 테러를 동원했다. 미수로 그친 도라 카플란의 레닌 암살 기도가 시발점. 사회혁명당 세력은 적군과 백군이 다툰 내전에서 양측 모두에 가담해 싸웠다.

41 부체프(V. L. Bourtsev, 1862~1942): 사회혁명당 당원, 역사가. 자신의 저널 《과거(Byloe)》를 통해 투사들을 몰아세우고 규탄함. 테러 신봉자로 1917년 이후 반혁명의 편에 가담. 러시아 개입을 지지한 G. 에르베의 친구이자 협력자.

42 에브노 아조프(Evno Azev, 1870~1918): 사회혁명당 창건자 중 한 명. 1904년 부터 1908년까지 사회혁명당 투쟁국을 이끎. 1908년 정체가 폭로됨. 사빈코프와 더불어 R. 굴의 소설《폭탄 투척자들(Lanceurs de bombes)》의 주요 등장인물.

43 에밀 베르하렌(Émile Verhaeren, 1855~1916): 프랑스어로 작품 활동을 한 벨기에의 시인. 상징주의의 영향을 받음. 사회적 양심을 대변했다. 도시의 위대함, 모더니티, 노동을 노래함. 세르주는 베르하렌을 좋아했다.

44 귀스타브 르 봉(Gustave Le Bon, 1841~1931): 사회학자. 문명사와 군중심리를 연구하고, 그와 관련한 저작을 남김.

45 장 조레스(Jean Jaurès, 1859~1914): 프랑스 사회당 지도자, 웅변가, 국회의원. 《위마니테(Humanité)》지 창립 주간. 프랑스 사회주의 세력을 통합함. 사회주의 인터내셔널 주도. 평화주의 입장으로 유명. 제1차 세계대전이 발발하면서 1914년 7월 31일 암살당함. 많은 저술을 남김.《프랑스혁명의 사회주의 역사(L'Histoire socialiste de la Révolution française)》,《새로운 군대(L'Armée nouvelle)》.

46 장 그라브(Jean Grave, 1854~1939): 아나키스트 투사이자 잡지《레볼테》창간인. 소설가, 수필가. '아나키즘의 교황'으로 불림. 1914년 애국주의로 전향.

47 알베르 조셉 리베르타드(Albert Joseph Libertad, 1875~1908): 프랑스의 개인주의 아나키스트로《시체 숭배와 그 외 작품(Le culte de la charogne et autres écrits)》이 유명함. 별난 카리스마로 파리에서 유명세를 떨침. 불구였음에도 노상에서 싸움을 일삼음(목발을 무기로 사용). 두 쌍의 자매와 동거함.《서민 만필(Causeries populaires)》(1902)과 잡지《아나르시(Anarchie)》창간.《아나르시》는 후에 세르주가 편집함.

48 펠릭스 르 당텍(Félix le Dantec, 1869~1917): 라마르크주의 생물학자, 진화이론가, 합리주의자. 칼르망의 '과학적' 아나키즘에 영향을 미침.

49 르네 발레(René Valet, 1892~1912): 프랑스의 개인주의 아나키스트. 예민했

고, 책을 많이 읽었다. 10대 때 아나키즘에 기초해 병역을 기피했고(불법 신분이 됨), 벨기에로 가 브뤼셀 혁명 조직에 가담했다. 보노 무리의 일원. 경찰이 1912년 5월 교외의 은신처를 대대적으로 포위 공격해 가르니에와 함께 20세의 나이로 사망.

50 아폴리네르(Apollinaire, 1880~1918): 기욤 드 코스트로비츠키(Guillaume de Kostrowitsky)라고도 불림. 프랑스의 시인. 초현실주의의 선구자. 예술 비평가. 세르주가 높이 평가함. 루이 나지(Louis Nazzi, 1884~1913): 연극 비평가, 소설가.

51 클레망 토마(Clément Thomas) 장군(1809년 출생)은 1848년 탄압을 주도했고, 제정 치하에서 유배되었으며, 파리 포위 공격 당시 국민방위 정부하에서 국민방위군을 지휘했다. 1871년 3월 18일 클로드 르콩트(Claude Lecomte, 1817년 생) 장군과 함께 폭도에게 총살당함.

52 리레트 메트르장(Rirette Maîtrejean, 안나 에스토르주Anna Estorges, 1887~1968): 세르주의 첫 번째 아내. 아나키스트이자 페미니즘 투사, 노동조합 교정원. 두 딸의 엄마. 1909년 릴에서 세르주를 만남. 파리에서 연인으로 함께 생활했다. 1911년 로릴로와 칼르망 그룹을 대신해,《아나르시》를 공동 편집함. 1913년 '비극적' 아나키스트 '무리'를 법정에 세운 선정적 재판에서 모두 피고로 섬. 무죄를 선고받은 메트르장은 1915년 재소자 신분의 세르주와 결혼해 접견과 서신 교환의 권리를 확보함. 1917년 짧게 재회해 함께 바르셀로나로 감. 서신 연락을 제외하면 그 뒤로 두 사람의 관계는 끊어졌다.

53 에밀 아르망(Émile Armand, 1872~1962): 구세군 시절 아나키즘의 영향을 받고,《에르 누벨(Ere Nouvelle)》이라는 기독교-톨스토이주의-아나키즘 저널을 창간했다. 이후 개인주의적 아나키즘으로 전향해,《아나르시》와《앙-드오르(En-Dehors)》를 편집함. 세르주는 제1차 세계대전 때 감방에서 기사 몇 편을 밀반출해 두 잡지에 발표하기도 했다. 세르주가 1917년 바르셀로나에서 아르망에게 보낸 편지들을 살펴보면 프랑스의 감옥에서 5년을 살고 난 그의 정치적 정신 상태를 알 수 있다.

54 막스 슈티르너(Max Stirner, 1806~1856): 독일의 아나키즘 철학자.《유일자와 그의 소유(Der Einzige und sein Eigentum)》(1844)를 씀. 맑스와 논쟁했지만 맑스처럼 그도 청년 헤겔 학파였음. "내게는 그 어떤 것도 아무런 의미가 없다"는 이 책의 서두로, 괴테에게서 가져온 인용구이다.

55 러시아어 번역과, 신문 기자이며 편집자인 러시아인 J. 포볼로츠키의 비서로 일함. 포볼로츠키는 1913년 재판 때 변호인 측 증인을 섬.

56 쥘 앙투안(Jules Antoine, 토니 무알랑이라고도 불림, 1832~1871): 클로드 베르나

르의 조수. 1867년경 사회주의자가 됨. 파리코뮌에 가담해 적극 활동. 뤽상
부르 공원에서 총살당함.

57 모리스 메테를링크(Maurice Maeterlinck, 1861~1949): 벨기에의 상징주의 시인
이자 극작가(1911년 노벨상 수상). 1908년 작 희곡 〈파랑새〉가 스타니슬라프
스키의 모스크바 예술극장에서 1911년 초연되었다. 세르주는 후에 연인 류
바 루사코바를 메테를링크의 작품을 좇아 파랑새라고 부른다.

58 맥시멀리즘 당(Maximalist party): 타협을 배제하고 최대한을 요구한 과격파.
1906년 사회혁명당에서 갈라져 나온 분파로, 토지와 더불어 산업의 사회화
를 주장함. 더 폭넓게 테러를 활용할 것을 요구했다(요인 암살과 더불어 재산
의 약탈과 방화도 주창했다). 어떤 면에서는 이 과격파 운동의 전반적 입장이
아나키스트와 흡사했다. 맥시멀리즘 당은 1908년쯤 사실상 소멸한다. 1917
년 이후 잠깐 재등장하기는 했다.

59 두 철학자 에른스트 마흐(Ernst Mach, 물리학자, 1838~1916)와 리하르트 아베
나리우스(Richard Avenarius, 1843~1896)가 경험비판론을 정초한다. 레닌이
《유물론과 경험비판론》에서 두 사람을 비판한다.

60 에두아르 페랄(Edouard Ferral): 프랑스의 절대 자유주의 투사.

61 조르주 소렐(Georges Sorel, 1847~1922): 공학자, 사회학자, 혁명적 생디칼리
즘 이론가. 1908년 저서 《폭력에 대한 성찰(Réflexions sur la violence)》은 의회
주의를 거부하며, 총파업이 대중을 정치적으로 각성시킬 거라는, '신화적'
역할에 매달렸다. 자발적 행동을 강조한 그의 주의(主意)주의가 공산주의
자들과 파시스트 모두에게 영감을 주었을 것으로 본다.

62 메시슬라스(미에치슬라프) 골버그(Mécislas[Mieczyslaw] Golberg, 1870~1907):
폴란드 출신의 아나키스트이자 보헤미안. 1894년 이후 파리 거주. 아폴리
네르, 피카소, 기타 당대의 문화 예술인들과 교유함. 골버그는 실업자들을
위한 정기 간행물을 편집했고, 《노선 방침(La morale des lignes)》(1908)으로 큐
비즘 이론을 정초했다. 그의 사유는 영향력이 컸다.

63 표트르 라브로프(Peter Lavrov, 1823~1900): 러시아의 자유주의 지식인, 비폭
력 사회 인민주의 이론가. 망명지에서 《전진(Forward!)》이라는 잡지를 발간
함. 제1인터내셔널 성원. 그의 저서 《역사 서신(Historical Letters)》(1870)은 러
시아의 혁명운동에 큰 영향을 미침.

64 미하일 페트로비치 아르치바셰프(Mikhail Petrovich Artzybashev, 1878~1927):
개인주의적 아나키즘에 공감한 러시아 소설가. 작품의 성 묘사가 대중적
물의를 빚은 《사닌(Sanine)》(1907년)과, 《극한(A l'extrême limite)》이 세르주에
의해 프랑스어로 번역돼, 1911년과 1913년 파리에서 J. 포볼로츠키의 이름

을 달고 출판되었다.

65 프란시스코 페레르(Francisco Ferrer, 1859~1909): 에스파냐의 아나코-생디칼
리스트, 교육 개혁가. 농부의 아들로, 독학한 자유사상가. 그가 바르셀로나
에 세운 에스쿠엘라 모데르나(Escuela Moderna)는 학생들에게 합리주의와
자유주의를 가르쳤다. CGT의 영향을 강하게 받은 그는 프랑스의 각종 생
디칼리즘 자료를 번역 배포했고, 잡지《솔리다리다드 오브레라(Solidaridad
Obrera)》를 창간했다. 바르셀로나에서 노동자 봉기가 진압당한 후 아무 책
임이 없는데도 처형당함.

66 미겔 알메리다(Miguel Almereyda, 보나방튀르 비고[Bonaventure Vigo],
1883~1917): 꽤나 이색적인 혁명 투사이자 작가. 1908년 청년 혁명가
(Jeunesses Révolutionnaires)를 조직함, 이후 정치 풍자 평론지《보네 루즈
(Bonnet Rouge)》 창간.《보네 루즈》는 '패배주의' 캠페인을 벌이다가
(1916~1917) 폐간당함. 알메리다는 그 후 독일 자금을 받았다는 혐의로 체
포되었다. 납득이 안 되는 상황에서 옥사함. 영화감독 장 비고(Jean Vigo)의
아버지.

67 장-자크 리아뵈프(Jean-Jacques Liabeuf, 1886년 출생)가 풍기 단속반원 두 명에
게 1909년 7월 체포, 매춘 알선죄로 기소된다. 그는 1910년 5월 4일 재판에
서 사형을 언도받았다. 아나톨 프랑스를 포함해 많은 이가 탄원하고, 조레
스까지 개입했지만 1910년 7월 1일 결국 처형당한다.

68 레옹 도데(Léon Daudet, 1868~1942): 프랑스의 소설가, 반유대주의 저술
가. 알퐁스 도데의 아들. 군주제를 내세운 극우 조직 악숑 프랑세즈(Action
Française)를 샤를 모라와 함께 창립했다.

69 코블렌츠(Coblenz, Coblence): 프랑스대혁명 때 왕당파 망명자들의 거점. 독
일 서부로, 라인 강과 모젤 강의 합류점에 위치한 도시.

70 카믈로 뒤 루아(Camelots du Roi): 가톨릭 왕당파 간행물《악숑 프랑세즈》를
팔던 우익 청년들의 별명.

71 조르주 발루아(Georges Valois, 알프레드 그레셍Alfred Gressent, 1878~1945): 프
랑스의 작가. 아나키스트로, 사상 최초의 서점 보조원 노동조합을 조직했
으나(1903년), 이후 전향해 악숑 프랑세즈를 이끌었고 프랑스 최초의 파시
즘 운동 단체 페소(Faisceaux, 1925~28년)를 설립함. 다시 좌익으로 돌아서 반
국가주의 입장을 취한다. 각 단계마다 많은 저술을 쏟아냈고, 나치의 강제
수용소에서 사망.

72 옥타브 가르니에(Octave Garnier, 1889~1912): 십대 시절 아나키스트가 돼 징
병을 거부했고, 벨기에로 건너가 브뤼셀 혁명 그룹에 가입한다. 보노 무리

의 일원. 활달한 미남자로, "타는 듯한 검은 두 눈은 단호해서 잊을 수 없었다"고 기록돼 있다. 1912년 5월 교외의 은신처를 경찰이 대대적으로 포위 공격하는 과정에서 발레와 함께 22세의 나이로 살해당함.

73 가르니에는 마리 뷔이망 쇼프스(Marie Vuillemin Schoofs)와 관계를 맺었다. 쇼프스는 정부일 뿐 공범은 아니었고, 무죄를 선고받는다.

74 엘리 포르(Élie Faure, 1873~1937): 의사로, 기념비적이며 높은 평가를 받는 《예술사(Histoire de l'Art)》를 썼다. 아나키스트 친척인 엘리 르클뤼, 엘리제 르클뤼와 긴밀했다. 드레퓌스를 옹호함. 민중 대학에서 강의. 1913년 아나키스트들이 벌인 '정신병자들의 권리' 캠페인을 지지함. 1914년 군의관으로 동원됨. 파시즘 반대 활동. 1935년 공산당이 발기한 문화수호회의 후원. 에스파냐 공화정을 지지함. 세르주가 1911년에 공격한 것은 "전쟁이 문명화를 달성한다"는 포르의 이론이었다.

75 아나키스트로 불법주의자가 됨. 소렌티노라고도 했고, 플라타노라고도 불렸다. 보노의 하수인. 1911년 11월 27일 보노에게 살해당함.

76 쥘 보노(Jules Bonnot, 1876~1912): 리옹 출신의 자동차 기술공으로 불법주의 아나키스트. 횡령, 통화 위조, 절도, 폭행을 일삼았다. (전통적인 복장을 고집했고, 공공연히 향상심을 드러내 별명이 '부르주아'였음.) 훔친 차를 타고 이동하던 중 이탈리아인 동지를 살해하는 사고(?)를 저질렀고, 도망자 신세로 1911년 파리에 도착했다. 칼르망과 (대다수가 벨기에인이었던) 개인주의 아나키스트 후배들이 그를 친구로 받아들임. 패거리가 된 그들은 은행 강도 등 일련의 유혈 범죄에 나선다. 보노는 혼자 있을 때 궁지에 몰렸고, 맹렬하게 저항한다. 그 과정에서 경찰 주앙이 살해되고, 또 다른 은신처에서는 권총을 들고 경찰과 대치하다가 다이너마이트 공격에 결국 사망한다(자살로 추정).

77 보노 갱(Bonnot Gang): 1911년 12월부터 일련의 유혈 은행 강도와 기타 범죄를 저지른 자칭 아나키스트 무리. 경찰이 도보로 이동하거나 기껏 자전거를 활용할 때 훔친 자동차를 타고 도주하는 놀라운 면모를 보였다. 은신이 가능했던 건 다른 아나키스트들의 동조와 전통적 환대 덕분이었다. 보노 무리는 6개월 동안 경찰을 따돌렸고, 파리를 공포에 떨게 했으며, 신문의 헤드라인을 장식했다. 기자들이 '보노 갱'이라고 명명했지만 '브뤼셀 갱(Brussels Gang)'이라고 부르는 게 타당하다. 핵심 조직원이 세르주가 10대 시절에 가담했던 1906년경의 브뤼셀 혁명 그룹(Brussels Revolutionary Group)으로 거슬러 올라가기 때문이다. 보에, 빅토르 키발치치, 칼르망, 에두아르 카루이가 주도적 인물이며, 후에 프랑스 출신으로 징병을 거부하고 도망친

아나키스트 세 명, 곧 발레, 엘리 모니에, (더 후에) 가르니에가 가담했다. 전부 총격전 와중에 사망하거나 사형당하거나 1913년 재판 이후 감옥 생활을 했다. 벨기에 조직은 1909년 경찰 탄압으로 와해되었지만 1911년경 파리에서 느슨한 형태로 다시 모였다. 그 거점이 개인주의 아나키즘 저널《아나르시》였고, 당시 브뤼셀 출신 청년은 스물한 명을 헤아렸다. 그즈음에는 (세르주를 제외한) 전원이 불법주의 이론과 실천에 경도된 상황이었고, 직접 징발과 몰수라는 절도 행위를 일삼았기 때문에 자포자기한 극단적 심리 상태에 놓였다. 그때 마침 열다섯 살 연상의 기계공이자 절도범 보노가 당도했다. 이를 계기로 둘이 급격하게 합쳐졌다. 브뤼셀 청년들의 터무니없고 광포한 행동이라는 비극의 이면에 주모자가 있었다면 그는 칼르망이다. 프랑스에서는 보노 갱을 예찬하고 숭배하는 열풍도 일어서, 다수의 책과 영화(자크 브렐이 출연하는 영화도 한 편 있다), 텔레비전 다큐드라마, 아나키즘 만화책이 제작되었다. 불행하게도 그것들 대다수가 비교적 이른 시기에 나온 책들에 기초하고 있다. 문제는 그 책들이 당대의 신문 기사를 참조했는데, 다시금 그것이 경찰이 배포한 보도자료를 바탕으로 기자들에 의해 선정적으로 각색되었다는 데 있다. 상세한 설명을 바탕으로 신뢰할 수 있는 책은 리처드 패리(Richard Parry)의《보노 갱(The Bonnot Gang)》(London: Rebel Press, 1987)뿐이다.

78 경찰은 1911년 12월 31일 인쇄소를 습격했다. 그날은 빅토르의 스물한 번째 생일이었고, 소녀는 리레트 메트르장의 딸이었다.

79 세바스티앙 포르(Sébastien Faure, 1858~1942): 프랑스의 아나키스트. 맨 처음에는 게드가 이끄는 프랑스의 맑스주의 조직에서 활동했다. 1888년 무정부주의적 공산주의 저술가 겸 선전가가 된다. 자유지상주의 교육기관 뤼시(Ruche)를 세움. 드레퓌스 석방 캠페인을 벌임. 1914년 전쟁 반대 입장을 취했고, 1918년 체포됨.《아나키스트 백과사전(Encyclopédie Anarchiste)》(1933)을 편집함.

80 오귀스트 바양(Auguste Vaillant, 1861~1894): 프랑스의 아나키스트. 국민회의(하원, Chamber of Deputies)에 못 폭탄을 투척해, 50명이 부상당함(1893년). 겁을 먹은 의원들이 엄격한 보안법을 통과시킴. 루아 셀레라트라고 하는 흉악범 소탕에 관한 법률로 아나키스트, 급진주의자, 기타 수많은 시민이 권리를 박탈당했다. 오귀스트 바양은 관용을 베풀라는 호소에도 불구하고 처형당함.

81 파이(FAI): 이베리아 아나키스트 동맹(Federacion Anarquista Ibérica, FAI)은 1927년 발렌시아에서 결성되었다.

82 아마도 앙드레 로륄로를 언급하는 것일 테다. 앙드레 로륄로(André Lorulot, 1885~1963): 급진적 자유주의 사상가로, 대단한 괴짜. 세르주와 메트르장이 1911년 인계받기 전까지 개인주의 아나키즘 주간지《아나르시》를 편집함. 세르주는 1912년 '보노 사건'의 경찰 밀고자로 그 '자유지상주의 저널리스트'를 의심한 것 같다.

83 외젠 디외도네(Eugène Dieudonné, 1884~1944): 프랑스의 개인주의 아나키스트. 보노 패거리의 일원으로 체포돼, 죄수 유형지 종신형을 선고받는다. 보노가 죽기 직전 작성한 메모에 의하면 그는 무죄였다. (평결이 나온 후 칼르망이 그는 무죄라고 선언하기도 했다.) 카옌(Cayenne)에서 탈출을 기도했으나 다시 붙잡혔고, 종국에 가서는 알베르 롱드르 기자의 캠페인 덕택에 사면된다.

84 알베르 롱드르(Albert Londres, 1884~1932): 세계를 두루 여행한 기자로 1913년 세르주와 함께 기소되었던 디외도네를 무시무시한 죄수 유형지 카옌에서 석방시키기 위해 단호한 캠페인을 전개했고, 마침내 성공했다.

85 라바숄(Ravachol, 프랑수아 쾨니히슈타인François Koenigstein, 1859~1892): 당대의 한 아나키스트 재판과 관련된 두 공직자의 집에 폭탄을 투척함. 1892년 처형됨.

86 상테 제로니모 카세리오(Sante Geronimo Caserio, 1873~1894): 이탈리아의 아나키스트 청년. 1894년 6월 바양 사면을 거부한 카르노(Carnot) 대통령을 칼로 암살함.

87 이브 귀요(Yves Guyot, 1843~1928): 프랑스의 자유무역 경제학자. 1889년부터 1892년까지 공공사업부 차관 및 장관 역임.

88 볼셰비키(Bolsheviks): 러시아혁명 과정에서 레닌이 주도한 혁명적 맑스주의 정당. 공식적으로는 러시아 사회민주노동당(Russian Social-Democratic Labor Party, RSDLP) 내의 다수파를 일컬음(볼쉰스트보). 분열은 1903년 2차 당 대회 때 일어남. 마르토프가 이끈 온건 성향의 멘셰비키는 소수파로 전락(멘쉰스트보). 레닌의 정당은 1918년 '공산당'으로 개명. 그렇게 해서 (혁명 이전부터 활약한) 고참 볼셰비키와, 세르주처럼 (1919년에 가입한) 내전기 공산당원 사이에 구별이 생김.

89 카모(S. A. Kamo, 테르-페트로시안S. A. Ter-Petrosian의 당 암호명, 1882~1922): 강도 행각을 수도 없이 벌인 볼셰비크 혁명가. 사형 선고를 네 번이나 받음. 제정 러시아로 송환되지 않기 위해 독일에서 4년간 정신이상을 가장함. 카모보다 덜 유명한 동료 코테 친차드제(Koté Tsintsadze)도 혁명 이전에 비슷한 활동을 했다. 후에 조지아(그루지야)의 주요 볼셰비크로 부상, 스탈린과

다투다가 1928년 체포, 1930년 억류 상태에서 사망.

90 레오니드 크라신(Leonid Krassin, 1870~1926): 고참 볼셰비키 혁명가이자 토
목 기사. 1905년 혁명 때 지하 인쇄소와 폭탄 제작소를 세움. 은행을 털어
당의 재정을 보탬. (레닌은 위선적이게도 이를 못마땅해 함.) 당 활동을 그만두
고, 토목 기사로 엄청난 재산을 모음. 2월 혁명이 발발하고, 볼셰비키에 재
입당. 소련의 무역 사절 및 대사를 역임(영국, 프랑스). 1924년 중앙위원으로
피선. 대숙청 과정을 경과하며 소련의 역사책에서 사라짐.

2. 끝내 이기리라

1 가스통 드 갈리페(Gaston de Galliffet, 1830~1909): 파리코뮌을 무자비하게 진
압한 것으로 유명한 프랑스의 장교. 후에(1899년) 전쟁성 장관으로 임명돼,
잠시 근무함.
2 마르셀 상바(Marcel Sembat, 1862~1922): 혁명적 사회주의자로 출발했으나,
이어서 프랑스 사회당을 이끌었고, 제1차 세계대전 때 국가 방위 내각에 들
어감.
3 보리스 빅토로비치 사빈코프(Boris Victorovich Savinkov, 1879~1925): 사회혁명
당 지도자이자 용감무쌍한 테러리스트. 세르게이 대공과 폰 플레베 차관
암살 공작을 주도. 사회혁명당 테러 조직 수장이자 오흐라나의 이중 스파
이 아조프의 배신으로 1906년 체포되었으나 탈출함. 소설을 두 권 씀. 1917
년 러시아로 귀환, 케렌스키 임시 정부하에서 잠시 전쟁성 차관보를 지냄.
내전기에 볼셰비키에 맞서 싸움. 1920년의 러시아-폴란드 전쟁 당시 필수
드스키의 폴란드를 지지하는 러시아 여단을 조직함. 체카가 쳐놓은 함정에
걸려들어 1924년 러시아로 귀환, 사형 선고를 받음. 이후 10년으로 감형되
었으나 감옥에서 자살. 세르주는 사빈코프의 인격과 개성에 매혹되었다.
4 레온 다비도비치 (브론슈타인) 트로츠키(Leon Davidovich Bronstein Trotsky,
1879~1940): 러시아의 혁명가, 저널리스트, 정치가, 군대 지도자, 이론가,
역사가(세르주와 나탈리아 세도바 트로츠키의《레온 트로츠키의 생애와 죽음Vie
et mort de Leon Trotsky》을 보라). 유복한 유대인 농부의 아들로 태어나, 많이
배울 수 있었고 학식과 교양이 풍부했다. 일찍부터 혁명 투쟁에 가담함, 감
옥과 유형 생활을 경험(1896~1902). 레닌의《이스크라》에 기고. 1903년 볼
셰비키와 분열한 멘셰비키를 편듦. 후에 독립 사회민주당원으로서 분파 통
합을 위해 애씀(1904~17). (파르부스와 함께) 연속 혁명 이론을 제창함. 1905

년 혁명 때 페테르부르크 소비에트 의장으로 선출됨. 투옥, 탈출, 망명: 빈, 스위스, 파리, 뉴욕(1906~17). 제1차 세계대전이 발발하자 국제주의 편에 섰다(1915년 침머발트 회의, 1916년 키엔탈 회의). 1917년 혁명 과정에서 추종자 무리를 거느리고 레닌과 볼셰비키에 합류, 10월 혁명을 이끎. 소련의 제1대 외무 인민위원이 돼, 독일과 강화조약을 체결함(브레스트-리토프스크, 1918). 내전기에 적군을 창설해 지휘하고, 승리를 거둠. 우크라이나에서 마흐노주의 아나키즘 세력을 분쇄함. 운송 체계 복구(1920~21). 노동조합의 역할을 놓고 레닌(온건파) 및 노동자 반대파(극좌 세력)와의 분파 투쟁 속에서 노동의 군사화를 지지(1920~21). 크론시타트 반란의 진압을 명령함(1921). 레닌의 최후 와병 때 스탈린과 동맹 세력(부하린, 지노비에프, 카메네프)에 의해 한직으로 밀려남(1922~24). 좌익 반대파와 함께 당의 관료화를 비판하고, 부하린과 스탈린이 합작한 민족주의 경향의 '일국 사회주의' 이론에 반대함. 동시에 산업화와 민주주의를 옹호함. 지노비에프와 통합 반대파 결성(1926). 스탈린에 의해 당에서 쫓겨나고, 강제 추방당함(1927). 터키의 (프린키포 섬), 프랑스, 노르웨이, 멕시코로 망명. 스탈린이 보낸 자객에게 멕시코에서 암살당함. 제4인터내셔널의 창건자. 많은 저술을 남김. 《영구혁명》, 《문학과 혁명》, 《러시아 혁명사》, 《배반당한 혁명》, 《파시즘》, 《나의 생애》.

5 샤를 페기(Charles Péguy, 1873~1914): 프랑스의 가톨릭 급진파 시인이자 평론가로 세르주가 자주 언급함. 친드레퓌스파, 사회주의자, 위선을 혐오함. 앙리 베르그송과 롤랑의 영향을 받음. 후에 국가주의자로 전향. 제1차 세계대전 때 전선에서 사망.

6 1917년 2월 13일의 일이다.

7 람블라스(Ramblas): 바르셀로나의 가로수 산책로로, 매점과 상가가 있고, 신시가에서 항구로 이어진다.

8 프리드리히 (프리츠) 아들러(Friedrich Fritz Adler, 1879~1960): 오스트리아 맑스주의자, 의사, 철학자. 오스트리아 사회당 창건자 빅토르 아들러의 아들. 전쟁에 반대한다는 취지로 정부 수반 슈튀르크를 암살해, 1916년 사형 선고를 받음. 아들러는 1918년 11월 11일 사면을 받았고, 혁명적 노동자 병사평의회 의장으로 즉시 선출된다. 1921년 빈 사회주의 인터내셔널, 이후 제2인터내셔널 총서기가 됨.

9 미하일 알렉산드로비치 바쿠닌(Mikhail Alexandrovich Bakunin, 1814~1876): 러시아의 아나키즘 이론가 겸 국제 혁명가. 제국 근위대 초급 장교 출신자이다. 베를린과 파리에서 '청년 헤겔학파'로 활약. 1848년 유럽 혁명

들에 참여. 상트페테르부르크의 표트르-파벨 요새에서 수감 생활을 함 (1849~1857). 시베리아 유형, 일본과 미국을 거쳐 런던으로 탈출(1861). 알렉산드르 게르첸과 함께《벨(Bell)》을 편집함. 스위스, 이탈리아, 프랑스에서 정치 선동을 수행(예컨대, 1870년의 리옹 봉기). 1868년 제1인터내셔널(국제노동자협회) 가입. 맑스의 '권위주의'에 반발해 지도권을 탈취하려고 음모를 꾸미다 쫓겨남. 1872년 독자적으로 '자유지상주의' 성향의 국제노동자협회를 설립. "파괴는 창조이기도 하다"고 주장. 러시아의 허무주의자 청년들에게 엄청난 영향을 미침. 무도한 음모가 세르게이 네차예프와 관계를 맺음. 러시아의 한 문서고에서 차르에게 바친 바쿠닌의 '고백록'이 발견돼, 세르주가 이를 번역하고 글을 썼지만 아나키스트들의 비판에 직면함 (1920~22).

10 CNT-FAI(Confederación Nacional del Trabajo-Federación anarquista ibérica): 1910년 바르셀로나에서 결성된 CNT는 아나코-생디칼리즘을 표방한 에스파냐의 혁명적 노동조합 연대체이다. 조직 역사 대부분의 기간 동안 불법 단체였음에도 1920년대와 30년대에 대중운동 세력으로 발전한 양상이 IWW와 유사하다. CNT와 밀접히 결연한 FAI는, 1927년 아나키스트들이 CNT의 온건 성향을 혁명적으로 교정하겠다며 만들었다. 1934년 아스투리아스 총파업과 1936~39년 내전 때 CNT-FAI 소속 노동자와 농민들은 CNT의 강령을 실행에 옮겼다. 토지와 생산수단이 집산화되었고(예컨대, 바르셀로나에서), 계급 관계가 폐지되었으며, 여러 지역에서 공산사회가 건설되었다. 그런데 정작 CNT 지도자 다수가 혁명적 아나키즘의 원리(반국가, 반의회주의)를 외면하고, 스탈린주의자들과 함께 부르주아 정부들에 각료로 입각했다. 아나키스트들과 POUM 지지자들이 체포되었고, 아나키즘에 고무돼 이루어진 집산주의 실험들이 분쇄되었으며, 사유재산이 회복되었다.

11 살바도르 세구이('슈거 보이')(Salvador Seguí, 'Sugar Boy', 1890~1923): 에스파냐의 아나코-생디칼리스트, CNT의 첫 번째 서기, 1917년 바르셀로나 봉기의 지도자. 세르주는 1930년에 쓴 소설《우리 권력의 탄생(Naissance de notre force)》에서 세구이를 '다리오(Dario)'란 이름으로 묘사한다. 노동조합에 반대한 흉한들에게 암살당함.

12 세르주는 1930년 소설《우리 권력의 탄생》에서 이 구절을 가져왔다.

13 프란시스코 아스카소(Francisco Ascaso, 1901~1936): 에스파냐 아나코-생디칼리즘 운동(CNT-AIT)의 주요 인물. 그의 운명은 위험하기 짝이 없는 불법 침입 및 암살 시도와 관련해 두루티와 긴밀히 연계돼 있다. 투옥과 아르헨티나 추방을 경험했고, 내전의 전장에서 영웅적으로 산화했다.

14 부오나벤투라 두루티(Buonaventura Durruti, 1896~1936): 에스파냐 아나코-생
   디칼리즘 운동의 주요 인물. 그의 운명은 위험하기 짝이 없는 불법 침입 및
   암살 시도와 관련해 아스카소와 긴밀히 연계돼 있다. 투옥과 아르헨티나
   추방을 경험했고, 내전의 전장에서 영웅적으로 산화했다.

15 헤르미날 비달(Germinal Vidal, 1913~1936): 에스파냐 노동조합 활동가. 1930
   년대 초에 이베리아 청년 공산주의자를 이끌었고, 이어서 POUM 중앙위
   원회 성원으로 활약. 바르셀로나에서 프랑코파 반란군에 맞서 싸우다 사망.

16 품(POUM, Partido obrera de unificacion marxista): 거개가 카탈루냐에 토대를 둔
   에스파냐의 반(反)스탈린주의 혁명 조직. 프랑코에 맞선 투쟁에서 적극적
   역할을 수행함. 1937년 스탈린의 명령으로 '트로츠키파 파시스트'로 지목
   돼 혹심한 탄압을 받음. 생존자들은 투옥되거나 망명함. 맑스주의 통일노
   동자당(Unified Marxist Workers' Party)은 공산당에서 이탈한 두 조직이 1935년
   결합하면서 결성됐다. 닌의 공산주의 좌파와 마우린의 노동자 및 농민 블
   록이 그 두 집단이다. 트로츠키는 자신이 조언하는 전술을 따르지 않는다
   며 품을 맹렬히 비판했다. 닌은 잠시였지만 내전이 발발했을 때 카탈루냐
   의 법무부 장관을 역임했고, 품은 자원병 부대를 전선으로 보냈다. (조지 오
   웰의 작품《카탈루냐 찬가》의 묘사로 유명하다.) 1937년 5월 공산당 정예 부대
   가 파송돼, 바르셀로나 전화 교환소를 접수한다. 전차와 기타 공공서비스
   처럼 전화 교환소도 노동자들이 운영 중이었고, 그 대다수가 CNT(아나코-
   생디칼리스트)와 POUM의 조직원이었다. 노동자들이 자위권을 행사하며
   여전히 도시를 장악하고 있었지만 CNT와 POUM의 지도자들은 휴전에
   동의하고, 지지자들에게 무기를 내려놓으라고 명령한다. 직후로 POUM은
   불법화되었고, 기관지《바타야(Batalla)》도 발행을 정지당한다. 지도자들은
   체포, 고문당했으며(닌의 경우, 사망), 에스파냐 공화국 정부의 공모 속에 모
   스크바식의 여론 조작용 공개 재판을 받는다. (소련을 탈출한 세르주는 약 1
   년 전에 닌에게 그런 운명을 경고했다.) 세르주는 POUM 소속 피고들을 구해
   내기 위한 국제 캠페인을 정력적으로 벌이고, 나름 성공을 거둔다. 에스파
   냐 공화국이 1939년 패배하는 극도로 혼란한 와중에 그들이 감옥에서 탈출
   할 수 있었던 이유다(프랑스의 집단 수용소로 이송되었지만 다시금 거기서 탈출
   한다). 내전이 일단락되고 POUM 집행부의 첫 번째 회합이 열린 곳이 바로
   세르주의 파리 아파트였다.《바타야》를 편집했던 고르킨은 자신이 살아남
   은 건 세르주 덕분임을 알았고, 멕시코에 도착한 후 마침내 1941년 파시스
   트가 점령한 유럽에서 세르주를 구해내는 데 성공한다. POUM은 프랑코
   사후, 생존한 역전의 용사들에 의해 에스파냐에서 부활한다. 이후 안드레

스 닌 재단(Andrés Nin Foundation)으로 바뀌었다.

17 알렉산드르 케렌스키(Alexander Kerensky, 1881~1970): 러시아의 자유주의 정치인. 1917년 임시정부의 마지막 수상. 트루도비키 멤버. 트루도비키는 사회혁명당과 동맹한 온건 성향의 노동당. 차르 치하 두마에서 야당 세력을 이끎(1912). 2월 혁명에서 주도적 역할을 맡음. 페트로그라드 소비에트 부의장 겸 임시정부 법무상을 지냄. 6월에는 전쟁 장관으로 취임해, 러시아의 노동자와 농민 출신 군인들의 탈진과 사기 저하에도 불구하고 오스트리아-독일 동맹군에 대한 공세를 강화함. 1917년 7월 위기 때 수상직을 떠맡음. 허나 파업이 재개되고, 군대에서는 대규모 탈영 사태가 발생함. 8월 말 코르닐로프 장군이 우익 쿠데타를 기도함. 볼셰비키의 영향권 아래 있던 폭력적 노동자들의 무장을 불가항력적으로 지시함. 그 과정에서 군 장교들이 소외됨. 그 무기가 1917년 10월 볼셰비키가 조직한 봉기에 사용됨. 10월 혁명으로 케렌스키의 자칭 러시아 공화국이 전복됨. 사실상 총성 한 방 울리지 않았고, "모든 권력을 소비에트로"라는 구호가 제창됨. 망명 중에도 자유주의 원칙을 고수함. 내전 때 적군과 백군 어느 편도 지지하지 않았으며, 미국 캘리포니아 주 스탠포드에서 사망.

18 니콜라이 스테파노비치 구밀료프(Nikolai Stepanovich Gumilev, 1886~1921): 세르주가 크게 감탄한 러시아의 시인 겸 극작가. 아크메이스트 운동의 주창자로 간주되며, 이바노프와 나보코프에게 큰 영향을 미침. 크론시타트에서 해군 소속 의사의 아들로 태어남. 시인으로서 이른 시기에 입지를 다짐. 1907년부터 해외여행 시작(파리). 아프리카에서 사냥 활동. 시인 안나 아흐마토바와 결혼. 1914년 러시아로 귀환, 기병대로 복무, 영웅 칭호를 수여받음. 러시아혁명기에 파리 주재 러시아 파견대(Russian Expeditionary Corps)에서 세르주를 만난다. 구밀료프는 러시아 정교회 신자이자 군주제 지지자로, 친구들의 조언에도 불구하고 고국 귀환을 감행한다. 왕정복고 음모에 연루된 사실이 드러나 1921년 8월 3일 체포돼, 처형당한다. 세르주와 고리키가 그를 구하려고 했으나 헛일이었다. 레닌의 사면 명령이 너무 늦게 도착한 듯하다. 미망인 아흐마토바는 스탈린 체제하에서 비하와 수모를 견디며 살아남았고, 암흑기 이후의 새 세대 시인들은 그녀에게서 영감을 받았다.

19 체카(Cheka): 반혁명, 투기, 사보타주 방지 특별위원회(Extraordinary Commission for Combating Counterrevolution, Speculation, and Sabotage)의 두문자어. 레닌이 1917년 12월에 임시로 만들었으나, 곧 제도화됨. 국가 비밀경찰, 곧 게페우(GPU), 엔카베데(NKVD), MGB로 변모. 시민들의 소요를 진압하고, 광대한 굴라크(Gulag)를 관리 감독하며, 해외 첩보망을 지휘한다. 세르주

도 결국 볼셰비키가 저지른 최악의 오류로 체카를 지목했다. 러시아 내전의 비극을 다룬 세르주의 초기 소설《정복당한 도시(Ville conquise)》는 체카 초기의 도덕 위기를 묘사한다. 마지막 소설《용서 없는 세월(Les années sans pardon)》은 이상주의에 고무돼 충성을 다한 러시아 요원들이 제2차 세계대전 때 처한 비극적 딜레마를 서술한다.

20 제헌의회(Constituent Assembly): 러시아혁명 과정에서 1917년 11월 선출, 구성됨. 자유주의자들에서 볼셰비키에 이르는 차르 반대 제 정파는 기본적으로 민주주의를 지지했고(프랑스혁명의 역사에서 착안했다), 그렇게 해서 안출된 개념이 제헌의회다. 1918년 1월 소집됨. 사회혁명당 우파인 체르노프가 이끄는 제헌의회 다수파가 소비에트 권력을 인정하기를 거부한다. 사회혁명당 좌파와 볼셰비키가 제헌의회에서 철수함. 볼셰비키는 더 나아가 선출된 소비에트가 권력을 잡았고, 제헌의회보다 더 민주적인 기구이며, 1917년 11월 총선거는 대표성이 없다 — 의회 내 다수파인 사회혁명당의 좌우 분열이 발생하기 전에 치러졌다는 것이 근거임 — 는 이유를 들어 제헌의회를 해산해버린다.

21 피에르 모나트(Pierre Monatte, 1881~1960): 아나코-생디칼리스트. 파업 지도자, 노동조합 조직가, 기자. 그가 창간한 생디칼리즘 주간지《노동자의 삶(Vie ouvrière)》은 제1차 세계대전이 발발하기 이전 연간에 중요한 역할을 했음(모나트는 거의 처음으로 전쟁을 공개적으로 반대한다). 1920년 철도 노동자 총파업 때 수바린, 로리오 및 기타 15인과 함께 체포됨. 1923년 프랑스 공산당에 가입, 1924년 중앙위원으로 피선, 6개월 후 축출됨. 월간지《프롤레타리아 혁명(Révolution prolétarienne)》 발간. 이 잡지가 오랜 세월 세르주의 정견을 실어줌. 모나트 역시 세르주처럼 교정자로 일함.

22 알프레드 로스메르(Alfred Rosmer, 1877~1964): 프랑스의 혁명적 생디칼리스트. 파리코뮌을 지지했다가 망명한 부모 때문에 출생지가 뉴욕임. 열여섯 살 때부터 노동자로 일했고, 투쟁적 노동조합 운동의 조직가로 활약. 제1차 세계대전 때 국제주의 천명. 코민테른 대리인 겸 집행위원(1920~21). 1924년 반대파로 지목돼 축출될 때까지 프랑스 공산당에서 두드러진 활약을 보여줌. 해외의 좌익 반대파 지지자였고, 망명 중이던 트로츠키와 세르주의 친구. 노동계급과 공산당의 역사에 관한 책을 씀.《전쟁 시기 노동운동(Mouvement ouvrier pendant la guerre)》,《레닌의 모스크바(Lenin's Moscow)》.

23 장 롱게(Jean Longuet, 1876~1938): 프랑스 사회당원으로 변호사, 맑스의 손자. 사회당에서 발행되던 시절《위마니테》를 편집했고, 이어서《포퓔레르(Populaire)》를 창간함. 국회의원을 했고, 저술가로도 활약.

24 샤를 라포포르(Charles Rappoport, 1865~1941): 러시아 혁명가이자 프랑스 사회당원. 인민의 의지당 당원. 1887년 프랑스에 정착한 후 프랑스 사회주의 운동에 적극 가담. 프랑스 공산당 창당 멤버(1920). 고참 볼셰비키에 대한 여론 조작용 재판이 열리면서 공산당을 떠남. 그들 다수와 친분이 있었기 때문.

25 니콜라옌코(Nikolayenko): 우크라이나의 아나키스트. 혁명 러시아의 영사로 1917년부터 1919년까지 마르세유에서 근무했고, 거기서 루사코프 집안과 교유. 내전 때 러시아 선원 노조와 연계해, 백군에게 군수품을 적송하던 선박에서 파업을 일으킴. 당국에 의해 억류. 1918년 12월의 인질 교환 협상을 통해 세르주, 루사코프 집안 사람들과 함께 본국으로 송환. 장신에, 수척했고, 기지가 대단했다. 인류학자이자 탐험가로서 소련을 두루 여행함. 세르주의 단편 〈백해(White Sea)〉에 영감을 제공했을 수도 있다.

26 로맹 롤랑(Romain Rolland, 1886~1944): 프랑스의 소설가(《장 크리스토프Jean Christophe》), 에세이 작가(1915년 노벨상 수상). 열정적 휴머니스트이자 예술과 음악 애호가. 톨스토이가 주창한 평화주의의 영향을 받음. 제1차 세계대전이 발발하자 제네바에서 《싸움을 초월해서(Au-dessus de la mêlée)》라는 제목으로 일련의 평화주의 팸플릿을 발간. 처음에는 볼셰비키 혁명에 적대적이었고, 세르주가 그의 중립 입장을 비판함. 롤랑은 후에 스탈린의 소련을 지지했고, 스탈린에 충성하는 러시아 여성과 결혼까지 한다. 세르주가 1933년 체포되자, 친구들이 그를 도와줄 것을 요청했고, 롤랑은 세르주가 오렌부르크에서 쓴 소설의 원고를 받아주기로 한다. (하지만 이 원고는 우체국에서 사라짐.) 1935년 크렘린을 방문한 롤랑은 세르주에 대한 선처를 호소하고, 스탈린은 알아보겠다고 답변. 롤랑은 크렘린에 머무는 동안 압수된 세르주의 소설 원고도 읽지만 프랑스로 가져오지 않고 NKVD 수장 야고다에게 돌려준다. 그는 세르주가 "성자 같다"고 생각한다.

27 카를 리프크네히트(Karl Liebknecht, 1871~1919): 독일의 혁명적 사회주의자. 저명한 독일 사회민주당 당원 빌헬름 리프크네히트의 아들. 군국주의 반대. 제1차 세계대전 발발 시 독일 의회에서 전쟁 공채 발행에 반대표를 던짐. 전쟁 반대 행동으로 투옥. 1918년 11월 독일 혁명으로 석방. 사회주의 공화국 수립을 주장함. 룩셈부르크와 함께 후에 독일 공산당이 되는 스파르타쿠스단 창립. 1919년 1월 15일 사회민주당 당원 구스타프 노스케의 명령을 받은 의용군에 살해당함.

28 로자 룩셈부르크(Rosa Luxemburg, 1871~1919): 폴란드 출신의 유대인 혁명 지도자 겸 탁월한 맑스주의 이론가. 폴란드, 러시아, (주로) 독일 사회민주

당에서 활약한 국제주의자(여러 언어에 능통). 사회당의 기회주의에 반대
(《사회 개혁이냐 혁명이냐?》). 러시아의 1905~06년 혁명에 참여했고, 자생
적 운동이 중요함을 역설(《대중 파업, 정당, 노동조합》). 리프크네히트와 함
께 제1차 세계대전을 반대함. 1915년 2월 투옥, 야만적 전쟁을 지지한 사회
당을 공격하는《유니우스 팸플릿(The Junius Pamphlet)》집필. 1916년 2월 석
방되었으나 7월에 다시 수감되었고, 1918년 11월 독일 혁명으로 자유의 몸
이 됨. 혁명 조직 스파르타쿠스 동맹을 리프크네히트와 함께 세우고, 이끎.
1919년 2월 베를린의 '스파르타쿠스 봉기'가 실패하면서 (리프크네히트와 함
께) 체포, 우익 의용군에 의해 잔인하게 살해당함. 사회민주당의 '동지'였던
혁명 독일 공화국의 전쟁 장관 구스타프 노스케가 살해를 명령함. 룩셈부르
크는 볼셰비키 혁명을 확고하게 지지했으나 농민에게 토지를 분배하는 사
안, 민족 자결권, 볼셰비키 당의 독재, 자유가 부족한 사태와 관련해 레닌과
의견을 달리했다. 그녀가 쓴《자본의 축적(Accumulation of Capital)》은 맑스주
의에 중대한 기여를 한 것으로 평가받는다. 룩셈부르크의《서한집(Letters)》
을 보면 그녀의 지성이 광범위하고 심오하다는 것뿐만 아니라 인도주의적
열정과 더불어 예술적 감수성이 탁월했음을 인정하지 않을 수 없다.

29 류바 루사코바(Liuba Russakova, 1898~1984): 세르주의 두 번째 아내. 두 언어
에 능통한 속기사 겸 타이피스트. 올가 루사코바와 알렉산드르 루사코프의
장녀(가족사 전반은 루사코프 항목을 보라). 1905년의 참혹했던 로스토프 포
그롬에서 살아남음. 1919년 스무 살 때 소비에트 러시아 행 선상에서 세르
주를 만남(그는 그녀를 '파랑새'라고 부른다). 스몰니와 코민테른 대회에서 속
기사 겸 타이피스트로 레닌과 함께 일함. 아스토리아 호텔과 루사코프의
아파트에서 세르주와 동거함. 1920년 블라디미르 키발치치를 낳음. 세르
주는 류바를 다음과 같이 묘사했다. "근면하고, 마음씨가 고우며, 솔직하"
면서도 "소심하고, 비관적"이다. 1929년 '루사코프 사건'으로 스탈린 치하
에서 고초를 겪으며 미쳐버림. 오렌부르크 추방 당시 세르주와 짧게 해후
(1934). 병이 재발해 적군(赤軍) 정신병원으로 돌아감. 그때 임신 사실을 숨
겼고, 1935년 자닌 키발치치가 태어남. (하지만 잦은 발작으로 딸을 돌보지 못
함.) 1936년 세르주와 함께 소련을 떠남. 프랑스 남부의 정신병원에서 85세
까지 삶(단속적으로 명료한 정신 상태를 보임). (레이철이라는 딸을 하나 키웠고,
그녀가 마르세유에 계속 살았다.)

30 그리고리 지노비에프(Grigory Zinoviev, 1883~1936): 고참 볼셰비크로 유배
지에서 레닌과 교유. 그와 카메네프는 10월 혁명을 목전에 두고 봉기를 모
험주의라고 비판하며 볼셰비키에 공개 항의했다. 제3인터내셔널 의장.

세르주는 코민테른의 보도기관(Comintern Press Services)에 근무하는 내내 (1919~26) 상관인 지노비에프에게 보고를 한다. 세르주가 자서전과《정복 당한 도시》에서 묘사한 지노비에프의 인체와 심리 특성을 보면, 그가 자 신의 우유부단함을 덮기 위해 무자비한 데마고그가 될 것임을 알 수 있다. 1922년부터 스탈린과 제휴해, 트로츠키를 비방하고 말살하는 데 앞장서지 만, 다음으로 박해받을 대상이 자신임을 깨닫고, 1926년에는 트로츠키의 좌익 반대파와 힘을 합친다. 하지만 그들이 결성한 통합 반대파가 1927년 스탈린에게 분쇄됨. 그 후 지노비에프는 스탈린에게 항복. 스탈린은 지노 비에프를 고양이가 쥐 다루듯 가지고 놂. 제1차 모스크바 재판에서 놀라운 '범죄'를 자백하고 총살당함.

3. 고뇌와 열정

1 세르게이 네차예프(Sergey Nechayev, 1847~1882): 허무주의 경향의 러시아 혁 명가로 음모를 일삼았다. 성격에서 비롯하는 엄청난 매력으로 유명했고, 남을 자신의 목적에 종속시키기 위해 온갖 수단을 다 사용한 것으로 악명 이 자자하다. 네차예프는 억압 조치를 유발하고 사태를 악화시키면 사람들 이 충격적으로 각성해, 혁명을 앞당길 수 있다고 믿었다. 도스토예프스키 는 소설《악령》에서 네차예프가 주도한 이바노프 ― 동료 음모가 ― 집단 살해 사건을 극화했다. 도스토예프스키의 작품 때문에도 남을 위압하는 네 차예프의 장악력이 신화적 반열에 오른다. 아무튼 그 사건으로 인해 네차 예프는 1870년 제1인터내셔널에서 쫓겨남. 네차예프는 아나키스트 바쿠 닌에게 지속적으로 영향력을 미쳤고, 바쿠닌의 오명은 거기에서 기인한 바 크다.
2 13세기의 '성자전'.
3 멘셰비키(Mensheviks): 러시아 사회민주노동당의 소수 분파(1898년 창당된 RSDLP). 다수 분파 볼셰비키에 반대했고, 1903년 대회의 최종 표결 결과 (유대인 분트파가 퇴장해버려)로 이런 명칭을 갖게 됨. 마르토프 지지자보다 레닌 지지자가 약간 더 많았음. 당은 직업적 혁명가들로 구성돼야 한다는 레닌의 개념을 놓고 다툼이 벌어짐. 마르토프는 레닌의 제안에 반대해 당 원 자격을 더 폭넓게 유지해야 한다고 주장. 두 분파는 1905년 혁명이 패배 한 후에도 서로 다른 결론을 끌어냈다. (1905년 혁명 당시에는 멘셰비키가 더 유력한 정치 분파였음.) 멘셰비키는 전자본주의 러시아의 경우 부르주아 민

주주의 혁명이 필요하다는 맑스주의적 주장과 더불어, 합법 활동 및 자유주의 부르주아 개혁가들과의 협력으로 기울었다. 반면 볼셰비키는 농민 세력을 토대로 한 사회혁명당 쪽으로 기울었고, 농민층과 제휴한 노동자들의 무장 혁명을 준비했다. RSDLP-볼셰비키와 RSDLP-멘셰비키, 곧 두 당으로의 분열은 1912년 대회에서 공식화되었다. 1914년 일부 멘셰비키가 국가 방위를 지지했으나, 다수 그룹은 볼셰비키 및 기타 반전 혁명가들과 합세해 제1차 세계대전에 반대했다. 1917년 2월 발발한 혁명으로 멘셰비키와 볼셰비키는 다시 가까워졌고, 소비에트에서 함께 활동한다. 그러는 한편으로 5월에 체레텔리와 개혁파 멘셰비키 지도자들이 자유주의 임시정부에 참여해(사회혁명당도 함께), 연합국과 함께 제1차 세계대전을 계속 수행하기로 함. 그 결과 멘셰비키의 인기가 급락(제헌의회에서 3퍼센트 득표에 불과함). 반면 볼셰비키의 인기는 치솟음(25퍼센트 이상). 멘셰비키는 10월 혁명 이후로도 오랫동안 노동조합에서 유력한 지위를 차지하고 행사했다. 하지만 그들의 언론은 빈번하게 검열을 받았고, 그들 자신이 1921년 불법화됨. 내전기에 멘셰비키 일부가 백군에 가담하기는 했지만 대다수는 유배나 추방을 당하면서도 애초의 사회민주주의 정견을 고수함. 그들이 발행한 러시아어 신문을 통해 소비에트 내부 사정을 충실하게 알 수 있다.

4 인터내셔널:

제1인터내셔널(국제노동자협회)(First International Workingmen's Association, IWA): 1864년 사회주의자, 아나키스트, 노동조합 투사들이 런던에서 만들었고, 맑스가 연락 비서를 맡았다. 전성기 때 회원이 500만에서 800만 명 사이였다. 파리코뮌을 경험한 1872년 IWA는 맑스 주도의 사회주의자들과 바쿠닌이 주도한 아나키스트들로 분열한다. 전자는 1877년 뉴욕에서 해산했고, 바쿠닌 분파는 오늘날까지도 유지되고 있다.

제2인터내셔널(사회주의 인터내셔널)(Second International or Socialist International, SI): 1889년 파리에서 창립. 사회민주주의 정당들에 소속된 전 세계 노동자 수백만 명이 참여. 예컨대, 러시아의 멘셰비키와 볼셰비키, 조레스의 프랑스 사회당, 유진 뎁스의 미국 사회당, 독일의 사회민주당이 회원 단체였다. 노동조합, 여성 단체, 청년 단체, 신문, 출판사, 지방 의회와 전국 의회 대표자들의 광대한 네트워크도 빠뜨릴 수 없다. 전쟁 반대를 맹세했던 SI는 1914년 8월 4일 붕괴한다. 독일 사회민주당과 프랑스 사회당이 자국 정부의 호전적 정책을 지지했던 것이다. 제1차 세계대전 이후, 그리고 다시금 제2차 세계대전 이후 SI는 거듭 부활한다. 거기에는 '친서방' 사회주의 개혁 정당들이 가입한다. 역사적으로 노동운동에 토대를 둔 조직들이 대중을 이루었다. SI 가입 정당들은 자본주의 정부들에 수시로 참여했고, 공산당과 연합하기도 했으며, 더 빈번하게는 중도파와도 제휴했다.

제3인터내셔널(코민테른)(Third International, COMINTERN, CI): 제1차 세계대전으로 제2인터내셔널이 붕괴한 후 1919년 3월 모스크바에서 창건됨. 침머발트와 키엔탈 반전 회의를 계승. 소비에트 권력과 전 세계 프롤레타리아 혁명을 지지하는, 반전 및 반개혁주의 사회주의자와 생디칼리스트들로 결성. 레닌이 1920년 코민테른의 회원 자격을 규정한 '21개 조항'을 제출하면서 사회주의 운동이 분열함. 코민테른은 1928년 이후 "스탈린의 외교 정책 수단"(트로츠키)으로 전락했고, 초좌파("주적은 파시스트가 아니라 사회당 세력이다")와 중도(사회당 및 자유주의자들과의 인민전선)와 극우 노선으로 갈피를 못 잡는다. 스탈린이 제2차 세계대전 때 연합국에 보이는 유화 제스처로 해소함. 세르주는 제3인터내셔널 초기에 마진, 보디와 더불어 지노비에프를 보좌했다. 하지만 집행위원이었던 적은 없다(사람들이 잘못 알고 있는 것이다). 세르주는 1921년부터 1925년까지 코민테른의 보도기관인 《인프레코르(Inprekorr)》에 배속돼, 일한다. 임지는 차례로 베를린과 빈이었다. 세르주는 모스크바가 주도하는 관료들의 순응주의와 코민테른이 독일에서 범한 과오들을 우려했고, 마침내 1925년 말 빈의 코민테른 직책에서 사임한다. 그는 공산당원 자격을 프랑스에서 러시아로 바꾸고, 소련으로 귀환한다. 당 내부에서 투쟁하며 스탈린을 견제하는 것이 목적이었다.

제4인터내셔널(Fourth Internationa, FI): 1938년 결성. 추방당한 트로츠키가 스탈린의 제3인터내셔널 및 제2인터내셔널과 경합하기 위해 세움. 세계 혁명의 주된 장애는 노동운동에 만연한 '지도력의 위기'라는 전제하에 이루어짐. 스탈린주의자들과 자본가 세력 모두의 탄압을 받음. 스탈린주의에 반대하는 혁명가들, 지식인들, 노동자들이 소수이지만 강력하게 결속함. 세계 혁명의 '올바른' 지도 '노선'을 놓고 다수의 종파로 분열되었지만 오늘날까지도 여전히 활동 중.

5 블라디미르 오시포비치 마진(블라디미르 오시포비치 리히텐슈타트Vladimir Ossipovich Lichtenstadt)(Vladimir Ossipovich Mazin, 1882~1919): 유대계 러시아인 혁명가로, 지식인 이상주의자. 세르주의 선배 활동가로 코민테른의 보도기관을 함께 만듦. 1905년 혁명에 가담했을 때는 맥시멀리스트였음. 슐뤼셀부르크 감옥에서 10년을 삶. 옥중에서 《괴테와 자연 철학》이라는 연구서를 완성하고, 칸트와 보들레르를 번역했으며, 맑스주의로 전향. 1917년 2월 혁명적 군중이 슐뤼셀부르크 감옥을 습격했고, 마진은 자유의 몸이 됨. 곧바로 시청에서 소비에트 의장으로 임명됨. 멘셰비키처럼 러시아가 사회

주의 혁명을 하기에는 아직 미숙하다고 판단하고, 내전 사태를 두려워함. 농촌 코뮌으로 물러남. 1919년 초 자유주의 조치가 유보되었음에도 볼셰비키에 가담. 공세에 시달리는 혁명을 방어하기 위한 최선의 방법으로 판단. 세르주가 그의 영향을 받아 1919년 5월 입당함(세르주는 마진을 대단히 존경했고, 형처럼 따름). 희생 윤리가 충만했던 마진은 최전선에 나설 것을 고집했고, 백군 장군 유데니치의 공세에 맞서 페트로그라드를 방어하는 전투에서 부하들을 이끌고 싸우다가 사망함(10월 15일). 세르주는 마진을 기억하려고 아들에게 블라디미르라는 이름을 지어줌.

6 스몰니 학원(Smolny Institute): 상트페테르부르크 소재의 팔라디오풍 건물로, 귀족의 영애(令愛)들을 가르치는 학교로 설립되었다. 레닌과 볼셰비키가 10월 혁명 때 본부로 사용했고, 후에는 레닌그라드 공산당의 본거지였다.

7 슐뤼셀부르크(Schlüsselburg)는 네바 강 상류로 페트로그라드에서 40마일 떨어진 지점에 위치한다. 정치범들 사이에서는 가공할 교도소로 악명이 자자했다. 표트르크레포스트(Petrokrepost), 다시 말해 표트르 요새(Peter's Fortress)라고도 한다.

8 그리고리 예레메이예비치 예브도키모프(Grigory Yeremeievitch Yevdokimov, 1884~1936): 고참 볼셰비크. 1920년대에 페트로그라드 노동조합 소비에트 의장. 당 중앙위원회 서기 겸 조직국원(1926~27). 1925년부터 레닌그라드에서 좌익 반대파를 이끌었고, 그 후로는 통합 반대파를 주도함. 1927년 당에서 축출. 1928년 항복 후, 재입당. 키로프 암살 사건 이후 다시 쫓겨나 8년형을 언도받음. 제1차 모스크바 재판(1936)에서 사형 선고를 받음.

9 이반 바카예프(Ivan Bakayev, 1887~1936): 볼셰비크, 노동자. 1919년 페트로그라드 체카의 수장으로 근무했고, 계속해서 러시아 남동부로 파견돼 비슷한 직책을 맡았다. 후에 지노비에프가 이끄는 반대파에서 두드러진 활약을 한다. 1936년 16인 모스크바 재판에서 사형 선고를 받고, 총살당함.

10 표트르 이바노비치 스투치카(Peter Ivanovich Stuchka, 1865~1932): 라트비아 맑스주의 운동 세력의 설립자. 이른 시기부터 볼셰비크였고, 법무 인민위원을 지냄(1917~18). 소비에트에서 저명한 법률가로 활약.

11 V. 볼로다르스키(V. Volodarsky, 1891~1918): 볼셰비크 선동가. 페트로그라드 언론, 선전, 선동 인민위원. 1918년 6월 사회혁명당 테러리스트에 의해 암살당함.

12 미하일 S. 우리츠키(Mikhail S. Uritsky, 1873~1918): 1917년부터 볼셰비크로 활동. 혁명 군사위원회에 참여해, 10월 혁명을 지휘함. 1918년 좌익 공산당원. 사회혁명당원에 의해 암살당할 즈음 페트로그라드 체카 수장이었음.

13 펠릭스 제르진스키(Felix Dzerzhinsky, 1877~1926): 폴란드 태생의 볼셰비크 혁명가. 체카의 설립자 겸 수장. 일찍이 폴란드 사회민주당에서 활약했고, 룩셈부르크와 절친했음. 빈번하게 투옥당했고, 1906년 러시아 사회민주노동당 중앙위원으로 피선(레닌과도 절친). 2월 혁명으로 자유의 몸이 됨. 10월 혁명에 적극 가담. 사회혁명당 세력이 자신과 다른 볼셰비키 지도자들을 암살하려고 시도한 후 내부의 반혁명 및 사보타주 기도를 제압하는 전권을 레닌이 제르진스키에게 부여함. 적색 테러가 촉발돼, 반대파가 체포되었고 정당들이 불법화되었으며 대다수의 신문이 폐간되었다. 제르진스키는 탁월하고, 청렴한 인사로 널리 인정받았다. 공산당의 리더로서 처음에는 트로츠키에 공감했으나, 1921년 조지아 사태 이후 스탈린을 지지한다. 격렬한 언쟁이 오간 중앙위원회 회의 이후 급사.

14 벨라 쿤(Béla Kun, 1886~1938): 헝가리 공산당 지도자이자 코민테른 관리. 헝가리인 전쟁 포로 출신으로 러시아에서 볼셰비즘과 만남. 시베리아에서 활동했고, 1918년 사회혁명당이 모스크바에서 일으킨 반란을 진압. 헝가리로 귀환해 공산당을 세움. 1919년 3월 출소해, 단명한 헝가리 노동자 평의회 공화국의 주요 지도자로 활약. (이는 러시아의 뒤를 따른 첫 번째 사례였음.) 공산주의 원리에 따라 집산주의 체제를 혹독하게 부과하고, 제 정당과 신문을 불법화했으며, 반대자들을 즉결 처형해 신망을 잃음. 클레망소가 계교를 부리는 바람에 승리를 구가하던 적군의 공세가 취소됨. 5개월 후 루마니아의 침공으로 결국 전복됨. 호디 장군의 백색 테러가 이어짐. 러시아로 망명한 쿤은 크림 반도의 적군 내전 사령관으로 임명돼, 생포한 백군 장교들의 총살을 명령함(논란이 분분). 레닌이 코민테른 특사로 독일 파견, 재앙으로 귀결된 1921년 '3월 행동'의 당사자. 계속해서 코민테른 당국자로 일함. 1937년 트로츠키주의자로 몰려 체포, 후에 총살당함.

15 안젤리카 발라바노바(Angelica Balabanova, 1877~1965): 우크라이나 태생의 유대인으로 러시아 사회주의자이자 국제주의자. 브뤼셀에서 공부함. 이탈리아에서 노동조합 조직가로 사회주의 활동 수행. 잡지 《아반티(Avanti)!》('전진')에 기고. 회고록 《나는 모반자로 살았다(My Life as a Rebel)》는 세르주의 자서전과 성격이 비슷하다. 거기 나오는 유명한 내용으로 무솔리니와의 조우를 들 수 있다. 제1차 세계대전이 발발하기 전에 그 미래의 독재자는 젊고, 불안정한 사회주의 저널리스트였다고 나온다. 1915년 침머발트 국제반전회의 공동 조직자이자 서기로 활약했다. 1917년 볼셰비크가 됨. 1919년 러시아로 돌아감. 초창기 코민테른에서 집행국원으로 활동. 자유의 결핍에 실망하고, 1922년 레닌의 양해를 구해 소련을 떠남. 이탈리아에서 사

회주의 및 반파시즘 활동 수행. 계속해서 스위스에서 활약함. 제2차 세계대전이 발발한 후에도 세르주와 서신을 교환했고, 주세페 사라가트가 주도한 친서방 경향의 이탈리아 민주사회당 창설을 도왔다.

16 카를 베르나르도비치 라덱(Karl Bernardovich Radek, 1885~1939): 국제 공산주의 혁명가. 폴란드와 독일 사회민주당에서 활동. 1914년 취리히에서 레닌과 합세. 그 유명한 '봉인 열차'에 레닌과 함께 탑승해 러시아로 출발, 허나 중도에 스웨덴에서 내림. 결국 10월 혁명 이후에야 러시아에 당도. 1920년 독일에서 정치 선동 수행. 코민테른 당국자. 1923년 독일 공산당이 주도한 봉기에서 역할을 수행(하지만 봉기 실패). 트로츠키 및 프레오브라젠스키와 함께 국제 좌익 반대파를 이끔(부하린과 스탈린의 '일국 사회주의' 이론에 반대함). 1927년 당에서 쫓겨남. 1930년 재입당. (1937년 제2차 17인 모스크바 재판에서) 반역죄 재판을 받음. 죄를 시인하고, 절친했던 동료 부하린과 기타 인사들을 연루시켜버림. 덕분에 사형 모면. 수용소에서 엔카베데 요원들에게 살해당함. 농담을 잘하기로 유명했음.

17 니콜라이 이바노비치 부하린(Nikolai Ivanovich Bukharin, 1888~1938): 러시아의 혁명적 저술가 경제학자 철학자로, 1917년 혁명 때 모스크바에서 볼셰비키를 이끌었고, 이후 《프라브다》와 《이즈베스티야(Izvestia)》를 편집했으며, 코민테른 집행국 비서로 활약. (프레오브라젠스키와 더불어) 《공산주의의 ABC(The ABC of Communism)》와 《이행기 경제학(Economics of the Transition Period)》을 씀. 젊은이다운 패기가 돋보였으며, 이상주의로 똘똘 뭉쳐 있었고, '당의 총아'로 인정받았다(레닌이 가장 좋아했다). 레닌 사후 스탈린과 합세함. 스탈린을 대신해 '일국 사회주의' 이론을 개발함(1927). 이는 트로츠키의 국제 좌익 반대파를 쫓아내려는 기도였다. 스탈린이 1928년 부하린과 공산당 우파에게서 등을 돌린다. 그들이 온건한 신경제 정책을 지속해야 한다고 주장하며, 스탈린식의 신속한 강제 공업화에 반대하고, 강제 집산화 정책에 반기를 들며 농민을 옹호했기 때문이다. 부하린은 1929년 패배하고, 그간의 입장을 철회하며, 1930년에 용서를 받는다. 소련 헌법을 작성했다. 1937년 체포되었고, NKVD가 운영하는 악명 높은 루반카 감옥에서 1년 동안 혹독한 취조를 당함. 1938년 제3차 모스크바 재판의 거물 피의자였다. 부하린은 터무니없는 기소 내용을 "인정하"면서도 이솝식의 우의적 화법으로 검사 측을 반박했다. 이후 총살. 구금 중에 집필을 허락받은 부하린은 스탈린이 눈을 부릅뜨고 감시하는 와중에도 네 개의 원고를 남긴다(시편들과 회고록도 포함되어 있다). 부하린의 유족과 전기 작가 스티븐 코언(Stephen Cohen)이 마침내 1992년 신성불가침의 영역으로 간주되던 대통령

문서고에서 그 원고를 찾아냈다.

18 빌 샤토프(블라디미르 세르구에이비치Vladimir Sergueivich)(Bill Shatov, 1887~1937): 러시아계 미국인으로 혁명적 생디칼리스트. 1903년 러시아 사회민주노동당 가입, 1907년 미국으로 이민, 세계 산업노동자동맹(IWW)원 자격으로 러시아인 분파를 이끎. 2월 혁명 후 러시아로 귀환, 페트로그라드 공장위원회 집행위원으로 피선. 10월 혁명을 지휘한 혁명 군사위원회에서 아나코-생디칼리스트 연합을 대표. 1919년 4월 페트로그라드 혁명 수비대 사령관 역임. 내전기에는 적군 사령관. 1920년 극동 공화국(Far East Republic) 조직가 겸 대리인으로 활약. 1921년부터 경제 관료로 직무 수행. 1937년 체포돼, 총살당함.

19 세르게이 예세닌(Sergei Yesenin, 1895~1925): 상징주의와 이미지즘의 영향을 받은 보헤미안 서정시인. 후에 대단한 인기를 누렸고, 자살하기 전 이사도라 던컨과의 연애 사건이 유명함.

20 블라디미르 마야코프스키(Vladimir Mayakovsky, 1893~1930): 소련의 시인 겸 극작가. 러시아 미래파의 대변인. 십대 때 이미 맑스주의자였고, 1908년 볼셰비크가 됨. 감옥에서 시를 쓰기 시작함. 모스크바 예술학교에서 수학(하지만 1914년 퇴학당함), 이후 미래파에 가담. 통렬한 지방어로 쓴 모더니즘 시 발표. 소련 혁명기에 군대를 격려하는 〈좌로 전진(Left March)〉을 읊었고, 선전 포스터도 제작함. 소련에서 엄청난 대중적 인기를 누린 시인으로, 1920년대에 좌파 예술 전선(Left Art Front)에서 두드러지게 활약. 국외를 여행하고, 정사(情事)를 벌이며, 성공과 출세를 모두 거머쥠. 1930년 자살. 스탈린이 그의 명성을 지켜줌. 스탈린 사후 해빙기에 시인 예프투셴코, 보즈네센스키, 가수 겸 작곡가 블라디미르 비소츠키 등이 마야코프스키에게서 영감을 얻음. 세르주는 마야코프스키가 무소르그스키의 유명한 노래 〈벼룩(The Flea)〉을 패러디한 것을 언급한다. 마야코프스키의 판본에서는 백군의 데니킨 장군이 벼룩이다.

21 일리야 에렌부르크(Ilya Ehrenburg, 1890~1967): 유대계 소련인으로, 코스모폴리탄 성향의 소설가(《파리 함락The Fall of Paris》). 기자 생활을 했으며, 제2차 세계대전 때는 선전원으로도 활동. 1905년 러시아혁명 가담. 해외로 가 파리에서 장기간 체류. 스탈린에 고분고분하면서도 나름의 독자성을 유지. 1935년 파리에서 열린 문화 수호 대회에서 '세르주 안건'을 묻어버리는 데 일조. 에스파냐 내전을 보도함. 대숙청에서 살아남음. 바실리 그로스만과 함께 나치가 유대인을 상대로 자행한 범죄를 기록한《블랙 북(Black Book)》을 편집. 허나 이 책은 1948년 스탈린의 발표 금지로, 1980년에야 예

루살렘에서 처음 인쇄됨.

22 아나톨리 루나차르스키(Anatoly Lunacharsky, 1875~1933): 러시아 맑스주의 지식인으로, 소련 문화부 장관. 취리히 유학 중 레닌과 룩셈부르크를 만남. 1903년 볼셰비크가 됨. '경험비판론' 논쟁에서 보그다노프를 편들었고, 보그다노프 및 고리키와 합세해 순차적으로 카프리와 파리에 노동자 학교를 열었다. 1917년 트로츠키 및 기타 인사들과 함께 재입당. 소련의 제1대 '계몽' 인민위원으로 취임해, (보그다노프와 함께) 교육, 혁신적 예술, 발레, 프롤레트쿨트를 장려함. 6개 언어에 능통할 정도로 박식했음. 1929년 스탈린에 의해 영향력 상실. 국제연맹과 에스파냐에 소련 대사로 파견. 대숙청 때 공식 역사에서 삭제됨.

23 이반 니키티치 스미르노프(Ivan Nikitich Smirnov, 1881~1936): 고참 볼셰비크. 1899년부터 사회주의자로 활동했고, 1905년 혁명 가담. 2월 혁명 후 톰스크 소비에트를 이끌었고, 공산당 출판사 볼나를 지휘. 시베리아 혁명위원회 의장. 당 중앙위원(1920~21). 소비에트 체신 인민위원(1923~27). 1923년부터 좌익 반대파로 활동. 1927년 당에서 축출, 1928년 유배, 1929년 항복, 1930년 복권. 1931년 트로츠키와 연락을 유지하는 비밀 트로츠키주의 조직을 이끎. 1933년 체포, 3년형을 언도받음. 제1차 모스크바 재판에서 사형 선고를 받음(1936).

24 콘스탄틴 페딘(Konstantin Fedin, 1892~1977): 러시아 소설가, 소련 작가회의 의장. 1914~18년 참전 및 수감 경험을 재료로 초기 작품 활동을 함. 적군에서 복무했고, 잠시 공산당에도 입당(1921년 탈당함). 1920년 막심 고리키를 만났고, 그에게서 많은 영향을 받음. 고리키의 서클에서 세르주와 사귐. 다른 소설가들인 이바노프 및 티호노프와 함께 세라피온 형제단(Serapion Brothers)에 가담. (세라피온 형제단은 자먀틴Zamyatin의 형식주의 교리를 지침 삼아 1921년 결성된 문학 단체. 자먀틴은 혁명을 승인했지만 공산당과는 독립적인 행보를 취함.) 세르주는 1924년 세라피온 형제단의 초기 소설들이 선 굵고, 현실적이라며 칭송했다. "그들은 폭풍으로 단련된 새로운 사람들이다." 페딘은 중립적 자세를 고수했으나 이후 정치적 순응주의로 투항. 세르주는 페딘이 1943년 발표한《고리키는 우리의 중심이다(Gorky in Our Midst)》를 멕시코에서 읽고, 그 박력에 감동했으나 내전기에 고리키가 용감하게 나서서 지식 활동의 자유를 옹호했고, 정통이 아닌 견해도 여럿 제시했다는 사실을 빠뜨렸다고 지적했다. "페딘은 살아남았다. …… 믿을 수 없을 만큼 큰 고초를 치렀음에 틀림없다. 언젠가 러시아 문단이 자유를 누리게 되면 공포 통치 시절의 억압을 그보다 더 잘 설명할 수 있는 사람도 없을 것이다."

25 네스토르 마흐노(Nestor Makhno, 1888~1934): 우크라이나의 농민 조직자이 자 게릴라. 러시아 내전기에 아나키스트 반란 세력 흑군을 이끌고 적군과 동맹함. 독일이 지원하던 우크라이나의 백군 세력을 최종으로 물리침. 말 을 사용해 기관총을 운반하는 탁월한 전술을 개발. 해방된 우크라이나에 서 아나키즘 자치 국가를 세우려고 시도. 적군과 연대해, 브랑겔 장군의 백 군을 우크라이나에서 축출함. 2주 후 연합 회의에서 적군이 동맹을 파기하 고, 마흐노파 군사 지도자들을 체포, 총살함. 흑군 해산이 명령되고, 1920 년 11월 특공부대가 그들을 공격함. 흑군은 패배하고, 마흐노는 탈출해 파 리에 정착. 이후 아나키스트 서클에서 활동, 목수로 일했고, 결핵으로 사 망. 마흐노 지지자 볼린(Voline)의 증언록 《우리가 모르는 혁명(La révolution inconnue)》을 보라.

26 세르주의 저작 《국가 탄압에 관해 급진주의자들이 알고 있어야 할 사항(Ce que tout révolutionnaire doit savoir de la répression)》을 보라.

27 알렉세이 리코프(Alexei Rykov, 1881~1938): 고참 볼셰비크, 소련의 정치가. 1905년, 1917년 혁명에 가담. 1924년 권력 투쟁 때 스탈린과 부하린을 편들 어 트로츠키와 대립함. 신경제 정책 지지. 러시아와 소련 정부의 명목상의 수장(1924~30). 1930년 스탈린에 의해 부하린 및 우익 반대파와 함께 한직 으로 쫓겨남. 체신 장관(1930~36). 1937년 당에서 축출. 제3차 모스크바 재 판에서 부하린과 함께 반역죄로 유죄 선고를 받고, 총살당함.

28 존 리드(John Reed, 1887~1920): 미국의 저널리스트, 급진주의 정치가. 러 시아 공산당원. 시애틀의 부유한 가문 출신으로, 하버드 대학교를 졸업 했고(사회주의 클럽 활동), 그리니치빌리지에서 보헤미안으로 활약. 《대 중(Masses)》지에서 폭로 저널리즘 활동. 세계산업노동자동맹(IWW) 패터 슨 지부 파업을 지지하는 야외극을 공연함. 록펠러의 콜로라도 광부 학살 (1913), 판초 비야의 활약을 그린 《멕시코 반란(Insurgent Mexico)》(1914), 러 시아 10월 혁명을 기록한 《10월: 세계를 뒤흔든 열흘(October: Ten Days That Shook the World)》(1919, 이후 세르게이 에이젠슈체인이 영화로 제작)을 남김. 공 산당을 창건하기 위해 미국으로 돌아감. 바쿠에서 열린 동방 민중대회에 참석하고 모스크바에 돌아온 후 발진티푸스로 사망. 크렘린 벽에 묻힘. 영 화 〈레즈(Reds)〉의 실제 인물.

29 흐리스티안 라코프스키(Christian, Rakovsky 1873~1941): 국제 혁명가(불가리 아, 루마니아, 러시아), 소련 외교관. 트로츠키와 평생 교유하며 협력. 발칸반 도에서 사회민주주의 정당들을 조직함. 1916년 전쟁에 반대하는 침머발트 사회주의자 그룹에 가담. 1917년 러시아 볼셰비키 입당. 코민테른 창설 멤

버이자 발칸 지역 선동가. 트로츠키, 라덱, 프레오브라젠스키와 함께 국제 좌익 반대파를 이끎(부하린-스탈린의 '일국 사회주의' 이론에 반발하여). 스탈린주의를 '관료적 중도주의'라 명명. 1927년 출당, 내부 유배, 1935년 복권. 1938년 제3차 모스크바 21인 재판에서 20년형을 언도받음. 히틀러가 소련을 침공하자, 스탈린의 명령에 따라 수감 중이던 150명의 볼셰비키 및 기타 정치범들과 함께 총살당함.

30 파울 레비(Paul Levi, 1883~1930): 룩셈부르크의 변호사, 독립 사회민주당 지도자. 스파르타쿠스 동맹을 공동 창건했으며, 계속해서 초기 독일 공산당의 지도자. 세라티가 '21개 조항'에 반대하자 이를 지지함. 3월 행동을 공개 비판해 KPD(독일 공산당)에서 쫓겨남. 1921년 이후 소규모 독자 그룹을 조직했으나, 그후 사회민주당 좌파에 가담. 자살한 것으로 추정.

31 에른스트 도이미히(Ernst Däumig, 1866~1922): 독일인으로 특공대 출신의 경험 많은 갱내부(坑內夫). 1918년 혁명적 직장위원 운동을 이끌었고, 공산주의 인터내셔널을 가입 지지함. 허나 레비가 1921년 코민테른에서 축출되자 그와 함께함.

32 아르투르 크리스핀(Arthur Crispien, 1875~1946): 독일의 사회주의 지도자. 레닌이 공산주의 인터내셔널 가입의 전제 조건으로 제시한 '21개 조항'에 디트만과 함께 반대하고, 1920년 제2차 세계대회 이후 결별.

33 빌헬름 디트만(Wilhelm Dittmann, 1874~1954): 독일의 사회주의 지도자. 레닌이 공산주의 인터내셔널 가입의 전제 조건으로 제시한 '21개 조항'에 크리스핀과 함께 반대하고, 1920년 제2차 세계대회 이후 결별.

34 마르셀 카생(Marcel Cachin, 1869~1958): 프랑스 공산당 지도자, 국회의원(후에는 상원의원), 《위마니테》편집자(1923~58). 1891년 사회당 가입. 1914년 국회의원(하원의원) 선출, 제1차 세계대전 지지, 1917년 러시아에 다녀옴. 1920년 투르 사회당 대회에서 코민테른 가입 지지. 충성스런 스탈린주의자로 파시즘에 맞선 인민전선의 기둥으로 활약(1935). 스탈린-히틀러 밀약하에서 독일과의 협력을 주도함(1939~41).

35 L.-O. 프로사르(L.-O. Frossard, 1889~1946): 프랑스 사회당 정치인. 1918년 프랑스 사회당 총서기. 러시아 외유. 코민테른 지지. 1920년 투르 대회를 통해 창건된 프랑스 공산당의 제1대 서기로 취임. 코민테른 가입의 자격 조건으로 제시된 '21개 조항'에 미온적 태도를 보임. 1923년 서기직 사임. 프랑스 사회당 서기국 재합류. 프랑스 7인 각료의 노동 장관(1935~40).

36 아마데오 보르디가(Amadeo Bordiga, 1889~1970): 이탈리아 공산당 창건자이자 초창기의 독보적 리더. 코민테른에서 극좌적 입장을 취해, 그람시와 더

고분고분했던 톨리아티로 교체. 후에 극좌 종파 국제공산당을 이끎.

37 루이스 프레이나(Louis Fraina, 1894~1953): 미국 공산당 창건자. 1922년 말 코
민테른과 결별. 세르주가 언급한 '중대 혐의'는 부풀려진 위탁금 착복 얘기
이거나 경찰 스파이라는 더 이른 시기의 고발일 것이다. 프레이나는 당시
에 두 혐의 모두를 벗은 상태였다. 그는 공산주의와 결별하고, 루이스 코리
(Lewis Corey)라는 이름을 쓰면서 경제학자로 명성을 쌓았다. 하지만 매카시
가 주도한 마녀 사냥 때문에 과거 행적이 밝혀져 고초를 겪었다.

38 바실 콜라로프(Vasil Kolarov, 1877~1950): 서유럽 정당들에 파견된 코민테른
특사로 활약. 코민테른 집행국 비서(1922~24). 1949년 디미트로프가 사망
하자 불가리아 총리에 취임.

39 다비드 베인쿱(David Wijnkoop, 1876~1941): 1907년 창간된 좌파 신문《트리
뷴(Tribune)》에서 활동. 이후 좌파 사회민주당과 공산당을 이끎. 1920년 암
스테르담에 반(半)자치적인 공산당 본부를 세우려고 했으나 수포로 돌아
감. 공산당 밖에서 야당 세력을 이끌었으나(1926~30), 이후 정통 견해로
복귀.

40 마나벤드라 나트 로이(Manabendra Nath Roy, 1887~1954): 인도 혁명가. 멕시
코와 인도 공산당을 창건한 초기 활동가. 로이의 경력에 관한 세르주의 서
술이 다 맞는 것은 아니다. 예컨대, 로이는 독일의 브란틀러 그룹을 지지했
다가 1929년 쫓겨났고, 인도 공산당에서 이후로 다시는 두각을 나타내지
못했다. 하지만 그는 만년에조차 스탈린을 높이 평가했다. 로이는 1954년
사망했고, 당시 잡지《래디컬 휴머니스트(Radical Humanist)》를 편집 중이었
다. 세르주가 '불쾌한 혐의'를 언급한 것은 아마 로이가 제1차 세계대전 때
독일한테 받은 뒷돈으로 인도 독립운동을 해서였을 것이다.

41 레오 (티스코) 요기헤스(Leo Tyszko Jogiches, 1867~1919): 폴란드 사회민주당
창건자로, 후에는 독일 공산당을 만듦. 룩셈부르크의 연인이자 협력자. 제
1차 세계대전 때 리프크네히트와 함께 먼저 스파르타쿠스 동맹을 결성. 리
프크네히트와 룩셈부르크 암살 이후에도 혁명 활동 지속, 1919년 3월 감옥
에서 살해당함.

42 이바르 테니소비치 스밀가(Ivar Tenissovitch Smilga, 1892~1937): 라트비아 태
생으로, 처형당한 혁명가의 아들. 1907년부터 볼셰비크로 활동. 10월 혁
명과, 실패로 돌아간 1918년 핀란드 혁명에 가담. 공산당 중앙위원회 성원
(1917~21과 1925~27). 트로츠키와 더불어 좌익 반대파의 주요 인물로 활약,
1927년 출당, 1928년 유배. 1929년 항복, 1930년 복권. 중앙아시아 기획부
우두머리. 1935년 체포, 총살.

43 엔베르 파샤(Enver Pasha, 1881~1922): 1913년 투르크의 전쟁 장관, 케말주의 혁명에 반대하다 1918년 러시아로 피신.

44 (브세볼로드 미하일로비치 아이첸바움) 볼린(Vsevolod Mikhailovich Eichenbaum Voline, 1882~1945): 러시아 아나키스트. 사회혁명당원(1905~11), 이후 아나키스트. 1908년 해외 이주, 1914년 군국주의 반대 활동, 1916년 프랑스 수용소 수감. 1917년 러시아 귀환. 페트로그라드 아나코-생디칼리즘 선전 동맹 지도자로 선출, 《골로스 트루다(Golos Truda)》(노동자의 목소리) 편집. 1919년 8월 우크라이나의 마흐노 군대 합류. 마흐노주의 운동 세력의 이데올로기 대변자로 활약, 그 세력의 혁명 군사위원회 지도. 1920년 볼셰비키가 그를 체포함. 1922년 해외 망명 허용. 마르세유에서 아나키스트로 활동하며 마흐노주의 운동의 역사를 기록함(《우리가 모르는 혁명, 1917~1927》).

45 코민테른이 일부러 네 사람을 죽게 내버려뒀다는 식의 소문이 돌았다. 세르주 곁에서 그 사태를 지켜본 마르셀 보디(Marcel Body)가 후에 그 소문에 이의를 제기한다. Body, *Un piano en bouleau de Carilie*(Paris, 1981)를 보라.

46 (모리스 반-담) 모리시우스(Maurice Van-Damme Mauricius, 1886~1974): 프랑스 아나키스트. 《아나르시》에서 세르주와 협력(1911). 소비에트 러시아 방문. 그의 저술 《소비에트의 나라에서: 아홉 달 동안 겪은 일(Au pays des Soviets: Neuf mois d'aventures)》(1922)에서 세르주를 신랄하게 비판한다.

4. 내부가 위험하다

1 테오도르 단(Theodore Dan, 1871~1947): 멘셰비키 우파. 1차 대전 때 온건 국제주의 경향 피력. 1922년 해외 망명. 뉴욕에서 소비에트를 긍정하는 평가를 내림(거기서 사망).

2 아론 바론(Aaron Baron, 1891~1938): 러시아 아나키스트. 파냐 바론의 남편. 1921년 아내와 함께 처형되는 것을 면함, 18년간 수감 생활, 1938년 총살당함.

3 미하일 바실리예비치 프룬제(Mikhail Vasilyevich Frunze, 1885~1925): 러시아 공산당 지도자 겸 전쟁 영웅. 1904년 볼셰비키 가담. 1905년 혁명 때 대규모 파업을 이끎. 1907년 체포, 투옥당함. 1917년 2월 벨로루시 농민 대의원 소비에트 의장으로 선출됨. 1918년 군사인민위원이 되었고, 콜차크 제독의 백군을 패배시킴. 적군 수장 트로츠키가 그를 서부 전선, 이어 남부 전선 사령관으로 임명. 크림 반도를 탈환하고, 브랑겔 장군의 백군 세력을 러시

아에서 축출. 1921년 중앙위원으로 선출. 트로츠키의 뒤를 이어, 혁명 군사 위원회 수장에 취임(1925). 스탈린이 명령한 불필요한 수술 중에 사망. 필냐크가 1926년 단편 〈소멸되지 않은 달 이야기(The Tale of the Unextinguished Moon)〉에 그 사건을 차용함.

4 바실리 콘스탄티노비치 블뤼처(Vasily Konstantinovich Blücher, 1889~1938): 무공 훈장을 받은 소련 사령관. 1935년 원수에 임명되었으나, 스탈린의 적군 숙청 과정에서 처형됨. 농민 가정에서 출생해 노동자가 됨. 1914년 전쟁 때 하사관. 1917년 사마라에서 사회민주노동당에 가입하고, 혁명에 참여. 내전 과정에서 볼셰비키 지도자로 부상. 1918년 체코 군단, 1920년 브랑겔 장군의 백군에 맞서 결정적 승리를 거둠. 1921년 극동 지역 군사 사령관으로 임명됨. 스탈린이 장제스 앞에서 알랑방귀를 뀌다 비극을 경험한 1924~27년에 갈린(Galin)이란 가명으로 중국 국민당 본부에 파견돼 소련 군사 고문 역할을 함. 말로가 《인간의 조건》에서 그를 묘사함. 장제스의 빨갱이 몰살 작전을 피해 탈출. 1929년 소련 극동 지역 사령관에 임명. 중국의 군벌과, 이어진 일본 세력과의 충돌에서 승리. 대중의 지지가 엄청났고, 스탈린이 감당할 수 없을 정도로 막강했던 그는 1938년 체포돼 고문을 당한다. 하지만 일본 스파이로 활동했다는 '자백'을 끝끝내 거부함.

5 알렉산드르 가브릴로비치 슐리아프니코프(Alexander Gavrilovich Shliapnikov, 1885~1937): 고참 볼셰비크. 1920년 노동자 반대파를 이끎. 1901년부터 사회민주노동당원으로 활동. 1903년 볼셰비키 가담. 1907년 상트페테르부르크 당 위원회 소속, 1914년 중앙위원. 2월 혁명 당시 페트로그라드 소비에트에서 주도적으로 활동. 혁명군사위원회 성원 자격으로 10월 혁명을 지도함. 제1대 소비에트 내각에서 노동인민위원. 연립 정부 안을 선호했음. 내전 때 여러 전선에서 방어 활동 조직. 1920년부터 범러시아 금속노동자연맹을 이끌었고, (콜론타이와 함께) 1920~22년의 노동조합 논쟁에서 노동자 반대파를 주도함. 요컨대, 트로츠키가 주창한 노동의 '군사화' 테제에 반발해, 노동조합이 경제를 관리 운영할 것을 주장함. 1918~19년 중앙위원회 위원 후보, 1921~22년 상임위원. 1923~24년에 공산당의 정책에 반대했으나 트로츠키주의자들과 연합하지는 않음. 출판, 외교(프랑스), 국가 계획(1932) 분야에서 활동. 1933년 당에서 쫓겨나, 유배됨. 1935년 체포되었고, 1937년 재차 체포됨. 총살당함.

6 알렉산드라 콜론타이(Alexandra Kollontai 1872~1952): 러시아 혁명가. 소비에트 정부하에서 최초의 여성 각료이자 최초의 여성 대사. 한때 멘셰비크였으나 볼셰비크로 전향해 두드러지게 활약. 제1대 소비에트 정부에서 사회

복지 인민위원. 좌익 공산주의자였다가 슐리아프니코프와 함께 1920~21
년 노동자 반대파를 이끎. 보디와 오랫동안 교제함. 트로츠키주의 반대파
에 공감했으나 결국 순응하는 쪽을 택함. 멕시코, 노르웨이, 스웨덴에서 소
련 대사를 역임.

7 마르셀 보디(Marcel Body, 1894~1984): 프랑스 공산당 (후에 아나키스트) 투사.
보디는 젊은 시절 리모주에서 식자공으로 일하며 사회당원이 되었고, 톨스
토이를 사랑해 러시아어를 배웠다. 1916년 징집된 그는 파스칼, 사둘과 함
께 프랑스 군사 사절단에 포함돼 러시아로 간다. 보디는 러시아혁명을 목
격했고, 진압 명령을 거부했으며, 모스크바의 프랑스 공산주의자 그룹에
가담해 세르주와 함께 초기 코민테른에서 번역가로 활약한다. 1921년 라도
가 호수 근처에서 프랑스인 농촌 코뮌을 건설하지만, 단명하고 말았다. 콜
론타이와 오랫동안 친밀한 관계를 유지했다. 1927년 프랑스로 돌아왔고,
1928년 프랑스 공산당에서 쫓겨난다. 수바린과 협력했다. 바쿠닌의 저작
을 프랑스어로 완역했다.

8 조르주 엘페르(Georges Hellfer, 정확하게는 구엘페르Guelfer): 러시아에 파견된
프랑스 군사 사절단의 일원이었으나 보디, 파스칼과 함께 혁명에 가담함.

9 엠마 골드만(Emma Goldman, 1869~1940, 일명 '빨갱이 엠마Red Emma'): 러시아
태생의 유대계 미국인 아나키스트이자 페미니스트.《어머니 지구(Mother
Earth)》의 편집자. 입센, 아나키즘 철학, 자유연애, 피임에 관한 글을 쓰고,
강연도 했다. 자유 언론의 투사이자 민중 선동가로 유명했다. 버크만의 오
랜 동료. 1919년 버크만과 함께 러시아로 강제 추방. 소비에트의 손님 자격
으로 러시아 각지를 여행, 자유가 부족한 것에 실망. 1921년 크론시타트 봉
기를 중재하려고 시도. 1923년 소련을 떠나,《나는 소련에서 환멸을 느꼈다
(My Disillusion in Russia)》저술. 1936년 CNT-FAI 아나키스트들의 초청을 받
고 에스파냐로 건너감. CNT-FAI는 이때 다수의 농장과 공공서비스 기관
을 장악해 집산화했고, 공화국 정부에 참여 중이었다. 골드만은 스탈린주
의자들이 그들을 탄압하는 것을 목격했고, 다른 아나키스트들이 지원을 외
면하는 것을 탄식한다(《눈부신 미래상: 엠마 골드만과 에스파냐 혁명Vision on
Fire: Emma Goldman and the Spanish Revolution》).《나의 생애(Living My Life)》라는
회고록을 남김.

10 알렉산더 버크만(Alexander Berkman, 1870~1936): 러시아계 미국인 아나키스
트. (러시아 제국 리투아니아 소재) 빌뉴스에서 태어나 18세에 뉴욕으로 이
주. 골드만의 연인이자 협력자. 1892년 홈스테드 파업 때 피츠버그의 자본
가 헨리 클레이 프릭(Henry Clay Frick) 암살 기도, 14년 동안 수감됨(《한 아나

키스트의 감옥 경험Prison Memoirs of an Anarchist》). 징병에 반대했다는 이유로 1917년 골드만과 함께 체포돼, 소련으로 추방당함. 1920년 골드만과 함께 러시아를 두루 여행. 1921년 크론시타트 위기 때 그와 골드만은 볼셰비키와 수병 반란군을 화해시키려고 애씀. (세르주의 장인 루사코프와 조사위원 자격의 세르주도 거기 참여.) 공산주의에 환멸을 느끼고 프랑스에 정착함(《볼셰비키는 거짓이다The Bolshevik Myth》, 1925). 와병하고 좌절해, 아나키즘의 전망이 부활한 에스파냐 혁명 발발 직전에 자살함.

11 알렉산드르 루사코프(Alexander Russakov, 1874~1934): 세르주의 장인. 유대계 러시아인 아나키스트 노동자(재단사, 청소부, 모자 제조공). 1904년이나 1905년에 유대인 지구 로스토프-온-돈(Rostov-on-Don)에서 반유대주의 폭력 집단 블랙 헌드레즈(Black Hundreds)에 맞서 싸움. 차르 경찰이 추적을 개시하자, 아내 올가 그리고리예브나와 두 아들 조셉과 마르셀, 다섯 딸 에스더, 아니타, 유제니아, 레이첼, 류바(장녀)를 데리고 러시아 탈출. 장신에 호남으로, 열정적이면서 소박했고, 용기와 위엄이 넘쳤다. 절망을 모르던 그는 자신의 아나키즘 사상을 타협하지 않으면서도 계속 늘어나는 가족을 성공적으로 부양했다. 루사코프 가족은 전 세계의 슬럼과 항구 도시(함부르크, 뉴욕, 부에노스아이레스, 바르셀로나)를 전전하다, 마침내 1908년 마르세유에 정착한다. 제1차 세계대전 때 마르세유로 파견된 러시아 수병들에게 이 아나키스트 가정은 고향의 집 같은 역할을 한다. 러시아 전함의 수병들을 선동한 혐의로 니콜라옌코 박사와 함께 억류당했다. 1919년 인질 교환이 이루어진다. 페트로그라드에서 잠시 유럽 호텔(Hotel Europe)과, 이어 세탁소를 경영함. 세르주 가족과 젤리아보바 가의 큰 아파트에 함께 거주. (아파트는 후에 공영화돼 나눠 쓰게 된다.) 1921년 미국인 아나키스트 골드만과 버크만의 크론시타트 반란 중재 시도를 주관했다. 루사코프 가족은 1929년 용의주도하게 준비된 공산당 캠페인의 표적으로 전락한다. "내전의 무공 영웅인 여성 기병대 출신의 스비르치예바(Svirtsieva)를 잔인하게 구타했다"는 혐의로 몽땅 기소된 것이다. 기록에 따르면 스비르치예바가 "자크트(Jakt, 건물 관리 협동조합)에서 나와, 젤리아보바 가 아파트를 보수 점검했다"고 나온다. 자크트는 프롤레타리아의 대의를 위해 당장에 루사코프를 체포해 본보기로 처형해야 한다고 요구했다. 실상 스비르치예바는 정부 공작원이었다. 그녀가 문간에서 류바의 따귀를 때렸다. 류바는 그때 이미 피해망상증에 시달리고 있었다. 세르주와 자주 방문하던 루마니아 작가 이스트라티가 국제 방어 캠페인을 조직했고, 루사코프 가족은 무죄를 선고받는다. (이스트라티는 파리에서 《루사코프 가족 사건The Russakov Affair》을 출판했다.) 류바

와 블라디미르 키발치치를 오렌부르크로 데려간 것도 그다.

12 라파일 아브라모비치(Rafail Abramovich, 1880~1963): 러시아 사회주의자. 유 대인 노동자 단체 분트파 회원, 이어 제1차 세계대전 때 멘셰비크 국제주의 자. 러시아를 떠난 후 제2인터내셔널의 주요 인물로 부상. 망명자 저널《소 치알리스티체스키 베스트니크(Sotsialistichesky Vestnik)》를 편집함.

13 신경제 정책(New Economic Policy, NEP, 1921~1929): 크론시타트 수병 반란의 여파로 레닌이 1921년 반포한 부분적인 자본주의 복원 정책. 제1차 세계대 전과 내전으로 피폐해진 러시아 경제를 재건하고, '전시 공산주의'라고 하 는 징발 제도를 폐지하는 것이 목표였다. 소련 정부는 이런 국가자본주의 형태로 대규모 주요 경제를 계속 통제했지만 소상공업과 농업은 번창하도 록 허용했다. 네프(NEP)는 1920년 트로츠키가 처음 제안했고, 이후 부하린 과 우파가 지지했으며, 러시아의 생산 활동을 제1차 세계대전 이전 수준으 로 복구했다. 하지만 불평등이 재등장했고, 산업화 속도도 느렸다. 스탈린 의 5개년 계획이 1928년 신경제 정책을 대체했다. 농업이 강제로 집산화됐 고, 스타하노프 운동이 가미된 긴급 공업화 프로그램이 가동됐다.

14 스테판 막시모비치 페트리첸코(Stepan Maximovich Petrichenko, 1892~1946?): 크론시타트 반란의 지도자. 이후 핀란드로 탈출. 핀란드에서 소비에트를 지지하는 망명자 그룹에 가담했고, 그 때문에 제2차 세계대전 때 당국과 마찰을 빚는다. 1945년 러시아로 송환되었고, 즉시 수감된다. 1946년이나 1947년에 감옥에서 사망한다.

15 에브게니 프레오브라젠스키(Evgeni Preobrazhensky, 1886~1937): 고참 볼셰비 크. 1917년에 레닌을 지지함. 소비에트의 주요 경제학자. 부하린과 함께 《공산주의의 ABC》를 씀. 트로츠키 및 라덱과 함께, 부하린과 스탈린의 '일 국 사회주의' 이론에 맞서 좌익 반대파를 이끎. 신경제 정책기에 농민들에 게서 세금을 거둬 노동자들을 부양하고, 공업 제품을 생산해 곡물과 교환 하자는 느릿느릿 이루어지는 산업화 정책을 제안함(이른바 '사회주의적 시 초 축적'). 1927년 당에서 쫓겨남. 스탈린은 1928년 이른바 5개년 계획이라 는 잔인한 강제 공업화 및 강제 집산화를 통해 '사회주의적 시초 축적'을 가속화함. 트로츠키주의를 포기하고, 산업 정책에 참가. 1937년 체포, '자 백'을 거부함. 재판 없이 총살.

16 스파르타쿠스 동맹(Spartakists, Spartacus League, 독일어: Spartakusbund): 제1차 세계대전 때 독일에서 조직된 혁명적 맑스주의 운동 단체. 로마의 노예 반 란 지도자 스파르타쿠스를 좇아 조직의 이름을 정했다. 리프크네히트, 룩 셈부르크, 체트킨, 기타 인사들이 전전의 사회민주당 세력에서 갈라져 나

와 세웠다. 1918년 12월 독일 공산당으로 개명. 1919년 코민테른 가입. 1918
년 독일 혁명 때 적극적으로 노동자위원회를 조직함. 봉기는 실패했고, 에
베르트가 이끄는 사회민주당 정부가 1919년 1월 이들을 진압. 지도자들은
살해당했다.

17 폴 바양-쿠튀리에(Paul Vaillant-Couturier, 1892~1937): 프랑스의 공산주의자
시인, 소설가, 기자, 정치인. 제1차 세계대전을 회고하는 저작을 씀. 그 전
쟁으로 평화주의자 겸 사회주의자로 전향. 1919년 전쟁에 반대하는 참전
군인회를 설립하고, 참전 경험이 있는 동료 소설가 앙리 바르뷔스(Henri
Barbusse)와 함께 《클라르테(Clarté)》를 창간. (세르주가 1928년까지 이 평론지
에 러시아와, 이어 독일에서 정기적으로 정치 및 문화 기사를 실음.) 대중 연설가,
1919년 사회당 국회의원으로 피선. 1920년 수바린 및 롱게와 함께 사회당
에서 갈라져 나와 프랑스 공산당을 창건함. 1924년 공산당 소속으로 국회
의원 재선. 당 노선에 순응했고, 매우 대중적인 지도자였다. 당 업무와 정부
요직(빌쥐프 시장과 국회의원)을 맡아 수행하다 때 이른 죽음을 맞이함. 세
르주가 《클라르테》와 계속 협력하는 것을 막았고, 1935년 공산당이 후원한
파리문화수호대회에서 세르주 체포 건 토론을 차단하려 시도함.

18 페르낭 로리오(Fernand Loriot, 1870~1932): 프랑스 사회주의자, 이어 공산주
의자. 1917년 봄 레닌과 길보를 만남. 1919년 소비에트 지지. 1920년 프랑스
공산당 중앙위원으로 선출. 코민테른 제2차, 3차, 4차 대회에 참가. 모나트,
로스메르, 수바린 출당을 비난함(1925). 1926년 당과 결별.

19 자크 메스닐(Jacques Mesnil, 1872~1940): 사회주의 저술가 겸 기자. 아내 클라
라(결혼 전 성은 쾨틀리츠)와 더불어 세르주와 아주 가까웠음. 제1차 세계대
전 때 롤랑의 반군국주의를 지지함. 러시아에서 코민테른 초창기에 세르주
와 협력함. 보티첼리를 다룬 놀라운 책을 씀. 세르주 사후 발표된 소설 《용
서 없는 세월》에서 다루어짐.

20 보리스 수바린(Boris Souvarine, 1895~1964): 맑스주의 연구자, 기자. 우크라이
나 태생으로, 프랑스로 귀화한 투사. 키에프에서 태어나 프랑스로 이주. 노
동자 출신으로 독학해, 기자가 됨. 프랑스 공산당 창당 멤버(1920). 코민테
른 집행국 성원(1921). 프랑스에서 트로츠키의 《새로운 진로(New Course)》
를 재출간함. 1924년 출당. 반스탈린주의를 표방한 《공산주의 회보(Bulletin
communiste)》 발행(1925). 레이몽 크노, 조르주 바타유, 로라, 르페브르와 민
주공산주의자동맹(Democratic Communist Circle) 공동 설립. 《크리티크 소시알
(Critique sociale)》 발행. 후년에 가서 세르주를 적대함.

21 헨리에트 롤랑-홀스트(Henriette Roland-Holst, 1869~1952): 네덜란드인으

로 트리뷴파(좌파 신문《트리뷴》을 1907년 공동 창간함). 이어 공산당원이 됨. 1924년 독립 공산당을 세웠으나 단명. 기독교 사회주의자로 개종. 투쟁 정치를 버리고 시에 몰두. 여러 해 동안 네덜란드 문학계의 중진이자 원로로 활약.

22 프란체스코 게치(Francesco Ghezzi, 1893~1942): 이탈리아의 아나코-생디칼리스트 노동자로 거리낌 없는 언변으로 유명했다. 모스크바의 적색 노동조합 인터내셔널 파견 대표 자격으로 코민테른 3차 대회에 참가함. 그때 세르주와 교유했고, 정치적 동지가 됨. 귀국 도중 베를린에서 체포, 무솔리니 치하의 이탈리아로 추방해버리겠다는 위협에 직면함. (독일에 체류 중이던) 세르주와 기타 인사들이 그의 석방 캠페인을 벌임. 1922년 소련으로 망명을 허가받음. 게치는 계속해서 노동자로 살았고, 견해 표명을 주저하지 않았다. 1929년 체포되었고, 유럽에서 여론이 환기돼 겨우 석방된다. 루사코프 집안과 친했다. 세르주가 1933년 오렌부르크로 유배당하자, 게치가 그와 가족을 돕는다. 세르주가 1936년 소련을 떠나면서 게치가 그의 원고를 떠맡는다. 1937년 체포돼, 극북의 보르쿠타(Vorkuta)로 유배당함. 이미 결핵을 앓고 있는 상태였음.

23 호아킨 마우린(Joaquín Maurín, 1896~1973): 에스파냐 혁명가. 레리다의 교원 노조 활동가. 1921년 CNT 대표로 모스크바를 방문했고, 세르주를 만남. 수바린의 누이와 결혼. 카탈루냐에서 공산당 창당.《바타야》를 창간하고, 편집함. 프리모 데 리베라(Primo de Rivera) 치하에서 4년간 몬주익에 수감됨. 1931년 코민테른과 결별, 노동자 농민 블록을 세움. 닌이 이끄는 좌익 공산주의자들과 합쳐서 품(POUM) 결성. 프랑코가 쿠데타를 시도한 초기에 가명을 쓰며 활동하다가 파시스트들에게 사로잡힘, 살해당했을 것으로 추정되었으나 생존. 후에 사형을 언도받음. 10년간 투옥. 뉴욕으로 이주. 역사와 사회학 관련 저서를 여러 권 집필.

24 안드레스 닌(Andrés Nin, 카탈루냐어: 안드레우Andreu, 1892~1937): 에스파냐 혁명가. 바르셀로나의 생디칼리즘 조직 CNT의 투사. 1921년 다토 총리 암살 기도에 잘못 연루. CNT 대표로 뽑혀 코민테른 대회 참가(가까스로 탈출해 모스크바에 도착할 수 있었음). 적색 노동조합 인터내셔널을 로조프스키와 함께 이끎. 1926년 트로츠키의 좌익 반대파에 합류. 모스크바에서 세르주와 절친하게 지냄. 도스토예프스키를 번역함. 1930년 에스파냐 귀환을 허가받음. 에스파냐 좌익 공산주의 그룹 결성, 하지만 전술 문제에서는 트로츠키와 견해가 달랐고, 마우린의 노동자 농민 블록과 통합해 품이 결성됨. 내전 초기에 인민전선이 승리한 후 카탈루냐 법무부 장관직을 수행. 인민

재판소를 출범시킴. 허나 공산당의 압력으로 결국 사임. 1937년 5월 바르셀로나 봉기 후 게페우 장군 오를로프의 명령을 받은 스탈린주의자들이 닌을 납치, 고문, 암살함.

25 피에르 파스칼(Pierre Pascal, 1890~1983): 프랑스의 러시아 학자, 역사가, 독실한 기독교인. 고등사범학교 러시아 교수. 1911년 러시아 체류. 1916년 프랑스 군사 사절단의 일원으로 모스크바 재방문. 소비에트를 와해하려던 프랑스의 군사 개입에 반대. 세르주, 보디, 사둘과 함께 러시아 내 프랑스 공산주의자 그룹에 가담. 소비에트 정부의 문서 번역자. 세르주의 처제 제니 루사코바와 혼인, 15년 동안 러시아에 체류. 도스토예프스키, 톨스토이를 번역함. 1933년 3월 4일 파리 향발, 체포와 관련한 세르주의 '성명서'를 지님 (3월 8일 공개됨). 동양어 학교, 후에 소르본 교수로 임명됨. 네 권짜리 회고록《러시아 일기(Mon journal de Russie)》를 씀. 제니 루사코바-파스칼과 주위 사람들은 1936년 이후 세르주에 비판적으로 돌아섰다. 소련에 남은 루사코프 집안 사람들이 겪는 고초에 그가 책임이 있다는 투였다. 스탈린은 세르주를 풀어주고서 얌전히 굴게 할 요량으로 (그가 쓴 소설과 함께) 루사코프 집안 사람들을 인질로 붙잡아두었다. (실상 세르주도 몇 달은 함부로 입을 열지 않고 참았다. 그가 성토를 시작한 것은 모스크바 재판 이후였다.)

26 앙리 길보(Henri Guilbeaux, 1884~1938): 프랑스의 국제주의자, 평화주의 저널리스트. 1915년 스위스로 망명. 침머발트 운동 세력을 지지했고, 키엔탈에서 레닌을 만났으며, 친볼셰비크 신문《내일(Demain)》을 발행했다. 1919년 패전주의를 표방하고, 적과 내통했다는 혐의로 사형을 언도받음. 프랑스에서 추방됨. 모스크바로 가 1919년 코민테른 제1차 대회 참석. 1929년까지 러시아 체류. 프랑스로 귀국, 이후 친나치 반유대주의 입장으로 전향.

27 자크 사둘(Jacques Sadoul, 1881~1956): 프랑스 법률가, 공산주의 작가. 1914년 사회당의 전쟁 장관 토마를 보좌함. 1917년 모스크바 주재 프랑스 군사 사절단 대표. (파스칼과 보디처럼) 볼셰비크로 전향. 궐석 재판으로 사형을 언도받음. 적군과 함께 내전에 참여. 1920년 열린 코민테른 제2차 대회에서 프랑스 대표. 코민테른 집행국에서 일함. 프랑스로 귀국, 공산당 합류,《이즈베스티야》와《위마니테》에 순응주의적 기사들을 실음. 그 기사들에서 세르주가 중상모략당하자, 트로츠키가 방어해줌(1936).

28 알베르 토마(Albert Thomas, 1878~1932): 제1차 세계대전 때 프랑스의 군수 장관. 2월 혁명 이후 연합국 지지를 끌어내기 위해 러시아를 방문함.

29 알렉산드르 블로크(Alexander Blok, 1880~1921): 세르주가 크게 감탄한 러시아 시인. 상징주의를 표방한 동료 벨르이처럼 블로크도 처음에는 유토피

아적 열정 속에 혁명을 기렸다. 세르주가 프랑스어로 번역한 그의 시 〈열두
명(The Twelve)〉은 눈보라를 뚫고 행군하는 적군 대원 열두 명을 그리스도
의 열두 사도에 비유한다. 1921년쯤 와병하고, 환멸을 느낀 블로크는 러시
아를 떠나게 해달라고 탄원하지만 승인이 나기 전에 죽고 만다.

30 세계산업노동자동맹(Industrial Workers of the World, IWW): 미국의 노동계급
운동단체로, 전투적 생디칼리즘으로 대변됨. 1905년 설립, 1910~1919년이
전성기. 이후 빨갱이 공포, 사냥기에 분쇄됨.

31 마티아스 라코시(Mathias Rakosi, 1892~1971): 헝가리 공산당 지도자. 쿤과 함
께 단명하고 만 헝가리 소비에트 공화국의 인민위원(1919). 모스크바로 피
신. 코민테른 사무국원(1922). 1924년 헝가리로 귀환. 제2차 세계대전 때는
모스크바에 머묾. 완고한 스탈린주의자. 지하 활동 지도자들을 누르고, 전
후 헝가리 공산당의 수장으로 임명. 1949년 정부 장악. 1956년 헝가리 노동
자평의회 혁명으로 전복됨. 소련으로 도피해 사망.

32 안드레이 벨르이(Andrei Bely, 1880~1934): 러시아의 상징주의 시인 가운데서
도 모더니즘 소설《상트페테르부르크(St. Petersburg)》(1916~1922) 덕택에 영
어권 독자들에게 가장 유명하다. 세르주가 같은 도시를 무대로 한 소설《정
복당한 도시》를 쓰는 데 많은 영향을 끼쳤을 것으로 추정된다. 세르주는 벨
르이의 시 〈그리스도의 부활(Christ Is Risen)〉을 번역했다. 벨르이도 블로크
처럼 유토피아를 희구하며 혁명을 반겼다. 1920년 이바노프-라줌니크와
함께 볼필라(Volfila, 자유철학협회)를 세움. 허나 체카가 이내 감시 활동을 개
시. 레닌이 1921년 베를린으로 가도 좋다고 허가했지만, 벨르이는 후에 소
련으로 돌아온다.

33 파냐 (패니) 바론(Fanya Fanny Baron, ?~1921): 러시아 아나키스트. 미국에도
체류함. 아론 바론과 함께 우크라이나의 아나키스트 조직 나바트(Nabat, 경
종)에 합류, 마흐노 운동 세력과 협력함. 1920년 말쯤 남편 및 볼린과 함께
체포된 것으로 추정. 리아잔 감옥을 탈출했지만 배신을 당해 다시 체포됨.
1921년 9월 체카에 의해 총살당함.

5. 기로에 선 유럽

1 블라디미르 알렉산드르 키발치치(Vladimir Alexander Kibalchich, '블라디Vlady',
1920~2005): 세르주의 아들. 오렌부르크 유배 때, 벨기에 · 프랑스 · 멕시
코 망명 때 아버지와 함께함. 멕시코의 저명한 화가, 판화가, 벽화가. 혁명

가들 틈바구니에서 자람. (어머니가 속기사로 타이핑을 할 때 안고 어르던) 레
닌에게 오줌을 갈겼다고 함. 레닌그라드의 어린 시절 학교를 빼먹고, 에르
미타주를 둘러보며 그림을 그림. 열세 살 때 경비병 몰래 레닌그라드 게페
우 본부로 쳐들어가, 체포된 아버지의 행방을 수소문하는 데 성공. 이견 따
위를 자유롭게 밝히다가 오렌부르크 김나지움에서 퇴학당함(지드가 1934
년 이에 항의). 파리에서는 극좌 단체들에 적극 가담, 에스파냐의 품과 연대.
1937~40년에는 파리에서 루브르 박물관을 비롯해 조젭 라카스, 빅토르 브
라우너, 오스카르 도밍게즈, 빌프레도 람, 앙드레 마송, 아리스티드 마욜의
작업실을 자주 출입. 1940~41년에는 마르세유에서 초현실주의자들과 함
께 체류함. 멕시코에 정착해, 이사벨 디아스와 결혼. 다수의 전시회를 열었
고, 상도 여러 차례 받음. 유럽과 미국을 두루 여행하고, 체류하며 연구도
함. 1974년부터 1982년에 걸쳐 멕시코시티의 미구엘 레르도 데 테하다 도
서관(Miguel Lerdo de Tejada Library)에 '혁명의 원리'를 주제로 대작 벽화를 제
작함. www.vlady.org를 보시오.

2 후고 슈티네스(Hugo Stinnes, 1870~1924): 독일의 기업가로, 엄청난 재산을
쏟아 부어 국가에 봉사했다. 대다수 언론과 경제 전반을 통제한 막후의 실
력자.

3 에른스트 탤만(Ernst Thaelmann, 1866~1944): 독일 공산당이 스탈린주의화된
이후 당을 이끌었다. 독일 제국의회 의원(1924~33). 1933년 체포돼, 전쟁 말
엽 강제수용소에서 살해됨.

4 클라라 체트킨(Clara Zetkin, 1857~1933): 독일 여성운동의 선구자, 맑스주의
활동가. 독일 사회민주당 좌파로 룩셈부르크와 절친한 사이였음. 제1차 세
계대전 때 스파르타쿠스 동맹 가입. 공산당 소속으로 제국의회 국회의원
(1920~33). 모스크바에서 사망.

5 아브라함 R. 고츠(Abraham R. Gotz, 1882~1937?): 사회혁명당 테러리스트였
고, 후에는 강경하게 케렌스키를 지지함. 볼셰비키 지도자 암살 작전을 주
도한 혐의로 1921년 사형을 언도받음(형 집행 정지). 1927년 석방. 다년간 국
영 은행에 근무함. 중앙아시아로 추방당함. 스탈린의 명령으로 1937년 총
살된 것으로 여겨짐. (1940년대까지 굴락에서 생존했을 수도 있음.)

6 보리스 필냐크(Boris Pilnyak, 1894~1938): 소련의 소설가로 공산당원이 아니
었음. 세르주와 절친했고, 많은 영향을 끼침. 공부를 마치고, 1915년 작품
발표를 시작, 허나 혁명으로 사정이 여의치 않아졌고, 농촌을 유랑함. 고리
키와 루나차르스키가 필냐크의 작품에 관심을 보임. 혁명을 다룬 소설《벌
거벗은 해(Naked Year)》(1920)를 출간함(트로츠키가 신랄한 비판을 퍼부음). 세

르주는 1924년에 쓴 한 논설에서 이 작품의 문체를 상찬. 변화무쌍하고, 모더니즘적이며, 세속적이고, 콜라주 같다고 함. 세르주 자신의 문체를 예견케 함. 〈소멸되지 않은 달(The Tale of the Unextinguished Moon)〉(1926)을 씀. 이 이야기는 (스탈린이 명령한) 작전으로 인해 프룬제가 사망했다는 예민한 내용을 다루었음. 1929년《붉은 숲(Red Wood)》, 1930년《볼가 강은 카스피 해로 흘러든다(The Volga Falls into the Caspian Sea)》를 씀. 뒤엣것은 5개년 계획을 주제로 함. 유럽, 아시아, 미국을 두루 여행함. 1935년까지 당과 거리를 둔 채 비교적 독자적으로 활동함. 1937년 트로츠키주의자로 지목돼 체포. 이후 총살당함.

7 브세볼로드 이바노프(Vsevolod Ivanov, 1895~1963): 소련의 소설가. 선원, 배우, 곡예사, 식자공, 희극인, 레슬링 선수 등 여러 직업을 경험하며 다채롭게 삶. 1917년 적군 입대. 내전을 소재로 한 초기 단편들―〈빨치산(Partisans)〉, 〈무장 열차 1469호(Armored Train No. 1469)〉, 〈고행자의 모험(Adventures of a Fakir)〉(1934~1935)―은 곡마단 경험을 바탕으로 했다. 제2차 세계대전을 다룬 소설도 씀. 고리키의 후원을 받음. 세라피온 형제회에 가담. 서방의 후원을 받은 콜차크 제독의 백군 세력과 싸운 시베리아의 적군 파르티잔을 역동적이고 현실감 있게 묘사한 이바노프의 글을 세르주는 1924년 이렇게 칭송했다. "브세볼로드 이바노프의 글을 읽으면 특급 열차를 타고 러시아의 스텝을 가로지른다는 느낌이 든다."

8 자크 도리오(Jacques Doriot, 1898~1945): 프랑스 공산당원, 후에 파시스트 정치인으로 훼절. 금속 노동자 출신으로, 젊어서 사회당원이었고, 1차 대전 때 복무해 훈장을 받았으며, 프랑스 공산당 청년 조직을 이끎. 소련 방문. 파리 교외의 노동계급 지구 생드니에서 확고한 지지를 받아 국회의원 당선. 코민테른의 '사회-파시즘' 노선에 반대했고, 1934년 프랑스 공산당과 결별. 사회당 및 부르주아 자유주의자들과의 인민전선을 지지. 생드니에서 낙선하자, 프랑스 인민당을 창설. 프랑스 인민당은 노골적인 파시스트 조직으로 급변. 점령기에 나치를 방불케 활동함. 러시아 전선에서 싸움. 자동차로 이동 중 연합군 항공기에 의해 피살.

9 니콜라이 N. 크레스틴스키(Nikolai N. Krestinsky, 1883~1938): 1905년 이래 볼셰비크로 활동하며 거듭 체포됨. 1917년 이후 재무 인민위원, 이후 외무 인민위원보 역임. 1919~21년 중앙위원회 서기. 1938년 제3차 모스크바 재판에서 부하린 및 리코프와 함께 피고석에 섬. 첫날 자백한 내용을 부인했고, 다음날 그 부인 행위를 다시 부인했다. 총살형을 언도받음.

10 빌리 뮌첸베르크(Willi Münzenberg, 1889~1940): 독일 공산당 지도자이자 국

제법 학자. 국제사회주의청년 동맹(1914~19) 및 청년공산주의자인터내셔
널 사무총장 역임. 다수의 운동을 막후에서 조종한 주요 조직자. 모스크바
재판으로 1937년 당과 결별. 포로수용소에서 탈출했으나 1940년 프랑스에
서 목 매달린 시체로 발견됨. 게슈타포의 소행이라고도 하고, 엔카베데의
짓이라고도 함.

11 하인츠 노이만(Heinz Neumann, 1902~1937): 독일 공산당 지도자. 수포로 돌
아간 1923년의 함부르크 봉기에 참여, 이후 빈으로 도주. 좌파에 공감함. 곧
스탈린주의자로 전향. 1927년 광둥 공산당 봉기를 조직함. 당원 2만 5,000
명 사망. (세르주는 그 스탈린주의 재앙에 관한 글을 쓰고 출당당함.) 독일로 귀
국한 노이만은《적기》를 편집하며 독일 의회의 공산당 소속 국회의원으로
활약한다. 재앙을 가져온 스탈린의 '사회-파시즘' 이론을 옹호해가며, 사
회민주당 세력을 공격하는 데 앞장섬. 결국 히틀러가 집권할 수 있는 길을
터줌. 나치 세력이 권력을 장악하자, 소련으로 달아났고, 1937년 대숙청 때
사망. 미망인 마르가레테 부버-노이만(Margarete Buber-Neumann)은 독소 밀
약으로 1940년 게슈타포에 인계된다.

12 이 서술은 엄밀히 말해 부정확하다. 프리드만은 재판 막바지에 투항했고,
공산당과 군대의 내부 조직에 관해 진술했다.

13 V――는 디미타르 블라호프(Dimitar Vlahov, 1878~1953)다. 마케도니아 공
산당 지도자이자 코민테른 대표. 1934년 이후 소련으로 피신. 1943년 티토
와 함께 빨치산을 이끎. 유고슬라비아의 마케도니아 지역을 담당. 1953년
유고슬라비아 부통령으로 재임 중 사망.

14 가브릴로 프린치프(Gavrilo Princip, 1894~1918): 세르비아 민족주의를 신봉한
보스니아 학생. 사라예보에서 페르디난트 대공을 암살한 그의 소행으로 인
해 제1차 세계대전이 발발한 것으로 흔히 얘기됨. 나이 때문에 사형을 모면
함. 1918년 4월 폐결핵으로 감옥에서 사망.

15 다닐로 일리치(Danilo Ilic, 1890~1915): 세르비아 민족주의자. 사라예보 암살
사건 주모자. 페르디난트 대공 암살 사건에서 맡은 역할로 인해 처형당함.

16 드라구틴 디미트리예비치(Dragutin Dimitrijevic, 1876~1917): 사라예보 암살
사건 주모자. 세르비아 정보기관의 수장 겸 검은 손(Black Hand)이라 불린
비밀 결사의 주요 인물. 1917년 6월 대단히 의심스러운 재판을 받고 처형
됨.

17 아돌프 아브라모비치 요폐(Adolf Abramovich Joffe, 1883~1927): 크림반도 출신
의 카라이(Karaite) 교도로, 러시아 혁명가이자 소련 외교관. 청년 시절 러시
아 사회민주노동당 가입, 베를린 유학 후, 러시아로 돌아와, 1905년 혁명에

가담. 망명 후, 빈에서 트로츠키와 함께《프라브다》편집. 의학과 정신분석을 공부함. 1917년 트로츠키와 함께 볼셰비키에 가담, 10월 혁명을 지지함. 독일과의 브레스트-리토프스크 강화 조약에 마지못해 서명. 베를린 주재 소련 대사. 1918년 11월 독일 혁명 전야에 "볼셰비키 선동"을 했다는 혐의로 추방. 1920년 폴란드, 오스트리아, 발트 해 국가들과 평화 협상. 중국 및 일본 주재 소련 대사. 트로츠키의 좌익 반대파를 지지함. 트로츠키가 출당되자 와병과 낙담 속에 항의의 의미로 자살함.

18 쿠데타는 1924년 6월에 일어났다. 조구는 곧 조그 국왕을 참칭했다.

19 유리 코치우빈스키(Yuri Kotziubinsky, 1897~1937): 러시아 공산주의자. 1923년부터 반대파로 활약. 빈과 바르샤바에서 외교관으로 근무. 통합 반대파를 이끎. 대다수의 공산당 반대파처럼 당에서 쫓겨났고, 재판도 없이 처형당함. 세르주가 자주 얘기했듯이, 그들은 굴복하거나 거짓 자백하기를 거부했다.

20 티모페이 사프로노프(Timofey Sapronov, 1887~1937): 러시아 혁명가. 가옥 도장업자로, 1912년 볼셰비키 가담. 1917년 혁명과 내전기에 적극 활동. 극좌 성향의 민주 집중제파를 이끌며, 당 관료들이 소비에트를 지배하는 것에 반대(1919). 1923년 관료제 반대를 기치로 내건 반대파, 이어서 트로츠키의 좌익 반대파, 계속해서 (지노비에프 그룹과 합세한) 통합 반대파에 합류. 1927년 15인 독자위원회 결성. 소련을 방어해야 할 '노동자 국가'가 아니라 '국가자본주의' 사회로 규정. 베르크뉴랄스크 이솔라토르(Verkneuralsk Isolator)에서 반대파 활동 지속. 사형 선고 후 총살당함.

21 블라디미르 스미르노프(Vladimir Smirnov, 1887~1937): 1907년부터 볼셰비크로 활동한 경제학자. 10월 혁명의 지도자 가운데 한 사람. 소비에트 상업 및 산업 인민위원. 좌익 공산주의자로, 브레스트-리토프스크 강화 조약에 항의하며 사임(1918). 내전 때 사단을 지휘. 1919년 군대 반대파의 리더로 활약. 이후 민주 사회주의 그룹을 이끎(1920~21). 계속해서 1923년 좌익 반대파 지도. 1926년 '분파 활동'을 이유로 출당, 이후 복권. (사프로노프와 함께) 15인 위원회를 이끎. 조직의 정강을 공동으로 작성. 1927년 다시 제명. 유배, 수감, 그리고 총살당함.

22 필리포 투라티(Filippo Turati, 1857~1932): 이탈리아 개량주의 사회당의 창건자이자 지도자. 이탈리아가 제1차 세계대전에 참가하는 것을 반대함. 극도의 반공산주의자. 1926년 이후 코르시카, 이어 프랑스로 추방.

23 지아코모 마테오티(Giacomo Matteotti, 1885~1924): 이탈리아의 사회주의자로 파시즘에 반대함. 농민 지도자이자 그 대표. 공산당과의 '통일전선'에

반대함. 무솔리니의 폭압에 용감히 맞섬. 그를 잠재우라는 파시스트의 명
령으로 살해당함.

24 죄르지 루카치(Georg Lukacs, 1885~1971): 헝가리의 공산주의 철학자, 문학
비평가(《소설의 이론》). 1918년 헝가리 공산당 입당. 단명한 1919년 헝가리
소비에트 공화국에서 교육 인민위원. 빈으로 도주 후, 세르주 및 그람시
와 함께《인프레코르》활동. 토마스 만이 힘을 써, 본국 송환을 면함. 1923
년《역사와 계급의식》집필. 좌익 반대파에 동조하고, 쿤에 반대함. 1925년
자아비판을 수행하고, 헝가리 공산당 중앙위원회에서 면직. 1930~31년과
1933~44년 모스크바로 피신(세르주는 자기가 모스크바에서 루카치를 만난 게
1928년이나 1929년이었을 것이라고 착각했다). 1945년 헝가리 귀환. 1956년 헝
가리 혁명 참여. 임레 나지(Imry Nagy)의 초단기 개혁 공산주의 정부에 입
각. 러시아 침공 후 입장을 철회함. 당에 재가입하고, 처형을 모면함.

25 안토니오 그람시(Antonio Gramsci, 1891~1937): 이탈리아 공산당 지도자 겸
이론가. 사회당원이었으나, 이탈리아 공산당을 세우고 총서기로 활약.《신
질서(Ordine Nuovo)》와《통일(Unità)》을 편집함(1924). 모스크바와 빈에 잠
시 체류(빈에서 세르주와 만남). 1926년 체포, 오랜 수감 생활을 마쳤지만 석
방 직후 사망. 저서《옥중 수고(Lettere dal carcere)》,《현대의 군주(Il moderno
principe)》.

26 세르주는 날짜를 잘못 알고 있다. 그가 모스크바에서 루카치를 만났다면
1930~31년이었을 것이다.

27 오토 바우어(Otto Bauer, 1881~1938): 유력한 맑스주의 사상가로 오스트리아
사회민주당의 좌파를 이끎. 외무부 장관(1918~19). 1934년 사회민주당의
봉기가 실패하자, 파리로 망명, 거기서 사망.

6. 꽁꽁 묶인 혁명

1 유리 루토비노프(Yuri Lutovinov)는 노동자 반대파에서 지도적 역할을 수행
했고, 관료들을 자극했다. 1924년 5월 자살했다.

2 알렉세이 톨스토이(Alexei Tolstoy, 1883~1945): 러시아, 이어서 소련의 작가.
세습 귀족. 이른 시기에 문학판에서 출세함. 내전기에 백군 가담. 브랑겔 남
작의 군대가 패한 후 파리로 망명, 계속해서 베를린으로 이주. 1922년 러시
아로 귀환해, 백군을 지지하다가 국외로 도주한 자들을 비난함. 역사 소설
《표트르 대제(Peter the Great)》로 다시 한 번 크게 성공함. 스탈린 찬양에 앞

장섬. 제2차 세계대전 때 나치가 자행한 대량 학살을 조사하고, 뉘른베르크 전범 재판에 기소자 측으로 참여.

3 세르게이 키로프(Sergei Kirov, 1886~1934): 레닌그라드 공산당의 우두머리로 1934년 12월 암살당함. 1906년부터 볼셰비크로 활동, 1905년과 1917년 혁명에 가담. 내전 때 카프카스 북부 사령관으로 활약하며 볼셰비키 통치를 관철함. 1926년 스탈린에 의해 레닌그라드 당 조직을 관리하게 됨. 스탈린과 다소 거리를 두었으며, 1930년대 초에는 패배한 반대파를 우호적으로 대했다. 당에서 많은 지지를 받았고, 스탈린의 극단적인 정책을 견제하는 인물로 인식되었다. 불만을 품은 당원 니콜라예프가 스몰니의 경비를 뚫고 들어가 그를 암살할 수 있었던 것은 규율이 느슨하고, 기강이 대단히 해이했기 때문이다. 키로프 암살은 스탈린이 명령한 것으로 추정되며, 대숙청의 구실로 활용됐다. 세르주의 소설《툴라예프 사건》의 시간적 배경은 그보다 조금 늦다. 하지만 고위 당료의 암살과 후속 조사 과정에서 빚어지는 여러 사건을 다룬다.

4 피에르 나빌(Pierre Naville, 1904~1993): 초기에 초현실주의 활동. 트로츠키주의 지도자. 벤자민 페레와 평론지《초현실주의 혁명(Révolution surréaliste)》을 공동 편집함(1924~25). 1926년 공산당에 가입하고, 《클라르테》에서 일함. 소비에트 혁명 10주년 기념식 때 로장탈과 함께 모스크바 방문. 세르주가 그에게 트로츠키, 프레오브라젠스키를 소개해줌. 귀국할 때에는 트로츠키주의자가 됨. 1962년《트로츠키는 살아 있다(Trotsky vivant)》집필. 브르통의 초현실주의 그룹과 결별하고, 이후 트로츠키의 제4인터내셔널에 합류. 후에 노동 사회학과 중국 문제를 저술함. 프랑스에서 세르주의《중국 혁명(The Chinese Revolution)》을 편집 발행.

5 제라르 로장탈(Gérard Rosenthal, 1903~1992): 변호사, 작가. 초현실주의 간행물《외프 뒤르(Oeuf dur)》(1924~25)와《클라르테》를 편집함. 소비에트 혁명 10주년 기념식 때 나빌과 함께 모스크바 방문. 세르주가 그에게 트로츠키, 프레오브라젠스키를 소개해줌. 프랑스 좌익 반대파에 합류하나, 이내 공산당에서 쫓겨남. 트로츠키의 프랑스 변호사. 제2차 세계대전 때 무장 항독 지하 단체에 가담했고, 전후로는 사르트르가 이끄는 민주혁명연합(Rassemblement Démocratique et Révolutionnaire)에 참여함.

6 마그들렌 파즈(Magdeleine Paz, 1889~1973): 스탈린에 반대한 프랑스의 기자 겸 인권 운동가. 여성주의 및 반식민주의 소설가. 1920년 모스크바 방문, 프랑스 공산당의 초창기 지도자이자 변호사인 모리스 파즈(Maurice Paz, 후에 트로츠키주의자로 전향)와 결혼. 두 차례의 영어 기간 때 세르주의 친구로서

그를 지원함. 1933년부터 1936년에 걸쳐 '세르주 석방' 캠페인을 이끌어 성
공시킴.
7 레프 M. 카라한(Lev M. Karakhan, 1889~1937): 멘셰비크였다가 볼셰비크로
전향, 10월 혁명 참여. 소련 협상 대표로 브레스트-리토프스크 강화 조약
을 맺음(1918). 1923년 중국 대사. 공개 재판도 못 받고 총살당함.
8 빅토르 세르주,《중국혁명의 계급투쟁(La Lutte des classes dans la revolution
chinoise)》(1927~1928).

7. 저항의 나날

1 블라디미르 G. 그로만(Vladimir G. Groman 1874~1940): 멘셰비크 출신자. 통
계 전문가 겸 경제학자. 계획 경제의 주창자 가운데 한 명으로, 소련 정권의
국가계획위원회에서 계획과 관련된 다수의 요직을 맡았다.
2 파나이트 이스트라티(Panaït Istrati, 1884~1935): 프랑스어를 1차 언어로 쓴
루마니아 작가. 생애의 상당 기간을 방랑자로 살았다. 로맹 롤랑의 발견과
소개로, '발칸 반도의 고리키'라는 평판을 들었다. 라코프스키와 함께 루
마니아에서 혁명 활동 수행. 1927~28년 니코스 카잔차키스와 함께 소련
을 여행함. 이때 세르주와 그의 가족과 친해짐. 그가 후에 파리에서 '루사
코프 일가 사건'이라는 방어 캠페인용 소책자를 발간하는 계기가 됨. 이
스트라티의 3권짜리 소련 폭로물 가운데 한 권인《또 다른 불꽃(Vers l'autre
Flamme)》은 세르주가, 다른 한 권은 수바린이 썼다. 이스트라티는 와병과
함께 방향 감각을 상실했고, 루마니아로 돌아갔으며, 궁핍하게 살다가 결
핵으로 사망했다.
3 마르셀 마르티네(Marcel Martinet, 1887~1944): 프랑스의 혁명적 시인. 제1차
세계대전에 반대함. 모나트 및 로스메르의 친구. 제1차 세계대전 때부터 암
살당할 때까지 트로츠키와 교유. 스탈린주의가 부상한 후《위마니테》문학
담당 편집자를 그만둠. 프랑스 프롤레타리아 문학의 주요 대변자. 세르주
의 초창기 소설이 배태될 때 선배이자 유경험자로서 조언을 해줌(서신 교환
이 이루어짐). 1935~36년에 세르주를 방어함. 조지 파이지스(George Paizis),
《마르셀 마르티네(Marcel Martinet)》(London, 2007)를 보라.
4 조르주 뒤아멜(Georges Duhamel, 1884~1966): 프랑스의 의사, 에세이 작가, 소
설가(대하소설《파스키에 가의 기록Le Clan Pasquier》), 회고록 작가. 1933~36년
에 '세르주 석방' 캠페인을 지원함. 1936년 이후 친구로 지냄.

5 레옹 베르트(Léon Werth, 1878~1955): 식민주의에 반대한 프랑스 소설가. 1930년대 후반에 세르주와 교유. 세르주 작《툴라예프 사건》의 1951년 판에 감동적인 서문을 씀.

6 보리스 파스테르나크(Boris Pasternak, 1890~1960): 소련의 주요 시인(《주제와 변주Themes and Variations》), 이후 소설가로 활약. 동료였던 세르주는 파스테르나크가 체포되는 것을 두려워했지만, (마야코프스키, 고리키 및 기타 인사들과 함께) 용기를 내서 스탈린에게 검열을 항의했다고 회고한다. 세르주는 1935년 파리에서 열린 문화수호대회에서 '세르주 사건'이 거론됐을 때 파스테르나크가 침묵한 것을 이해했다.《의사 지바고(Doctor Zhivago)》가 1957년 해외에서 비공식으로 출간되었고, 1958년 노벨상을 받게 되자 러시아 당국은 크게 분노했다.

8. 유배

1 아니타 루사코바(Anita Russakova, 1906~1993): 세르주의 처제로 드문드문 비서로 일함. 세르주가 체포되고 한 달 후인 1933년 4월 8일 날조된 간첩 혐의의 공범으로 체포됨. 루트코프스키의 조사를 받음. 자술서에 서명하기를 거부함(세르주가 생각한 것과 달리 서명은 가짜였음). 3개월 금고를 선고받음. 세르주가 석방되기 직전인 1936년 2월 11일 재차 체포. 4월 10일 교정 노동 5년을 선고받음(뱌트카 굴락으로 이송). '파란 구두'를 신고 극북으로 걸어가야만 했다고 회고함. 강단을 발휘해 생존하는 데 성공. 세르주가 석방된 후 어머니 올가(Olga), 작가 다닐 하름스(Daniil Kharms)의 아내이자 동생인 에스더(Esther), 남동생들인 마르셀(Marcel, 음악가이자 작곡가) 및 요셉(Joseph, 선원)도 추방형에 처해짐. 아니타는 1956년 자유의 몸이 되었다. 살아남은 남동생의 도움으로 몸을 추슬렀고, 레닌그라드에서 딸 베라(Vera)와 재회한다. 마지막까지 '삶의 환희'를 잃지 않았다.

2 토르그신(Torgsin): 소련 농민들이 기근으로 굶어 죽거나 도시로 탈출하던 1930년대 초반에 식량과 기타 생필품을 구입할 수 있었던 국영 특별 상점. 토르그신이라고 불린 이유는 경화(硬貨)를 받았기 때문이다. 돈, 금, 은, 기타 귀중품(보석류)을 모두 받았다. 세르주의 책이 프랑스에서 출판되었고, 비록 적은 돈이었지만 토르그신에서 그 인세로 생필품을 구매할 수 있었다. 세르주 부자가 오렌부르크 유형지에서 살아남을 수 있었던 이유다.

3 바실리 이바노비치 차파예프(Vassily Ivanovich Chapayev, 1887~1919): 내전기에

활약한 전설적인 적군 사령관. 체코슬로바키아 군단과 콜차크 제독이 이끄는 부대와 싸웠다.

4 모리스 뷜랑(Maurice Wullens, 1894~1945): 프랑스의 교사, 좌익 평화주의자. 정기 간행물《서민》(1913~39)의 발행인으로, 세르주가 기고했다. 1920년대 초에 잠깐 공산당원이었다. 세르주 석방을 위해 싸웠고, 혁명적자유언론 수호위원회(Committee for the Defense of Free Opinion in the Revolution)에 가담함. 세르주가 1938년 그의 패배주의적 태도를 비판했다.

5 모리스 파리자닌(Maurice Parijanine, 1885~1937): 작가, 시인. 세르주와 협력해 코민테른 집행국에서 번역 활동을 함.

6 프리츠 브루프바허(Fritz Brupbacher, 1874~1945): 스위스의 의사로 40년 넘게 사회주의자로 활약. 1914년에는 혁명적 국제주의를 고수하다가 사회당에서 쫓겨났고, 1933년에는 스탈린주의에 반대하다 공산당에서 축출됨. 브루프바허의 반스탈린주의는 트로츠키주의이기보다는 반(半)아나키즘적이었음. 세르주의 친구이자 지지자.

7 샤를 플리스니에(Charles Plisnier, 1896~1952): 벨기에의 시인, 에세이스트, 소설가(1937년 공쿠르 상 수상작《위조 여권Faux passeports》), 한때 공산주의 투사. 1928년 트로츠키주의자로 지목돼, 공산당에서 제명. 이후로 문학에만 전념. 세르주 석방 투쟁에 참여, 그리고 1936년 벨기에 비자를 얻어주기 위해 분투함.

8 하인리히 만(Heinrich Mann, 1871~1950): 독일의 소설가, 극작가. 히틀러 집권 후 프랑스와 미국으로 망명. 더 유명한 소설가 토마스 만과 형제.

9 구스타브 레글러(Gustav Regler, 1898~1963): 독일의 소설가로 한때 공산주의자였음. 에스파냐 내전 때 국제여단의 정치위원으로 활약. 헤밍웨이와 쾨슬러의 친구. 1939년 공산당과 결별. 세르주와 함께 멕시코에서 망명 생활. 후에 평화주의자로 활약. 회고록《미네르바의 부엉이(The Owl of Minerva)》를 남김.

10 가에타노 살베미니(Gaetano Salvemini, 1873~1957): 이탈리아의 역사가, 무소속 국회의원(1919~21년). 파시즘에 반대하다, 무솔리니 집권 후 망명. 1934년부터 1948년까지 하버드 대학교에 재직.

11 자닌 키발치치-비달(Jeannine Kibalchich-Vidal, 1935~): 세르주와 류바 루사코바의 딸. 세르주는 1936년 4월 모스크바에서 자닌을 처음 보았다. 어머니 류바가 격렬한 발작을 일으키고 정신병원에 입원하자, 세르주가 보육시설에 맡겼고, 이어 (그가 파리로 가면서) 퐁타르니에의 프랑스인 농민 부부와 함께 생활. 세르주의 세 번째 아내 세주르네가 멕시코로 데려갔고(1942년), 거

기서 1947년까지 세르주, 세주르네와 함께 살았다. 기숙학교를 다녔고, 남편과 이혼했으며, 아들을 둘 두었다. 멕시코시티 소재 멕시코 국립자치대학교(UNAM) 정치학과에서 비서로 근무. 수잔 와이스만이 편집한《빅토르 세르주의 사상(The Ideas of Victor Serge)》(Glasgow: Critique, 1997)에서 그녀가 작성한〈나의 아버지 빅토르 세르주(Victor Serge, My Father)〉를 읽을 수 있다.

9. 서방에서도 패배하다

1 니콜라스 라제레비치(Nicholas Lazerevich, 1895~1975): 아나키스트 투사, 이다 메트의 동반자. 세르주처럼 벨기에에서 러시아인 망명객 부모 사이에서 태어났음. 1919년 적군에 자원입대. 1924년 아나코-생디칼리즘 선동 혐의로 체포, 하지만 석방 캠페인 덕택에 러시아를 떠날 수 있었다.

2 후안 안드라데(Juan Andrade, 1898~1981): 마드리드에서 태어남, 사회당 청년단 가입. 1921년 에스파냐 공산당을 공동 창건하고, 잡지《안토르차(Antorcha)》를 편집. 작가 겸 출판인. 공산당 내에서 닌이 이끈 스탈린 좌익 반대파로 활동함. 후에 품(POUM)의 공동 지도자로 활약. 1937년 스탈린주의 의용군에 체포, '트로츠키주의 파시스트'로 기소돼 재판을 받음. 세르주가 방어 캠페인 조직. 수감 생활 및 비시 정부의 강제수용소와 감옥에서 살아남음. 1944년 7월 빌레발도 솔라노(Wilebaldo Solano)가 이끄는 품 특공대가 그를 구출해냄.

3 훌리안 고르킨(J. 가르시아 고메스J. García Gómez)(Julián Gorkín, 1902~1987): 에스파냐의 혁명가, 품 집행위원,《바타야》편집자. 열일곱 살 때 발렌시아 사회당 청년단 서기를 맡음. 스물한 살 때 발렌시아 공산당을 공동 창건함. 반군국주의 재판을 피해 에스파냐 탈출, 코민테른 기자로 활약, 모스크바에서 몇 개 대회에 참가. 1929년 공산당과 결별. 품의 국제 서기로 활약했고, 브뤼셀에서 세르주와 접촉. 1937년 스탈린주의 의용군에 체포, 안드라데 및 아르케르와 더불어 '트로츠키파 파시스트'라며 재판을 받음. 고르킨은 자신이 목숨을 부지한 게 세르주가 정력적으로 벌인 국제 방어 캠페인 덕택이라고 생각했다. (세르주는 날조된 혐의를 조사해야 한다고 주장했다.) 고르킨은 멕시코로 망명했고, 1941년 (뉴욕의 맥도널드와 함께) 비시 정부하의 프랑스에서 세르주를 구출해냄으로써 은혜를 갚았다. 멕시코에 도착한 세르주는 1년 넘게 고르킨과 숙소를 함께 썼다. 스탈린주의자들의 암살 기도가 여러 차례 있었고, 1943년 4월에는 세르주를 겨냥한 총탄을 맞았다. 러시아

로 망명한 폴란드 사회주의자 에를리히와 알테르를 스탈린이 처형했고, 세르주가 집회에서 이에 항의하는 연설을 하던 중이었다. 고르킨은 1947년 파리로 귀환한다(세르주도 그와 합류하기로 했다). 친서방 성향의 문화 잡지 《쿠아데르노스(Cuadernos)》를 편집한다.

4 엔리케 히로네야(엔리케 파스쿠알 아드로에르Enrique Pascual Adroher)(Enrique Gironella, 1908~1987): 에스파냐의 투사, 교사, 활동가, 품 집행위원. 1937년 체포, 고르킨, 아르케르, 안드라데와 함께 '트로츠키주의 파시스트'를 심판하는 여론 조작용 재판을 받음. 멕시코로 건너감. 고르킨, 세르주, 피베르 외와 협력해, 잡지 《문도(Mundo)》를 창간하고 편집함.

5 호르디 아르케르(Jordi Arquer, 1906~1981): 카탈루냐 토박이. 에스파냐 공산당 공동 창건자. 마우린이 이끄는 반스탈린주의 경향의 노동자 농민 블록 가담, 후에 품 입당. 바르셀로나에서 피고용인 노조를 이끌고 중요한 파업을 벌임. 1936년 내전 때 우에스카 전선에서 품 사단을 공동 조직해, 지휘함. 1937년 스탈린주의 민병대에게 체포, '트로츠키주의 파시스트'로 기소돼 재판을 받음. 세르주가 위원회를 구성해, 방어함. 살아남아, 멕시코로 이주.

6 오스카르 폴라크(Oscar Pollak, 1893~1963): 제2인터내셔널, 오스트리아 사회당 소속 기자(1936~38년 브뤼셀, 1938~40년 파리 체류). 오스트리아 사회당 집행위원.

7 야코프 수리츠(Yakov Suritz, 1882~1952): 소련 외교관. 성향이 상당히 자유주의적이었던 것으로 추정되는 멘셰비크 출신자. 많은 나라에서 외교관 직책 수행. 1930년대에 프랑스 주재 대사로 활약. 1940년 스탈린에게 보내는 외교 전문에서 영국과 프랑스를 '전쟁광'으로 비난한 것이 들통 나, 프랑스 정부에 의해 기피 인물로 지정돼 출국당함. 브라질 대사 역임(1946~47년).

8 마르소 피베르(Marceau Pivert, 1895~1958): 프랑스 사회당과 교사노조의 저명한 좌파 투사. 명망 있는 에콜 노르말(École Normale) 출신이다. 1916년 중상을 입었다. 사회당에 가입했고, 1934~38년에 걸쳐 사회당 내 혁명적 좌파를 이끌었다. 1938년 좌파를 이끌고 사회당을 탈당해 사회주의노동자농민정당(Socialist Workers' and Peasants' Party) 창건. 제2차 세계대전 때는 멕시코로 건너가, 라틴아메리카 프랑스문화연구소를 설립. 세르주, 고르킨, 히로네야, 말라케, 기타 망명자들과 함께 반스탈린주의로 결집한 사회주의와 자유(Socialismo y Libertad) 그룹에서 활동. 제2차 세계대전이 끝나면 혁명이 발발할 것으로 믿음. 1946년 프랑스로 귀환, 집행위원 자격으로 프랑스 사회당에 재입당. 하지만 당이 알제리 전쟁에 공모하는 것을 반대하다가 직

책이 박탈되었다.

9 미셸 콜리네(Michel Collinet, 1904~1977): 프랑스의 활동가, 투사. 공산당 청
년단원(1925~1928년), 이후 트로츠키주의 조직 가담. 1935년부터 사회당에
서 활동. 피베르와 함께 사회주의노동자농민정당을 창건함. 제2차 세계대
전 때 레지스탕스 활동(구체적으로 저널리즘 분야). 맑스주의-수정주의 입
장에서 중요한 사회학과 사회사 저술을 다수 집필.

10 폴 슈미러(Paul Schmierer, 1905~1966): 프랑스의 의사. 1922년부터 사회당 투
사로 활약. 에스파냐 혁명지원위원회 서기(1936~1939년). 여기서 세르주와
만남. 프라이의 마르세유 미국 구호위원회의 조직자로 활약하며(1940~44
년) 세르주의 탈출을 도움. 레지스탕스 지도자.

11 카를로 로셀리(Carlo Rosselli, 1899~1937): 이탈리아의 사회주의자 지식인이
자 정치가. 저서로《자유주의적 사회주의(Liberal Socialism)》(1929년)가 있음.
파시즘 반대 활동으로 박해를 받은 살베미니의 제자. 1929년 프랑스로 망
명, 살베미니의 정의와 자유(Giustizia e Libertà)에서 활동. 무솔리니의 요원
들이 프랑스에서 로셀리와 그의 형제 넬로(Nello)를 살해한 사건을, 세르주
가《발로니(Wallonie)》에 폭로했다.

12 인도제도 사회민주주의연합(Indies Social-Democratic Union)을 가리킨다. 스
네플리트가 1913년에 세웠고, 후에 인도네시아 공산당(Indonesian Communist
Party)이 된다.

13 폴 포르(Paul Faure, 1878~1960): 프랑스의 정치인. 양차 세계대전 사이에 사
회당(SFIO)을 이끎. 1938년 뮌헨 협정을 지지함. 1940년 비시 정부 가담.

14 장-밥티스트 세브락(Jean-Baptiste Séverac, 1879~1951): 고참 사회당원으로 공
동 행동에 적극적이었다. 1918년까지《위마니테》를 편집했고, 이후로는
《인민》을 주관했다.

15 앙리 드 망(Henri de Man, 1885~1953): 벨기에 사회당 지도자. 계획이 가미된
혼합 경제론을 설파한《노동 계획(Plan du Travail)》(1933)이란 저술로 유명하
다. (레오폴드 3세의 고문으로) 제2차 세계대전 때 독일 점령군과 협력. 종전
무렵 스위스로 도피.

16 게랭은 국제노동자전선(International Workers' Front)의 임무를 띠고 노르웨이
로 가, 오슬로 사무소를 세웠다. 이 사무소가 전쟁 때 계속 활약한다.

17 장 말라케(Jean Malaquais, 1908~1988): 프랑스어를 주 언어로 사용한 폴란
드 출신 소설가이자 맑스주의 투사. 1930년 노동자 신분으로 프랑스 이
주. 앙드레 지드가 그를 격려함. 에스파냐 내전에서 싸움. 르노도 상(Prix
Renaudot)을 받음. 트로츠키가 1939년《자바 사람들》을 칭찬함(프랑스로 이

민 온 자바 출신 광부 이야기). 1940년 무국적자 신세로, 징집됨(《전쟁 일기 Journal de guerre》). 멕시코로 이주. 세르주, 피베르, 고르킨, 히로네야와 함께 사회주의와 자유 그룹에 가담. 세르주와 정치 문제로 격렬하게 다툼. 1940~41년 마르세유에서 옴짝달싹 못하던 반파시스트 도망자들을 다룬 소설《비자 없는 세계인(Planète sans visa)》에서 변형된 세르주가 가련하게 묘사된다(미국판 서문을 노먼 메일러가 썼다).

18 로레트 세주르네(라우라 발렌티니Laura Valentini)(Laurette Séjourné, 1911~2000): 세르주의 세 번째 아내. 멕시코를 민속 및 민족의 관점에서 연구한 고고학자. 이탈리아 페루자 출신. 프랑스 영화계에서 일하다, 1937년 파리에서 세르주를 만남. 세르주, 블라디미르 키발치치, 몰린스 이 파브레가와 함께 파리 탈출. 마르세유 에르-벨 저택에 세르주, 블라디미르, 브르통 일가, 프라이(1940~41년)와 일시 체류. 멕시코에서 세르주와 합류, 이때 세르주의 딸 자닌 키발치치를 데려옴. 일하고, 또 고고학을 공부하면서 세르주를 도움. 미망인이 된 후, 아르헨티나 출판업자 아르날도 오르필라 레이날(Arnaldo Orfila Reynal)과 결혼, 라틴아메리카 친공산주의 서클 활동. 아스텍 신화에 나오는 날개 달린 뱀의 형상을 한 신 켓살코아틀에 관한 책 출간.

19 나르시소 몰린스 이 파브레가(Narciso Molins y Fábrega, 1910~1964): 에스파냐의 혁명적 저널리스트, 품 성원,《바타야》편집자. 에스파냐 혁명방어위원회를 조직함(1937년 파리). 블라디미르 키발치치의 친구. 에스파냐 공화주의자 망명객들이 프랑스에서 겪은 고난을 (화가 호세 바르톨리와 함께) 1944년 책으로 펴냄(《강제수용소Campos de Concentracion》).

20 J.-P. 상송(J.-P. Samson, 1894~1964): 시인, 번역가. 제1차 세계대전 이전까지 사회주의 투사로 활동. 1914년 전쟁이 발발하자, 취리히로 망명, 이후 계속 거주. 독자적 평론지《테무앙(Témoins)》을 편집함.

21 드와이트 맥도널드(Dwight Macdonald, 1906~1982): 미국인 기자, 비평가. 한때 트로츠키주의자였으나 이후 평화주의자, 이어서 자유주의 문화비평가로 독자적 발언을 함. 1944년부터 1949년까지 잡지《정치(Politics)》를 편집. 에스파냐 전쟁 구호재단을 설립한 당시의 아내 낸시 맥도널드(Nancy Macdonald)와 함께 정력적으로 세르주 구호 활동을 펼침. 세르주와 그의 가족은 맥도널드 덕택에 비자를 받아, 파시스트 유럽을 탈출해 생존할 수 있었다.

22 배리언 프라이(Varian Fry, 1907~1967): 미국의 반나치 저널리스트이자 제2차 세계대전의 영웅. 마르세유 소재 미국구호위원회를 이끌고(1940~41년), 게슈타포에 쫓기던 유럽의 반파시즘 작가와 예술가 수백 명을 지원함. 한

758

나 아렌트, 마르크 샤갈, 프란츠 베르펠, 빅토르 브라우너, 빌프레도 람, 세르주가 이 기구의 도움으로 비시 정권 치하의 프랑스를 탈출할 수 있었다. 세르주는 프라이의 에르-벨 저택에 머물렀고, 일요일마다 열린 초현실주의자들의 놀이와 전시회가 유명했다. 블라디미르 키발치치, 세주르네, 앙드레 브르통, 그의 아내 자클린 랑바, 딸 오로르, 메리 제인 골드도 에르-벨 저택에 함께 있었다.

23 뤼시앙 로라(오토 마쉘Otto Maschl)(Lucien Laurat, 1898~1973): 오스트리아 공산당 공동 창건자. 맑스주의 경제학자, 기자. 아내 마르셀 포메라와 함께 세르주의 절친이자, 열렬한 방어자로 활약. 관료 집산주의 이론을 성안해, 러시아 사회-경제 체제를 규정한 최초의 인물.《로자 룩셈부르크 이후의 자본 축적(Accumulation du Capital d'après Rosa Luxemburg)》,《지령 경제와 사회화(Économie dirigée et socialization)》,《맑스주의는 실패했는가?(Marxisme en faillite?)》를 씀.

24 발터 하젠클레버(Walter Hasenclever, 1890~1940): 파시즘에 반대한 독일의 표현주의 시인이자 극작가. 브레히트에게 많은 영향을 미쳤다고 전해진다. 비시 정권이 그를 억류했고, 밀 강제수용소에서 자살한다.

25 발터 벤야민(Walter Benjamin, 1892~1940): 독일의 문예이론가 겸 비평가. 맑스주의의 영향을 강하게 받음. 나치에 반대하다가 파리로 도피. 프랑스가 점령당하자 다시 피난, 미국 망명을 꾀했으나 에스파냐에서 프랑코 정부가 통과 비자를 말소해버림. 에스파냐의 포르트보우에서 자살.

26 루돌프 힐퍼딩(Rudolf Hilferding, 1877~1941): 독일의 저명한 경제학자이자 사회민주당 정치인. 제국주의와 금융자본에 관한 주요 저술을 남김. 세르주가 독일에 체류하던 1923년 재정부 장관 역임.

27 루돌프 브라이트샤이트(Rudolf Breitscheid, 1874~1944): 1918~19년 독일 공화국의 내무부 장관, 이후 사회민주당의 주요 국회의원.

10. 미래를 전망함

1 타자된 원고에 이후 덧붙은 메모와 1946년 조지 오웰에게 보낸 편지를 보면, 세르주가 서술한 내용을 보강하고, 10장 앞에 새로 장을 추가할 계획이었음을 알 수 있다.

해설

1 N. N. Sukhanov, *The Russian Revolution, 1917: A Personal Record* (edited and abridged by Joel Carmichael, 조을 카마이클 요약 편집), Oxford University Press, 1955.

2 '미셸 동지(camarade Michel, 그 외 다른 정보는 알 수 없음)'에게 보내는 1921년 5월 29일자 편지로 현재 Musee Social, Paris에서 보관 중. 거기 보관 중인 빅토르 세르주 문서를 열람할 수 있게 해준 콜레트 샹벨랑(Colette Chambelland)에게 감사드린다.

3 *New International*, February 1939, pp. 53~4.

4 세르주의 말년에 대한 이하의 개설은 따로 언급하지 않을 경우 다음의 출전을 바탕으로 한다. 《회고록》 1957년판에 훌리안 고르킨(Julian Gorkin)이 덧붙인 귀중한 부록, 간행된 세르주의 노트, 앙투안 보리(Antoine Borie)에게 그가 보낸 편지를 싣고 있는 평론지 《테무앙(Temoins)》의 해당 호.

5 중상자들 자신이 후에 중상의 표적으로 전락했다. 동독 정권이 1953년 1월 파울 메르커를 고발했다. 그가 멕시코 망명기에 《프라이에스 도이칠란트》를 '시온주의 선전지'로 만들었다는 것이었다. 메르커와 오랜 협력자 융만(Jungmann)은 체포 수감되었다. 이 숙청은 1952년 11월에 열린 '프라하 재판 결과'에 따른 것이었다. 시모네-카츠는 프라하 재판에서 영국 정보부 요원임이 드러나 교수형을 당했다. 1939년 노엘 카우어드(Noel Coward)가 그를 끌어들였다고 전한다.

6 미간행 원고, Economie Dirigee et Democratie(날짜 미상).

7 Letter to Borie, 26 September 1947.

8 세르주의 편지 중에서 이를 예증하는 구체적 사례 하나를 들자면, 〈빅토르 세르주와 드골주의(Victor Serge and Gaullism)〉가 있겠다.

9 미간행 원고, On the Russian Problem(October 1945).

10 미간행 원고, (제목 없음, 날짜 없음).

11 Letter to Borie, 26 September 1947.

12 Ibid., 16 April, 1947.

13 On the Russian Problem.

14 블라디가 알려줬다.

15 *Carnets*, p. 172~3; *Politics*, February 1945의 'Stalinism and The Resistance'를 논한 세르주의 편지도 참조.